LA CONSTRUCTION DE L'ÉTAT EN AFRIQUE : ENTRE DÉMOCRATIE ET COUPS D'ÉTAT

Sommaire

ACTE 2

Les bouleversements normatifs

Jeudi 27 octobre 2022

ACTE 1

Les réactions à la rupture de l'ordre constitutionnel : réactions internes

ACTE 2

Les réactions à la rupture de l'ordre constitutionnel : réactions internationales (Suite)

ACTE 3

La résistance de l'État de droit face à la rupture de la légalité

Vendredi 28 octobre 2022

ACTE 1

Les explications des coups d'État et les pistes de solution

ACTE 2

Présentation de la synthèse des travaux

Cérémonie de clôture

Comité scientifique

Monsieur **André CABANIS**, Professeur émérite de science politique, Université de Toulouse Capitole 1 (France)

Monsieur **Alioune Badara FALL**, Professeur titulaire de droit public, Directeur de la Revue Afrilex, Université de Bordeaux (France)

Monsieur **Mamoudou GAZIBO**, Professeur titulaire de science politique, Université de Montréal (Canada)

Monsieur **Adama KPODAR**, Professeur titulaire de droit public, Vice-Président de l'Université de Kara (Togo)

Monsieur **Fabrice HOURQUEBIE**, Professeur titulaire de droit public, Secrétaire Général de l'Association française de droit constitutionnel, Université de Bordeaux (France)

Monsieur **Babacar KANTE**, Professeur titulaire de droit public et de science politique, Doyen honoraire de l'UFR de l'Université Gaston Berger de Saint Louis (Sénégal)

Monsieur **Francisco Djedjro MELEDJE**, Professeur titulaire de droit public et de science politique, ancien Doyen de la Faculté de droit de Cocody, Université Felix Houphouët Boigny (Côte d'Ivoire)

Monsieur **Oumarou NAREY**, Professeur titulaire de droit public, Faculté des sciences juridiques et politiques de l'Université Abdou Moumouni de Niamey

Monsieur **Koffi AHADZI-NONOU**, Professeur titulaire de droit public et de science politiques, ancien Président de l'Université de Lomé (Togo)

Monsieur **Alain Franklin ONDOUA**, Professeur titulaire de science politique, Université Yaoundé 2 SOA (Cameroun)

Monsieur **Alioune SALL**, Professeur titulaire de droit et de science politique, Université Cheikh Anta Diop de Dakar (Sénégal)

Monsieur **Mahaman Sanoussi TIDJANI ALOU**, Professeur titulaire de science politique, ancien Doyen de la Faculté des sciences économiques et juridiques de l'Université Abdou Moumouni de Niamey (Niger)

Mercredi 26 octobre 2022

Cérémonie d'ouverture du séminaire scientifique

Mot de bienvenue du Président de l'Association nigérienne de Droit constitutionnel (ANDC)

Monsieur le Premier Président du Conseil d'État ;
Monsieur le Président du CSC ;
Honorables députés ;
Monsieur le Procureur près la Cour des comptes ;
Monsieur les Recteurs des Universités de Niamey et Tahoua ;
Monsieur le Secrétaire Général du Gouvernement ;
Monsieur le Secrétaire exécutif de l'ARMP ;
Mesdames et Messieurs les membres de la grande famille judiciaire ;
Messieurs les membres du comité scientifique ;
Monsieur, le Président de l'ANDC ;
Mesdames et Messieurs les communicants ;
Mesdames et Messieurs les Enseignants-chercheurs et chercheurs ;
Mesdames et Messieurs les membres de la société civile et des médias publics et privés ;
Mesdames et Messieurs les doctorants et étudiants ;
Mesdames et Messieurs, chers collègues et invités ;

C'est désormais une tradition qui est en train de s'installer pour les universités de Niamey et de Tahoua de réunir, à chaque rentrée académique, des chercheurs de divers horizons dans le cadre de journées scientifiques du droit constitutionnel de Niamey, autour d'un thème.

Permettez-moi, tout d'abord, de me réjouir de l'intérêt que la communauté scientifique accorde à ces journées scientifiques, ainsi qu'en témoigne le nombre toujours croissant d'universitaires qui souhaitent y participer.

Je voudrais, ensuite, me réjouir également de la fidélité à notre manifestation scientifique de quelques-unes des plus grandes sommités du droit constitutionnel africain dont la présence est le gage de la haute qualité et du sérieux des travaux et des discussions présentées à Niamey.

Je voudrais également, au nom du bureau de l'Association nigérienne de droit constitutionnel (ANDC), leur adresser mes plus sincères remerciements.

A tous, je souhaite la bienvenue à Niamey et un excellent séjour parmi nous.

Le thème qui nous réunit cette année nous interpelle tous et permet, à la suite du Professeur Gérard CONAC, de constater que « *les relèves au pouvoir [au sein des États africains] ont été plus fréquentes par coups d'État et révolutions que par transfert de pouvoir pacifique* ». En effet, cette affirmation est corroborée par les récents évènements au Mali, en Guinée ou au Burkina-Faso, où la résurgence, voire même la récurrence des coups d'État essentiellement contestés, exceptionnellement salués, interpelle à plus d'un titre. Face à cette situation, le moins que l'on puisse dire est que la problématique de ***« la construction de l'État en Afrique :*** **entre démocratie et coups d'État »** se pose avec acuité. Pour répondre à cette problématique brûlante d'actualité, une réflexion d'ensemble s'impose donc dans le cadre du présent colloque organisé par l'Association Nigérienne de Droit Constitutionnel (ANDC), à l'occasion de cette 3ème édition de ses journées scientifiques.

Mesdames et Messieurs, chers invités,

Il faut dire que la construction de l'État en Afrique a oscillé entre vagues de démocratisation et crises multiformes, entre construction, déconstruction et reconstruction de l'ordre constitutionnel au gré de la trajectoire constitutionnelle et politique propre à chaque État. Ainsi, au lendemain des indépendances survenues essentiellement autour des années 1960, l'Afrique va apparaitre sous les traits d'« *un terrain de prédilection pour les déstabilisations politiques et sociales. [De fait], les jeunes États indépendants ont très tôt semblé s'accommoder du coup d'État comme mode naturel de conquête du pouvoir* ». À la suite du Togo, avec l'assassinat du Président Sylvanus OLYMPIO le 13 janvier 1963, le phénomène du coup d'État militaire s'est répandu au sein des jeunes États nouvellement indépendants. En effet, l'on a pu observer au sein de ces derniers une mise en veille des mécanismes d'organisation et d'exercice démocratiques du pouvoir politique. Les préceptes démocratiques du jeu de la conquête et du transfert pacifique du pouvoir d'État ont été ainsi au mieux galvaudés, au pire laissés au placard. Dans ce contexte marqué par le présidentialisme négro-africain avec ses dérives dictatoriales, les munitions se sont substituées aux bulletins de vote pour faire basculer les gouvernements. Le coup d'État est ainsi devenu la règle, et l'accession démocratique au pouvoir, l'exception. Par conséquent, « *pendant les décennies, 1960-1980, plusieurs pays africains ont connu des coups d'État qui ont porté des militaires au pouvoir* ».

Ce sombre tableau va revêtir une apparence idyllique lors du processus de démocratisation amorcé dans les années 1990. Ce dernier « *avait entrepris de battre en brèche les fondements théoriques de validation des coups d'État. En effet, la démocratie postule normalement l'abandon de tout recours à la force au profit du dialogue dans les compétitions politiques, le renouvellement des élites dirigeantes et la résolution des problèmes sociaux* ». Ainsi, comme le relève si bien le Professeur Koffi AHADZI-NONOU, « *partant de cette philosophie, les nouvelles constitutions africaines ont entendu instituer l'état de droit et la protection des libertés par la division du pouvoir...* ». À ce stade, la construction de l'État va sembler emprunter la trajectoire de la démocratie en ses versants formel et matériel. C'est donc à bon droit qu'« *avec le renouveau démocratique des années 1990, on avait cru que l'Afrique avait définitivement tourné le dos aux coups d'État* ». Cependant, la faiblesse de la culture démocratique, le fait tribal et la persistance de l'autoritarisme politique vont entraîner une nouvelle vague d'accessions inconstitutionnelles au pouvoir par la force, en dépit de leurs condamnations dans la sphère internationale. Les cas de la Côte d'Ivoire en 1996, de la Sierra Léone et de la Guinée-Bissau en 1999, du Niger en 1996, 1999 et 2010, de la Mauritanie en 2008, ainsi que du Mali en 2012 démontrent à suffisance que l'espoir a été de courte durée. Les coups d'État ont ainsi repris de plus belle avec une certaine frénésie. Au demeurant, lors de ce cycle constitutionnel, « *l'intervention périodique et "spectaculaire" de l'armée dans le champ politique remet en cause le processus démocratique amorcé depuis la fin des années 1980. Cette récurrence de l'intervention de l'armée conforte l'idée que l'Afrique serait condamnée, tout au long de son histoire contemporaine, au régime autoritaire et aux aventures non démocratiques* ».

Mesdames et Messieurs, chers invités,

Faut-il, pour autant, céder au « *désespoir d'un droit constitutionnel terrassé* » ? Loin s'en faut, car l'universitaire dispose d'armes et de munitions idéologiques lui permettant, dans le cadre d'une réflexion transversale et interdisciplinaire, de poser les balises de l'édification d'une armée « *républicaine* » au service de la promotion et la protection des acquis démocratiques. Dans cette dynamique, l'armée peut et doit participer à la construction de l'État de droit, dans le sens d'une « *normalisation de la relation entre l'armée et la démocratie* ». En effet, le présent colloque constitue l'occasion pour les élites intellectuelles de disséquer l'institution militaire auteure des coups d'État classiques ou atypiques, de mesurer son rapport à la démocratie, ses rapports avec les autres organes constitutionnels et ses interactions avec les autres pouvoirs et contre-pouvoirs. Puisse-t-il, par des échanges fructueux, constituer un coup d'éclat intellectuel, en réaction aux coups d'État militaires.

Pour clore mon propos, je voudrais remercier très sincèrement tous ceux qui ont fait le déplacement, toutes et tous ceux qui nous ont apportés un appui, notamment la Fondation Hanns Seidel, à travers son représentant régional qui n'a ménagé ni son temps ni son énergie en la matière, mais aussi le Gouvernement, la CENI, l'ARCEP, la SONIDEP et la CNSS sans lesquels cette activité n'aurait pas pu se tenir.

Je vous remercie de votre aimable et patiente attention.

NAREY Oumarou,
Professeur titulaire de droit public,
Président de l'Association nigérienne de Droit constitutionnel (ANDC)

Allocution de Monsieur le représentant régional de la Fondation Hanns Seidel pour l'Afrique de l'Ouest

Mesdames et Messieurs les pénalistes,

Honorables invités, en vos Titres, Grades et Qualités,

Je voudrais au nom du représentant régional de la Fondation Hanns Seidel Afrique de l'ouest, Docteur Klaus Grütjen empêché, vous remercier chaleureusement de votre présence à ce forum dont la thématique est plus que jamais d'une brûlante actualité, à savoir : **« La construction de l'État en Afrique : entre démocratie et coups d'État »**.

Il m'a chargé de vous transmettre tout son soutien et tout l'engagement de son institution à vulgariser les conclusions pertinentes qui seront issues de vos assises.

Chers Conférenciers, Mesdames et Messieurs,

Les causes profondes de l'instabilité institutionnelle, ainsi que les limites des expériences démocratiques en Afrique, ne sont exemptes de l'état de décrépitude du monde. La gouvernance mondiale, vous le savez, traverse un bouleversement qui se présente à l'intelligence humaine comme étant une apostrophe. L'interpellation se pose en effet, au regard des enjeux géopolitique et géostratégique qui déterminent de nos jours la nature, voire les orientations idéologiques de la gestion du pouvoir d'État.

L'ordre mondial semble en panne et ses instruments de régulation visant le mieux vivre ensemble que représentent les institutions internationales et sous régionales, telles que les Nations Unies, l'Union Européenne, l'Union Africaine, la CEDEAO agonisent sous le poids d'une crise de maturité.

Les guerres par procuration ont envahi la planète toute entière. Deux blocs se disputent un nouvel ordre mondial au nom d'une multipolarité et d'intérêts idéologiques divergents. Le 21ème siècle a donc façonné l'humanité à travers une dégradation historique de l'ordre mondial, un chambardement qui touche tous les domaines.

Nous sommes tous des témoins privilégiés de ce changement de la marche du monde, avec en toile de fond une transformation et une recomposition géopolitique et géostratégique qui annonce impitoyablement un déclin certain d'un autre regard de la marche du monde et de l'Afrique, voire le déclin de la gouvernance démocratique.

En échangeant avec des groupes de réflexion sur le déclin de la démocratie et les raisons de la survenance des coups d'État en Afrique, j'ai été interloqué par les jugements qui interpellent la conscience collective :

> « ...Aussi paradoxal que cela puisse paraitre, dans l'espace africain, toutes les échelles de valeurs ont été profanées. L'injustice sociale s'est propagée d'une manière vertigineuse. Le favoritisme a pris le pas sur l'équité. Le clientélisme est devenu un référent dans la gestion du pouvoir d'État. L'immoralité a remplacé la moralité. La malhonnêteté a eu raison de l'intégrité. La traitrise a surclassé le patriotisme. L'ethnocentrisme et le régionalisme ont fécondé l'inique sens de la démesure et de la décadence sociale, voire du savoir vivre ensemble. Le complot permanent a désarticulé les relations politiques, économiques et sociales. L'indépendance et la souveraineté ont été hypothéquées ».

Je vous invite par conséquent à une lecture saine et objective de l'intelligence des situations, indispensable pour mieux comprendre les enjeux de la gouvernance mondiale et des États africains, face au déclin de la gouvernance démocratique et à la survenance des coups d'État.

Je vous remercie pour votre aimable attention.

Ali Mounkaila Coulibaly,
Responsable Antenne du Niger de la Fondation Hanns Seidel

Allocution d'ouverture de la 3ème édition des Journées scientifiques de Droit constitutionnel prononcée par Monsieur le Recteur de l'Université Djibo Hamani de Tahoua

---

Monsieur le Premier Président du Conseil d'État ;
Monsieur le Procureur près la Cour des comptes ;
Honorables députés ;
Mesdames et Messieurs les membres de la grande famille judiciaire ;
Messiers les membres du comité scientifique ;
Monsieur, le Président de l'ANDC ;
Mesdames et Messieurs les communicants ;
Mesdames et Messieurs les Enseignants-chercheurs et chercheurs ;
Mesdames et Messieurs les membres de la société civile et des médias publics et privés ;
Mesdames et Messieurs les étudiants ;
Mesdames et Messieurs, chers collègues et invités ;

C'est avec un plaisir renouvelé que je prends la parole, devant vous, dans le cadre des journées scientifiques de l'ANDC, édition 2022.

Oui, ce plaisir est réel, car sous tendu par des attentes fortes. En effet, j'ai l'intime conviction que beaucoup de nos concitoyens, après avoir eu connaissance du thème de ce colloque, attendent de voir comment, en spécialistes de la chose juridico-politique, vous réagirez aux instabilités institutionnelles et juridiques que connaissent beaucoup d'États africains et qui semblent faire litière des processus démocratiques amorcés depuis la fin des années 1990.

Mesdames et Messieurs,

Ces dernières années, la résurgence des coups d'État en Afrique constituent de réelles préoccupations et posent des constats : les renversements des présidents civils sont parfois célébrés dans les rues. Les citoyens applaudissant la chute des dirigeants élus.

Devant ces constats, quelques interrogations peuvent être dressées :

- Les bouleversements des ordres constitutionnels en Afrique sont-ils l'expression d'un déficit de gouvernance à la fois politique et social ? Un déficit traduit par l'échec des politiques publiques à répondre aux aspirations sociales ?
- Les constitutions reflètent-elles véritablement les aspirations des peuples ?
- Pourquoi les bouleversements constitutionnels sont-ils plus prononcés en Afrique de l'Ouest que dans le reste du continent ?

Quelle que soit l'interrogation soulevée, il est évident que considérer les coups d'État comme une réponse aux frustrations croissantes suscitées par les atermoiements de la gouvernance serait une erreur.

Bien au contraire, il est établi que les démocraties génèrent en moyenne une croissance économique plus élevée et fournissent davantage de libertés, et de meilleurs services publics. Et que les régimes militaires ont une longue histoire de violations des droits de l'homme et de stagnation économique.

Comme vous le voyez, ce colloque soulève beaucoup de questions. La réflexion à laquelle vous êtes conviée doit *in fine* fournir les éclairages du droit constitutionnel sur les oscillations institutionnelles entre démocratie et coups d'État ainsi que leur impact sur la construction de l'État en Afrique.

Mesdames et Messieurs,

La question du bouleversement de l'ordre constitutionnel est indissociable du cycle de violence qui préoccupe nos peuples et les États sahéliens, à savoir le terrorisme.

En effet, ce phénomène a un impact dévastateur sur la sécurité des États du Sahel, entraine des conséquences économiques et sociales désastreuses, et impacte négativement les institutions démocratiques.

Réunissant les deux problématiques du terrorisme et du changement anticonstitutionnel de gouvernement, l'Union africaine (UA) leur a consacré, en mai 2022 à Malabo en Guinée Bissau, un sommet extraordinaire. A cette occasion, le secrétaire général de l'Union africaine disait :

> « Parmi les causes de ces changements avancées par les putschistes de ces derniers mois, figurent en bonne place l'incapacité, selon eux, des pouvoirs civils démocratiquement élus à combattre efficacement le terrorisme.
>
> Ainsi donc, aux justifications *a posteriori*, désormais classiques, telles que l'impéritie des gouvernements civils, la mauvaise gouvernance sous toutes ses formes, la crise de légitimité des institutions démocratiques, s'ajoute désormais l'argument du monopole de la compétence en matière de lutte contre le terrorisme détenu par les managers de la violence légitime d'État, que sont les armées.
>
> Ce nouvel argument qui est apparu ces derniers temps sur la scène politique et médiatique africaine renforce le lien entre terrorisme et changements anticonstitutionnels de gouvernement évoqué plus haut. De la corrélation, on glisse ainsi dangereusement vers la causalité. Les coups d'État deviennent, dans cette perspective, l'effet logique de l'expansion du terrorisme ».

C'est dire le besoin crucial, de la part des institutions politiques nationales et régionales, que de la part des citoyens, d'un éclairage scientifique sur la préoccupation soulevée par ce nouveau printemps ouest-africain des coups d'État.

Je ne doute pas que la problématique générale du colloque relative à la construction de l'État en Afrique : entre démocratie et coups d'États, nous apportera l'éclairage souhaité à travers les sous-thèmes suivants :

- La problématique de la construction de l'État en Afrique ;
- Les causes profondes de l'instabilité institutionnelle en Afrique ;
- Les limites des expériences démocratiques en Afrique et leurs interactions possibles avec la résurgence des coups d'État ;
- Les diverses réactions internes et internationales face aux coups d'État ;
- Les pistes de solutions envisageables, etc. ;

En vous souhaitant un excellent séjour à Niamey et en souhaitant plein succès à vos travaux, je déclare ouvertes la troisième édition des journées scientifiques de droit constitutionnel de l'Association Nigérienne de Droit Constitutionnel.

Je vous remercie de votre aimable attention.

Youssoufou Hamadou Daouda,
Professeur titulaire de Sciences économique,
Recteur de l'Université Djibo Hamani de Tahoua

ACTE 1

Propos introductifs et regards croisés sur l'organe acteur de la rupture : l'institution militaire

Sous la présidence de Monsieur Babacar KANTE, Professeur titulaire de droit public et de science politique, Doyen honoraire de l'UFR de droit et science politique de l'Université Gaston Berger de Saint-Louis (Sénégal)

Avec comme modérateur Monsieur Alioune Badara FALL, Professeur de droit public, Ancien Directeur du Centre d'études et de recherches sur les droits africains et sur le développement institutionnel des pays en développement (LAM-CERDRADI), Directeur de la Revue électronique Afrilex, Université de Bordeaux (France)

Koffi AHADZI

Professeur titulaire de droit public et de science politique, ancien Président de l'Université de Lomé, Avocat au Barreau de Lomé (Togo)

Propos introductifs : « la problématique de la construction de l'État en Afrique noire »

Introduction

« L'État est le plus froid des monstres froids », disait Nietzsche. Et Michel Bakounine de renchérir :

> « L'État c'est l'autorité, c'est la force, c'est l'ostentation et l'infatuation de la force. Il ne s'insinue pas, il ne cherche pas à convertir et toutes les fois qu'il s'en mêle, il le fait de très mauvaise grâce ; car sa nature, ce n'est point de persuader, mais de s'imposer, de forcer ».

Ainsi présenté, l'État a existé depuis l'antiquité, sur tous les continents, y compris l'Afrique, sous forme d'empires, de royaumes ou de petites cités. Il s'est mué à travers le temps. Sa forme qui nous intéresse dans le cadre de cet exposé, est celle qui a vu le jour au XVIe siècle, en Europe, et qui se caractérise du point de vue politique et juridique par la centralisation du pouvoir politique aux mains d'une autorité souveraine détenant le monopole de la violence légitime.

Sous cette forme, il a beaucoup voyagé sous l'effet de la colonisation européenne. Après l'Amérique, l'Océanie et l'Asie, il a jeté l'ancre en Afrique noire vers la fin des années 1950 et le début des années 1960 à la faveur de la décolonisation[1]. Depuis lors, près d'une cinquantaine d'États ont essaimé sur le sous-continent. Ce sont des entités dotées de la personnalité juridique et parfaitement identifiables grâce à leurs territoires délimités par des frontières internationalement reconnues, des

[1] Cf. Bertrand Badie, *L'État importé*, Paris, Fayard, 2014.

populations nationales périodiquement dénombrées, des Gouvernements souverains dotés d'une certaine effectivité.

Mais alors, pourquoi parler encore aujourd'hui de problématique de construction d'États en Afrique sub-saharienne ? Le processus n'est-il pas achevé avec l'accession à la souveraineté internationale sanctionnée par l'admission aux Nations unies ? Si l'on s'en tient à l'ordre formel des choses, la réponse ne peut être que positive. Mais si l'on s'intéresse à l'ordre des faits, c'est-à-dire à la vie réelle et au fonctionnement quotidien de l'État, alors la question demeure pertinente. Une fois né, l'État doit stabiliser son territoire, contrôler sa population et se légitimer en exerçant à son égard l'ensemble de ses fonctions, se doter d'un pouvoir politique autonome vis-à-vis de ses détenteurs passagers. En un mot, l'État doit veiller à se consolider et à s'institutionnaliser, sinon, même s'il ne disparaît pas physiquement, il se délite peu à peu : on parle alors d' « État fragile »[2], « mou »[3], « sous-développé »[4], etc.

Tel est le défi que l'État africain peine à relever depuis son avènement sur la scène internationale, il y a de cela plus de soixante ans, dans la majorité des cas. Il est en proie à de nombreux maux qui empêchent sa stabilisation et remettent même en cause son existence. La problématique de sa construction ou de son édification demeure donc toujours d'actualité ; le chantier reste encore ouvert.

Ainsi, la figure de l'État africain postcolonial reste-elle celle d'un « État inachevé » pour reprendre le titre des célèbres « Mélanges » que certains de mes éminents collègues, dont beaucoup ici présents, ont eu la lumineuse idée de me dédier lors de mon départ à la retraite[5]. Tel est le constat. Mais on ne peut s'en contenter. Car les conséquences dramatiques attachées à cette situation de précarité persistante sont là sous nos yeux : développement de l'insécurité des personnes et des biens sous l'effet, notamment, du terrorisme, perte de contrôle sur des portions entières du territoire national au profit de groupes armés religieux et/ou

---

[2] Cf. Jean-Denis Mouton, « « L'État fragile », une notion du Droit international », *Civitas Europa*, N°28, 2012/1, pages 5 à 18.

[3] Cf. Gunnar Myrdal, « L'État mou dans les pays sous-développés », *Revue Tiers-Monde*, N° 37, Janvier-Mars 1969, pages 5-24.

[4] Cf. Jean-François Médard, L'État sous-développé en Afrique noire : clientélisme politique ou néopatrimonialisme, Bordeaux, C.E.A.N., 1982.

[5] Cf. Adama KPODAR et Dodzi Kokoroko, *L'Etat inachevé*, Mélanges en l'honneur du professeur Ahadzi-Nonou, Presses universitaires juridiques de Poitiers, 2021.

criminels, développement du sous-développement, multiplication des conflits armés non-étatiques, etc.

Le chantier ouvert depuis 1960 doit impérativement être terminé afin qu'à l'État inachevé (I) succède un État normalisé (II).

I. Un État inachevé

L'État inachevé, tel le dieu Janus, présente un double visage : sous une face, il se montre comme un État puissant ; sous l'autre, il apparaît sous les traits d'un État faible.

A. Un État puissant

Depuis leur accession à la souveraineté internationale, les États d'Afrique sub-saharienne sont dominés par une tendance à l'unification et à la concentration du pouvoir politique généralement aux mains d'un homme ou d'un petit groupe d'hommes.

Sous le cycle des partis uniques qui a duré, grosso modo, de 1963 à 1990, au nom des nécessités de la construction nationale, *le Nation building*[6], tous les pouvoirs au sein du parti unique comme de l'État étaient détenus par un homme providentiel, appelé « Grand Camarade de lutte », « Guide providentiel », « Guide fondateur », « Messie », « Grand Guerrier », « Père de la Nation », etc. Le parti unique était, certes, doté de statuts propres ; l'État possédait, de son côté, une Constitution instituant formellement le mode de dévolution du pouvoir, les différents organes du pouvoir politique et les mécanismes de leur fonctionnement. Mais, dans les faits, le « Grand Camarade de lutte » représentait à lui-seul la « Constitution vivante et dynamique » pour reprendre une métaphore employée par Raymond Verdier pour désigner le Général Eyadéma.

Qualifiés par la doctrine de présidentialismes négro-africains[7], ce type de régimes symbolisait la toute-puissance de l'État. Rien ne devait faire

---

[6] Cf. Koffi Ahadzi-Nonou, « Retour sur un mythe fondateur : le Nation building en Afrique sub-saharienne », in Djedjro Francisco Mélèdje et autres (eds), *Mélanges Wodié,* Toulouse, Presses de l'Université de Toulouse 1 Capitole, 2016, pages 37-45.

[7] Cf. Gérard Conac, « Le présidentialisme en Afrique noire », unité et diversité, in *L'évolution récente du pouvoir en Afrique noire,* Bordeaux 1977 ; Jean Buchmann, *L'Afrique noire indépendante*, Paris, LGDL, 1962.

obstacle à l'Homme fort pour atteindre les objectifs que la Providence lui a assignés : à savoir construire la nation, *Nation Building*, édifier l'État, *State Building,* et lutter contre le sous-développement. Toutes les institutions publiques ou privées, tous les corps intermédiaires devaient ainsi s'effacer devant le pouvoir charismatique de l'Homme fort. Aucune place pour les droits des citoyens dans un tel système. Seuls les devoirs primaient[8].

Afin, de préserver cette hégémonie sans partage, les gouvernants avaient mis en place d'impressionnants mécanismes de répression qui frappaient toutes les « brebis galeuses » qui avaient la prétention de s'écarter du troupeau : l'armée, la gendarmerie, la police ordinaire, la police secrète, les milices du parti étaient fortement renforcées et mises au service de cette répression. Dans un tel climat d'insécurité, le citoyen « avait l'esprit taraudé d'inquiétude et pétrifié par la peur » selon Edem Kodjo.

Mais après environ trente ans d'existence, ces prétendues dictatures du développement se sont effondrées, faute d'avoir tenu leurs promesses de construire la Nation et l'État, et de favoriser le développement économique et social.

Sous la poussée de la rue africaine opportunément rejointe par les bailleurs de fonds convertis aux vertus de la démocratie libérale sous les tropiques, après l'effondrement du mur de Berlin, les États d'Afrique subsaharienne, à partir de 1990, se sont dotés de régimes démocratiques[9]. L'État Léviathan semblait avoir vécu. Qu'advienne l'État des lumières.

Le Bénin a servi de pionnier après avoir organisé une conférence nationale en février 1990. Puis, partout ailleurs, des Constitutions inspirées du modèle occidental ont été adoptées avec plus ou moins d'empressement par les dirigeants politiques. Élaborées en contrepoint des modèles précédents, elles étaient dominées par deux préoccupations fondamentales : instaurer l'État de droit et Instituer la démocratie libérale. Les mécanismes de l'État de droit (suprématie de la Constitution, garantie des droits fondamentaux, sous la protection du juge constitutionnel) avaient pour finalité de protéger les droits fondamentaux des citoyens ; l'instauration de la démocratie libérale avait pour objectifs d'instaurer un régime politique tempéré par la séparation

---

[8] Cf. Koffi Ahadzi-Nonou, « Leadership héroïque et modernisation sociale en Afrique noire », *Mélanges Bernard Durand,* 2018.

[9] Cf. Gérard Conac, *L'afrique en transition vers le pluralisme politique*, Paris, Economica, 1993.

des pouvoirs et une accession au pouvoir assurée par une libre compétition des forces politiques grâce aux élections disputées.

Ce nouveau cours politique ne fut pas partout un long fleuve tranquille. S'il a pu s'installer çà et là sans grandes difficultés (Bénin, Ghana, Mali, Cap-Vert, etc.), partout ailleurs le parcours fut jonché d'obstacles multiples (Togo, Zaïre, Tchad, Congo-Brazzaville, Ouganda, Zimbabwe, etc.). Mais, quel que soit le cas, le temps de l'enchantement politique ne perdura guère dans la plupart des pays. L'édifice de l'État de droit bâti sur le modèle kelsénien et l'architecture de la démocratie libérale inspirée de Montesquieu, furent ébranlés voire jetés à bas par des révisions constitutionnelles opportunistes ou l'adoption de nouvelles Constitutions (syndrome du troisième mandat), des élections frauduleusement organisées, la mise sous contrôle des juridictions (création de juridictions spéciales (CRIET) et/ou instrumentalisation du système judiciaire ordinaire) y compris les juridictions constitutionnelles, l'étouffement des libertés, l'emprisonnement arbitraire des opposants à l'issue de parodies de procès ou leur départ forcé à l'exil[10].

On a parlé de « démocratures »[11], de démocraties « illibérales »[12], pour caractériser ce retour de l'Etat autoritaire. Même s'il existe des espaces de liberté, il faut bien sûr faire quelques concessions au libéralisme ambiant, la tendance générale, en Afrique subsaharienne, est en effet de nouveau au retour de l'État tout-puissant au nom des exigences de la construction de l'État et du développement.

Récemment, un des porte-parole de cette classe dirigeante autoritaire plus acquis à l'État de police qu'à l'État de droit, parlant de l'interdiction du droit de grève ou de sa limitation drastique dans son pays, déclarait sur un ton emphatique : « C'est vrai, c'est un recul par rapport aux acquis de la démocratie. Mais… moi j'ai pas l'ambition d'avoir une expression démocratique identique à la France…Quand un pays, un pays comme la France, l'Italie, les États-Unis et consorts, sont des pays construits organisés et structurés, et que la plupart des fondamentaux sont acquis, l'expression démocratique peut flirter avec l'anarchie. Ce n'est pas grave, ça ne compromet pas la survie du pays… Mais quand un pays est

[10] Voir notre ouvrage, *Les défis du gouvernement démocratique en Afrique subsaharienne depuis 1990*, Dakar, L'Harmattan, 2020.

[11] Cf. Max Liniger-Goumaz, *La démocrature : dictature camouflée*, Paris, L'Harmattan, 1992.

[12] Cf. Fareed Zakaria (trad. Daniel Roche), *L'Avenir de la liberté : la démocratie illibérale aux Etats-Unis et dans le monde*, Paris, Odile Jacob, 2003.

à construire ou notamment un pays dans lequel tout est à reprendre, vous avez besoin d'avoir une réglementation forte, vous avez besoin que les gens respectent la loi, soient disciplinés, et si l'expression démocratique, qui doit s'exprimer, il faut pas souhaiter que ce soit pareil que ce qui est le cas dans les pays développés. C'est pour ça que le droit de grève tel que nous l'avons réformé au Bénin on ne peut pas le faire en France. Parce que ce ne serait pas acceptable. Mais au Bénin c'était devenu, important, vital, primordial, sinon ce pays restera éternellement dans la pauvreté… Nous avons besoin de faire les efforts… Dans nos pays on n'a encore rien fait du tout. C'est maintenant que les Africains ont besoin de construire leurs pays pour les générations à venir. Ce qui permettra aux autres de demain d'être plus exigeants, parce que les efforts ont été faits maintenant. Il faut le temps d'effort»[13].

Ce discours développementaliste, que ne renierait certainement pas Lee Kuan Yew, l'ancien homme fort de Singapour, archétype du dictateur développementaliste, cache paradoxalement une immense faiblesse de l'État africain.

B. Un État faible

Le premier marqueur de la faiblesse de l'État africain est la facilité avec laquelle les régimes autoritaires dont nous venons de parler sont renversés parfois par des mouvements de rue, souvent par des coups d'État militaires. Le premier du genre s'est déroulé au Togo le 13 janvier 1963 et a balayé le régime apparemment tout-puissant mis en place par le Président Sylvanus Olympio, à partir de 1960. Depuis lors, on peine à dénombrer les coups d'État qui se sont produits dans les États subsahariens : on a pu parler de coups d'État « en chaîne » ou « en chapelet ». Les plus récents sont ceux qui ont secoué en 2020 et 2021 le Mali, la Guinée-Conakry et le Burkina Faso. A qui le prochain tour ?

Le second marqueur est constitué par la faible valeur reconnue aux Constitutions négro-africaines. Celles-ci sont ouvertement violées dans le fonctionnement quotidien de l'État ; ou alors elles souffrent de « révisionnite » aigüe. Aucune Constitution n'est certes inscrite dans le marbre, car elles sont toutes soumises à la loi de l'adaptation. Mais dans

---

[13] Transcrit à partir de l'entretien accordé par le Président Patrice Talon, le 30 août 2022, lors de la Rencontre des entrepreneurs de France organisée par le Mouvement des entreprises de France, https://youtu;Be/OgsC462pAYk. 15 septembre 2022.

les États sub-sahariens, elles sont abrogées ou révisées au gré des intérêts politiques des détenteurs du pouvoir : les dispositions qui contrarient leur volonté hégémonique ou leur désir de pérennisation au pouvoir sont prestement escamotées : tel est notamment le cas de celles portant limitation du nombre de mandat présidentiel à deux[14].

Le troisième marqueur est la violation délibérée des lois électorales : elles sont constamment transgressées lors des consultations populaires au point que la fraude électorale est devenue le droit commun des élections[15].

Ces trois marqueurs ont un trait commun : ils témoignent de la faible institutionnalisation du pouvoir en Afrique noire. Or sans institutions fortes, l'État est voué à l'impuissance. Ses capacités à remplir ses fonctions essentielles demeurent insignifiantes. C'est le quatrième marqueur de la faiblesse de l'État africain.

Quatre types de capacités peuvent être distingués[16].

La première est la « capacité régulative » : elle permet à l'État de contrôler et de coordonner les comportements des individus et des groupes. Elle s'exerce par la production et surtout l'application des normes, l'action de l'administration et des juridictions. Or à cet égard, force est de constater, en Afrique noire, la faible effectivité des normes à régir les comportements, l'incapacité de l'administration et des juridictions à sanctionner les comportements déviants (exemples du code de la route, de l'insécurité foncière, des dysfonctionnements de la justice, etc.)

La seconde capacité est qualifiée d'« extractive » : elle donne à l'État les moyens d' « extraire de son environnement interne ou international les ressources nécessaires à son fonctionnement : moyens économiques et financiers, soutiens politiques, etc. ». Or on connaît la faiblesse de la pression fiscale ou de la contribution fiscale nationale des États africains,

---

[14] Cf. Jean-Louis Atangana Amougou : « Les révisions constitutionnelles dans le nouveau constitutionnalisme africain », *Politïea*, 2007.

[15] Cf. Dodzi kokoroko, « Les élections disputées : réussites et échecs », *Pouvoirs*, N° 129, 2009, pages 115 à 125 ; Jean du Bois de Gaudusson, Les élections à l'épreuve de l'Afrique, Cahiers du Conseil constitutionnel, N° 13, Janvier 2003.

[16] Cf. Gabriel A. Almond et autres, *The Politics of the Developping Areas*, Princeton, 1960 ; Roger-Gérard Schwartzenberg, *Sociologie politique*, Paris, Montchrestien, 1998, 5e édition, pages 112 et suivantes.

leur faible capacité à mobiliser les capitaux publics ou privés étrangers pour financer leurs plans ou programmes de développement.

La troisième capacité est la « capacité distributive » : c'est grâce à elle que l'État pourvoit à l'allocation de biens, de services et d'avantages divers à la population : on peut citer à titre d'exemples les prestations de services en matière de santé, d'éducation, de justice, de travail, de logements, de transport, de communication (routes, ponts, télécommunication), de fournitures d'eau, d'électricité, de services de voirie, d'assainissement, etc. Grâce à ces prestations de services, l'État procède à la redistribution plus ou moins équitable des ressources extraites de l'environnement national ou international. Or, les États d'Afrique sub-saharienne se signalent en la matière par leur inaptitude notoire à remplir ces fonctions essentielles pour la survie de leurs populations ; d'où la précarisation sociale de celles-ci et leur propension, depuis plusieurs années, à se jeter dans les bras des bandes de trafiquants ou des soi-disant combattants de Dieu, qui suppléent l'État pour obtenir leur allégeance.

La dernière capacité est celle dite « responsive » : c'est la manière dont l'État réagit aux sollicitations de la conjoncture politique, économique, sociale ou internationale. Elle le met en mesure d'anticiper et de régler les conflits sociaux afin de préserver le monopole de la violence légitime. Elle le met également en mesure de répondre aux demandes qui lui sont adressées par les citoyens, par exemple, en matière de sécurité, ou en cas de survenance de catastrophes naturelles ou climatiques, d'accidents industriels, de pandémies sanitaires ou autres risques. On sait avec quelle célérité les États plus ou moins nantis et organisés réagissent aux chocs, même imprévus, qui touchent leurs populations pour tenter de répondre à leurs besoins. C'est généralement tout le contraire dans les États africains : la réponse interne à ces chocs est très faible et tardive : des réunions avec les partenaires techniques et financiers sont nécessaires avant toute intervention significative

La faiblesse de l'État africain est ainsi confirmée. Cette défaillance n'est pourtant pas inéluctable.

II. Un État à normaliser

Le diagnostic est assez consternant. Mais avant de proposer quelques pistes de solutions, il importe de s'interroger sur les causes profondes du mal africain.

A. Les racines du mal

Beaucoup d'explications ont été avancées pour justifier les paradoxes de l'État africain postcolonial. On a mis l'accent sur son artificialité eu égard à ses origines coloniales ; on a insisté sur « la greffe et le rejet » d'un modèle importé ; on a aussi déploré le manque de patriotisme et de volonté politique des élites dirigeantes pour impulser une vraie politique de construction nationale et de développement ; on a vilipendé leur kleptomanie.

Toutes ces explications ne manquent pas de pertinence. Chacune peut faire, et a fait, l'objet de publications de qualité par divers auteurs. Mais permettez-moi de reprendre ici une contribution proposée par Jean-François Médard. Fondée sur les notions d'État patrimonial et néo-patrimonial. Elle a le mérite de synthétiser assez généralement les autres approches, et surtout, de disséquer les relations incestueuses qui existent entre les élites du pouvoir et les sociétés nationales, chacune ayant une part de responsabilité dans l'échec de L'État postcolonial.

Reprenant une thèse de J.-F. Bayart, Jean-François Médard[17] note « le contraste entre l'ambition totalisante de l'État » et « la revanche de la société civile ». Il s'explique en ces termes : « c'est en effet la relation dialectique entre État et société qui donne la clé des paradoxes précédents ». Effectivement, poursuit-il, « on a abondamment souligné le caractère prédateur de l'État africain à l'égard de la société ; on a pu parler avec raison d'État parasite, kleptocrate... Mais ce n'est là encore insister que sur l'un des termes de la relation : l'État prédateur est lui-même prédaté, l'État parasite est lui-même parasité ».

En fait, selon lui, « tout État a nécessairement une base économique, il ne peut exister que s'il parvient à extraire de sa société ou de l'extérieur les ressources nécessaires. Un État est considéré comme prédateur si, se nourrissant de la société, il ne rend pas à cette dernière des services suffisants pour justifier son existence. De plus, la ponction prélevée par les agents de l'État est perçue comme prédation parce qu'ils la prélèvent à leur profit personnel et non à celui de l'État. Chacun exploite sa position publique comme une prébende... L'État en tant qu'État a ainsi une

[17] In « L'Etat patrimonialisé », *Politique Africaine*, N° 39, septembre1990, pages 25-36 ; Voir aussi l'ouvrage collectif publié sous la direction du même auteur, *États d'Afrique*, Paris, Karthala, 1991 ; Voir enfin, Jean-François Bayart, L'État en Afrique. La politique du ventre, Paris, fayard, 1989.

certaine capacité d'extraction ». L'auteur illustre son propos en relevant qu'« il peut tondre les paysans par le recours aux caisses de stabilisation » ; mais il objecte aussitôt que « les paysans-peuvent s'y soustraire en partie en se repliant sur l'économie de subsistance ; aussi l'État ne parvient pas à les capturer totalement. En fait, l'État joue de sa position stratégique de médiateur entre l'extérieur et l'intérieur pour se brancher sur les flux économiques liés à l'extraversion. Mais cet État est lui-même capturé par ceux qui agissent en son nom et le font fonctionner à leur propre profit. Ces agents de l'État, à leur tour, sont souvent eux-mêmes capturés par leur famille, leur village et leur clientèle. La boucle est ainsi bouclée ».

Jean-François Médard en déduit qu'« au-delà des apparences, l'État est faiblement institutionnalisé et peu différencié de la société. Le politique, l'économique, le sociétal et particulièrement le domestique s'interpénètrent. Aussi le champ politique et l'État ne disposent que d'une faible autonomie. De plus, l'État, le régime politique et les autorités se trouvent télescopés et se confondent. L'État est en fait détourné, subverti, colonisé de l'intérieur par ses agents, ces derniers devant impérativement redistribuer à la société sous peine de sanctions ». Il en ressort, selon l'auteur, que « si l'État en tant que système abstrait, objectif, universaliste de pouvoir ne disparaît pas totalement, il est détourné par ses agents, au sommet d'abord mais aussi à tous les niveaux. Chacun se crée un système personnel de pouvoir qui parasite l'État ». Selon lui, c'est fort logiquement que « les États africains semblent toujours se confondre avec le système de pouvoir personnel de leurs dirigeants. Le degré d'institutionnalisation est donc faible : la personne du titulaire d'une fonction publique se sépare mal de sa fonction ; lui-même, loin d'être extérieur et en dehors de la société, s'y trouve pleinement immergé ». Et le Maître de l'École africaniste de Bordeaux de se demander : « Comment l'État pourrait alors se séparer suffisamment de la société pour lui imposer des buts collectifs non immédiatement réductibles aux intérêts particuliers et pour médiatiser les conflits entre les forces sociales ? ».

Cette Interrogation est fondamentale, car elle soulève dans un raccourci saisissant l'incapacité actuelle de l'État africain à entreprendre sa construction véritable sur la base du legs colonial.

A cet égard, s'inspirant de Max Weber, Jean-François Médard, propose d'utiliser le concept de « néo-patrimonialisme » pour désigner ce phénomène d'appropriation de l'État africain par les élites dirigeantes.

Selon Max Weber, souligne-t-il, « le patrimonialisme est un type idéal de domination traditionnelle fondé sur l'absence de différenciation entre le public et le privé. Le patrimonialisme traditionnel qui combine un dosage variable d'arbitraire personnel et de normes traditionnelles correspond à l'extension de la logique de la domination patriarcale au-delà des frontières de la parenté ». Jean-François Médard trouve ce concept très pertinent car, à l'en croire, « la confusion du public et du privé est le commun dénominateur à tout un ensemble de pratiques caractéristiques de l'État africain et de sa logique de fonctionnement, à savoir, la corruption, qu'elle soit purement économique ou liée à un échange social, ou encore le clientélisme, le patronage, le copinage, le népotisme, le tribalisme, le prébendalisme...». D'après lui, « toutes ces notions qui ne sont généralement abordées qu'isolément sont subsumées par le recours à la notion de patrimonialisme, sans perdre pour autant leur spécificité. Mais cette notion doit être utilisée comme un type idéal, forgé à partir de l'observation empirique mais qui doit sans cesse lui être confrontée pour mesurer l'écart à la réalité. C'est la raison pour laquelle nous utilisons le type mixte de néo-patrimonialisme pour distinguer le cas africain des situations traditionnelles… ». Il soutient, en effet, qu'« on observe en Afrique des situations néo-patrimoniales, car le patrimonialisme ne fonctionne pas à l'état pur mais se combine avec des logiques qui lui sont étrangères », notamment celle de la domination légale rationnelle. Nous y reviendrons.

Il en ressort, selon l'auteur, « que la réalité de l'État africain est si éloignée de celle d'un État démiurge du développement, que la finalité de cet Etat n'est ni le développement ni même son propre développement mais l'accumulation des ressources politiques et économiques de ses agents ».

Les nécessités de la construction de l'État passent ainsi au second plan au profit des intérêts de ses agents que Jean-François Médard dépeint sous les traits de « politicien entrepreneur ou big man ».

La caractéristique de ce type d'acteur politique est en effet de se constituer « un système personnel de pouvoir au sein même de l'État ». Il « crée une situation très particulière du double point de vue de son accumulation personnelle de pouvoir et du développement de l'État. L'État ne se développe pas tout seul, il ne le fait que sous l'impulsion de ses agents entraînés par la compétition politique. D'une certaine façon, la puissance de l'État renforce celle de ses agents en multipliant leurs moyens d'intervention ; inversement, la puissance des agents de l'État rejaillit sur l'État en favorisant sa croissance. De même que l'accumulation élargie du capital suppose une accumulation primitive préalable, l'accumulation étatique et institutionnalisée du capital politique suppose une accumulation préalable de ressources politiques personnelles ».

Or, note l'auteur, « dans le processus d'étatisation du pouvoir, il existe un seuil difficile à franchir entre l'accumulation primitive personnelle du pouvoir et son accumulation institutionnalisée : en deçà de ce seuil, le politicien entrepreneur met l'État à son service alors qu'au-delà, il se met au service de l'État pour mieux le mettre à son service ». C'est cette privatisation de l'État qui singularise précisément le big man. Sa logique est d « 'accumuler des ressources dans une perspective de consolidation de son pouvoir et de sa survie politique… Il accumule et il contrôle les accès aux ressources matérielles afin de pouvoir redistribuer et, par le patronage, accumuler un capital symbolique de nature politique ». En effet, « dans un système politique à légitimité faible, seule la pratique du patronage combinée avec celle de la coercition permet de se créer les soutiens indispensables à la survie politique. Il y a donc là une contradiction entre la logique de la survie politique du big man et la logique de l'institutionnalisation de l'État ». Force est alors de constater que « la politique des prébendes et du patronage s'oppose bien évidemment à celle d'un développement institutionnalisé de l'État. C'est la raison pour laquelle, les chefs d'État paraissent les premiers fossoyeurs de I 'État. Ce n'est pas toujours par perversité mais parce que la priorité qui est pour eux la survie politique passe souvent par l'affaiblissement de l'État. Si d'ailleurs ils ne respectaient pas cette priorité, l'État, ou ce qui en tient lieu, disparaîtrait avec eux… Le big man est amené ainsi, rationnellement, à détruire l'État au fur et à mesure qu'il contribue à le construire ».

Telle est la substance de la thèse de Jean-François Médard. Elle a pu être critiquée (voir, notamment, Mwayila Tshiyembé, Didier Bigo), mais elle nous paraît fournir un portrait assez fidèle de l'État africain postcolonial dont le chantier doit être repris et achevé.

B. Les fondations de la Construction

La normalisation de l'État africain passe par la rupture avec l'État patrimonial ou sa version africaine « néopatrimonialisée ». Se pose alors le problème de la norme de référence ou du modèle à suivre.

Selon la typologie wébérienne, on distingue trois types idéaux de pouvoirs qui s'exercent à l'intérieur des différentes communautés humaines et particulièrement de l'État. Il s'agit, d'abord, de l'autorité traditionnelle fondée sur « les coutumes sanctifiées par leur validité immémoriale et par l'habitude enracinée en l'homme de les respecter ». Il s'agit, ensuite, de « l'autorité fondée sur la grâce personnelle et extraordinaire d'un individu (charisme) ; elle se caractérise par le dévouement tout personnel des sujets à la cause d'un homme et par leur confiance en sa seule personne en tant qu'elle se singularise par des qualités prodigieuses, l'héroïsme ou d'autres particularités exemplaires qui font le chef ». Il s'agit, enfin, de « l'autorité qui s'impose en vertu de la légalité, en vertu de la croyance en la validité d'un statut légal et d'une compétence positive fondée sur des règles établies rationnellement, en d'autres termes l'autorité fondée sur l'obéissance qui s'acquitte des obligations conformes au statut établi. C'est là le pouvoir tel que l'exerce le serviteur de l'État moderne ainsi que tous les détenteurs du pouvoir qui s'en rapprochent sous ce rapport »[18].

Depuis l'accession à la souveraineté internationale des États négro-africains, les élites dirigeantes, moulée dans la culture occidentale, ont opté pour ce dernier type d'autorité qui s'exerce au sein de l'État légal rationnel de type européen. Outre son fondement légal rationnel, ce type d'État se singularise par la distinction entre l'État et ses agents, ce qui induit une séparation entre le patrimoine public et celui des détenteurs de l'autorité. Il s'ensuit que l'autorité de l'État légal rationnel s'appuie en réalité sur la constitution d'une « bureaucratie puissante, principal vecteur de la rationalisation »[19].

La question est de savoir si ce type d'État est importable « clé en mains » en Afrique noire ou s'il doit être adapté. L'État est d'abord une forme d'organisation sociale. En tant que telle, même dans sa version moderne, il ne peut se bâtir en ignorant délibérément les réalités de la société sur laquelle il entend se construire. Même acculturée aux valeurs occidentales, l'Afrique sub-saharienne possède des réalités sociales irréductibles qu'elle ne saurait ignorer dans sa quête de la modernité politique. Telle est la tragédie de la construction de l'État en Afrique noire depuis les indépendances.

---

[18] Cf. Max Weber, *Le savant et le politique*, Paris, Union générale d'éditions, 1959, page 102.

[19] Cf. Jerôme Valluy, « Segment – la légitimité légale-rationnelle », in *Transformation des Etats démocratiques industrialisés*, hnp.terra-hn-editions.org, version au 19 septembre 2022.

Concrètement, les élites dirigeantes, obnubilées par le modèle de l'État-Nation hérité des métropoles coloniales, ont écarté l'idée de bâtir des États qui prennent en compte le caractère multiethnique de leurs sociétés. Le dogme de l'indivisibilité de la République proclamé dans la quasi-totalité des Constitutions négro-africaines, a eu pour conséquence la négation des clivages ethniques qui dominent pourtant la vie politique de la plupart des États (irrédentismes, ethnicisation de la vie politique, tribalisation du vote, hégémonie tribale dans l'attribution des postes politiques, administratifs et militaires, etc.). Ce phénomène mine la base sociale de l'État africain ; cette fragilité constitue un des facteurs qui bloquent son institutionnalisation. Tout effort de construction étatique doit donc prendre en compte ce phénomène grâce à l'utilisation d'une ingénierie spécifique fondée sur :

- l'éducation (connaissance du fait ethnique, éducation aux valeurs de la citoyenneté) ;
- la constitutionnalisation des mécanismes inclusifs de gestion démocratique du pouvoir (outils consociationnels tels que le dosage ethnique dans la répartition des postes politiques administratifs et militaires, mécanismes divers de pondération du principe de la majorité, équité électorale, etc.)
- l'adoption de type d'États composés (fédération, régionalisation) ou véritablement décentralisés visant à faire participer les diverses composantes de la population à la gestion de leurs affaires ;
- la mise en œuvre d'une politique d'aménagement équilibré du territoire national en vue de réduire les inégalités régionales qui nourrissent les frustrations et les sentiments séparatistes[20].

C'est sur ce socle que doit s'édifier l'État de droit fondé sur la soumission de l'État au droit, un droit respectueux des droits des citoyens. Les mécanismes techniques d'un tel État prennent appui sur la suprématie de la Constitution et la garantie des droits des citoyens par le juge constitutionnel avec l'appui complémentaire du juge ordinaire. Ces mécanismes ont été instaurés à la faveur du « renouveau démocratique », mais on sait qu'il ne s'agit que d'une simple feuille de vigne, destinée à cacher l'émasculation dont sont victimes au quotidien les valeurs démocratiques et de liberté constitutionnellement proclamées.

---

[20] Voir Lanciné Sylla, *Tribalisme et parti unique en Afrique noire*, Paris, Presses de la Fondation nationale de science politique, 1977, pages 323 et suivantes.

Enfin, la construction de l'État passe par le renforcement de sa quadruple capacité régulative (imposition des normes par l'administration (civile, police) et la justice) ; extractive (impôts, taxes, activités économiques génératrices de revenus) ; distributive (sécurité, salubrité, tranquillité, éducation, santé, justice, logement, emploi, infrastructures de communication, transports, loisirs, etc.).

Toutes ces fonctions ne peuvent être exercées que grâce à la mise en place d'une administration solide qui, on le sait, est la colonne vertébrale de tout État. C'est elle qui donne au Gouvernement l'effectivité, à l'aune de laquelle est jugée la réalité d'un État. En effet, « le premier niveau de fondation d'un État...concerne l'ensemble des dispositifs d'intervention par lesquels, l'État agit (de manière violente et non violente) sur la société. Ce dispositif est organisé en une administration, qu'elle soit civile ou militaire. Dans le cadre de l'État plurinational, le caractère républicain des interventions de l'État et son impartialité, conditionnent évidemment la valeur du pacte social qui lie les différentes nations sociologiques. La sauvegarde de ces valeurs nécessite, qu'au de-là des actions d'éducation à la culture républicaine, soient mis en place des dispositifs qui assurent que le travail des administrations est contrôlé par des instances représentatives des différentes communautés. Aussi, le mode de recrutement dans ces administrations doit tendre vers un équilibre entre les nécessaires critères de compétences et le souci d'avoir une représentation équitable des différentes communautés »[21].

Il va de soi qu'une telle entreprise ne peut se faire par le fruit du hasard. Elle ne peut se réaliser que sous l'impulsion d'une élite patriotique exerçant un leadership transformateur. L'histoire comparée des sociétés développées ou émergentes, montre que cette mission de construction étatique s'est accomplie sous la conduite d'une « minorité éclairée anticipant, lançant et entraînant l'évolution ». C'est elle qui doit servir de guide à la masse naturellement portée à l'apathie en lui faisant comprendre que les portes du chantier de la construction de l'État donne sur l'effort.

Or sur le continent noir, depuis 1960, cette « minorité créatrice », pour reprendre l'expression d'Arnold Toynbee, a malheureusement fait défaut. A sa place, a poussé, comme un chancre, ce que cet auteur appelle une minorité dominante, ce qui correspond à une élite corrompue, avide

[21] Cf. Réseau Dialogues sur la gouvernance en Afrique, *Cahiers de propositions pour une refondation de l'Etat en Afrique*, juillet 2003, page 13.

d'avantages matériels, adepte de la « politique du ventre ». C'est elle que Jean-François Médard a dépeint sous les traits du « big man », promoteur de l'État néo-patrimonial et « fossoyeur » de l'État légal rationnel. René Dumont déplorait que « Pour trop d'élites africaines...l'indépendance a consisté à prendre la place des Blancs et à jouir des avantages souvent exorbitants concédés aux coloniaux ».

Faute donc de cette élite prométhéenne, l'Afrique a été privée de « l'étincelle qui déclenche le peuple et l'aide à édifier le monde nouveau »[22]. Aussi, comme le soulignait Amadou Mathar Mbow, ancien directeur général de l'UNESCO, « l'on a le sentiment que notre destin nous échappe de plus en plus ».

Comment ne pas céder à ce sentiment devant le délitement d'États comme la Centrafrique, la République démocratique du Congo, le Tchad, la Somalie, le Mali, le Burkina Faso ? Et la liste est loin d'être close. Comment ne pas s'alarmer de l'extrême vulnérabilité de pays comme le Niger, le Togo, le Bénin, le Nigéria, le Kenya, la Tanzanie, etc., devant le terrorisme islamique et le grand banditisme ? L'on a l'impression que, face à ces lourdes menaces, notre salut tient uniquement à l'action pernicieuse de certaines puissances extérieures au continent, à celle de certains groupes sécuritaires privés étrangers, ou au soutien inconsistant des Nations unies.

Mais nous ne devons pas céder au fatalisme, car même si la nuit est longue, le jour vient. L'Afrique subsaharienne est capable de susciter des milliers de Mandela pour achever le chantier du State building.

---

[22] Cf. Gilles Blanchet, *Élites et changements en Afrique et au Sénégal*, Paris, Jean Picollec, 2008, page 144.

Bernard OWONA OMGBA Junior

Maître-assistant en droit public, Université Yaoundé II (Cameroun)

Les fonctions constitutionnelles de l'armée et la protection de la démocratie dans les États d'Afrique noire francophone

Introduction

Les réflexions par lesquelles on tente d'appréhender la construction de l'État en Afrique sont inépuisables. La réalité et l'évolution de la vie politique et sociale de ce continent incline à une pensée dynamique. Le contexte, marqué par la multiplication récente des coups d'État[1], sert de prétexte à l'étude des fonctions constitutionnelles de l'armée et la protection de la démocratie dans les États d'Afrique noire francophone. Il convient au préalable de s'entendre sur les concepts à étudier.

On peut avoir un double entendement non exclusif des fonctions constitutionnelles de l'armée. Premièrement, il s'agit de celles qui sont contenues dans la constitution. Deuxièmement, il s'agit des missions que la constitution attribue à l'armée au sein d'un État. Il s'agit pour l'essentielle des missions de sécurité et de défense. La notion de démocratie, quant à elle, peut aussi avoir deux sens. Au sens formel, plus ancien et classique, la démocratie est un mode gouvernement dans lequel les dirigeants tiennent leur pouvoir du peuple par le biais d'une élection. Au sens matériel, plus contemporain, elle est un mode de gouvernement marqué par le respect des droits fondamentaux de l'homme et de la dignité humaine. Il se pose très souvent le problème de protection[2] de

[1] Depuis 2012, quatorze coups d'État ont eu lieu sur le continent africain, dont quatre en Afrique de l'Ouest dans les dernières années : au Mali (2012, 2020, 2021), en Égypte (2013), en Centrafrique (2013), au Burkina Faso (2015, 2022), au Tchad (2021), en Guinée-Bissau (2012), au Soudan (2019, 2021), au Zimbabwe (2017), en Guinée (2021).

[2] La protection est l'action de protéger, de défendre quelqu'un ou quelque chose contre un danger, un mal ou un risque.

cette démocratie. Il n'est donc pas sans intérêt, au regard des missions de l'armée d'interroger son rôle dans la protection de cette démocratie.

Plusieurs études ont été consacrées à l'armée en général[3] et à l'Afrique en particulier[4]. La problématique de fond a très souvent été le rapport entre l'armée et le gouvernement civil. La doctrine constitutionnelle a toujours été favorable à la séparation des deux institutions[5]. Ainsi, les

---

[3] PAPAZIAN (Patrick), « Duguit et l'armée : de la difficulté pour la toge de saisir l'armée », *La Documentation française | « Les Champs de Mars »*, 2001/2 n° 10 | pp. 85-101. ; JOANA (Jean) et SMYRL (Marc), « Civils et militaires en démocratie », Revue internationale de politique comparée, 2008/1 Vol. 15, pp. 7-13. ; Peton (Emmanuel-Marie), « Droit et spécificité militaire », Armée de terre | « Inflexions », 2011/3 n° 18, pp. 203-211 ; JOANA (Jean), « La démocratie face à ses militaires : Où en est l'analyse des relations civils-militaires ? », *Revue française de sociologie*, 2007/1 Vol. 48, pp. 133-159. ; COHEN (Samy), « Le pouvoir politique et l'armée, Pouvoirs, n° 125, 2008, pp. 19-28. COMMISSION EUROPÉENNE POUR LA DÉMOCRATIE PAR LE DROIT (COMMISSION DE VENISE), RAPPORT SUR LE CONTRÔLE DÉMOCRATIQUE DES FORCES ARMÉES, Adopté par la Commission de Venise lors de sa 74e session plénière (Venise, 14-15 mars 2008), 107p. *www.venice.coe.int.*

[4] ESSONO OVONO (Alexis), « Armée et démocratie en Afrique, une relation ambivalente à normaliser », *Afrique contemporaine,* 2012/2 n° 242, p. 120 -121. ; LOUIS MARTIN *(Michel),* Constitutionnalisme et contrôle politique des militaires en Afrique francophone, *Res Militaris* vol.5, n°2, Summer-Autumn/ Été-Automne 2015, (http://resmilitaris.net), p. 1. ; CHOUALA (Yves Alexandre), « Contribution des armées au jeu démocratique en Afrique », *Revue juridique et politique des États francophones*, n° 4, 2004, pp. 548-574. ; MONEMBOU (Cyrille), « La séparation du pouvoir civil et militaire dans le constitutionnalisme africain », Mélanges en l'honneur du Professeur Koffi AHANDZI NONOU, Presses universitaires juridiques de Poitiers, 2021, pp. 591-608. ; MAMBO (Paterne) et NTAH A MATSA (Henri Martin Martial), « L'armée dans les États d'Afrique francophone », Mélanges en l'honneur du Professeur Koffi AHANDZI NONOU, Presses universitaires juridiques de Poitiers, 2021, pp. 487-506. ; ENGOUTOU (Jean-Louis), « Le pouvoir militaire dans les États en reconstruction d'Afrique noire francophone : le cas de le République centrafricaine », *Les Annales de l'Université de Parakou,* série « Droit et science politique », vol 3, n° 1, 2020, pp. 119-136. CIAVOLELLA (Riccardo) et FRESIA (Marion), « Entre démocratisation et coups d'État : Hégémonie et subalternité en Mauritanie », *Karthala | « Politique africaine »,* 2009/2 n° 114, pp. 5-23 ; DWYER (Maggie), « Au-delà des coups d'État : comprendre les nouveaux modes militaires d'intervention », *BULLETIN FRANCOPAIX,* Vol. 7, n° 1-2 • JAN-FEV 2022, pp. 5-7. ; NDIAYE (Babacar), « Les démocraties ouest-africaines à l'épreuve des coups d'État militaires et constitutionnels », *BULLETIN FRANCOPAIX,* Vol. 7, n° 1-2, JAN-FEV 2022, pp. 19-21.; HOUNGNIKPO (MATHURIN C.), « Armées africaines : Chaînon manquant des transitions démocratiques », *BULLETIN DE LA SÉCURITÉ AFRICAINE,* n°. 17, janvier 2012, pp. 1-8. LE-YOTHA NGARTEBAYE (Eugène), « La disparition du maréchal Idriss Déby Itno : entre coup d'État et continuité du système », *BULLETIN FRANCOPAIX,* Vol. 7, n° 1-2, JAN-FEV 2022, pp. 11-15 ; N'GBESSO (Vincent), « La démocratie l'épreuve de l'armée en Afrique noire francophone », *RJPIC,* n°2, 2011, p. 237 et s. ; DUPUY (Emmanuel), « La démocratie en Afrique subsaharienne au bout des baïonnettes », *RJPIC,* n°4, 2005, p. 424. ; HOUNKPE (Mathias), BADARA GUEYE (Alioune), *Rôle des Forces de sécurité dans le processus électoral : cas de six pays de l'Afrique de l'Ouest*, Abidjan, Friedrich-Ebert-Stiftung, 2010, 102p.

[5] MONTESQUIEU, De l'esprit des lois, Ed. Flamarion, 1979, tome I, pp. 220-223. Il y évoque le danger du cumul entre le pouvoir civil et militaire.

constituants ayant bien compris les dangers des gouvernements militaires, ont entendu séparer l'activité politique de l'activité militaire. Dans les démocraties d'occident plus anciennes et dotées d'une culture constitutionnelle réelle, l'armée se cantonne à son rôle d'instrument au service du pouvoir civil. Mais en Afrique noire francophone[6], on observe des intrusions permanentes de l'armée dans le jeu politique. En effet, si les thèses d'un État fort et l'idéologie développementaliste justifiaient les coups d'État post-indépendance[7], la réalité est tout autre maintenant. Après le tournant démocratique des années 1990 marqué par un regain du constitutionnalisme[8], on avait pensé que l'armée était politiquement neutralisée. Mais force est de constater qu'elle s'est de plus en plus affranchie des barrières normatives, institutionnelles et politiques à elle imposées, mettant en mal l'édification d'un État stable[9]. Il y a donc lieu de réfléchir sur son rôle dans l'édification d'une société démocratique en Afrique. Plus spécifiquement, il s'agit de savoir si les fonctions que la constitution attribue à l'armée protègent la démocratie dans les États d'Afrique noire francophone ?

Cette question n'est pas sans intérêt théorique et pratique. Sur le plan théorique, elle interroge sur la capacité du droit à contrôler la force. Le droit étant la constitution et la force le pouvoir létal que détient l'armée. Sur le plan pratique, la question n'est pas sans lien avec l'identification du véritable détenteur de la souveraineté en Afrique. L'alternance des phases démocratiques et des gouvernements militaires fait osciller ces États entre construction, déconstruction et reconstruction. Cette instabilité impacte forcement la mise en place d'institutions fortes nécessaires aux États africains. Il semble encore au regard des coups d'État que le peuple n'en est pas toujours l'entier détenteur.

---

[6] Cette catégorie d'États d'Afrique de l'Ouest et du Centre est retenue à cause de son identique historique et politique. Les trajectoires constitutionnelles présentent d'importantes similitudes favorables à une étude groupée.

[7] AUGE (Axel), « Les armées africaines et le développement : une transformation nécessaire », Bulletin du maintien de la paix, n°102, 2012, pp. 1-4.

[8] KAMTO (Maurice), « Les conférences nationales africaines ou la création révolutionnaire des constitutions », in Dominique Darbon et Jean du Bois de Gaudusson (dir.), *La création du droit en Afrique*, Paris, Karthala, 1997, p. 177.

[9] DWYER (Maggie), « Au-delà des coups d'État : comprendre les nouveaux modes militaires d'intervention », *BULLETIN FRANCOPAIX*, Vol. 7, n° 1-2 • JAN-FEV 2022, p. 5. ; HOUNGNIKPO (MATHURIN C.), « Armées africaines : Chaînon manquant des transitions démocratiques », *BULLETIN DE LA SÉCURITÉ AFRICAINE*, n°. 17, janvier 2012, p. 2.

Fort de ce qui précède, une analyse principalement basée sur les des textes juridiques et des jurisprudences constitutionnelles, ainsi qu'un recours secondaire à l'histoire politique amène à avoir une vision au-delà du formalisme[10]. On est porté à conclure que les constitutions fixent les fonctions de l'armée dans le sens de la préservation de la démocratie. Mais il arrive que l'armée utilise ces fonctions à des fins non démocratiques. En d'autres termes, si elles sont formellement orientées vers la protection de la démocratie (I), elles sont aussi, opportunément inclinées vers la violation de cette démocratie par l'armée (II).

I. Des fonctions formellement orientées vers la préservation de la démocratie

L'État est généralement considéré comme l'institution sociale la plus abouti et la plus stable. Il offre en principe le meilleur cadre d'épanouissement de ses citoyens. Il a été conçu pour la sécurité de tous. Il s'agit d'une de ses fonctions régaliennes[11]. Cette dernière est confiée aux forces de défense et spécifiquement à l'armée. Elle est censée mettre à l'abri de tout danger les différents aspects de la vie de l'État. Il en est ainsi de la démocratie. Dans ce cas précis, les constitutions des État d'Afrique noire francophone, à l'instar de celles des États démocratiques modernes, confient à l'armée des missions orientées vers la préservation de la démocratie. Elles font d'elles les protecteurs du cadre d'exercice (A) et des moyens d'expression de la démocratie (B).

A. La protection du cadre d'exercice de la démocratie

La démocratie est une forme d'exercice du pouvoir politique. Mais il faut noter que ce pouvoir s'exerce dans un cadre bien déterminé qu'est

---

[10] BOURGI (Albert), « L'Évolution du constitutionnalisme en Afrique : du formalisme à l'effectivité », *RFDC,* 2002/4 n° 52, pp. 721-748.

[11] ENGOUTOU (Jean-Luc), « Le pouvoir militaire dans les États en reconstruction d'Afrique noire francophone : le cas de la République centrafricaine », Les annales de l'Université de Parakou, Série « Droit et Science politique », Vol. 3, n°1, 2020, p. 130. ; AUGE (Axel), « Les armées africaines et le développement : une transformation nécessaire », Bulletin du maintien de la paix, n°102, 2012, pp. 1-4. ; AUGÉ (Axel), GNANGUÊNON (Amandine) (dir.), octobre 2015, « Les armées africaines et le pouvoir politique au sud du Sahara », *Les Champs de Mars n°28*, p. 14.

[11]Ibid., p. 125.

l'État[12]. On peut schématiquement définir un cadre, conformément au besoin de l'étude, comme la limite d'un espace ou encore l'espace qui est cerné. Le cadre renvoi également à l'idée de milieu. Transposé à l'État, il renvoi à l'État lui-même en tant qu'espace limité et un milieu. C'est dans celui-ci qu'est censé s'exercer démocratiquement le pouvoir politique. Il doit alors être protégé. Le préposé à cette mission, n'est personne d'autre que l'armée. Il lui est confié la mission de défendre le territoire contre des agressions aussi bien extérieure (1) qu'intérieure (2).

1. La protection du cadre extérieur d'exercice de la démocratie

L'État est localisé dans un espace géographique généralement bien déterminé. Il est circonscrit par des frontières qui sont terrestres, maritimes et aériennes[13]. Ces dernières sont établies pour un objectif précis : délimiter le cadre d'exercice pour pouvoir de l'État. La souveraineté ne peut être exercée au-delà et en deçà des frontières. Jaloux de ce cadre, chaque État s'attelle à le faire protéger par tous les moyens qui lui semble nécessaire politiquement, diplomatiquement ou matériellement. Comme l'écrit Raymond-Carré de Malberg *« la souveraineté est entière ou elle cesse de se concevoir »*[14]. L'État est donc conçu pour préserver un cadre. Il s'agit d'une des fonctions primaires, classiques confiée à une armée dans un État. C'est même la fonction la plus ancienne. On considère qu'elle précède la naissance de l'État moderne. En effet, avant leur constitution, la stabilité, la sécurité ou la pérennité des formes d'organisations politiques[15], étaient fonction de la valeur de son armée. Il est alors au moins évident que la naissance des États est concomitante avec celle de son armée.

Au regard de l'importance que revêt cette institution, son statut et ses missions sont déterminées par la constitution. Mais celle-ci ne confie pas directement la défense de l'intégrité du territoire à l'armée. Il s'agit d'une des fonctions principales du chef de l'État qui peut pour cela recourir à

---

[12] En droit constitutionnel, l'État est appréhendé à partir de ses éléments constitutifs cumulatifs que sont l'existence d'une population établie sur un territoire et soumis à un gouvernement souverain et autonome. À cette définition plus formelle et sociologique s'ajoute une autre plus juridique et matérielle. Cette dernière définie l'État comme une personne morale souveraine.

[13] RADRIANAMPIANINA (M), *Sécurité et défense : nouveau défis, nouveaux acteurs,* Freidrich Erbert-Stiftung, Antananarivo, 2009, p. 19.

[14] CARRÉ DE MALBERG (Raymond), *Contribution à la théorie générale de l'État*, Sirey, 1920.

[15] Clans, tributs, ethnies, royaumes ou empires.

l'armée. Mais les constitutions prennent également le soin de préciser que la défense du territoire est dévolue à l'armée. C'est le cas de celles d'Afrique noire francophone.

En effet, la plupart des constitutions des États sus évoqués confient à l'armée la fonction de défense du territoire national. Cela est perceptible dans les constitutions des États francophones d'Afrique de l'Ouest. Ainsi, dans la constitution ivoirienne on peut lire que :

> « La défense de la Nation et de l'intégrité du territoire est (…) est assurée exclusivement par les forces de défense et de sécurité nationales ».

Les États francophones d'Afrique centrale confient aussi la mission de protection du territoire à l'armée nationale. C'est le cas de la constitution de la République centrafricaine dont l'article 27 dispose que :

> « Les forces de défense ont pour mission de garantir l'intégrité du territoire ainsi que la sécurité des populations contre toute agression extérieure ».

Il est de même de la constitution tchadienne abrogée[16] à l'article 189 :

> L'« armée Nationale Tchadienne a pour missions de défendre l'intégrité territoriale, l'unité nationale, de garantir l'indépendance nationale et la sécurité du pays contre toute agression ou menace extérieure ».

La constitution gabonaise ne dit pas autre chose lorsqu'elle dispose que :

> « La défense de la Nation et la sauvegarde de l'ordre public sont assurées essentiellement par les forces de défense et de sécurité nationales »[17].

Il s'agit donc d'une mission permanente et classique des forces armées en Afrique : la protection de l'intégrité du territoire. En droit international l'intégrité des territoires est un principe cardinal de l'identité d'un État. Il postule que les frontières de l'État soient maintenues intactes et contre toute intrusion externe. Elle peut être armée ou non. L'hypothèse la plus

[16] En l'État actuelle, la constitution 04 mai 2018 a été abrogée par la charte de la transition adoptée en avril 2021.

[17] Article 1er alinéa 22 de la constitution du 26 mars 1991.

visible est celle d'une attaque armée[18]. Il peut également s'agir des mouvements migratoires incontrôlés des populations entre deux frontières. Dans cette hypothèse, l'étanchéité des frontières souhaitée et recherchée par le recours à l'armée n'est pas sans lien avec la démocrate. En effet, des frontières mal tenues peuvent avoir des conséquences en terme de nationalité et impacter le fichier électoral qu'ils s'agissent des élections nationales ou locales. Des cas de difficultés électorales liées aux problèmes de frontières ne sont isolés en Afrique. Il est constant d'entendre que les élections ont été biaisées à cause de la nationalité des électeurs. En effet, c'est souvent en période électorale que les questions de nationalité sont souvent mises en avant. Lors des élections on a vu constamment surgir des affirmations selon lesquelles certains groupes d'électeurs inscrits ou potentiels ont votés alors qu'ils ne le devaient pas. Il est arrivé que l'on dénonce dans une zone frontalière un afflux massif de population au moment du scrutin[19]. En Côte d'Ivoire, pays de la CEDEAO, on entendu plusieurs fois des hommes politiques appeler au nettoyage du fichier électoral qui ne contenait pas seulement les noms des nationaux. Ce type de problèmes peut donc être lié à des frontières mal tenues.

Le rôle de l'armée n'est pas seulement de garder le cadre extérieur de la démocratie. Elle doit aussi tenir son cadre intérieure.

2. La protection du cadre intérieur d'exercice de la démocratie

La fonction de protection du cadre d'exercice de la démocratie n'est pas seulement tournée vers l'extérieur. Elle l'est également vers l'intérieur. En effet, les forces armées ont aussi des missions intérieures de protection. Les hypothèses de menaces internes à la stabilité de l'État ne sont pas de simples cas d'écoles. Elles sont tellement possibles et ont été maintes fois manifestes qu'elles ont été constitutionnalisées. Ainsi, dans les constitutions on voit bien que des dispositions sont prévues à cet effet. Il apparait dans plusieurs constitutions la prise de pouvoir par la force est interdite aussi bien aux civiles qu'aux militaires. Pour ce qui est

---

[18] En 2021 a eu lieu au Nord-Ouest du Tchad dans les régions de Kanem, Tibesti et Borkou une attaque lancée depuis la Libye. Cette attaque était le fait de rebelles Tchadiens de Front pour l'Alternance et la Concorde au Tchad (FACT) à la suite de l'élection présidentielle tchadienne de 2021. Face à cette attaque, l'armée Tchadienne a engagé ses forces à la défense du territoire.

[19] HOUNKPE (Mathias), BADARA GUEYE (Alioune), *Rôle des Forces de sécurité dans le processus électoral : cas de six pays de l'Afrique de l'Ouest*, op. cit., p. 28.

des civils, il est constamment fait rappelle, à l'instar de la constitution camerounaise, que :

> « La souveraineté nationale appartient au peuple camerounais qui l'exerce soit par l'intermédiaire du Président de la République et des membres du Parlement soit par-voie de référendum. Aucune fraction du peuple ni aucun individu ne peut s'en attribuer l'exercice »[20].

C'est aussi le cas de la constitution centrafricaine[21] et de la constitution tchadienne abrogée[22]. D'autres dispositions prohibent la constitution de milices par les citoyens en vue de conquérir le pouvoir. C'est le cas de la constitution gabonaise[23]. Dans ce cas, on imagine un groupe de personnes, mu par des convictions politiques ou tribales, qui entend prendre le pouvoir par la force ou bien faire sécession. Cependant, l'hypothèse la plus courante en Afrique au plan interne est celle des velléités de prise de pouvoir par une partie de l'armée[24]. Cette pratique est pourtant prohibée par la constitution[25].

---

[20] Article 2 alinéa 1 de la constitution camerounaise du 18 janvier 1996. On retrouve une formulation proche dans la constitution du Sénégal du 22 janvier 2021, « La souveraineté nationale appartient au peuple sénégalais qui l'exerce par ses représentants ou par la voie du référendum.

Aucune section du peuple, ni aucun individu, ne peut s'attribuer l'exercice de la souveraineté ». Il en est de même de la constitution du Niger de 2010 à l'article « La souveraineté nationale appartient au Peuple. Aucune fraction du Peuple, aucune communauté, aucune corporation, aucun parti ou association politique, aucune organisation syndicale ni aucun individu ne peut s'en attribuer l'exercice ».

[21] L'article 28 de la constitution centrafricaine dispose par exemple que *« l'usurpation de la souveraineté par rébellion, mutinerie ou tout autre procédé non démocratique constitue un crime imprescriptible contre le peuple centrafricain. Toute personne [...] qui accomplit de tels actes aura déclaré la guerre au peuple centrafricain. Dans ces circonstances, tout citoyen ou groupe de citoyen a le droit et le devoir de s'organiser d'une manière pacifique pour faire échec à l'autorité illégitime ».* L'obligation prend d'autres formes littérales dans diverses constitutions Ouest africaines.

[22] Elle disposait que nous le peuple tchadien : *« proclamons notre droit et notre devoir de résister et de désobéir à tout individu ou groupe d'individus [...] qui prendront le pouvoir par la force... ».*

[23] Article 1er alinéa 22 « *La défense de la Nation et la sauvegarde de l'ordre public sont assurées essentiellement par les forces de défense et de sécurité nationales.*

En conséquence, aucune personne, aucun groupement de personnes ne peuvent se constituer en milice privée ou groupement para-militaire ; les forces de défenses et de sécurité nationales sont au service de l'État ».

[24] Dans le cas d'un coup d'État, il est arrivé qu'une faction de l'armée combatte un autre.

[25] A titre illustratif on peut citer l'article 168 de la constitution du Burkina-Faso qui déclare illégal tout pouvoir ne tirant pas sa source de la constitution, "*notamment celui issu d'un coup d'État ou d'un putsch*" (Art.167 §2). Dans la même veine, le Congo-Brazzaville condamne "*le coup d'État,*

Pour faire face à donc aux menaces internes d'atteinte à la démocratie, les constitutions des États d'Afrique noire francophone ont explicitement confié à l'armée la fonction d'assure la protection du cadre interne d'exercice de la démocratie. En effet, dans la plupart des cas, les dispositions qui prescrivent à l'armée la défense de l'intégrité du territoire concernent aussi bien les frontières externes et internes de l'État. L'armée est à cet effet appelée à défendre les limite et l'intérieure du territoire national. C'est ainsi que dans diverses constitutions, il existe des dispositions prescrivant aux forces armées d'assurer la défense de l'intégrité du territoire. S'il arrive que la précision ne soit pas faite sur l'intégrité interne ou externe, certaines constitutions, à l'instar de celle de la République centrafricaine précise bien que la mission de l'armée est également de défendre la souveraineté interne. À l'article 27 de cette constitution on peut lire que :

> « Les forces de défense ont pour mission de garantir l'intégrité du territoire ainsi que la sécurité des populations contre toute agression intérieure ».

L'ensemble de menaces sus évoqués impactes assurément sur le cadre d'exercice de la démocratie qu'est l'État. Un État donc le cadre territorial est mal tenu aura des difficultés à assoir une démocratie. Il revient donc souvent donc à l'armée de préserver ce cadre dans les conditions que fixent la constitution ou les lois.

Cependant, le rôle de l'armée ne se limite pas à la protection du cadre d'exercice de la démocratie. Il est encore plus important dans la protection des moyens d'expression de celle-ci.

B. La protection de l'expression de la démocratie

Depuis la fin de la seconde guerre mondiale, il est admis un double sens de la démocratie. Elle a désormais un sens formel et un sens matériel. Dans le premier, elle est un processus de désignation des dirigeants. Dans un autre sens, elle est une manière de diriger en tenant compte de l'équité et des droits de l'homme. Elle a donc une expression particulière et est un état d'être de l'État. Cette conception moderne et acquise de la démocratie nécessite d'être préservée. Il revient à l'armée

---

l'exercice tyrannique du pouvoir et l'usage de la violence politique sous toutes ses formes, comme moyens d'accession au pouvoir ou de sa conservation".

d'après la constitution de s'y atteler dans une certaine mesure[26]. Elle protège à la fois le processus et les droits. En d'autres termes, elle protège l'expression formelle (1) et l'expression matérielle (2).

1. La protection de l'expression formelle

Schématiquement la démocratie est le processus de désignation des gouvernants par le biais d'une élection. Cette dernière est le procédé le plus courant dans les systèmes politiques contemporains. L'élection est susceptible de diverses modalités qui ne sont pas sans influence sur le résultat. Mais le principe est presque toujours le même : il s'agit d'un processus[27] au cours duquel les différents prétendants à un poste politique sont mis en compétition et seront départis par un vote d'électeurs. Le régime de cette compétition est généralement aménagé par la constitution[28] et la loi[29]. Il organise la concurrence entre les oppositions en vue de conquérir le pouvoir. On doit savoir l'opposition peut être plurielle[30]. Mais celle qui est abordée ici est politique et dans un cadre démocratique. A juste titre, il faut retenir avec Pascal Jan que :

> « L'opposition se présente comme une position reconnue d'un groupe au sein d'un régime politique en compétition pour l'accession légale au pouvoir et son exercice pacifique »[31].

Consacré en droit constitutionnel occidentale[32], la reconnaissance d'un statut à l'opposition politique est innovation du constitutionnalisme

---

[26] D'autres instances existent. Mais l'armée n'est pas pour autant exemptée de cette mission.

[27] Dans le cadre d'une démocratie représentative, l'élection doit être perçue et gérée comme un processus et non comme un évènement ponctuel qui se produit uniquement un jour donné ou pendant un nombre réduit de jours. Il s'agit plutôt bien d'un processus – appelé le processus électoral ou le cycle électoral – qui peut parfois se dérouler de manière continue – presque sans interruption entre deux échéances électorales. Le cycle électoral peut être divisé en trois (03) phases à savoir les phases pré-électorale, électorale et postélectorale.

[28] Relativement pour l'élection présidentielle.

[29] Pour les élections nationales et locales.

[30] Pascal Jan en distingue plusieurs : *« Opposition politique, opposition parlementaire, opposition institutionnelle, opposition révolutionnaire, opposition constitutionnelle, opposition dissidente, opposition clandestine, voilà quelques-unes des versions possibles de l'opposition »*. JAN (Pascal), « Les oppositions », *Pouvoirs,* n°108, 2004, p. 24.

[31] Ibid., p. 38.

[32] PIMENTEL (Carlos-Miguel), « L'opposition, ou le procès symbolique du pouvoir », *Pouvoirs,* n°108, 2004, pp. 45-61.

africain[33]. En effet, on a connu avant le début des années 1990 le système du parti unique dans lequel il n'y avait pas véritablement compétition électorale au sens démocratique. L'avènement du multipartisme va entrainer la nécessité de refonder les règles de conquête du pouvoir. Le rôle de l'armée s'avère alors primordial[34].

En effet, la période électorale est importante et sensible dans la vie d'un état. La gestion du processus électoral donne lieu à une série de risques de violence et d'insécurité. C'est la période au cours de laquelle les États d'Afrique noire francophone subissent le plus souvent de troubles sociaux pouvant parfois conduire à des coups d'État. C'est ainsi qu'à plusieurs reprises on a assisté à la rupture pacte politique en période électorale[35]. Le processus doit donc être protégé par de tout trouble[36].

Il faut premièrement noter qu'il ne revient pas à l'armée d'assurer la protection du processus électoral[37]. Un régime déclinant les principales étapes et les conditions de participation est aménagé. Des instances spécialement dédiées à l'organisation des élections sont prévues. En appui à celles-ci nous avons l'administration et les juridictions classiques sensées également encadrer et protéger le processus électoral. Mais en matière de sécurité matérielle, nous avons aussi l'intervention des forces de défense et de sécurité. Elles sont généralement hiérarchisées en fonction de la menace à la stabilité et la sécurité. Ainsi, leur intervention est fortement conditionnée. Il revient alors souvent à la police et à la gendarmerie d'intervenir en premier.

---

[33] EMMANUEL (Delphine), « Le statut de l'opposition dans les États d'Afrique francophone », *RJPIC*, n°1, 2011, p. 10 et s.

[34] HOUNKPE (Mathias), BADARA GUEYE (Alioune), *Rôle des Forces de sécurité dans le processus électoral : cas de six pays de l'Afrique de l'Ouest*, Abidjan, Friedrich-Ebert-Stiftung, 2010, 102p

[35] Les incursions rebelles au Tchad en 2021 est survenues pendant les deux tours de l'élection présidentielle. Au Mali, le coup d'État de 2021 a lieu dans un contexte de manifestations et de contestations des élections législatives de 2020. Au Niger, une tentative de coup d'État a eu lieu le 31 mars 2021 après l'élection présidentielle et deux jours avant la prestation de serment du Président élu Mohamed Bazoum.

[36] Assurer la sécurité du processus électoral, c'est créer un environnement paisible et sécurisé avant, pendant et après le scrutin afin de permettre aux citoyens de participer aux élections sans peur ni intimidation. Assurer la sécurité du processus électoral, c'est également garantir un environnement paisible et pacifique de transfert de pouvoir.

[37] NGA NYEBE (Rosalie), « Le conseil constitutionnel et l'alternance démocratique en Afrique francophone subsaharienne », *RADSP*, Vol IX, N° 22, Spécial bis 2021 - 1er semestre, pp. 71-99. KESSOUGBO (Koffi), « La Cour constitutionnelle et la régulation de la démocratie », *RJPIC*, n°3, 2005, p. 383.

La police a pour mission :

• veiller à la sécurité de l'État ;

• assurer le maintien et le rétablissement de l'ordre public ;

• veiller à la sécurité et à la protection des personnes et des biens ;

• veiller à la tranquillité et à la salubrité publiques ;

• assurer le respect des lois et règlements.

La gendarmerie quant à elle pour missions de :

• assurer la protection des personnes et des biens ;

• assurer le maintien et le rétablissement de l'ordre public aux abords des grandes villes et dans le monde rural ;

• assurer le respect des lois et règlements. Ces missions sont exécutées en temps dans un contexte. Mais il revient à l'armée de protéger tout le processus en cas de menaces ultime.

En effet, les missions de sécurité de défense de la nation inclinent l'armée à protéger indirectement le déroulement des élections[38]. Certains pourraient qualifier ces missions d'inhabituelles[39]. Mais elles sont courantes pour l'armée.

Le rôle de l'armée dans la défense de l'expression de la démocratie ne s'arrête pas au processus électoral. Il continue avec la défense des droits démocratiques.

2. La protection de l'expression matérielle

Au sens matériel, la démocratie peut être entendu comme un ordre social dans lequel un certain nombre de droits fondamentaux sont reconnus et garantis aux citoyens. Ce sens s'est enrichi après les atrocités de la seconde guerre mondiale. En effet, l'intégration de la notion de dignité humaine a donné un autre sens à la conception de la démocratie. Ainsi, un État ne peut plus être qualifié de démocratique uniquement sur la base de l'organisation des élections discutées. Le sort des droits fondamentaux est également un critère de détermination de la nature démocratique ou non d'un État. Le critère n'est donc plus simplement

---

[38] HOUNKPE (Mathias), BADARA GUEYE (Alioune), *Rôle des Forces de sécurité dans le processus électoral : cas de six pays de l'Afrique de l'Ouest*, Abidjan, Friedrich-Ebert-Stiftung, 2010, p. 28 et s.

[39] ENGOUTOU (Jean-Louis), « Le pouvoir militaire dans les États en reconstruction d'Afrique noire francophone : le cas de le République centrafricaine », *op. cit.*, p. 133.

mathématique. La démocratie est un tout désormais. Par conséquent, le rôle dévolu à l'armée de protéger la démocratie s'étend aussi à la protection des droits fondamentaux.

Dans les constitutions des États d'Afrique noire francophone, ce rôle apparait dans l'interprétation des dispositions des articles qui confient à l'armée la défense de la nation ou encore, en temps de paix, la participation aux missions de développement socio-économique.

S'il faut admettre que la défense des droits fondamentaux n'est pas la mission première de l'armée en période normale, il faut bien reconnaitre qu'en cas de crise ou de période exceptionnelle, c'est à l'armée que revient la charge de défendre matériellement les droit fondamentaux. En effet, à l'instar de la protection de la démocratie au sens formelle, les défenseurs premiers des droits de l'homme, police, la gendarmerie, l'administration et davantage le juge. Cette défense est naturelle en période normale et d'accalmie. Mais une fois qu'il y a crise, c'est à l'armée de prendre le relais parce que ces périodes sont souvent émaillées de graves violations des droits de l'homme. L'autorité civile trouve souvent des difficultés à être appliquée. Le recours à l'armée est alors nécessaire pour défendre les populations livrées aux exactions. *« Le militaire rassure davantage »*[40]. Le contexte sécuritaire actuel en Afrique marqué par la prolifération des groupes et des attaques djihadistes laisse voir de nombreuses violations de droits de l'homme. Face à des situations que la police ou la gendarmerie ne peut tout contrôler. Il est fait recours à l'armée pour essayer de rétablir la légalité républicaine et la démocratie. Des violations nécessitant l'intervention de l'arme sont aussi visibles dans le cas des sécessions. Ainsi, dans le cas de la crise séparatiste des régions du nord-ouest et du sud-ouest du Cameroun, on a enregistré de nombres actes de violations et de terrorismes des populations locales par les séparatistes[41]. L'État a pour cela fait recours à l'armée nationale pour faire barrage aux différentes violations.

Au demeurant, l'armée a un rôle de protection de la démocratie dans les États d'Afrique noire francophone. Ce rôle lui est constitutionnellement dévolu. Mais la recrudescence des coups d'État en

---

[40] SUREAU (François), « Le militaire dans son droit », NOUVEAUX CAHIERS DU CONSEIL CONSTITUTIONNEL N° 51 (DOSSIER : LA CONSTITUTION ET LA DÉFENSE NATIONALE) - AVRIL 2016, p. 7.

[41] Débutée en 2016 par des revendications séparatistes, cette crise va évoluer vers des revendications sécessionnistes des régions du nord-ouest et du sud-ouest du Cameroun.

Afrique amène à voir que l'armée s'affranchi trop facilement des missions à elle assignées ou bien les interprète dans un sens pas toujours favorable à la démocratie.

II. Des fonctions matériellement inclinées vers la violation de la démocratie

Il est regrettable de constater combien les faits sont têtus en Afrique pour ce qui est des coups d'État. En effet, malgré la transition démocratique des années 1990 et la venue d'un nouveau constitutionnalisme, on se serait attendu à un recul des changements anticonstitutionnels de gouvernement. La réalité est plutôt contraire ; la tradition s'est perpétuée[42]. Malgré la détermination constitutionnelle des fonctions de l'armée, force est de constater qu'elle se meut toujours aussi indépendamment. On peut se demander si cette liberté de mouvement, indument acquise très souvent, n'a pas ses germes dans les fonctions même qui sont assignées à l'armée. Cette interrogation n'est pas anodine parce qu'on observe un penchant vers l'abus des missions (A) et une tendance à l'affranchissement de l'encadrement (B).

A. La propension à l'abus des fonctions

On peut dire à l'évocation des fonctions de l'armée que *« l'occasion fait le larron »* ou encore *« c'est le terrain qui impose la manœuvre ».* Chacune de ces expressions peut bien expliquer que les armées dans les États d'Afrique noire francophone aient encore une lecture particulière de leur fonction. Elles font une appréciation unilatérale de la nature de leur fonction et des moyens pour la mettre en œuvre.

1. l'appréciation unilatérale de la nature de la fonction

S'il est vrai que la constitution ne peut tout régler et définir, il est tout aussi important qu'elle ait un minimum de contenu surtout en Afrique ou le model de contrôle de constitutionnalité dominant le contrôle par voit d'action. Ce model permet difficilement de régler toutes les équivoques que peut soulever l'application ou l'interprétation d'une

---

[42] ESSONO OVONO (Alexis), op. cit., p. 120.

constitution. Pourtant, il est nécessaire qu'un sens soit donné à certaines formules contenues dans la constitution. Il peut en être ainsi des missions confiées à l'armée.

Une des premières ambigüités qu'il faut relever dans certaines constitutions tient au fait que certaines missions confiées à l'armée le sont également au citoyen ou au peuple. On peut le percevoir dans les constitutions ivoirienne[43], béninoise[44], nigérienne[45], burkinabaise[46] ou centrafricaine[47]. Ces dispositions laissent place à une anarchie quant au véritable détenteur de la fonction de défense de la démocratie. Elle induise une intervention du peuple qui n'est pourtant pas structurée[48]. Mais dans la plupart des cas heureusement c'est à l'armée de défendre l'État et ses principes.

Cependant, les missions confiées à l'armée prêtent le flanc à la leur violation. Elles lui attribuent la défense de l'intégrité du territoire, de la démocratie ou de la population. Pour une armée professionnelle, ces dispositions ont une limite et un cadre d'exercice. En effet, elle doit agir sous le contrôle du Président de la république[49] et suivant le régime fixé par la loi[50]. Mais elles peuvent également être interprété de façon beaucoup large par l'armée qui peut être portée à penser qu'une crise donc les mécanismes démocratiques de règlement sont déterminée nécessite sont intervention salutaire. Elle peut alors être portée à considérer qu'à un

---

43 Article 39 de la constitution du 8 novembre 2016. *« La défense de la Nation et de l'intégrité du territoire est un devoir pour tout Ivoirien. Elle est assurée exclusivement par les forces de défense et de sécurité nationales, dans les conditions déterminées par la loi ».*

44 Ainsi dans la constitution béninoise on peut lire à l'article 32 que *«la défense de la Nation et l'intégrité du territoire de la république est un devoir sacré pour tout citoyen béninois ».*

45 Article 28 : « La défense de la nation et de l'intégrité du territoire de la République est un devoir sacré pour tout citoyen nigérien ».

46 Article 10 : « Tout citoyen Burkinabé a le devoir de concourir à la défense et au maintien de l'intégrité territoriale ».

47 Article 29 de la constitution du 30 mars 2016 : *« En cas de coup d'État, d'agression par un État tiers ou par des mercenaires, les autorités habilitées par la constitution ont le droit et le devoir de recourir à tous les moyens pour rétablir la légitimité constitutionnelle (...). Dans ces circonstances, tout citoyen ou groupe de citoyens a le droit et le devoir de s'organiser de manière pacifique pour faire échec à l'autorité illégitime ».*

48 SOMA (Abdoulaye) « Le peuple comme contre-pouvoir en Afrique », RDP, 01 juillet 2014, n° 4, p. 1019.

49 « Chef des forces armées » et qui « veille à la sécurité intérieure et extérieure de la République ». Article 8 de la constitution camerounaise.

50 Qui fixe « les règles générales d'organisation de la défense ». Article 26 de la constitution camerounaise.

moment ou à un autre, elle est dans sa mission de défense des intérêts de la nation[51]. Pour le Professeur Alexis Essono Ovono, *« si la démocratie est souvent fragilisée par l'armée, il arrive parfois que cette dernière se porte au secours de la démocratie lorsqu'elle est menacée »*[52]. L'intervention des militaires dans le politique a souvent été à des égards salvatrices[53]. Mais elle est souvent beaucoup plus destructrice[54]. On peut convenir encore avec le Professeur Alexis Essono Ovono que *« l'intervention périodique et « spectaculaire » de l'armée dans le champ politique remet en cause le processus démocratique amorcé depuis la fin des années 1980 »*[55].

Les raisons ne manquent pas pour justifier un coup d'État. Les plus avancées sont la défense du territoire, la démocratie et la protection des droits de l'homme[56]. Ces raisons sont parfois évoquées séparément et parfois simultanément.

Pour des raisons démocratiques, le refus de certains dirigeants politiques face aux changements revendiqués par la majorité des citoyens, ou face aux dérives autoritaires de certains chefs d'État, l'armée est apparue comme le dernier recours. L'exemple plus révélateur est celui du Mali en 1991 où l'armée dirigée par le colonel Amadou Toumani Touré est intervenue pour renverser le président Moussa Traoré pour instaurer une démocratie[57]. Toujours au Mali en 2012, la junte se pare de la démocratie comme logo en prenant le nom de *« Comité national pour le redressement de la démocratie et la restauration de l'État »*[58]. C'est aussi le cas en Guinée où le président Alapha Condé a subi un coup d'État suite à sa la modification de la constitution qui lui avait permis de briguer un troisième mandat vivement contesté. Dans ses déclarations, le colonel et président guinéen de transition, Mamady Doumbouya, a fustigé *« la gabegie »* et la *« personnalisation du pouvoir »* qui régnaient, selon lui, avant le putsch

---

[51] La preuve de tous les discours de prise de pouvoir par coup d'État.

[52] ESSONO OVONO (Alexis), op. cit., p. 120.

[53] MONEMBOU (C), op. cit., p. 605.

[54] Ibid., 607.

[55] ibid.

[56] NDIAYE (Babacar), « Les démocraties ouest-africaines à l'épreuve des coups d'État militaires et constitutionnels », BULLETIN FRANCOPAIX, Vol. 7, n° 1-2, JAN-FEV 2022, p. 19.

[57] Ibid., p. 20.

[58] CNRDR ou CNRDRE.

et affirme vouloir *« rendre le pouvoir au peuple de Guinée »*[59]. Il n'est pas inutile d'évoquer aussi le cas du Niger en 2010 où l'armée est intervenue pour mettre fin à une crise née de la volonté du président Tandja de se maintenir au pouvoir à tout prix. Le Général Salou Djibo va prendre la tête d'un conseil de transition dénommé *« Conseil suprême de restauration de la démocratie ».*

Pour des raisons de défense de l'intégrité du territoire, l'armée a aussi été amenée à renverser l'autorité démocratique. C'est le cas au Tchad où, pour légitimer leurs actions, le CMT[60] joue la carte de la crise sécuritaire. La junte met en avant, outre l'invasion imminente de N'Djamena par les rebelles du FACT, l'engagement du Tchad dans la lutte contre le terrorisme au Sahel et dans le bassin du lac Tchad. Ces justificatifs sécuritaires vont légitimer le coup d'État. Il en est de même au Mali en 2012 où l'une des raisons du renversement du Président Amadou Toumani Touré était *« l'incapacité du gouvernement à donner aux forces armées les moyens nécessaires de défendre l'intégrité de notre territoire national »*[61].

Ainsi, Plusieurs cas de coup d'États ont été orchestrés au nom de la défense de l'État par une armée qui estimait être dans son droit constitutionnelle de défense des intérêts de la nation. Mais cette interprétation est unilatérale est très souvent admise si le coup d'État est réussi. Il revient souvent également à l'armée de déterminer unilatéralement les moyens de sa mission.

2. La détermination unilatérale des Moyens de la fonction

Selon Marc Sadoun :

> « Le libéralisme exige des citoyens et de leurs représentants qu'ils renoncent non seulement à la force mais à tout ce qui ne peut être mis en commun et partagé. Celui qui entre dans le cercle de la discussion en accepte les règles et les principes qui la fondent »[62].

À cet effet, l'armée sait quel rôle elle doit jouer dans une démocratie. Elle doit mobiliser ses moyens dans un cadre et un esprit bien déterminé.

---

[59] Ibid.

[60] Conseil Militaire de transition.

[61] AP, « Coup d'État de soldats contre le gouvernement au Mali », 22 mars 2012, https://archive.wikiwix.com/

[62] SADOUN (Marc), « Opposition et démocratie », *Pouvoirs,* n°108, 2004, p. 12.

Ces moyens sont mis à sa disposition pour assurer ses fonctions constitutionnelles. Il en existe plusieurs et de degrés variables. Ils oscillent entre la dissuasion et la répression. Normalement dans une démocratie bien établie, l'armée au plan interne ne devrait avoir recours qu'aux moyens de dissuasion. Ceux-ci lui permettraient d'étouffer toute éventuel volonté de déstabilisation. Cependant, on a constaté que l'armée en Afrique noire francophone, à l'aune de son appréciation parfois biaisée de ses fonctions, détermine *proprio mutu* les moyens à mettre en œuvre la *« défense de la démocratie ».* Malheureusement elle a très souvent préférée céder à l'usage de moyens de répression. Elle considère qu'il lui revient alors de déterminer les moyens par lesquels elle défend la démocratie.

En effet, face à ce que l'armée peut considérer comme une menace à la démocratie, elle peut être amenée à mobiliser les moyens ultimes pour vaincre rapidement toute résistance. Généralement qualifiée de *« grande muette »,* elle préfère très souvent sortir de son mutisme pour passer directement à l'action lorsqu'il s'agit de prendre le pouvoir. Ayant très souvent les moyens de son action, elle n'envisage pas les autres possibilités qui s'offrent à elle en cas de crise politique. Il est pourtant envisageable que l'armée décide de rester loyaliste ou qu'elle se mue en force d'interposition entre des oppositions difficiles à concilier. Mais elle préfère utiliser l'option extrême qui est de prendre tout simplement le pouvoir politique et le gérer. Cette option impose le recours à de moyens brutaux. En effet, la réussite d'un coup d'État dépend de sa célérité et de l'efficacité des moyens utilisés. Le temps d'exécution doit être relativement cours sinon c'est l'échec. Au Gabon en janvier 2019, une poigne de militaires (environ 5) fait une tentative de coup d'État en envahissant la maison d la radio. Ces putschistes en appellent au soulèvement populaire. Au regard du nombre et de la démarche, tout porte à croire qu'il n'avait pas les moyens de leur action. C'est donc naturellement qu'elle s'est soldée par un échec. Plus récemment au Mali, en aout 2022, les militaires au pouvoir affirmaient également avoir fait échec à un coup d'État mal préparé.

Mais dans les hypothèses de réussite de coups d'État, il s'agit d'un concours de moyens mobilisés par l'armée pour prendre le pouvoir rapidement, brutalement et sans grande résistance.

En déterminant unilatéralement la nature de sa mission, l'armée dévoie les objectifs pour lesquelles elle est créée et s'affranchie assurément de son encadrement.

B. La tendance à l'affranchissement de l'encadrement

L'armée mène ses missions dans un cadre bien déterminé et sous un contrôle institutionnel organisé. Mais force est de constater que ce cadre en Afrique n'empêche pas à celle-ci de s'affranchir de ses gardiens. Très souvent on note une tendance à la substitution des institutions (1) ou encore à l'institutionnalisation de l'irresponsabilité (2).

1. La tendance à la substitution institutionnelle

Dans le cadre d'une république, chaque institution à sa place. Il est désormais établi en théorie constitutionnelle que pouvoir politique doit être exercé par les civils[63] et que l'armée leur est subordonnée[64]. Il s'agit d'une subordination au trois pouvoirs[65]. Dans la constitution Camerounaise, il est clairement disposé que :

> «Les autorités chargées de diriger l'État tiennent leurs pouvoirs du peuple par voie d'élections au suffrage universel direct ou indirect, sauf dispositions contraires de la présente Constitution »[66].

L'exclusion des militaires du jeu politique tient à la conception moderne de la souveraineté : le pouvoir appartient au peuple.

L'aspect le plus marqué est généralement la soumission au pouvoir exécutif et législatif. Relativement au pouvoir exécutif, les fondements constitutionnels sont clairs à ce propos. En effet, l'exécutif, soit en la personne du Président de la République ou du premier ministre[67], est l'institution qui contrôle l'armée. Aussi, peut-on lire dans plusieurs constitutions que le *« Président de la République est le chef suprême des forces armées »*[68] *ou encore « Il est le Chef des Forces Armées »*[69]. C'est

---

[63] Plus légitimes à l'exercer au regard de la légitimité décollant de leur mode de désignation.

[64] Cette subordination est un élément central de son professionnalisme. Samuel Huntington, The soldier and the state. The theory and the civil-military relations, Cambridge, Harward university press, 1657.

[65] Pouvoir législatif, pouvoir exécutif ou encore pouvoir judicaire.

[66] Article 2 alinéa 2.

[67] En fonction de la place prépondérante qu'occupe le président de la république au sein des institutions en Afrique, il est plus courant que la disposition de l'armée soit réservée à ce dernier.

[68] Article 33 alinéa 8 de la constitution centrafricaine du 30 mars 2016.

[69] Article 8 alinéa 2 de la constitution camerounaise du 18 janvier 1996.

une tendance dans les États d'Afrique noire francophone[70]. De par cette position, il est le premier responsable militaire, le président des instances consultatives de l'armée et le concepteur de la politique de défense nationale. En ce qui concerne le parlement, le libéralisme de la vie politique met le peuple au centre de tout. Il est alors naturel que l'armée soit soumise au pouvoir législatif. *« La soumission du pouvoir militaire au parlement participe du contrôle du contrôle démocratique des forces armées »*[71]. Le législatif dispose d'un pouvoir de détermination des missions de l'armée, d'un pouvoir budgétaire et d'autorisation à certains égards. L'organisation, le fonctionnement ainsi que la mobilisation de l'armée sont donc soumis à un encadrement.

Cependant, l'armée en Afrique noire francophone s'est rendue coupable de substitution des institutions démocratiquement constituées auxquelles elle est subordonnée. Elle l'a fait généralement pour des motifs qu'elle avait elle-même appréciée. Pourtant on sait que des mécanismes constitutionnels existent pour des éventuelles crises politiques[72]. *« La démocratie postule l'abandon de tout recours à la force au profit d'une régulation juridique des rapports entre les acteurs politiques »*[73], écrit le Professeur Alexis Essono Ovono. En effet, plusieurs techniques ont été aménagées par l'ingénierie constitutionnelle pour substituer un chef d'État indisponible, un gouvernement illégitime ou toute autre crise politique. Mais l'armée s'est souvent mis en marge de tous ces processus pour tout simplement prendre la place des institutions civiles et faire abstraction de la constitution en évinçant les autorités civiles[74].

---

[70] ENGOUTOU (Jean-Louis), « Le président de la République, Chef des forces armées dans les États d'Afrique noire francophone », op. cit., 31-48.

[71] ENGOUTOU (Jean-Louis), « Le pouvoir militaire dans les États en reconstruction d'Afrique noire francophone : le cas de le République centrafricaine », op. cit., p. 128.

[72] DE GAUDUSSON (Jean du Bois), « Les solutions constitutionnelles des conflits politiques », *Afrique contemporaine*, n° spécial, 4ème trimestre, 1996, pp. 250-256. ; KEUTCHA TCHAPNGA (Célestin), « Droit constitutionnel et conflits politiques dans les États francophones d'Afrique noire », *RFDC*, n°63, 2005/3, p. 452. ; TAMA AYINDA (Thierry Olivier), Constitution et crises en Afrique : Réflexion sur l'encadrement constitutionnel des crises dans les États d'Afrique noire francophone, Thèse de Doctorat Ph.D., Université de Yaoundé II, 2018, 465p.

[73] ESSONO OVONO (Alexis), op. cit., p. 120.

[74] LOUIS MARTIN *(Michel)*, « Constitutionnalisme et contrôle politique des militaires en Afrique francophone », op. cit., p. 1. ; MONEMBOU (Cyrille), « La séparation du pouvoir civil et militaire dans le constitutionnalisme africain », op. cit., p. 607.

On a pu l'observer au Tchad[75]. Après le décès du Président Idriss Deby, il y aurait dû avoir enclenchement des mécanismes de succession constitutionnelle tels que prévus par la constitution. En effet, suivant l'article 81 de la constitution alors en vigueur :

> « En cas de vacance de la Présidence de la République pour quelque cause que ce soit ou d'empêchement définitif constaté par la Cour Suprême saisie par le Gouvernement et statuant à la majorité absolue de ses membres, les attributions du Président de la République, à l'exception des pouvoirs prévus aux articles 85, 88, 95 et 96 sont provisoirement exercées par le Président de l'Assemblée Nationale et, en cas d'empêchement de ce dernier, par le 1er Vice-président.
>
> Dans tous les cas, il est procédé à de nouvelles élections présidentielles quarante-cinq (45) jours au moins et quatre-vingt-dix (90) jours au plus, après l'ouverture de la vacance ».

Par ailleurs, selon l'article 82 de la même constitution :

> « Le Président de l'Assemblée Nationale assurant les fonctions de Président de la République ne peut ni démettre le Gouvernement, ni procéder à la révision de la Constitution, ni dissoudre l'Assemblée Nationale ».

Les mécanismes de substitution constitutionnelle avaient donc été prévus à l'avance. Mais le coup d'État s'est produit au mépris des dispositions de la Constitution. Celles-ci imposaient une transition de moins de quatre-vingt-dix jours menée par le président de l'Assemblée nationale. Non seulement les militaires n'ont pas respecté la procédure constitutionnelle, mais ils ont décidé d'instituer un Conseil militaire de transition (CMT) composé de quatorze généraux, et de confier son commandement à un fils du maréchal, le Général Mahamat Idriss Itno. L'un des arguments avancés est que le président de l'Assemblée nationale, Haroun Kabadi, aurait refusé d'accepter la succession établie selon la norme constitutionnelle à cause de son état de santé précaire[76]. Cet argument pouvait tenir. Mais en était-il de même aussi pour le 1er vice-président de l'Assemblée nationale qui pouvait assurer le

---

[75] LE-YOTHA NGARTEBAYE (Eugène), « La disparition du maréchal Idriss Déby Itno : entre coup d'État et continuité du système », *BULLETIN FRANCOPAIX*, Vol. 7, n° 1-2, JAN-FEV 2022, pp. 11-

[76] Il fut pourtant reconduit, par la suite, à la tête du parlement provisoire.

remplacement en cas d'empêchement du président ? La volonté politique de substituer un pouvoir militaire était perceptible.

C'est également le cas au mali en 2020 et 2021. En mai 2021, l'armée malienne met aux arrets le Président Bah Ndaw, le Premier ministre Moctar Ouane et le ministre de la Défense désigné, Souleymane Doucouré. Aussitôt après cette opération, le vice-président Assimi Goïta annonce avoir pris le pouvoir et destitué l'exécutif. Il en est de même du Burkina Faso où après le coup d'État de janvier 2022, le Président Roch Marc Christian Kaboré est poussé à la démission. La charte de la transition, adoptée le 1er mars et qui abroge l'acte fondamental, fait de Paul-Henri Sandaogo Damiba le président de la Transition du pays pour trois ans.

On voit clairement que les coups d'États s'achèvent fatalement par la substitution des institutions démocratiquement constituées en marge des procédures constitutionnelles de règlement des conflits politiques.

2. L'institutionnalisation de l'irresponsabilité

La démocratie contemporaine rime avec la responsabilité. Elle postule que les gouvernants répondent de leurs actes. Les aspects les plus connus de cette responsabilité sont politiques[77] et pénaux[78]. La responsabilité politique du gouvernement est l'obligation pour les membres d'un gouvernement de quitter leurs fonctions lorsqu'ils n'ont plus la confiance de l'autorité politique devant laquelle ils sont responsables. La responsabilité pénale des gouvernants quant à elle oblige les gouvernants à répondre des infractions de droit commun ou spéciale commisses à l'occasion de leur fonction. Si en Afrique elle est peut structurée et difficilement engageable pour ce qui est du président de la république, elle est très envisageable pour les ministres et autre hauts commis de l'État[79]. Cependant, ces régimes de responsabilité relatifs à l'exercice

---

[77] GUIMDO DONGMO (Bernard-Raymond), « La responsabilité politique du gouvernement dans la Constitution camerounaise », *R.R.J.*, n°XXXII, P.U.A.M., 2007, pp. 2099-2119.

[78] AIVO (Frédéric Joël), « La responsabilité pénale des gouvernants dans les régimes politiques africains d'influence française », Revue juridique et politique des États francophones, Vol. 64, 2010, pp. 3-42.

[79] Au Cameroun, la constitution du 18 janvier 1996 dispose à l'article 53 que « (1) La Haute Cour de Justice est compétente pour juger les actes accomplis dans l'exercice de leurs fonctions par :

- Le Président de la République en cas de haute trahison ;

d'une fonction politique sont davantage orientés vers les civils. On observe qu'il n'en existe pas pour les militaires auteur d'un renversement anticonstitutionnel de gouvernement.

En effet, il a souvent été dit que c'est le vainqueur qui écrit l'histoire. En matière de coup d'État militaire, cette idée peut être transposée. Lorsque le coup de force est réussi, l'armée tient le pays et ses institutions. Dans ce cas son intervention est considérée comme salvatrice. Il ne peut en être autrement au regard de la terreur qu'inspire les manœuvres militaires. Cet état de chose conduit le plus souvent à l'irresponsabilité des auteurs des coups d'État et des exactions qui s'en suivent. Pour Maggie Dwyer :

> « Les soldats sont rarement jugés pour des crimes à l'encontre des civils. On se retrouve donc face à des allégations récurrentes que les forces armées agissent sans subir de conséquences légales »[80].

À titre d'illustration, le massacre de plus de 150 civils dans un stade de Conakry le 28 septembre 2009 par l'armée guinéenne est un exemple des dernières années. Malgré une commission d'enquête nationale et une pression politique tant nationale qu'internationale pour demander justice pour les victimes, aucun procès n'a été tenu[81].

Les auteurs de coups d'État prennent toutes les précautions pour se couvrir pendant la période de transition et même après celle-ci. Généralement dans un souci d'apaisement et de nécessités développementalistes, des amnisties sont accordées ou alors on migre vers la justice transitionnelle[82]. Relativement à cette dernière, on peut la

- Le Premier Ministre, les autres membres du gouvernement et assimilés, les hauts responsables de l'administration ayant reçu délégation de pouvoirs en application des articles 10 et 12 ci-dessus, en cas de complot contre la sûreté de l'État ».

Mais les alinéas qui suivent vident cette responsabilité de son contenu pour ce qui est du président mais la maintiennent possible pour ce qui est des ministres et autres. On peut lire dans cet article 53 que : « (2) Le Président de la République ne peut être mis en accusation que par l'Assemblée Nationale et le Sénat statuant par un vote identique au scrutin public et à la majorité des quatre cinquièmes des membres les composant. (3) Les actes accomplis par le Président de la République en application des articles 5, 8, 9, et 10 sont couverts par l'immunité et ne sauraient engager sa responsabilité à l'issue de son mandat ».

[80] DWYER (Maggie), « Au-delà des coups d'État : comprendre les nouveaux modes militaires d'intervention », *op. cit.*, p. 5.

[81] Ibid.

[82] TURGIS (Noemie), « La justice transitionnelle, un concept discuté », *Les Cahiers de la justice*, 2015/3, n° 3, pp. 333-342.

définir comme l'ensemble de mesures judiciaires ou non prises dans un pays pour assurer la transition entre un état de conflit ou de répression et un état de paix. Cette justice intervient dans les pays où les droits de l'homme ont été massivement violés. Elle a pour objectif d'éviter que la structure même de la société ne soit trop affectée en établissant les responsabilités, en rendant la justice, pour permettre la réconciliation. Elle expose donc à la l'irresponsabilité de l'armée en cas de coup d'État réussi. Les auteurs échappent à la justice et par conséquent à un principe cardinal de la démocratie moderne qu'est la responsabilité.

Conclusion

Il est indéniable que l'armée peut être un allié pour la démocratie. Ses missions qui l'inclinent à protéger l'État ainsi que les personnes et les biens devraient la prédisposer naturellement à cette protection. Les constitutions des États d'Afrique noire francophone consacrent bien cette mission. Elle doit s'exercer dans un cadre et dans des conditions précises auxquels l'armée ne devrait s'affranchir. Les coups d'État ne devraient pas être une option même face à la fragilité de nos institutions démocratiques. Ces dernières sont en construction et vont davantage se consolider avec la culture[83] et la conscience constitutionnelle de tous, gouvernants, peuple et armée. Au cas contraire, il se posera toujours ces questions poignantes face aux instruisions de l'armée dans le politique : qui nous gardera de nos gardiens ? Que peut le droit face à la force ?

---

[83] MAGNON (Xavier), « La culture constitutionnelle du peuple. Une synthèse », *RFDC*, 2020/3 n° 123, pp. 659-668.

Patrick Edgard ABANE ENGOLO

Agrégé des Facultés de droit, Université de Yaoundé II/Cameroun

& Cyrille M. ATEBA ATEBA

Docteur Ph/d en droit public, Université de Douala/Cameroun

Les organes constitutionnels face aux coups d'État militaires en Afrique

Introduction

Telle une région au relief instable et au climat incertain, le constitutionnalisme dans plusieurs États d'Afrique connait, depuis la période post indépendance, d'importantes perturbations dues principalement aux fréquents coups d'état militaire. Toutes les régions, ou presque, de l'Afrique ont connu et connaissent encore ces situations de changement brusque et anti-démocratique de l'ordre constitutionnel, le plus souvent légalement établi[1].

La triste palme d'or revient à l'Afrique noire francophone, notamment l'Afrique de l'Ouest ou un pays comme le Mali a enregistré cinq coups d'états depuis son indépendance en 1960[2], *idem* pour le Burkina Faso. Si ces actions sont de plus en plus présentées par leurs auteurs comme des remèdes contre les insuffisances avérées ou non de la gestion des affaires

---

[1] Il faut tout de même relever que certains coups d'État ont été perpétrés à l'endroit de dirigeants eux-mêmes auteurs de coups d'État. Cela s'est observé notamment au Mali le 26 mars 1991 lorsque le Lieutenant-Colonel Amadou Toumani Toure renversa le Général Moussa Traore, lui-même auteur d'un coup d'État contre Modibo Keita le 19 novembre 1968.

[2] Le tout premier coup d'état au Mali est intervenu le 19 novembre 1960, le Général Moussa Traore avait alors renversé le tout premier président Modibo Keita ; par la suite, Moussa Traoré est lui-même renversé par Amadou Toumani Toure le 26 mars 1991. Ce dernier devenu par la suite président démocratiquement élu en 2002 sera renversé le 22 mars 2012 par Amadou SANOGO. Le 18 août 2020, c'est le Colonel Assimi Goita qui renverse le Président Ibrahima Boubakar Keita, puis le 21 mai 2021, le même Colonel Assimi Goita renverse le Président de la transition Bah N'Daw.

publiques, il convient d'indiquer qu'aux lendemains des indépendances, les coups d'États marquaient la forte instabilité des nouveaux États, jugés fragiles à cette époque.

L'absence de cohésion et de légitimité de nos autorités pouvait ainsi conduire les militaires à s'accaparer du pouvoir, du fait notamment que *« les États situés au Sud du Sahara sont parvenus à l'indépendance dans le cadre de frontières définies par les anciennes puissances coloniales »*[3]. La conséquence pouvait être le manque d'homogénéité nationale, car ces États abritent des populations étrangères, sinon opposées les unes aux autres[4] et donc concurrentes dans une logique de domination et de contrôle du pouvoir politique. Dmitri-Georges Lavroff pouvait ainsi noter dans les années 1960 que tous les pays qui ont connu des coups d'État militaires sont caractérisés par une division interne très prononcée, de sorte qu'il puisse être établi une liaison entre la gravité de l'opposition régionale ou ethnique et le nombre des coups d'état militaires[5]. Les exemples du Congo et du Dahomey pouvaient en témoigner[6].

Que les motivations soient anciennes ou actuelles, nul doute que les coups d'État et de façon générale les régimes militaires sont des éléments traduisant la faible emprise, dans les États africains du respect des exigences de la démocratie et de l'État de droit[7]. La conséquence juridique immédiate est la remise en cause permanente de l'ordre constitutionnel, et donc la négation des principes de l'État libéral.

Par les coups d'État, l'armée ou plus précisément quelques-uns de ses éléments s'arrogent ainsi une mission messianique pour les populations. Les raisons les plus souvent avancées tournent autour des questions socioéconomiques, de gouvernance et bien entendu de sécurité. Ainsi au plan organique, les institutions constituées bien souvent dissoutes ou suspendues, quand elles ne sont pas réduites à de simples structures dépouillées de leur pouvoir constitutionnel. Ce dernier aspect remet en cause leur légitimité, du fait qu'elles émanent d'un processus

---

[3] D-J. Lavroff, « Régimes militaires et développement politique en Afrique noire », Revue *Française de Science Politique*, 22e année, n°5, 1972, p.976.

[4] *Ibid.*

[5] *Ibid.*

[6] E.Terray « Les révolutions congolaise et dahoméenne de 1963, essai d'interprétation », *Revue Française de Science Politique,* 14e année, 1964 pp.917-942.

[7] J.M. Bikoro, *Le temps en droit constitutionnel africain : le cas des Etats africains d'expression française*, Thèse de Doctorat Ph/D, en droit public, UYII, 2017-1018, p.62.

démocratique basé sur l'élection du président le République et des membres du parlement, pour ne citer que ceux-là.

La disparition, suspension ou la mainmise sur ces organes sont donc les suites immédiates des coups d'état militaires. En effet, c'est la politique menée par eux qui est parfois désignée comme le problème, et qui est à l'origine de ces coups de force anti-démocratiques.

Mais au-delà de cette situation plus ou moins ponctuelle, l'on peut s'interroger véritablement sur la posture des organes constitutionnels en situation de coup d'État. Deux préalables doivent cependant être réglés : d'abord l'identification des organes dont il est question, et ensuite la clarification de ce questionnement.

Dans le premier cas, l'on peut tout d'abord voir, en ces organes constitutionnels ceux exerçant l'autorité de l'État, c'est-à-dire le président de la République, le gouvernement et le parlement. L'on doit aussi voir en les organes constitutionnels, les entités prévues dans la Constitution et qui exercent d'une façon ou d'autre un pan de l'autorité de l'État, en dépit du fait que cette autorité est expressément exercée par les deux organes directement atteints par le coup d'État. Ainsi donc, en dehors du Président de la République et du Parlement, l'on peut ajouter l'organe chargé de la justice constitutionnelle, en tant qu'il est garant de l'ordre constitutionnel et donc de la survie de l'État.

Par la suite et c'est peut-être le plus important, le questionnement exposé ci-dessus peut se justifier en considérant la période d'analyse du sort de ces organes. En effet, après leur rétablissement suite à une dissolution ou une suspension, il est tout à fait légitime de s'interroger sur l'attitude qu'ils adoptent une fois réinvestis des pouvoirs qui sont les leurs. Il est ainsi question de savoir s'ils peuvent remettre en cause les principes instaurés par les militaires, ou alors s'ils continuent dans la lancée de la période post-coup d'État. Là réside tout l'intérêt de la question de rôle. Au-delà de leur rôle, la présente étude recherche la posture qui est celle de ces organes constitutionnels.

A l'évidence, le caractère brutal des coups d'État ainsi que les méthodes de gouvernance implémentées par les militaires ne garantissent pas véritablement à ces organes le plein exercice de leurs pouvoirs. Ils sont ainsi réduits à de simples organes impotents en ce sens qu'ils sont fortement fragilisés, tant dans leur existence que dans leur fonctionnement. Une analyse essentiellement factuelle des situations des coups d'état permettra ainsi d'indiquer que l'impotence des organes constitutionnels repose sur le fait qu'ils finissent par légitimer les coups d'État (I), en même temps qu'ils collaborent avec les autorités militaires auteures de ces actes (II).

I. Des organes de légitimation

Le plus souvent et bien malgré eux, les organes constitutionnels apparaissent comme des organes de légitimation du pouvoir des autorités militaires auteures de coup d'état dans les pays d'Afrique. Si elle peut renvoyer à ce qui est fondé en droit en vertu d'un titre régulier[8], la légitimation est le fait de légitimer, de rendre légitime ou alors de conférer la légitimité à une action ou à un organe. La légitimité s'entend ainsi de l'acceptation ou de la validation d'une situation, indépendamment de son caractère légal ou non, étant entendu que la légalité se réfère à la conformité au droit en vigueur. Si par principe, et en matière constitutionnelle la légitimité confère la légalité ou inversement, l'on doit relever que les deux situations ne se confondent pas absolument. L'on peut ainsi noter par exemple, en ce qui concerne les normes, que *« la légitimité ne détermine pas en tant que telle la validité, aussi peu que la validité n'entraîne la légitimité d'une norme »*[9]. Pour Michel Troper, le droit qui est le fondement de la légalité se rapporte à un système de normes, tandis que la légitimité renvoie à la qualité attribuée ou reconnue à une chose ou à une situation, en vertu soit de la morale, soit de la philosophie[10]. Pour lui, dire d'une institution qu'elle est légitime c'est dire qu'elle est juste et qu'on doit lui obéir[11].

Dire des organes constitutionnels qu'ils sont des organes de légitimation revient donc à indiquer que ces organes valident en quelque sorte les coups d'état ainsi que leurs auteurs. Cela se fait de manière expresse par la reconnaissance (A), ou alors de manière tacite par l'inaction face aux coups d'État militaires (B).

---

[8] G. Cornu, *Vocabulaire juridique,* 11e, PUF, p.604.

[9] L. Favoreu et Al, *Droit constitutionnel*, 21e édition 2019, Dalloz., p.73.

[10] M. Troper, *Le droit et la nécessité,* PUF, Paris, 2011, p.47.

[11] *Ibid.*

A. La légitimation expresse par la reconnaissance des autorités militaires

En retenant de manière générale que reconnaître veut dire ne pas contester ou encore ne pas s'opposer, autrement dit être d'accord avec un fait ou alors l'accepter, il convient de présenter de manière indicative quelques hypothèses de reconnaissance soit d'une institution, soit alors d'une situation, autant que ces hypothèses concourent à une forme de légitimation susceptible d'être convoquée ici. Il sera d'ailleurs mis un point d'honneur sur la situation du Burkina-Faso ou deux reconnaissances expresses de coups d'état ont été effectuées en moins d'une décennie par le Conseil Constitutionnel.

1. Les hypothèses possibles de reconnaissance

En matière de normes, la reconnaissance peut tout simplement renvoyer à la consécration d'un droit dans l'arsenal juridique. Affirmer ainsi qu'un système ou un État reconnait par exemple le droit à manifestation, c'est indiquer que ce système ou cet État consacre et aménage l'exercice de ce droit. La reconnaissance est donc synonyme de consécration. En disposant que *« tout citoyen a droit, en tout lieu à la reconnaissance de sa personnalité juridique »*, le constituant congolais consacre ainsi la capacité à toute personne d'être un sujet accompli de droit, c'est dire la possibilité pour lui de poser des actes juridiques, dans une perspective universelle marquée par la précision *en tout lieu.*

Quant au volet institutionnel, la reconnaissance ne renvoie pas fondamentalement à la consécration au sens normatif du terme, mais peut plutôt être confondue à la création. Ainsi, une institution qui est créée par une autre est d'office reconnue, l'acte de création emportant automatiquement la légitimation, autant qu'elle est légale.

L'on peut également assimiler la reconnaissance à la formulation de l'existence. C'est l'hypothèse de reconnaissance d'un État ou d'un gouvernement en droit international. Il faut déjà signaler que cette reconnaissance ne constitue pas un élément constitutif de l'État, l'existence de celui-ci étant un fait qui s'impose aux autres[12], d'autant plus qu'il n'existe pas au plan international une autorité universellement

---

[12] P.Daillier, M.Forteau et A.Pellet, *Droit international public*, 9e édition, 2099, L.G.D.J, p.460.

reconnue pour procéder à cette action[13]. Si une telle reconnaissance n'a donc pas d'incidence sur l'existence d'un État, l'on ne peut pas nier les implications qu'elle emporte, notamment au plan juridique dans le cadre par exemple des relations diplomatiques. Cette autre hypothèse de reconnaissance est également invoquée dans le cadre de la validation de la désignation d'un exécutif à l'issue d'élections jugées irrégulières, mais aussi et surtout à la suite de coups d'état.

Mais c'est de l'aspect interne de la reconnaissance de gouvernement dont il est question. Ainsi, en dehors d'une opposition formelle à un coup d'état militaire, toute autre attitude des organes constitutionnels peut s'assimiler à une reconnaissance de cette action ainsi que de ses auteurs. Si l'on verra la pertinence de cette déduction avec notamment le silence de ces organes, il convient de s'appesantir sur la situation particulière du Burkina-Faso ou des cas de reconnaissance expresse de coups d'état ont été enregistrés.

2. La reconnaissance expresse des coups d'état par le Conseil Constitutionnel Burkinabè

Deux cas de figures sont à présenter ; il s'agit d'une part de ce qui a été qualifié par le professeur Séni Mahamadou Ouedraogo d'accréditation du coup d'État[14] de 2014 et bien entendue de la réception du serment des autorités militaires en 2022.

Dans le premier cas, la prise du pouvoir par les autorités militaires suite à la révolution populaire d'octobre 2014 au Burkina-Faso présente toutes les caractéristiques d'un coup d'État militaire contre le Président Blaise Compaore en fonction à cette époque[15]. Face à cette situation, l'attitude du Conseil Constitutionnel a été en plus du mutisme, d'entériner les évènements tels qu'ils se sont déroulés. La juridiction gardienne de l'ordre constitutionnel rendra une décision constatant la vacance officielle de la présidence de la République[16]. Dans le premier considérant de cette décision, la haute juridiction fait clairement

---

[13] A.Jolicoeur, « De la reconnaissance internationale », *Les cahiers de droit*, Volume 6, numéro 2, avril 1965, p.85.

[14] S-M. Ouedraogo et D.Ouedraogo, « Libres propos sur la transition politique au Burkina Faso : Du contexte au texte de la Charte de la transition », *Afrilex,* 2015, pp.8-10.

[15] *Ibid.*

[16] Cf. Décision n°2014-001/CC du 16 novembre 2014.

référence à la déclaration des militaires en date du 31 octobre 2014 qui portait suspension de la Constitution. Par cet acte, le Conseil Constitutionnel validait effectivement le coup d'État des militaires. Mieux que cette attitude, le cas de la réception de serment des militaires par la même institution est encore plus significatif.

Dans la seconde hypothèse, il faut effectivement relever que l'exercice des fonctions d'un Président de la République est subordonné à une forme d'intronisation préalable par les organes constitutionnels. C'est ainsi par exemple qu'au Niger, *« avant son entrée en fonction, le Président de la République prête serment sur le Livre Saint de sa confession devant la Cour constitutionnelle, en présence des membres du Parlement (...) »*[17]. La Constitution camerounaise précise pour sa part que *« le Président de la République élu entre en fonction dès sa prestation de serment »*[18]. On lit ensuite qu' *« il prête serment devant le peuple camerounais en présence des membres du Parlement, du Conseil constitutionnel et de la Cour suprême réunis en séance solennelle »*[19].

Ce dispositif qui est généralisé dans l'essentiel des pays d'Afrique subsaharienne d'expression française, témoigne de ce que l'exercice de la fonction de Président de la République est subordonné à la symbolique du serment qui lui octroie ainsi toute la légitimité nécessaire. Il s'agit donc d'un rituel sacré en République, qui doit être observé par le vainqueur de l'élection présidentielle, c'est dans ce sens que certains constituants identifient clairement le *Président élu* comme étant l'auteur de la prestation de serment. Par ailleurs, en vertu de la Constitution, le président par intérim peut également prêter serment en cas de vacance définitive de la fonction présidentielle[20].

Mais l'histoire récente du constitutionnalisme africain fait état d'une situation tout de même invraisemblable. Les auteurs d'un coup d'état militaire au Burkina-Faso ont été intronisés par la cour constitutionnelle de ce pays à l'occasion d'une prestation solennelle de serment. En effet, cet État a connu le 24 janvier 2022 un coup d'état militaire qui a renversé le Président en exercice Roch Marck Christian Kabore. L'auteur de ce coup d'état, le Lieutenant-colonel Paul-Henry Sandaogo Damiba a par la

---

[17] Art 50 de la Constitution nigérienne.

[18] Art 7 al 1 de la Constitution camerounaise.

[19] Ibid.Art 7 al 2 de la Constitution camerounaise.

[20] Le cas du Nigéria avec le décès de Umaru Yar'Adua le 5 mai 2010 qui a conduit à l'investiture du vice-président Goodluck Jonathan le 9 mai 2010.

suite reçu du Conseil Constitutionnel les attributs réservés aux présidents de la République « réguliers »[21].

Si la valeur de ce serment peut naturellement être questionnée, nul doute qu'il donne lieu à la légitimation de l'exercice des fonctions de chef de l'État du Burkina-Faso, et donc à la reconnaissance explicite et formelle des auteurs du coup d'état par un organe constitutionnel. Mais il faut dire que le constitutionnalisme africain est plutôt habitué à ce genre d'ingénierie. L'on se rappelle, même si les circonstances n'étaient pas les mêmes du cas de la Côte-d'Ivoire en 2011 ou le Conseil Constitutionnel avait dans un rétropédalage validé la prestation de serment de Alassane Ouattara après avoir, quelques temps avant, reçu formellement le serment de Laurent Gbagbo. La situation tchadienne offre également l'opportunité d'analyse de ces particularités avec l'attitude plutôt complice des organes constitutionnels, relativement à l'arrivée au pouvoir du fils de l'ancien président Idriss Deby. Aucune disposition constitutionnelle encore moins légale ne prévoyant une telle modalité de succession[22], l'allégeance, à lui prêtée par les organes constitutionnels, témoigne de la reconnaissance de son autorité.

Il est tout de même difficile d'affirmer la sincérité et la liberté de ces organes dans de telles hypothèses de reconnaissance des autorités militaires, et donc de légitimation de leur action. Il faut déjà rappeler que les périodes de coup d'État provoquent souvent l'instauration des situations exceptionnelles, de sorte que le fonctionnement de l'État est guidé par une forme de répression de toute tentative d'objection. De la sorte, aussi bien les populations civiles[23] que les institutions et autre organes sont fortement incapables de présenter le moindre signe de protestation possible[24]. Même dans les rangs des militaires, les autorités se rassurent de neutraliser leurs collègues, chefs des forces armées susceptibles de nuire à l'action menée. Dans une telle situation de

---

[21] Il faut relever que dans une incohérence procédurale, le Lieutenant-Colonel Damiba a prêté serment à deux reprises, d'abord le 16 février, puis le 2 mars après l'adoption de la charte de transition.

[22] Tout au contraire, la Constitution du 4 mai 2018 révisée le 14 décembre 2020 prévoyait qu'en cas de vacances du pouvoir, le président du Sénat assure l'intérim pendant 45 à 90 jours, le temps d'élire un nouveau président de la République.

[23] Après avoir invalidé l'élection de Monsieur Alassane Ouattara, proclamé Président élu le 2 décembre 2010 par la Commission électorale Ivoirienne, le Conseil Constitutionnel déclare Monsieur Gbagbo vainqueur de l'élection présidentielle et reçoit son serment le 4 décembre 2010.

[24] L'un des éléments fort de ces situations est généralement la prise en main des médias officiels afin de contrôler la communication et de faire passer le message souhaité.

violence et de répression, l'on doute que le Conseil Constitutionnel ait les moyens véritables pour s'opposer à ces coups d'État, et donc de refuser de reconnaitre l'autorité des militaires. Le rapport de force en faveur des autorités militaires oblige ainsi les organes constitutionnels à adhérer à la logique voulue et imposée.

Si la situation ivoirienne de 2010/2011 n'était pas un coup d'état, l'on doit noter que c'est bien une action militaire, autorisée par les Nations Unies[25], qui a permis le renversement de Laurent Gbagbo et l'arrivée au pouvoir de Alassane Ouattara. En l'espèce, le rapport de force a permis de mesurer non seulement l'instrumentalisation du juge constitutionnel pourtant garant de la régularité du scrutin présidentiel[26], mais aussi sa fébrilité. En effet, le Conseil Constitutionnel ivoirien avait dans un premier temps reconnu la victoire de Monsieur Laurent Gbagbo[27], puis reçu son serment en tant que président de la République, le 4 décembre. Une fois ce dernier démis de ses fonctions, ce même conseil constitutionnel a cette fois, admis son erreur le 4 mai 2010 en reconnaissant désormais Monsieur Ouattara comme vainqueur de l'élection[28] et en acceptant, *a postériori*, son serment envoyé le 4 décembre 2010 par voie électronique[29].

Ainsi, l'on peut affirmer que l'attitude des organes constitutionnels peut être fondée sur une forme de crainte légitime tant les coups d'États peuvent entrainer des représailles même au plan personnel. Outre ces cas de reconnaissance expresse et formelle, l'inaction des organes constitutionnels face aux coups d'état militaires, peut aussi s'analyser comme la marque d'une reconnaissance tacite.

---

[25] C'est par la Résolution 1975 du 30 mars 2011 que le Conseil de Sécurité des Nations Unies exige des différentes parties le respect de l'élection de Monsieur Alassane Ouattara, sur la base d'un accord permettant à l'ONU de certifier le résultat de l'élection présidentielle. C'est sur la base de cette Résolution que les forces françaises ont apporté un soutien logistique et même opérationnel aux troupes ayant fait allégeance à Monsieur Ouattara pour déloger Monsieur Gbagbo.

[26] La Constitution ivoirienne de 2000 alors en vigueur prévoyait que le Conseil Constitutionnel proclame les résultats définitifs de l'élection présidentielle.

[27] Cf. Décision N°CI-2010-EP-34/03-12/CC/SG du 03 décembre 2010 du Conseil Constitutionnel ivoirien relative aux résultats définitifs du second tour de l'élection présidentielle de 2010.

[28] Décision N°CI-2011-EP-036/04/05/CC/SG du 4 mai 2011 Conseil Constitutionnel ivoirien portant proclamation de Monsieur Alassane Ouattara en qualité de Président de la République de Côte d'Ivoire.

[29] Une cérémonie solennelle d'investiture se déroulera tout de même le 21 mai 2011.

B. La légitimation tacite par l'inaction face aux coups d'État militaires

En dehors des actes manifestes posés à l'avantage des auteurs de coups d'État pour leur conférer une forme de légitimité, l'attitude passive des organes constitutionnels apparait pour sa part comme une renonciation à leur pouvoir de régulateur de la vie politique. Leur silence s'apparente à une forme d'adhésion à ces situations.

1. La renonciation à l'exercice du pouvoir de régulation

L'on peut s'appesantir dans ces développements sur un certain nombre d'organes qui, à défaut d'être expressément investis d'une fonction de maintien de l'ordre constitutionnel en cas de situation critique telle que les coups d'état, peuvent par une interprétation s'opposer aux militaires. Il s'agit de l'organe chargé de la justice constitutionnelle qui apparait finalement comme le garant de l'ordre constitutionnel, et du parlement en tant que représentation de la Nation, qui peut à ce titre exercer l'autorité de l'État[30].

S'agissant tout d'abord de l'organe chargé de la justice constitutionnelle, il faut dire que le pouvoir de régulation des institutions lui est reconnu dans le cadre du volet institutionnel du contentieux constitutionnel. En effet, en plus du contentieux des normes[31] et du contentieux des élections[32], la justice constitutionnelle se penche également sur la régulation du fonctionnement des institutions de l'État. Cette fonction spécifique peut se traduire de deux manières, à savoir d'une part la régulation de la division horizontale du pouvoir[33] qui s'intéresse aux potentiels conflits de compétence entre les pouvoirs constitués. D'autre part, le contentieux institutionnel vertical[34], car il permet de régler les conflits d'attributions entre l'État et les collectivités infra étatiques, notamment les Collectivités Territoriales Décentralisées.

---

[30] Cf. notamment l'article 4 de la Constitution camerounaise.

[31] Le contentieux des normes est le socle de la justice constitutionnelle en ce sens que c'est bien la constitutionalité des lois qui fonde l'idée de justice constitutionnelle.

[32] Le contentieux des élections est une fonction subséquente de la justice constitutionnelle avec le contentieux des institutions qui est abordé ici.

[33] L. Favoreu et Al, *Droit constitutionnel*, *op.cit.*, p.284.

[34] *Ibid.*

Pour corroborer cet état de chose, la constitution Tchadienne dispose que :

> « Le Conseil Constitutionnel est l'organe régulateur du fonctionnement des Institutions et de l'activité des pouvoirs publics. Il règle les confits d'attributions entre les Institutions de l'État »[35].

Au Cameroun il est en plus précisé que :

> « Le Conseil Constitutionnel statue souverainement (…) sur les conflits d'attribution : entre les institutions de l'État ; entre l'État et les Régions ; entre les Régions »[36].

De ce qui précède, il est difficile de déduire une compétence de l'organe chargé de la justice constitutionnelle, en matière de restauration d'un ordre constitutionnel. Mais le dire revient à limiter cet organe dans le cadre de ses fonctions patentes, car sur la base de sa capacité à étendre son champ de compétence notamment pour des raisons de nécessité, le Conseil Constitutionnel a fait preuve d'audace dans certains pays en s'arrogeant des compétences qui ne lui étaient pas expressément dévolues[37].Dans ce sillage, l'on peut évoquer l'attitude du Conseil Constitutionnel béninois qui protège le consensus national contre la volonté du parlement de rallonger le mandat des députés[38] ; ou encore l'idée du serment supra constitutionnel soutenu par le juge constitutionnel nigérien[39]. Comment ne pas évoquer ici la modification du texte constitutionnel gabonais par la cour constitutionnelle pour des besoins de clarification de la vacance de la fonction Présidentielle[40]. En effet, la juridiction constitutionnelle avait dans un premier temps autorisé le Vice-président à convoquer un conseil des ministres, une compétence que seul le président de la République pouvait exercer. Par la suite, l'article 13 de la Constitution s'est vue ajouter un alinéa qui dispose qu'

---

[35] Art 161 de la constitution Tchadienne.

[36] Art 47 al1 de la constitution Camerounaise.

[37] Cette idée d'un droit constitutionnel africain basé sur la nécessité est notamment défendue par le Professeur A. Ondoua, « La nécessité en droit constitutionnel, étude à partir de quelques expériences africaines », *in L'exception en droit*, Mélanges en l'honneur de Joseph Owona, l'Harmattan, Paris, 2021, pp. 57-82.

[38] Cf. la décision 06-074 du 08 2006 de la Cour Constitutionnelle béninoise.

[39] Cf. l'avis N°02/CC du 25 mai 2009 de la juridiction constitutionnelle nigérienne.

[40] Cf. Décision N°2919/CC du 14 novembre 2019 de la cour constitutionnelle gabonaise.

« En cas d'indisponibilité temporaire du président de la République pour quelques causes que ce soit, certaines fonctions dévolues à ce dernier, à l'exception de celles prévues aux articles 18, 19 et 109 alinéa 1, peuvent être exercées selon les cas soit par le vice-président de la République, soit par le premier ministre sur autorisation spéciale de la cour constitutionnelle saisie par le premier ministre ou un dixième des membres du gouvernement »[41].

Dans ce souci de clarification de la notion de vacance de la présidence et de continuité de la vie publique, la juridiction constitutionnelle s'est ainsi auto attribuée une compétence en matière d'écriture des constitutions, devenant ainsi un pouvoir constituant en même temps qu'elle s'arroge la compétence d'attribuer l'exercice de certaines compétences présidentielles en cas d'empêchement provisoire du président de la République.

Autant d'exemples divers et non exhaustifs qui montrent que pour des raisons de nécessité, l'organe chargé de la justice constitutionnelle peut faire preuve d'audace, en matière de stabilisation de l'ordre constitutionnel en vigueur. L'inaction face aux coups d'état semble donc être une renonciation à un pan non visible mais important de son pouvoir de régulation politique.

Quant au parlement, l'analyse de ses fonctions ne laisse pas non plus entrevoir une forme d'habilitation à réguler le fonctionnement de l'État, plus encore en situation de crise. Mais l'on peut également par détermination extensive de ses prérogatives, trouver des poches de compétence en matière de régulation du fonctionnement de l'État. Ainsi est-il disposé que le parlement exerce l'autorité de l'État[42] avec le président de la République. Cela passe notamment par la détermination de l'ordre juridique national à travers l'édiction des normes juridiques, et même par le contrôle de l'action du gouvernement, par le canal de différentes procédures telles que les questions écrites ou orales ainsi que les commissions d'enquêtes parlementaires. Pour le Professeur Kossi Somali, le contrôle de l'action de l'exécutif, précisément du gouvernement parait même être la fonction principale des Assemblées Parlementaires dans le constitutionalisme moderne. Il écrit en substance que :

---

41 *Ibid.*

42 Cf. art 4 de la Constitution du Cameroun.

« Dans les pays de démocratie établie où le parlement est encore cité en exemple malgré les difficultés, son importance n'est pas due à son rôle de législateur, mais à sa nouvelle capacité d'orientation et de contrôle de l'activité gouvernementale dans le sens voulu par l'opinion nationale »[43].

Mais il convient de s'appesantir sur une fonction essentielle ; à savoir la représentation du peuple. En faisant de ce dernier le détenteur exclusif de la souveraineté et en désignant les élus comme canal d'exercice de cette souveraineté, les constituants confèrent ainsi une responsabilité essentielle aux élus, dont les députés par exemple représentent l'ensemble de la nation[44]. Cette fonction représentative couplée à l'exercice de l'autorité de l'État confère même de manière implicite un pouvoir en matière de régulation de la vie politique. Ainsi, dans le souci de préserver la volonté du peuple traduite par le choix d'un président de la République, le parlement peut s'opposer de quelque manière que ce soit au coup d'état en Afrique.

2. La valeur adhésive du silence face aux coups d'État militaires

L'on a coutume de dire que le silence vaut acceptation, comme pour dire que face à une situation, l'attitude silencieuse d'un sujet vaut tout simplement adhésion ou acquiescement. Cet aspect positif du silence côtoie un autre aspect qui peut être taxé de négatif car le silence d'une autorité administrative en cas par exemple d'un recours gracieux ou administratif peut valoir rejet des prétentions du requérant[45]. Dans un cas comme dans l'autre, l'on note que le droit accorde une valeur au silence en essayant de le juridiciser[46]. Pour le Professeur Maryse Deguergue :

---

[43] S. Kossi, *Le parlement dans le nouveau constitutionnalisme en Afrique. Essai d'analyse comparée à partir des exemples du Benin, du Burkina Faso et du Togo*, Thèse en vue de l'obtention du doctorat, nouveau régime, Université Lille 2, 2008, p.327.

[44] Cf. art 113 de la Constitution tchadienne ; art 15 al 2 de la Constitution camerounaise.

[45] L'article 17 al 2 de la loi N°2006/022 du 29 décembre 2006 fixant l'organisation et le fonctionnement des tribunaux administratifs au Cameroun dispose que *« constitue un rejet du recours gracieux, le silence gardé par l'autorité pendant un délai de trois mois sur une demande ou réclamation qui lui est adressée. Ce délai court à compter de la notification du recours gracieux »*.

[46] M-U. Ngah Noah, « Quelques réflexions sur le silence en droit : essaie de systématisation », *Les cahiers de droit,* vol. 56 n°3-4, septembre décembre 2015, p.575.

« Le droit donne donc une signification au silence, qui ne relève pas du non-droit, mais au contraire est assimilé à la prise d'une décision administrative à portée individuelle »[47].

En ne s'intéressant qu'à la valeur juridique reconnue au silence en droit et en l'étendant à la pratique institutionnelle, l'on peut dire à la suite des précédents développements que la renonciation à l'exercice du pouvoir de régulation par les organes constitutionnels s'apparente à un silence acceptation. Leur inaction est ainsi un facteur de validation des coups d'État militaires. L'on peut ici faire un parallèle avec le droit international ou le silence des États peut dans certaines circonstances valoir acceptation ou reconnaissance[48].

C'est dire que le silence gardé par les organes constitutionnels en situation de coups d'État est une forme de reconnaissance de ces actions militaires. La conséquence immédiate et logique de cette légitimation est la collaboration de ces organes avec les autorités militaires.

II. Des organes de collaboration

Deux cas de collaboration sont possibles entre les organes constitutionnels et les autorités militaires. Tout d'abord, il faut relever que les périodes suivant les coups d'État sont pour la plus part du temps présentées comme des périodes de transition politique et démocratique. De la sorte, le pouvoir en place gère cette transition dans le but de restructurer l'État et dans cette tâche, les organes constitutionnels apportent leur soutien **(A)**. Ensuite et comme conséquence de cette première situation, à la période de transition succède une période de renouveau démocratique pendant laquelle les acquis de la transition doivent être maintenus. Dans une telle situation, les organes constitutionnels sont impliqués **(B)**.

---

[47] M. Deguergue, « Le silence de l'Administration en droit administratif français », *Les cahiers du droit,* Volume 56, numéro 3-4, septembre-décembre 2015, p.393.

[48] M-U. Ngah Noah, « Quelques réflexions sur le silence en droit : essaie de systématisation », *op.cit.* p.575.

A. La participation à la gestion de la transition

Il faut relever la singularité permanente qui s'enracine dans le constitutionalisme de certain États africains et qui consiste à un mouvement pendulaire oscillant entre stabilité apparente et rechute dans la crise. Le professeur Adama Kpodar observe à cet effet *« l'image d'un va et vient entre acquis et rejets, entre rejet des acquis et retour aux acquis »*[49], du fait notamment que dans une hypothèse de succession de coups d'États, l'ordre constitutionnel est constamment remis en cause puis rétabli. Ainsi qu'il a été rappelé plus haut, les régimes militaires installés par des coups d'États se présentent de plus en plus comme des régimes transitoires, chargés dans un délai déterminé[50] de restaurer les valeurs démocratiques dont le défaut expliquerait ce mode particulier d'accession au pouvoir. Cette transition s'opère ainsi avec la participation des organes constitutionnels qui adhèrent de ce fait aux principes transitoires de gestion publique instaurés par les militaires, le but ultime étant la réforme de l'État.

1. L'adhésion au droit établi par les autorités de transition

Si les coups d'état sont menés en raison des manquements observés dans la gestion des affaires publiques, l'on comprend que les autorités militaires décident de procéder à un changement de logique managériale, la période de transition devant faire office de période mise en œuvre des nouvelles normes. Dans ce cas, plusieurs réformes peuvent être opérées allant dans le sens de rompre avec les pratiques anciennes. L'un des domaines les plus directement touchés est celui des droits et des libertés fondamentaux, du fait que les périodes de coups d'état et même les temps de transition qui s'en suivent sont marqués par une forte restriction des libertés publiques. L'instauration d'une politique restrictive des libertés est souvent présentée comme une nécessité d'ordre public, capitale pour mener à bien les réformes projetées et surtout éviter des soulèvements susceptibles de remettre en cause les coups d'état. On note ainsi par exemple, que :

---

[49] A. Kpodar, « Bilan sur un demi-siècle de constitutionnalisme en Afrique noire francophone », *Afrilex*, janvier 2013, p.3.

[50] La Charte de transition au Burkina Faso de novembre 2014 prévoyait que la transition ne devrait pas durer plus de 12 mois. Cf. article 20. Dans le même pays, les autorités de transition ont prévu une durée de 36 mois dans la Charte de transition en date du 1er mars 2022. Cf. article 33.

> « Les militaires, à quelques exceptions près, abolissent toute possibilité même formelle d'expression démocratique et de jouissance des droits et libertés et instaurent des législations d'exception »[51].

D'ailleurs, les transitions sont souvent menées sur la base de chartes de transition. Si ces textes particuliers qui peuvent être étiquetés de para-constitution[52] permettent notamment de faciliter le dénouement d'une crise et le passage d'un ordre constitutionnel à un autre[53], il faut dire qu'il s'agit d'une catégorie normative difficilement cernable en théorie constitutionnelle[54]. En remplaçant le temps d'une transition les constitutions des États, ces chartes sont en outre qualifiées de petites constitutions[55]. La recrudescence de ces constituants d'un autre genre témoigne de la crise de la normativité de la Constitution en Afrique[56].

Au plan institutionnel, on assiste dans le cadre de ces chartes de transition, à la suppression ou alors la suspension de certains organes constitutionnels et leur remplacement par d'autres. C'est ainsi que les fonctions du parlement burkinabé sont assurées pendant la période de transition par un organe désigné tantôt sous le nom de conseil national de la transition[57], tantôt sous celui d'assemblée législative de transition[58]. Au Mali, c'est également un conseil national de la transition qui exerce les fonctions législatives[59]. Pour le cas précis du Tchad, la charte de transition indique qu' *« en attendant la mise en place du conseil national de transition, ses attributions sont dévolues au parlement[60] »,* comme pour dire que cet organe constitutionnel peut être maintenu de manière provisoire.

---

[51] J-M. Bikoro, *Le temps en droit constitutionnel africain: le cas des Etats africains d'expression française*, *op.cit.*, p.88.

[52] A. Ondoua, « La nécessité en droit constitutionnel, étude à partir de quelques expériences africaines », *op.cit.*, p.75.

[53] *Ibid.*

[54] C. Tuekam Tatchum, « Les chartes de transition dans l'ordre constitutionnel des Etats d'Afrique noire francophone : étude à partir des exemples du Burkina-Faso et de la République Centrafricaine », *Revue CAMES/SJP*, n°001/2016, p.1.

[55] M. Zaki, « Petites constitutions et droit transitoire en Afrique », *RDP*, n°6, 2012, pp.1667-1685.

[56] F-J. Aivo, « La crise de la normativité des Constitutions en Afrique », *RDP*, 2012, n° 1, pp.141-170.

[57] Cf. art 12 de la Charte de transition du 13 novembre 2014.

[58] Cf. Chapitre V de la Charte de transition du 1er mars 2022.

[59] Cf. art 13 de la Charte de transition malienne du 1er octobre 2020.

[60] Cf. art 100 de la Charte de transition Tchadienne.

La situation est tout à fait différente en ce qui concerne l'organe en charge de la justice constitutionnelle. Déjà, il n'est pas souvent énuméré parmi les organes de transition, il n'est pas non plus systématiquement dissout. Au contraire même, un droit en matière de régulation normative peut lui être reconnu. C'est ainsi que la charte de transition malienne d'octobre 2020 prévoit que la cour constitutionnelle statue en cas de litige entre les dispositions de la charte et celles de la Constitution, les dispositions de la charte devant primer[61]. Un tel mécanisme était déjà repris *in extenso* par le texte de transition burkinabè en 2014[62]. En imaginant donc une situation de conflit normatif entre la charte et la Constitution, la primeur que le juge constitutionnel devra accorder à la charte témoigne en n'en point douter de l'adhésion de cet organe constitutionnel au régime juridique en vigueur pendant la transition. Les matières concernées peuvent être les droits de l'Homme, le développement social et économique avec notamment des mesures conservatoires dans le domaine des transports ou encore dans les échanges commerciaux avec les États extérieurs, ou tout autre partenaire au développement. Ces organes participent ainsi à la réforme de l'État.

2. La participation à la réforme de l'État

L'expression *réforme de l'État* doit être prise ici de manière générique, elle inclut donc tous les actes posés par les autorités de transition, afin de remédier aux problèmes soulevés et qui ont motivé la prise du pouvoir par les militaires. Cependant, il n'est pas question de s'appesantir sur la forme de l'État, mais davantage sur ses principes de fonctionnement et sur son intégrité. C'est ainsi que la Charte de transition burkinabè de 2022 semble légitimer le coup d'état pour des motifs sécuritaire, social et démocratique. On peut ainsi lire dans le préambule de ce texte de transition que le péril auquel est exposée la nation burkinabè du fait de la dégradation de la situation sécuritaire menace la souveraineté nationale, l'intégrité du territoire national et la survie de l'Etat. En outre, la crise multidimensionnelle que connait le pays a considérablement détérioré la cohésion sociale. Au Mali, les questions

---

[61] Cf. art 24 de la Charte de transition malienne du 1er octobre 2020.

[62] Cf. art 25 de la Charte de transition du 13 novembre 2014.

sécuritaires sont également évoquées, notamment l'amplification des conflits meurtriers dans diverses régions du pays[63].

C'est donc sur le changement de telles situations que les autorités de transition basent leurs actions. Déjà, les chartes annoncent la couleur dans le cadre de la détermination de leurs missions. Ainsi, la charte de transition burkinabè prescrit comme missions, la lutte contre le terrorisme, la restauration de l'intégrité du territoire national, l'assurance de la sécurité dans une dynamique participative, progressive et de consolidation, la résolution par une réponse effective et urgente de la crise humanitaire, le renforcement de la gouvernance par la lutte contre la corruption et les infractions connexes par la mise en œuvre des réformes hardies requises dans tous les secteurs, l'assainissement et la refondation de la vie politique, l'assurance d'un retour à une vie politique portée par une nouvelle République et la mise en œuvre de la réconciliation nationale et la cohésion sociale[64]. Dans ce cas spécifique, l'idée d'une nouvelle République témoigne de l'ambition pour un changement global des politiques publiques donc l'instauration de nouveaux principes républicains au Burkina Faso[65].

Certaines de ces missions sont également définies dans la charte de transition malienne. Là également, la refondation de l'État par son redressement et la création des conditions requises à cet effet est l'une des principales tâches des autorités de transition[66]. La promotion de la bonne gouvernance, la réforme du système éducatif, l'adoption d'un pacte de stabilité sociale[67] sont autant d'autres missions confiées aux autorités de transition.

C'est dire que les périodes de transition consécutives aux coups d'État sont véritablement des occasions de revisiter le fonctionnement de ces États. Les réformes, mieux les refondations annoncées ou mis en œuvre de part et d'autre, témoignent du changement des institutions et d'une partie du droit de l'État par les autorités de transition. Si ces missions ne sont pas confiées même de manière indirecte aux organes constitutionnels, il n'en demeure pas moins qu'ils y participent d'une

---

[63] Cf. préambule de la Charte de transition malienne du 1er octobre 2020.

[64] Cf. art 2 de la Charte de transition burkinabè du 1er mars 2022.

[65] A date, cette transition est en cours de sorte que cette idée de nouvelle République sera analysée une fois implémentée.

[66] Cf. art 2 de la Charte de transition malienne du 1er octobre 2020.

[67] *Ibid.*

façon ou d'une autre. Le maintien de la juridiction constitutionnelle pour assurer une forme de régulation normative et institutionnelle est la marque de son implication dans ce processus de réforme de l'État.

B. La consolidation des actes pris pendant la transition

La collaboration des organes constitutionnels face aux situations de coups d'États s'achève par la consolidation des actes et faits juridiques issus de la transition. De manière générale et quand bien même ces organes ont connu des mutations dans leur existence, ils restent finalement les gardiens des réformes de transition. C'est ainsi par exemple, qu'ils sont les acteurs principaux de formalisation d'un constitutionalisme nouveau, tant sur le plan purement normatif et matériel que sur le plan organique et structurel.

1. La validation des acquis normatifs

Par acquis normatifs, il faut essentiellement entendre les réformes substantielles et matérielles que les périodes de coups d'état entrainent. Se basant toujours sur la contestation de la politique mise en œuvre par les dirigeants en fonction, les auteurs des coups d'état entreprennent, ainsi qu'il a déjà été souligné, des réformes dans plusieurs domaines de la vie publique. Les missions que la transition s'assigne témoignent de cet état de fait.

L'un des changements qui n'est sans doute pas le moins important est la modification de l'ordre juridique étatique par les changements constitutionnels. Il faut déjà relever pour le souligner, le paradoxe souvent observé que les chartes de transition n'écartent pas systématiquement les constitutions, en dépit du fait qu'elles priment en cas de conflit. En effet, on peut lire de part et d'autre que ces textes de transition se fondent sur la Constitution[68]. L'on lit également que :

[68] Cf. préambules des chartes de transition au Burkina-Faso du 13 novembre 2014 et du 1er mars 2022.

> « Sauf abrogation expresse, les dispositions de la Constitution, les institutions ainsi que toute la législation et les règlements en vigueur non contraire à la présente Charte demeurent entièrement applicables. »[69]

C'est donc une cohabitation quelque peu a-juridique à laquelle on peut assister, du fait des dispositifs constitutionnel et transitoire qui vont parfois se confondre et s'exclure mutuellement[70].

Mais l'objectif des transitions et des Chartes qui les encadrent est bien le changement des autorités en place et la modification de l'ordre juridique bâti à partir de la Constitution. La Charte de transition tchadienne prévoit ainsi sa caducité aussitôt qu'une constitution sera adoptée par voie référendaire[71].

La modification de l'ordre juridique formé par la Constitution est ainsi l'un des piliers de la reforme mise en place par les auteurs des coups d'État. En effet, au-delà de sa nature essentiellement normative qui fait d'elle le texte de base de l'ordre juridique national, la Constitution apparait comme la fondation de l'État, le pilier sur lequel toutes les compétences politiques et juridiques des pouvoirs constitués, et même les orientations de la politique internationale d'un État reposent. C'est par la Constitution que la souveraineté du peuple est exprimée de prime à bord[72], c'est également ce texte qui définit la forme et l'orientation idéologique de l'État[73], tout comme les droits et libertés des populations[74]. Il ne faut pas oublier que la Constitution est non seulement la fondation de l'arsenal normatif d'un État, mais également le grenier des libertés publiques. C'est dans ce sens que les auteurs de la Déclaration Universelle des Droits de l'Homme de 1789 y ont inscrit que

---

[69] Cf. art 102 de la charte de transition tchadienne.

[70] L'on remarque par exemple que la structuration de la Charte de transition tchadienne se rapproche fortement de celle de la Constitution sur plusieurs plans tels que les principes de l'État ainsi que les droits et libertés.

[71] Cf. art 99 de la Charte de transition tchadienne.

[72] L'on peut ainsi lire dans les préambules de de la plupart des constitutions africaines la mention « le peuple… », pour exprimer cette affirmation de la souveraineté populaire.

[73] Au Cameroun par exemple, l'article 1 alinéa 2 de la Constitution dispose que la République du Cameroun est un État Unitaire décentralisé. En RDC, l'article 1er de la Constitution détermine les orientations idéologiques de l'État en disposant que la République Démocratique du Congo est un État de droit, indépendant, souverain, uni et indivisible, social, démocratique et laïc.

[74] Si dans certains textes constitutionnels ces droits sont condensés dans le préambule, d'autres y mettent plus d'emphase en consacrant des titres dans le *corpus*. C'est notamment le cas au Tchad avec le titre II du texte constitutionnel.

« Toute société dans laquelle la garantie des droits n'est pas assurée, ni la séparation des pouvoirs déterminée, n'a point de Constitution »[75]. C'est donc sur la base de ces deux composantes que l'on peut établir la conception matérielle de la Constitution[76].

En procédant donc à une révision de la Constitution, il est possible que des pans de la vie d'un État soient modifiés au gré des autorités militaires auteur du coup d'État. A titre d'exemple, la crise politique de 2014 au Burkina Faso a conduit à l'adoption d'une loi constitutionnelle modifiant la Constitution alors en vigueur[77]. L'une des curiosités de cette loi constitutionnelle est sans doute la référence à la Charte de transition de 2014 comme norme d'habilitation pour cette révision. En effet, en procédant ainsi, le constituant reconnait non seulement l'autorité mais aussi la valeur de ce texte, de leurs auteurs et surtout des réformes instituées. C'est ainsi par exemple qu'il est désormais prévu que les candidatures indépendantes soient admises pour toutes les élections. Par cette posture, le constituant libéralise ainsi le droit à la candidature qui jusque-là était soumis à une investiture préalable d'un parti politique. Dans le domaine social, l'on note en plus des droits traditionnellement consacrés, une extension du droit d'accès à l'eau potable, à l'énergie et à l'assainissement[78].

2. La concrétisation des réformes au plan structurel

Au plan structurel, plusieurs réformes implémentées par la transition sont souvent validées et maintenues une fois le retour à l'ordre constitutionnel effectué. Une fois de plus, l'exemple du Burkina-Faso peut être évocateur. Il faut déjà indiquer que bon nombre de ces réformes sont généralement liées à la survenance des coups d'État et aux actes que les autorités de transition sont appelées à poser. Dans le cas d'espèce, l'on comprend que la contestation des mandats du Président de la République en fonction est la base des actions militaires, et les populations ayant parfois manifesté leur désir de ne plus être dirigées par ledit président de la République. C'est ainsi que des dispositions limitant l'influence du président de la République ont été prises, notamment

---

[75] Cf. art 16 de cette Déclaration.

[76] O. Gohin, *Droit constitutionnel,* 3e éd, LexisNexis, Paris, 2016, pp. 140-145.

[77] Il s'agit de la loi constitutionnelle n°072-2015/CNT portant Révision de la Constitution au Burkina Faso.

[78] *Ibid.*, art 18.

l'emphase mise sur la limitation du nombre de mandats présidentiels et la précision selon laquelle « *en aucun cas, nul ne peut exercer plus de deux mandats de président du Faso consécutivement ou par intermittence* »[79].

Comme autre élément significatif de cette diminution de l'influence du président de la République, l'on peut citer la limitation de son intervention dans le fonctionnement de la justice. Alors qu'il présidait jusqu'en 2014 le conseil supérieur de la magistrature, la réforme de 2015 prévoit tout simplement que « *le président du Faso communique avec le Conseil supérieur de la magistrature, soit en personne, soit par des messages qu'il fait lire par le Président du Conseil supérieur de la magistrature* »[80].

Outre le Président de la République, les autres institutions sont également concernées par les réformes, le cas du Parlement qui cesse d'être bicaméral pour n'être constitué désormais que de la seule Assemblée Nationale. Avant le coup d'état survenu en février 2022, le paysage institutionnel burkinabé était calqué sur le modèle de la révision constitutionnelle de 2015. Les organes constitutionnels participaient ainsi à la mise en œuvre des mutations initiées par les militaires, affirmant ainsi leur adhésion aux réformes structurelles imposées par ces militaires.

Conclusion

En définitive, l'examen des contingences liées à la survenance de coups d'état militaires, permet d'affirmer que les organes constitutionnels sont pour le moins instrumentalisés. La collaboration dont ils font preuve avec les militaires, à la suite de leur légitimation ne peut être inscrite dans le cadre d'un exercice libre et conscient de leurs compétences. Le fait est que les périodes de coups d'état sont caractérisées par des représailles, de sorte que les organes constitutionnels qui n'ont véritablement pas d'autorité sur ces militaires ne puissent que collaborer. C'est en cela qu'ils sont fragilisés et donc impuissants.

---

[79] *Ibid.* art 37.

[80] *Ibid.*, art 53.

Un questionnement peut tout de même surgir de ce constat, celui de l'étendue des missions de l'armée. S'il est évident que les militaires s'arrogent une fonction rédemptrice, il est difficile de fonder leurs actions en droit. Quoiqu'il en soit, l'histoire constitutionnelle et politique de bon nombre d'États africains s'est écrite et continue malheureusement, de s'écrire avec les coups d'état militaires.

Bibliographie

Ouvrages, Thèses et Articles

- A. Aka Lamarche, « L'évolution du régime représentatif dans les États d'Afrique noire francophone », *Jurisdoctoria* n° 9, 2013, pp.119-153.
- A. Dakuyo, « Insurrection populaire et justice transitionnelle au Burkina Faso : entre dynamique « révolutionnaire » et réalisme politique », *Politique et Sociétés,* Volume 38, numéro 2, 2019, pp.27–56.
- A. Jolicoeur, « De la reconnaissance en droit international », *Les Cahiers de droit,* Volume 6, numéro 2, avril 1965, pp.85–92.
- A. Legault, « Démocratie et transfert de normes : les relations civilo-militaires », *Études internationales,* Volume 32, numéro 2, 2001, pp.69-201.
- A. Rouquie, R. Sidicaro, *« États autoritaires et libéralisme économique en Amérique latine : une approche hétérodoxe », Tiers-Monde*, tome 24, n°93, 1983. *Le rôle de l'Etat dans le Tiers Monde*. pp.05-113.
- C. Tuekam Tatchum, « les chartes de transition dans l'ordre constitutionnel des Etats d'Afrique noire francophone : étude à partir des exemples du Burkina Faso et de la République Centrafricaine », *Revue CAMES/SJP*, N°001/2016, pp.25-50.
- E. Terray, « Les révolutions congolaise et dahoméenne de 1963 : essai d'interprétation », *Revue française de science politique*, 14e année, n°5, 1964. pp.917-942.
- F-J. Aïvo, *Le président de la République en Afrique francophone. Genèse, mutations et avenir de la fonction*. Paris, L'Harmattan, 2007, 643p.
- F-J. Aïvo, « Le statut constitutionnel du « président élu » en Afrique noire francophone », *Afrilex,* Janvier 2019, pp.1-39.
- G. Cornu, Association H. Capitant, *Vocabulaire juridique*, 11e édition, Paris, PUF, 2011, 1152p.
- G. Drago, « Le nouveau visage du contentieux constitutionnel », *Revue française de droit constitutionnel,* 2010/4, n° 84, pp.751-760.
- I. Ehueni Manzan, *Les accords politiques dans la résolution des conflits armes internes en Afrique,* Thèse de Doctorat en droit public, Université de la Rochelle, 2011-2012, 718p.
- I-M. Fall, « La construction des régimes politiques en Afrique : insuccès et succès », Afrilex, 2014, pp.1-37.

- J-M. Bikoro, *Le temps en droit constitutionnel africain : le cas des États africains d'expression française*, Thèse de Doctorat Ph/D en droit public, UYII, 2016-2017, 506p.
- J. Meynaud, « Les militaires et le pouvoir », *Revue française de sociologie*, 1961, 2-2., pp.75-87.
- J. Mittelman, « De la dépendance et des relations entre l'armée et le pouvoir civil », In *Tiers-Monde*, tome 18, n°70, 1977, pp.211-230.
- J. Owona, *Droits constitutionnels et Institutions politiques du monde contemporain. Etude comparative.* Paris, L'harmattan, 2010, 730p.
- K. Dosso, « les pratiques constitutionnelles dans les pays d'Afrique noire francophone : cohérences et incohérences », *Revue française de droit constitutionnel*, 2012/2 n° 90, pp.57-85.
- K. Somali, *Le parlement dans le nouveau constitutionnalisme en Afrique. Essai d'analyse comparée à partir des exemples du Benin, du Burkina Faso et du Togo*, Thèse en vue de l'obtention du doctorat, nouveau régime, Université Lille 2, 2008, 494 p.
- L. Favoreu, P.Gaïa, R. Ghevontian, J-L Mestre Pfersmann Otto, A. Roux et G. Scoffoni, *Droit constitutionnel,* 21e édition, Dalloz, 2019, 1134p.
- L. Sosoe, « La légitimité est-elle possible par la simple légalité ? », *Les Cahiers de droit,* Volume 42, numéro 3, 2001, pp.883-904.
- M. Deguergue, « Le silence de l'Administration en droit administratif français », *Les Cahiers de droit,* Volume 56, numéro 3-4, septembre–décembre 2015, pp. 389-410.
- M. Denis T.Yannopoulos, « Régimes militaires et classes sociales en Afrique noire. Une hypothèse », *Revue française de science politique*, 22e année, n°4, 1972. pp.847-882.
- M. Mateva, *Légitimité et légalité. Considérations (sur la loi et la justice) à l'image de deux grands procès politiques,* Thèse de Doctorat en sciences politiques de l'Université de Neuchâtel, 2005, 273p.
- M. Troper, *Le droit et la nécessité,* PUF, Paris, 2011, 294p.
- O. Gohin, *Droit constitutionnel,* 3e édition, LexixNexis, Paris, 2016, 1332p.
- P. Daillier, M. Forteau et A.Pellet, *Droit international public*, 9e édition, L.G.D.J, 1455 p.
- P. Pactet et F. Melin Soucramanien, *Droit constitutionnel.* Paris, Sirey, 2006, 939p.
- S-M. Ouedraogo et D. Ouedraogo, « Libres propos sur la transition politique au Burkina Faso : Du contexte au texte de la Charte de la transition », *Afrilex*, 2015, pp.1-28.

Chartes de transitions

- Charte de transition au Burkina Faso du 16 novembre 2014.
- Charte de transition au Burkina Faso du1er mars 2022.
- Charte de transition en République du Tchad du 21 avril 2021.
- Charte de transition au Mali du 21 avril 2021.
- Charte de transition en Guinée du 27 septembre 2021.

Décisions de justice constitutionnelle

- Décision N°2014-001/CC du 16 novembre 2014 portant constatation de la vacance de la présidence du Faso (Burkina Faso).
- Décision 06-074 du 08 2006 de la Cour Constitutionnelle béninoise.
- Avis N°02/CC du 25 mai 2009 de la juridiction constitutionnelle nigérienne.
- Décision N°2019/CC du 14 novembre 2019 de la cour constitutionnelle gabonaise.
- Décision N°CI-2010-EP-34/03-12/CC/SG du 03 décembre 2010 du Conseil Constitutionnel ivoirien relative aux résultats définitifs du second tour de l'élection présidentielle de 2010.
- Décision N°CI-2011-EP-036/04/05/CC/SG du 4 mai 2011 Conseil Constitutionnel ivoirien portant proclamation de Monsieur ALASSANE OUATARA en qualité de Président de la République de Côte d'Ivoire.

Errol TONI

Docteur en droit public, Université d'Abomey-Calavi (Bénin)
Université Jean Moulin – Lyon 3 (France)

L'encadrement constitutionnel de la fonction militaire en Afrique

Résumé

L'encadrement constitutionnel de la fonction militaire en Afrique est marqué par la mise en évidence de deux constances : la soumission de l'armée à l'autorité civile (généralement le chef de l'État ou celui du gouvernement) et le rappel emphatique du principal rôle de l'armée, c'est-à-dire la défense de l'intégrité territoriale. Au-delà de ces constances, certaines constitutions investissent l'armée d'un rôle socio-économique ou d'un rôle politique actif. Ce dernier rôle suscite bien des interrogations, car pouvant être à l'origine d'un mélange des genres.

Introduction

Dans un article publié en 2008[1], le Doyen Babacar KANTÉ présentait le début des années 1990 comme la fin d'« *une longue période caractérisée par le règne du parti unique et des régimes militaires* ». Dans le même sens, deux autres auteurs[2] affirmaient, en 2019, que « *si la démocratie ne semble guère progresser (en Afrique), elle n'est pourtant pas supplantée par son exact opposé : les juntes. Les régimes militaires se font de plus en plus rares en Afrique subsaharienne (...). Les juntes sont passées de mode* ». Les développements récents démontrent

---

[1] B. KANTÉ, « Les juridictions constitutionnelles et la régulation des systèmes politiques en Afrique », *in Mélanges en l'honneur de Jean GICQUEL*, Paris, Montchrestien, 2008, p. 266.

[2] V. MAGNANI et T. VIRCOULON, « Vers un retour de l'autoritarisme en Afrique », *Revue Politique étrangère*, n° 2, 2019, p. 17.

cependant une tendance inverse et justifient que l'on s'interroge sur la « construction de l'État en Afrique : entre démocratie et coups d'État »[3].

Le coup d'État est :

> « L'appropriation illégale du pouvoir politique détenu par un État moderne, au moyen de l'usage ou de la menace de la contrainte, par l'action et dans l'intérêt d'un groupe restreint bénéficiant de la neutralisation ou de la complicité (passive ou active) des forces chargées de faire respecter la légalité »[4].

Si le coup d'État faisait traditionnellement penser à une appropriation du pouvoir politique par l'armée, il n'en est plus systématiquement ainsi, de sorte que de nombreux adjectifs ont désormais fleuri pour désigner différentes natures de coup d'État. Il est alors question de coup d'État « civil », coup d'État « constitutionnel », coup d'État « militaire », etc.

C'est, au demeurant, cette dernière nature de coup d'État qui focalise actuellement l'attention sur le continent africain. Selon le Professeur Joseph SIEGLE :

> « Au cours des deux dernières années, des coups d'État ont eu lieu au Mali (deux fois), au Tchad, en Guinée, au Soudan, en Tunisie et, sans doute, en Algérie et au Burundi, alors que la plupart de ces pays étaient en pleine transition démocratique. Ce type de coup d'État peut être attribué aux coups d'État perpétrés en Égypte et au Zimbabwe quelques années auparavant. Cela signifie que près de 20% des pays africains ont été frappés par des coups d'État depuis 2013. »[5].

Cette énumération ne tient pas compte des coups d'État réussis ou tentés au cours de l'année 2022 au Burkina-Faso, en Gambie et en Guinée-Bissau.

Cette recrudescence des coups d'État en Afrique ne sera cependant pas au cœur de la présente étude. Elle offre plutôt le parfait prétexte pour

---

[3] C'est le thème général du colloque organisé par l'Association nigérienne de droit constitutionnel (ANDC) du 26 au 28 octobre 2022 à Niamey.

[4] E. CHERRIER, *18 Brumaire et 2 Décembre, d'un coup d'État à l'autre : éléments pour une étude du coup d'État*, thèse de doctorat en Science politique, Université de Lille II, 1999, t. I, p. 54.

[5] J. SIEGLE, « Les coups d'État en Afrique et le rôle des acteurs extérieurs », *Africa center for strategic studies*, 3 janvier 2022, p. 1, en ligne : africacenter.org/fr/ spotlight/les-coups-detat-en-afrique-et-le-role-des-acteurs-exterieurs, consulté le 23 août 2022.

lever un coin de voile sur le positionnement et le fonctionnement de l'institution militaire au sein de l'État. Cette institution est indubitablement « *l'un des éléments structurants de l'espace national* »[6]. Grâce à son personnel discipliné et disponible, son organisation rigoureuse, sa présence discrète et permanente, ses moyens, les privilèges dont elle jouit, l'armée inquiète autant qu'elle fascine. S'il est vrai que l'armée est l'« *une des plus grandes choses du monde* » selon la formule utilisée par le Général de Gaulle dans ces *Mémoires de guerre*, elle devient aussi parfois un instrument d'oppression en raison de la crainte qu'elle suscite, celle-ci étant doublée d'une quasi-impunité garantie par la détention des armes. En effet, comme le rappelle le Cardinal de Richelieu, « *qui a la force a souvent la raison en matière d'État, et celui qui est faible peut difficilement s'exempter d'avoir tort (...)* » [7].

De manière classique, l'armée renvoie à un rassemblement d'hommes prêt à faire la guerre. Dans le langage moderne, elle désigne « *un service public qui a pour objet d'assurer, par l'entretien ou l'emploi de forces organisées, la protection des intérêts d'un État* (y compris au moyen de la violence) »[8]. Les textes juridiques s'y réfèrent en utilisant différentes expressions (armée, armées, forces armées, forces de défense…) sans que l'on ne puisse toujours percevoir des différences significatives entre elles.

D'un point de vue sociologique, l'armée constitue un corps social singulier.

> « Le militaire se réfère à un corpus de convictions (…) faites de patriotisme, de solidarité, de courage, de disponibilité, de désintéressement, de fraternité, de virilité, d'esprit de corps, etc. qu'il partage avec ses chefs et avec ses pairs (…). Ces paramètres participent à la construction de la spécificité de cette communauté militaire qui représente un corps social particulier partageant des valeurs propres, des modes de vie souvent différents de ceux des autres corps de la

---

[6] J. R. BACHELET, « Éditorial », *Revue Inflexions*, n° 20, 2012, p. 7.

[7] Cité par F. SCHEER, « De la puissance en général et de la puissance militaire en particulier », *Revue Inflexions*, n° 20, 2012, p. 16.

[8] M. FONTRIER, « Des armées africaines : comment et pour quoi faire ? », *Revue Outre-Terre*, n° 11, 2005, p. 347.

nation, mais aussi une relation au pouvoir politique parfois complexe et ambiguë. »[9].

En tout état de cause, il est un fait constant que, ces dernières années en Afrique, l'armée se positionne de plus en plus comme un acteur central de la vie politique. Or, de manière classique, il est admis que c'est la constitution[10] qui définit les principales règles du jeu politique, c'est-à-dire celles relatives à la dévolution et à l'exercice du pouvoir politique. Dès lors, l'analyse des rapports entre l'armée et la constitution prend un relief nouveau. Dit autrement, il devient nécessaire de s'interroger sur la manière dont chaque constitution appréhende le rôle de l'armée ou, si l'on préfère, la manière dont elle encadre « la fonction militaire ».

Sur un plan pratique, une telle interrogation peut permettre de mieux comprendre les ressorts des interventions militaires dans la vie politique et, par voie de conséquence, d'identifier des pistes en vue de les maîtriser. Sur un plan théorique également, l'examen de la problématique des rapports entre l'armée et la constitution n'est pas dénué d'intérêt, d'autant plus qu'il n'existe presque pas de travaux universitaires récents sur la question. Or, les réponses fournies par un tel examen sont indispensables à une meilleure garantie de la stabilité de la norme constitutionnelle au regard des défis sécuritaires et sociaux contemporains des États africains.

Pour répondre à l'interrogation précédente, il a été retenu une démarche exégétique prenant en compte les textes constitutionnels, quelle que soit leur nature (constitutions proprement dites, constitutions de transition, chartes de transition…), mais excluant les textes auxquels la constitution renvoie (conventions internationales, lois organiques…)

---

[9] J. F. COUSTILLIÈRE, « Les forces armées dans les révoltes arabes », *Revue Confluences Méditerranée*, n° 79, 2011, pp. 68-69.

[10] La définition de la constitution n'est pas aisée. Voir par exemple, O. BEAUD, « Constitution et droit constitutionnel », *in* D. ALLAND et S. RIALS (dir.), *Dictionnaire de la culture juridique*, Paris, Lamy – PUF, 2003, pp. 257-266 et D. ROUSSEAU, « Constitution », *in* O. DUHAMEL et Y. MENY (dir.), *Dictionnaire constitutionnel*, Paris, PUF, 1992, pp. 208-212. Plusieurs définitions sont chaque fois données. On peut néanmoins convenir, avec O. DUHAMEL (*Droit constitutionnel et institutions politiques*, Paris, Éditions du Seuil, 2016, p. 54), de l'appréhender d'un double point de vue : « *dans le sens matériel, la constitution recouvre l'ensemble des règles relatives à l'attribution et à l'exercice du pouvoir politique. Dans le sens formel, la constitution n'est que l'ensemble des règles consacrées en la forme constitutionnelle, regroupées dans un ou quelques textes spéciaux, ayant une valeur supérieure à toutes les autres normes (législatives, réglementaires…) et ne pouvant être modifiées que par une procédure particulière, dite de révision* ». Il est possible d'ajouter qu'au plan matériel, les constitutions contemporaines vont au-delà des seules règles liées au pouvoir politique et consacrent des droits au profit des citoyens.

en raison de leur trop grande diversité. De plus, conscient de la variabilité des réalités en cette matière, la démarche a également été éminemment comparative. L'échantillon a été constitué avec pour ambition de refléter l'Afrique dans sa diversité aussi bien sur le plan géographique que sur celui linguistique. Ont ainsi été examinées, dans le cadre de la présente réflexion, les constitutions de quatorze (14) États africains à savoir l'Algérie, le Bénin, le Burkina-Faso, la Côte d'Ivoire, le Ghana, la Guinée (Conakry), la Guinée Bissau, le Mali, le Niger, le Nigéria, la République Démocratique du Congo (RDC), le Rwanda, le Sénégal et le Togo.

Un autre point important de la démarche utilisée est sa dimension historique. L'examen des seules constitutions actuellement en vigueur aurait pu fournir une vue intéressante de l'existant. Mais, il n'aurait pas permis d'apprécier l'évolution dans le temps de l'encadrement constitutionnel de la fonction militaire. Or, cette évolution est parfois déterminante pour mieux apprécier l'existant et en tirer des enseignements pertinents.

Au bénéfice des considérations qui précèdent, l'examen des constitutions précitées montre que l'encadrement de la fonction militaire en Afrique est plutôt diversifié sur le plan formel. Certaines constitutions y consacrent des chapitres ou titres entiers contenant entre deux et six articles. C'est le cas des Constitutions ghanéennes de 1960[11], 1979[12] et 1992[13], de la Constitution nigériane de 1999[14], de la Constitution guinéenne de 2010[15] ainsi que de la Constitution de RDC de 2006[16]. D'autres constitutions y consacrent également plusieurs articles, mais ceux-ci ne font pas l'objet d'une partie distincte et sont disséminés dans le texte constitutionnel. C'est le cas de la plupart des constitutions examinées. D'autres encore ne comportent pas de disposition se rapportant spécifiquement à la fonction militaire. Ce cas de figure, plutôt

[11] Part IX, 2 articles.

[12] Chapter 16, 5 articles.

[13] Chapter 17, 6 articles.

[14] Chapter VI, part III-C, 4 articles.

[15] Titre XV, 5 articles.

[16] Titre III, chapitre 1, section 6, paragraphe 2, 6 articles. Voir aussi la Constitution du Rwanda de 2003 (chapitre VIII) et celle d'Algérie de 1976 (chapitre VI).

rare, se retrouve au niveau des constitutions ivoirienne de 1959 et togolaise de 1960.

Sur le plan matériel, l'encadrement constitutionnel de la fonction militaire en Afrique présente quelques tendances lourdes. Des dispositions constitutionnelles équipollentes existent un peu partout. Toutefois, elles ne masquent pas totalement les spécificités qui sont notables par endroits. Cela permet d'affirmer, en définitive, que cet encadrement est perceptible sous le prisme de constances (I) et de variations (II).

I. Les constances

Comme annoncé ci-dessus, l'échantillon de constitutions examiné présente une grande diversité. Toutefois, on y note deux constances majeures. La première est la soumission de l'armée à l'autorité civile (A). La seconde, quant à elle, est relative à la consécration d'un rôle de défense de l'intégrité territoriale au profit de l'armée (B).

A. La soumission de l'armée à l'autorité civile

Il s'agit d'une soumission affirmée sans ambiguïté par les constitutions (1). Mais, parallèlement, cette soumission est aussi encadrée, notamment dans le but d'éviter des abus (2).

1. Une soumission clairement affirmée

« *Le Président de la République est le Chef des armées* ». La formule est solennelle et consacre la volonté des constituants de subordonner les agissements des acteurs militaires aux décisions de l'autorité civile. Elle est présente dans les constitutions de l'espace étudié, sans distinction de positionnement géographique ou d'époque. À titre d'exemples, il est possible de citer les Constitutions guinéenne de 1958[17], béninoise et ivoirienne de 1960[18], nigérienne de 1996[19] et burkinabé de 1977[20]. Dans

[17] Article (art.) 20.

[18] Art. 18 de chacune des constitutions.

[19] Art. 52.

[20] Art. 16.

certains cas, l'adjectif « suprême » est ajouté au substantif « chef » pour insister sur la position dominante du Président de la République. C'est ainsi qu'il est désigné comme le « chef suprême » des armées dans les constitutions ivoirienne de 2000 et 2016[21], algérienne de 1996[22], burkinabé de 1991[23] et guinéenne de 2020[24]. Dans d'autres cas, c'est l'expression « commandant en chef », qui n'est pas sans rappeler l'article 2 de la Constitution américaine, qui est utilisée. Le Président de la République est ainsi le « commandant en chef » des forces armées suivant les dispositions des constitutions ghanéenne de 1992[25] et nigériane de 1999[26], mais aussi celles guinéenne de 1982[27] et rwandaise de 2003[28].

De ces nombreux exemples, on peut déduire une relative stabilité, aussi bien temporelle que géographique, de la volonté de soumission de l'armée à l'autorité civile. En effet, qu'il s'agisse de constitution ouest-africaine ou nord-africaine, de constitution antérieure ou postérieure au Renouveau démocratique des années 1990, la logique est la même et consacre la thèse de CLAUSEWITZ selon laquelle la décision et les objectifs militaires sont subordonnés au point de vue politique[29].

---

21 Respectivement art. 47 et 68.

22 Art. 91.

23 Art. 52.

24 Art. 36. Voir aussi l'art. 43 de la Constitution algérienne de 1963 et l'art. 91 de la Constitution algérienne de 1996.

25 Art. 57.

26 Art. 130.

27 Art. 49.

28 Art. 108. Voir aussi l'art. 62 de la Constitution de Guinée-Bissau de 1984.

29 Carl von CLAUSEWITZ, *De la guerre*, Paris, Minuit, 1955, pp. 706-707. Pour A. COHEN (« Le pouvoir politique et l'armée », *Revue Pouvoirs*, n° 125, 2008, p. 22), en France, ce n'est qu'avec la Ve République que l'on assiste à un renversement de tendance confirmant la primauté de l'autorité civile sur celle militaire : « *Les généraux de la Ve République n'ont pas la chance qu'avaient leurs aînés (...). Dans les domaines où ils estiment avoir des responsabilités personnelles, les présidents n'hésitent pas à faire l'apprentissage des connaissances nécessaires. Ils ne se contentent plus d'écouter passivement et respectueusement les états-majors. Les présidents étudient eux-mêmes les dossiers au sujet desquels ils se sentent des responsabilités, et si l'information est insuffisante, ils exigent des précisions, n'hésitant pas à contredire ou à contester son bien-fondé. La parole du chef militaire a perdu sa sacralité. Des responsables de l'armée sont soumis aux pressions du politique désireux d'être mieux informé. Ils doivent convaincre. Ils ne peuvent plus déclarer péremptoirement ce qui est souhaitable et réalisable. Le militaire n'intimide plus. C'est bien souvent lui l'intimidé.* ».

L'autorité politique, ici confondue avec l'autorité civile, est d'abord et avant tout le Président de la République. Mais, il peut aussi s'agir d'une autre autorité de l'Exécutif[30] ou même de l'ensemble du Gouvernement. À titre d'illustration, dans la Constitution rwandaise de 1991[31], celle burkinabé de 1991[32] ou encore celle de la RDC de 2006[33], c'est le Gouvernement qui « *dispose de l'Administration et des forces de défense et de sécurité* ». Mais il faut noter que, dans tous ces cas, c'est le Gouvernement qui détermine et conduit la politique de la Nation.

Au Sénégal, cette répartition des compétences en matière militaire a d'ailleurs été à l'origine de difficultés avec la Constitution de 1960. En effet, le Président de la République y était décrit comme « *le Chef des armées* »[34] tandis que le Président du Conseil, chef de gouvernement, y était le responsable de la défense nationale. À ce titre, il disposait de la force armée[35]. De l'avis du Professeur Babacar GUÈYE, c'est « *cette ambiguïté (qui) a favorisé la crise de 1962 que le président SENGHOR résumera par une formule saisissante : deux alligators mâles ne peuvent pas cohabiter dans un même marigot* »[36].

Par ailleurs, l'autorité civile retenue pour assurer la direction de l'action des forces armées n'est pas laissée sans repère. La constitution fournit généralement quelques indications sur le cadre d'exercice de son pouvoir sur l'armée.

2. Une soumission encadrée

L'encadrement se déploie aussi bien d'une manière positive que d'une manière négative. Ainsi, l'autorité civile désignée comme chef des armées reçoit plusieurs prérogatives constitutionnelles. L'une des plus importantes est la présidence du Conseil supérieur de la défense ou de la Commission nationale de défense. Il s'agit d'un organe composé des plus

---

[30] Il s'agit respectivement du Premier ministre et du Vice-président dans la Constitution malienne de 1992 (art. 55) et la Charte de la transition du Mali de 2020 (art. 7).

[31] Art. 50.

[32] Art. 61.

[33] Art. 91.

[34] Art. 24.

[35] Art. 26.

[36] B. GUÈYE, « Présentation de la Constitution du 22 août 1960 » *in* A. KEBE (dir.), *Textes fondamentaux de la République du Sénégal*, Dakar, L'Harmattan, 2021, p. 42.

hautes personnalités en charge de la défense nationale. Sa présidence constitue donc le gage de la soumission de la hiérarchie militaire et, plus généralement, de l'ensemble des membres des forces armées.

Le rôle de ce conseil est variable. Ordinairement, il consiste à émettre des avis sur les nominations aux hautes fonctions militaires, les promotions d'officiers et diverses autres questions relatives à la défense nationale[37]. Parfois, comme ce fut le cas avec la Constitution de transition de 2003 en RDC, les avis de ce Conseil sont réputés « *conformes* »[38].

D'autres prérogatives du « chef des armées » sont relatives au pouvoir de faire intervenir les forces nationales de défense à l'étranger, à la nomination aux emplois militaires, à l'attribution des grades dans l'armée et au pouvoir de déclarer la guerre ou l'état de siège. Certaines de ces prérogatives s'exercent en collaboration avec le Parlement. Par exemple, suivant la Constitution burkinabé de 1991[39], « *la déclaration de guerre et l'envoi de contingents ou d'observateurs militaires à l'étranger sont autorisés par le Parlement* ». Dans le même sens, au Nigéria, la Constitution de 1999[40] interdit au Président de la République de déclarer la guerre à un autre État sans l'autorisation des deux chambres du Parlement réunies en session conjointe. Plus encore, sans l'autorisation préalable du Sénat, aucun membre des forces armées de la Fédération ne peut être déployé sur un théâtre de guerre à l'extérieur du Nigéria. Il y a là une différence sensible avec d'autres modèles où les opérations militaires à l'extérieur ne sont pas soumises à une intervention préalable du Parlement. En France par exemple[41], elles peuvent être déclenchées par le Président de la République avec la seule exigence d'une information *a posteriori* du Parlement. L'autorisation du Parlement ne devient nécessaire que si l'opération se prolonge dans le temps.

---

[37] Art. 64 de la Constitution du Niger de 2010.

[38] Art. 190.

[39] Art. 106. Voir aussi l'art. 72 de la Constitution togolaise de 1992.

[40] Art. 5.4.

[41] Art. 35 de la Constitution française de 1958 : « *Le Gouvernement informe le Parlement de sa décision de faire intervenir les forces armées à l'étranger au plus tard trois jours après le début de l'intervention. Il précise les objectifs poursuivis. Cette information peut donner lieu à un débat qui n'est suivi d'aucun vote.*

Lorsque la durée de l'intervention excède quatre mois, le Gouvernement soumet sa prolongation à l'autorisation du Parlement. Il peut demander à l'Assemblée nationale de décider en dernier ressort. ».

À l'opposé de ces prérogatives, existent aussi parfois des limites pour empêcher un usage abusif de l'armée. Ainsi, en est-il par exemple de l'interdiction faite au Président de la République de recourir à des forces armées pour intervenir dans un conflit intérieur. Cette interdiction vaut aussi bien à l'égard des forces armées nationales que de celles étrangères[42]. Toutefois, il faut reconnaître que cette interdiction n'est pas toujours respectée dans la pratique. Dans les États étudiés, les exemples sont nombreux où l'on a assisté à une intervention de l'armée dans un conflit intérieur[43]. Il faut souligner à cet égard que les constitutions elles-mêmes nuancent parfois la portée de cette interdiction en prévoyant des dérogations, ce qui accorde une marge de manœuvre non négligeable dans l'interprétation des dispositions concernées[44]. Dans tous les cas, l'interdiction formulée a le mérite de rappeler la volonté des constituants de condamner les tentatives d'instrumentalisation de l'armée et, incidemment, de rappeler son rôle essentiel qui est de protéger et défendre l'intégrité territoriale.

B. La consécration d'un rôle de défense de l'intégrité territoriale

Établissant le portrait-type du militaire, Jean-Marc de GIULI a écrit ce qui suit :

> « Hier défenseur de la patrie à ses frontières, aujourd'hui au-delà de ces dernières, il reste délégataire de la légitime force publique, disposant du droit extraordinaire de pouvoir donner la mort et devant accepter, en contrepartie, le devoir absolu d'être prêt à la recevoir, non

---

[42] « *En aucun cas, il ne peut être fait appel à des forces armées étrangères pour intervenir dans un conflit intérieur* » art 27 de la Constitution béninoise de 1964, art. 41 de la Constitution béninoise de 1968, art. 30 de la Constitution burkinabé de 1977 et art. 59 de la Constitution burkinabé de 1991.

[43] En Guinée en 2009, au Togo en 2017, au Bénin en 2021, etc.

[44] À titre d'exemples, voir art. 67 de la Constitution béninoise de 1990 : « *Le Président de la République ne peut faire appel à des forces armées ou de police étrangères pour intervenir dans un conflit intérieur* ***sauf dans les cas prévus à l'article 66 (en cas de coup d'État, de putsch, d'agression par des mercenaires ou de coup de force quelconque)*** » et art. 149 de la Constitution togolaise de 1992 : « ***En cas de rébellion armée****, et si les forces de police et de sécurité ne peuvent, à elles seules, maintenir l'ordre public, le Gouvernement peut, pour écarter le danger menaçant l'existence de la République ou l'ordre constitutionnel démocratique, engager les forces armées pour assister les forces de police et de sécurité dans la protection d'objectifs civils et dans la lutte contre les rebelles* ».

pas de façon accidentelle et privative, mais sacrificielle, puisque reçue en lieu et place du peuple »[45].

Le militaire, c'est donc en premier lieu cet homme qui, suite à son intime conviction[46], décide de mettre sa vie au service de la défense de l'intégrité physique de la communauté. À cet effet, il obtient un pouvoir légitime et quasiment exclusif de recourir à la violence en son nom. Le caractère exclusif de cette mission (1) donne naissance à un certain nombre de privilèges et d'obligations (2).

1. Un rôle exclusif

Les constitutions africaines rappellent bien que seule l'armée est en charge de la défense de l'intégrité territoriale. Elles en tirent ensuite les conséquences. Ainsi, elles affirment clairement le caractère national de l'armée à travers l'interdiction faite à tout individu ou corps constitué d'organiser des milices privées ou d'entretenir des groupes armés[47].

Plusieurs d'entre elles sont même emphatiques sur la question en rappelant que la composition de l'armée doit refléter l'équilibre entre les différentes ethnies composant la nation ou encore le caractère fédéral de l'État. Le plus souvent, il s'agit de constitutions d'États ayant connu une histoire politique tumultueuse marquée par une intervention de l'armée dans des conflits intérieurs. Ainsi, quelques années après la guerre civile

---

[45] J. M. GIULI, « Le militaire, entre socialisation accrue et perte d'influence », *Revue Inflexions*, n° 20, 2012, pp. 76-77.

[46] Il faut avouer que, dans l'espace étudié, l'intime conviction n'est pas toujours le principal ressort de l'engagement du militaire. Loin de cet idéal, ce sont parfois des considérations liées à la volonté de sortir coûte que coûte du chômage qui déterminent les jeunes dans leur engagement dans l'armée. En effet, les taux de chômage faibles généralement affichés pour les pays africains cachent une réalité moins resplendissante. Un examen approfondi des statistiques fournies par l'Organisation internationale du travail permet de constater que le taux de sous-emploi dans les pays d'Afrique se situe autour de 22% en 2021. Dans le même sens, la part de l'emploi informel dans l'emploi total est très élevée et se situe à 85,8%. Or, ce type d'emploi s'accompagne souvent d'une précarisation et d'une absence de protection sociale. Pour approfondir, on pourra lire Organisation internationale du travail, *Rapport sur l'emploi en Afrique (Re-Afrique) : Relever le défi de l'emploi des jeunes*, Genève, BIT, 2020, pp. 16 et 18.

[47] Art. 143 de la Constitution guinéenne de 2010 : « *Nul ne doit organiser des formations militaires, paramilitaires ou des milices privées, ni entretenir un groupe armé* ». Voir aussi l'art. 53 de la Constitution ghanéenne de 1960, l'art. 167 de la Constitution ghanéenne de 1979, l'art. 210 de la Constitution ghanéenne de 1992, l'art. 159 de la Constitution de RDC de 1964 et l'art 190 de la Constitution de RDC de 2006.

déclenchée au Biafra[48], la Constitution nigériane adoptée en 1979 a pris le soin de préciser que la composition des corps des forces armées doit refléter le caractère fédéral du Nigéria[49]. Dans le même sens, tenant compte des tensions ethniques survenues dans le pays[50], la Constitution de RDC de 2006 dispose que :

> « Les effectifs à tous les niveaux, les fonctions de commandement en tout temps et en toute circonstance, doivent tenir compte des critères objectifs liés à la fois à l'aptitude physique, à une instruction suffisante, à une moralité éprouvée **ainsi qu'à une représentation équitable des provinces** » [51].

Cette préoccupation d'une composition ethnique équilibrée de l'armée demeure d'une importance première dans les États africains. En effet, l'armée étant un des hauts-lieux de pouvoir au sein de l'État, la négligence de cette préoccupation a parfois été à l'origine de la domination d'une ethnie sur les autres. Le corollaire en a été une fragilisation de la cohésion nationale. Les ethnies qui s'estimaient marginalisées, dès qu'elles en ont eu l'occasion, ont exprimé ce ressentiment par divers moyens parmi lesquels se trouve la violence physique. Le génocide rwandais[52] de 1994 fournit une illustration tragique des conséquences potentielles d'une telle situation.

---

[48] Cette guerre a eu lieu de juillet 1967 à janvier 1970. Sa principale cause était la revendication d'autonomie par une partie de l'Est du Nigéria qui s'est auto-proclamée République du Biafra sous la direction du Colonel Emeka OJUKWU. Les affrontements ont entraîné la mort de plus d'un million de personnes. Pour approfondir, on pourra lire F. UGOCHUKWU, *Biafra, la déchirure : sur les traces de la guerre civile nigériane de 1967-1970*, Paris, L'Harmattan, 2009, 214 p.

[49] Art. 197 et 199.

[50] Voir E. RUSAMIRA, « La dynamique des conflits ethniques au Nord-Kivi : une réflexion prospective », *Revue Afrique contemporaine,* n° 207, 2003, pp. 147-163 et A. I. RUGAMBWA, *RDC : pays pris en otage par des conflits inter-ethniques au Kivu,* Berlin, Univ Européenne, 2012, 64 p. Ces tensions ne sont malheureusement pas totalement apaisées. Voir, entre autres, P. MULEGWA, « RDC : 18 morts et plus de 6 000 déplacés après des affrontements inter-ethniques dans le Nord-Ouest », *Agence Anadolu,* 30 août 2022, en ligne : https://www.aa.com.tr/fr/afrique/rdc-18-morts-et-plus-de-6000-déplacés-après-des-affrontements-inter-ethniques-dans-le-nord-ouest/2672390, consulté le 18 octobre 2022.

[51] Art 189. Voir aussi les art. 180 et 183 de la Constitution de transition de 2003.

[52] Plus exactement, il s'est agi d'un génocide des Tutsis du Rwanda par les extrémistes Hutus. Entre avril et juillet 1994, plus de 800 000 personnes ont ainsi perdu la vie au Rwanda. Pour approfondir, on pourra lire F. PITON, *Le génocide des Tutsis du Rwanda*, Paris, La Découverte, 2018, 248 p.

En tout état de cause, la responsabilisation de l'armée pour la défense du territoire national a plusieurs conséquences. Entre autres, elle est à l'origine de l'attribution d'un certain nombre de privilèges à l'armée. Ces privilèges s'accompagnent, comme on pouvait s'y attendre, de multiples obligations.

2. Un rôle générateur de privilèges et d'obligations

Le principal droit constitutionnellement affirmé au profit des forces armées est relatif à leur capacité opérationnelle. En réalité, il ne s'agit pas tant d'un droit que d'une lapalissade qui est rappelée par quelques constituants de l'espace étudié. Ainsi, en Algérie, il revient à l'État de :

> « Veiller à la professionnalisation et à la modernisation de l'Armée nationale populaire, de sorte qu'elle dispose des capacités requises pour la sauvegarde de l'indépendance nationale, la défense de la souveraineté nationale, de l'unité et de l'intégrité territoriale du pays, ainsi que la protection de son espace terrestre, aérien et maritime »[53].

La même idée est présente dans la Constitution ghanéenne de 1992[54] et dans celle rwandaise de 2003[55]. Cela permet d'affirmer qu'il y a une prise de conscience de la part des constituants de la nécessité d'équiper et de former convenablement les membres des forces armées afin de les mettre en condition de jouer efficacement leur rôle de défense de l'intégrité territoriale. Mais, cette prise de conscience est-elle

---

La situation en Guinée-Bissau est aussi quelque peu inquiétante. Il est possible de constater avec G. YABI (*Le rôle de la CEDEAO dans la gestion des crises politiques et des conflits : cas de la Guinée et de la Guinée Bissau*, Abudja, FES, 2010, p. 19) que « *pour nombre de Balantes, l'accession de YALA à la présidence était une victoire pour tous les membres de cette communauté par ailleurs toujours dominante dans les effectifs de l'armée. Précisément parce que les Balantes étaient majoritaires dans l'armée depuis l'indépendance et que cette dernière a toujours été intimement liée au pouvoir politique, le sentiment de nombre de Bissau-guinéens des autres groupes ethniques était dominé par la crainte d'une "balantisation" de tous les lieux de pouvoir, qui pourrait se traduire par une mauvaise gestion des affaires publiques et constituer une source de tensions graves dans le pays.* ».

[53] Préambule de la Constitution de 1996.

[54] Art. 210: « *The armed forces shall be equipped and maintained to perform their role of defence of Ghana* ».

[55] Art. 159 : « *La défense nationale est de la responsabilité d'une force militaire nationale **professionnelle** (...)* ».

concrétisée ? Autrement dit, les armées africaines disposent-elles réellement des moyens de leurs politiques ? Il est permis d'en douter[56].

Au-delà de la formation et de l'équipement convenables, les forces armées, au regard des spécificités de leur mission, bénéficient de certains privilèges. En premier lieu, leur organisation générale relève de la compétence du Parlement[57]. Il en est de même du statut de leurs membres qui est distinct de celui du personnel civil au service de l'État. Parfois, comme en RDC, il est même prévu une loi organique pour définir l'organisation et le fonctionnement de l'armée[58]. En second lieu, les forces armées bénéficient d'un privilège de juridiction. Ainsi, ce sont les tribunaux militaires qui connaissent des infractions commises par leurs membres[59]. En tant de guerre, la compétence de ces tribunaux peut même être élargie aux civils. En troisième lieu, les forces armées peuvent associer des civils à l'accomplissement de leurs missions. Cette association, du point de vue constitutionnel, repose généralement sur deux piliers. Le premier consiste à affirmer que « *la défense de la Nation et de l'intégrité territoriale est un devoir* ***sacré*** *pour tout citoyen* »[60].

---

[56] Il s'agit là d'un vaste sujet qui dépasse le cadre de la présente étude. Quoi qu''il en soit, il y a une quasi-unanimité pour reconnaître les faiblesses opérationnelles de la majorité des armées africaines. Il est donc possible de retenir, avec L. TOUCHARD (« Les qualités des forces armées africaines », *Magazine Défense et Sécurité Internationale*, n° 139, 2019, p. 36) que, malgré les éléments de satisfaction qui existent, « *les défauts opérationnels des armées africaines sont aussi nombreux qu'indéniables* ».

[57] Art. 98 de la Constitution béninoise de 1990, art. 101 nouveau de la Constitution ivoirienne de 2016, art. 100 de la Constitution nigérienne de 2010, art. 101 de la Constitution burkinabé de 1991, art. 70 de la Constitution malienne de 1992, art. 72 de la Constitution guinéenne de 2010, art. 86 de la Constitution bissau-guinéenne de 1984, etc. Dans le cas du Nigéria, il s'agit d'une question qui relève des autorités fédérales (cf. annexe 2 de la Constitution nigériane de 1999, Legislative powers, part I).

[58] Art. 191 de la Constitution de 2006.

[59] Voir art. 90 de la Constitution burkinabé de 1977, art. 156 de la Constitution de RDC de 2006, art. 147 et 152 de la Constitution rwandaise de 2003, etc.

[60] Art. 32 de la Constitution béninoise de 1990, art. 33 de l'acte fondamental du Mali de 2012, art. 29 de la Constitution guinéenne de 2020, art. 43 de la Constitution togolaise de 1992, art. 29 de la Charte de transition de la Guinée de 2021, art. 48 de la Constitution rwandaise de 2003, art. 10 de la Constitution burkinabé de 1991, art. 22 de la Constitution malienne de 1992, etc.

Quant au second, il consiste à instituer un service militaire[61] qui peut être libre ou obligatoire[62].

Les spécificités de la fonction militaire ne créent pas que des droits à son profit. Elles sont aussi une source d'obligations constitutionnelles. Au Nigéria par exemple, bien que les libertés d'expression, d'association et de mouvement soient garanties pour tous, les constitutions successives qu'a connues le pays précisent que n'est pas inconstitutionnelle une loi qui apporte des restrictions à ces libertés en ce qui concerne les militaires[63]. En RDC, avec la Constitution de 1964, il n'était pas possible aux membres des forces armées de « *fonder des syndicats, ni des associations ayant une activité à caractère politique ni s'y affilier. Ils ne peuvent participer à aucune grève.* »[64].

Dans le même sens, il est parfois institué, à l'égard des membres des forces armées, des obligations constitutionnelles spécifiques de respect

---

[61] Sur le bien-fondé du service militaire, les avis divergent. En ce qui concerne la France, un aperçu de ceux-ci nous est donné par B. JANKOWSKI, « Les jeunes et l'armée », *Revue Inflexions*, n° 20, 2012, pp. 111-112 : « *En premier lieu, on entend très fréquemment dire que les Français, les acteurs politiques et bien évidemment aussi les jeunes ne connaissent plus les armées depuis la suspension du service militaire. Or, ceux qui mettent en avant cette vision des choses ont tendance à oublier l'image que la conscription donnait des armées. Certes, de nombreuses vertus étaient attachées à l'expérience du service militaire, mais celles-ci étaient exprimées par l'ensemble des Français et non par ceux qui en avaient fait l'expérience. Les jeunes hommes directement touchés par le service émettaient, en effet, des opinions distinctes de celles des autres catégories de la population, et se montraient critiques vis-à-vis des tâches qui leur étaient confiées et au sentiment de temps mal occupé. Le service était synonyme de perte de temps et, comme l'écrit François GRESLES, en dehors des volontaires services longs (VSL) et des appelés de l'encadrement, on ne trouvait plus grand monde pour défendre le service militaire dans la forme qu'il avait depuis 1992. Utile pour la défense de la France aux yeux des Français, du moins jusqu'à la fin de la guerre froide, considéré comme un rituel de passage, comme un moment de brassage social – bien que de moins en moins réel – et comme un tremplin de la citoyenneté, le service militaire, mesuré pour son influence sur la connaissance des armées et l'image qu'il contribuait à en donner, n'avait pas autant de mérites que certains l'affirment encore aujourd'hui.* ».

[62] Art. 38 de la Constitution nigérienne de 2010, art. 145 de la Constitution guinéenne de 2010, art. 28 de la Constitution rwandaise de 1991, art. 220 de la Constitution nigériane de 1999, art. 84 de la Constitution algérienne de 1976, etc.

[63] Voir les art. 24 et 26 de la Constitution de 1960, les art. 25, 26 et 27 de la Constitution de 1963 ainsi que l'art. 39 de la Constitution de 1999.

[64] Art. 29. Voir aussi l'art. 20 de la Constitution de Guinée-Bissau de 1984 (« *Les forces armées révolutionnaires du peuple sont non-partisanes et ses membres en activité ne peuvent exercer aucune activité politique* ») et l'art. 60 de la Constitution rwandaise de 2003 (« *Il est interdit aux juges, procureurs, **militaires**, officiers de police ou agents des services de renseignement et de sécurité d'être membre d'organisations politiques* »).

des droits de l'homme[65], de respect des décisions juridictionnelles, notamment celles de la Cour constitutionnelle[66], et d'incompatibilité d'exercice de fonction publique élective[67].

La défense de l'intégrité territoriale est donc un rôle essentiel des forces armées auquel sont associés de nombreux droits et obligations. Mais, ce n'est pas là leur seul rôle. Il en existe d'autres. Ces dernières ne sont cependant pas consacrées de manière constante par les Constitutions des États africains.

II. Les variations

Elles tiennent essentiellement aux rôles accessoires dévolus aux forces armées dans certains États et à certaines époques. De manière concrète, ces forces sont parfois investies par la Constitution de missions débordant le cadre de la défense du territoire. Il peut s'agir de missions à caractères socio-économique (A) ou politique (B).

A. L'affirmation d'un rôle socio-économique

Il s'agit d'un rôle plutôt ancien (1). On le retrouve déjà dans certaines constitutions rédigées au lendemain des indépendances africaines des années 1960. Avec les mutations récentes du contexte socio-économique, ce rôle est l'objet d'un certain renouvellement (2).

---

[65] Art. 40 de la Constitution béninoise de 1990 : « *L'État doit intégrer les droits de la personne humaine dans les programmes d'alphabétisation et d'enseignement aux différents cycles scolaires et universitaires et* ***dans les programmes de formation des forces armées****, des forces de sécurité publique et assimilés* ». Voir aussi l'art. 25 de la Constitution guinéenne de 2010, l'art. 32 de la Constitution guinéenne de 2020 et l'art. 45 de la Constitution de RDC de 2006. Au Ghana, les fonctions de la Commission des droits de l'homme et de la justice administrative comprennent, entre autres, le pouvoir d'enquêter relativement aux dysfonctionnements signalés dans le recrutement dans l'armée ou dans son fonctionnement en conformité avec les droits humains (art. 218 de la Constitution de 1992).

[66] Art. 124 de la Constitution béninoise de 1990 : « *Les décisions de la Cour Constitutionnelle ne sont susceptibles d'aucun recours. Elles s'imposent aux pouvoirs publics et à toutes les autorités civiles,* ***militaires*** *et juridictionnelles* ». Voir aussi l'art. 168 de la Constitution de RDC de 2006 et l'art. 134 de la Constitution du Niger de 2010. En revanche, au Sénégal, il est notable que l'article concerné de la Constitution ne fait pas explicitement référence aux autorités militaires. Ainsi, l'art. 92 de la Constitution sénégalaise de 2001 dispose que « *les décisions du Conseil constitutionnel ne sont susceptibles d'aucune voie de recours. Elles s'imposent aux pouvoirs publics et à toutes les autorités administratives et juridictionnelles* ».

[67] Art. 108 de la Constitution de RDC de 2006 et art. 52 de la Constitution togolaise de 1992.

1. Un rôle ancien

Plusieurs constitutions des années 1960 évoquaient déjà un tel rôle. À titre d'illustration, la Constitution ghanéenne de 1960[68] attribuait au Président de la République le pouvoir d'engager les forces armées dans des opérations de défense du territoire, mais aussi de les utiliser pour d'autres buts qu'il jugerait pertinents. Plus précise, la Constitution béninoise de 1968[69] disposait qu'« *outre ses fonctions spécialisées : défense de l'intégrité territoriale, maintien de l'ordre,* ***l'armée doit concourir au progrès économique, social et culturel par sa participation effective aux tâches de l'édification nationale*** *(...)* ».

Pour bien comprendre la pertinence de ce rôle attribué à l'armée, il faut le remettre dans le contexte de l'époque. L'accession à l'indépendance impliquait pour chaque jeune État africain de pouvoir se prendre en charge et se construire. Dans cette œuvre d'édification nationale, nul corps social ne paraissait de trop. L'armée, à l'instar des autres composantes de la nation, devait donc apporter sa contribution au développement économique de l'État[70].

Plus encore, dans les États africains ayant connu une orientation socialiste à un moment donné de leur histoire, l'armée a souvent été sollicitée pour accompagner cette révolution. Là encore, le cas du Bénin est assez illustratif. Au lendemain de sa prise de pouvoir à travers un coup d'État militaire, dans son discours-programme du 30 novembre 1972, le commandant Mathieu KÉRÉKOU a affirmé que :

> « Le peuple dahoméen attend de son armée la restructuration de l'État, le redressement économique et social du pays, l'exemple du sens civique, du respect de la personne humaine, de la gestion saine des affaires ».

---

[68] Art. 54.

[69] Art. 40.

[70] Dans un souci d'exhaustivité, il convient de signaler que dans certains États africains néanmoins, c'est plutôt à une défiance vis-à-vis de l'armée qu'on a assisté. Cette défiance a conduit les autorités politiques de l'époque à maintenir l'armée à l'écart de la vie sociale. Pour approfondir, on pourra lire M. FONTRIER, « Des armées africaines : comment et pour quoi faire ? », *Revue Outre-Terre*, n° 11, 2005, p. 352.

Cette orientation est confirmée par la Constitution béninoise de 1977 adoptée en pleine période « révolutionnaire ». Elle disposait à cet égard ce qui suit :

> « La mission des forces armées populaires du Bénin est de protéger les intérêts du peuple, en tout premier lieu, les intérêts des ouvriers et des paysans, de défendre les conquêtes de la Révolution, l'indépendance et la souveraineté nationale, l'intégrité territoriale et la sécurité du pays, la liberté et le bonheur du peuple. Les forces armées de la République populaire du Bénin, tout en restant spécifiquement un corps de sécurité, de défense et de combat, doivent être en même temps un corps de production. » [71].

Abondant dans le même sens, la Constitution algérienne de 1976 indiquait que « *l'armée nationale populaire, instrument de la Révolution, participe au développement du pays et à l'édification du socialisme* »[72].

Concrètement, l'armée participait au développement économique par l'agriculture ainsi que les constructions de routes, d'écoles, de dispensaires, etc. Elle se consacrait à la propagation du socialisme en essayant de transformer le citoyen en militaire révolutionnaire. Le militaire présentait alors un double visage : soldat et révolutionnaire. Il avait aussi une obligation d'exemplarité en démontrant une certaine intégrité[73] et un amour inconditionnel de la patrie.

De manière plus récente, certaines constitutions ont également consacré un rôle socio-économique au profit de l'armée. Mais, bien

---

[71] Art. 10. Voir aussi le préambule de la Constitution de 1974 : « *C'est pourquoi les forces armées dahoméennes ont décidé d'assurer leurs responsabilités de manière conséquente et jusqu'au bout, en créant provisoirement des institutions révolutionnaires et démocratiques au niveau national, provincial, de district, de la commune, du village et du quartier de ville. Les tâches essentielles de ces institutions révolutionnaires et démocratiques sont celles de la sensibilisation, de la démystification, de la mobilisation et de l'organisation des masses populaires à travers tout le pays sur la base de l'unité nationale en vue de les rendre aptes et prêtes à défendre la Révolution jusqu'au sacrifice suprême.* ».

[72] Art. 82.

[73] L'ancien militaire et Président du Ghana, Jerry RAWLINGS, prendra des mesures sévères dans ce domaine. Il donnera l'exemple en faisant exécuter son propre cousin arrêté pour corruption. Cf. l'édition du journal *Ghanaweb* du 17 novembre 2020 : « Asiedu Nketia narrates how Rawlings's cousin was executed to demonstrate equality before the law », en ligne : https://www.ghanaweb.com/Ghana HomePage/News Archive/Asiedu-Nketia-narrates-how-Rawlings-s-cousin-was-executed-to-demonstrate-equality-before-the-law-1110841, consulté le 30 octobre 2022.

évidemment, sous l'effet des mutations contemporaines, ce rôle n'a pas exactement la même portée qu'autrefois.

2. Un rôle renouvelé par les mutations contemporaines

La dévolution d'un rôle socio-économique à l'armée, bien qu'étant une donnée ancienne, n'a pas pour autant disparu du paysage constitutionnel africain. C'est sans doute une preuve de son importance. À titre d'exemple, la Constitution nigérienne de 2010[74] dispose que les forces armées nigériennes « *participent à l'œuvre de développement économique et social de la Nation et peuvent exercer des responsabilités correspondant à leurs compétences et qualifications* ». Des dispositions similaires se retrouvent dans les Constitutions togolaise de 1992[75], béninoise de 1990[76], ghanéenne de 1992[77] et guinéenne de 2020[78].

Il convient de faire remarquer que, sous l'influence des transformations affectant l'armée depuis quelques décennies, son rôle socio-économique prend une dimension nouvelle. En effet, un peu partout :

> « Les bouleversements que l'institution militaire vit aujourd'hui sont multiformes : suspension de la conscription et passage à une armée de métier réduite, participation à des conflits ou à la gestion de crises alors que ni le territoire national ni la population ne sont directement menacés, nouvelles missions hors des frontières qui procèdent plus de la maîtrise d'une force contenue que de la destruction recherchée d'un adversaire, insertion systématique dans des coalitions sous commandements supranationaux ou internationaux, disparition d'un

---

[74] Art. 66.

[75] Art. 149 : « *En dehors de la défense du territoire et* ***des travaux d'utilité publique****, les forces armées ne peuvent être engagées que dans la mesure où la présente Constitution l'autorise expressément* ».

[76] Art. 63 : « *Le Président de la République peut, outre les fonctions spécialisées de défense de l'intégrité territoriale dévolues à l'armée,* ***faire concourir celle-ci au développement économique de la Nation et à toutes autres tâches d'intérêt public dans les conditions définies par la loi*** ».

[77] Art. 210: « *The armed forces shall be equipped and maintained to perform their role of defence of Ghana* ***as well as such other functions for the development of Ghana as the President may determine*** ».

[78] Art. 36 : « « *Le Président de la République peut, outre les fonctions de défense de l'intégrité territoriale dévolues à l'armée,* ***faire concourir celle-ci au développement économique de la Nation et à toutes autres tâches d'intérêt public dans les conditions définies par la loi*** ».

> ennemi identifié au profit d'adversaires ambigus pour des conflits qui ne sont plus nécessairement interétatiques (…) »[79].

Ces nouveaux éléments de contexte entraînent indubitablement, en Afrique comme ailleurs, une transformation du rôle de l'armée et de sa perception. D'une part, dans plusieurs pays africains, deux types de menace font leur apparition : terrorisme et sécession. Dans les pays du Sahel en particulier, la menace terroriste devient le premier défi auquel font face les armées nationales. Dans d'autres comme l'Éthiopie, c'est plutôt la menace sécessionniste qui focalise l'attention. Or, il est de plus en plus admis que la force à elle seule ne peut venir à bout de ces menaces. Des politiques économiques et sociales adaptées sont l'adjuvant nécessaire. Elles sont nécessaires pour maintenir la couche juvénile durablement éloignée de la tentation de rejoindre des groupes terroristes, mais aussi pour renforcer le sentiment d'appartenance sociale par une offre continue de services publics sur l'ensemble du territoire national. L'armée a donc une responsabilité nouvelle. À défaut de mettre en œuvre partiellement lesdites politiques, elle doit accompagner ce processus.

D'autre part, dans les pays africains où s'observe une relative pacification, de moins en moins sollicités pour la défense des frontières de la patrie et des démonstrations guerrières héroïques, les militaires se retrouvent à vivre retranchés dans leurs casernes. Les occasions de contact avec le peuple se limitent à des parades organisées à l'occasion des fêtes commémorant l'accession de l'État à l'indépendance. Les militaires sont dès lors moins connus et moins compris par les citoyens, ce qui crée un terreau fertile à la dévalorisation du personnel militaire. Il n'est alors pas rare d'entendre des citoyens traiter les membres des forces armées de « paresseux » ou d'agents publics inutilement budgétivores.

La dévolution constitutionnelle d'un rôle socio-économique à l'armée se présente alors aujourd'hui comme une opportunité pour renouer le lien entre l'armée et le peuple au service duquel il est placé. À travers ce rôle, les militaires peuvent, de manière visible, impacter le quotidien de leurs concitoyens et prouver leur utilité en dehors des théâtres de guerre. Est-ce aussi là l'intérêt du rôle politique de l'armée mentionné dans certaines constitutions ?

---

[79] J. M. FAUGÈRE, « L'État militaire : aggiornamento ou rupture », *Revue Inflexions*, n° 20, 2012, p. 53.

B. L'affirmation d'un rôle politique

Les rapports entre le pouvoir politique et l'armée sont, *a priori*, régis par une règle simple et non écrite : l'armée s'abstient de s'immiscer dans la politique. En échange, le pouvoir politique, bien que l'armée lui soit constitutionnellement soumise, ne s'ingère pas dans la conduite des affaires militaires, sauf par le biais de la définition des grandes orientations de la politique de défense et la mise à dispositions des ressources budgétaires pour l'opérationnaliser. Pendant certaines périodes néanmoins, ce compromis vole en éclats. La constitution attribue alors, de manière circonstancielle (1), un rôle politique « actif » à l'armée. À l'analyse, cette attribution paraît discutable, voire inappropriée (2).

1. Un rôle circonstanciel

Évoquer le rôle politique de l'armée peut sembler une banalité.

> « Armées et pouvoir politique sont indissolublement liés, les premières étant totalement et officiellement intégrées au système politique dont elles constituent à la fois une composante essentielle et le bras séculier »[80].

Ainsi, que le pouvoir civil soit libéral ou autoritaire, il a besoin de l'armée pour se maintenir et se stabiliser face aux autres forces politiques en présence. De là, on aboutit assez vite, dans certains États, à une instrumentalisation de l'armée au profit de la classe politique dirigeante. L'armée devient alors un outil d'intimidation ou de répression des voix dissonantes par rapport à celle du pouvoir en place.

Mais, il ne s'agit pas là du rôle politique de l'armée tel qu'il est ici envisagé. Dans la présente étude, il est plutôt question du rôle politique attribué à l'armée en tant que corps social, indépendamment des autorités civiles. En effet, à l'examen de certaines constitutions africaines, il se dégage un tel rôle pendant des périodes particulières. De telles périodes sont généralement celles consécutives à un coup d'État militaire ou celles

---

[80] M. FONTRIER, « Des armées africaines : comment et pour quoi faire ? », art. précité, p. 357.

à l'issue desquelles l'armée a joué un rôle héroïque afin de sauvegarder les intérêts du peuple tout entier[81].

Ainsi, au sortir de la guerre d'indépendance, la Constitution algérienne de 1963 a rappelé dans son préambule[82] que :

> « L'armée nationale populaire, hier armée de libération nationale, à été le fer de lance de la lutte de libération (…). Elle participe, dans le cadre du parti, aux activités politiques et à l'édification des nouvelles structures économiques et sociales du pays. ».

Cette mission à caractère politique est demeurée dans les constitutions successives connues par cet État. La Constitution algérienne de 1996, telle que modifiée en 2020, dispose en ce sens qu'au-delà de la défense de la souveraineté nationale, « *l'armée nationale populaire défend les intérêts vitaux et stratégiques du pays* »[83].

Au Bénin, pays dont l'histoire politique a été marquée par de nombreux coups d'États pendant les décennies 1960 et 1970[84], les constitutions successives de la période ont également insisté sur la participation de l'armée à la vie politique. À titre d'illustration, suivant la Constitution béninoise de 1968, c'est « *l'armée (qui) garantit le régime librement choisi par le peuple* »[85]. Suivant la Constitution de 1974[86], « *Le Président de la République nomme et révoque les ministres après consultation du conseil supérieur de l'armée* ». Plus anecdotique, la Constitution de 1977, après avoir énoncé que tous les citoyens de la République ont le droit d'élire et d'être élus, rajoute que « *les citoyens de*

---

[81] Cette situation n'est ni nouvelle ni originale. Avec E. MÉRIAU (« Comprendre l'instabilité politique thaïlandaise : constitutionnalisme et coups d'État », *Politique étrangère*, n° 3, 2014, p. 137), on apprend que, bien loin des terres africaines, « *la majorité des constitutions de l'histoire politique thaïlandaise a été rédigée pour servir les intérêts de la faction de l'armée qui avait su prendre le pouvoir et éliminer ses ennemis* ». Dans le domaine de l'ingénierie constitutionnelle, à l'instar d'autres domaines, il faut donc bien reconnaître avec Jean de La fontaine que *« la raison du plus fort est toujours la meilleure »*.

[82] Voir aussi l'art. 8 de la Constitution.

[83] Art. 30. Voir aussi le préambule de la Constitution de 1996 et l'art 82 de la Constitution de 1976.

[84] Pour approfondir, on pourra consulter le site officiel du Gouvernement de la République du Bénin : https://www.gouv.bj/benin/histoire/, consulté le 15 novembre 2022.

[85] Art. 39.

[86] Art. 34.

la République populaire du Bénin en service dans les forces armées populaires du Bénin ont le droit d'élire et d'être élus. »[87].

Des exemples plus récents d'implication active de l'armée dans l'exercice du pouvoir politique sont fournis suite aux coups d'État qui ont eu lieu en Afrique de l'Ouest. Que ce soit au Burkina-Faso, au Mali ou en Guinée, on note une présence remarquée des membres des forces armées dans les principaux organes de gestion politique mis en place par les textes constitutionnels de transition[88]. Plus encore, en Guinée, l'organe suprême de la transition, le Comité national du rassemblement pour le développement, est composé uniquement de membres des forces de défense et de sécurité[89]. Ce constat d'une fonction militaire qui est parfois politiquement décomplexée conduit à une interrogation fondamentale. Faut-il « normaliser » cette situation ? Autrement dit, est-il approprié de constitutionnaliser, en temps de paix et dans des circonstances normales, un rôle d'arbitre politique au profit de l'armée ?

2. Une constitutionnalisation inappropriée

La constitutionnalisation systématique d'un rôle d'arbitre politique au profit de l'armée ne serait pas sans conséquence sur le plan de la théorie du droit constitutionnel. En effet, l'attribution d'un tel rôle conduirait à transcender les thèses de KELSEN et SCHMITT en vue d'identifier, en plus du Président de la République et du juge constitutionnel, un autre « *gardien de la constitution* »[90]. Cela ne serait pas sans avantage. L'armée, en tant qu'acteur social apolitique en principe, dispose de la tempérance et des moyens de contrainte nécessaires pour sanctionner les vices d'un personnel politique ayant perdu ses repères.

---

[87] Art. 123.

[88] Art. 14 (Conseil d'orientation et de suivi de la transition) et 24 (Assemblée législative de transition) de la Charte burkinabé de transition de 2022, art. 13 de la Charte malienne de transition de 2020 (Conseil national de transition), art. 37 et 60 de la Charte guinéenne de transition de 2021 (Conseil national de transition).

[89] Art. 37 précité de la Charte guinéenne de transition de 2021.

[90] Pour approfondir, on pourra lire M. CHERBI, « L'armée algérienne est-elle un gardien de la Constitution ? Du rôle de bouclier de la révolution socialiste à celui de garant des intérêts vitaux et stratégiques du pays », *Revue française de droit constitutionnel*, n° 128, 2021, pp. 47-75.

Concrètement, en cas d'existence d'une disposition constitutionnelle dans ce sens, l'armée pourrait légalement intervenir pour mettre fin à un pouvoir dictatorial ou neutraliser des autorités politiques allergiques à la démocratie. Cela pourrait même inciter les acteurs civils à la circonspection et à la vertu dans la gestion de la chose publique.

Du reste, l'armée est parfois réellement apparue comme le dernier recours face aux dérives de certains chefs d'États sourds aux aspirations légitimes de leurs peuples. Les exemples des coups d'État militaires au Mali en 1991 et au Niger en 2010 sont souvent cités pour illustrer[91]. Sur un registre similaire, il y a aussi les exemples de la Tunisie en 2011, de l'Égypte en 2011 et du Burkina-Faso en 2014. Dans chacun de ces cas, l'armée, par sa bienveillante passivité à l'égard des manifestants, a favorisé le déroulement de la révolution. Bien qu'intéressée et fondée sur certains calculs de survie, cette passivité a permis l'avènement d'une nouvelle ère dans les États concernés[92]. Il existe donc des arguments sérieux tendant à faire admettre, avec le Professeur Jean-Marie BRETON, que certains coups d'État sont « *la seule alternative à un pouvoir devenu sourd, voire à un système politique bloqué ou en déshérence (...). L'armée devient alors un arbitre des blocages politiques, un contre-pouvoir de fait qui restaure le processus démocratique* »[93]

Mais, avec le recul, cette solution, qui est tentante *prima facie*, apparaît comme une fausse bonne idée. D'abord, elle pourrait inciter les militaires à intervenir fréquemment dans la vie politique puisqu'en réalité ils seraient les seuls juges de l'opportunité de cette intervention, quelles que soient les précautions constitutionnelles prises. Il y a donc, dans cette hypothèse, un risque non négligeable de perte de contrôle sur l'armée d'autant plus que, comme cela a été rappelé :

---

[91] Voir A. ESSONO OVONO, « Armée et démocratie en Afrique : une relation ambivalente à normaliser », *Revue Afrique contemporaine*, n° 242, 2012, pp. 120-121.

[92] Voir B. ROGER et R. CARAYOL, « Burkina-Faso : le récit de la chute de Compaoré, heure par heure », *Magazine Jeune Afrique*, 18 novembre 2014, en ligne : https://www.jeuneafrique.com/39108/politique/burkina-le-r-cit-de-la-chute-de-compaor-heure-par-heure/, consulté le 27 octobre 2022 et J. F. COUSTILLIÈRE, « Les forces armées dans les révoltes arabes », *Revue Confluences Méditerranée*, n° 79, 2011, pp. 67-80.

[93] Cité par Y. ETEKOU, « Les résistances à l'alternance démocratique dans les États d'Afrique francophone », *in Mélanges dédiés au Doyen Francis V. WODIÉ*, Toulouse, Presses de l'Université Toulouse 1 Capitole, 2016, p. 192.

> « Tantôt, disposant de toute la force de l'État, il (le corps militaire) se pose en concurrent, prêt à abuser de ses armes et à les tourner contre celui qui les lui a confiées. Puissance incoercible que seul le peuple peut parfois égaler, encore que, comme le dit Lénine, on ne fasse pas "la révolution contre l'armée" ! » [94].

Ensuite, les membres des forces armées ne vivent pas en dehors de la société. Par voie de conséquence, ils ne sont pas toujours exempts de ses tares[95]. Les expériences vécues jusqu'ici montrent que, sauf dans de très rares cas[96], les fruits ne tiennent pas la promesse des fleurs. L'intervention supposée salvatrice des forces armées n'a très souvent pas permis d'éradiquer la corruption, le népotisme, le refus de l'alternance politique ou même le terrorisme, encore qu'il faille reconnaître qu'il est un peu tôt pour se prononcer sur ce dernier cas.

Enfin, l'intervention de l'armée dans le jeu politique, si elle est parfois nécessaire, s'accompagne souvent de violations massives des droits de l'homme et d'une volonté du personnel militaire d'abuser de sa position dominante. Il convient de rappeler à cet égard, à titre anecdotique, la proposition de charte constitutionnelle effectuée par la junte militaire bissau-guinéenne avant les élections législatives et présidentielle de 1999. Cette charte attribuait aux militaires un rôle de supervision du jeu politique pendant dix ans. Elle a naturellement été rejetée par la classe politique et la société civile[97].

---

[94] P. DABEZIES cité par J. F. COUSTILLIÈRE, « Les forces armées dans les révoltes arabes », art. précité, p. 69.

[95] J. SIEGLE, « Les coups d'État en Afrique et le rôle des acteurs extérieurs », art. précité, p. 1 : « *Les 82 coups d'État que l'Afrique a connus entre 1960 et 2000 ont été dévastateurs pour le continent – contribuant à l'instabilité, à la corruption, aux violations des droits humains, à l'impunité et à la pauvreté qui ont caractérisé de nombreux pays africains durant cette période. Les coups d'État, en outre, sont contagieux. Un coup d'État réussi augmente considérablement la probabilité de coups d'État ultérieurs, dans ce pays comme dans ses voisins.* ».

[96] On pense, par exemple, au Ghana et au Burkina-Faso des années 1980. Voir F. GBADAMASSI, « Jerry John Rawlings, le putschiste qui a fait du Ghana une démocratie », *Journal France info Afrique*, 13 novembre 2020, en ligne : https://www.francetvinfo.fr/monde/afrique/ghana/jerry-john-rawlings-le-putschiste-qui-a-fait-du-ghana-une-democratie_4179597.html, consulté le 10 septembre 2022 et C. EBOULÉ, « Qui était Thomas Sankara, l'icône panafricaine de la lutte contre les impérialismes ? », *Journal TV5 Monde Info*, 06 avril 2022, https://information.tv5monde.com/afrique/qui-etait-thomas-sankara-l-icone-panafricaine-de-la-lutte-contre-les-imperialismes-428224, consulté le 10 septembre 2022.

[97] G. YABI, *Le rôle de la CEDEAO dans la gestion des crises politiques et des conflits : cas de la Guinée et de la Guinée Bissau*, *op. cit.*, p. 19.

Conclusion

En définitive, l'encadrement constitutionnel de la fonction militaire en Afrique est marqué par la mise en évidence de deux constances. D'une part, il y a la soumission de l'armée à l'autorité civile. Cette autorité est généralement le chef de l'État ou celui du gouvernement. D'autre part, c'est le rappel emphatique du principal rôle de l'armée, c'est-à-dire la défense de l'intégrité territoriale, qui retient l'attention. À cet effet, des prérogatives et obligations devant permettre à l'armée de jouer convenablement ce rôle sont mentionnées par les constitutions.

Au-delà de ces constances, certaines constitutions investissent l'armée d'un rôle socio-économique ou d'un rôle politique actif. Ce dernier rôle suscite bien des interrogations, car pouvant être à l'origine d'un mélange des genres. Au regard des résultats des expériences menées jusqu'ici en ce sens, il paraît plus indiqué de ne pas promouvoir dans la Constitution une intervention de l'armée pour réguler le jeu politique. Il conviendrait plutôt d'orienter les énergies vers la mise en place d'un système constitutionnel efficace de « *checks and balances* » entre les autorités civiles. L'amélioration de la gouvernance, sur tous les plans, est aussi nécessaire car, bien souvent, l'irruption de l'armée dans le jeu politique n'est que la conséquence de la démission ou de la désinvolture des autorités civiles face aux grands défis nationaux. Enfin, la consolidation de la culture démocratique[98], la professionnalisation des militaires[99] et l'amélioration de leurs conditions de travail sont également des facteurs déterminants pour confiner l'armée à son rôle premier qui est de défendre l'intégrité territoriale. Ce sont là autant de chantiers ouverts pour les autorités politiques des États de l'espace étudié.

---

[98] J. Du Bois de GAUDUSSON, « Constitution sans culture constitutionnelle n'est que ruine du constitutionnalisme », *in Mélanges en l'honneur de Slobodan MILACIC*, Bruxelles, Bruylant, pp. 333-348.

[99] La professionnalisation est indissociable de la création d'une identité de l'armée compatible avec le contexte de son action. En effet, il est souvent reproché aux armées africaines de n'être que des « *clones inachevés des armées occidentales, de la même façon que les États africains sont souvent les clones atrophiés des États-nations occidentaux* » (M. FONTRIER, « Des armées africaines : comment et pour quoi faire ? », art. précité, p. 351). La création de cette identité pourrait passer par le recours aux traditions africaines d'initiation qui avaient, entre autres, le mérite de créer une relation quasiment fusionnelle entre le jeune guerrier et son clan.

Bibliographie

1- Constitutions adoptées entre 1960 et 2022 dans les États suivants : Algérie, Bénin, Burkina-Faso, Côte d'Ivoire, Ghana, Guinée (Conakry), Guinée Bissau, Mali, Niger, Nigéria, République Démocratique du Congo, Rwanda, Sénégal et Togo.

2- *Revue Inflexions : L'armée dans l'espace public*, n° 20, 2012.

3- CHERBI M., « L'armée algérienne est-elle un gardien de la Constitution ? Du rôle de bouclier de la révolution socialiste à celui de garant des intérêts vitaux et stratégiques du pays », *Revue française de droit constitutionnel*, n° 128, 2021, pp. 47-75.

4- CIAVOLELLA R. et FRESIA M., « Entre démocratisation et coups d'État : hégémonie et subalternité en Mauritanie », *Revue Politique africaine*, n° 114, 2009, pp. 5-23.

5- COHEN A., « Le pouvoir politique et l'armée », *Revue Pouvoirs*, n° 125, 2008, pp. 19-28.

6- COUSTILLIÈRE J. F., « Les forces armées dans les révoltes arabes », *Revue Confluences Méditerranée*, n° 79, 2011, pp. 67-80.

7- ESSONO OVONO A., « Armée et démocratie en Afrique : une relation ambivalente à normaliser », *Revue Afrique contemporaine*, n° 242, 2012, pp. 120-121.

8- FONTRIER M., « Des armées africaines : comment et pour quoi faire ? », *Revue Outre-Terre*, n° 11, 2005, pp. 347-374.

9- MAGNANI V. et VIRCOULON T., « Vers un retour de l'autoritarisme en Afrique », *Revue Politique étrangère*, n° 2, 2019, pp. 11-23.

10- SIEGLE J., « Les coups d'État en Afrique et le rôle des acteurs extérieurs », *Africa center for strategic studies*, 3 janvier 2022, en ligne : africacenter.org/fr/spotlight/les-coups-detat-en-afrique-et-le-role-des-acteurs-exterieurs.

11- TOUCHARD L., « Les qualités des forces armées africaines », *Magazine Défense et Sécurité Internationale*, n° 139, 2019, pp. 36-40.

Ange Brou AHUI

Maître-assistant, Université Alassane Ouattara de Bouaké (Côte d'Ivoire)

Les partis politiques et les coups d'État en Afrique noire francophone

Introduction

Les régimes politiques libéraux ont ceci de particulier qu'ils valorisent l'expression pluraliste. C'est dans ce sens que le professeur Mélèdje Djédjro a écrit que : « *l'élection pluraliste est aujourd'hui indispensable pour mesurer la légitimité des gouvernants* »[1]. Dans la plupart des États, le pluralisme démocratique est l'apanage des partis politiques, même s'il reste ouvert à tout citoyen ou organisation de quelle que nature qu'elle soit. En Afrique noire francophone, les Constitutions des États reprennent presque par mimétisme – à quelque variante près – la formule consacrée par l'article 4 de la Constitution française de 1958 : « *Les partis politiques concourent à l'expression du suffrage. Ils doivent respecter les principes [...] de la démocratie* ». Il en est ainsi de l'art. 26 de la Constitution ivoirienne du 8 novembre 2016, de l'art. 4 de l'Acte fondamental malien de 2012, l'art. 9 de la Constitution nigérienne du 25 novembre 2011, de l'art. 3 de la Constitution guinéenne du 7 mai 2010, etc.

Avant d'avancer plus loin dans la réflexion, il serait confortable de cerner les termes clés de cette contribution. Un parti politique est, selon la définition fournie par La Palombara et Weiner :

> « Une organisation durable, c'est-à-dire une organisation dont l'espérance de vie politique est supérieure à celle de ses dirigeants en place; une organisation locale bien établie et apparemment durable, entretenant des rapports réguliers et variés avec l'échelon national;

[1] MÉLÈDJE Djédjro Francisco, « Le contentieux électoral en Afrique », *Pouvoirs,* 2009, n°129, pp.139-140.

la volonté délibérée des dirigeants nationaux et locaux de l'organisation de prendre et d'exercer le pouvoir , seuls ou avec d'autres, et non pas – simplement – d'influencer le pouvoir ; le souci, enfin, de rechercher un soutien populaire à travers les élections ou de toute autre manière »[2].

En termes concis, le parti politique est défini, par le *Lexique des termes juridiques*, comme un « *Groupement d'hommes et de femmes qui partagent les mêmes idées sur l'organisation et la gestion de la société et qui cherchent à les faire triompher en accédant au pouvoir par la voie électorale* »[3]. Dans le même sens, l'article 1er, 1°) de la loi belge du 4 juillet 1989 définit le parti politique comme :

> « L'association de personnes physiques, dotée ou non de la personnalité juridique, qui participe aux élections prévues par la Constitution et par la loi, qui, conformément à l'article 117 du Code électoral, présente des candidats au mandat de représentant dans chaque circonscription électorale d'une Communauté ou d'une Région et qui, dans les limites de la Constitution, de la loi, du décret et de l'ordonnance, tente d'influencer l'expression de la volonté populaire de la manière définie dans ses statuts ou son programme ».

Raymond Aron voit dans les partis politiques des « *regroupements volontaires, plus ou moins organisés, qui prétendent, au nom d'une certaine conception de l'intérêt commun et de la société, assurer seuls ou en coalition, les fonctions du gouvernement* »[4]. Ainsi, le parti politique est « *un groupement de personnes partageant le même idéal politique* »[5] créé en vue de capter l'adhésion de la majorité des citoyens dans le but d'accéder au pouvoir politique.

Selon le professeur Mamoudou Gazibo, « *Pour indispensables qu'ils soient en démocratie, il semble que les partis politiques aient toujours suscité de la méfiance, y compris dans les grandes démocraties occidentales où ils ont vu le jour sous la forme qu'on leur connaît actuellement* »[6]. Dans les États africains à démocratie vacillante, les

---

[2] Cité par OFFERLÉ Michel, *Les partis politiques*, Paris, Puf, coll. « Que sais-je ? », 2022, p.10.

[3] GUINCHARD Serge (dir.), *Lexique des termes juridiques*, Paris, Dalloz, 2018, 26e éd., p.777.

[4] Cité par ESAMBO KANGASHE Jean-Louis, *Le droit constitutionnel*, Academia-L'Harmattan, 2013, p.246.

[5] DELECOURT Nicolas, *Le dictionnaire du droit*, Hericy, Ed. du Puits Fleuri, 2000, p.193.

[6] GAZIBO Mamoudou, « Pour une réhabilitation de l'analyse des partis en Afrique », *Politique africaine*, 2006/4, n°104, p.6

partis politiques sont des organisations à la base des tensions socio-politiques. On ne peut objecter qu'en Afrique en général et, en particulier, en Afrique noire francophone, les partis politiques soient très souvent à l'origine des élections imparfaites[7], tronquées[8], contestées[9] et fatalement source de conflit[10]. Le contentieux qui en résulte est *a posteriori* souvent politisé parce qu'accaparé par les officines partisanes[11].

Quant au coup d'État, il désigne, selon Olivier Brichet :

> « Un acte d'autorité consistant dans une atteinte réfléchie, illégale et brusque, aux règles d'organisation, de fonctionnement ou de compétence des autorités constituées, atteinte dirigée, selon un plan préconçu et pour des raisons diverses, par une personne ou un groupe de personnes réunis en un parti ou un corps ; dans le but soit de s'emparer du pouvoir, soit d'y défendre ou d'y renforcer sa position, soit d'entraîner une simple modification de l'orientation politique du pays »[12].

Il est aussi appréhendé comme la « *Tentative réussie ou non de conquête ou de reformulation du pouvoir politique de nature inconstitutionnelle ou illégale, fondée sur l'usage ou la menace de la force* »[13]. Il constitue une « *Action de force contre les pouvoirs publics, exécutée par une partie des gouvernants ou par des agents subordonnés, notamment des militaires, et qui vise à renverser le régime établi* »[14].

---

[7] DARRACQ Vincent et MAGNANI Victor, « Les élections en Afrique : un mirage démocratique ? », *Politique étrangère,* 2011/4, p.842 ; GUÈYE Babacar, « La démocratie en Afrique : succès et résistances », *Pouvoirs*, 2009/2, n°129, p.23.

[8] KOKOROKO Dodzi, « Les élections disputées : réussites et échecs », *Pouvoirs*, 2009/2, n°129, p.116.

[9] FALL Madior Ismaïla, « Quelques réserves sur l'élection du président de la République au suffrage universel. Les tabous de la désignation démocratique des gouvernants », *Afrique contemporaine*, 2012/2, n°243, pp.106 et s.

[10] MÉLÈDJE Djédjro Francisco, « Le contentieux électoral en Afrique », *op. cit.*, p.143 ; FALL Madior Ismaïla, « Elections and conflict resolution : The West African experience », *African Security Revew*, 2008, vol. XVII, issue 4, pp.30-42.

[11] AHADZI-NONOU Koffi, « Contentieux électoral et cours constitutionnelles en Afrique noire francophone », *Constitutions*, 2019, pp.319-330.

[12] BRICHET Olivier, *Etude du coup d'Etat en fait et en droit*, Thèse de Droit, Université de Paris, Paris, Ed. Domat-Montchrestien, 1935, p.7.

[13] HERMET Guy, BADIE Bertrand, BIRNBAUM Pierre, *Dictionnaire de la science politique et des institutions politiques*, Paris, A. Colin, 2010, p.72.

[14] GUINCHARD Serge (dir.), *Lexique des termes juridiques*, *op. cit.*, p.310.

Un coup d'État ayant entraîné le renversement d'un pouvoir politique constitue un changement anticonstitutionnel de gouvernement. Le coup d'État peut être le résultat d'une révolution citoyenne ou populaire. Celle-ci est un soulèvement caractérisé par des manifestations de masse plus ou moins organisées tendant à provoquer la chute d'un gouvernement. Tel fut le cas au Burkina Faso en septembre 2014 et récemment au Sri Lanka en juillet 2022.

Les partis politiques s'inscrivent dans la légalité constitutionnelle. Les principes démocratiques qu'ils sont amenés à respecter, édictées par la Constitution, sont antinomiques des coups d'État. La Constitution organise les modalités démocratiques d'accession au pouvoir. Or les coups d'État consistent à s'accaparer du pouvoir par la force des armes. En tant que groupes légaux, respectant la légalité constitutionnelle, les partis politiques ne doivent pas être concernés par les coups d'État.

En fonction des dispositions constitutionnelles, législatives et règlementaires en matière électorale, les partis politiques ou les coalitions politiques présentent des candidats aux élections politiques nationales (Présidence de la République, Parlement) et administratives locales (Conseils régionaux, Communes). C'est surtout la victoire aux premières élections citées qui confèrent aux partis le pouvoir politique. La gestion du pouvoir revient, de ce fait, aux personnalités politiques, en l'occurrence le Président de la République et dans une certaine mesure les Parlementaires[15]. Il s'ensuit que la perte du pouvoir occasionnée par un coup d'État apparaît comme une dépossession de l'autorité politique nationale, au détriment du parti au pouvoir. Ainsi, au-delà des personnalités incarnant le pouvoir, il s'agit d'une perte du pouvoir par le parti politique qui en était le détenteur.

De ce qui précède, il est loisible de constater que les premières victimes des changements anticonstitutionnels de pouvoir se révèlent être les partis politiques. Cependant, à serrer de près ce phénomène perturbateur des institutions républicaines, l'on peut se rendre à l'évidence que les partis politiques n'y sont pas étrangers. Ce qui suscite l'interrogation selon laquelle les partis politiques ne sont-ils pas impliqués dans les coups d'État ?

---

[15] Aux États-Unis d'Amérique, dans certains districts ou comtés, selon leur système propre, les procureurs de districts et les juges peuvent être élus. Ils peuvent être des militants ou sympathisants des partis politiques. Ils battent campagne selon les principes et stratégies des partis dans lesquels ils se reconnaissent et auxquels ils appartiennent.

La réponse à cette préoccupation interrogative conduit à envisager que les coups d'État sont provoqués par les partis politiques (I). Mais paradoxalement, l'ordre constitutionnel est rétabli à travers ceux-ci (II).

I. Les coups d'État provoqués par les partis politiques

Deux catégories de partis politiques sont à distinguer, suivant le critère de l'effectivité de l'exercice du pouvoir : les partis ou groupements politiques au pouvoir et ceux de l'opposition. Les premiers sont très souvent les facteurs des coups d'État (A), quand les seconds en sont les vecteurs (B).

A. Les partis politiques au pouvoir, facteurs des coups d'État

Le fait majoritaire est entendu comme la légitimité accordée par le peuple à une personne ou à un parti politique, à l'issue d'élections démocratiques. C'est après celles-ci que les deux catégories précitées sont dégagées. Ainsi, le parti politique ou la coalition politique ayant recueilli le plus grand nombre de voix accède au pouvoir. Au sein des États, les fonctions politiques sont exercées essentiellement par deux organes : l'organe exécutif et l'organe législatif. Selon le type de régime politique, leur rapport diffère.

En régime parlementaire, l'animation de l'organe exécutif est déterminée par la majorité parlementaire, c'est-à-dire le parti qui a remporté les élections législatives. Le chef de l'exécutif est désigné par la majorité parlementaire. Il en découle que la légitimité de l'exécutif est tirée de l'organe législatif.

En revanche, en régime présidentiel, chaque organe obtient sa propre légitimité par l'effet du suffrage universel direct. Néanmoins, le président de la République élu a intérêt à ce que, au sein de l'organe législatif, une majorité absolue se forme en sa faveur. C'est à cette seule condition que le président de la République pourra exercer aisément le pouvoir exécutif, par la mise en œuvre, la mise en application de son programme de gouvernement. Et là peut résider la source c'est-à-dire le facteur des coups d'État.

Trois risques relativement à l'exercice du pouvoir sont à observer : l'hyper-présidentialisation, l'autoritarisme et la confiscation du pouvoir.

D'abord, le fait pour la majorité présidentielle d'avoir en même temps la majorité parlementaire conduit à l'hyper-présidentialisation. Dès lors, dans les régimes peu démocratiques, des dérives du pouvoir peuvent poindre. Le pouvoir exécutif et le pouvoir législatif appartenant au même parti ou groupement politique, il va sans dire que le président de la République dirige en réalité l'ensemble des pouvoirs politiques. Il concentre, certes, entre ses mains les fonctions exécutives mais il maîtrise également l'exercice des fonctions législatives, en qualité de chef de la majorité au pouvoir. Par l'effet de la notion de discipline du parti, les projets de loi présentés par son gouvernement, donc par lui, sont quasi-systématiquement adoptés. Le parti au pouvoir donne des consignes de vote aux parlementaires issus de ses rangs. Le parlement devient ainsi une caisse d'enregistrement, un instrument au service du président de la République. Il y a, de ce fait, une confusion entre les fonctions politiques constitutionnelles et les fonctions politiques partisanes. Les secondes conditionnent et déterminent les premières. Si bien que des dispositions règlementaires, législatives et constitutionnelles impopulaires peuvent être adoptées. Il en est ainsi des révisions constitutionnelles non consensuelles et particulièrement déconsolidantes qui sont sources de tensions socio-politiques, pouvant déboucher sur des coups d'État. L'exemple peut être pris de la révision constitutionnelle contestée, initiée par l'ancien président guinéen Alpha Condé en mars 2020, qui lui a permis de se faire réélire pour un troisième mandat en octobre de la même année. Ce mandat a été abrégé par le coup d'État de septembre 2021.

Ensuite, l'exercice du pouvoir politique par le parti majoritaire peut se révéler abusif. L'abus de pouvoir conduit à l'autoritarisme[16]. L'autoritarisme est une hypertrophie de l'autorité politique qui vise la soumission et l'obéissance absolues du peuple envers le chef de l'État. La démocratie, censée être le gouvernement du peuple par le peuple et pour le peuple, se mue en autocratie qui est le gouvernement d'une seule personne ou un groupe de personnes qui exerce le pouvoir sans s'en référer au peuple. Les préoccupations de celui-ci sont ignorées, niées ou banalisées. Le parti au pouvoir est alors perçu comme un « clan » au seul bénéfice duquel le pouvoir politique est exercé. Les exemples de la Côte d'Ivoire sous Henri Konan Bédié, de la Guinée sous Alpha Condé, du Burkina Faso sous Blaise Compaoré et du Niger sous Ibrahim Baré Maïnassara sont édifiants à ce sujet.

---

[16] HERMET Guy, *Démocratie et autoritarisme*, Paris, Ed. du Cerf, 2012, 262 p.

C'est donc pour pérenniser les avantages liés à l'exercice du pouvoir que le parti majoritaire au pouvoir entend le conserver le plus longtemps possible, au mépris des dispositions constitutionnelles concernant d'une part le respect des contre-pouvoirs et d'autre part le principe de limitation des mandats présidentiels.

Relativement aux contre-pouvoirs, le parti au pouvoir étouffe ceux-ci constitués des partis politiques d'opposition, des organisations de la société civile, des syndicats, etc. Pour ce qui est de l'irrespect du principe de limitation des mandats présidentiels, le président de la République use et abuse de ses prérogatives constitutionnelles afin de se maintenir au pouvoir, par le biais des révisions pour soit faire sauter le verrou de la réduction du mandat à deux (Cameroun, Gabon, Congo), soit à l'effet de remettre le compteur des mandats à zéro (Côte d'Ivoire, Guinée, Burkina Faso)[17].

Enfin, le parti majoritaire au pouvoir se maintient aux affaires, confisque le pouvoir, empêchant ainsi l'alternance. Or tout parti politique aspire à accéder au pouvoir. Sa confiscation par un seul parti amène les partis d'opposition à souhaiter et susciter sa chute. Les partis d'opposition doivent être alors vus comme étant des vecteurs de coups d'État.

B. Les partis politiques d'opposition, vecteurs de coups d'État

Plusieurs régimes politiques africains, surtout une partie importante des États noirs africains d'expression française, ont une pratique démocratique contestable. Il y a, à bien des égards, une nette contradiction entre les Constitutions et la pratique constitutionnelle[18], notamment à l'égard de l'opposition politique. Selon le professeur Delphine Édith ADOUKI-EMMANUEL, l'opposition politique est l'« *Expression du procès symbolique du pouvoir et de l'exclusion de la violence du champ politique* »[19]. Elle se révèle comme « *un élément vital*

---

[17] AHUI Brou Ange, « La limitation du nombre des mandats présidentiels », *RISJPO*, 2020, n°9, 132-163.

[18] DOSSO Karim, « Les pratiques constitutionnelles dans les pays d'Afrique noire francophone : cohérences et incohérences », *RFDC*, 2012/2, n°90, pp.57-85.

[19] ADOUKI-EMMANUEL Delphine Edith, « L'opposition politique dans les États africains : un caméléon », *in* NAREY Oumarou (dir.), *Séparation des pouvoirs et contre-pouvoirs*, Actes des 1ères journées scientifiques de droit constitutionnel, Niamey, 10-13 octobre 2017, Dakar, L'Harmattan, 2018, pp.291-292.

des sociétés politiques, dont la présence permet de mesurer le niveau réel de démocratie d'un État »[20].

Dans plusieurs États, la Constitution prévoit un statut de l'opposition politique. Mais, il s'avère qu'à la vérité, l'opposition politique est marginalisée voire muselée. Cette marginalisation et ce musèlement peuvent revêtir deux formes : premièrement, la présence très réduite de l'opposition au Parlement, aux organes chargés de l'organisation des élections et dans plusieurs autres institutions de la République[21] et deuxièmement l'incarcération des membres de l'opposition politique.

Dans un premier temps, en raison de la pratique électorale souvent biaisée, l'opposition est réduite à la portion congrue au Parlement. Par exemple, actuellement en Côte d'Ivoire, le Sénat est composé de 99 membres. L'opposition politique n'est seulement représentée que par 16 sénateurs. Leur voix, dans cette configuration, ne saurait porter lors de l'examen des projets ou propositions de loi. Ils ne peuvent faire barrage à ceux-ci[22]. Dans un tel cas de figure, si un projet de révision constitutionnelle tend à conforter le parti au pouvoir dans l'exercice de celui-ci, l'opposition politique n'aura pas les moyens légaux de faire échec à une telle entreprise. La tentation qui peut l'animer, l'alternative qui s'offre à elle est de susciter des troubles. Ceux-ci peuvent déboucher sur un coup d'État. Cela a été le cas en Guinée en 2020 et 2021.

Dans un second temps, l'opposition politique est muselée car certains de ses membres sont souvent emprisonnés pour diverses infractions prétendument commises contre le chef de l'État ou contre la sûreté de l'État. En Côte d'Ivoire, avant l'avènement du coup d'État de 1999, plusieurs opposants étaient incarcérés à la Maison d'arrêt et de correction d'Abidjan.

Sans perspective de pouvoir s'exprimer et participer aux différents débats politiques, l'opposition a intérêt à ce qu'un changement de gouvernement s'opère, fut-il anticonstitutionnel. Dans la plupart des cas, les situations ayant entraîné des coups d'État sont favorisées par des manifestations initiées par les partis politiques, en collaboration avec les

---

[20] *Idem*, p.292.

[21] Conseil Économique et Social, les Autorités administratives indépendantes ...

[22] Voir notre communication portant sur « Le Sénat ivoirien : réflexions à l'aune de l'opposition des groupes parlementaires d'une institution méconnue », Communication aux Journées d'études sur le Sénat gabonais : voyage au cœur des débats, discours et témoignages, organisées par le CRECAPPI, Université Omar Bongo, Libreville, 27-28 mai 2022.

mouvements de la société civile. Il en a été ainsi en Guinée, à l'occasion des manifestations organisées par l'Union des forces démocratiques de Guinée (UFDG) de Cellou Dalein Diallo, l'Union des Forces Républicaines de Sidya Touré en collaboration avec le mouvement citoyen Front de National de Défense de la Constitution (FNDC).

Très souvent, les manifestations sont réprimées par le pouvoir qui accuse l'opposition d'organiser des troubles à l'ordre public et des atteintes à la sûreté de l'État. Cette répression exacerbe la colère des populations. Ainsi le soulèvement populaire se généralise. Il est bien évidemment cautionné et alimenté par les partis d'opposition.

C'est à la faveur des révolutions populaires que l'armée s'empare du pouvoir en démettant le gouvernement, en relevant le président de la République de ses fonctions, en suspendant la Constitution, et en suspendant certaines institutions, dont le Parlement et la haute juridiction constitutionnelle[23]. Ainsi que l'écrit le professeur Ibrahim Moumouni, « *A chaque fois que le Peuple manifeste son mécontentement suite à des décisions violant la constitution, ce sont les militaires qui ont fini par prendre le* pouvoir »[24]. Une junte militaire s'installe au pouvoir et désigne un représentant qui occupe des fonctions de chef de l'État. L'ordre constitutionnel s'en trouve bouleversé, la Constitution n'ayant pas été respectée pour accéder au pouvoir et plusieurs institutions sont mises en berne. Son rétablissement nécessite dès lors une période de transition à l'effet de régler les problèmes qui ont occasionné la crise.

---

[23] Voir déclarations des putschistes en Côte d'Ivoire (1999), Mali (2020, 2021), Guinée (2021), Burkina Faso (2022).

Pour la Côte d'ivoire, voir N'GUESSAN Kouamé, « Le coup d'État de la Côte d'Ivoire en 1999 : espoirs et désenchantements », *in* LE PAPE Marc, VIDAL Claudine, *Côte d'Ivoire. L'année terrible 1999-2000*, Paris Karthala, 2003, pp.57-58. La junte militaire constituée en Comité National de Salut Public (CNSP), après avoir démis le président Henri Konan Bédié, a dissout le gouvernement, l'Assemblée nationale et le Conseil économique et social. Voir sur ce point CONTAMIN Bernard, LOSCH Bruno, « Côte d'Ivoire : la voie étroite », *Politique africaine*, 2000, n°77, p.120.

Au Niger, à l'occasion du coup d'État de février 2010, le porte-parole de la junte militaire, le Conseil Suprême pour la Restauration de la Démocratie (CSRD), qui s'est emparé du pouvoir a annoncé que le président Mamadou Tanja ne l'était plus. Elle a procédé à la dissolution de toutes les institutions.

Voir https://www.france24.com/fr/20100218-putschistes-suspendent-constitution-dissolvent-institutions (Consulté le 26/08/2022 à 8h49).

[24] MOUMOUNI Ibrahim, « Le fondement juridique du contre-pouvoir populaire dans le constitutionnalisme africain », *in* NAREY Oumarou (dir.), *Séparation des pouvoirs et contre-pouvoirs*, *op. cit.*, p.433.

Pour sortir de la crise, les partis politiques sont sollicités. Ils concourent donc au rétablissement de l'ordre constitutionnel.

II. L'ordre constitutionnel rétabli à travers les partis politiques

Les transitions politiques qui s'ouvrent après les changements anticonstitutionnels de gouvernement ont une durée variable[25]. La restauration de l'ordre constitutionnel est une œuvre indispensable dans la mesure où il faut régler les tares sur la base desquelles les revendications socio-politiques ont porté. Partie prenante du « jeu politique », les partis politiques sont, en premier chef, les promoteurs du rétablissement de l'ordre constitutionnel (B). A ce titre, ils sont conviés à la gestion de la transition, se transformant en acteurs de celle-ci (A).

A. Les partis politiques, acteurs de la transition

Le retour à l'ordre constitutionnel ébranlé par l'effet du coup d'État est nécessairement l'œuvre conjuguée de la junte militaire et des partis politiques. Les régimes politiques ne pouvant se passer de ceux-ci, les autorités militaires accédant au pouvoir doivent diriger la transition en les y associant. La transition est, selon Badie et Hermet « *la période de temps qui s'écoule des convulsions finales d'une dictature à l'établissement d'un régime démocratique au moins dans son apparence* »[26].

Les partis politiques sont des acteurs de la transition politique à un double niveau : leur participation au gouvernement de transition et leur participation au dialogue national.

D'une part, les partis politiques sont sollicités pour la composition du gouvernement de transition. Trois configurations peuvent se dessiner. *Primo*, la junte militaire nomme un premier ministre considéré comme politiquement neutre[27], ou en tout cas n'étant affilié à aucun parti. Il forme alors un gouvernement en demandant aux partis politiques de

---

[25] Côte d'Ivoire, coup d'État contre Henri Konan Bédié (10 mois : du 24 décembre 1999 au 25 octobre 2000); Mali, coup d'État de Amadou Toumani Touré (14 mois : du 26 mars 1991 au 8 juin 1992).

[26] BADIE Bertrand, HERMET Guy, *La politique comparée*, Paris, A. Colin, Puf, 2001, p.197.

[27] Seydou Diarra en 2000 en Côte d'Ivoire ; Bernard Gomou en Guinée (depuis août 2022) en remplacement de Mohamed Béavogui (octobre 2021-août 2022).

proposer des noms. *Secundo*, le premier ministre est désigné parmi les membres des partis politiques. C'est l'exemple du Tchad où l'opposant historique Saleh Kebzabo a été nommé premier ministre par la junte[28]. Le premier ministre forme son gouvernement en puisant dans le vivier des partis. *Tertio*, la junte militaire conserve le poste de premier ministre. Celui-ci forme alors son gouvernement dans le même sens que les deux premières configurations. Dans tous les cas de figure, les militaires se réservent certains postes ministériels et non des moindres, pour avoir une mainmise sur le gouvernement transitoire.

La singularité de ce type de gouvernement réside dans sa dénomination, sa composition et ses missions ou objectifs. Ce genre de gouvernement est appelé « gouvernement d'union nationale », car sa composition reflète, pour une large part, le paysage politique national. Il est formé des partis les plus significatifs. Le trait de caractère de ce gouvernement est qu'il comprend des représentants des ex-partis d'opposition aux côtés de ceux de l'ex-parti au pouvoir. Si, avant le coup d'État, le parti au pouvoir avait l'exclusivité des postes ministériels, dans le cadre de la transition, il est contraint de les partager avec ses ex-opposants. Cependant, dans certains cas, le parti ayant perdu le pouvoir par le coup d'État est exclu du gouvernement. Ce fut le cas au Burkina Faso où en 2014, le parti de Blaise Compaoré le Congrès pour la démocratie et le progrès (CDP)[29] n'a pas été retenu pour faire partie du gouvernement intérimaire.

En tout état de cause, le gouvernement transitoire est assigné à une mission spécifique. Celle de stabiliser les institutions[30], respecter les engagements internationaux, rassurer la population et initier le dialogue politique.

---

[28] Il est le président du parti l'Union nationale pour le développement et le renouveau (UNDR). Il a été nommé le 13 octobre 2022, par le président de la transition Mahamat Déby Itno, fils de celui dont il fut l'opposant.

[29] Le CDP a été, en décembre 2014 sous le coup d'une suspension temporaire, ainsi que ses alliés l'ADF-RDA et le groupe politique Fedap-BC. Ils avaient été favorables à la révision de la Constitution permettant au président Blaise Compaoré de briguer un troisième mandat.

Voir https://www.jeuneafrique.com/37681/politique/burkina-le-gouvernement-suspend-le-cdp-le-parti-de-blaise-compaor/ (Consulté le 25/08/2022 à 08h56).

[30] Après la chute de Blaise Compaoré, le président Michel Kafando était chargé, avec son gouvernement, d'adopter la Charte de la transition, destinée à encadrer la période transitoire.

Cf. SAMPANA Léon, « La démilitarisation paradoxale du pouvoir politique au Burkina Faso », *Le Champs de Mars*, 2015/3, n°28, pp.34-49.

D'autre part, les partis politiques sont des acteurs de premier plan du dialogue national post-coup d'Etat[31]. Outre les partis, il concerne les organisations de la société civile et les syndicats ou les faîtières. C'est en cela qu'il est qualifié de « dialogue national inclusif », comme c'est le cas du Tchad. Le dialogue national est un forum politique au cours duquel les questions politiques et les grands problèmes sociaux sont discutés. Au cours du dialogue national, les partis politiques sont invités à présenter leur position sur l'état de la Nation et principalement la situation politique qui a engendré la crise et à proposer des solutions.

À travers le dialogue national, les ex-partis d'opposition trouvent une tribune d'expression démocratique. Il se donne comme une opportunité à eux offerte pour participer au débat politique et exposer leur vision souhaitée de l'Etat. Il a également pour objectif final de trouver les moyens d'achever la transition militaire. Quoiqu'il en soit, les partis politiques sont des promoteurs du rétablissement de l'ordre constitutionnel.

B. Les partis politiques, promoteurs de l'ordre constitutionnel

Un État démocratique est celui dans lequel règnent, entre autres, la stabilité des institutions constitutionnelles et le libre exercice des activités politiques. À l'analyse, même en étant acteurs de la transition politique, les partis politiques ne sont pas moins lésés par les coups d'État. Car l'expression politique est souvent contenue par la junte militaire. Les événements et manifestations politiques sont, dans certains cas, au mieux, restreints, au pire, interdits et donc violemment réprimés[32].

La transition engagée après le coup d'État est bien entendu d'une durée limitée. Les partis politiques incitent les autorités intérimaires à céder le pouvoir, selon les modes et procédures prescrits par la

---

[31] Guinée (27 juin 2022), Burkina Faso (juin 2022), Tchad (20 août 2022).

[32] Le 28 septembre 2009, la répression d'une manifestation organisée par plusieurs partis politiques pour protester contre l'éventuelle candidature du capitaine Dadis Camara s'est soldée avec un bilan de plusieurs dizaines de morts et de nombreux blessés.

Voir https://www.fidh.org/fr/regions/afrique/guinee-conakry/Massacre-en-Guinee-Il-faut-arreter (Consulté le 25/08/2022 à 10h04).

Sur le coup d'État en Guinée de 2008 et la transition qui s'en est suivie, lire BANGOURA Dominique, « Le coup d'État de décembre 2008 et la Transition controversée en Guinée », *Les Champs de Mars*, 2015/3, n°28, pp.18-33.

Constitution ou la Charte de la transition si celle-là a été suspendue. Il y a que la période de transition est un état de fait qui s'inscrit dans l'anormalité constitutionnelle. Ainsi, le rétablissement de l'ordre constitutionnel semble être le seul objectif des partis politiques se prêtant à la transition. La restauration de l'ordre constitutionnel passe d'abord par l'adoption d'une nouvelle constitution[33] et ensuite par l'organisation d'élections démocratiques.

D'abord, la période transitoire est mise à profit pour doter l'État d'une nouvelle constitution. Le postulat de départ est que la constitution manipulée par le pouvoir déchu doit être refondue. Ainsi, les autorités de la transition initient une révision constitutionnelle consensuelle. Ainsi, les partis politiques sont mobilisés afin d'accompagner les autorités à pouvoir faire aboutir un projet qui fasse l'unanimité, ou en tout cas qui s'en rapproche. Il en a été ainsi en Côte d'Ivoire quand le général Robert Guéi a entrepris de faire adopter une nouvelle Constitution en fin juillet 2000, par referendum. Les partis se sont impliqués dans la campagne électorale référendaire.

Ensuite, les partis politiques, dont la vocation est de participer aux compétitions électorales, jouent un rôle déterminant dans le rétablissement de l'ordre constitutionnel. Il est perceptible à trois niveaux : normatif, institutionnel et opérationnel.

D'abord, du point de vue normatif, les partis politiques concourent à l'élaboration et à l'adoption d'une nouvelle constitution et/ou d'un Code électoral. Leur implication dans le processus normatif paraît indispensable en ce que les dispositions susvisées fondent le cadre légal de l'organisation du pouvoir et de l'accession au pouvoir. Toute chose qui intéresse les partis.

Ensuite, du point de vue institutionnel, les partis politiques sont partie prenante de certaines institutions, en l'occurrence l'organisme chargé des élections (OGE). En effet, les commissions nationales électorales sont certes des autorités administratives indépendantes[34], mais elles ont une

---

[33] ALOU Mahaman Tidjani, « Les modalités de la transitions démocratiques et les processus d'élaboration des constitutions », *in* LOADA Augustin, Wheatley Jonathan (eds.), *Transitions démocratiques en Afrique de l'Ouest. Processus constitutionnels, société civile et institutions démocratiques*, Paris, L'Harmattan, 2014, pp.83-118.

[34] Côte d'Ivoire : Loi n° 2001-634 du 09 Octobre 2001 portant composition, organisation, attributions et fonctionnement de la Commission électorale indépendante (CEI) ; Sénégal : Loi n° 2005-07 du 3 mai 2005 portant création de la Commission Electorale Nationale Autonome

forte connotation politique. Leur composition tient compte des partis politiques. En d'autres termes, ceux-ci sont représentés au sein desdites commissions. Ce qui leur confère un droit de regard dans l'organisation des élections destinées à mettre fin à la transition. Issaka Souaré identifie trois types d'OGE : les organismes apolitiques et techniques, les organismes partisans indépendants et les organismes mixtes ou hybrides[35].

Enfin, du point de vue opérationnel, les partis politiques sont les principaux acteurs des élections. En cela, ils soumettent la candidature de leurs membres aux différentes élections et principalement à l'élection présidentielle marquant la fin de l'épisode transitoire. Les partis politiques sont les sujets de premier plan des élections. Ils y participent de ce fait de manière active, non seulement en présentant des candidats, mais également en s'impliquant dans l'organisation pratique des scrutins. À ce titre, ils désignent des représentants dans les bureaux de vote. Ils observent le dépouillement des urnes et le décompte des bulletins de vote. Leurs représentants apposent leur signature sur les procès-verbaux des résultats.

La bonne tenue des élections de fin de transition peut présager d'une transmission apaisée du pouvoir. Ainsi, le pouvoir politique passe de l'autorité militaire à une autorité civile, issue, dans la plupart des cas, d'un parti politique ou d'une coalition de partis politiques.

Conclusion

Les partis politiques apparaissent comme indispensables à tout État[36]. Ils animent la vie politique de l'État. Ils ont également une fonction sociale d'information et d'éducation civiques à l'endroit de la population. En Afrique, ils sont souvent la cause de perturbations socio-politiques qui engendrent des coups d'État.

Le constat qui est fait du fonctionnement des partis politiques d'Afrique noire francophone amène à la conclusion qu'ils sont peu

---

(CENA) ; Niger : la Loi organique 2014-03 du 15 avril 2014 portant création, attributions, organisation et fonctionnement de Commission nationale électorale autonome (CENI).

[35] SOUARE K. Issaka, *Les partis politiques d'opposition en Afrique. La quête du pouvoir*, Montréal, PUM, 2017, p.100.

[36] Même dans les régimes totalitaires, la dictature s'appuie sur une officine politique qui innerve toutes les strates et tous les organes de l'État.

démocratiques. En effet, le président du parti a une totale mainmise sur les organes ; les membres ou adhérents lui vouent un culte de la personnalité. Les opinions divergentes et les courants politiques au sein du parti sont presque inexistants. La discipline du parti est un principe quasi-absolu. Une fois le parti politique arrive au pouvoir, cette discipline est requise de l'ensemble du peuple, sapant ainsi certains principes démocratiques, dont les libertés d'opinion, d'expression et de manifestation. L'on s'installe alors dans un cercle vicieux.

Koffi Agbéssi AGBEKO

Docteur en histoire contemporaine, Université de Lomé (Togo)

Ethnie et pouvoir politique en Afrique de l'Ouest : socle de coups d'État ? (1960-2022)

Résumé

L'un des défis majeurs de l'exercice du pouvoir politique dans un État aux ethnies multiples est la consolidation de l'unité nationale. C'est dans cette perspective qu'après les indépendances en 1960, pour éviter le régionalisme et le tribalisme, fut institué le monopartisme dans nombre de pays d'Afrique de l'Ouest. Les limites de ce système politique avaient amené ces États à opter pour le pluralisme politique à partir des années 1990. Certes, les textes juridiques (constitution, charte de partis politiques, etc.) furent axés sur la concorde et l'unité nationale. Mais, à y regarder de plus près, on s'aperçoit que nombre de dirigeants, pour s'éterniser au pouvoir, s'appuient sur les membres de leur ethnie. Cette donne a pour conséquence la constitution d'une bourgeoisie et d'une armée ethniques qui oppriment une grande partie des populations qui croupie dans la misère, terreau fertile des soulèvements populaires, de rebellions armées et des coups d'État militaires.

Mots-clés : Ethnie-pouvoir politique-coups d'État-Afrique de l'Ouest-1960-2022

Abstract

One of the major challenges in the exercise of political power in a multi-ethnic State is the consolidation of national unity. It was in this perspective that, after independence in 1960, to avoid regionalism and tribalism, monopartism was instituted in many West African countries. The limits of this political system had led these states to opt for political pluralism from the 1990s onwards. Of course, the legal texts (constitution, charter of political parties, etc.) were focused on national unity and harmony. But a closer look reveals that many leaders, in order to remain in power, rely on ethnic members. The result is the creation of an ethnic bourgeoisie and army that oppresses a large part of the population that is languishing in poverty, a fertile ground for popular uprisings, armed rebellions and military coups.

Keywords: Ethnic-political power-coups-West Africa-1960-2022

Introduction

Nombre d'États ouest africains sont la résultante du dépècement de l'Afrique par l'administration coloniale française, anglaise, allemande etc. actée lors de la conférence de Berlin (1884-1885). Ce partage de l'Afrique entre des puissances coloniales a divisé les sociétés africaines sans tenir compte de leurs réalités sociopolitique, économique et culturelle. Du coup, ces colonies qui ne sont rien d'autre que des enclos coloniaux, par le truchement de luttes, vont réussir à arracher leur indépendance politique. A l'accession de leur indépendance, ces États ayant gardé les frontières héritées de la colonisation sont caractérisés par une identité multiple (ethnie, religion, etc.). La consolidation de l'unité nationale va constituer un défi majeur des premiers dirigeants de la sous-région. C'est dans cette perspective qu'après les indépendances en 1960, pour éviter le régionalisme et le tribalisme, fut institué le monopartisme. Les limites de ce système politique avaient amené ces États à opter pour le pluralisme politique à partir des années 1990. Certes, les textes juridiques (constitutions, chartes de partis politiques, etc.) furent axés sur la concorde et l'unité nationale. Mais, à y regarder de plus près, on s'aperçoit que nombre de dirigeants, pour s'éterniser au pouvoir, s'appuient sur leurs communautés ethniques. Cette donne a pour conséquence la constitution d'une bourgeoisie et d'une armée ethniques qui oppriment la majeure partie des populations qui croupie dans la misère, terreau fertile des soulèvements populaires, de rebellions armées et des coups d'État militaires. En quoi la relation incestueuse entre ethnie et pouvoir politique en Afrique de l'Ouest a été sur un socle de coups d'État de 1960 à 2022 ?

Cette communication basée sur une démarche empirique et élaborée à partir des sources orales et écrites, a pour objectif général d'analyser la part de la relation incestueuse entre ethnie et le pouvoir politique dans les coups d'État en Afrique de l'Ouest de 1960 à 2022. Spécifiquement, cette communication a pour objectif d'expliciter le rôle de l'instrumentalisation ethnique à des fins politiques dans les coups d'État militaires d'une part et ceux constitutionnels d'autre part.

I. Place de l'ethnie dans les processus de construction et de démocratisation des États en Afrique de l'ouest de 1960 à 2022

Conscients du rôle néfaste de l'instrumentalisation ethnique dans les processus de construction et de démocratisation, les États ouest-africains ont élaboré des textes juridiques l'interdisant.

1. Ethnie et processus de construction des États ouest africains (1960-1990)

Carte des États ouest-africains

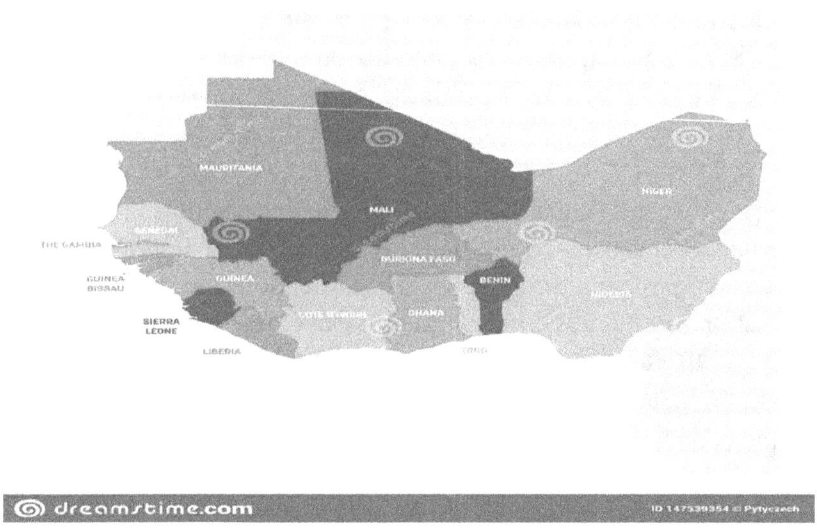

Source[1]

[1] fr.dreamstime.com, consulté le 20 août 2022 entre 13 heures et 14 heures.

Les États ouest africains juste après leur indépendance ont opté pour un mimétisme du modèle occidental de la conception de l'État en adoptant le modèle démocratique européen. Rappelons que ce modèle est basé sur deux données fondamentales à savoir l'égalité des lois et la liberté d'expression. Pour ce qui est de l'égalité des lois, relevons qu'il renvoie à deux réalités que sont l'égalité civile et l'égalité politique. L'égalité civile fait allusion à une application égale des lois de la République. L'égalité politique, base de la concorde et de la consolidation de nations aux multiples ethnies ou identités, relève que tous les citoyens d'un État quelle que soit leur ethnie, religion, la nature de leur travail, sont égaux dans l'obtention des honneurs, des droits, des privilèges, etc. qui sont dus aux mérites et jamais à une appartenance ethnique ou clanique. Cette donne place tous les citoyens au même niveau de droit dans leur vie privée comme publique. Du coup, aucun secteur d'activité ne saurait être réservé à un groupe ethnique donné. Tout citoyen quelle que soit son appartenance ethnique peut participer aux affaires publiques. Il peut être gouvernant et gouverné.

La liberté d'expression quant à elle découle de l'égalité des lois. Elle fait allusion à la possibilité qu'a tout citoyen d'exprimer son point de vue sur la gestion de la chose publique sans être inquiété. Ce concept fondamental rejette l'idée de point de vue obligé, de doctrine d'État, d'orthodoxie, etc. en démocratie.

Tout ceci va contribuer à instaurer au sein des citoyens la tolérance, la bienveillance, l'assistance mutuelle, la concorde, la fraternité, etc. qui pouvaient certainement contribuer à l'édification et à la consolidation d'une nation. Toutes ces donnes figurent dans toutes les constitutions des États ouest africains. En voici quelques exemples.

Au Togo, la loi n° 60-10 du 23 avril 1960 modifiant l'organisation des institutions de la République togolaise, en son Titre IV (De la nationalité et de la citoyenneté), article 26 stipule que *« Tous les citoyens sont égaux devant la loi. Ils ont les mêmes droits et les mêmes devoirs »*[2].

En Côte d'Ivoire, la loi n° 60-356 du 3 novembre 1960 portant constitution de la République de Côte d'Ivoire, en son titre I (De l'État et de la souveraineté), article 6 relève :

---

[2] Confer « Loi n° 60-10 du 23 avril 1960 modifiant l'organisation des institutions de la Républiquc togolaise », disponible sur : https://mjp.univ-perp.fr/constit/tg 1960ind.htm, consulté le 28 juillet 2022 entre 13 heures et 14 heures.

> « La République assure à tous l'égalité devant la loi sans distinction d'origine, de race, de sexe ou de religion. Elle respecte toutes les croyances. Toute propagande particulariste de caractère racial ou ethnique, toute manifestation de discrimination raciale sont punies par la loi »[3].

Au Sénégal, la constitution du 7 mars 1963, adoptée par référendum et promulguée par la loi n° 63-32 du 7 mars 1963, en son Titre premier (De l'État et de la souveraineté), article 4 relève :

> « Tout acte de discrimination raciale, ethnique ou religieuse de même que toute propagande régionaliste pouvant porter atteinte à la sécurité intérieure de l'État ou à l'intégrité du territoire de la République, sont punis par la loi »[4].

Le Titre II (Des libertés publiques et de la personne humaine) de cette même constitution en son article 7 dispose que :

> « Tous les êtres humains sont égaux devant la loi. Les hommes et les femmes sont égaux en droit.
>
> Il n'y a au Sénégal ni sujet, ni privilège de lieu de naissance, de personne ou de famille »[5].

Toutes ces dispositions constitutionnelles ont pour but d'éviter le tribalisme, le régionalisme afin de veiller à la consolidation de l'unité nationale dans tous ces États aux ethnies multiples. C'est aussi pour ces raisons qu'après les indépendances politiques tous ces États ont rejeté le multipartisme, qui les a conduits aux indépendances, au profit du monopartisme à partir des années 1970. Quatre principaux arguments avaient soutendus cette option du monopartisme.

Le premier est d'ordre historique. Lorsqu'un pays accède à son indépendance sous la conduite d'un mouvement national populaire

---

[3] Confer « constitution-de-novembre-1960.pdf - gouv.ci », disponible sur *https://www.gouv.ci › doc › accords › constit...,* consulté le 28 juillet 2022 entre 13 heures et 14 heures.

[4] Confer « La Constitution du 7 mars 1963, adoptée par référendum et promulguée par la loi n° 63-32 du 7 mars 1963 », Disponible sur https://mjp.univ-perp.fr/constit/sn1963.htm, consulté le 28 juillet 2022 entre 17 heures 30 et 18 heures. Cette constitution fut adoptée à l'issue d'une crise opposant le chef du Gouvernement, Mamadou Dia, au président de la République, Léopold Sédar Senghor. La victoire de celui-ci lui permit de mettre en place un régime lui conférant l'essentiel des pouvoirs.

[5] Confer « La Constitution du 7 mars 1963, adoptée par référendum et promulguée par la loi n° 63-32 du 7 mars 1963 », Disponible sur https://mjp.univ-perp.fr/constit/sn1963.htm, consulté le 28 juillet 2022 entre 17 heures 30 et 18 heures.

animé par un chef charismatique, il est tout à fait possible que ce dernier et son mouvement héritent du pouvoir assumé jusque-là par l'administration coloniale ou gagnent les élections organisées à la fin de la période coloniale et accèdent au pouvoir ; un pouvoir qu'ils peuvent détenir de manière exclusive selon les résultats des élections ou les circonstances de transfert des responsabilités politiques de la puissance coloniale au nouveau dirigeant du pays (Doo-Kingué 1999 : 82).

Le deuxième argument est beaucoup plus politique. La consolidation de l'unité nationale dans un pays aux ethnies multiples exige le monopartisme. Le multipartisme risque d'effriter l'unité nationale dans la mesure où les formations politiques dirigées par des individus peu scrupuleux peuvent exploiter le tribalisme et le régionalisme (Doo-Kingué 1999 : 83).

Le troisième argument est stratégique. Au regard de la complexité des tâches à accomplir au lendemain des indépendances, il serait mieux de rassembler toutes les populations dans un seul mouvement d'action national que de permettre à plusieurs partis compétitifs de se disputer le pouvoir, surtout s'il n'existe pas de désaccords majeurs au sein de la société sur la politique à suivre. (Doo-Kingué 1999 : 83).

Le quatrième argument, est à la fois idéologique et culturelle. Étant attendu qu'il n'existait pas de profondes divergences de points de vue entre les principaux courants d'opinion prévalant dans leur pays sur l'idéologie à respecter sur le plan politique, la plupart des leaders politiques africains considéraient que le partis unique devait pouvoir garantir, par la libre expression des militants en son sein, la démocratie qu'est censé assurer le multipartisme. Dans cet élan, le monopartisme paraît plus garant de la démocratie que le multipartisme. Il permet de faire participer toute la population du pays à la vie politique de la nation. Ceci étant, il serait plus prêt de la démocratie plus que le multipartisme fondée sur la démocratie représentative dont l'organisation peut laisser à désirer. Aussi, le monopartisme harmonise les intérêts de toutes les couches de la population et évite que les minorités les plus agissantes dans un système pluraliste n'aient nécessairement le dessus. De plus, la politique menée par le Gouvernement est aussi celle que préconise le Parti (unique), qui lui-même tient compte des desiderata de la masse (Doo-Kingué 1999 : 83). Agbokou Kodjo[6] pour sa part souligne que le monopartisme n'a été

[6] 41 ans, Enseignant, entretien du 18 août 2022 à Agouègan (Bénin)

qu'un leurre, une illusion de concorde. Il n'a fait que diviser davantage les populations.

Cette expérience du monopartisme n'avait pas été concluante. Il n'a instauré que le culte de la personnalité, la gabegie, le clientélisme, le régionalisme, l'ethnocentrisme, etc. Dans nombre de pays d'Afrique de l'ouest, force est de constater qu'à cette période, les postes clés de l'administration, l'armée, la Police et la Gendarmerie furent occupés par des personnes issues des ethnies des chefs d'État. Cette situation est en parfaite déphasage avec la vision qui avait soutendu l'instauration du monopartisme. Ce qui va tout naturellement contribuer à son rejet au profit du pluralisme politique à partir des années 1990.

2. Ethnie et processus de démocratisation des États ouest africains (1990-2022)

L'année 1990 fut un tournant dans l'histoire politique des États ouest africains. Elle sonne le rejet du monopartisme au profit du pluralisme politique à travers des grèves qui ont débouchés sur des crises sociopolitiques qui dans nombre de pays avaient donné lieu à des conférences nationales, comme ce fut le cas au Bénin, au Togo, etc. Cette donne avait eu pour conséquence l'instauration du pluralisme politique garantie par des textes constitutionnels et des chartes de partis politiques. Tous ces textes juridiques ont rejeté en bloc l'ethnocentrisme, le régionalisme, le favoritisme, etc.

Voici quelques exemples de ces textes constitutionnels. La constitution de la IVe République togolaise, titre premier (De l'État et de la souveraineté) en son article premier relève que : « *La République togolaise est un État de droit, laïc, démocratique et social. Elle est une et indivisible* »[7]. L'article deux pour sa part souligne que :

> « La République togolaise assure l'égalité devant la loi de tous les citoyens sans distinction d'origine, de race, de sexe, de condition sociale ou de religion.
>
> Elle respecte toutes les opinions politiques, philosophiques ainsi que toutes les croyances religieuses. Son principe est le gouvernement du

---

[7]« Constitution togolaise de la IVe République (Version consolidée, à jour de la loi constitutionnelle du 15 mai 2019 et de toutes les révisions constitutionnelles antérieures) », disponible sur https://www.google.com/search?client=firefox-b-d&q=la+constitution+togolaise, consulté le 20 juillet 2022 entre 11 heures et 12 heures.

peuple par le peuple et pour le peuple. Sa devise est : « Travail - Liberté - Patrie. » »[8].

La constitution ivoirienne du 08 novembre 2016, au titre 1 (Des droits, des libertés et des devoirs) en son article 4 relève :

« Tous les Ivoiriens naissent et demeurent libres et égaux en droit.

Nul ne peut être privilégié ou discriminé en raison de sa race, de son ethnie, de son clan, de sa tribu, de sa couleur de peau, de son sexe, de sa région, de son origine sociale, de sa religion ou croyance, de son opinion, de sa fortune, de sa différence de culture ou de langue, de sa situation sociale ou de son état physique ou mental »[9].

Au Niger, la constitution de la VIe République, en son titre premier (De l'État et de la souveraineté), article 4, stipule que :

> « La souveraineté nationale appartient au Peuple.
>
> Aucune fraction du Peuple, aucune communauté, aucune corporation, aucun parti ou association politique, aucune organisation syndicale ni aucun individu ne peut s'en attribuer l'exercice.
>
> Dans l'exercice du pouvoir d'État, le pouvoir personnel, le régionalisme, l'ethnocentrisme, la discrimination, le népotisme, le sexisme, l'esprit de clan, l'esprit féodal, l'esclavage sous toutes ses formes, l'enrichissement illicite, le favoritisme, la corruption, la concussion et le trafic d'influence sont punis par la loi »[10].

L'article 8 de cette même constitution relève que :

> « La République du Niger est un État de droit.
>
> Elle assure à tous l'égalité devant la loi sans distinction de sexe, d'origine sociale, raciale, ethnique ou religieuse.
>
> Elle respecte et protège toutes les croyances. Aucune religion, aucune croyance ne peut s'arroger le pouvoir politique ni s'immiscer dans les affaires de l'État.

---

[8] Idem

[9] « Loi n° 2016-886 du 08 novembre 2016 portant constitution de la République de Côte d'Ivoire », disponible sur https://www.presidence.ci/constitution-de-2016/, consulté le 20 juillet 2022 entre 11 heures et 12 heures.

[10] https://www.gouv.ne/index.php/textes-fondamentaux/constitution-de-la-7eme-republique, consulté le 02 août 2022 entre 06 heures et 07 heures.

Toute propagande particulariste de caractère régionaliste, raciale ou ethnique, toute manifestation de discrimination raciale, sociale, sexiste, ethnique, politique ou religieuse sont punies par la loi »[11].

Cependant, seule l'article 10 du titre 2 (Des droits et devoirs de la personne humaine) apporte une restriction en relevant que :

> « Tous les Nigériens naissent et demeurent libres et égaux en droits et en devoirs. Toutefois, l'accès de certaines catégories de citoyens aux mandats électoraux, aux fonctions électives et aux emplois publics peut être favorisé par des mesures particulières prévues par la loi »12.

En Guinée, l'article 1 du titre premier (De l'État et de la souveraineté) de la constitution de 2020 souligne :

> « La Guinée est une République indépendante, souveraine, unitaire, laïque, indivisible, démocratique et sociale. Elle respecte toutes les croyances.
>
> Elle assure l'égalité devant la loi de tous les citoyens, sans distinction d'origine, d'ethnie, de race, de sexe ou de religion (…) »[13].

En dehors des constitutions, les chartes des partis politiques aussi rejettent l'instrumentalisation ethnique. A cet effet, la charte des partis politiques togolaises, en son article 6, relève que :

> « Aucun parti politique ne peut s'identifier à une région, à une ethnie ou à une corporation »[14]. L'article 11 de cette même charte souligne : « Les fondateurs d'un parti politique doivent être au minimum au nombre de 30 provenant des 2/3 au moins des préfectures.
>
> Est considéré comme provenant d'une préfecture, le citoyen qui en est originaire ou qui y réside depuis plus de cinq (05) ans »[15].

---

[11] Idem

[12] Https : //www.gouv.ne/index.php/textes-fondamentaux/constitution-de-la-7eme-republique, consulté le 02 août 2022 entre 06 heures et 07 heures.

[13] « La Constitution de 2020 - Cour Suprême de Guinée », disponible sur : https://www.coursupgn.org › uploads › 2021/01, consulté le 02 août 2022 entre 06 heures 30 et 07 heures.

[14] « LOI n° 91-97 du 12 avril 1991 portant charte des Partis politiques », disponible sur :https://www.ilo.org › docs › SERIAL › TGO-27139, consulté le 02 août 2022 entre 11 heures et 12 heures.

[15] Idem

L'article 22 de la charte des partis politiques du Niger, en son article 22, stipule que :

> « Tout parti politique ou groupement de partis politiques doit, dans son programme et ses activités, bannir l'intolérance, le régionalisme, l'ethnocentrisme, le fanatisme, le racisme, le sexisme, la xénophobie, la désobéissance fiscale, l'incitation et/ou le recours à la violence »[16].

Au Bénin, la loi n° 2018-23 du 17 septembre 2018, portant charte des partis politiques en article 5 souligne que :

> « Les partis politiques doivent dans leurs programmes et dans leurs activités proscrire l'intolérance, le régionalisme, l'ethnocentrisme, le fanatisme, le racisme, la xénophobie, l'incitation et/ou le recours à la violence sous toutes ses formes. (…) »[17].

Cependant, au-delà de ces dispositions juridiques, la question ethnique est omniprésente dans le jeu politique des États ouest africains. Cette donne est entre autres la source de la mal gouvernance, la corruption, le truquage d'élections, des coups d'État constitutionnels ou civils et militaires.

D'ailleurs, le fait que ces différents textes juridiques rejettent en bloc l'instrumentalisation ethnique prouve que dans la pratique elle est une réalité[18].

II. Instrumentalisation ethnique en Afrique de l'Ouest : source de coups d'État ? (1960-2022)

En Afrique de l'Ouest, bien que l'instrumentalisation ethnique soit interdite par les constitutions et les chartes des partis politiques, cette donne est plus que jamais une réalité et une donnée d'acquisition et de conservation du pouvoir politique.

---

[16] « CHARTE DES PARTIS /PCSRD Ordonnance n° Du politiques ... », disponible sur : *https://sites.clas.ufl.edu › sahelresearch › files › 13...* consulté le 02 août 2022 entre 11 heures et 12 heures.

[17] « Bénin - Loi n° 2018-23 du 17 septembre 2018 portant charte ... », disponible sur http://www.ilo.org › natlex4.detail, consulté le 02 août 2022 entre 11 heures et 12 heures.

[18] Anonyme 1, 63 ans, Acteur politique, entretien du 19 août 2022 à Lomé (Togo)

1. Instrumentalisation ethnique : source de coups d'État militaires ?

Un coup d'État militaire est le renversement d'un pouvoir légal par un groupe de personnes utilisant la force, généralement l'armée. Cette expression est utilisée depuis le XIXe siècle et appartient essentiellement au domaine politique et met en exergue l'aspect violent du renversement et ou la prise d'un pouvoir politique[19]. Il consiste à s'emparer des organes centraux de l'État ou à les neutraliser, en occupant leurs lieux de fonctionnement qui sont aussi des lieux symboliques du pouvoir politique (Présidence de la République, Ministères, siège du parlement, radio et télévision nationales, etc.).

Quelques années après leurs indépendances politiques, nombre d'États ouest africains ont connu des coups d'État militaires. Il est important de rappeler que la quasi-totalité des armées des États ouest africains sont des legs des puissances coloniales française, anglaise, etc. Ces dernières, dans le but de diviser les indigènes en vue de les exploiter à fond, avaient procédé à leur classification.

Au Togo, les populations du Nord furent considérées comme plus robustes, travailleurs et soumises. Cette donne avait amené l'administration coloniale à recourir plus à elles pour la constitution de l'armée coloniale de triste mémoire. L'armée du Togo indépendant n'est issue que de cette armée coloniale. Cette donne est valable pour nombre d'États en Afrique de l'Ouest comme par exemple le Ghana, le Bénin, le Burkina Faso, la Guinée Conakry, le Nigéria, etc. A ce propos, le Rapport numéro 6 du Centre d'étude stratégique de l'Afrique[20] relève que les raisons et les modalités des fréquentes ingérences de nombreuses forces armées africaines dans les affaires économiques et politiques ont leur origine dans l'histoire coloniale du continent. Il relève que ces armées sont issues des cendres des forces armées coloniales, et ont hérité des graines des préjugés ethniques semées par les colonisateurs. Les ethnies minoritaires, constituant l'essentiel de l'armée servaient de béquille à

---

19 « Définition de coup d'État militaire », disponible sur https://www.linternaute.fr /expression/langue-francaise/9109/coup-d-etat/, consulté le 27 aout 2022 entre 09 heures et 10 heures.

20 « Rapport d'analyse N° 6 : Pour la professionnalisation des forces armées en Afrique -Obstacles au professionnalisme militaire en Afrique » disponible sur https : //africacenter .org/fr/ publication/obstacles-au-professionnalisme-militaire-en-afrique/, consulté le 19 aout 2022 entre 09 heures et 10 heures.

l'administration coloniale qui avait maille à partir avec les ethnies historiquement plus puissantes ou contestataires. C'est le cas au Ghana, Togo, Nigéria, etc. où la minorité des populations dans les régions septentrionales avait occupé une place prédominante dans les forces coloniales françaises et britanniques avant l'indépendance. Ce parti pris ethnique initial a eu des répercussions majeures sur la formation des forces armées de ces États après leur indépendance. C'est ce qui explique en partie les premiers coups d'État, menés par des officiers issus de ces minorités ethniques, qui ont emportés les premiers régimes ; au Togo, on a le coup d'État d'Etienne Eyadema en 1963, en Haute-Volta celui Sangoulé Lamizana en 1966 qui a renversé Maurice Yaméogo, etc. Rappelons qu'Etienne Eyadema n'a fait qu'endosser ce coup d'Etat dont l'auteur semble être une puissance étrangère au regard du lieu du crime. Les États-Unis et la France savent certainement plus de choses sur ce crime perpétré devant l'ambassade des États-Unis au Togo.

En effet, au Togo, le 13 janvier 1963, le père de l'indépendance Sylvanus Olympio fut assassiné par des militaires. Certes, l'auteur de ce crime reste inconnu, mais le modus operandi prouve qu'il fut assassiné par un militaire. Cet exemple va faire tache d'huile dans la sous-région où on a enregistré une foultitude de coups d'État militaires. Une analyse objective des différents coups d'État que la sous-région a connus de 1960 à 2022 montre à suffisance que cette donne est beaucoup plus liée à l'inexistence de l'État-nation. A ce propos, Ovono (2012) relève que :

> « Dans les pays d'Afrique subsaharienne francophone, une longue tradition de participation à la gestion du pouvoir a fait des armées des acteurs politiques incontournables plutôt que des groupes socioprofessionnels en charge de la défense du territoire national. En dépit de l'adhésion aux principes de la démocratie et de l'État de droit dans les années 1990, la vie politique dans les pays d'Afrique subsaharienne francophone reste encore rythmée par une intrusion régulière de l'armée dans le champ politique »[21].

Le caractère non républicain et non patriotique de nombre d'armée est un défi. Dans cette optique (Agbeko 2020 : 57) relève que :

« Une armée patriotique est issue d'un peuple patriotique. Pour défendre sa patrie même au prix de sa vie, il faut l'aimer. L'amour de la

---

[21]https://www.cairn.info/revue-afrique-contemporaine-2012-2-page-120.htm, consulté le 19 aout 2022 entre 09 heures et 10 heures.

patrie repose sur une justice sociale qui fait référence à une égalité civile et politique des citoyens qui indubitablement entraine une fraternité. Cette égalité constitue un ciment qui unit le peuple ».

Au Togo, d'après Toulabor (1999)[22], on note que pour une population estimée aux autour de 4 millions d'habitants dans les années 1990 (d'après le recensement de 1981), les Forces armées togolaises (FAT) comptent environ 13 000 hommes dont 10 000 pour le Nord et les 3 000 restant pour le Sud du pays. Parmi les 10 000 hommes, 7 000 sont Kabyè[23], et parmi ceux-ci 3 000 sont de Pya, le village natal du président. C'est donc une armée composée à 60% de Kabyè ayant pour noyau dur les ressortissants de Pya.

La Lettre du Continent[24] citée par Toulabor (1999) indique que :

« L'encadrement des FAT est aussi presque entièrement entre les mains des Kabyè. En effet, sur les 300 officiers que compte l'armée togolaise, 50 sont du Sud, alors qu'ils sont 250 pour le Nord parmi lesquels 200 Kabyè, dont 50 pour le seul village de Pya. Par ailleurs, aucune des 26 unités de commandement qui composent l'ossature des FAT n'est confiée à un ressortissant du Sud. Sur les 17 unités commandées par des Kabyè, 10 le sont par des officiers de Pya, tandis les 7 autres reviennent aux autres groupes ethniques du Nord. Récemment encore, en janvier 1998, le Général Eyadema a élevé au grade de général de brigade 4 officiers supérieurs tous originaires du Nord. Il faut savoir que les FAT comptent en tout 8 généraux dont 5 sont de la même ethnie que lui, les autres étant un Bassar, un Tem et un autre Nago»[25].

C'est cette armée, qui à la suite du décès du Général Gnassingbé Eyadema, le 5 février 2005, avait désigné Faure Gnassingbé comme Président de la République togolaise. Cette donne fut critiquée sur le plan

---

[22] Violence militaire, démocratisation et ethnicité ... - Horizon IRD », disponible sur : https://horizon.documentation.ird.fr › autrepart, consulté le 04 août 2022 entre 09 heures et 10 heures.

[23] Les Kabyè constituent un groupe ethnique localisé au nord-est du Togo entre les 9e et 10e parallèles à la frontière du Bénin. Les Nawdéba sont un peuple localisé dans la plaine s'étendant entre les massifs kabyè et la chaine de Défalé. Les Lamba sont des peuples des zones de montagnes et de plaines des préfectures de Kéran et de Doufelgou (Gayibor 1997 : 105-139), cité par Agbeko (2018 : 205).

[24] *La Lettre du continent* (1998 : 7).

[25]« Violence militaire, démocratisation et ethnicité ... - Horizon IRD », disponible sur : https://horizon.documentation.ird.fr › autrepart, consulté le 04 août 2022 entre 09 heures et 10 heures.

national et international et avait contraint ce dernier à rendre sa démission et à participer à l'élection présidentielle organisée le 24 avril 2005 qu'il remporta. Ce tableau est on ne peut plus suranné en 2022. Cependant la question ethnique au sein des forces de défense et de sécurité togolaise semble se poser même si des efforts sont faits pour venir à bout de ce phénomène. Cette question d'ethnicisation des armées se retrouve dans presque tous les pays ouest africains.

Cet usage de l'ethnie à des fins politiques se retrouve aussi en Mauritanie. Dans ce pays, les forces armées étaient divisées selon des lignes raciales, ethniques et culturelles, les institutions politiques, économiques et militaires étant, depuis l'indépendance, dominées par les Arabo-Berbères, groupe minoritaire qui ne compte que pour un tiers de la population du pays. Après des allégations faisant état en 1987 d'un complot à base ethnique menaçant cette dominance, le Président Ould Taya a entrepris une « arabisation » quasi-totale de toutes les composantes des forces armées mauritaniennes[26].

Cependant, certains coups d'État semblent de plus en plus porteurs de germe démocratique. Dans plusieurs pays d'Afrique de l'Ouest, la boulimie du pouvoir a rendu impossible une alternance démocratique. Les constitutions sont tripatouillées ou taillées sur mesure. Les systèmes en place ne donnent aucun espoir à leurs peuples dont les rares mouvements de contestation se soldent par des bavures militaires. Cette situation ajoutée à la misère dans laquelle croupis l'essentielle des populations du fait du clientélisme, du régionalisme, de la corruption crée souvent des révoltes populaires qui s'achèvent par des coups d'État militaires. A ce propos, une personne interviewée ayant requis l'anonymat relève :

> « Tous les coups d'État ne sont pas mauvais. Il y en a qui instaurent la démocratie et sont parfois des révolutions de palais ou consécutifs à une pression populaire. Cependant, il existe des coups d'État qui vont à l'encontre de la démocratie et ces derniers sont souvent soutenus par des acteurs extérieurs »[27].

---

[26] « Rapport d'analyse N° 6 : Pour la professionnalisation des forces armées en Afrique -Obstacles au professionnalisme militaire en Afrique » disponible sur https : //africacenter.org/fr/publication/obstacles-au-professionnalisme-militaire-en-afrique/, consulté le 19 aout 2022 entre 09 heures et 10 heures.

[27] Anonyme3, 55 ans, militaire, entretien du 16 août 2022 à Lomé (Togo).

Les coups d'État militaires intervenus en septembre 2021 en Guinée, en 2014 et 2022 au Burkina Faso et en 2022 Mali s'inscrivirent dans cette logique.

2. Instrumentalisation ethnique : source de coups d'État constitutionnels ?

Un coup d'État constitutionnel ou coup d'État civil renvoie à une modification constitutionnelle qui a pour objectif l'extension du nombre de mandats présidentiels. Son apparence légale et le principe de la souveraineté des pays le rendent difficilement condamnable par la communauté internationale. Pour procéder à ces modifications constitutionnelles, nombre de Chefs d'États instrumentalisent les différentes communautés ethniques.

En effet, l'instrumentalisation ethnique à des fins politiques dans nombre de pays d'Afrique de l'Ouest a pour but la conquête et la conservation du pouvoir politique. Dans cette optique, des politiques s'appuient sur leur communauté ethnique pour arriver au pouvoir et le conserver advint aeternam. Pour mobiliser plus d'électeurs, ils tiennent des discours clivants et ethniques. Une fois au pouvoir, ils ne vont pas tarder de mettre à la tête des grandes institutions de leur pays, des individus issus de leur communauté ethnique. Cette donne, source d'injustice sociale permet ainsi à leur communauté ethnique de détenir l'essentiel du pouvoir économique et social. Du coup, les plus grandes sociétés d'État, l'appareil judiciaire, l'armée, la police, la gendarmerie seront dirigés par des proches du Président. Ce qui permet à ces Chefs d'État de contrôler tous les pouvoirs.

Le Général Gnassingbé Eyadema en son temps s'était appuyé sur l'armée, qui lui a été fidèle jusqu'au bout. Rappelons qu'il a dirigé le Togo de 1967 à 2005, soit 38 années de pouvoir. Cette ethnicisation du pouvoir politique fut l'une des causes de la crise sociopolitique que le Togo a connue dans les années 1990 où les populations du Nord en particulier les Kabyè furent considérés comme comptable des dérives dictatoriales du régime du Général Gnassingbé Eyadema. Du coup, lorsque le régime Eyadema va faiblir à la suite des contestations de rue, certaines communautés ethniques se sont dites qu'il fallait vite régler les problèmes fonciers qui les opposaient aux Kabyè et jadis, contrains à se taire. Cette situation avait amené les autochtones (Ewé et Akposso) au Sud du pays à choisir la voie d'une résolution extrajudiciaire des différends qui les opposaient aux Kabyè, Lamba et Nawdéba (Agbeko 2018 : 135).

Ce choix avait des motivations. Au Togo, l'appartenance à un parti politique se faisait en fonction des considérations ethniques ou régionalistes. Ceci étant, les ressortissants du Nord dans l'Ouest de la région des Plateaux se sont retrouvés plus du côté du pouvoir. Lors des périodes électorales, ils étaient de véritables soutiens au Général Eyadema. Ce qui leur avait permis d'avoir des atouts au niveau des instances de décision. Comme le dit ce dicton : *« L'ami de mon ennemi est mon ennemi »,* les autochtones vont opter pour la voie de l'opposition au régime en place. Ce qui va faire que lors des périodes électorales, les partis politiques s'affrontaient par communautés interposées. D'ailleurs, le discours que tenaient les acteurs politiques ne favorisait pas le vivre-ensemble. Pour ce qui est des tenants du pouvoir, ils tenaient un discours selon lequel leur maintien au pouvoir était la seule alternative crédible qui permettait aux Kabyè, Lamba et Nawdéba de vivre en paix au Sud. Autrement dit, le jour où ils perdraient le pouvoir, les autochtones vont les chasser. La branche radicale de l'opposition[28] a aussi tiré sur la fibre ethnique et régionaliste. Elle tient un discours selon lequel le Sud n'était pas aux populations du Nord, et qu'il fallait impérativement qu'elles regagnent le Nord. Ces discours, tenus à la fois par les tenants du pouvoir et l'opposition, qui semblait tenir lieu de programme de société avait galvanisé les uns et les autres. Les autochtones avaient estimé que pour trouver solutions à leurs problèmes fonciers c'est-à-dire la réappropriation de leurs terres, il fallait voter contre le pouvoir. Du côté des migrants, voter pour l'opposition c'est se chasser du Sud (Agbeko 2018 : 136).

Par conséquent, les querelles politiques entre le pouvoir et l'opposition avaient influé sur les relations entre les autochtones et les migrants. C'est ainsi que lorsque l'opposition organisait des marches de contestation, dans l'Ouest de la région des Plateaux et les zones de colonisation agricole kabyè/nawdéba, les autochtones ne tardaient pas à s'attaquer aux ressortissants du Nord. Ces violences prennent souvent l'allure d'agression verbale et physique suivis de pillage systématique des biens des « migrants » (Agbeko 2018 : 136). Parfois, les populations

---

[28] Les partis politiques les plus représentatifs à l'époque étaient le Comité d'action pour le renouveau (CAR) avec comme leader Yaovi Agboyibor, Union togolaise pour la démocratie (UTD) représentée par Edem Kodjo et l'Union des forces de changement (UFC) incarnée par Gilchrist Olympio à partir de 1991(Manani 2014 : 167).

du Nord organisent des marches de soutien au régime Eyadéma. C'est cette situation qui a contribué au maintien du Général Gnassingbé Eyadema au pouvoir durant 38 années consécutives, en sautant le verrou de la limitation du mandat présidentiel en 2002. En effet, après 27 années consécutives de règne, le Président Gnassingbé Eyadéma voit son pouvoir limité par la Constitution de la IVe République de 1994, intervenue à la suite de la réinstauration du multipartisme qui, limite le nombre de mandat présidentiel à deux. Au terme de son deuxième mandat en 2002, il procéda à un coup d'État constitutionnel. Il faut préciser que ce coup d'État constitutionnel, qu'on peut aussi appeler coup d'État civil, fut bien entendu précédé de marches de soutien suscitées surtout des communautés ethniques du Nord. Ces marches qui s'achevaient par des lectures de motions et de distribution de billets de banques, avaient servis de prétexte à ce coup d'État constitutionnel.

C'est aussi le cas du coup d'État constitutionnel du Président guinéen Alpha Condé en 2021. L'arrivée au pouvoir d'Alpha Condé en 2012 est en partie liée à la mobilisation et à l'instrumentalisation des Malinké, son ethnie d'origine. C'est cette instrumentalisation ethnique qui lui a permis malgré tout d'opérer un coup d'État constitutionnel en 2021, en s'offrant du coup un troisième mandat qu'il n'achèvera pas, parce que déposé par l'armée en 2022. Cette instrumentalisation ethnique s'est manifestée par des marches de soutiens de certaines *communautés ethniques, ce qui a permis à Alpha Condé de se présenter comme le « messi » de la Guinée et de donner comme l'impression qu'il est forcé par la population à briguer à un troisième mandat.*

La question ethnique est depuis des années omniprésente dans le jeu politique en Guinée. Elle est marquée par une opposition entre les peuls, ethnie majoritaire et les Malinké, les Sossou, les Kissi, etc. Le principal parti politique guinéen, le Rassemblement du peuple de Guinée (RPG) de l'ancien Président Alpha Condé, est soutenu par l'ethnie malinké, tandis que l'Union des forces démocratiques de Guinée (UFDG), le parti du leader de l'opposition, Cellou Dalein Diallo, est étroitement associé à la communauté peule. Rappelons qu'en Guinée les Peuls constituent l'ethnie dominante, suivis des Malinkés et des Soussous.

Carte de la répartition géographique des ethnies en Guinée

Source[29]

Cependant, cette instrumentalisation ethnique en Guinée remonte aux années 1960. Sékou Touré (au pouvoir de 1958 à 1984), Père de l'indépendance de la Guinée en son temps accusait les Peuls d'accaparer les richesses nationales. En 1976, certains peuls ont dû fuir pour se réfugier au Sénégal suite aux persécutions. Les Peuls, dont Cellou Dalein Diallo est issu, représentent plus de 40% de la population. Barka Ba, écrivain guinéen d'origine peule relève que :

> « Les Peuls, la principale ethnie du pays, sont accusés par les autres ethnies de détenir le pouvoir économique. Ils sont un peu considérés comme les juifs de l'Afrique de l'Ouest. Leur dynamisme économique fait peur aux autres ethnies»[30].

Par ailleurs, Mamadou Oumar Ndiaye, journaliste, lui-aussi issu de la communauté peule pour sa part souligne :

---

[29]Répartition géographique des principales ethnies en Guinée, disponible sur https://www.alternatives-economiques.fr › ... consulté le 04 août 2022 entre 11 heures et 12 heures.

[30] « Guinée : la politique prise au piège des tensions ethniques » De Pierre Malet -17 novembre 2010 à 0h00, disponible sur http://www.slate.fr/story/30295/guinee-la-politique-prise-au-piege-des-tensions-ethniques, consulté le 04 août 2022 entre 09 heures et 10 heures.

> « Les Peuls sont aussi accusés d'avoir été favorisés au temps de la colonisation. Ils étaient souvent les supplétifs des Français. A l'époque où des thèses racistes dominaient, les Français faisaient davantage confiance aux Peuls. Ces derniers étaient jugés plus proches physiquement et intellectuellement des blancs. Pour certains, les Peuls ont été un peu les "collabos" des Français. Les Peuls étaient tellement bien vu à l'époque coloniale que certains prenaient des noms peuls tels que Diallo ou Ba juste pour se faire bien voir des Français.»[31]

En Côte d'Ivoire, les questions identitaires ont joué un rôle déterminant dans le conflit de 2010 qui fut une véritable boucherie humaine. Dans ce sens, une personne interviewée sous le couvert de l'anonymat relève :

> « En Côte d'Ivoire, le jeu politique est hautement politisé. L'adhésion à une formation politique se fait en fonction des considérations ethniques. L'ivoirité en son temps fut une belle illustration»[32].

En effet, le Nord de la Côte d'Ivoire, qui subit de plein fouet l'avancée du Sahel, est économiquement défavorisée, et les populations qui y vivent sont musulmanes et majoritairement favorables au RDR et à son leader, Alassane Ouattara. Le Sud abrite des populations côtières et forestières, de religion chrétienne et animiste, ralliées au Président d'alors Laurent Gbagbo et jouissent des principales ressources économiques[33]. En effet, lors d'un meeting le 25 septembre 2010 à Ferkessédougou au Nord, Alassane Ouattara, candidat du RDR boucle sa tournée et affirme :

> « Trop c'est trop, nous ne pouvons pas accepter la pauvreté [...] je suis candidat pour relever la Côte d'Ivoire (...) je suis un digne fils du Grand Nord. » (Sib 2015 : 68)[34]

---

[31]Guinée : la politique prise au piège des tensions ethniques » De Pierre Malet -17 novembre 2010 à 0h00, disponible sur http://www.slate.fr/story/30295/guinee-la-politique-prise-au-piege-des-tensions-ethniques, consulté le 04 août 2022 entre 09 heures et 10 heures.

[32] Anonyme2, 73 ans, diplomate retraité, entretien du 23 février 2022 à Bouaké (Côte d'Ivoire).

[33] « La crise vue d'en bas à Abidjan : ethnicité, gouvernance et démocratie » de François Roubaud dans Afrique contemporaine 2003/2 (n° 206), pages 57 à 86, disponible sur https://www.cairn.info/revue-afrique-contemporaine1-2003-2-page-57.htm

[34] https://www.memoireonline.com/11/19/11242/m_Ethnicite-et-pouvoir-politique-en-cte-d-Ivoire 19.html

Au second tour de cette élection présidentielle, Henry Konan Bédié arrivé en troisième position au premier tour s'est rallié à Alassane Ouattara et a appelé ses électeurs à voter pour lui. Le Parti démocratique de Côte d'Ivoire (PDCI) et le Rassemblement des républicains (RDR) fusionnent en Rassemblement des Houphoutétistes pour le Développement et le Progrès (RHDP). A l'issue du second tour, la Commission électorale indépendante (CEI) annonce la victoire d'Alassane Ouattara avec 54,1 % des voix contre 45, 90% pour Laurent Gbagbo. La carte suivante fait l'état des lieux de la répartition régionale ou ethnique des voix de cette élection.

Carte de la répartition ethno-stratégique des élections du 28 Novembre 2010

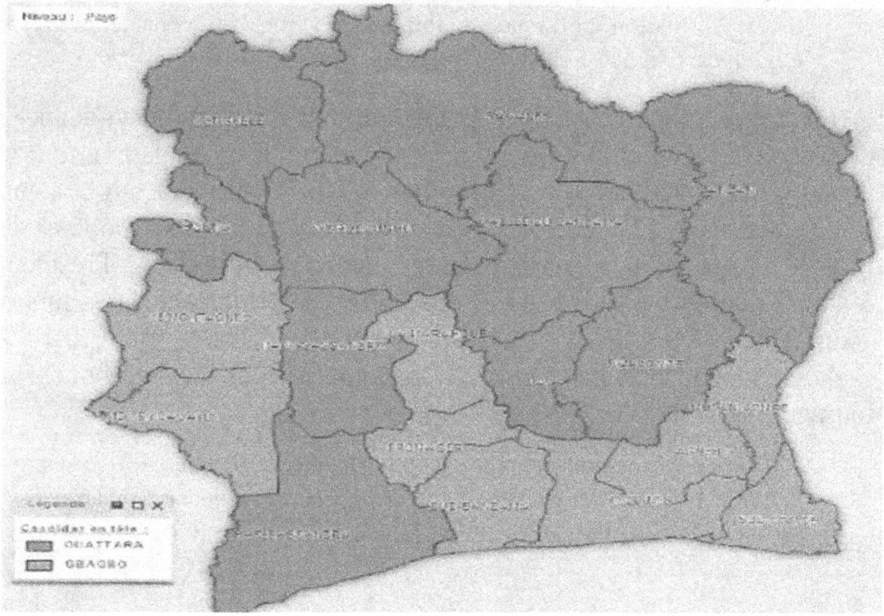

Source : *(Sib 2015 : 70) d'après CEI 2010*

Cette carte montre à suffisance que les programmes de société des deux candidats n'ont pas été l'élément motivateur du choix des électeurs ivoiriens. L'appartenance ethnique, régionaliste et religieuse a joué un rôle déterminant. Alassane Ouattara, originaire du Nord et de religion musulmane y a été pratiquement plébiscité alors que le Sud est largement acquis pour Laurent Gbagbo.

Ces résultats obtenus par Alassane Ouattara ne sont en fait que la rançon des années certes de luttes, mais aussi de mobilisation des populations du Nord de la Côte d'Ivoire, qui sont parfois perçues comme étant des étrangers. Le Nord de la Côte d'Ivoire abrite certes de fortes communautés malienne, burkinabé, guinéenne, etc. Mais plusieurs personnes issues de ces communautés ethniques ont acquis la nationalité ivoirienne. Ces communautés furent perçues à tort ou à raison comme des traites par des partis politiques à relent nationaliste comme le Front populaire ivoirien (FPI) d'alors et le Parti démocratique de Côte d'Ivoire (PDCI) d'Henri Konan Bédié. Alassane Ouattara qui fut victime de cette diabolisation ou marginalisation des populations du Nord, s'est positionné comme une alternative d'une Côte d'Ivoire unie, permettant donc à ces populations aux origines et histoires diverses de s'accepter et de vivre ensemble. Cette position lui a permis d'avoir l'onction des populations du Nord. Rappelons que c'est ce rejet des populations du Nord qui avait permis aux Forces Nouvelles, dirigées par Guillaume Soro, d'être acceptées par ces populations. Ces dernières avaient perçus ces rebelles comme étant leurs protecteurs. Ce soutien a permis à Alassane Ouattara de remporter l'élection présidentielle de 2010. C'est aussi fort de ce soutien qu'il a pu revoir la constitution ivoirienne en 2018. Cette révision constitutionnelle lui a permis d'avoir un troisième mandat présidentiel. Au regard de cette situation, on est à bon droit d'estimer que c'est un coup d'État civil ou constitutionnel.

Un autre élément subtil d'instrumentalisation ethnique est la polygamie de certains chefs d'État ouest africains. En effet, plusieurs chefs d'État ouest africains ont opté pour la polygamie. Ils marient des filles issues de diverses ethnies de leur pays. Une analyse de cette donne permet de comprendre que le but de ces diverses alliances matrimoniales est d'avoir la caution de diverses communautés ethniques afin de conserver le pouvoir. Cette donne est aussi une source de distribution non seulement du pouvoir mais aussi de biens du pays. Ces femmes, de même que leurs familles jouent un rôle d'ambassadeur du chef de l'État auprès de leur communauté ethnique. Ce qui, du coup permet au Président d'avoir l'onction de la communauté qui le considère un fils. Ce fut le cas du Général Gnassingbé Eyadéma qui durant son règne a bénéficié du soutien des populations de l'ouest de la région des Plateaux. En effet, il avait épousé une fille du grand Kloto et une en pays akposso plus précisément à Amou-Oblo.

Conclusion

L'instrumentalisation de l'ethnie à des fins politiques est l'un des défis majeurs de la démocratisation et de la construction des États-nations en Afrique de l'ouest. Des efforts furent faits en la matière. L'institution du monopartisme juste après les indépendances en 1960, avait pour but d'éviter le régionalisme et le tribalisme. Cette expérience fut bien moins concluante. L'avènement du pluralisme politique dans les années 1990 a certes permis aux États oust africains de se doter de textes juridiques (constitutions, chartes de partis politiques, etc.) axés sur la concorde et l'unité nationale. Mais à y regarder de plus près, on s'aperçoit que l'instrumentalisation ethnique est devenue un instrument de conservation du pouvoir politique avec comme conséquences, la corruption, le clientélisme, la misère, terreau fertile des soulèvements populaires et des coups d'État.

Sources orales

Nom et Prénoms	Age	Profession	Date et lieu d'entretien
Anonyme 1	63 ans	Acteur politique	19-08-2022 à Lomé (Togo)
Anonyme 2	73 ans	Diplomate retraité	23-02-2022 à Bouaké (Côte d'Ivoire)
Anonyme 3	55 ans	Militaire	16-08-2022 à Lomé (Togo)
Agbokou Kodjo	41 ans	Enseignant	18-08-2022 à Agouègan (Bénin)

Bibliographie

AGBEKO Koffi Agbéssi, « Défis sécuritaires au Sahel (1990-2014) », in *Revue malienne des sciences juridiques, politiques et économiques de Bamako (REMASJUPE),* n°10-2021, Presses de l'Université de Toulouse 1 Capitole, 2021, pp. 47-68.

AGBEKO Koffi Agbéssi, *Conflits fonciers et mécanismes endogènes de règlement au Togo : cas de l'Ouest de la région des Plateaux et des zones de colonisation agricole kabyè/nawdéba de 1902 à 2005*, Thèse de doctorat unique en Histoire, Université de Lomé, Lomé, 2018, 452 p.

DOO-KINGUE Michel, *Quelle démocratie en Afrique ?* Les Nouvelles Editions Africaines de Sénégal, Sénégal, 1999, 336 p.

GAYIBOR Nicoué Lodjou (dir), *Histoire des Togolais des origines en 1884*, Vol I, Presses de l'UB, Lomé, 1997, 443 p.

MANANI Yaovi, « Gestion foncière et conflits politiques intercommunautaires dans le canton d'Anié (1990-2005) », *in Elections et violences politiques en Afrique noire, enjeux et défis : cas du Togo après 1990*, Lomé presse de l'IRES-RDEC, 2014, pp. 159- 173.

Publication officielle

La Lettre du continent (1998 : 7)

Webographie

Ovono Alexis Essono, « Armée et démocratie en Afrique, une relation ambivalente à normaliser », in *Afrique contemporaine (n° 242)*, 2012, pp. 120-121., disponible sur https://www.cairn.info/revue-afrique-contemporaine-2012-2-page-120.htm, consulté le 19 août 2022 entre 08 heures et 09 heures.

Roubaud François, « La crise vue d'en bas à Abidjan : ethnicité, gouvernance et démocratie », in *Afrique contemporaine 2003/2 (n° 206)*, 2003, pp. 57-86, disponible sur https://www.cairn.info/revue-afrique-contemporaine1-2003-2-page-57.htm

Toulabor Molevo Comi, « Violence militaire, démocratisation et ethnicité au Togo », in *Autrepart (10)*, 1999, pp.105-115, disponible sur : https://horizon.documentation.ird.fr › autrepart, consulté le 19 août 2022 entre 08 heures et 09 heures.

« Loi n° 60-10 du 23 avril 1960 modifiant l'organisation des institutions de la République togolaise », disponible sur : https://mjp.univ-perp.fr/constit/tg1960ind.htm, consulté le 28 juillet 2022 entre 13 heures et 14 heures.

« constitution-de-novembre-1960.pdf - gouv.ci », disponible sur *https://www.gouv.ci › doc › accords › constit...*, consulté le 28 juillet 2022 entre 13 heures et 14 heures.

« La Constitution du 7 mars 1963 a été adoptée par référendum et promulguée par la loi n° 63-32 du 7 mars 1963 », Disponible sur https://mjp.univ-perp.fr/constit/sn1963.htm, consulté le 28 juillet 2022 entre 17 heures 30 et 18 heures.

« La Constitution du 7 mars 1963 a été adoptée par référendum et promulguée par la loi n° 63-32 du 7 mars 1963 », Disponible sur https://mjp.univ-perp.fr/constit/sn1963.htm, consulté le 28 juillet 2022 entre 17 heures 30 et 18 heures.

Constitution togolaise de la IVe république (Version consolidée, à jour de la loi constitutionnelle du 15 mai 2019 et de toutes les révisions constitutionnelles antérieures), disponible sur https://www.google.com/search?client=firefox-b-d&q=la+constitution+togolaise, consulté le 20 juillet 2022 entre 11 heures et 12 heures.

Loi n° 2016-886 du 08 novembre 2016 portant constitution de la République de Côte d'Ivoire, disponible sur https://www.presidence.ci/constitution-de-2016/, consulté le 20 juillet 2022 entre 11 heures et 12 heures.

https://www.gouv.ne/index.php/textes-fondamentaux/constitution-de-la-7eme-republique

https://www.gouv.ne/index.php/textes-fondamentaux/constitution-de-la-7eme-republique

La Constitution de 2020 - Cour Suprême de Guinée, disponible sur : https://www.coursupgn.org › uploads › 2021/01

« LOI n° 91-97 du 12 avril 1991 portant charte des Partis politiques », disponible sur :

https://www.ilo.org › docs › SERIAL › TGO-27139, consulté le 02 août 2022 entre 11 heures et 12 heures.

« CHARTE DES PARTIS /PCSRD Ordonnance n° Du politiques ... », disponible sur : *https://sites.clas.ufl.edu › sahelresearch › files › 13...* consulté le 02 août 2022 entre 11 heures et 12 heures.

« Bénin - Loi n° 2018-23 du 17 septembre 2018 portant charte ... », disponible sur http://www.ilo.org › natlex4.detail, consulté le 02 août 2022 entre 11 heures et 12 heures.

« Rapport d'analyse N° 6 : Pour la professionnalisation des forces armées en Afrique -Obstacles au professionnalisme militaire en Afrique » disponible surhttps://africacenter.org/fr/publication/obstacles-au-professionnalisme-militaire-en-afrique/, consulté le 19 aout 2022 entre 09 heures et 10 heures.

https://www.cairn.info/revue-afrique-contemporaine-2012-2-page-120.htm, consulté le 19 aout 2022 entre 09 heures et 10 heures.

« Violence militaire, démocratisation et ethnicité ... - Horizon IRD », disponible sur : https://horizon.documentation.ird.fr › autrepart, consulté le 04 août 2022 entre 09 heures et 10 heures.

« Guinée : la politique prise au piège des tensions ethniques » De Pierre Malet -17 novembre 2010 à 0h00, disponible sur http://www.slate.fr/story/30295/guinee-la-politique-prise-au-piege-des-tensions-ethniques, consulté le 04 août 2022 entre 09 heures et 10 heures.

« Guinée : la politique prise au piège des tensions ethniques » De Pierre Malet -17 novembre 2010 à 0h 00, disponible sur http://www.slate.fr/story/30295/guinee-la-politique-prise-au-piege-des-tensions-ethniques, consulté le 04 août 2022 entre 09 heures et 10 heures.

« Répartition géographique des principales ethnies en Guinée », disponible sur https://www.alternatives-economiques.fr › ... consulté le 04 août 2022 entre 11 heures et 12 heures.

« Définition de coup d'État militaire », disponible sur https://www.linternaute.fr/expression/langue-francaise/9109/coup-d-etat/, consulté le 27 aout 2022 entre 09 heures et 10 heures.

ACTE 2

Les bouleversements normatifs

Sous la présidence de Monsieur Alioune SALL, Professeur titulaire de droit public et de science politique, Université Cheikh Anta Diop de Dakar (Sénégal), ancien juge à la Cour de justice de la CEDEAO

Avec comme modérateur Monsieur Monsieur Mahaman S. TIDJANI ALOU, Professeur titulaire de science politique, ancien Doyen de la Faculté des sciences économiques et juridiques de l'Université Abdou Moumouni de Niamey (Niger)

André CABANIS

Professeur émérite de science politique, Université de Toulouse Capitole 1 (France)

Les Constitutions transitoires en Afrique : des mal-aimées ?

Introduction

L'histoire politique de l'Afrique depuis les indépendances des années 1960 est très marquée par la présence d'un pouvoir militaire qui a souvent ébranlé la stabilité constitutionnelle des pays composant ce continent[1]. Pourtant, lorsque ces nations parviennent à se libérer du joug colonial, les régimes politiques mis en place se veulent civils. Pour ce qui est des États composant le groupe subsaharien de succession coloniale française, ils relèvent de présidents ayant conduit le combat pour la souveraineté de leur peuple et possédant souvent une expérience de la vie parlementaire pour y avoir participé comme membres des assemblées mises en place sous la IVe République[2]. Ils installent des institutions fondées sur le multipartisme et sur une place notable reconnue aux syndicats qui ont joué un rôle dans le combat contre la colonisation. Rapidement, ce pluralisme est jugé par beaucoup comme contraire à un objectif d'efficacité qui s'impose dans des pays qui ont besoin de la mobilisation de toutes les énergies pour assurer leur développement économique dans une ambiance d'interventionnisme qui conduit à s'en remettre aux

---

[1] Nous avons eu l'occasion de traiter de « La négation du prétorianisme » dans les Constitutions africaines dans *Le constitutionnalisme de la troisième vague en Afrique francophone* (Louvain 2010, p. 121 à 159). Les évolutions de la dernière décennie nous ont conduit à cette approche renouvelée.

[2] Les plus connus sont Léopold Sédar Senghor, Sekou Touré, Sourou Migan Apithy, Modibo Keita et Félix Houphouët-Boigny. D'autres ne bénéficient pas de la même notoriété : Hubert Maga, Justin Ahomadegbé et Émile Derlin Zinzou au Bénin, Maurice Yaméogo en Haute-Volta, Philibert Tsirana à Madagascar, Sylvanus Olympio au Togo.

structures publiques pour jeter les bases de la croissance. Les jeux parlementaires sont peu compréhensibles par une opinion publique qui attend beaucoup de l'indépendance et qui est évidemment déçue par des résultats qui ne sont pas à la mesure des espoirs suscités. C'est dans ces conditions que l'irruption de l'armée sur le terrain politique est relativement bien acceptée dans la mesure où elle apparaît, à ses débuts, comme un gage d'efficacité liée à l'habitude du commandement chez les officiers, comme une promesse d'unité particulièrement nécessaire dans des pays nées récemment à partir de frontières coloniales très artificielles, enfin comme une garantie d'honnêteté souhaitable après les soupçons de corruption qui entourent le personnel politique et administratif des régimes démocratiques.

On pourrait tenter une typologie sommaire, fondée sur la chronologie de ces pouvoirs prétoriens[3]. Les premiers installés, remontant aux années 1970, s'appuient sur des colonels ou des généraux souvent issus des armées coloniales. Il s'agit d'officiers supérieurs[4] ayant l'expérience de l'autorité et qui tranchent sur les atermoiements de l'ancienne classe politique. En même temps, ils n'ont qu'une expérience politique limitée et commettent, de ce dernier point de vue, pas mal de maladresses qui les déconsidèrent aux yeux des nouvelles élites intellectuelles. En outre, ils ne se démarquent pas assez ostensiblement de l'ancienne puissance coloniale. Il n'en va pas de même de la génération suivante qui s'impose durant la décennie 1980. Ce sont de jeunes officiers[5], ayant bénéficié d'une formation pluridisciplinaire liée à la conviction qu'ils devront jouer un rôle important dans ces États naissants. Ils évincent leurs aînés à l'égard desquels ils ne nourrissent guère d'estime. Ils se réclament d'un marxisme qu'ils veulent adapté à l'Afrique. Ils s'appuient sur les gouvernements appartenant au bloc socialiste où ils cherchent des exemples et des appuis qui leur permettent de se démarquer de l'ancienne

[3] Patrick Mac Gowan, "African military coups d'états, 1956-2001. Frequency, Trends, and Distributions", *Journal of Modern African Studies*, 2003, p. 339-370.

[4] L'on peut citer le colonel Soglo au Bénin, le lieutenant-colonel Lamizana puis le général Saye Zerbo au Burkina Faso, le général Ramanantsoa à Madagascar, le lieutenant Moussa Traoré au Mali, le lieutenant-colonel Gnassingbé Eyadema au Togo…

[5] L'on peut citer les commandants Ngouabi au Congo-Brazzaville et Kérékou au Bénin, Didier Ratsiraka, « l'amiral rouge », à Madagascar et le capitaine Sankara dans ce qui va devenir le Burkina Faso.

métropole. Ils ont une bonne pratique des techniques de la communication politique ce qui leur permet d'exercer une certaine séduction sur les médias occidentaux. Ils contrôlent leur population par un réseau de comités de défense de la Révolution sur le modèle cubain… A côté de ces deux prétorianismes, l'un plutôt conservateur, l'autre progressiste, apparaissent des formes dégénérées de régimes militaires, avec des titulaires tels Jean Bedel-Bokassa en Centrafrique ou Idi Amin Dada en Ouganda, auxquels le pouvoir monte à la tête jusqu'à imposer des caprices grotesques. L'image de la vie politique en Afrique ne s'en trouve pas grandie.

Dans la mesure où ils n'ont pas toujours une aussi piètre allure que dans ces deux derniers cas, les militaires jouent un rôle souvent décisif en Afrique francophone durant plus de vingt ans, jusqu'à ce qu'interviennent les bouleversements politiques des années 1990. On peut s'étonner d'une place si importante occupée par ces officiers dont certains restent au pouvoir plusieurs dizaines d'années. Au-delà de l'habileté ou de la brutalité de nombre de ces militaires, plusieurs éléments expliquent cette longévité au pouvoir[6]. Il y a certainement des qualités inhérentes à la carrière des armes, avec la capacité de décider et la détermination à mettre en œuvre des politiques souvent audacieuses, sinon toujours réalistes. S'y ajoute, en principe, un patriotisme qui se déploie au service de l'État, avec la volonté de construction de nouvelles nations, ce qui est particulièrement utile en cette période de mise en place de pays jeunes et fragiles, ayant récemment accédé à la souveraineté. Pour stabiliser et prolonger ces régimes prétoriens s'ajoute souvent l'appui de puissances étrangères qui font peu de cas de l'autoritarisme que manifestent ces militaires mais qui se félicitent de la stabilité qu'ils imposent à leurs peuples, surtout lorsqu'il s'agit d'alliés fidèles. Ce dernier aspect est particulièrement important en cette époque d'opposition de la communauté internationale en deux blocs rivaux. Si certains dans le camp occidental s'indignent que l'on puisse s'appuyer sur des gouvernements peu respectueux des libertés publiques, ces

---

[6] Sur la notion d' « actes de dictature martiale » comme une « catégorie constitutionnelle hétérodoxe », cf. Adama Kpodar et Dodzi Kokoroko, « Remarque sur quelques mutations du droit constitutionnel par les crises politiques en Afrioque », *Démocratie en questions. Mélanges en l'honneur du professeur Théodore Holo*, Toulouse 2017, p. 244-245.

scrupules ne pèsent guère par rapport aux avantages de pouvoir compter sur certains pays africains, notamment lors des votes importants à l'Assemblée générale de l'ONU... La transition démocratique des années 1990 va tout modifier[7]. Les Constitutions des nouveaux régimes reflètent les préoccupations du moment, notamment à l'égard du prétorianisme. Si nombre de dispositions sont l'expression des traditions républicaines (I) qui impliquent que l'armée soit exclue de la vie politique, il faut aussi souligner la présence d'importantes dispositions qui expriment la crainte de ces nouvelles démocraties à la perspective que revienne le temps des coups d'État (II) ce qui n'empêche pas que, paradoxalement et dans certains cas, il se trouve une partie de la doctrine pour faire l'éloge d'un retour de l'armée dans la vie politique, non pour détruire les Constitutions démocratiques mais pour les rétablir (III).

I. La place du pouvoir militaire dans les Constitutions à la lumière des traditions républicaines

Au premier rang des traditions républicaines, figure une formule d'un laconisme martial, plaçant le président de la République à la tête des forces armées. C'est une façon élégante de garantir, au moins à s'en tenir aux textes, le respect de la maxime romaine : « Que les armes le cèdent à la toge »[8]. On peut espérer qu'à partir du moment où l'élu du suffrage universel se voit reconnaître comme disposant de l'autorité la plus élevée sur l'institution militaire, aucun général ne pourra s'ériger en rival. Si l'on cherche à reconstituer la généalogie de la phrase confiant un tel pouvoir au chef de l'État, il faut évoquer la Constitution française de la seconde République : le président de la République « dispose de la force armée »[9]. Les lois fondamentales dont s'est dotée la France en 1946 et

---

[7] Le discours de la Baule prononcé par François Mitterrand lors de la seizième conférence des chefs d'État d'Afrique et de France, encourage cette démocratisation des régimes africains, quoiqu'en des termes beaucoup moins prescriptifs qu'on ne le prétend souvent.

[8] En latin : *Cedant arma togae*, inspiré de Cicéron (*De Officiis*, I, 22).

[9] Art. 50. Dans la mesure où une crainte chasse l'autre, le constituant de 1848 prend en compte le risque que le chef de l'Etat utilise cette disposition pour renverser la République. Ainsi la phrase complète est : « Il dispose de la force armée, sans pouvoir jamais la commander en personne ». Cette méfiance est fondée, comme le prouve le fait que Louis-Napoléon Bonaparte, premier président élu au suffrage universel, instaure le Second Empire le 2 décembre 1851 en s'appuyant sur l'armée.

1958 se rallient à une formule un peu plus sobre, conférant au président le titre de « chef des armées »[10]. Pour leur part, toutes les Constitutions africaines sur lesquelles porte notre étude présentent le président comme le « chef suprême des forces armées »[11], l'adjectif « suprême » étant parfois omis ce qui est sans doute de peu de conséquence[12]. Toutes ces lois fondamentales font découler de ce titre le droit de présider les conseils en charge -sous des dénominations diverses- d'organiser la politique de défense.

Par rapport à cette position prééminente du chef de l'État, placé sans aucune discussion ni exception au sommet de la hiérarchie militaire, l'articulation entre ses pouvoirs et ceux du premier ministre apparaît plus problématique. Avec la Constitution de 1958, les juristes français ont dû déployer un vrai talent d'exégètes pour rendre compatible le titre de chef des armées reconnu au président avec le fait que le gouvernement « dispose de l'administration et de la force armée »[13]. Les lois fondamentales africaines sont beaucoup plus claires et explicites dans l'affirmation de la suprématie du président en matière de défense. Deux formules sont les plus généralement utilisées. La première consiste à indiquer simplement que le chef de l'État définit la politique de défense avec des rédactions variées mais au fond peu différentes : en Guinée, « le président est responsable de la défense nationale »[14] ; à Madagascar, le président arrête « le concept de défense »[15] ; au Sénégal, « le président de la République est responsable de la défense nationale »[16]. La seconde formule consiste à préciser, à propos des fonctions du premier ministre qu'il applique ce qu'a décidé le président, là encore avec des rédactions diverses : « au Burkina Faso, « le premier ministre est responsable de

---

[10] Art. 33 de 1946 et 15 de 1958.

[11] Art. 62 béninois, 52 burkinabè, 33 centrafricain, 90 congolais, 22 gabonais, 36 guinéen, 56 malgache, 44 malien, 63 nigérien et 45 sénégalais.

[12] Art. 8-2 camerounais, 73 ivoirien, 94 tchadien et 72 togolais. Dans notre ouvrage *Le constitutionnalisme de la troisième vague en Afrique francophone* (ouvr. cité), nous posons la question du caractère valorisant ou pas de l'adjectif « suprême ». Nous n'y reviendrons pas ici. On trouvera cette interrogation à la p. 125.

[13] Art. 20 de 1958.

[14] Art. 36 guinéen.

[15] Art. 55 malgache.

[16] Art. 45 sénégalais.

l'exécution de la politique de défense nationale définie par le président du Faso »[17] ; au Mali le premier ministre « est responsable de l'exécution de la politique de défense nationale »[18] ; au Tchad « le gouvernement exécute la politique de la nation définie en conseil des ministres »[19] etc. La tendance générale est, au fil des révisions, de renforcer l'autorité du président. Par exemple, la réforme de 2018 au Gabon modifie le libellé de l'article 28 (« Le gouvernement conduit la politique de la nation sous l'autorité du président de la République et en concertation avec lui ») en supprimant la référence à quelque *concertation* que ce soit.

Il est un autre espace qui fait figure de terrain de rivalité potentielle entre les deux branches de l'exécutif : c'est la répartition des pouvoirs de nomination des agents publics les plus importants. Là encore, on peut distinguer deux solutions différentes[20]. Avec la première, le chef du gouvernement se voit concéder une responsabilité limitée, le président se réservant le choix pour les postes les plus élevés. Par exemple le premier ministre burkinabè « nomme aux emplois civils et militaires autres que ceux relevant de la compétence du président »[21] ; au Congo Brazza, il « nomme aux emplois civils et militaires autres que ceux pourvus en conseil des ministres ou par décret simple du président de la République »[22] ; au Gabon, il nomme aux postes civils et militaires sous réserve des « emplois supérieurs » confiés au chef de l'État[23]. La seconde solution consiste de façon très révélatrice, à réserver au chef de l'État les nominations aux emplois militaires : au Cameroun, le président nomme

[17] Art. 63 burkinabè.

[18] Art. 55 malien.

[19] Art. 105 tchadien.

[20] Sans compter naturellement les Constitutions qui ne confient aucun pouvoir de nomination au premier ministre mais seulement au président, sauf délégation de sa part : art. 67 ivoirien, 46 malien et 98 tchadien qui prévoit une possibilité de délégation au premier ministre. Une rareté : la Constitution nigérienne de 1996 propose une longue énumération des fonctions qui dépendent ainsi du chef de l'État, y compris dans l'armée : « (...) les officiers généraux, le chef d'état-major général des armées et son adjoint, le haut commandant de la gendarmerie nationale et son adjoint, le haut commandant des forces nationales d'intervention et de sécurité et son adjoint, l'inspecteur général des forces armées nationales (...) » (art. 47). L'actuelle loi suprême renvoie à la loi pour déterminer les emplois relevant du chef de l'État (art. 70).

[21] Art. 63 burkinabè.

[22] Art. 101 congolais.

[23] Art. 20 et 29 gabonais.

aux emplois civils et militaires, tandis que le premier ministre nomme seulement aux pouvoirs civils « sous réserve des prérogatives reconnues au président de la République dans ces domaines »[24] ; la formule est à peu près identique en Centrafrique[25] ; au Sénégal, le président « nomme à tous les emplois militaires »[26] ; au Togo, « le président de la République après délibération du Conseil des ministres nomme (…) les officiers commandants des armées de terre, de mer et de l'air et (…) les officiers généraux »[27] ; à Madagascar, le président nomme les militaires placés auprès des organismes internationaux[28].

S'agissant des rapports -parfois de la rivalité- entre le chef de l'État et le premier ministre, la tendance est donc au renforcement des pouvoirs du premier. On peut de nouveau prendre l'exemple du Gabon et de la révision de 2018 qui ajoute à l'article 20 concernant la nomination par le président des titulaires de « fonctions importantes », l'obligation, intimée aux commandants en chef des forces de défense et de sécurité, de prêter un serment devant le président de la République : « Je jure de défendre la patrie (…), dans le strict respect de ses (sic) obligations de loyauté et de fidélité à l'égard du chef de l'État ». Comme l'on pouvait s'y attendre cette révision a été fort contestée par l'opposition. A noter que, désormais, le serment est également imposé au vice-président de la République, rapprochement de statut avec les militaires trahissant peut-être les craintes ressenties par le chef de l'État à l'égard de l'un comme des autres.

Quelques pays -peu nombreux- choisissent un équilibre différent, plus favorable au chef du gouvernement. A Madagascar, il « assure la sécurité, la paix et la stabilité sur toute l'étendue du territoire national dans le respect de l'unité nationale ; à cette fin, il dispose de toutes les forces chargées de la police, du maintien de l'ordre, de la sécurité intérieure et de la défense ; en cas de troubles politiques graves (…) (il)

---

[24] Art. 8-10 et 12-3 nigérien.

[25] Art. 33 et 52 centrafricain.

[26] Art. 45 sénégalais.

[27] Art. 70 togolais. Il est aussi des pays qui mêlent les deux formules, tel le Cameroun où premier ministre « nomme aux emplois civils, sous réserve des prérogatives reconnues au président de la République dans ces domaines » (art. 12.3 camerounbais).

[28] Art. 55 malgache.

peut recourir aux forces de l'ordre pour rétablir la paix sociale »[29]. Le Niger a conservé une formule proche de celle utilisée en France et dont on a évoqué l'ambiguïté : « Le Gouvernement (…) dispose de l'administration et de la force publique. Il peut disposer de la force armée dans les conditions déterminées par la loi »[30]. Le formule tchadienne va plus loin : « le Gouvernement assure la sécurité publique et le maintien de l'ordre dans le respect des libertés et des droits de l'Homme. // A cette fin, il dispose de toutes les forces de police chargées du maintien de l'ordre et de la sécurité intérieure »[31].

Comme sur de nombreux points, la Constitution béninoise présente une forte spécificité. Elle ne prévoit pas de chef du gouvernement mais confie cette fonction au chef de l'État. On sait que la pratique politique n'a pas empêché le président, à quatre reprises, de s'appuyer sur un premier ministre, avec l'accord de la Cour constitutionnelle. Cette dernière se fonde sur la différence entre les fonctions de premier des ministres et celle de chef du gouvernement[32], distinction dont d'autres pourraient s'inspirer puisqu'à peu près partout c'est celui qui a été élu au suffrage universel qui donne les impulsions décisives aux titulaires des divers départements ministériels. D'ailleurs la Constitution béninoise distingue bien les deux fonctions avec deux articles différents : l'un qui prévoit les compétences du chef du gouvernement, notamment le fait disposer de la force armée et d'être responsable de la défense nationale ; l'autre qui confère au président le titre de « chef suprême des armées » et lui confie la présidence du Conseil supérieur de la défense dont il choisit les membres. Il lui appartient également de nommer les officiers généraux et supérieurs[33].

Pour ce qui est de la place et du rôle des forces militaires, la tradition constitutionnelle républicaine ne se borne pas évidemment pas à arbitrer entre les composantes de l'exécutif, elle fixe la place du législatif. Dans un système qui se veut fondé sur le suffrage universel, les assemblées élues ne sauraient se voir privées de toute fonction d'orientation, de

---

[29] Art. 65 malgache.

[30] Art. 76 nigérien.

[31] Art. 113 tchadien.

[32] DCC 96-020 du 26 avril 1996.

[33] Respectivement art. 54, 62 et 56 béninois.

contrôle et de vérification. C'est dans deux circonstances qu'elles sont appelées à se prononcer, la première relevant du rôle normal d'intervention de la représentation nationale dans la détermination des grandes options politiques, en l'occurrence dans le domaine de la défense. Toutes les Constitutions que nous étudions précisent avec soin le domaine de la loi et toutes utilisent la même formule confiant au législatif « l'organisation de la défense »[34]. C'est certainement l'aspect où les lois fondamentales des pays composant l'Afrique subsaharienne de succession coloniale sont les plus exactement semblables. Dans les faits, c'est surtout par le biais des votes sur les questions financières et plus précisément dans le cadre des lois de programmation militaire que le Parlement a l'occasion d'examiner et est appelé à approuver les principaux choix gouvernementaux en matière de défense. Ces options ne sont pas négligeables dans la mesure où l'expérience montre que les revendications financières, notamment pour ce qui est des rémunération et des conditions de vie, constituent l'une des motivations parfois déterminantes pour inciter les militaires à sortir des casernes et à revendiquer le pouvoir, même si ce n'est pas l'argument officiel auprès de l'opinion publique[35].

La seconde occasion d'intervention pour les élus du peuple, est plus dramatique et heureusement très exceptionnelle. Il s'agit de la déclaration de guerre. Si la quasi-totalité des Constitutions africaines réserve aux assemblées le droit de dernier mot en ce domaine[36], la formulation n'est, ici, pas exactement uniforme dans la mesure où l'intervention du législatif peut se faire sous forme de décision ou d'approbation *a posteriori* de la déclaration formulée par l'exécutif. Quelques textes imposent d'ailleurs des conditions plus rigoureuses qu'un vote à la majorité simple : majorité absolue des membres composant le Parlement

[34] Art. 98 béninois, 101 burkinabè, 26 camerounais, 80 centrafricain, 125 congolais, 101 ivoirien, 47 gabonais, 72 guinéen, 95 malgache, 70 malien, 100 nigérien, 67 sénégalais, 137 tchadien et 84 togolais.

[35] Michel L. Martin, *Le Soldat africain et le politique : essais sur le militarisme et l'État prétorien au sud du Sahara,* Toulouse, 1990.

[36] Art. 101 béninois, 106 burkinabè, 78 centrafricain, 156 congolais, 104 ivoirien (Assemblée nationale si la 2e chambre n'est pas d'accord), 49 gabonais, 91 guinéen (majorité des 2/3), 95 malgache (majorité absolue des membres composant le Parlement), 71 malien, 104 nigérien, 70 sénégalais, 139 tchadien et 93 togolais.

à Madagascar[37] ou majorité des deux tiers en Guinée[38]. A l'inverse, en Côte d'Ivoire, la décision finale est facilitée par le fait que l'opposition éventuelle de la seconde chambre peut être surmontée par un vote de la seule Assemblée nationale[39], voire et en cas d'obstacle à la réunion de cette Assemblée, par une décision prise en conseil des ministres comme au Bénin[40]. En fait, l'éventualité d'une guerre ouverte et classique entre deux nations africaines se concrétise rarement, heureusement. En revanche, les interventions militaires dans un pays voisin afin d'y remettre de l'ordre, ne sont pas exceptionnelles, rarement évoquées par les Constitutions même si certaines confirment l'intervention de l'exécutif comme à Madagascar et au Niger[41] ou, au contraire exigent l'autorisation du législatif comme au Burkina Faso[42]. Ultime élément de la tradition républicaine : la conscription. Ici, c'est en tête des Constitutions dans les déclarations des droits, donc assortis de devoirs, que figure cette obligation, soit que les contraintes du service militaire soient officiellement évoquées[43], soit que l'on parle plus vaguement de la nécessité d'être prêt à défendre sa patrie[44].

II. La place du pouvoir militaire dans les Constitutions et la crainte des coups d'État

Une formule prêtée aux hommes de troupe en Haïti exprime de façon brutale une opinion partagée par beaucoup : « Constitution c'est papier, fusil c'est fer ». Il paraît effectivement naïf de croire qu'il serait efficace d'opposer des dispositions juridiques, des barrières de papier, à la décision prise par une partie de l'armée d'utiliser ses armes pour s'approprier le pouvoir politique. Une telle aventure est cependant

---

[37] Art. 95 malgache.

[38] Art. 101 guinéen.

[39] Art. 104 ivoirien.

[40] Art. 101 béninois.

[41] Art. 56 malgache et 66 nigérien.

[42] Art. 106 burkinabè.

[43] Art. 32 béninois, 10 burkinabè, 22 Centrafrique, 18 malgache, 38 nigérien, 56 tchadien et 44 togolais.

[44] Préambule camerounais, 39 ivoirien, 29 guinéen, 22 malien et 25-3 sénégalais.

porteuse de beaucoup de risques, d'abord du fait d'éventuelles divisions entre les unités, entre les rebelles et les légalistes, entre les régiments soulevés et la garde présidentielle, entre l'armée et la police, avec des rivalités qui compliquent les oppositions entre des corps différents. Le fait de ne pas se conformer à des textes de droit, de toutes façons susceptibles de multiples interprétations, paraît, d'un certain point de vue, porteur de moins de dangers que la difficile gestion des rapports de force une fois parvenue au sommet de l'État… Même si les Constitutions ne sauraient évidemment pas constituer une protection absolue contre le risque prétorien, leur étude n'est sans intérêt dans la mesure où elles expriment, avec plus ou moins de fidélité, les préoccupations de la société. C'est particulièrement vrai actuellement où les divers intérêts qui traversent le corps social ont tendance à souhaiter voir leurs revendications les plus importantes figurer dans la loi fondamentale, comme une protection et une garantie[45]. Dans la mesure où l'on accepte l'idée que les textes actuels constituent une troisième vague en Afrique francophone, il apparaît clairement qu'au fur et à mesure que les régimes se succèdent, les mesures préventives contre les coups d'État sont de plus en plus nombreuses et se veulent de plus en plus contraignantes.

Une disposition présente dans toutes les Constitutions francophones, celle qui concerne les pouvoirs exceptionnels du président, constitue une forme de tradition puisqu'elle figure déjà dans les premiers textes adoptés au lendemain des indépendances. En même temps, elle n'appartient pas tout à fait aux valeurs républicaines classiques dans la mesure où nombre de commentateurs y voient un danger pour la liberté et la démocratie. La possibilité pour le chef de l'État de s'attribuer les pleins pouvoirs est subordonnée à un certain nombre de conditions que les diverses Constitutions articulent de façons variées. Il est d'abord exigé une menace « grave et immédiate » contre l'un des aspects suivants : les institutions de la République, l'indépendance de la nation, l'intégrité de son territoire ou l'exécution de ses engagements internationaux. Seconde

---

[45] Pour une vision désabusée du rôle des Constitutions de la transition démocratique : « A la fièvre constitutionnelle caractérisée par la sacralisation de la Constitution et au fétichisme constitutionnel, s'est substituée une instabilité constitutionnelle dont l'ampleur et la portée sont interprétées à l'aune des objectifs des chefs d'État » (Amadou Tidiane Ly, « Les changements anticonstitutionnels de gouvernement en Afrique », *Pouvoirs et États en Afrique francophone. Revue Droit sénégalais*, n° 9-2010, p. 310).

condition qui s'ajoute ou se substitue aux précédentes : « l'interruption du fonctionnement régulier des pouvoirs publics constitutionnels ».

Cette énumération d'événements fort divers permet toutes sortes de combinaisons et de variantes, selon que certaines circonstances ne sont pas reprises par tel ou tel constituant, selon qu'elles sont présentées comme des exigences cumulatives ou alternatives, selon encore que la mise en œuvre des pouvoirs exceptionnels est subordonnée à des précautions particulières, présentées dans certaines lois comme des garanties de plus pour les libertés. Nous avons tenté, il y a plus de dix ans, de proposer une typologie des Constitutions d'Afrique francophone[46] en prenant en compte les diverses variantes imposées à l'exécutif pour pouvoir bénéficier de ces prérogatives exorbitantes destinées à lui permettre de surmonter des problèmes d'une extraordinaire gravité. Nous n'y reviendrons pas ici d'autant que les révisions intervenues au cours de la dernière décennie n'ont pas modifié fondamentalement les équilibres existants de ce point de vue. Au surplus, ces dispositions, largement inspirées de l'article 16 de la Constitution française de 1958, ne concernent pas principalement les coups d'État militaires[47], même s'il peut en résulter une menace pour les institutions de la République et une interruption des pouvoirs publics constitutionnels. A noter enfin que cet article est rarement utilisé[48].

Dans les Constitutions du XXIe siècle, la dénonciation des coups d'État prend d'abord la forme d'incriminations menaçantes dont on a du mal à évaluer le caractère dissuasif pour les militaires qui seraient tentés de s'en prendre aux autorités civiles. Si l'on opte pour un classement allant du texte le moins sévère au plus véhément, c'est sans doute le préambule congolais qu'il faut citer d'abord puisqu'il se borne à condamner « le coup d'État (...) comme moyens d'accession au

---

[46] A. Cabanis et M. L. Martin, *Les constitutions de la troisième vague en Afrique francophone*, ouvr. cité, p. 87 à 89.

[47] Lors de la rédaction de cette Constitution, les partisans de l'article 16 invoquaient une situation telle que celle que connut la France en 1940 lorsque le président Lebrun se considéra comme dépourvu de tout moyen constitutionnel lors de la débâcle. En fait, c'est contre le putsch des généraux en Algérie en 1961 que de Gaulle a utilisé cet article 16.

[48] Le 25 juillet 2021 le président tunisien Kaïs Saïed s'est appuyé pour l'article 80 de la Constitution sur les pouvoirs exceptionnels pour *geler* les travaux de l'Assemblée, pour lever l'immunité de ses membres et pour déposer le chef du gouvernement.

pouvoir »[49]. Le Bénin est plus rigoureux : « Toute tentative de renversement du régime constitutionnel par les personnels des forces armées ou de sécurité publique sera considérée comme une forfaiture et un crime contre la Nation et l'État »[50]. Le Burkina Faso, pour sa part, classe « l'atteinte à la Constitution » parmi « les crimes les plus graves commis à l'encontre du peuple »[51]. Enfin le Togo, dans l'article consacré aux *coups d'États* et aux *coups de force quelconques*, prévoit que « Tout renversement du régime constitutionnel est considéré comme un crime imprescriptible contre la nation et sanctionné conformément aux lois de la République »[52].

Ces menaces ayant été proférées, des déclarations de principe tendent à fixer le rôle de l'armée de façon à la maintenir dans ses fonctions normales. Dans la mesure où l'enjeu est décisif, ces dernières sont parfois présentées de façon fort développée. Deux lois fondamentales témoignent de l'importance que les constituants accordent à l'armée en lui consacrant tout un titre. Au Congo, c'est le titre 13 qui regroupe, sous l'intitulé « De la force publique », quatre articles[53] concernant la police nationale, la gendarmerie nationale et les forces armées congolaises, chacune étant « subordonnée à l'autorité civile ». Au Tchad, le titre 11, « De la défense nationale et de la sécurité », rassemble rien moins que seize articles[54] et cinq chapitres respectivement consacrés à l'armée, à la gendarmerie, à la police, à la garde nationale et nomade et à la police judiciaire, là encore chacune « subordonnée au pouvoir civil ». A peu près partout, les missions assignées aux forces militaires consistent prioritairement à assurer la défense du pays et de ses habitants, la préservation de l'intégrité du territoire national, enfin la réponse aux agressions extérieures. S'y ajoute, dans cinq Constitutions, la possibilité

---

[49] Préambule congolais qui, prudemment, « affirme son attachement aux vertus du dialogue comme moyen de règlement pacifique des différends dans le cadre d'une Républiqueapaisée ».

[50] Art. 65 béninois.

[51] Art. 166 burkinabè. Il est vrai que, de façon réaliste et pour dissuader les présidents de se maintenir par crainte des représailles, par une loi de révision constitutionnelle de 2012 « une amnistie pleine et entière est accordée aux chefs de l'État du Burkina Faso » (art. 168-1).

[52] Art. 150 togolais. B. Gueye, « Les coups d'État en Afrique entre légalité et légitimité », *Droit sénégalais*, vol. 9, 2010, p. 263-264.

[53] Art. 204 à 207 congolais.

[54] Art. 196 à 211 tchadien.

qu'elle participe à l'intervention de l'État en matière économique et, donc, qu'elle aide au développement du pays[55]. Enfin, une fréquente affirmation porte sur le caractère *apolitique* des forces armées[56]. Le constituant poursuit donc un double objectif. Il s'efforce de valoriser les forces armées, en leur reconnaissant, outre leur vocation militaire, un but pacifique et presque productif. Simultanément, il tend à les maintenir dans leur devoir en les dissuadant de faire irruption sur le terrain politique.

Pour se prémunir contre les coups d'État, il ne suffit évidemment pas de multiplier les objurgations adressées à l'armée pour qu'elle reste dans les casernes. Il convient de tenter de se prémunir contre ceux qui, n'appartenant pas aux forces régulières mais s'en rapprochant par les moyens à leur disposition, pourraient être tentés d'utiliser leurs armes pour se substituer au pouvoir civil. C'est l'occasion de dénoncer dans les Constitutions les groupes armés et paramilitaires qui sont à l'origine de nombre de crises en Afrique. Au Gabon, l'existence même de ces structures est prohibée, avant même toute tentative de prise de pouvoir : « aucune personne, aucun groupement de personnes ne peuvent se constituer en milice privée ou groupement paramilitaire »[57]. Pour ce qui est du Bénin, c'est l'action conduite par ces groupes qui est dénoncée : « En cas de coup d'État, de putsch, d'agression par des mercenaires ou de coup de force quelconque, tout membre d'un organe constitutionnel a le droit et le devoir de faire appel à tous les moyens pour rétablir la légitimité constitutionnelle »[58]. Le forfait est si grave et l'enjeu si important que c'est toute la population qui est conviée à se mobiliser. Les formules utilisées sont diverses mais l'intention est clairement identique : tout le monde doit se mobiliser contre une tentative de coup d'État. « Dans ces circonstances, pour tout Béninois, désobéir et s'organiser pour faire échec à l'autorité illégitime constitue le plus sacré des droits et le plus impératif des devoirs »[59]. Les termes sont exactement les mêmes au

---

[55] Art. 63 béninois, 22 gabonais, 36 guinéen, 66 nigérien et 95 tchadien.

[56] Art. 27 camerounais, 27 centrafricain (forces de défense et de sécurité « non partisanes »), 205 congolais, 141 guinéen et 39 malgache. A noter cette précision que l'armée doit être multiethnique : art. 27 camerounais et centrafricain. A noter aussi que l'armée *populaire* burkinabè s'appelle désormais *nationale*.

[57] Art. 22 gabonais.

[58] Art. 66 béninois.

[59] *Id.*

Togo[60]. Au Burkina Faso, « Dans ce cas, le droit à la désobéissance civile est reconnu à tous les citoyens »[61]. On sait les dangers d'un tel soulèvement national et des risques que cela implique de le provoquer. Le fait que les constituants assument le danger d'une guerre civile donne une idée de leur détermination, même si, en pratique et heureusement, on évite de jeter la foule contre l'armée.

Un autre élément prouve d'ailleurs cette détermination : le constituant prévoit l'appel éventuel à une aide militaire étrangère. Au temps des prétorianismes progressistes, une telle hypothèse aurait fait scandale au point que c'était l'une des craintes les plus ostensiblement brandies que l'irruption de mercenaires étrangers, envoyées par des gouvernements européens, donc impérialistes. A l'époque, l'on soupçonne volontiers l'ancienne puissance coloniale de guetter le moment le plus favorable pour renverser des régimes qui ne se montrent pas suffisamment dociles et l'on se prépare à repousser ses commandos[62]. Les temps ont un peu changé. Désormais, non seulement les Constitutions ne présentent plus une intervention étrangère comme *a priori* dangereuse pour le régime légitime en place, mais plusieurs d'entre elles absolvent à l'avance le chef de l'État démocratiquement élu, d'y faire appel face au danger du coup d'État. La formule est à peu près toujours semblable, indiquant que ceux qui sont victimes d'une tentative de coup d'État ont « le droit et le devoir de faire appel à tous les moyens pour rétablir la légitimité constitutionnelle, y compris le recours aux accords de coopération militaire ou de défense existants ». Si trois Constitutions utilisent toutes les mêmes mots sur la légitimité des traités prévoyant des aides militaires étrangères, en revanche elles varient sur ceux qui sont en droit de déclencher un tel moyen, ce qui est révélateur : « tout membre d'un organe constitutionnel » au Bénin[63], « les autorités habilitées par la Constitution » en Centrafrique[64], « tout membre du Gouvernement ou de l'Assemblée nationale » au Togo[65]. L'appel à une intervention étrangère

---

[60] Art. 45 togolais.

[61] Art. 167 burkinabè.

[62] Il n'est jusqu'à un texte aussi consensuel que la charte africaine des droits de l'homme et des peuples de 1981 qui comporte un engagement « à éliminer (...) les bases militaires étrangères d'agression » (préambule), étant entendu qu'il est difficile de distinguer les bases agressives de celles qui ne le sont pas.

[63] Art. 66 béninois.

[64] Art. 29 centrafricain.

[65] Art. 150 togolais.

serait évidemment lourd de conséquence. Il est vrai que d'autres procédés sont imaginables. C'est ainsi que la Constitution du Niger prévoit une institution originale « en vue de prévenir et de résoudre les crises institutionnelles et politiques, de manière consensuelle »[66]. Il s'agit d'un organe collégial intitulé « Conseil de la République » et rassemblant, sous la présidence du chef de l'État, le président de l'Assemblée nationale, le premier ministre, les anciens présidents de la République et les anciens chefs d'État, enfin le chef de file de l'opposition. Une telle composition lui permet de donner des avis judicieux en cas de crise et même, le cas échéant, de les rendre publics, donc pour s'appuyer sur l'opinion. Le procédé paraît ingénieux. Peut-être mériterait-il de faire école.

III. Les coups d'État au service des Constitutions

Il paraît presque sacrilège de présenter les coups d'État militaires comme susceptibles de venir au secours des Constitutions démocratiques. La tradition est de considérer qu'ils constituent au contraire un danger majeur et l'expérience des cinquante dernières années notamment en Afrique francophone vient confirmer cette crainte avec la disparition des régimes pluralistes, semi présidentiels mis en place au lendemain des indépendances. A partir de là, il ne peut plus y avoir d'alternances politiques à la suite d'élections. S'il y a rivalités, oppositions et successions à la tête de l'État, parfois à la suite d'affrontements violents, ils opposent des factions différentes au sein de l'armée, souvent entre des générations différentes au sein du corps des officiers, avec des incompréhensions entre les généraux ayant appartenu aux armées de l'ancienne métropole et de jeunes officiers, politiquement mieux formés et progressistes jusqu'à se réclamer du marxisme. Dans cette ligne, ils s'appuient parfois sur un encadrement des populations fondé sur un système de parti unique. Par la suite, dans nombre de pays africains, les tentatives de transition démocratique qui se multiplient depuis les années 1990 sont à plusieurs reprises interrompues par des retours au pouvoir de l'armée. Les événements du passé laissent donc

[66] Art. 69 nigérien.

une impression peu favorable à l'irruption des militaires dans le débat politique.

Pourtant depuis quelques années, un mouvement de réhabilitation est perceptible. Dans la doctrine constitutionnelle ou de science politique, les coups d'État se voient désormais accompagnés d'adjectifs auxquels ils étaient rarement associés : *démocratique, salutaire* ou encore *légitime*[67]. Ce nouvel état d'esprit est fondé sur le constat de situations où les mécanismes constitutionnels liés aux régimes présidentiels, semi présidentiels ou parlementaires ne permettent pas de surmonter des situations de blocage[68]. Ces dernières sont souvent liées à la volonté du chef de l'État de se maintenir au pouvoir ce qui le conduit soit à lever des interdictions juridiques comme l'exclusion d'un troisième mandat, soit à surmonter des obstacles politiques comme le regroupement des oppositions autour d'un candidat unique au second tour. Malgré l'opposition de l'opinion, ces problèmes peuvent être contournés en s'appuyant sur une majorité parlementaire docile ou en faisant appel à l'utilisation maîtrisée du référendum. Dans ces conditions et quand les mouvements de rues paraissent plus dangereux qu'efficaces, certains considèrent qu'il n'y a que l'armée pour dénouer la situation en évitant de devoir choisir entre la pérennisation d'un régime autoritaire et le risque d'une guerre civile. Encore faut-il que les militaires annoncent leur intention de rentrer rapidement dans leur caserne, promesse qu'ils font volontiers, peut-être de bonne foi, et à condition qu'ils respectent cet engagement ce qui est moins évident, tant il est difficile de quitter le pouvoir quand on y a goûté[69].

---

[67] Selon B. Gueye, « Le coup d'État devient en effet légitime lorsque son but est de créer les conditions d'un dialogue afin de rétablir l'ordre constitutionnel, la démocratie, l'État de droit et de restituer les droits et les libertés aux citoyens. On considère les artisans d'un tel coup comme des sauveurs face aux dirigeants qui ont violé les principes démocratiques » (« Les coups d'État en Afrique entre légalité et légitimité », art. cité, p. 271).

[68] Cf. aussi O. O. Varol, « The Democratic Coup d'État », *Harvard International Law Journal*, vol. 53, n° 2, été 2012, p. 292-356. À propos de l'Afrique: J. M. Powell, « An Assessment of the 'Democratic' Coup Theory », *African Security Review*, vol. 23, n° 3, 2014, p. 213-224.

[69] Selon Bedi Yves Stanislas Etekou, « c'est parce que les coups d'État militaires s'imposent comme un évitement du chaos politique que la transition vers un ordre politique constitutionnel devient inéluctable. L'armée devient alors un arbitre des blocages politiques, un contrepouvoir de fait qui restaure le processus démocratique » (« Les résistances à l'alternance démocratique dans les États d'Afrique de l'Ouest », *Mélanges dédiés au doyen Francis Wodié,* Toulouse 2016, p. 192).

Il est cependant, au cours de ce XXIe siècle, quelques exemples de ce type d'utiles interventions de l'armée. Ce n'est pas le monopole des pays francophones subsahariens de succession coloniale française mais, si l'on continue à concentrer l'étude sur ces derniers, l'on peut citer quatre exemples. Au titre des coups d'État considérés par certains comme salutaires, il y aurait donc, en Mauritanie, l'éviction le 3 août 2005, par le colonel Ould Mohamed Vall, du colonel Maaouiya Ould Taya, président réélu en 2003 et que ses adversaires chassent en profitant de son absence de Nouakchott alors qu'il est en séjour à Riyad pour assister aux funérailles du roi d'Arabie Saoudite. Relève d'une logique proche, la prise de pouvoir par le général Konaté en Guinée, après que le capitaine Moussa Dadis Camara, président désigné par l'armée un an plus tôt, ait été grièvement blessé, le 3 décembre 2009, par le chef de la garde présidentielle et hospitalisé au Maroc. En troisième lieu, figure l'arrestation, le 18 février 2010, du lieutenant-colonel Mamadou Tandja qui cherche à se maintenir à la tête de l'État nigérien après la fin de son second mandat : c'est le chef d'escadron Salou Djibo qui préside à la période transitoire. Il y a enfin, le 22 mars 2012, la chute, provoquée par le capitaine Amadou Sanogo, du général Toumani Touré, notamment accusé d'inefficacité dans la lutte contre la rébellion touareg dans le nord du pays.

Ces coups d'État présentent un certain nombre de similitudes. En premier, ils constituent une réponse à une situation politique qui semble sans issue. Maaouiya Ould Taya est au pouvoir en Mauritanie depuis 1984 ce qui implique vingt-et-un ans d'exercice du pouvoir suprême[70] d'abord comme président du Comité militaire de salut national, puis comme président de la République élu à trois reprises : 1992, 1997 et 2003. C'est dire que l'on imagine mal qu'il accepte de renoncer au pouvoir de son plein gré d'autant que la Constitution prévoit que le chef de l'État est indéfiniment rééligible[71]. En même temps, l'on assiste à une montée des mécontentements ce qui entraîne notamment une accusation

---

[70] Que l'on peut porter à près de vingt-cinq ans si l'on y ajoute les fonctions de premier ministre de 1981 à 1984.

[71] Art. 28 mauritanien de 1991 modifié en 2006 : une seule réélection est désormais possible.

de génocide déposée en Belgique à cause des modalités d'une épuration de l'armée ayant entraîné l'élimination de Mauritaniens noirs[72].

Pour ce qui est de Moussa Dadis Camara, son passage à la tête de l'État guinéen est sensiblement plus bref puisqu'il est de moins d'une année à partir de sa désignation par ses camarades militaires comme président de la République le 24 décembre 2008. Le problème tient à ce que, malgré son engagement, plusieurs fois réitéré, d'organiser des élections libres auxquelles il ne serait pas candidat, plusieurs éléments conduisent à penser qu'il organise son maintien au pouvoir : l'élimination des anciens dirigeants du pays, la recherche d'une popularité fondée sur la lutte contre la corruption, le recrutement de mercenaires… Si l'on ajoute qu'il est accusé de crime contre l'humanité à la suite de la répression, en septembre 2009, d'une manifestation au stade de Conakry, l'on comprend que des oppositions soient apparues entre les officiers qui se désolidarisent d'un tel massacre et ceux qui craignent d'être sacrifiés aux protestations tant nationales qu'internationales. C'est dans ces conditions qu'intervient l'attentat dont il est victime et son éviction du pouvoir[73].

Au Niger, le président Tandja élu en 1999 est réélu en 2004. La Constitution interdisant un troisième mandat, il engage en juin 2009 un processus destiné à lui permettre de se maintenir au pouvoir : révision de la Constitution, renforcement du pouvoir présidentiel et prolongation de son mandat de trois ans. Il entend faire avaliser ce projet par un référendum. Il se heurte à la double opposition de l'Assemblée nationale et de la Cour constitutionnelle. Il maintient son projet de modification de la loi fondamentale du pays, passant outre l'opposition de la Cour constitutionnelle, prononçant la dissolution de l'Assemblée nationale, défiant les instances internationales, notamment l'Union africaine. Le référendum a lieu le 4 août 2009 et il est annoncé 92,5 % de suffrages positifs avec une participation de 68,2% des électeurs. Avec la nouvelle Constitution, le gouvernement n'est plus responsable devant le Parlement qui est désormais bicaméral. Il n'est plus question de limitation du

---

[72] Les vaincus de ces coups d'État ne sont en général pas trop maltraités. Ainsi Maaouiya Ould Taya se réfugie au Niger, puis en Gambie avant d'obtenir l'asile politique à Doha à condition de renoncer à toute activité politique

[73] Après avoir reçu des soins, Moussa Dadis Camara est recueilli au Burkina Faso, échoue en 2015 à se présenter à l'élection présidentielle et paraît renoncer à la vie politique.

nombre de mandat présidentiel. Aucune solution démocratique ne paraît possible[74] jusqu'au coup d'État de 2010[75].

Enfin au Mali, le général Amadou Toumani Touré a été élu président en 2002 et 2007. A partir de là, il ne peut plus briguer un troisième mandat (art. 30). On lui reproche les succès de la rébellion touareg dans le nord au point que certains le soupçonnent de chercher à retarder les élections présidentielles prévues fin avril 2012 sans sa candidature et qui devaient être accompagnées d'un référendum. Le coup d'État intervient un peu plus d'un mois avant l'échéance électorale et deux mois avant la fin du mandat officiel de Toumani Touré[76]. Les nouveaux dirigeants affirment vouloir préserver l'unité du pays. En fait, il va falloir faire appel à des aides militaires extérieures, d'abord tchadienne, puis française dans le cadre de l'opération Serval[77].

Ce qui fait l'originalité de ces coups d'État, ce sont moins les promesses d'une meilleure gouvernance, pas même le rétablissement rapide de la démocratie puisque de tels engagements sont fréquents et rarement tenus[78], que l'organisation d'une alternance rapide, fondée sur un scrutin honnête auquel les artisans du coup d'État ne participent pas, quelque envie que ressentent certains. Ainsi, en Mauritanie, le colonel Ely Ould Mohamed Vall utilise sa vingtaine de mois d'exercice du pouvoir pour faire adopter une nouvelle Constitution et organiser une élection présidentielle, tenue en mars 2007, à laquelle il ne se présente

---

[74] *Jeune Afrique* rend compte du référendum sans paraître nourrir trop d'illusion, expliquant que le président « qui se révèle être un véritable loup de la politique a réussi au nez et à la barbe de tous (Union africaine et Union européenne comprises), à se scotcher à son fauteuil présidentiel pour une durée indéterminée ». Voir Babacar Gueye et Semou Ndiaye, « L'instabilité institutionnelle en Afrique », *Conflictualité en Afrique francophone. Droit sénégalais,* n° 10-2011-2012, p. 153-155.

[75] Là encore, le président déchu fait l'objet d'un traitement modéré : arrêté en février 2010 il voit les charges contre lui abandonnées par la Cour d'appel de Niamey et bénéficie d'une libération en mai 2011.

[76] « La première leçon que nous tirons de la situation du putsch est que la junte mettrait fin à la 'transmission organisée du pouvoir' » (Mamadou Fomba, « Inversion sociale et pratique démocratique au Mali. Essai d'explication du coup d'Etat de mars 2012 », *L'inversion sociale : un défi au droit et à l'ordre*, vol. 2, *Revue malienne des sciences juridiques, politiques et économiques de Bamako*, n° 2-2016, p. 38)

[77] Exilé au Sénégal, ayant bénéficié d'un refus de l'Assemblée nationale d'engager des poursuites contre lui, Amadou Toumani Touré rentre à Bamako en 2017.

[78] Selon Djedjro Francisco Meledje, « dans les situations d'instabilité et de crise, il n'y a pas d'alternance démocratique possible ; on ne peut au mieux que se résoudre à un partage du pouvoir » (« L'instabilité politique en Afrique », *Annales de l'Université Toulouse 1 Capitole*, t. LIX, 2019-1, p. 42).

pas mais qui est supervisée par une commission électorale nationale indépendante. Vall tentera cependant de revenir au pouvoir en 2009, en vain.

En Guinée, Sékouba Konaté préside la transition pendant un an, avec mise en place d'une élection présidentielle qui ne se déroule pas sans contestation liée aux problèmes de constitution des listes électorales. C'est au point que quatre mois séparent les deux tours du scrutin, ce qui incite Konaté à proposer un gouvernement d'union nationale. Finalement, il annonce, en décembre 2010, la fin de la transition au profit du nouveau président Alpha Condé. Lui-même se met au service de l'Union africaine à Addis-Abeba.

La durée de la transition est du même ordre au Niger : un peu plus d'un an. Salou Djiba la place ostensiblement sous le signe du retour à l'ordre constitutionnel. Désigné comme président du Conseil suprême pour la restauration de la démocratie, il fait voter la Constitution de la VIIe République dont on a vu qu'elle s'efforce d'organiser une procédure de règlement d'éventuelles crises institutionnelles en s'appuyant sur un Conseil de la république composé des plus hautes personnalités politiques du pays. Il prépare l'élection présidentielle et cède ses pouvoirs au nouveau chef de l'État, Mahamadou Issoufo, régulièrement élu, le 7 avril 2011 avec près de 58% des voix.

C'est Amadou Sanogo qui, au Mali, reste le moins longtemps au pouvoir : moins d'un mois. Désigné comme président du Comité national pour le redressement de la démocratie et la restauration de l'État, il commence par suspendre la Constitution, établir le couvre-feu et fermer les frontières. Ces dispositions un peu menaçantes sont rapidement retirées : la Constitution est remise en vigueur dès le 1er avril 2012 et, à la suite d'une médiation conduite par la CEDEAO et le Burkina Faso, un accord intervient le 6 avril[79]. Sanogo remet le pouvoir à celui que la Constitution désigne comme en charge de l'intérim, le président de l'Assemblée nationale. Il cherche cependant à continuer de jouer un rôle ce qui lui vaudra d'être arrêté fin 2013.

---

[79] Diango Cissoko, « La transition politiquer au Mali (avril 2012-septembre 2013) », *Itinéraires du droit et terres des hommes. Mélanges en l'honneur de Jean-Marie Breton*, s.l. 2017, p. 125 à 164. En mai 2021, un coup d'Etat militaire aboutit à l'éviction du président et du premier ministre de la transition, respectivement Bah N'Daw et Moctar Ouane, au profit du colonel Assimi Goïta.

Conclusion

L'idée de résoudre une crise en instaurant une régime transitoire s'appuyant sur l'armée mais acceptant de se retirer après avoir résolu les problèmes n'est pas neuve. Sous l'Antiquité, la dictature romaine relevait de cette logique : avec l'accord du Sénat, une personnalité de confiance recevait les pleins pouvoirs pendant six mois pour écarter un danger extérieur ou intérieur ; le système est abrogé après que Sylla puis César l'aient dénaturé en ne respectant pas le caractère temporaire de cette magistrature. C'est bien le problème : celui qui a reçu tous les moyens pour remplir une mission précise a de la peine à y renoncer lorsque les objectifs ont été atteints. L'histoire de l'humanité compte nombre d'exemples de régimes -démocratiques ou pas, en tous cas organisés et bénéficiant d'une certaine légitimité- qui font appel, pour résoudre une crise majeure, à un personnage providentiel auquel est conférée une autorité exceptionnelle et provisoire. Reste à s'en débarrasser lorsque l'on n'en a plus besoin. A s'en tenir à l'Antiquité : les Athéniens avaient une procédure pour chasser les personnalités trop influentes et soupçonnées de vouloir exercer un pouvoir personnel ; il s'agissait de l'ostracisme qui permettait aux citoyens de prononcer à leur encontre et à une majorité qualifiée, le bannissement pour dix ans.

L'expérience française n'est guère encourageante en ce domaine. On se souvient que, lorsqu'en mai 1958, le général de Gaulle annonça qu'il était « prêt à assumer les pouvoirs de la République » pour résoudre le problème algérien, un caricaturiste représenta Marianne tenant les portraits de Napoléon Ier, de Napoléon III et du maréchal Pétain en disant : « Merci, général. *Maman*, grand-mère et mon aïeule *se sont déjà fait* assumer »[80]. De fait, le premier Bonaparte avait été appelé par des survivants de la Révolution inquiets de la montée simultanée des royalistes et des anciens montagnards, le second Bonaparte par des notables qui voyaient en lui « à la fois une gloire nationale, une garantie révolutionnaire et un principe d'autorité »[81], enfin le maréchal Pétain par l'assemblée élue sur le programme du Front populaire et prête à tous les abandons après la débâcle de 1940. Il n'est jusqu'au général de Gaulle auquel tous les partis républicains, sauf le Parti communiste, font appel

---

[80] Jean Duché, *Deux siècles d'histoire de France par la caricature*, Paris 1961, p. 238.

[81] François Guizot (1787-1874), *Mémoires pour servir à l'histoire de mon temps* (1858-1867).

pour sortir le pays du guêpier algérien, puis qui cherchent à l'écarter une fois le problème réglé, en 1962.

En Afrique, l'appel à un sauveur issu de l'armée ne paraît pas une garantie absolue de succès durable. La démocratie demeure fragile et il faut parfois s'y reprendre à plusieurs reprises pour implanter un régime civil, issu d'élections honnêtes et acceptant d'abandonner le pouvoir au terme d'un mandat confié par le peuple[82]. Parmi les quatre pays sur lesquels a porté notre étude, certains avaient déjà connu, à la fin du XXe siècle, de brèves irruptions de l'armée dans l'arène politique pour mettre fin à une situation qui paraissait sans issue. C'est le cas au Mali où déjà, en 1991 l'intervention du commandant Amadou Toumani Touré avait permis de se débarrasser du régime brutal du général Moussa Traoré, ouvrant la voie à une conférence nationale puis à des élections législatives et présidentielles à laquelle il ne participe pas, cédant le pouvoir après un peu plus d'un an de transition. C'est le cas aussi au Niger où après que la garde présidentielle ait renversé et assassiné le général Ibrahim Baré Maïnassara en 1999, le commandant Daouda Malam Wanké est proclamé président du Conseil de réconciliation nationale avant de se retirer, un peu plus de huit mois plus tard, au profit du nouveau président élu. Le fait qu'il ait fallu, quelques années plus tard, dans ces deux pays, organiser une nouvelle transition confiée à un militaire pour dénouer un blocage institutionnel, témoigne des limites de l'exercice.

Il est aussi des cas où la transition se révèle moins facile et rapide qu'on ne l'imaginait. Il est hasardeux d'en donner des exemples d'échecs caractérisés d'autant que cela pourrait passer pour un jugement de valeur sur telle ou telle personnalité, voire sur une condamnation que la position d'observateur extérieur rend trop facile. Du moins peut-on évoquer ici les espoirs nés des initiatives du général Gueï en Côte d'Ivoire, acceptant de prendre la tête du Conseil national de salut public après le coup d'État du 24 décembre 1999, ce qui lui vaut le surnom de « Père Noël en treillis ». Malgré ses efforts pour mettre fin à la délinquance et pour

---

82 Amadou Tidiane Ly dénonce l'« essoufflement de la transition démocratique » (« Les changements inconstitutionnels de gouvernement en Afrique », *Pouvoirs et Etats en Afrique francophone, Droit sénégalais*, n° 9-2010, p. 301 à 315). Pour leur part, Babacar Gueye et Sémou Ndiaye préconisent comme « voies d'une stabilité institutionnelle en Afrique » d'une part la « consolidation de la gouvernance démocratique » (nécessité d'un équilibrage institutionnel, renforcement des contrepouvoirs et de la régulation du jeu politique), d'autre part de « refonder la gouvernance économique » (« L'instabilité institutionnelle en Afrique », *Conflictualité en Afrique francophone, Droit sénégalais*, n° 10-2011-2012, p. 157 à 188).

résoudre les oppositions entre les factions, son action ne fait pas l'unanimité d'autant qu'il se présente aux élections présidentielles, ce qui ne correspond pas au schéma en honneur s'agissant des transitions démocratiques confiées aux militaires. Son échec électoral et, deux ans plus tard, son assassinat avec celui de sa femme et de ses proches concluent sur une note particulièrement tragique sa tentative de participation au pouvoir politique, ouvrant en outre une période noire de l'histoire de la Côte d'Ivoire, avec de multiples interférences étrangères[83].

En fait le jeu des grandes et moyennes puissances en Afrique est devenu, avec la disparition de l'Union soviétique, plus complexe à défaut d'être plus vertueux. De nouveaux acteurs internationaux sont apparus[84]. A partir des années 1990, les démocraties africaines réinstallées entendent diversifier leurs partenaires internationaux et plusieurs pays extérieurs au continent s'engagent résolument dans cette voie d'autant que nombre d'espaces terrestres ou maritimes paraissent riches de ressources naturelles. L'heure n'est plus aux chasses gardées néo-coloniales. Le gouvernement français proclame hautement -sans toujours convaincre- avoir abandonné les pratiques relevant de ce qu'il était convenu d'appeler la doctrine de la Françafrique. S'il est vrai qu'il quitte nombre de bases militaires sur ce continent, certains attribuent ce redéploiement à l'amélioration des méthodes d'intervention à longue distance. Si les opérations militaires françaises se font plus rares, elles sont conduites autant que possible sous l'égide de l'ONU, à la demande du gouvernement en place et sont de plus longue durée, ce qui suscite de plus vives réactions de rejet de la part des opinions publiques tant locales que métropolitaines. Parmi les nouveaux partenaires internationaux qui s'implantent plus vigoureusement figurent au premier chef la Chine mais aussi les États-Unis et même la Russie qui entend affirmer son retour sur la scène internationale. Le rôle des organisations gouvernementales et

[83] Pour une analyse à portée générale et son application à la Côte d'Ivoire : Djedjro Francisco Meledje, « Constitution et urgence ou le lien entre les contestations violentes de l'ordre constitutionnel et la régulation constitutionnelle des crises », *Revue ivoirienne de droit*, n° 42-2011, p. 11 à 33.

[84] Sur une tendance à la légitimation des régimes africains par une reconnaissance internationale : Ndiogou Sarr, « Les stratégies de légitimation des pouvoirs dans les nouvelles démocraties africaines de l'Ouest », *Légitimité et élections en Afrique francophone, Revue sénégalaise de droit et science politique,* n° 14-2017-2018, p. 89 à 112.

non gouvernementales est de plus en plus important, y compris pour ce qui est des mouvements terroristes. Dans le cadre de ce nouvel équilibre, les prétorianismes n'ont plus la même place qu'autrefois, même s'il leur est toujours possible de se trouver des alliés à l'extérieur.

Les opérations internationales se multiplient avec des notions telles que celles relevant de l'« interventionnisme humanitaire » qui autoriserait l'immixtion de l'étranger au profit de populations en danger ou que celles répondant à la « responsabilité de protéger » qui permettrait de sanctionner les gouvernements dont les politiques mettraient en péril leurs citoyens au point de se rendre coupables de génocide, de crimes contre l'humanité[85] ou de crimes de guerre[86]. Beaucoup continuent de se méfier de ces immixtions d'origine internationale d'autant que l'on se souvient qu'en Asie comme en Afrique, l'argument humanitaire a servi de prétexte au XIXe siècle pour justifier les expéditions coloniales venues d'Europe. L'intervention de militaires étrangers demeure problématique et jusqu'en ce début du XXIe siècle. Après un accueil parfois sympathique lorsqu'ils paraissent amener l'ordre et la paix, ils suscitent des réactions de rejets de la population, comme toute présence de soldats étrangers. Il n'est jusqu'à leur départ qui peut poser problème lorsqu'il est le signal de règlements de compte. On a vu que certaines Constitutions autorisent, voire encouragent, l'appel à des forces étrangères. Le remède peut être pire que le mal.

---

[85] Sur « L'évolution institutionnelle par l'externe », cf. Adama Kpodar et Dodzi Kokoroko, « Remarques sur quelques mutations du droit constitutionnel par les crises politiques en Afrique », *Démocratie en questions. Mélanges en l'honneur du profeseur Théodore Holo*, Toulouse 2017, p. 252 à 255.

[86] A. Cabanis, J.-M. Crouzatier, R. Ivan, C. Mihali, E.-M. Mbonda, *La responsabilité de protéger : une perspective francophone*, Paris 2010.

Saidou Nourou TALL

Professeur titulaire de droit public et science politique, Université Cheikh Anta Diop de Dakar, Vice-président du Conseil constitutionnel (Sénégal)

Coups d'État et régimes militaires africains : le droit constitutionnel face aux ordonnances

Introduction

Les États d'Afrique noire francophone, depuis leur accession à la souveraineté internationale, sont confrontés à une grande instabilité politique marquée, épisodiquement, par une succession de régimes civils et militaires , de conflits armés internationaux ou non internationaux avec la présence remarquée de terroristes , de mercenaires ou de rebelles.

Sur ce point, El Hadji Mbodj dressait le tableau suivant : « Les crises récurrentes de légitimité sont une des tares majeures de l'État africain postcolonial qui cherche toujours à se stabiliser après des indépendances, souvent, mal négociées. Le contexte politique africain est ainsi essentiellement caractérisé par une sorte de pathologie manifeste à travers l'apparition d'un ensemble de phénomènes négatifs comme l'irruption des militaires dans la dévolution et l'exercice du pouvoir, les dictatures, les guerres civiles, autant d'éléments contre-productifs qui vont jalonner toute l'histoire politique contemporaine de ces anciennes colonies européennes »[1].

Ce constat reste encore valable, en dépit des changements politico institutionnels opérés dans ces pays depuis une trentaine d'années avec l'adhésion progressive aux vertus incommensurables de la démocratie, du dialogue politique entre majorités et oppositions. Ces nombreuses mutations, générées ou suivies par des crises et conflits, ne s'accompagnent pas moins d'une thérapeutique sociale et d'un

---

[1] El Hadji MBODJ, « La constitution de transition et la résolution des conflits en Afrique. L'exemple de la République démocratique du Congo », RDP, 2010, n° 2, p. 441; voir aussi, Ibrahim David SALAMI, « Le chef de l'État de transition », Revue Béninoise de Sciences Politiques, vol.01, n°01, mai 2017, pp.1-47.

bouillonnement normatif sans précédent, avec un usage fréquent des ordonnances.

Considéré comme une rupture de la légalité constitutionnelle[2], le coup d'Etat militaire est une situation « aux antipodes du système démocratique revendiqué de nos jours par tous les pays du monde ; en démocratie, il n'existe qu'une seule voie légale d'accession au pouvoir : l'élection par le peuple ».[3]

Cette situation de rupture de la légalité balise la voie aux ordonnances dont le principal lieu de jaillissement réside dans un cadre normatif *sui generis* (I).

Il s'ensuit une grande sécrétion des ordonnances par les régimes militaires, cette production normative se modulant au fur et à mesure que les putschistes renforcent leur maitrise sur les différents secteurs de la vie politique, économique et sociale du pays (II).

I. Le creuset de génération des ordonnances des régimes militaires

L'avènement des régimes militaires en Afrique s'accompagne invariablement de la mise en place d'un ordre juridique nouveau répudiant l'ancien droit positif.

Dans cette optique, les régimes militaires s'attèlent fréquemment à l'énonciation d'arguments qui ressortent à la fois d'une logique de substitution (A) et d'une logique de justification (B).

A. Des ordonnances fondées sur une logique de substitution

L'observateur le moins attentif de la vie politique africaine reconnait sans effort qu'un grand nombre d'États d'Afrique noire francophone ont connu, quelquefois à plusieurs reprises, des régimes militaires. Ce sont notamment le : Benin (ex-Dahomey), le Burkina Faso (ex-Haute Volta), le Burundi, la R.C.A, l'Union des Comores, le Congo, la Côte d'Ivoire,

---

[2] Dans ce sens, Carré de Malberg rejetait tout lien entre le coup d'État et le Droit, considérant qu' « … il n'y a point de place dans la science du droit public pour un chapitre consacré à une théorie juridique des coups d'État ou des révolutions et de leurs effets… il convient de s'attacher uniquement à un second cas, qui est celui d'une réformation paisible, régulière, juridique en un mot de la constitution en vigueur »,Raymond Carré DE MALBERG, Contribution…op.cit., p.497.

[3] Voir aussi Yao VIGNON, « Le Coup d'État en Afrique noire francophone », *in* Les voyages du droit, Mélanges Dominique Breillat, 2011, p. 613.

la Guinée, le Madagascar, le Mali, la Mauritanie, le Niger, la République Démocratique du Congo, le Tchad, le Togo, etc.

La vitesse à laquelle les régimes en place se sont effondrés, la passivité des populations et l'apologie de la force armée ont induit des comportements autoritaires bouleversant durablement le paysage politique.

Dès les premières années de l'indépendance, l'instabilité des régimes civils a servi de prétexte pour présenter l'armée comme « une force politique, une alternative au pouvoir civil »[4] dont la crédibilité avait fini par être minée par les partis uniques.

Aujourd'hui encore, l'actualité révèle l'acuité du phénomène des putschs en dépit de la tendance à la démocratisation amorcée ou ravivée par les Conférences nationales de transition des années 90[5].

Dès les premiers instants de la prise du pouvoir , les auteurs du coup d'État s'empressent de médiatiser leurs actions en faisant une proclamation[6], un message[7] ou un communiqué[8] relayés par la radio ou la télévision dont les stations d'émission et de diffusion sont très tôt investies par l'armée.

Les auteurs du coup d'État s'obligent à former, ensuite, un organe collégial duquel se dégage assez rapidement une personnalité qui en

---

[4] Maurice AHANHANZO-GLELE, « La Constitution ou loi fondamentale » *in* Encyclopédie juridique de l'Afrique, Tome 1, l'État et le droit, NEA, Abidjan-Dakar-Lomé, 1982, p.34 ; voir également, Daniel BOURMAUD, La politique en Afrique, Paris, Montchrestien, Clefs, 160p.

[5] Pour une vue d'ensemble, cf. Gérard CONAC (sous la direction de), L'Afrique en transition vers le pluralisme politique, Paris, Economica, Coll. La vie du Droit en Afrique, 1993 ; Jean-Pierre DALOZ et Patrick QUANTIN (sous la direction de), Transitions démocratiques en Afrique : dynamiques et contraintes (1990-1994), Paris, Karthala, 1997, 313p ; Babacar KANTE, « Le constitutionnalisme à l'épreuve de la transition démocratique en Afrique » *in*, *Constitutionnalism in Africa. A quest for autochtonous principles*, Sanders Institut, Gouda Quint, Deventer 1996, pp.17-32.

[6] Proclamation du Lieutenant Moussa Traoré, *in* Le Mali, Notes et Études Documentaires n°4081-4083, Paris, La Documentation française, 22 avril 1974 ; proclamation du Lieutenant-colonel Seyni Kountché du 15 avril 1974 *in* Jean Jacques RAYNAL, Les institutions politiques du Niger, Saint Maur, Sepia, 1993, p. 126.

[7] Dans un message à la nation, le Général Christophe Soglo, se prononçant sur la durée du régime militaire au Dahomey, déclarait : « pour dissiper tout malentendu, nous tenons à proclamer solennellement que notre principal objectif est la réalisation intégrale du plan. Notre tâche durera tout le temps qu'exigera la réussite de ce plan de cinq ans et si l'intérêt supérieur du- Dahomey nous le commande, nous irons au-delà des cinq ans », cité par Pierre –François GONIDEC, L'État africain, Paris, LGDJ, BAM, Tome VIII, 1985, pp.239-240.

[8] Communiqué n°1 du 3 avril 1984 du Général Lassana Conté annonçant la prise du pouvoir par l'armée et créant le Comité Militaire de Redressement National (CMRN).

assurera la présidence et la fonction de Chef d'État[9]. En effet, selon le Pr. CONAC, « dans les régimes militaires, l'État autoritaire était démuni de son masque institutionnel. Mais dans un premier temps, la personnalisation du pouvoir était atténuée ou voilée par une certaine collégialité. Puis, généralement, le passage de la phase du régime militaire au régime civil se faisait au bénéfice de l'officier devenu Chef d'État »[10].

Sans tendre à la complétude, on peut souligner que cet organe collégial peut recevoir des appellations variées : en Guinée, Comité Militaire de Redressement National, (1984) ,Comité National pour la Démocratie et le Développement,(2008) ; au Burkina Faso (ex Haute Volta), Comité Militaire de Redressement pour le Progrès National, (1980),Conseil National de la Révolution (1984),Conseil National de la Démocratie (2015); ,en Mauritanie , Comité Militaire de Redressement National (1978),Comité Militaire de Salut National (1979), Comité Militaire pour la Justice et la Démocratie (2005),Haut Conseil d'État (2008); au Mali , Comité Militaire de Libération Nationale, (1968),

---

[9] Ce schéma général peut s'appliquer pour le cas du Mali. Ainsi, le 19 novembre 1968**, les** capitaines Yoro Diakité et Mamadou Cissoko et les lieutenants Youssouf Traoré, Kissima Doukara et Moussa Traoré renversent le régime de Modibo Keïta. Ils instaurent alors, le Comité militaire de libération nationale (CMLN). Le 23 novembre 1968, un gouvernement placé sous l'autorité du CMLN est constitué avec le capitaine Yoro Diakité comme Premier ministre.

Le même scenario va pratiquement se répéter avec le coup d'État du 18 août 2020 contre le régime du Président démocratiquement réélu Ibrahim Boubacar Keita. Dans un contexte marqué à la fois par de très fortes contestations populaires, de lutte contre les mouvements rebelles touaregs et les terroristes djihadistes ,de prise d'otage d'un membre éminent de l'opposition , de contestations des élections législatives suivies de la démission suscitée de membres de la Cour constitutionnelle, le coup d'État militaire conduira à l'arrestation et à la démission du Président de la République, à la dissolution simultanée du Gouvernement et de l'Assemblée nationale. Une junte sera formée le 19 août 2020 sous le nom de Comité National de Salut du Peuple (CNSP) avec comme chef et Président autoproclamé, le Colonel Assimi Goita. Le CNSP établit, tout en maintenant la Constitution de 1992, l'Acte Fondamental n°001/CNSP du 24 août 2020 pour l'organisation provisoire des pouvoirs publics (JORM , spécial n°15 du 27 août 2020).Sous la pression internationale, notamment de la CEDEAO, une Charte de la Transition sera adoptée par les Forces vives de la Nation le 12 septembre 2020 , puis promulguée par le Président de la Transition BAH N'DAW par décret n°2020-072 du 1er octobre 2020 (JORM, 61e année, spécial n°17,1er octobre 2020,p.1).

[10] Gérard CONAC, « Les processus de démocratisation en Afrique », *in* Gérard CONAC, L'Afrique en transition, op.cit., p.16. De même au Togo, après le coup d'État de 1967, le Comité de Réconciliation Nationale (CRN) constitué selon l'ordonnance n°1 du 14 janvier (Journal officiel de la République togolaise, numéro spécial du 30 janvier 1967, p.1) et l'ordonnance n°2 du même jour portant composition du CRN attribuent sa présidence au Colonel Kleber Dadjo ; l'ordonnance n°15 du 14 avril 1967 nomme le Lieutenant-colonel Etienne Eyadema, Président de la République togolaise (article premier) et l'ordonnance n° 16 de la même date dissout, en son article premier, le CRN (JO, numéro spécial du 15 avril 1967, p.9.

Comité National de Réconciliation puis Comité de Transition pour le Salut du Peuple (1991),Comité National de Salut du Peuple (2020);au Niger, Conseil Militaire (1974), Conseil Supérieur d'Orientation Nationale (1989) Conseil de Salut National (1996), Conseil de Réconciliation Nationale (1999),; au Tchad,Conseil supérieur Militaire (1975), Conseil d'État Provisoire (1982), Conseil d'État (1990), etc.

Les linéaments du régime militaire une fois fixés, celui-ci se donne mission d'organiser et de consolider les assises des nouveaux pouvoirs publics par le canal de divers instruments juridiques offrant une place privilégiée aux ordonnances.

Celles-ci semblent suivre une chronologie particulière, modulée en deux ou trois temps rythmant la naissance du régime, puis la période de sa consolidation et enfin sa conversion en régime civil soit par l'élection du chef de la junte comme Président de la République, soit par le transfert, volontaire ou sous la pression de la population , des organisations internationales et des bailleurs de fonds, à un régime civil à la suite d'élections sous haute surveillance de la communauté internationale.

Dans cette logique, l'accoutumance des militaires à une discipline corporative et leur penchant pour la soumission à une hiérarchie prétorienne commandent de résorber tout vide juridique, par le canal des ordonnances.

A supposer même que les ordonnances des régimes militaires cadrent avec une législation d'exception, le rejet d'un contrôle parlementaire ou populaire participe de la défiance à leur encontre que ne permettent pas d'écarter les appellations d'ordonnances ayant « valeur ou force » de loi.

Aussi, dans le vain dessein d'exorciser les préjuges tenaces d'autoritarisme attachés à leurs actions, les régimes militaires instrumentalisent, ensuite, les' ordonnances dans une logique de justification.

B. Des ordonnances fondées sur une logique de justification

Quel que soit le qualificatif de « bons » ou de « mauvais »[11] , accolé aux coups d'État, la plupart des régimes militaires développent toute une

[11] Cf., Palouki MASSINA, « Le coup d'État, déshonneur et bienveillance », www.afrilex.u-bordeaux4.fr

stratégie de prise à témoin de l'opinion nationale ou internationale empruntant un langage[12].Cette rhétorique ou cette parole[13] contient des spécificités bien marquées, qui sont dans l'ensemble structurées sur une base minimale bien que différant légèrement d'une junte militaire à l'autre[14].

En souscrivant à une logique de justification, la junte a invoqué de nombreuses raisons : nécessité de mettre un terme au désordre politique ambiant[15], nécessité d'apaiser le front social alimenté par les revendications syndicales intempestives[16], urgence de mettre fin aux épreuves de force entre le Président et l'armée, ou entre le chef de l'État et le Chef du Gouvernement[17].

Une recension non exhaustive, sur un mode de lecture aléatoire, aide à repérer les arguments les plus utilisés : décès de l'ex Président[18] et difficultés de succession sur fond de contestation de candidatures[19],

---

[12] Adolphe DANSOU ALIDJINOU, Le discours politique béninois (1972-1990), Thèse de doctorat, Université de Montpellier I, 1992, 345p.

[13] La volonté de divorcer avec tout ce qui rappelle le régime déchu peut emprunter un vocabulaire de substitution propre au nouveau régime. On en veut pour preuve la substitution aux expressions classiques de loi, décret, arrêté et circulaire, d'appellations locales de « *Zatu* », « *Raabo* », « Kiti », sous le régime de Thomas Sankara.

[14] Terme venant du mot espagnol « *juntos* » qui signifie, groupe ou assemblée de militaires, généralement de haut rang, qui s'est emparé du pouvoir politique.

[15] Cf., Adresse à la Nation du CNSP lors de sa prise du pouvoir le 18 août 2020 dont voici un extrait : *« (...) Maliennes et maliens. Des villages entiers sont brûlés, de paisibles citoyens massacrés et nous pleurons tous les jours la perte de nos Compagnons d'armes. L'horreur est notre quotidien et ne nous émeut plus. Nous sommes devenus des réfugiés dans notre propre pays, en proie à toutes les difficultés existentielles. Le banditisme de grand chemin (braquages et vol à mains armées très osés) sont légions. Le terrorisme international nous tue, le terrorisme national nous détruit et ce n'est pour autant pas une fatalité, mais uniquement le manque de vision et l'amateurisme politique. La mauvaise gouvernance avec son lot de frustrations a fait perdre aux maliens, l'espoir d'un lendemain meilleur. Des élections calamiteuses et dont les résultats sont au faciès, une épidémie de COVID19 dont la gestion fait douter de son existence, ... ».*

[16] Voir au Mali, la Déclaration du 19 août 2020 portant création du Comité national pour le Salut du Peuple, après le coup d'État ayant suscité la démission forcée du Président Ibrahim Boubacar Keita et les dissolutions du Gouvernement et de l'Assemblée nationale.

[17] Les difficultés de cohabitation, au Niger entre le Président Mahamane Ousmane et le Premier Ministre Hama Amadou, ont eu comme conséquences, entre autres, le coup d'État du 27 janvier 1996, voir Idrissa KIMBA, « Les régimes militaires entre 1974 et 1999 au Niger », *in* Idrissa Kimba (dir.), Armée et politique au Niger, Dakar, CODESRIA, 2008, p. 182 et s.

[18] Pour le coup d'État de Moussa Dadis Camara, après l'annonce du décès du Général Lansana Conté, voir Anatole AYISSI, Parole d'officier : coup d'État ou transition démocratique en Guinée, Paris, Panafrika, 2009.

[19] Cf., en Côte d'Ivoire, la succession de Félix Houphouët Boigny et le renversement d'Henri Konan Bédié par le Général Robert Guéi à la suite du coup d'État du 24 décembre 1999.

contestations de réformes constitutionnelles, corruption, détournements de deniers publics et incapacité des civils ou des régimes militaires précédents à promouvoir le développement économique, à lutter contre la corruption ou à assurer l'unité nationale[20] ,etc.

Quelques illustrations permettent d'en entrevoir la teneur. Ainsi, on peut citer cet extrait du Message du Général André Kolingba, lors de sa prise de pouvoir en République centrafricaine, le 1er septembre 1981 :

> « Il s'était instauré depuis 6 mois… un champ de polémique stérile, violent, durant lequel notre patriotisme a été mis à rude épreuve par des multiples et grossières violations de la démocratie, par les insupportables défis à la raison, à l'honneur et au droit ».[21]

D'autres raisons ont été avancées pour justifier le putsch, comme celles contenues dans la Proclamation suivante des Forces Armées Nigériennes :

> « Ce jour, 11 avril 1999, les Forces Armées Nigériennes, conscientes des responsabilités qui sont les leurs, ont décidé de mettre un terme au vide institutionnel occasionné par la disparition subite, le vendredi 9 avril dernier, du Président de la République, le Général Ibrahim Mainassara Baré. Cet événement tragique intervient dans un contexte politique, économique et social particulièrement difficile ; le régime mis en place depuis trois ans s'étant malheureusement révélé incapable de résoudre les problèmes épineux auxquels notre pays est confronté »[22].

L'inclination récurrente à la justification de la prise du pouvoir[23] par les armes ressort d'une volonté de persuader du bien-fondé du coup

---

[20] Le cas de la Monarchie au Burundi est illustratif d'un dépassement des institutions royales qui n'arrivaient plus à contenir les ambitions politiques ni à s'opposer à l'exacerbation des clivages ethniques, ce qui aboutira, après l'adoption d'une Constitution, à la proclamation d'une République en 1962 et à l'avènement simultané d'un régime militaire. Voir Gérard CONAC, « L'évolution constitutionnelle. », op.cit.

[21] Cité par Maurice KAMTO, Pouvoir et Droit en Afrique noire. Essai sur les fondements du constitutionnalisme dans les États d'Afrique noire francophone, Paris, LGDJ, 1987, BAM, Tome XLIII, p.367.

[22] Publiée dans le Journal officiel de la République du Niger, Spécial numéro 6, du 13 avril 1999, p. 139 et s.

[23]Par exemple en Mauritanie, la Déclaration du Conseil Militaire pour la Justice et la Démocratie, du 3 août 2005 « *Les Forces Armées et de Sécurité ont unanimement décidé de mettre fin aux pratiques totalitaires du régime déchu dont notre peuple a tant souffert ces dernières années. Ces pratiques ont engendré une dérive dangereuse pour l'avenir du pays.*

d'État, à la fois l'opinion publique nationale ou internationale, en jetant l'opprobre sur le régime précédent. A titre exemplatif, on peut se référer à la proclamation du groupe de militaires dirigé par le Général Gilbert Djendéré qui étale sur une série de griefs à l'endroit des autorités de la Transition burkinabé pour légitimer leur prise de pouvoir :

> « Aujourd'hui 17 Septembre 2015, les forces patriotiques et démocratiques alliant toutes les composantes de la nation et réunies au sein du Conseil National pour la Démocratie (CND), ont décidé de mettre un terme au régime déviant de la transition. Instauré à la suite de l'insurrection victorieuse du peuple des 30 et 31 Octobre 2014, le régime de transition s'est progressivement écarté des objectifs de refondation d'une démocratie consensuelle. … ».

Toutefois, les logiques duales de substitution et de justification restent les principaux socles des ordonnances dont la conformation emprunte un particularisme certain.

II. L'agencement des ordonnances des régimes militaires

De l'observation de l'appareillage normatif des régimes militaires, se dégage une taxinomie des ordonnances les configurant, sur un mode en trois temps : à la naissance du régime, pour consolider le régime et pour préparer le retour au régime civil ou pour transmuter le régime militaire en régime civil.

En opérant une recomposition du rythme des ordonnances, on note, au moins deux grandes séquences temporelles[24], qui sont liées à la genèse (A) et à la consolidation du régime militaire (B).

A cet effet, les Forces Armées et de Sécurité ont décidé de la mise en place d'un Conseil Militaire pour la Justice et la Démocratie. Ce Conseil s'engage devant le peuple mauritanien à créer les conditions favorables d'un jeu démocratique ouvert et transparent sur lequel la société civile et les acteurs politiques auront à se prononcer librement. Les Forces Armées et de Sécurité n'entendent pas exercer le pouvoir au-delà d'une période de deux ans, jugée indispensable pour la préparation et la mise en place de véritables institutions démocratiques. Le Conseil Militaire pour la Justice et la Démocratie s'engage en fin à respecter tous les traités et conventions internationaux ratifiés par la Mauritanie ».

[24] Voir au Mali, la Déclaration du 19 août 2020 portant création du Comité national pour le Salut du Peuple, après le coup d'État ayant suscité la démission forcée du Président Ibrahim Boubacar Keita et les dissolutions du gouvernement et de l'Assemblée nationale.

A. Les ordonnances des débuts des régimes militaires

Relativement aux premières ordonnances, marquant l'avènement du régime militaire, leur fondement s'arrime à l'acte de proclamation[25].Généralement, elles fixent la composition de l'équipe dirigeante[26] et édictent les premières mesures de suspension de la Constitution, de subjugation des institutions nationales, de déclaration de l'état d'urgence et/ou institution de couvre-feu[27].

Après la prise de pouvoir, une proclamation, un communiqué ou un message relayé par les médias, fournira les raisons de l'intervention. En évinçant les gouvernants en place, les auteurs du coup d'État répudient en même temps l'ancienne organisation constitutionnelle des pouvoirs publics pour fonder ces derniers sur un nouvel agencement normatif. Celui-ci, basé sur un texte baptisé Acte constitutionnel ou toute autre appellation[28] constitue la matrice originelle des ordonnances[29]. Sur le

---

[25] Cf. La Proclamation du Conseil National de la Révolution et l'Ordonnance n°83-1 CNR du 4 août 1983 portant prise du pouvoir par le Conseil National de la Révolution, (JORHV du 11aout 1983, p.861).

Au Mali, à la suite de la Déclaration de prise du pouvoir du CNSP, sera adopté l'Acte Fondamental n°001/CNSP du 24 août 2020 qui, dans le cadre de l'organisation provisoire des pouvoirs publics *(art.29)* ; voir les ordonnances du CNSP, notamment l'ordonnance n°2020-02/P-CNSP du 11 septembre 2020 portant modification de la loi n°2018-007 du 16 janvier 2018 portant statut du personnel enseignant de l'enseignement secondaire, de l'enseignement fondamental et de l'éducation préscolaire et spéciale, (JORM, 61e année, spécial n°16,11 septembre 2020, p.7).

[26] Au Bénin (ex-Dahomey), Ordonnance n° 74-68 du 18 novembre 1974 portant création, attributions, composition, organisation et fonctionnement du Conseil National de Ia Révolution, du Bureau Politique dudit Conseil, des Conseils Provinciaux, de District, Communaux et locaux de Ia Révolution et l'ordonnance n° 75-56 du 14 août 1975 qui l'a modifiée ; Ordonnance n°77-42 du 9 septembre 1977 portant promulgation de 1a. Loi Fondamentale de 1a République Populaire du Bénin ; Ordonnance n° 80-1 du 6 février 1980 portant formule de prestation de serment du Président de 1a République. Voir, Théodore HOLO, L'étude d'un Régime militaire. Le cas du Dahomey (Bénin), Thèse de doctorat en droit public, Paris I, 1979 ; voir aussi, Koffi AHADZI-NONOU, Essai de réflexion sur les régimes de fait : le cas du Togo, Thèse de doctorat d'État en droit public, Université de Poitiers, 1985.

[27] Voir sous Moussa Dadis Camara et Sékouba Konaté, les ordonnances suivantes : Ordonnance n°006/PRG/CNDD/2008 du 29 Décembre 2008, portant création d'un poste de Premier Ministre ; Ordonnance n°001/PRG/CNDD/SGPRG/2010 du 09 février 2010, portant création du Conseil National de la Transition (CNT); Ordonnance n°006/PRG/CNDD/SGPRG/2010 du 05 mai 2010, portant attributions et composition du Conseil National de la Transition (CNT).

[28] En Côte d'Ivoire, Acte constitutionnel du 27 décembre 1999 ; au Mali, Acte fondamental n°1/CTSP du 31 mars 1991 ; en République Centrafricaine, Acte constitutionnel n°2 du 8 janvier 1966. Cf. Félix Sohuily ACKA, « La promulgation de la loi en Afrique noire francophone », Revue EDJA, n°49, avril-mai-juin 2001, pp.30-76.

[29] Actes constitutionnels n°1 du 4 janvier 1966 et n°2 du 8 janvier 1966 du Colonel Bokassa, portant organisation provisoire des pouvoirs de la République. L'article 4 de l'Acte constitutionnel

plan juridique, la propension à l'instrumentalisation des ordonnances est affichée dès les premières mesures. Invariablement, l'organe collégial ou son président, suspend ou abroge la Constitution[30], institue un couvre-feu, supprime les droits et libertés ou diffère leur respect[31], suspend ou interdit les activités des partis politiques[32]. Le Conseil restreint, auto-investi, s'attache à inscrire ses actions, a priori, dans une durée provisoire[33], nécessaire au rétablissement de l'ordre public[34].

---

n°2 dispose : « *Le Président de la République légifère par ordonnances. Ces ordonnances ont pouvoir de modifier les lois* » ; l'article 2 de l'Acte constitutionnel de 1999 du Général Robert Guéi, dispose : « Le *Président de la République légifère par ordonnances. Ces ordonnances ont pouvoir de modifier les lois antérieures* ». Au Mali, L'Acte fondamental de 2020 précité dispose en son article 35, s'agissant du Président du Comité que « *Le Président signe les ordonnances et les décrets adoptés par le Comité national pour le Salut du Peuple* ».

[30] Cf. Au Burkina Faso, Ordonnance n°82-1CPSP du 7 novembre 1982 portant prise de pouvoir par le Conseil Provisoire pour le Salut du Peuple, (JORHV, 24e année, n°47 du 29 novembre 1982, p.1015). Au Togo, Ordonnance n°1 du 14 janvier 1967 dont l'article 4 dispose : « *sont abrogées : a) la loi du 5 mai 1963 portant Constitution de la République togolaise, b) la loi n°63-14 du 27 mars 1963 fixant les règles relatives à l'élection des députés à l'Assemblée nationale...* ». cf. André CABANIS et Michel Louis MARTIN, « Note sur la Constitution béninoise du 2 décembre 1990 », RJPIC n°1, janvier-mars 1992, pp. 28-37.

[31] Les différentes ordonnances subséquentes à l'avènement des régimes militaires ont suspendu ou restreint les droits et libertés : voir ordonnance n°69-33 du 1er juillet 1969 modifiant l'article 22 de la loi n°20 AL du 31 août 1959 relative à la presse et aux délits de presse (JO de la Haute-Volta du 3 juillet 1969, p. 336).

[32]Voir la proclamation ayant valeur de loi du Comité Militaire présidé par le Colonel Saye Zerbo qui suspend les partis politiques, assume jusqu'à la mise en place du gouvernement « *les responsabilités du pouvoir exécutif* » et légifère par « *voie d'ordonnances et de décrets parlementaires* », (JO de la République de Haute-Volta du 4 décembre 1980). Il en est de même de la Proclamation du 15 octobre 1987 de Blaise Compaoré, Président du Front Populaire et qui dissout le Conseil National de la Révolution, le Gouvernement, l'Organisation Militaire Révolutionnaire, et qui révoque le Président du Faso et le Secrétaire Général National des Comités de Défense de la Révolution, (JOBF, 2e année, n°44, du 29 octobre 1987).

On peut aussi évoquer le cas de la Guinée où, après sa prise du pouvoir le 3 avril 1984, Lassana Conté a supprimé le Parti Démocratique Guinéen ; cf. Arnaud de RAULIN, « La Constitution guinéenne du 23 décembre 1990 », RJPIC n°2, avril-juin 1992, pp. 182-190.

[33]Comme le faisait remarquer Niandou Souley, « A l'inverse de ce qui se produit généralement, les militaires nigériens, depuis la prise du pouvoir en avril 1974, n'ont jamais déclaré solennellement qu'ils le remettraient aux civils. Et comme pour confirmer leur intention de rester définitivement sur la scène politique, dès 1976, suite à la formation d'un nouveau gouvernement (21 février), ils font disparaître le terme « militaire » de l'appellation officielle du gouvernement. Ainsi, le « gouvernement militaire provisoire » devient-il tout simplement « **gouvernement** provisoire », quoique comprenant encore 7 militaires sur 16 membres. Plus tard, le 24 janvier 1983, suite également à la formation d'une nouvelle équipe, le terme « provisoire » disparaît de l'appellation du gouvernement », Abdoulaye NIANDOU SOULEY, « L'armée et le pouvoir », Politique Africaine n°38, 1990, pp.40-50.

[34] Au Mali, l'Acte fondamental de 2020 maintient la Constitution de 1992 en tout ce qui n'est pas contraire aux dispositions de l'Acte. Il prévoit en outre l'adoption d'une Charte de la Transition

L'embrigadement des libertés, la banalisation du Parlement[35], la mise au pas des magistrats[36] confirment la tendance au durcissement du régime. Les ordonnances contribuent à la domestication par l'exécutif militaire des autres segments de la vie nationale et des pouvoirs ayant échappé à la purge, tout en organisant les modes de pérennisation du nouveau régime. Ces ordonnances peuvent toucher différents domaines : finances publiques[37], banque, crédit[38] organisation administrative[39], diplomatie[40], organisation judiciaire[41], etc.

---

en son art.40 «*Avant l'adoption d'une Charte pour la transition, les dispositions du présent Acte qui s'appliquent comme dispositions constitutionnelles, complètent, modifient ou suppléent celles de la Constitution du 25 février 1992* ».

[35] Voir ordonnance n°1-PGRM du 16 janvier 1968 du Lieutenant-colonel Moussa Traoré, qui dissout l'Assemblée nationale et la remplace par une délégation législative de 28 membres nommés par le Chef du gouvernement (Journal officiel de la République du Mali, n°269 du 15 février 1968, p. 73).

[36] L'article 6 *in fine* du Décret-loi constitutionnel n°3 de la République Démocratique du Congo du 28 mai 1997 dispose que « *Le Président de la République relève de leurs fonctions et le cas échéant, révoque sur proposition du Conseil Supérieur de la Magistrature, les magistrats du siège et du parquet* ». L'article premier dudit décret-loi mentionne *: « L'organisation et l'exercice du pouvoir relèvent du Chef de l'Etat* », cités par Jean DU BOIS DE GAUDUSSON et *alii*, Les Constitutions africaines..., op.cit., pp. 220-221.

[37] Ordonnance n°1-CMLN du 18 janvier 1974 portant loi de finances pour l'année budgétaire 1974 (JORM du 1er février 1974, p.81) ; ordonnance-loi n°86-028 du 5 avril 1986 sur les investissements (JO du Zaïre, n° Spécial, avril 1986, pp.5-27).

[38] Mauritanie, ordonnance n°020/2007 du 13 mars 2007 portant réglementation des établissements de crédit.

[39] A titre illustratif, l'ordonnance n°99-03 du 14 avril 1999 relative à la neutralité des membres du gouvernement, des Secrétaires généraux des ministères et de certains cadres de l'administration territoriale pendant la période de transition, Journal officiel de la République du Niger, 1er juin 1999, p. 376.

[40] Sur le plan diplomatique, on peut citer l'article 2 de l'ordonnance n°99-001 du 11 avril 1999 du Président du Comité de Réconciliation Nationale : « *L'État du Niger est et demeure lié par les Traités et Accords internationaux antérieurement souscrits et régulièrement ratifiés* »,(JORN du 13 avril 1999, p.140).Voir aussi sous le régime du Maréchal Bokassa, (Président à vie de la République, Président du Gouvernement), Ordonnance n°76/034 modifiant les dispositions de l'article premier de la Loi n°63/449 du 3-1-64 rendant libre la circulation des Ressortissants des États membres de la Communauté Économique Européenne (République Fédérale d'Allemagne, France, Italie, Luxembourg et Pays-Bas),des États membres de l'Union Douanière et Économique d'Afrique Centrale (République Populaire du Congo, République du Gabon, République du Tchad, République Unie du Cameroun), République du Zaïre et État d'Israël , (J.O.R.C.A,18e année, n°5, mai 1976 ,p.265 et s).

[41] Cf. Amadou TANKOANO, « La Constitution de la République du Niger du 12 mai 1996 », R.A.D.I.C., décembre 1997, Tome 9, n°4, pp. 878-893, qui cite l'ordonnance n°96-21 du 19 mai 1996 portant composition de la Chambre constitutionnelle de la Cour suprême pendant la période de transition.

Ces différentes ordonnances balisent la voie à d'autres normes édictées dans la phase de consolidation des régimes militaires.

B. Les ordonnances de consolidation des régimes militaires

L'adoption des ordonnances de cette seconde catégorie est guidée par le souci de stabiliser le régime militaire, de renforcer la personnalisation du pouvoir autour du Chef de la junte, Président autoproclamé à la recherche de soutiens financier, matériel, diplomatique des grandes puissances mondiales, et des États du voisinage. Ce régime cherche surtout, dès ses débuts, à s'attirer les faveurs des institutions financières internationales en les assurant du respect des engagements internationaux souscrits par le régime déchu.

Une fois que le coup d'État est consommé, se pose alors l'impératif de l'organisation et du fonctionnement provisoires de l'État pour redresser ou remettre en marche les institutions[42].

Dès lors, le régime militaire va s'évertuer à consolider son pouvoir, quelquefois sur la base d'Actes constitutionnels, mais principalement par le canal des ordonnances. Au fur et à mesure que s'affermit le pouvoir des militaires et face aux pressions des bailleurs de fonds ou de la communauté internationale, s'opère un changement qualitatif avec la libéralisation du régime et la recherche d'une légitimité plus confortable.

La métamorphose de l'organe collégial en gouvernement, son ouverture progressive à des personnalités civiles accommodantes, l'encadrement prudent de la résurrection des partis politiques[43] la surveillance pointilleuse des premières mesures de libéralisation[44], voire

---

[42] Cf., en RCA, les ordonnances du Président du Comité Militaire de Redressement National, Chef de l'État André Kolingba, prises sur le fondement des Actes Constitutionnels n°1 et 2 des 1er et 22 Septembre 1981 , notamment l'Ordonnance n° 79/016 du 6 Février 1979, portant modification du Code Minier Centrafricain ; l'Ordonnance n° 83.016 du 10 février 1983, portant création d'un Haut-commissariat aux Mines et à la Géologie et l'Ordonnance n° 83.024 du 25 mars 1983 fixant les conditions de possession et de détention et réglementant l'exploitation et le commerce de l'or et des diamants bruts , disponibles sur le site : www.droit-afrique.com ou sur le site : www.ecolex.org (consultés en juin 2020).

[43] Sous le régime du Général Bozizé, Ordonnance n°05-007 du 02 juin 2005 relative aux partis politiques et au statut de l'opposition en République Centrafricaine.

[44] Voir l'ordonnance du Président du Conseil Suprême de la Révolution, Didier Ratsiraka : ordonnance n°88-015 du 1er septembre 1988 relative à la Politique d'exportation de la République

l'organisation de référendums constitutionnels à l'issue programmée[45], contribueront à maquiller l'autoritarisme, à titre de pierre d'attente[46].

Si les ordonnances des débuts du régime dénotaient d'une inclination à consolider le pouvoir de fait des putschistes et à asseoir une légitimité factice, les ordonnances subséquentes dans la phase de transition vers un régime civil tendent à revaloriser l'image du régime devant la communauté internationale[47].

Toutefois, les différentes situations encadrées par les ordonnances n'arrivent pas à dissiper l'autoritarisme fréquemment corrélé à ces textes. Il en découle l'impression que les ordonnances travestissent une situation de fait en une parodie du droit.

Il s'y ajoute, que le peu de crédit attaché à un contrôle juridictionnel, par hypothèse, peu admis dans ces périodes d'exception[48], ne fait que renforcer l'incertitude de respect dû aux règles et principes prévalant dans un État de droit.

Enfin, dans un troisième temps, (qui n'est pas toujours constaté si le régime militaire écarte toute perspective de transférer le pouvoir aux civils), sont adoptés aussi bien des mesures de libéralisation croissante de l'espace public, de surveillance prudente des droits et libertés, des organes de presse, des partis politiques , des syndicats, que des textes de compromis avec les acteurs politiques et sociaux.

Dans ces circonstances, il est fait recours à l'organisation d'élections présidentielles dont est rarement exclue la candidature du Chef de la Junte, avec ce fort sentiment que l'issue des élections est déjà

Démocratique de Madagascar, disponible sur www.ambassade-madagascar.ch (consulté en juin 2020)

[45] Cf., Boubacar ISSA ABDOURHAMANE, « Alternances militaires au Niger », Politique Africaine n°74, 1999, pp.85-94 (ici, page 85).

[46] Cf., en Mauritanie, Ordonnance n° 2006-029 du 22 août 2006, portant loi organique relative à la promotion de l'accès des femmes aux mandats électoraux et aux fonctions électives modifiée par la loi organique n° 2012-032 du 12 avril 2012 ,*in* République Islamique de Mauritanie ,Recueil des textes applicables aux Collectivités Territoriales, Ministère de l'Intérieur et de la Décentralisation, juillet 2019, 970p.

[47] Voir, Ordonnance n°91/075/PCTSP du 8 avril 1991 du Général Amadou Toumani Touré autorisant la création des partis politiques, citée par Jean DU BOIS DE GAUDUSSON et *alii*, « Les Constitutions africaines… », Vol.2, p. 27 et s.

[48]Voir cependant la possibilité de ce contrôle dans la phase de libéralisation du régime militaire.

programmée pour octroyer le label démocratique au pays qui retrouve, alors, les parures et les dorures de régime fréquentable[49].

Ce descriptif d'ensemble, nuancé en fonction des particularités de certains régimes militaires, conduit, quel que soit le caractère spécieux ou avéré des arguments aboutissant à une substitution des militaires aux civils, à admettre que les régimes militaires n'ont pas davantage satisfait les espoirs que faisait miroiter leur avènement car leur « gestion des affaires publiques n'est pas meilleure que celle des civils »[50].

En somme, la question des régimes militaires, résultante des changements anticonstitutionnels de gouvernements ne saurait persister davantage avec l'avènement progressif d'armées républicaines.

Conclusion

L'avantage principal des ordonnances des régimes issus de putschs réside dans le fait qu'elles comblent un vide constitutionnel, fruit du reniement de l'ordre juridique antérieur. Dans ce cas, les ordonnances constituent un palliatif forgeant, dans l'attente de la reconstitution de légitimités, un droit nouveau. En ce sens, la mise en scène des régimes militaires trouve dans un formalisme réduit parce qu'occulté, une voie rapide d'expression.

Mais, la perception très souvent négative attachée à cette légalité circonstancielle est amplifiée par l'édiction de mesures de suspension de la Constitution, des droits et libertés des citoyens, de la vie politique et partisane, l'instauration d'un couvre-feu à défaut de celle de l'état d'urgence (qui l'est déjà *de facto*) et une volonté de dompter toute velléité de résistance à l'ordre militaire[51]. En prolongeant la thématique, la réflexion sur les régimes militaires doit être corrélée à la nécessité d'une plus grande institutionnalisation de la culture de la paix dans l'armée, qui constitue le maillon fort du secteur de la défense et de la sécurité de l'État, régi par les politiques publiques déterminées et/ou conduites par les gouvernements. Même si ce rôle a été constitutionalisé dans certains

---

[49] Voir, en Madagascar, l'ordonnance n° 2001-002 du 31 août 2001 portant loi organique relative a l 'élection du Président de la République, www.elsa.org.za (consulté en juin 2020).

[50] Maurice AHANHANZO- GLELE, « La Constitution loi fondamentale », op.cit., p.34.

[51] Lire Michel-Louis MARTIN, « Armée et politique : cycle de vie du militarisme en Afrique noire francophone » *in* Daniel Bach et Anthony Kirk-Greene (ed), État et Sociétés en Afrique francophone, Paris, Economica, 1993 ; Palouki MASSINA, « Le coup d'État, déshonneur et bienveillance », , op.cit.

États[52], dans une tentative d'exorciser le passé et de conjurer des périls à venir dans ces pays, il n'en reste pas moins, que dans les régimes démocratiques le politique tient le militaire en l'état. C'est dans ce sens que l'Acte constitutif de l'UA[53]rejette les changements anticonstitutionnels de gouvernement[54], et que le Protocole de la

---

[52]Comme pour conjurer le risque toujours pendant d'un retour des coups d'État, certains États ont constitutionnalisé le rôle de l'armée ou, à tout le moins, essayé d'en cantonner les missions sous l'autorité de gouvernements civils et issus d'élections démocratiques. Ainsi, la Constitution du Mali proclame en son art.121 « *Le fondement de tout pouvoir en République du Mali réside dans la Constitution. La forme républicaine de l'État ne peut être remise en cause. Le peuple a le droit à la désobéissance civile pour la préservation de la forme républicaine de l'État. Tout coup d'État ou putsch est un crime imprescriptible contre le peuple Malien* ».

De manière plus illustrative, sans rester sur l'aveu d'impuissance, on peut citer l'art.28 de la Constitution de la RCA de 2016 : « *L'usurpation de la souveraineté par coup d'État, rébellion, mutinerie ou tout autre procédé non démocratique constitue un crime imprescriptible contre le peuple centrafricain.*

Toute personne ou tout État tiers qui accomplit de tels actes aura déclaré la guerre au peuple centrafricain.

Toute personne physique ou morale qui organise des actions de soutien, diffuse ou fait diffuser des déclarations pour soutenir un coup d'État, une rébellion ou une tentative de prise de pouvoir par mutinerie ou par tout autre moyen, est considérée comme co-auteur. Les auteurs, co-auteurs et complices des actes visés aux alinéas 1 et 2 sont interdits d'exercer toute fonction publique dans les Institutions de l'État ».

[53] En application des articles 4, paragraphe (p) et 30 de l'Acte constitutif, l'Union africaine a suspendu les droits de vote et de représentation des États suivants : la Guinée-Bissau, sanctionnée le 17 avril 2012 après le coup d'État militaire du 12 avril 2012 ; la Centrafrique qui est suspendue le 24 mars 2013 après la venue au pouvoir des rebelles de la *Séléka*.et du président autoproclamé Michel Djotodia ; l'Égypte, suspendue au lendemain du coup d'état du Maréchal Sissi en 2013 et réhabilitée après l'élection présidentielle de 2014. La liste est longue des États sanctionnés puis réintégrés dans l'Union africaine : Madagascar, qui a été suspendu à la suite de la crise politique de 2009 qui a entraîné la prise de pouvoir d'Andry Rajoelina ; cette suspension a été levée [] à la suite de l'investiture d'un nouveau président démocratiquement élu ; la Côte d'Ivoire suspendue entre 2010 et 2011 ; la Guinée-Conakry, suspendue lors du coup d'État militaire du 23 décembre 2008 de Moussa Dadis Camara ; la Mauritanie, suspendue une première fois le 4 août 2005, après un coup d'État militaire. Elle fut réintégrée après l'élection présidentielle de 2007. Elle fut de nouveau suspendue, pour les mêmes raisons, le 6 août 2008 ; le Niger, suspendu le 8 février 2010 après un coup d'État militaire ; le Mali, suspendu le 23 mars 2012 après le coup d'état militaire des 21-22 mars 2012, a été rétabli le 26 octobre 2012 après la mise en place d'un régime de transition, dans le contexte de la prise de contrôle par les milices islamistes du nord du pays ; voir Saidou Nourou TALL, Droit des organisations…, op.cit.

[54] Joseph KAZADI MPIANA, « L'UA face à la question des changements anticonstitutionnels de gouvernement », Revue Québécoise de Droit International 25/3, (2012), pp. 101-141.

CEDEAO de 2001[55] et la Charte de l'Union Africaine sur les élections[56] rationnalisent, encadrent le rôle des Forces de défense et de sécurité.[57]. Cette vision des choses n'échappe pas aux dirigeants des régimes militaires qui s'empressent d'inscrire dans les dispositions transitoires qu'ils ont suscitées, l'abrogation de tous les actes pris antérieurement en cas de contrariété avec les nouvelles lois fondamentales[58].

---

[55] Protocole A/SP1/12/01 sur la démocratie et la bonne gouvernance du 21 décembre 2001, additionnel au Protocole relatif au Mécanisme de prévention, de gestion, de règlement des conflits, de maintien de la paix et de la sécurité, qui énonce en son article premier les principes de convergence constitutionnelle, notamment : *« (...)b) Toute accession au pouvoir doit se faire à travers des élections libres, honnêtes, et transparentes. c) Tout changement anticonstitutionnel est interdit de même que tout mode non démocratique d'accession ou de maintien au pouvoir... »*.Il consacre, aux articles 19 à 24 « le rôle de l'armée et des forces de défense en démocratie ».L'article 20 précise justement « *1. L'armée et les forces de sécurité publique sont soumises aux autorités civiles régulièrement constituées.*

2. Les autorités civiles doivent respecter l'apolitisme de l'armée ; toutes activités et propagande politiques, ou syndicales sont interdites dans les casernes et au sein des forces armées ».Voir Alioune SALL et Ismaila Madior FALL,« Une Constitution régionale pour l'espace CEDEAO : Le protocole sur la Démocratie et la bonne Gouvernance de la CEDEAO », voir le blog de Stéphane Bolle : www.la-constitution-en-afrique.org, (consulté le 30 juin 2020) ; Ayawa Aménuvévé AGBO, Droit international et règlement des crises constitutionnelles en Afrique francophone, Thèse droit, Lyon 3, 2012, 591 p.

[56] La Charte africaine de la démocratie, des élections et de la gouvernance du 30 janvier 2007 considère que « *les changements anticonstitutionnels de gouvernement (...) constituent l'une des causes essentielles d'insécurité, d'instabilité, de crise et même de violents affrontements en Afrique »(Préambule).Parmi ses objectifs , elle s'attache à « interdire, rejeter et condamner tout changement anticonstitutionnel de gouvernement dans tout Etat membre comme étant une menace grave à la stabilité, à la paix, à la sécurité et au développement »(art. 1er§4).Son article 14 précise surtout ; « 1. Les États parties renforcent et institutionnalisent le contrôle du pouvoir civil constitutionnel sur les forces armées et de sécurité aux fins de la consolidation de la démocratie et de l'ordre constitutionnel.*

2. Les États parties prennent les mesures législatives et réglementaires nécessaires pour traduire en justice toute personne qui tente de renverser un gouvernement démocratiquement élu par des moyens anticonstitutionnels.

3. Les États parties coopèrent entre eux pour traduire en justice toute personne qui tente de renverser un gouvernement démocratiquement élu par des moyens anticonstitutionnels », voir, Jean-Claude TCHEUWA, « L'Union Africaine et les changements anticonstitutionnels de gouvernement », RRJ, Droit Prospectif, PUAM, 2009, n°2, pp. 995-1022.

[57] Sur les questions de paix et de sécurité, consulter, Saidou Nourou TALL Droit des organisations internationales africaines, Paris, L'Harmattan, juin 2015,550p.

[58]Voir article 119 de la Constitution du Mali de 1992 ; article 29 de la Constitution nigérienne de 1996.

Jean-Paul MARKUS

Professeur de droit public, Responsable du Département SHS, Université Paris-Saclay (France)

Ruptures politiques et continuité administrative.

Introduction

Coups d'État, révolutions, décès ou assassinats de dirigeants, etc, l'instabilité politique s'accompagne paradoxalement souvent d'une relative d'une continuité administrative. Les mairies continuent d'enregistrer les naissances et les décès, les opérateurs électriques à fournir de l'électricité, les transporteurs publics à transporter, les enseignants à enseigner, les juges à juger, les policiers à policer, les balayeurs à balayer, etc. La tête de l'État change, son corps administratif demeure. Cela s'est constaté en France durant la IVème République avec son régime d'assemblée qui faisait et défaisait les gouvernements, en Israël avec des élections législatives pratiquement tous les ans depuis 2017, en Belgique où il faut parfois huit mois pour constituer un gouvernement, etc. Dans un autre registre, le Tchad, le Burkina Faso, la Grèce des Colonels, l'Algérie dirigée plusieurs années par nul ne sait qui, autant de pays où l'administration est restée en place, continuant ses missions quotidiennes.

Cela ne signifie pas que l'administration et le corps politique sont déconnectés, bien au contraire. Montrant l'importance de cette connexion, De Gaulle, lorsqu'il débarque en Normandie en 1944, tente immédiatement de reprendre les préfectures : d'abord parce qu'elles incarnent l'État ; ensuite parce qu'il fallait que le changement politique (passage d'un régime pétainiste dictatorial à la République) se traduise *dans* l'administration, au plus près des citoyens.

L'administration est le relais – le bras armé disent certains – du pouvoir politique auprès des citoyens, et inversement les citoyens s'adressent au pouvoir politique à travers l'administration. Nous voulons démontrer que le pouvoir politique ne dirige que virtuellement l'État sans une administration solide, alors qu'inversement l'administration peut continuer d'administrer sans pouvoir politique stable, du moins lorsque cette instabilité n'est que politique, et qu'elle ne se traduit pas par la destruction des outils d'administration, par la violence ou le délaissement. Cette position centrale fait de l'administration le *socle* du pouvoir politique.

De cette position centrale, on peut aussi tirer d'autres conclusions : une administration est d'autant plus forte que le pouvoir politique est instable. Autant elle constitue le socle du pouvoir politique, qu'elle contribue à renforcer et légitimer et donc à stabiliser (I), autant elle arrive à s'accommoder d'une instabilité politique, dans l'intérêt général mais aussi, parfois, dans son propre intérêt voire dans un intérêt détourné, pour assoir sa propre puissance en lieu et place du pouvoir politique (II).

C'est cette vision d'administrativiste, que nous croyons complémentaire à celle du constitutionnaliste, à la lumière notamment d'événements politiques plus ou moins récent. Cet angle administratif est l'occasion une fois de plus d'opposer, à la manière du doyen Vedel, la « discontinuité du droit constitutionnel » et la « continuité du droit administratif »[1].

I. Stabilité administrative, gage de stabilité politique

Il n'y a rien de nouveau à affirmer qu'un pouvoir politique repose sur une administration efficace, dans le temps et dans l'espace territorial (A). Ce rafraichissement de mémoire sera un préalable indispensable à la suite du raisonnement : toute carence de l'administration discrédite le pouvoir politique et le fragilise. C'est donc bien le pouvoir politique qui paie les faiblesses du pouvoir administratif (B).

[1] G. Vedel, Discontinuité du droit constitutionnel et continuité du droit administratif : le rôle du juge, Mélanges M. Waline, *Le juge et le droit public*, 1974. - t. 2, p. 777-793.

A. L'assise administrative du pouvoir politique

Stabilité administrative et continuité nationale. La stabilité administrative, par contraste avec la stabilité politique, résulte en réalité d'un principe bien plus fort que la Constitution elle-même, celui de la continuité de la vie nationale, qu'il est même possible de rattacher à la supra-constitutionnalité. C'est ce principe qui structure la société de chaque État, et qui fait d'ailleurs que cet État demeure le plus souvent malgré les changements plus ou moins brusques et répétés de régimes. Cette stabilité est consubstantielle à la vie sociale elle-même : une révolution, fut-elle celle de 1789, fait table rase d'un régime mais pas de la vie nationale, qui se continue. En 1789, les paysans continuaient d'aller aux champs et de ramener le grain vers le moulin et le four banaux qui étaient mis à disposition par le seigneur local. Ces installations banales n'ont pas disparu en 1789 ; elles ont simplement été reprises par les communes nouvellement créées, pour devenir des services publics communaux.

Napoléon a organisé l'administration française comme une armée dès 1799, avec des grades et des corps, un puissant lien hiérarchique, et ce modèle lui a survécu jusqu'aujourd'hui alors que lui-même était expédié sur une lointaine île africaine six années plus tard. Les médias relatent souvent les coups d'État, sans jamais montrer une vie sociale, des services publics qui tournent envers et contre tout : une abstraction qui réduit l'État à sa seule tête, alors que cette notion est bien plus vaste et stable. En somme, le moteur de la continuité administrative semble moins résider dans la tête de l'État que dans sa base. Une administration forte, gage de stabilité de la vie nationale, mais aussi gade de stabilité institutionnelle et donc étatique. Le mot État vient au demeurant du latin « *stare* » qui signifie « être debout », stable. L'administration et les services qu'elle rend constituent donc ce socle qui tient et qui soude une population, indépendamment des changements de régime, même si les constitutionnalistes ajouteront que cela suppose aussi l'existence d'une nation cohérente autour du pouvoir politique, citant par exemple l'Union soviétique, qui malgré un pouvoir politique et une administration forte s'est disloquée dans les années 1990.

Une assise temporelle. Dans un ouvrage de Tocqueville sur *L'Ancien Régime et la* Révolution[2], moins connu que *La démocratie en Amérique,* mais plus tardif et plus mature, l'auteur se dit frappé par la continuité entre l'administration royale et l'administration post-révolutionnaire.

> « On ne saurait lire la correspondance d'un intendant de l'ancien régime avec ses supérieurs et ses subordonnés sans admirer la similitude comment la similitude des institutions rendait les administrateurs de ce temps-là pareil aux nôtres. Ils semblent se donner la main à travers le gouffre de la révolution qui les sépare »[3]. Il ajoutait pus loin : « Il n'y a pas jusqu'à la langue administrative des deux époques qui ne se ressemble d'une manière frappante (...) Qui lit un préfet lit un intendant »[4].

Et d'en conclure que les « *ces changements de régimes cachent une continuité administrative* ».

Cette continuité temporelle de l'administration ne se limite pas à la durée. Elle s'entend aussi d'une permanence : c'est le principe de continuité des services publics, à la fois déclinaison et condition de la continuité de l'État. C'est à propos du droit de grève des agents publics que le Conseil d'État a pu dégager une ligne de conduite. Alors même que la Constitution de 1946 reconnaissait le droit de grève à tous les agents publics (contre une interdiction auparavant), dans le cadre des « lois qui le réglementent ». Le Constituant renvoyait donc à la loi pour définir les modalités précises de la grève dans les services publics. Face à un législateur muet sur ce point, le juge dut intervenir : en l'absence de loi, il appartient aux directeurs de service (dont les ministres) de concilier droit de grève et continuité des services publics, deux principes de même valeur constitutionnelle depuis 1946. C'est ainsi que pour des raisons notamment d'ordre public, certaines services publics C'est à l'occasion de l'affaire *Dehaene*[5] en France, que le commissaire du gouvernement Gazier fit part de sa crainte d'un "*État à éclipses*"[6] : en l'absence de loi, le droit de grève était-il illimité ? Pouvait-on laisser les agents publics

---

[2] A. Tocqueville, L'ancien régime et la Révolution, éd. Michel Lévy frères, 1856.

[3] p. 95.

[4] p. 97

[5] CE Ass. 7 juil. 1950, *Grands arrêts*, 11° éd., n° 78.

[6] RDP 1950.702, spéc. p. 705. Autre espèce, CE 13 nov. 1992, *Synd. nat. des ingénieurs de l'aviation civile*, Leb. 1063, AJDA 1993.221, obs. B. MATHIEU, DA 1993 n° 4, RDP 1993.856. La doctrine ne s'y est d'ailleurs pas trompée : par ex., B. JEANNEAU, thèse préc., p. 162.

paralyser les services publics, notamment la police, les hôpitaux, les centrales nucléaires, etc. ? Face à ce risque, le Conseil d'État valida les restrictions réglementaires au droit de grève, au nom de "*la sauvegarde de l'intérêt général*", et des "*nécessités l'ordre public*", pour réduire la portée du droit constitutionnel à la grève.

Une assise territoriale. Bien des études ont décrit le rôle de la formation du territoire dans la genèse de l'État et dans sa pérennité[7] : émergence d'un pouvoir central au détriment de fiefs locaux, puis affirmation d'un espace unique administré directement par ce pouvoir grâce à une administration centralisée (justice, fisc, mais aussi ponts et chaussées ou postes), fortement hiérarchisée, destinée à favoriser «*l'homogénéisation*» du territoire[8] et à contenir les luttes entre groupes[9]. Ce maillage administratif territorial a donc constitué un facteur stabilisant, propice à l'avènement de l'État même.

Une fois le pouvoir politique en place, il ne peut relâcher sa vigilance, ce qui explique, après la Révolution la création par la loi du 28 pluviôse an VIII, des préfets dans chaque département, étant entendu que la création même des départements avait vocation à diviser les provinces de l'Ancien Régime, trop puissantes et tentées par la sécession ou le fédéralisme tout récemment mis à l'honneur aux États-Unis[10]. C'est bien que la continuité administrative et politique repose aussi sur son ancrage territorial. Le pouvoir doit « occuper le terrain », autrement dit son territoire, qui rappelons-le, est le "*domaine de validité d'un ordre juridique étatique*"[11] et doit le rester.

Cette occupation ne saurait reposer que sur la seule force. Elle doit s'accompagner de services. Hauriou prônait voyait ainsi dans le service public "*régulier et continu à rendre au public*, une prestation en permanence et partout, même dans les portions de territoire où cette activité n'aurait aucune chance de devenir lucrative[12]. L'idée que les

---

[7] P. ALLIES, *L'invention du territoire*, PUG 1980 ; C. LAVIALLE, *De la fonction du territoire et de la domanialité dans la genèse de l'État en France sous l'Ancien Régime*, Droits, 1992, n° 15, p. 19 et s. ; E. KANTOROWITZ, *Les deux corps du Roi*, Gallimard, 1989, p. 251 et s.

[8] P. ALLIES, préc., p. 101.

[9] *Ibid.* p. 150.

[10] G. Sautel et J.L. Harouel, Histoire des institutions publiques depuis la Révolution française, Dalloz, 1997, n° 70.

[11] KELSEN, préc., p. 381 ; R. CARRE DE MALBERG, *Contribution à la théorie générale de l'Etat*, Sirey, 1922, t. 1, p. 4.

[12] *Précis de droit administratif*, 1927, p. 17-18.

services publics doivent irriguer l'ensemble du territoire s'est imposée de façon toujours plus intense. Desserte en infrastructures transports, en téléphonie, en réseaux mobiles, en fibre internet, en établissements éducatifs ou en équipements sanitaires, etc.

Le phénomène des Gilets jaunes en France est une parfaite illustration de la disparition de l'administration dans certaines portions du territoire. Il s'agit des campagnes, mais aussi des banlieues éloignées des grandes villes, très mal desservies en transports. Il est significatif, dans ces territoires, de constater que c'est la décision d'augmenter les taxes sur les carburants pour des raisons écologiques, qui a contribué à déclencher le mouvement[13]. Cela a provoqué un véritable effet de ciseau entre absence de transports et augmentation du coût de l'essence. La géographie des Gilets jaunes correspondant dans une large mesure celle des services publics ou du moins de leur absence. Le succès de ces mêmes gilets jaunes dans les territoires d'outre-mer relève de la même logique. La géographie des Gilets jaunes correspond peu ou prou à celle des campagnes isolées et des banlieues lointaines mal reliées aux centres-villes[14].

Ainsi, l'éloignement des services publics équivaut à leur absence pure et simple. Or les services publics incarnent l'État de façon bien plus addictive qu'une préfecture. Ils assurent le lien social. Privée de services publics, la population est en manque et se révolte.

Enfin, des études ont montré la manière dont certaines puissances coloniales ont su faire reposer leur autorité politique sur les chefs traditionnels qu'ils ont transformés en rouages locaux de transmission. En Guinée Bissau par exemple, le colonisateur portugais a en quelque sorte « administrativisé » les chefs traditionnels afin de pallier les carences de l'administration coloniale et d'assurer une continuité administrative sur le terrain[15]. A la veille de l'indépendance et alors que la puissance coloniale épuise ses derniers effectifs sur le départ, elle s'efforce de maintenir une présence au moins juridique. Cet exemple est d'ailleurs des plus significatifs : l'administration coloniale sur le déclin diminue peu à peu son niveau de prestation sanitaire, sociale,

---

[13] H. Le Bras, Une révolution ? Non, Sire, c'est une révolte, Revue « L'ENA hors les murs », 2019/2 N° 494, p. 5.

[14] H. Le Bras, préc ;

[15] P. Cerdeira, Reconstruire le quotidien administratif à Cacheu (Guinée Bissau) à la fin des années 1950), Rev. Vingtième Siècle. Revue d'Histoire, 2018/4 n° 140, p. 69.

économique, et le mécontentement s'installe[16]. Les chefs traditionnels servent d'écran entre une population mécontente et la puissance coloniale qui les soutient et les maintient, mais cette ambivalence ne peut tenir très longtemps, et le pouvoir politique finit par tomber.

B. Carence administrative et instabilité politique

« *L'efficacité des systèmes politiques dépendent dans une large mesure de celle des institutions administratives* »[17]. Peu importe le régime, démocratique ou autoritaire : dans les deux cas, il faut une administration forte. Dans un régime autoritaire, il est essentiel de créer des structures bureaucratiques policières fiables pour contrôler la population, assorties des services publics vitaux car aucun État ne peut assurer sa pérennité uniquement par la force. Dans un régime libéral, on insistera sur les services publics destinés à satisfaire une opinion qui s'exprime librement et parfois violemment. Ainsi, la démocratie nécessite, tout autant que la dictature, une administration structurée et solide, apte à préserver la stabilité politique. Les enquêtes menées aux Etats-Unis sur la transition entre le président D. Trump et le président élu J. Biden ont montré combien les institutions administratives ont su empêcher D. Trump d'opérer un coup d'État.

Le problème se pose également lors d'une transition démocratique, avec des réponses différentes selon qu'il s'agisse d'un État développé ou d'un État en voie de développement. Dans le cas du pays développé qui se démocratise, une administration policière et autoritaire est en place, et il faut alors la « purger » de ses éléments radicaux sans menacer la continuité même de l'État. On se limitera donc, comme cela a été fait après la Seconde Guerre mondiale, à une épuration symbolique de l'administration, parfois qualifié « d'épuration de compromis » parce qu'uniquement destinée satisfaire l'opinion publique[18]. Ensuite, il faudra réorienter l'action administrative vers un plus grand respect des libertés, ce qui suppose une sorte d'aggiornamento culturel, qui prend du temps. Cela a également été le cas avec l'écroulement de l'empire soviétique

---

[16] Aussi, dans d'autres colonies, à la veille de l'indépendance : Cláudia Castelo et Daniel Melo, « Autobiografia da *Angola colonial : memórias da mulher dum chefe de posto* (1945-1974) », Lusotopie, 13 (1), 2006, p. 95-115.

[17] F. Dreyfus, L'administration, enjeu de la transition en Afrique du Sud, in W. Andreff (dir.), *La transition vers le marché et la démocratie*, éd. La Découverte, 2006, p. 231.

[18] M. Bergère, L'Epuration en France, Que Sais-je, 2018, p. 45 et s.

dans les années 1990, ou de la dictature roumaine de Ceausescu. L'effort n'est pas mince pour le nouveau pouvoir politique démocratique, qui repose sur une administration ne partageant pas sa culture. Il faut transformer à la fois les structures et les mentalités administratives. Les démocraties de l'après-guerre ont bénéficié d'un contexte économique favorable à ce changement (les trente glorieuses). De leur côté, les anciennes républiques soviétiques (Pologne, Pays Baltes, Bulgarie, etc.), sont entrées dans l'économie de marché, ce qui leur a permis, pour la plupart et avec l'aide de l'Union européenne notamment, de sortir du marasme économique et donc de surmonter l'effort de restructuration administrative.

L'Afrique du Sud constitue un exemple topique de cet effort. La démocratisation de l'Afrique du Sud s'est opérée avec la Constitution intérimaire du 22 décembre 1993, puis la Constitution promulguée le 10 décembre 1996. L'ambition de l'*African National Congress* (ANC) arrivant au pouvoir était double : installer une administration plus représentative de la population (en clair, moins blanche et plus noire...), et orienter son action vers l'égalisation des droits économiques et sociaux[19]. Le tout devait se réaliser sans risque de mutinerie administrative, et donc sans épuration massive des Afrikaners en place. Or, on rappelle que 96 % des postes de la haute fonction publique étaient occupés par les Afrikaners, qui ne représentaient que 13 % de la population à l'époque.

Ainsi, si on se lance dans une comparaison – qui n'est pas forcément raison – entre la Constitution française et celle de l'Afrique du Sud sur ce plan, la différence est frappante : dans la Constitution française, l'administration n'est abordée que de façon indirecte à travers les grands principes tels que l'égalité, la laïcité, une organisation décentralisée (article 1er), l'obligation de transparence des comptes (art. 47-2 et 14 et 15 DDHC). S'agissant de l'accès à la fonction publique, un seul article de la DDHC a suffi (art. 6 : « Tous les citoyens étant égaux à ses yeux sont également admissibles à toutes dignités, places et emplois publics, selon leur capacité...»). Cet article doit être mis en balance avec tout un chapitre 10 de la Constitution d'Afrique du Sud de 1996, qui consacre une section aux « *Basic values and principles governing public administration* », lesquels ne sont que la déclinaison administrative

[19] F. Dreyfus, L'administration, enjeu de la transition en Afrique du Sud, in W. Andreff (dir.), La transition vers le marché et la démocratie, éd. La Découverte, 2006, p. 232.

concrète des grands principes constitutionnels d'égalité, de transparence et de liberté développés dans les autres parties de la Constitution sud-africaine.

Dans tous ces cas, la réforme administrative a permis une consolidation politique du régime démocratique. On notera au passage que ces nouvelles démocraties restent fragiles, puisque la Hongrie, la Pologne par exemple, ont enregistré un recul, en inaugurant dans les années 2010 une nouvelle catégorie de démocratie dite « illibérale », que d'autres appellent plus franchement « démocrature ». La France, depuis la Révolution, est passée par nombre de régimes autoritaires ou dictatoriaux, tout en maintenant un socle administratif stable qui a permis une continuité de l'État.

Le raisonnement qui précède ne tient plus dans le contexte d'un pays en voie de développement. Quel qu'il soit, le pouvoir politique en place reste tributaire d'un appareil administratif défaillant à plusieurs points de vue : formation déficiente des agents ; moyens de travail insuffisants pour assurer les missions dévolues ; précarité des salaires et parfois même des postes (notamment avec une opacité dans le recrutement), ce qui alimente à la fois une propension à la corruption et un manque de motivation des agents en place.

Dans cette situation, l'administration n'est pas à même de servir de relais du pouvoir au citoyen et inversement. Les politiques publiques impulsées par le sommet sont déformées ou édulcorées, et finalement inefficaces. L'État n'est pas perçu comme le bienfaiteur naturel, voire plus perçu du tout, d'autant que l'administration n'est pas non plus à même de transmettre les alertes de la base vers le sommet. Il en résulte que le citoyen finit par s'en remettre à d'autres candidats au pouvoir, y compris ceux prônant ou agissant par coups de force, ce qui alimente l'instabilité politique. Reste que ce nouveau pouvoir politique arrivé par la force ne sera pas pour autant plus fort. Les défaillances administratives qui caractérisaient le pouvoir politique évincé n'ont pas disparu. Même en cas de transition démocratique, le nouveau régime qui en résulte est inévitablement frappé d'une précarité congénitale – la faiblesse de l'administration - qu'il est difficile de surmonter.

II. Instabilité politique, gage de puissance administrative

Effet balancier. Les faits montrent que tout affaiblissement du pouvoir politique crée un mouvement de balancier en faveur de l'administration qui se renforce, puis prend la place laissée par le politique. Même lorsque cette administration est bien formée et mue par l'intérêt général, les inconvénients l'emportent car il est anormal qu'un directeur d'administration centrale élabore la politique du pays. Au contraire, lorsque l'administration qui se politise était déjà faible sur le plan structurel et éthique, c'est l'édifice entier – et donc l'État - qui menace de d'écrouler[20]. Ce phénomène s'accentue par les modalités de l'aide internationale : les bailleurs de fonds se refusent à passer par l'administration qu'ils jugent inefficace voire corrompue et la discréditent encore plus en créant des structures parallèles dans lesquelles elles placent les fonctionnaires les plus compétents en les débauchant. En cherchant à sauver des États, les bailleurs de fonds les ont littéralement contournés en discréditant leur appareil administratif au lieu de tenter de le réformer. Ils en sont arrivés à saper les fondements même de ces États en déstructurant ce qui reste de leur administration[21].

Il en est résulté une déresponsabilisation généralisée de l'administration, qui n'est plus en mesure par la suite de prendre le relais de l'aide internationale et agit alors dans un réflexe d'autoconservation, confisquant le pouvoir politique (A). L'administration peut alors perdre tout repère d'intérêt général, et utiliser son emprise politique à des fins d'intérêt privé (B).

A. Les risques de confiscation du pouvoir politique par l'administration

Politisation de l'administration. Lorsque De Gaulle revient au pouvoir en 1958, sa première préoccupation est de reprendre en main

---

[20] B. I. Abdourhamane, « Alternances militaires au Niger », Politique africaine, n° 99, janvier 1999,

p. 85-94.

[21] Pour le cas du Niger, Ph. Lavigne Delville, *« Déclaration de Paris » et dépendance de l'aide : éclairages nigériens*, Rev. Politique africaine, 2013/1, n° 129, p. 135.

l'appareil d'État[22]. L'administration, en particulier la haute fonction publique, s'est politisée face à des dirigeants sous la IV° République qui se sont au contraire dépolitisés à force de sombrer dans les calculs politiciens : ils ne géraient plus que les affaires courantes ou presque, subissaient les évènements sans les impulser. La méthode de de Gaulle pour reprendre le contrôle de la fonction publique : placer ses plus hauts responsables au gouvernement[23]. C'est le début des ministres techniciens, notamment issus du Conseil d'État ou de l'Inspection générale des finances, n'ayant aucun passé politique. C'est aussi une manière de d'amadouer un corps administratif sans la collaboration duquel De Gaulle aurait été bien impuissant à mettre en place les institutions de la V° République et à en finir avec la Guerre d'Algérie : pas de chasse aux sorcières, pas de « *spoil system* » à l'Américaine, mais une loyauté « achetée » auprès de la haute fonction publique, chargée de diffuser le mouvement dans tout l'appareil administratif. Cette méthode d'association de l'administration au politique a toujours cours, lorsque le gouvernement Borne-II sous la présidence d'E. Macron voit arriver un médecin directeur d'un service des urgences au poste de ministre de la Santé, à un moment où les personnels des hôpitaux français en crise sont soit en grève, soit en congé maladie, soit… partis dans le secteur privé ou à l'étranger.

C'est dire que l'administration soutient le pouvoir politique comme la corde soutient le pendu : il est d'ailleurs prouvé par les historiens que l'appareil administratif avait contribué à l'arrivée de De Gaulle au pouvoir en 1958, renonçant implicitement à protéger les institutions issues de la Vème République[24]. Certains ministres se plaignent ouvertement de cette situation où ils doivent composer en permanence avec leur administration avant toute considération politique[25], et n'a fait que s'accentuer avec la constitution de grands corps ou de réseaux d'écoles telles que l'École nationale d'administration. Il fallait une stature politique comme celle de de Gaulle pour fixer des objectifs et

[22] Marc-Olivier Baruch, « Fonction publique », dans Jean Garrigues (dir.), *La France de la Ve République*, Paris, Armand Colin, 2008, p. 504.

[23] David Valence, « "Une prise en main rigoureuse de l'appareil d'État ?" Le pouvoir gaulliste face aux hauts fonctionnaires (1958-1962) », Histoire@Politique. Politique, culture, société, N°12/3, 2010, p. 7.

[24] Michel Winock, *13 mai 1958. L'agonie de l'IVe République*, Paris, Gallimard, coll. « Les journées qui ont fait la France », 2006, p. 233.

[25] Patrick Devedjian, L'administration au pouvoir, in Commentaire, 2019/1 (N° 165), p. 183.

affirmer de façon péremptoire que « *l'intendance suivra* »[26]. Parfois, l'intendance fait de l'inertie en attendant le ministre suivant, faisant prévaloir sa propre vision de l'intérêt général. Il en résulte des textes déconnectés des réalités et inappliqués.

L'emprise sur le politique. Le phénomène des « féodalités » administratives n'est pas nouveau[27], et il est toujours aussi difficile à éliminer. La résistance de la Haute fonction publique à la volonté du Président Macron de supprimer les grands corps en atteste. Elle tient à la position ambiguë de la haute fonction publique, qui occupe en masse les cabinets ministériels tout en appartenant à certains grands corps ou grandes administrations. Cette position leur permet de briser dans l'œuf toute initiative politique ne leur convenant pas[28]. La haute fonction publique se politise à mesure qu'elle étend son emprise sur le politique. Le système se pervertit : pour sauver des emplois publics, l'administration fournit de fausses données au pouvoir politique. Elle n'est plus à l'écoute des administrés, ce qui a aussi constitué une des sources du mouvement des gilets jaunes[29].

Ce qu'on entend par une administration qui se politise : il ne s'agit pas nécessairement pour l'administration d'agir dans un esprit partisan. Ce phénomène est condamnable, il existe partout, mais ce n'est pas celui qui nous importe ici. Une administration qui se politise au sens juridique du terme est celle qui accapare l'appréciation politique de ce qu'est l'intérêt général, en faisant preuve d'inertie dans l'application des politiques publiques, ou encore en menant un efficace « travail de persuasion (…) auprès du pouvoir politique »[30], pour arriver à ses fins.

M. Hauriou prônait « la séparation du pouvoir militaire et du pouvoir civil, du pouvoir religieux et du pouvoir civil, la séparation des pouvoirs constitutionnels, la séparation du gouvernement et de l'administration, la séparation de l'individu et de l'État »[31]. Hauriou distingue ainsi la « fonction gouvernementale » de « la fonction administrative ». La

---

[26] Formule attribuée à De Gaulle, mais jamais attestée.

[27] Jean Legrès, L'Administration et le pouvoir, Rev. Études 1976/7 (Tome 345), pages 125

[28] Ibid.

[29] B. Kaloara, Les Gilets jaunes ou la quête de la résonance ? Revue « L'ENA hors les murs », 2019/2 N° 494, p. 13.

[30] S. ENGUÉLÉGUÉLÉ, Les politiques pénales 1958-1995, éd. L'Harmattan, coll. « Logiques politiques », 1998. p. 300, à propos du ministère de l'Intérieur. Aussi Guy THUILLIER, Témoins de l'administration, Paris : Berger Levrault, coll. « L'administration nouvelle », 1967.

[31] M. Hauriou, Principes de droit public, tome 1, rééd. Dalloz, 2010, p. 368.

fonction gouvernementale se limite à « assurer la marche des services publics régulièrement organisés », « parent aux besoins habituels du pays ». Au gouvernement reviennent les « grandes affaires exceptionnelles »[32]. Cela n'a pas empêché l'émergence d'un pouvoir administratif, en dehors de tout fondement textuel[33]. Le phénomène existe ailleurs, avec le rôle des « agences indépendantes » aux États-Unis au point qu'elles sont qualifiés de quatrième branche du pouvoir », hors de tout cadre constitutionnel[34].

Inversement, on observera que l'administration d'un État démocratique s'accommode parfois parfaitement d'une transition vers une dictature moyennant une épuration plus ou moins lourde. Ce fut le cas pendant la Seconde Guerre Mondiale en France, quand l'administration censée défendre l'État de droit s'est mise en service d'une dictature pétiniste.

B. Les risques de confiscation du pouvoir administratif par des intérêts privés

L'emprise sur l'État. Une administration se substituant au politique pour apprécier l'intérêt général, peut à terme basculer vers une administration qui ne vise que son propre intérêt. L'administration est toujours stable, profitant de l'instabilité politique, mais des baronnies s'installent avec des effets délétères qui au bout du compte finissent de miner le pouvoir politique en menaçant l'État de droit lui-même : lois inappliquées, volonté politique engloutie dans une bureaucratie tatillonne, etc.

Une administration sans impulsion politique se déconnecte des réalités politiques : elle fonctionne en vase clos et l'incompréhension s'installe avec le peuple. Une des causes est l'isolement sociologique de la haute administration, qui a perdu contact avec les réalités de terrain. On assiste alors à une sorte de « séparatisme matériel » de l'administration, qui ne fonctionne plus dans l'intérêt général dans son intérêt propre. Dès lors, deux conséquences possibles. Première

---

[32] M. Hauriou, Principes de droit public, tome 2, rééd. Dalloz, 2010, p. 716.

[33] O. Beaud, La multiplication des pouvoirs, in *La séparation des pouvoirs,* Rev. pouvoirs, 2012/4, n° 143, p. 51.

[34] D. Custos, *Théorie de l'exécutif unitaire et contrôle présidentiel des agences indépendantes aux États-Unis, Rev. française d'administration publique*, 2019/2, p. 327.

hypothèse, cette élite administrative supplante le pouvoir politique en définissant l'intérêt général à sa place, face à une population dont les choix politiques – qui se manifestent lors des élections – ne sont plus pris en compte[35]. Cette déconnection explique pour partie les gilets jaunes en France.

Seconde hypothèse, qui peut aussi découler de la première, l'administration s'organise autour de baronnies soucieuses de préserver leur intérêt de caste et deviennent des États dans l'État, entravant toute réforme politique contraire. Ce faisant, elles ne servent plus l'intérêt général. Elles ne servent même plus l'intérêt administratif. Elles servent l'intérêt des agents en propre, donc des intérêts privés, qui souvent débouchent sur un système organisé de corruption.

Dans les deux cas, comme l'administration sert aussi de relais entre le peuple et le pouvoir politique, non seulement l'édifice étatique qui devient inefficace, mais il se mue ou force d'inertie, retardant voire empêchant le développement économique.

[35] Gérard Grunberg, Les « gilets jaunes » et la crise de la démocratie représentative, Rev. Le Débat 2019/2 (n° 204), p. 102.

Séni Mahamadou OUEDRAOGO

Professeur titulaire de droit public, Université Thomas Sankara de Ouagadougou (Burkina Faso)

Les finances publiques au prisme des coups d'État militaires : A propos d'un penitus extranei *mal connu*

Introduction

> « Si aujourd'hui, il a plu à certains éléments des forces armées de conclure que cela devait se terminer par leur intervention. Ai-je réellement le choix ? M'y soumettre, car je ne souhaite qu'aucun sang ne soit versé pour mon maintien aux affaires. Je voudrais à ce moment précis, tout en remerciant le peuple malien, de son accompagnement, au long de ces longues années, de la chaleur et de son affection, vous dire ma décision de quitter mes fonctions, toutes mes fonctions à partir de ce moment et avec toutes les conséquences de droit : la dissolution de l'Assemblée nationale et celle du gouvernement. Qu'Allah aide et bénisse le Mali. Je n'éprouve aucune haine, vis à vis de personne. Mon amour pour mon pays ne me le permet pas. Que Dieu nous sauve. Merci ».

Cette déclaration du Président Ibrahim Boubacar Kéita marque la cession forcée du pouvoir aux forces armées maliennes (FAMA) suite à un mouvement d'humeur de certains éléments des FAMA qui réclamaient la démission forcée d'un Président démocratiquement élu. Cette prise du pouvoir allait induire à l'égard de ces jeunes milliaires, la découverte ***in concreto*** de la subtile complexité qui entoure la gestion financière d'un pays ; un pan de la gouvernance étatique. Dans le même sens, ce sont les militaires burkinabés du MPSR1, par le biais du chef de la junte ayant démis le gouvernement démocratiquement élu de Roch Marc Christian KABORE, de partager un aspect des conséquences financières des coups d'État lors de la rencontre avec la communauté burkinabè à New York, en ces termes :

« Il y a le ministre de l'économie, vous avez su qu'on est allé au niveau de la Banque mondiale. Voilà ! Parce que vous savez que quand il y a une situation, quand y a un coup d'État dans un pays, tous les financements sont bloqués. Les gens qui envoient de l'argent dans le pays pour soutenir là, sont bloqués. Donc on n'a qu'à s'assoir à Ouagadougou et puis ne pas travailler pour qu'on débloque ».

Outre ces deux récentes illustrations, la corrélation entre finances publiques et régimes non démocratiques est bien connue depuis la fin de la guerre des blocs. Les conditionnalités démocratiques ont eu pour finalité d'arrêter la frénésie des régimes d'exception en Amérique latine et en Afrique. Elles ne sont pas toujours parvenues à dissuader l'irruption des militaires dans l'arène politique. Mieux leurs interventions ont été jugées salutaires lorsque les régimes élus aux suffrages ont voulu, par les fraudes à la constitution, rester *ad vitam aeternam* au pouvoir. Les crises socio politiques tant nationales qu'internationales font le lit de nouveaux conflits.

Les crises sécuritaires nourries par le terrorisme ont introduit une nouvelle donne dans la construction des États. Au sahel, ces crises prennent les figures d'une crise communautaire qui recrutent massivement leurs combattants dans les bases sociales fragiles, parfois à base ethnique. Devant l'incapacité des gouvernements à trouver les solutions rapides, l'aide militaire extérieure, notamment celle de la France est sollicitée au Mali sans pouvoir régler la crise de l'intégrité du territoire. Les gouvernements démocratiquement élus du Mali et du Burkina Faso ne parviendront pas à restaurer leur souveraineté sur l'étendue de leur territoire. Face à cette impuissance, l'appel au coup d'État est devenu une demande sociale constante d'une bonne part de la population y compris chez certains politiques. L'armée est priée de prendre le pouvoir[1]. C'est la célébration du coup d'État compris dans son acception la plus large, à savoir la prise du pouvoir par la force[2].

---

[1]Monique Kam, cheffe de parti politique et candidate malheureuse à l'élection présidentielle de novembre 2020, a invité les forces de sécurité à prendre leur responsabilité pour sauver le pays à travers un « pronunciamiento » pour exiger la démission de Roch Kaboré. Voir https://infowakat.net/gouvernance-politique-monique-kam-appel-larmee-a-prendre-ses-responsabilites/

[2] Guillaume TUSSEAU, *Droit constitutionnel et Institutions politiques*, 6e édition, Paris, Seuil, 2022, p. 171.

Lorsqu'elles sont intervenues, les juntes militaires ont été accueillies avec une débordante liesse populaire en Guinée et au Mali et avec un acquiescement des plus surprenants au Burkina Faso des partis politiques et des organisations de la société civile qui avaient acquis un brevet de défenseur de la démocratie. Au Burkina Faso, exceptées quelques rares figures majeures comme Me Halidou OUEDRAOGO qui a formellement rejeté la prise militaire du pouvoir, les acteurs de la vie publique qui avaient gagné une notoriété internationale dans la lutte contre la modification de la clause limitative de mandat se sont sentis obligés de faire des déclarations actant le coup d'État[3] quand les autres ne l'ont pas condamnés, mieux se sont dits rassurés par les engagements pris par les militaires à l'issue de la rencontre avec le colonel Paul Henri Damiba [4]. Un acteur de la société civile a pu dire que le régime élu ne leur avait pas donné d'autres choix que de souscrire aux coups d'État[5]. A contrario, il est curieux de constater que l'UNIR-MPS qui faisait partie de la majorité politique renversée « *félicite le Lieutenant- Colonel Paul Henri Sandaogo Damiba , pour sa fermeté dans un esprit de conciliation toute chose qui pourrait rassembler le peuple burkinabè autour des valeurs d'intégrité, de dignité et de courage pour relever avec désintéressement les défis communs dont prioritairement le défi sécuritaire* »[6].

Le comble de l'incurie juridique devrait advenir. Par une curieuse ingénierie juridique, le Conseil constitutionnel, dans une interprétation à nulle autre pareille, « *prend acte de la démission de monsieur Roch Christian KABORE de ses fonctions de Président et constate officiellement la vacance de la Présidence du Faso pour compter du 24*

---

[3] Voir les déclarations de l'UNIR-MPS du 27 janvier 2022 demandant à la communauté de ne pas sanctionner le CC 2022, https://www.lobspaalga.com/?p=35854) et la déclaration du 29 janvier prenant acte du coup d'Etat (Putsch du MPSR : l'UNIR-MPS en prend acte et demande la libération immédiate de Roch in Politique, 31 janvier 2022, voir https://www.lobspaalga.com/?p=36068&).

[4] La société civile et les syndicats ne condamnent pas les militaires qui ont pris le pouvoir au Burkina Faso, https://fr.africanews.com/2022/01/28/burkina-faso-les-attentes-des-syndicats-apres-le-coup-d-etat//

[5] Coup d'État au Burkina – Smockey (de son vrai nom Serge Bambara) : « Il fallait mettre fin au régime de Kaboré », https://www.jeuneafrique.com/ 1303390/politique/coup-detat-au-burkina-smockey-il-fallait-mettre-fin-au-regime-de-kabore/

[6] Putsch du MPSR : l'UNIR-MPS en prend acte et demande la libération immédiate de Roch, 31 janvier 2022, voir https://www.lobspaalga.com/?p=36068&.

janvier 2022 »[7] et décide, a contrario de la constitution[8], dans un présent de l'indicatif qui vaut prescription que *« monsieur Paul Henri Sandaogo Damiba, Lieutenant-colonel des Forces Armées Nationales, **est** le Président du Faso pour compter du 24 janvier 2022* »[9] et « *l'**invite** à prêter serment devant le Conseil constitutionnel* »[10].

L'analyse du jeu des acteurs révèle une crise des rapports aux valeurs du state building dont la symbolisation la plus symptomatique se trouve dans la trajectoire des acteurs qui après avoir célébré et servi l'évangile du viatique électif comme source légitime du pouvoir se sont retrouvés dans le gouvernement de putschistes. Une introspection dans leurs motivations suggère qu'au moment d'exercer leur droit de participation à la gestion des affaires publiques sous le magistère de régime spoliant la souveraineté populaire, Hegel pouvait bien garder son idéal d'intérêt général comme principe de cohésion des sociétés modernes.

Les conclusions on ne peut plus rapides et optimismes sur le caractère salvateur des coups d'État ont depuis lors cédé la place à l'évidence que le salut ne réside pas dans des instabilités structurelles. Les appels aux moyens anticonstitutionnels pour renverser des dirigeants, réélus pour leur second et dernier mandat, apparait comme un oxymore social et juridique. A la vérité, la gouvernance politique dans les pays fragiles se nourrit de contrastes et d'utopies alternatives, entre revendication démocratique, besoin de saine gestion des affaires publiques et surtout besoin d'une figure tutélaire. La figure du capitaine Sankara ne se limite pas au stade du symbolisme de la réhabilitation, mais apparait comme le type-idéal du gouvernant auquel il faut incarner. La jeunesse du capitaine Sankara trouve un écho favorable dans la frange d'âge la plus importante des sociétés africaines. Les régimes militaires qui ont accédé au pouvoir au Mali et au Burkina Faso font partie de cette tranche sociale. Cette mise en avant leur offre l'occasion de faire leurs expériences de la gestion publique. En effet, les insuffisances dans la gouvernance publique notamment, la mauvaise gestion des finances publiques figure en tête de

---

[7] CC, Décision n°2022-003/CC du 8 février 2022 portant constatation de la vacance de la Présidence du Faso.

[8] Selon l'article 37 de la Constitution du Burkina Faso, « Le Président du Faso **est élu au suffrage universel direct**, égal et secret pour un mandat de cinq ans ». Le Conseil constitutionnel du Mali lui indique le chef de la junte est plutôt le Chef de la Transition.

[9] CC, Décision n°2022-003/CC du 8 février 2022 portant sur la dévolution des fonctions de la Présidence du Faso.

[10] Idem.

liste des arguments justificatifs de leurs interventions. C'est donc dire qu'étant le moteur de l'État, les finances publiques prennent une dimension essentielle pour les États en développement surtout pendant les moments de crises diverses. C'est pourquoi la question des finances publiques au prisme des coups d'État militaire est l'objet de notre réflexion.

En effet, les divers programmes internationaux dont les ajustements structurels avaient déjà montré les préoccupations liées à la gestion des ressources surtout après la crise des prix des matières premières que les caisses de stabilisation n'ont pas pu juguler. Les finances des États africains ont dû être maintenues sous perfusion tant les capacités extractives et distributives des États ont été compromises. Certains auteurs ont même pensé que ces États n'avaient pas de finances publiques. Avec l'avènement des organisations d'intégrations économiques, l'harmonisation des politiques financières sera un défi majeur de la construction continentale. L'on sait que dans sa vision politique continentale d'une économie intégrée, l'Union africaine a envisagé une construction par bloc régional, c'est-à-dire les communautés économiques régionales[11]. Les modèles européens et les standards des institutions internationales vont influencer l'élaboration de règles financières communes. Ces critères dits convergents vont être enserrés dans des instruments communautaires auxquels il est assorti des dispositifs de surveillance dont l'efficacité est largement éprouvée[12]. Cette défaillance du contrôle est, mal an bon an, compensée par celle du Fonds Monétaire International considérée à tort ou à raison comme un gendarme financier impitoyable. Mais le constat des finances publiques des États africains est saisissant. Dans l'espace UEMOA, les indicateurs relatifs à la masse salariale et au niveau de l'endettement sont problématiques. Les ratios de la masse salariale et de la dette sont très dégradés dans les États comme le Mali et le Burkina Faso qui sont les théâtres récents d'opérations des coups d'État. Les États sont obligés de dépendre de l'aide extérieure. Les appuis budgétaires et les conventions de prêts sont devenus des rubriques les plus importantes de la structure de leurs finances publiques. Or, la mobilisation des ressources depuis la

---

[11] Les communautés économiques régionales (CER) ont pour but de faciliter l'intégration économique régionale entre les membres de chacune des régions et au sein de la grande Communauté économique africaine (CEA), créée dans le cadre du Traité d'Abuja (1991) entré en vigueur depuis 1994.

[12] Voir dans l'UEMOA les directives de seconde génération du 26 juin 2009.

liaison des conditionnalités financières et démocratiques est devenue une équation complexe. On voit poindre les contraintes financières auxquelles vont être confrontées des gouvernements issus de régime d'exception. Mais les mutations politiques interviennent dans un contexte, de crise de la gouvernance mondiale, démultiplié par les crises hégémoniques des puissances tant sur les terrains économiques que militaire. Le soutien financier peut dès lors apparaitre comme une variable d'ajustement délicat. En effet, l'humanité ne peut rester indifférente devant les crises humanitaires provoquées par le terrorisme au sahel. La crise sanitaire consécutive à la covid avait permis à celle-ci de soutenir de nombreux États. Dans la foulée de cette crise, les États ont été obligés de suspendre les règles de disciplines budgétaires. S'il en fut ainsi c'est certainement parce que « le droit budgétaire, comptable, financier en particulier applicable à l'État ne prévoit pas de mécanismes particuliers en cas de crise à incidence financière »[13].

C'est pour cerner, dans ces divers contextes, les enjeux des interactions financières de la gouvernance mondiale sur les régimes politiques que je me propose d'interroger la consistance des finances publiques sous les régimes d'exception. Il faut rappeler que des travaux anciens et récents ont interrogé le rapport entre la crise et les finances publiques[14]. Cette analyse veut saisir une crise dont la particularité est de se situer dans les pays pauvres et sur le continent africain en particulier. Il nous est paru nécessaire de questionner les conséquences corrélatives entre les coups d'État et les finances publiques des États déjà en crise ?

Pour apporter une réponse à cette interrogation, il faut tenter une incursion dans l'anormalité introduit par le coup d'État pour comprendre les nouveaux ressorts de la construction des finances publiques sous les régimes militaires. Le moins que l'on puisse dire, c'est que les coups d'État marquent un arrêt à l'élan de construction communautaire à travers une désorganisation de la construction des systèmes financiers nationaux et communautaires (I). Mais, en raison de l'indolence des solutions

---

[13] Jean-Luc ALBERT, « Les décisions de crise dans les finances de l'État », Revue française de finances publiques, n°159, sept. 2022, page 67.

[14] Florence DESCAMPS, Laure QUENNOUËLLE-CORRE (dir.), *La mobilisation financière pendant la Grande Guerre. Le front financier, un troisième front*, Comité pour l'histoire économique et financière de la France, 2015 ; Edgard ALLIX, *Traité élémentaire de science des finances et de législation financière française*, 6e éd., Éd. Rousseau, 1931, p. XXIII et XXIV ; Mathieu Catherine et Henri STERDYNIAK. « Finances publiques, sorties de crise... », Revue de l'OFCE, vol. 116, no. 1, 2011, pp. 17-60.

financières contre les coups d'État, il n'est pas aisé de saisir les trajectoires de la désorganisation des systèmes financiers (II).

I. La désorganisation de la construction

Le professeur Jean Luc Albert a rappelé dans son article relatif aux décisions de crise dans les finances de l'État que « Il n'y a pas de mécanisme spécifique pour traiter l'urgence financière »[15]. L'histoire récente des changements de régimes politique en Afrique a montré la difficulté d'assurer le respect des grands principes du droit public financier. A la suite de l'insurrection populaire en 2014 au Burkina Faso, ce débat a été posé avec la mise en place de la loi de finances de l'exercice 2015. Si manifestement au regard des délais constitutionnels, l'adoption d'une loi de finances ne pouvait qu'être escamotée, l'appel des universitaires pour le recours à l'ordonnance financière combinée au douzième provisoire est resté infructueux[16]. L'administration avait plutôt, en faisant prévaloir le caractère technique au détriment de celui politique du budget, suggéré et obtenu l'adoption d'une loi de finances au motif qu'elle préférait reproduire un outil budgétaire dont elle avait la maitrise plutôt que de faire l'expérience d'un outil consacré, mais dont la connaissance ne leur est acquise que par les échos des expériences étrangères. Les récentes interventions militaires vont s'inscrire dans cette ingénierie de crise qui bouleverse l'orthodoxie financière non sans des conséquences importantes (B).

A. Le bouleversement de l'orthodoxie financière

L'orthodoxie financière maintenue grâce à la survivance d'une constitution émasculée par la constitution provisoire est marquée par la violation du cadre normatif des finances publiques (1) et la remise en cause de la répartition des compétences organiques (2).

---

[15] Jean-Luc ALBERT, « Les décisions de crise dans les finances de l'État », op. cit. , page 67.

[16] Séni Mahamadou OUEDRAOGO, Djibrihina OUEDRAOGO, Daouda DIALLO, Transition politique : A l'épreuve de l'urgence Budgétaire, in http://lefaso.net/spip.php?article62336.

1. La violation du cadre normatif des finances publiques

Le cadre normatif des finances publiques est composé d'un bloc normatif assez densifié composé de la constitution financière, des lois et règlements[17]. Ce cadre normatif est orienté par les règles communautaires. Les directives de seconde génération de l'UEMOA ont impulsé un nouveau cadre budgétaire qui sert de référentiel aux opérations financières publiques des États. Ce cadre reprend certains grands principes relatifs au budget, lequel est à la fois un acte politique, mais également un acte de prévision et d'autorisation. Ces deux principes sont malmenés par les régimes d'exception.

Le caractère politique du budget a été mis en évidence par Gaston Jèze qui écrivait que « le budget est essentiellement un acte politique. [...] Le budget est, avant tout, la mise en œuvre d'un programme d'action politique »[18]. Le budget est l'instrument par lequel l'État ou les collectivités territoriales vont hiérarchiser leurs priorités politiques et les traduire en moyens d'action. De nombreuses constitutions prévoient en effet que « la loi de finances détermine, pour chaque année, les ressources et les charges de l'État. Le projet de loi de finances doit prévoir les recettes nécessaires à la couverture intégrale des dépenses »[19]. L'avènement des régimes militaires a engendré des pratiques de mise en œuvre du budget qui questionnent l'orthodoxie financière. Au Burkina Faso, le MPSR 1 a procédé à un nouvel attelage du gouvernement marqué par des re-nomination, des scissions et fusions de départements ministériels. Cette nouvelle organisation gouvernementale n'a pas été accompagnée d'une réorganisation financière par l'assemblée législative de la transition (ALT). En effet, la loi de finances de 2022 adopté sous le mandat du président civil déchu a été maintenue sans qu'elle ne soit assortie d'une loi de finances rectificative. La continuité du régime financier interroge sur la réalité de l'avènement du programme politique disruptif annoncé par les militaires. Les priorités du régime militaire n'ont pas connu de traduction dans les instruments financiers. Or le premier ministre de la transition s'est plié à l'exercice de présentation de

---

[17] On peut voir pour le droit français, Hugues Rabault, La constitution financière de la France - Sources fondamentales du droit des finances publiques, L'harmattan, 2020, 264 pages. Grand Format

[18] Gaston Jèze, *Cours de science de finances et de législation financière française*, 6e, M. Giard, 1922, 507 pages,

[19] Article 102 de la constitution du Burkina Faso, 1991.

la feuille de route de la transition qui fait office de programme politique de l'exécutif militaire ; mieux il a procédé à la présentation et à la demande d'accompagnement du plan d'action de la Transition (PAT)[20].

Dans la même logique, l'on observe que l'habilitation du peuple qui se traduit par l'autorisation budgétaire n'a pas été obtenue. Il est bien connu en finances publiques qu'en plus de son pouvoir de consentir l'impôt et de contrôler l'action du gouvernement, le peuple, par le biais de ses représentants, autorise les ressources et les charges de l'État. L'on s'attendait à ce que l'assemblée législative de la transition, qui fait office d'organe législatif du régime militaire, donne l'autorisation budgétaire surtout qu'il a « investi » le premier ministre. Cette autorisation n'a été donnée ni par le Parlement, ni par le chef de l'exécutif par acte règlementaire conformément au prescrit de la directive N°06[21] repris par les lois nationales sur le régime juridique des finances publiques[22]. Dans le nouveau cadre budgétaire, cette autorisation législative est matérialisée par un vote par programme. L'article 61 de la Directive N°06 prévoit que « Les évaluations de recettes font l'objet d'un vote d'ensemble pour le budget général. Les crédits du budget général font l'objet d'un vote par programme et d'un vote par dotation. Les votes portent à la fois sur les autorisations d'engagement et les crédits de paiement ». Sauf volonté de ne pas changer de programme, ou du moins, l'engagement à poursuivre le programme initié sous le régime issu des élections, le vote antérieur des crédits budgétaires, ne peut couvrir les programmes de la nouvelle vision. La pratique a plutôt donné lieu à une exécution budgétaire basée sur une régulation constante sur fond de multiplications des décrets d'avance[23]. Cette solution était inévitable parce que les instruments de réorientation des crédits de l'État en cas d'urgence sont limités. Les

---

[20] Financement du plan d'action de la Transition : le Gouvernement échange avec les partenaires techniques et financiers, Consulté le 24/10/2022 sur https://www .finances.gov.bf/forum/detail-actualites?tx_news

[21] Voir article 4 de la Directive N°06/2009/CM/UEMOA du 26 juin 2009 portant lois de finances au sein de l'UEMOA.

[22] L'article 4 de la loi organique n° 073-2015/CNT du 06 novembre 2015 relative aux lois de finances de la loi de finances du Burkina Faso : « Aucune recette ne peut être liquidée ou encaissée, aucune dépense publique ne peut être engagée ou payée si elle n'a été au préalable autorisé par la loi de finances ». La loi de finances détermine, pour chaque année, les ressources et les charges de l'État. Le projet de loi de finances doit prévoir les recettes nécessaires à la couverture intégrale des dépenses.

[23] Voir notamment le Décret N°2022-040/MPSR/PRES du 24 février 2022 portant ouverture de crédits au budget de l'État exercice 2021.

nouveaux gouvernants ont dû recourir au jeu des annulations et ouvertures de crédits et la mise à mal des finances de certains opérateurs de l'État. La mise à mal des règles budgétaires charrie avec elle les contraintes de la décision dans les grands arbitrages financiers. La répartition des compétences financières entre les institutions en est la parfaite illustration.

2. La remise en cause de la répartition des compétences financières entre les institutions.

S'il y a une certitude qui résulte de l'activité financière des juntes militaires, elle tient à la désorganisation des compétences telles qu'envisagées par les systèmes financiers étatiques. Cette désorganisation a entrainé un hégémonisme du pouvoir financier de l'Exécutif et l'affaiblissement, voire l'altération, des pouvoirs budgétaires du Parlement. Le droit financier admet des procédés d'urgence pour faciliter la mise en œuvre du budget tant dans les opérations de recettes que de dépenses qui est en encadré. Comme il a été montré, le chef de l'exécutif militaire, le Lieutenant-Colonel Sandaogo Damiba a prolongé l'usage des procédés d'urgence budgétaire employé en raison de la dissolution des institutions dont le Parlement. Mais l'on a du mal à comprendre leur continuité en dépit de la présence d'une assemblée législative et d'un ordre constitutionnel factice.

L'hégémonie du chef d'État militaire est également marquée par l'atteinte à l'autonomie financière des collectivités territoriales, victimes collatérales de la désorganisation du pouvoir financier. Dès leur avènement au pouvoir, la junte militaire a vite fait d'adopter un Décret N°2022 004 /PRES/MPSR du 1er février 2022 portant dissolution des conseils des collectivités territoriales. Ces dites collectivités territoriales sont alors mises sous délégations spéciales. L'on s'interroge sur la pertinence d'une décision qui parait pour le moins hâtive alors que des expériences similaires de 2014-2015 n'ont été guère reluisantes pour le processus de décentralisation de notre pays. C'est dire que dans une perspective expérientielle, cette mesure n'aurait pas dû intervenir au regard du bilan décevant des mesures similaires intervenues sous la transition de 2014. La dissolution des collectivités territoriales est un coup dur porté à la démocratie locale que l'institution des délégations spéciales au Burkina Faso après le coup d'État du 24 janvier 2022 ne permet pas de remplacer. Pis, ces délégations ont été construites sur des illusions attenant à la volonté de les soustraire de la tutelle des partis politiques et de renforcer leur gestion administrative. Au Burkina Faso, les délégations sont dirigées par des autorités administratives notamment, les Préfets, les Hauts-commissaires et les Gouverneurs. Toutefois, nommées à la suite du Push, bon nombre d'entre elles ne capitalisait aucune expérience en matière de gestion de collectivités territoriales mais également une bonne partie a déserté leur circonscription administrative du fait de l'insécurité.

Le bouleversement se perçoit également à travers l'exécution budgétaire. Un nouvel ordonnateur apparait. Le Secrétaire général chargé d'assurer les affaires courantes se voient attribué le pouvoir d'ordonnateur. Telle est l'habilitation qui découle de l'ordonnance n° 2022-005/MPSR/PRES du 10 février 2022 portant habilitation des Secrétaires généraux chargés de l'expédition des affaires courantes pour l'exécution du budget de l'État. Cette habilitation est encadrée par une limitation des pouvoirs. En effet, une lettre N°2022-0156/MEFP/SG/DGB/DEB du 27 janvier 2022 précisa les dépenses pouvant être exécutées dans ce cadre et pour les sociétés d'État et les établissements publics, l'habilitation tenait qu'aux dépenses courantes, les autres dépenses devaient requérir l'approbation de leur tutelle.

B. Les conséquences importantes

Les coups d'État sont porteurs de conséquences importantes sur le plan financier. Ils affectent les capacités financières de l'État du fait de la perte de ressources (1) et de la capacité d'engagement de l'État, sa crédibilité (2).

1. Les pertes de ressources

Les pertes de ressources consécutives au coup d'État sont essentiellement liées à l'aide internationale. Le non-respect des conditionnalités démocratiques peut entrainer diverses sanctions contre l'État. Dans le cas du Burkina Faso, les pertes de ressources sont liées aux appuis budgétaires de la banque mondiale et de l'Union européenne. L'appui budgétaire de 2021 de la Banque mondiale d'un montant de 200 millions de dollars qui devrait être décaissés en fin janvier 2022 a été suspendu momentanément avant d'être décaissé au profit du gouvernement. L'on note toutefois que l'appui budgétaire de 2022 n'a pas été décaissé.

Pour l'essentiel, on note l'émergence d'une doctrine, principale guide les relations financières avec les régimes d'exception. La poursuite des engagements financiers liés aux programmes et projets en exécution au moment de la rupture de la légalité, à l'exception de la conclusion de nouveaux engagements. La continuité des actions engagées reste tributaire de la poursuite des engagements contractés par les prédécesseurs.

En matière bilatérale, l'on note la rupture de l'assistance et du financement américain. Les États-Unis (E.U) ont mis fin à l'accord de financement des E.U établissant le Fonds de Développement du Compact constitué d'une subvention du Gouvernement des États-Unis d'Amérique de 450 millions de dollars et d'une contribution du Gouvernement du Burkina Faso d'un montant de 50 110 795 USD. Cette décision est motivée par « la conclusion que les évènements des 23 et 24 janvier 2022 constituent un ensemble d'actions incompatibles avec les critères utilisés pour déterminer l'éligibilité du Burkina Faso à ladite assistance, en vertu de l'article 611(a)(2) de la loi de 2003 instituant le Millennium Challenge, telle qu'amendée, et conformément à la politique du MCC en matière de suspension et de résiliation »[24].

De nombreuses ressources de financements de la décentralisation ont connu le même sort. En effet, la décentralisation dans de nombreux pays est portée par le financement de pays nordiques qui opèrent très souvent à travers des paniers communs. L'attachement de ces pays à la démocratie locale les oblige à reconsidérer leurs concours financiers lorsque le cadre de la démocratie locale est remis en cause. C'est pourquoi il eût été intéressant pour les juntes de privilégier l'intérêt des populations locales que les considérations politiques dans la décision de dissoudre les exécutifs locaux issus des votations électorales. La multiplication des actes non démocratiques affecte la capacité d'engagement financier de l'État.

[24] Millennium Challenge Account – Burkina Faso II, « Suspension du Second Compact du Millennium Challenge Corporation (MCC) ; L'arrêt administratif du Programme prévu pour le 31 juillet 2022 », Communiqué de Presse, 24 juin 2022.

2. L'érosion de la capacité d'engagement

Le coup d'État affecte la capacité d'engagement de l'État. Cette incapacité résulte de la perte de la crédibilité et de la difficulté à honorer la dette.

La gestion de l'endettement est une grosse problématique dans la gestion des finances publiques des États. La faible capacité de mobilisation des ressources dans les pays du sahel et l'affectation de l'essentiel de leur ressource à la gestion du personnel rendent difficile leur politique d'endettement. La combinaison de plusieurs difficultés compromet le respect des engagements financiers nés des accords de prêts intérieurs ou extérieurs. La faible capacité financière induit une difficulté de gestion du portefeuille de la dette. Les États sont obligés de recourir quelquefois aux emprunts pour honorer les dettes à maturité. Cette situation qui s'apparente au ***revolving*** aggrave les conditions d'emprunt en termes de taux d'emprunt et de durée.

Les difficultés de la gestion de la dette peuvent résulter de sanctions communautaires telles dans le cas du Mali qui a dû accumuler des retards de payement de sa dette[25].

La capacité d'engagement peut être entamé par la dégradation de la crédibilité inhérente à la notation. Le rôle des agences de notation dans la mobilisation des ressources est essentiel. Or, les coups d'État sont des circonstances qui dégradent le risque pays des États. Le Burkina Faso a vu sa notation se dégradée à la faveur du coup d'État du 24 janvier 2022[26]. Il reste évident que le deuxième coup d'État intervenu le 30 septembre 2022 constitue une circonstance aggravante du risque pays. L'effritement de la capacité d'engagement va nécessairement entrainer un désinvestissement, voire un ***forum shopping*** au profit des États stables de la région.

Les États sont obligés de s'inscrire dans la logique de la mobilisation de ressources sur le marché financier régional. Les gouvernements militaires du Mali et du Burkina Faso ne se sont pas privés de cette

---

[25] Jeune Afrique, Mali : les défauts de paiement passent le cap des 80 millions d'euros, Février 2022, in https://www.jeuneafrique.com/1312647/economie/mali-les-defauts-de-paiement-passent-le-cap-des-80-millions-deuros/

[26]https://www.sikafinance.com/marches/le-burkina-faso-au-bord-du-defaut-de-paiement-selon-standard-poors_32623?fbclid=IwAR2pM6cbB7XnvT-ATV3Z0vvPCJEz4j7xbuvTb9Ux1VNCz_6JRVQqfsit4d0.

solution. L'analyse des fonds mobilisés permet de faire un double constat. Globalement les montants mis en adjudication ont été atteints. Mais, ces résultats doivent être relativisés par certains marqueurs qu'il convient d'évoquer.

D'abord, l'irrégularité des pays sur le calendrier des émissions de titres. L'on note que le Mali pour le premier trimestre 2022 et le Burkina Faso pour les mois de juin et juillet 2022 ont été absents du calendrier des émissions de titres de l'agence UEMOA-Titres, maitre d'œuvre des émissions de titres publics de l'Union.

Ensuite, l'on note que certaines émissions d'emprunt n'ont pas été un succès. Le Burkina Faso pour l'obligation de relance du Trésor du 25 mai 2022 a pu mobiliser un montant de 18,5 sur 25 milliards espérés[27]. Concernant le Mali, les opérations de décembre 2022 concernant l'adjudication de bons de soutien et de résilience (BSR) de maturité 364 jours et d'obligations de relance (ODR) du trésor de maturité 3 ans, organisée en partenariat avec UEMOA-Titres, basée à Dakar ont connu une faible attraction des investisseurs opérant sur le marché financier de l'Union économique monétaire ouest africaine (UEMOA). Sur un montant de 30 milliards de FCFA mis en adjudication par l'État du Mali, il n'a été enregistré que 9,001 milliards de FCFA de soumissions globales provenant des investisseurs, soit un taux de couverture du montant mis en adjudication de 30,01%. L'émetteur a dû se résigner à se contenter de ces faibles propositions en retenant leur intégralité, soit un taux d'absorption de 100%[28].

Enfin, l'on constate la forte participation des investisseurs locaux et régionaux. Les données disponibles du Burkina Faso renseignent que les opérations du premier semestre de l'année ont largement mobilisé les investisseurs résidants qui ont contribué à hauteur de 39,87% soit un total 86,13 milliards sur les 216 mis en adjudication. Au niveau national, ce sont les banques commerciales et les entreprises publiques qui sont sommées d'accompagner les nouvelles autorités par leurs investissements. Les investisseurs étrangers hors de l'espace régional marquent une certaine réserve sur les opérations. Cette prudence est

[27] Voir L'Économiste du Faso, Émissions de titres publics : le Burkina Faso absent du calendrier, voir https://www.leconomistedufaso.com/2022/07/18/emissions-de-titres-publics-le-burkina-faso-absent-du-calendrier/

[28]https://www.financialafrik.com/2022/12/16/faible-appetit-des-investisseurs-a-ladjudication-de-titres-publics-du-mali/

renforcée par la dégradation des notes souveraines de ces États en raison de perspectives économiques préoccupantes, voire négatives du fait de la crise politique. En guise d'illustration, en septembre 2022, l'agence Moody's a conservé la note souveraine de long terme du Mali, en devise, à Caa2. En monnaie locale à B2. En novembre 2022, l'agence de notation S&P Global Ratings a confirmé la notation souveraine du Burkina Faso de crédit souverain à long terme à CCC+ et à court terme C au motif que le pays reste toujours confronté à des risques importants. Il faut relever dans l'égrenage des difficultés qui influent sur le coût de l'endettement. Les taux d'endettement pour les États en crise sont élevés et, à la limite, pourraient être considérés comme des taux usuraires.

Les États qui sont pris dans l'étau de cette situation défavorable non guère le choix que de recourir à des dettes plus onéreuses, donc au bradage de leurs ressources naturelles et à des accords de mobilisations de ressources. Selon jeune Afrique, l'État mène l'expansion de son empire à marche forcée. Sam Pa, homme d'affaire chinois, aurait conclu en 2009 un accord avec la junte militaire en Guinée qui avait un urgent besoin de fonds. Jeune Afrique révéla que selon Mahmoud Thiam, à l'époque ministre des Mines, Sam Pa promis et versa la somme de 30 millions de dollars (21 millions d'euros) en guise de « geste de bonne volonté. En contrepartie un contrat devrait être passé en vertu duquel ***China International Fund*** construirait des infrastructures pour un montant de 7 milliards de dollars en échange de permis miniers. Cet accord fut dévoilé fin septembre 2009, au lendemain de la répression sanglante d'un rassemblement pacifique dans le grand stade de la capitale[29]. Au total, l'on observe les conséquences financières sur la baisse drastique du niveau des dépenses d'investissement.

Pour ces raisons, la lutte contre les changements anticonstitutionnels et singulièrement les coups d'État ne devrait pas faiblir. Les finances publiques par le truchement des conditionnalités financières devraient être utilisées comme une arme efficace. Mais, face à la célébration du coup d'État, les solutions se complexifient. Il s'observe une indolence des sanctions politiques et financières qui hypothèquent la lutte contre les changements anticonstitutionnels de gouvernement.

---

[29] Jeune Afrique, « Sam Pa, très sulfureux intermédiaire », https://www.jeuneafrique .com/7113/economie/sam-pa-tr-s-sulfureux-interm-diaire/. 14 octobre 2015.

II. L'indolence des solutions financières contre les coups d'État

La démonstration qui suit se propose de montrer la fragilisation du cadre de lutte contre les changements anticonstitutionnels de gouvernements. Cette fragilisation est la conséquence de la crise de la démocratie représentative, et par conséquent, de la démocratie libérale. Les finances publiques sont au cœur d'un usage qui fait peser de lourdes menaces sur la lutte contre les changements anticonstitutionnels de gouvernements et se rapportent, faute d'un régime de sanction efficace (A), à l'instauration de conditionnalités alternatives (B) et d'une architecture financière discutable (C).

A. Les sanctions inefficaces

La lutte contre les coups d'État est fragilisée par l'inefficacité des sanctions malgré un dispositif de répressions à tout le moins dissuasif. En effet, l'article 45 du Protocole A/SP1/12/01 sur la démocratie et la bonne gouvernance additionnel au protocole relatif au mécanisme de prévention, de gestion, de règlement des conflits, de maintien de la paix et de la sécurité qu'en cas de rupture de la Démocratie par quelque procédé que ce soit et en cas de violation massive des Droits de la Personne dans un État membre, la CEDEAO peut prononcer à l'encontre de l'État concerné des sanctions ci-devant : le refus de soutenir les candidatures présentées par l'État qui a méconnu ses engagements à des postes électifs dans les organisations internationales ; le refus de tenir une réunion de la CEDEAO sur le territoire de l'État en cause ; la suspension de cet État dans toutes les instances de la CEDEAO. Dans le même sens, l'article 25 de la charte africaine de la démocratie, des élections et de la gouvernance renforce ces sanctions.

En dépit de dispositif, la CEDEAO a une attitude déclinante de la gestion des coups d'état. Elle est passée du rejet à la bienveillance. La répression systématique a cédé la place à la doctrine des sanctions réalistes. En dehors des sanctions politiques notamment la décision de suspendre les droits de participation de l'État partie concerné aux activités de l'Union[30], l'Union africaine et la CEDEAO n'ont pas

[30] En raison de la suspension, lors du renouvellement des organes de la CEDEAO, le Mali, le Burkina Faso et la Guinée n'ont pas été représentés au sein des différents organes de l'union.

appliqué des formes de sanctions à l'encontre des auteurs de changement anticonstitutionnel de gouvernement, y compris des sanctions économiques.

Pour rappel, en 2012, les réactions de la communauté ont été vigoureuses contre le général Sanogo du Mali au point de le contraindre à abandonner le pouvoir. Les sanctions financières et économiques notamment l'embargo commercial et financier attenant au gel des avoirs de l'État malien et ceux des entreprises publiques et parapubliques à la BCEAO, ainsi qu'au blocage des transferts de l'État malien via les systèmes de paiement de cette même Banque centrale et ont été décisives. Mais l'approche de la CEDEAO a évolué en raison d'un contexte complexifié par la multiplication des fraudes à la constitution[31] et le terrorisme. Dans les coups d'État du Mali, de la Guinée et du Burkina Faso, elle a privilégié les négociations en vue d'un retour à l'ordre constitutionnel qu'aux sanctions immédiates. Elle n'a été contrainte de recourir aux sanctions financières qu'en raison de la défiance que lui a opposée la junte malienne. Le recours aux sanctions financières par la conférence des chefs d'État de la CEDEAO contre les régimes militaires est l'objet d'une discussion assez passionnée sur sa juridicité. Dans la pratique il y a une circulation des solutions entre la CEDEAO et l'UEMOA, la première sous-traitant à la seconde la répression financière. Mais les sanctions contre la junte malienne ont connu un effet contreproductif tant elle fut mal accueillie par les populations en raison des effets collatéraux sur elles que la CEDEAO fut obligée de la suspendre dès que la junte manifesta sa disponibilité à trouver un compromis. Devant les difficultés à sanctionner efficacement les coups d'État, les acteurs internationaux optent pour des conditionnalités alternatives.

B. La mise en place de conditionnalités alternatives

La lutte contre les coups d'État est menacée par de nouvelles exigences qui vise à suppléer les conditionnalités démocratiques auxquelles sont astreintes les États. Celles-ci tiennent à la mise en place d'un cadre légal provisoire (2) et d'une mandature légale pour les putschistes (2).

---

[31] Voir notre thèse de doctorat, La lutte contre la fraude à la constitution en Afrique Noire francophone, Université Montesquieu Bordeaux IV, 2011, 449 p.

1. La mise en place d'un cadre légal provisoire

La lutte contre les changements anticonstitutionnels est menacée par l'obligation imposée aux juntes militaires de mettre en place un cadre institutionnel provisoire dit légal. Cette exigence fait émerger une nouvelle doctrine sur les coups d'État. Celle-ci prospère en raison de la l'application du principe de subsidiarité dans la gestion des conflits étatiques. Cette doctrine promue au niveau africain par l'Union Africaine est partagée par la communauté internationale et la communauté des bailleurs de fonds. Les réactions de chaque organisation régionale rythment le tempo de la lutte contre les changements anticonstitutionnels de gouvernement. Chaque organisation régionale dispose en effet d'un quasi-monopole de la gestion des crises régionales. Dès lors, la lutte contre les changements anticonstitutionnels de gouvernement s'apprécie à l'aune des mesures régionales prises contre les auteurs de coup d'État militaire. Les réactions des organisations régionales face aux immixtions récentes des juntes militaires dans la vie politique en Afrique de l'ouest et central sont pour le moins ambigües, voire inquiétantes. Le traitement des coups d'État militaires depuis 2020 est symptomatique de la fébrilité de la lutte contre les juntes. La CEMAC a, par inaction, accordé un traitement de faveur au conseil militaire de Transition qui a pris le pouvoir après le décès du Président Idriss Deby le 21 avril 2021. La CEDEAO a développé une jurisprudence contrastée de la gestion des coups d'État intervenus dans son espace. Sa fermeté de départ contre le Mali en 2011 et 2020, s'est accommodée d'un régime civilo-militaire, puis par la concession d'une légalité temporaire. Cette doctrine a été transposée aux putschistes burkinabè et Guinéen qui ont momentanément refusé, avant de se raviser, à accepter la « mandature légalisée ». Le cadre institutionnel emprunte à la chauvesouris l'hybridité de sa nature. L'on fait cohabiter des constitutions avec les actes provisoires. Dans ce mariage, la supériorité est accordée aux instruments des juntes.

S'appuyant sur les positions des organisations régionales, la communauté des bailleurs de fond revendique la mise en place d'un cadre légal pour permettre leurs interventions[32]. La lutte contre le changement anticonstitutionnel de gouvernement est compromise par la nouvelle doctrine qui se développe au sein des partenaires financiers et qui tend à

---

[32] Direction la communication de la Présidence du Faso, « Le capitaine Ibrahim Traoré au corps diplomatique : Le travail a déjà commencé », https://www.sidwaya.info/blog/le-capitaine-ibrahim-traore-au-corps-diplomatique-le-travail-a-deja-commence/

atténuer les effets des coups d'État militaires. La doctrine de la banque mondiale est construite sur des piliers qui se rapportent aux points suivants :

- o Charte de transition ou constitution, Assemblée, Gouvernement, autres institutions.
- o Reconnaissance des engagements internationaux
- o Contrôle effectif du territoire
- o Reconnaissance des engagements envers la Banque
- o Capacité à mettre en œuvre les projets
- o Autorisation de la reprise des décaissements.

Cette doctrine qui est qualifiée de cadre légal des régimes de transitions est un sauf-conduit qui permet au régime militaire de surmonter, ne serait-ce que partiellement, les conditionnalités démocratiques. La mise en place de ce cadre de légitimité permet de faciliter le déblocage des aides publiques qui sont distinguées suivant qu'il s'agit d'appuis budgétaires ou d'appuis programmes et projets. La doctrine semble distinguer les premiers qui sont destinés aux gouvernements, des projets destinés aux populations. Une telle démarche à double détente met en balance les intérêts distingués des populations de ceux de l'État pour savoir s'il faut ou non sanctionner les populations du fait des agissements des acteurs militaires et politiques. La position largement admise auprès des partenaires est d'« immuniser » les aides au profit des populations. Les marqueurs comme les crises humanitaires et sanitaires sont les justes causes de poursuite de l'aide internationale. C'est cette occurrence qui semble expliquer l'attitude de l'Union européenne à ne pas mettre en œuvre la procédure de consultation et les mesures appropriées en cas de violation des droits de l'homme, les principes démocratiques et l'État de droit. En effet, au terme de l'article 96 de l'accord :

> « Si, une partie considère que l'autre manque à une obligation découlant du respect des droits de l'homme, des principes démocratiques et de l'État de droit visés à l'article 9, paragraphe 2, elle fournit à l'autre partie et au Conseil des ministres, sauf en cas d'urgence particulière, les éléments d'information utiles nécessaires à un examen approfondi de la situation en vue de rechercher une solution acceptable par les parties. À cet effet, elle invite l'autre partie à procéder à des consultations, portant principalement sur les mesures prises ou à prendre par la partie concernée afin de remédier à la situation conformément à l'annexe VII.

Les consultations sont menées au niveau et dans la forme considéré les plus appropriés en vue de trouver une solution. Si les consultations ne conduisent pas à une solution acceptable par les parties, en cas de refus de consultation ou en cas d'urgence particulière, des mesures appropriées peuvent être prises. Ces mesures sont levées dès que les raisons qui les ont motivées disparaissent ».

En tout état de cause, l'on observe que l'urgence de la survie de l'État et de ses populations relègue en second plan les principes démocratiques. A la vérité, il ne s'agit pas de mettre en balance les déterminants de construction d'un État viable que de trouver les solutions de sa pérennité. Les mandats octroyés aux juntes ne favorisent pas un tel objectif.

2. La mandature légalisée par des accords sur la durée de la transition

La fixation d'une mandature acceptée au profit des putschistes est le fait des institutions régionales ouest africaines que sont la CEDEAO et l'UEMOA. La CEDEAO en n'a fait ces dernières années une ingénierie du traitement des coups d'État. Des négociations sont ouvertes avec les putschistes pour trouver un accord sur la durée de la transition. Sur la base de ces accords, une durée de gestion est accordée aux auteurs du putsch d'État pour organiser le retour à l'ordre constitutionnel normal. La conclusion d'un accord politique entre la CEDEAO et les régimes militaires est un type nouveau accord qui viole le Protocole A/SP1/12/01 sur la démocratie et la bonne gouvernance additionnel au Protocole relatif au mécanisme de prévention, de gestion, de règlement des conflits, de maintien de la paix et de la sécurité. L'on est passé non sans incompréhensions majeures de 18 mois à 24 mois. Lors du premier coup d'État du 18 août 2020, la CEDEAO est parvenue avec les militaires une transition politique d'une durée de 18 mois. Puis avec le second coup d'État, une durée de transition de 24 mois ont été concédées aux juntes militaires du Mali et du Burkina Faso. La durée de la transition en Guinée reste incertaine car la CEDEAO n'est pas encore parvenue à un accord avec la junte militaire qui a décrété une durée de transition de 36 mois.

La discussion autour de la durée de ce mandat a pris une tournure ridicule dans le cas du Mali au point que son caractère illicite a été occulté. La CEDEAO s'est vu obliger d'ajuster la méthode de computation du délai pour s'aligner sur la durée inflexible qu'a exigé la junte malienne. Elle a dû reproduire cette méthode dans le cas de la fixation du délai de la transition de la junte militaire au Burkina Faso et en Guinée. Ces mandats trouvent une reconnaissance assez curieusement devant les juridictions constitutionnelles qui se sentent obliger de recevoir les serments des putschistes. Il faut rappeler que le Conseil constitutionnel burkinabè dans sa Décision n°2022-005/CC du18 mars 2022 sur les requêtes de messieurs Mory Aldiouma Jean Pierre PALM, Tibo OUEDRAOGO et TRAORE Bossobè en exception d'inconstitutionnalité des articles 313-1 et 313-2 du Code pénal a été obligé de reconnaitre dans un raisonnement lacunaire en clair-obscur qu'il n'a jamais reconnu du coup d'État comme mode d'accession au pouvoir :

> « Considérant que c'est à tort que les requérants soutiennent que la décision n°2022-004/CC du 08 février 2022 sur la dévolution des fonctions de Président du Faso est une reconnaissance par le Conseil constitutionnel du coup d'État comme un mode constitutionnel d'accès au pouvoir d'État ».

C. Une nouvelle architecture financière discutable

L'architecture financière issue des régimes militaires affaiblit les fondements théoriques du pouvoir financier dans l'État (1), mais par curiosité, le confère à des mandataires non habilités par le peuple (2).

1. L'affaiblissement des fondements théoriques du pouvoir financier dans l'État

Il n'est pas besoin de rappeler dans la présente contribution l'importance des finances publiques dans la construction de l'État et du régime parlementaire. Les coups d'État tendent à remettre en cause la représentation qui fonde le Parlement. Le principe ***"No taxation without representation"*** confère au peuple, par le biais de leurs représentants, un rôle majeur dans le consentement de l'impôt. Pas besoin de rappeler que les assemblées législatives des régimes d'exception qui ne sont pas issues des élections sont plutôt représentatives de groupes d'intérêts coalisés qui ont adhéré à la conquête illégale du pouvoir politique. Mieux, l'influence des putschistes sur leur composition est manifeste. Dans leur fonctionnement, les organes de transitions sont des appendices des régimes. En effet, l'analyse de leur vote montre bien qu'il s'agit de chambre d'enregistrement sous le magistère du prince du moment. Usant et abusant de son pouvoir, celui-ci peut, en sa qualité de pouvoir constituant de fait, tout décider. C'est dans ce sens que s'inscrit la réarticulation des politiques diplomatiques, économiques et militaires.

En effet, au Burkina Faso, le chef de la junte a commandité auprès de l'ASLCE-LC un audit de gestion du Parlement. La question de l'autonomie du Parlement est en jeu. La constitution est questionnée sur son article 93

> « L'Assemblée nationale jouit de l'autonomie financière. Le Président de l'Assemblée nationale gère les crédits qui lui sont alloués pour son fonctionnement. Le Président est responsable de cette gestion devant l'Assemblée nationale. Celle-ci peut le démettre à la majorité des trois cinquièmes pour faute lourde dans sa gestion ».

Dans les termes de sa mission, l'organe suprême de contrôle administratif[33], dont la constitutionnalité est discutée, est mandaté pour le contrôle du Parlement. Le fondement de ce mandat est des plus discutable, voire contestable. En effet, la procédure de validation du rapport produit par l'ASCE-LC rajoute de l'ambiguïté de la légalité de la mission d'audit. Ledit rapport a été en effet transmis au gouvernement pour être examiné en conseil des ministres. Les pouvoirs du Parlement et de la Cour de compte sur la responsabilité de la gestion du président du Parlement pour faute lourde est une nouvelle donne de la responsabilité des gestionnaires publics en droit burkinabè. Le contentieux sur la légalité de l'audit du Parlement qui est à la première phase de son épilogue devant le juge administratif permettra d'établir la lecture autorisée sur l'évolution institutionnelle instaurée par la refondation militaire.

La concentration du pouvoir dans le giron exclusif de l'exécutif est dès lors manifeste. Cette ingénierie semble offrir une mise à mort programmée de la séparation des pouvoirs maintenue hypothétiquement par une normativité rudoyée. L'anormalité devient une normalité.

---

[33] Article 160 constitution du Burkina Faso, « L'Autorité supérieure de contrôle d'Etat et de lutte contre la corruption est l'organe suprême de contrôle administratif et de lutte contre la corruption. Elle constitue l'interface entre les acteurs engagés dans la lutte contre la corruption et les autorités étatiques. Cet organe de contrôle a le statut d'autorité administrative indépendante. Il est doté de l'autonomie financière ».

2. Les pouvoirs exorbitants de mandataires non habilités

L'État a dans son fonctionnement besoin d'une permanence qui se traduit en matière administrative par le principe de continuité. Les engagements antérieurs doivent toujours produire leurs effets sans que l'on ait à les remettre en cause au seul motif du changement d'acteurs. Ce principe de fonctionnement n'est pas d'une application toujours aisée dans la pratique. Le problème trouve à se poser dans le cadre des successions de gouvernement de transition et de gouvernement constitutionnel. Ce fut le cas sous la transition burkinabè de 2015 et la transition militaire issue des coups d'État de janvier et octobre 2022. Un groupe d'universitaires a questionné la pertinence de la compétence financière du Parlement de transition relativement à l'adoption de la loi de finances de l'exercice 2016[34]. En effet, au moment de son adoption, les résultats du double scrutin législatif et présidentiel étaient connus.

En matière politique, l'on se demande comment des gouvernants provisoires, surtout lorsqu'ils ne sont pas issus d'une procédure régulière d'accession au pouvoir pourraient décider des grandes lignes des politiques publiques d'un gouvernement qui viendrait à être élu. Si des considérations purement subjectives, de nature indemnitaire particulièrement, peuvent servir d'explication, elles ne sauraient suffire à justifier le pouvoir de faire une loi de finance pour le futur gouvernement. L'on a pu évoquer les préférences techniques, mais celles-ci restent encore marginales pour expliquer l'exercice de prérogative constitutionnelle.

Conclusion

Les finances publiques et la problématique de leur gouvernance sont des arguments d'interruption des processus constitutionnels en Afrique. Une fois au pouvoir, les militaires constatent que les caisses sont vides. Mais à la fin de leur mandat, les mêmes caisses demeurent vides. Elles n'ont pas été remplies par la productivité sous le magistère des militaires, encore moins l'utilisation des outils de mobilisations de ressource. Sauf

[34] Loi de finances 2016 : Inquiétudes pressantes sur son adoption par le CNT-Par l'Institut de recherche en Finances publiques et les investissements au service du développement (IRFID), https://www.leconomistedufaso.com/2015/12/14/loi-de-finances-2016-inquietudes-pressantes-sur-son-adoption-par-le-cnt-par-linstitut-de-recherche-en-finances-publiques-et-les-investissements-au-service-du-developpement-irfid/.

que par ricochet, l'argument financier est devenu une variable de transformation incertaine des institutions. Les conditionnalités financières qui avaient participé à l'éclosion du renouveau démocratique en Afrique sont devenues un moyen de déconstruction démocratique. Il faut se garder d'adouber les coups d'État comme solution en raison de leurs conséquences. Forcé à mesurer la portée de sa participation active à la déconsolidation démocratique, le Conseil constitutionnel burkinabè concéda que « la décision n°2022-004/CC du 08 février 2022 ne saurait par conséquent être légitimement assimilée à un mode constitutionnel d'accès aux fonctions de Président du Faso et que c'est à tort que les requérants soutiennent que la décision n°2022-004/CC du 08 février 2022 sur la dévolution des fonctions de Président du Faso est une reconnaissance par le Conseil constitutionnel du coup d'État comme un mode constitutionnel d'accès au pouvoir »[35].

Au fond, la trilogie qui ressortit de l'histoire politique des soixante dernières années de plusieurs États africains - ***Insurrection populaire - Élections consensuelles- célébration des coups d'État*** - questionne le mode d'organisation socio politique des communautés humaines qui surfent avec la faillite institutionnelle, économique et sociologique.

Il faut laisser donc le mot de fin au professeur Albert qui affirme que :

> « En période de crise inédite, la gouvernance a recours à toute la panoplie des outils, institutions, instruments placés sous son contrôle, …, dans une période d'incompréhension, d'indécision, d'incertitude, d'imprévision… Le concept de crise est devenu un concept de normalité : crises sanitaires, crises climatiques (cyclones, inondations…), crises sécuritaires, crise agricole, crise sociale… à telle enseigne que le plus inquiétant n'est pas la période de crise mais le retour à la normalité ; l'anormalité peut alors devenir une normalité »[36].

---

[35] CC, Décision n°2022-005/CC du 18 mars 2022 sur les requêtes de messieurs Mory Aldiouma Jean Pierre PALM, Tibo OUEDROGO et TRAORE Bossobé en exception d'inconstitutionnalité des articles 313-1 et 313-2 du Code pénal.

[36] Jean-Luc ALBERT, op. cit. p. 68.

Moussa ZAKI

Maître de conférences agrégé, Université Gaston Berger de Saint- Louis (Sénégal

Finances publiques et construction de l'État en Afrique de l'ouest francophone : la lente marche de l'état financier

Introduction

Il y a une vingtaine d'années, Jean-Pierre LASSALE affirmait que :

> « Nous sommes en train de changer d'État, non pour des raisons politiques, mais pour des raisons d'ordre structurel » et relevait à l'occasion, que « Cet État « historiquement administratif » a été (...) dominé par trois traits : (...) le paradoxe du contrôle, le formalisme des structures et des classifications qui en découlait et la logique conjoncturelle qui dominait la gestion publique »[1], avant d'aboutir à la conclusion que « A partir de l'État administratif, nous évoluons vers « l'État-entreprise » et « l'État-stratège » ; évolution qui, selon l'auteur, conduirait « à de nouvelles exigences dans trois domaines : l'adoption d'une culture du management, d'une culture de la transparence et d'une culture de la responsabilité »[2].

En réalité la mutation structurelle de l'État s'est amorcée beaucoup plus tôt, dès le moment où, pour reprendre une formule du Doyen Vedel, l'économie de marché fut une sorte de traitement homéopathique qui a répondu à la complexité du monde par la complexité des interactions dans le for, en-deçà et au-delà de l'État. Ordre global d'évolution sociale, l'État en marche a constamment

[1] J-P. LASSALE, *« De l'État administratif à l'État stratège in* RFFP n° 73-2001, pp. 87-91

[2] *Idem*

besoin d'une organisation adéquate de son système financier afin de s'adapter à toutes les contingences historiques.

C'est rappeler ici que les finances publiques sont *« au cœur des processus de construction et de transformation des États. »*[3]. Elles sont d'ailleurs, suivant une acception très répandue, à l'origine des institutions et du système démocratique. Historiquement liées à la conquête par les parlements libéraux de leur pouvoir législatif, elles ont continué à façonner le périmètre, le rôle et la nature sociale de l'État. Elles se caractérisent par l'ambivalence de leur rapport aux institutions et à la situation économique, sociale et politique, validant ainsi cet autre constat de Gaston JEZE, suivant lequel :

> « (...) de tout temps la plupart des réformes politiques et sociales ont eu des causes financières, et de très importants problèmes financiers ont été posés et résolus sous l'influence des causes politiques »[4].

Sur le plan interne, *« l'État administratif »*, intelligent[5] ou stratège ne peut assumer ses prérogatives de régulation économique et sociale, sa mission d'intérêt général et de production du service public, son obligation de préservation de la paix et de la sécurité publiques que par la mise en œuvre de moyens financiers.

Sur la scène internationale l'affirmation de la souveraineté et le jeu des alliances entre États sont fonction de leurs performances économiques et de leurs capacités militaires, conditionnées, chacune, par des moyens financiers conséquents, une bonne organisation et un faible niveau de dépendance.

Prosaïquement, *l'État-capable* existe tout simplement par ses finances. Sa nature se décline en fonction des conditions qui président au choix de la dépense et aux modalités de mobilisation des moyens pour la couvrir.

La mondialisation et la globalisation des économies ont cependant démontré que, quelque capables ou intelligents qu'ils soient, les États ne pourraient garantir leur viabilité que s'ils acquièrent une dimension stratégique collective, dans un ensemble relativement vaste et

---

[3] P. BEZES & A. SINE (Sous la direction de), Gouverner (par) les finances publiques, Paris, *Presses de science po.* 2011, p. 17.

[4] M. BOUVIER, *RFFP*, N 94, mai 2006, La LOLF et les institutions politiques, Éditorial, p. 2

[5] M. BOUVIER, *« L'État intelligent et la nouvelle gouvernance financière publique in RFFP* N° 102-2008.

structuré autour de règles communes, notamment en matière de régulation des systèmes financiers publics et de gestion des finances publiques, face à un contexte d'explosion des besoins et de raréfaction des ressources, contexte amplifié par la concurrence internationale. Ainsi, la recherche de performance et d'efficacité de l'action de l'État a ouvert la voie à une dynamique de regroupement d'États dans des ensembles économiques relativement vastes, parfois sous forme de cercles concentriques, où l'harmonisation des règles semble se confondre au fédéralisme budgétaire, et au sein desquels la viabilité de chacun est fonction de la solidité de l'ensemble. L'État ne se construit plus alors seul et isolé, mais au sein d'un ensemble soumis aux mêmes règles en matière de politique économique, notamment budgétaire.

Vu sous le prisme des finances publiques, la construction de l'État s'est historiquement opérée dans un mouvement de flux et reflux, dicté par la conjoncture, suivant un processus en trois étapes : à la période dite de *« l'État-gendarme »* où l'État n'avait qu'un rôle résiduel dans le domaine économique et social, succéda *« l'État-interventionniste »* avec un rôle affirmé du budget. Cette forme se transforma vite en État-providence. Puis, s'est amorcée une mutation, brutale certes mais inéluctable, de l'État-providence à l'État post moderne. Chacune de ces formes se caractérise par une réalité spécifique du droit des finances publiques.

L'examen de la situation en Afrique de l'Ouest francophone montre que, des expériences solitaires et isolées qui ont suivi la période post indépendances à la communautarisation issue du traité de l'UEMOA, la construction de l'État a connu une évolution en deux étapes principales : de l'indépendance à l'Union monétaire, de l'Union monétaire à l'Union économique et monétaire, se caractérisant notamment par la modernisation et l'harmonisation du cadre juridique des finances publiques.

Ceci s'explique d'autant que l'État est un processus continu de construction d'un ordre juridique certes national et local, mais de plus en plus projeté sur des normes communautaires et internationales.

Dès leur accession à la souveraineté internationale, les États francophones d'Afrique de l'Ouest ont hérité des réalités de l'État-providence. Alternative libérale au socialisme et au communisme naissants, il constituait une forme alors singulière d'organisation politique dans laquelle *« garantir les individus contre la pauvreté, ou les prémunir contre les conséquences de certains risques sociaux sont d'une manière ou d'une autre des objectifs de gouvernement* »[6].

Correspondant en Europe à la période dite des *« trente glorieuses »* il est, en tant qu'extension et approfondissement de l'État classique, le résultat d'une évolution à la fois historique, politique, sociale et juridique :

> « après la diffusion des droits civils au XVIIIème siècle, celle des droits politiques dans le courant du XIXème siècle, le XXème siècle est (...) celui d'un troisième stade dans la transformation de la forme étatique, qui se caractérise par une généralisation des droits sociaux constitutive d'une forme plus pleine de (...) citoyenneté sociale »[7].

Sa caractéristique principale réside dans la mise en place de dispositifs spécifiques puis universels d'assistance aux populations démunies. Sa forme la plus achevée est celle qui s'est dessinée dans les pays nordiques au cours des années 70. En effet :

> « Universaliste et redistributif, déplaçant l'attention de la lutte contre la pauvreté à la lutte contre les inégalités, le modèle scandinave supplante (...) le welfare state britannique comme idéal-type de l'État-providence »[8].

Cependant le terme même d'État-providence est un singulier qui masque mal la diversité des contextes et des situations nationales. Il y aurait donc des États-providence[9].

La conséquence logique de l'État-providence se traduit dans la *loi dite de Wagner*, loi d'accroissement continu des dépenses publiques. Critiqué et négativement connoté parce que dispendieux, la mise en doute de sa viabilité financière finit par le déconstruire et l'emporter à la fin des années 70.

---

[6] D. RENARD, Les trois naissances de l'État-providence, Pouvoirs, N 94, 2000, p. 19

[7] *Idem*, p. 22

[8] *Ibid*, p. 25

[9] Pour D. RENARD en effet, même dans le contexte européen, *« on peut, comme donnée empirique représentée, lui attribuer (...) trois naissances, la première, britannique et programmatique, la deuxième, comparative et rétrospective, la troisième, polémique et politique. Prises ensemble, elles le dessinent tel qu'on le voit aujourd'hui, sans qu'il soit bien assuré que cette définition des politiques de protection sociale aide à clarifier le débat public dont elles sont l'objet op. cit*, p. 29

Dans le contexte des États francophones d'Afrique de l'Ouest, l'histoire de l'État-providence reste une histoire au long cours, atténuée par les programmes d'ajustement structurel. En effet, leur accession à la souveraineté internationale s'est réalisée dans une situation d'ensemble où l'État était le maître d'œuvre de tout ce qui a trait à la vie individuelle et collective, dans ses moindres détails, de la construction nationale à la recherche d'un développement économique accéléré, avec comme corollaire une mise à contribution hardie de la dépense budgétaire. Cela s'est traduit par la mise en place des infrastructures et des services, d'un système de fonction publique de carrière, la création d'un tissu industriel relativement adapté au marché local. Essoufflé suite à la crise économique des années 70-80, ce modèle s'est écrasé sur les vagues de l'ajustement structurel.

La crise de l'État-providence donna alors naissance à une nouvelle organisation des systèmes financiers publics, avec le *« moins d'État, mieux d'État »* et une projection vers les problématiques du local et du global.

Comme le montre ce bref aperçu historique, la construction de l'État est un processus continu d'organisation du système financier public, allant de sa naissance en tant qu'institution, aux transformations que lui dicte son environnement. C'est donc du rôle des finances publiques dans la formation de l'État francophone Ouest-africain (I), de leur contribution aux transformations dont il est l'objet (II) que traitera la présente contribution.

I. Une gestation difficile : le rôle des finances publiques dans la formation de l'État

La formation de l'État par les finances publiques s'est faite, dans les États francophones d'Afrique de l'Ouest comme ailleurs, à partir des deux variables budgétaires que sont les recettes et les dépenses. Concernant les recettes, spécifiquement grâce à la mise en place, certes difficile, d'un système fiscal centralisé (A), et l'utilisation de la dépense budgétaire comme facteur de développement et de progrès (B).

A. La difficile mise en place d'un système fiscal centralisé

> « Dans l'histoire c'est en se construisant comme l'attribut d'un pouvoir universel que la fiscalité a permis la construction des États les plus forts »[10].

Évoquer la fiscalité dans la formation de l'État, c'est tout d'abord rappeler que les institutions et le système démocratiques se sont consolidés à partir du principe du consentement à l'impôt, que traduit parfaitement l'article 14 de la déclaration des droits de l'Homme et du citoyen de1789 :

> « Tous les citoyens ont le droit de constater par eux-mêmes ou par leurs représentants, la nécessité de la contribution publique, de la consentir librement, d'en suivre l'emploi, et d'en déterminer la quotité, l'assiette, le recouvrement et la durée ».

Ce principe consolide non seulement la légitimité politique du prélèvement fiscal, mais assure également l'ancrage social de l'institution.

Affirmer l'importance de la fiscalité dans le processus de construction de l'État, c'est établir ensuite que depuis l'époque antique, les grands empires se sont constitués et ont assuré leur rayonnement grâce à l'organisation d'un système de prélèvements obligatoires, d'abord pour lever et entretenir une armée, ensuite pour assurer protection et bien-être aux populations. En effet :

> « Les États-nations se sont construits au moyen d'appareils fiscaux centralisés dont on trouve les racines dans l'histoire antique et médiévale même si les impôts modernes se distinguent aussi bien du « tribut » des cités grecques et de l'Empire romain que du prélèvement seigneurial »[11].

Mais, la formation de l'État en Afrique de l'Ouest francophone n'a pas suivi un tel processus. Néanmoins, il est possible de soutenir que

---

[10] M. BOUVIER, Éditorial, *RFFP* N 108, octobre 2009, p. VI

[11] R. PELLET, Droit financier public, T 2, *PUF, Thémis droit*, 2021, p. 31. L'auteur précise que « Jusqu'au début des années quatre-vingt, la thèse de Max WEBER a prévalu, selon laquelle les États modernes – définis par la détention du *« monopole de la violence légitime » au moyen d'une administration centralisée, de corps de fonctionnaires spécialisés et de budgets réguliers – se sont formés au XVIème siècle lorsque les guerres ont justifié l'augmentation de la pression fiscale pour financer l'expansion des forces armées, la répression des rébellions populaires et le versement de rétributions sociales diverses »*.

l'impôt y a joué, certes dans la douleur, un rôle dans la formation de l'État. En effet :

> « Au lendemain des indépendances, en dépit des tâtonnements dans la construction d'un système fiscal adapté, il est évident que l'impôt est à la fois un moyen de financement des nouveaux États et un outil de politique économique et sociale »[12].

Nés de la succession à l'état de fait colonial, ces États ont directement été confrontés à la réalité de l'État-providence. De ce fait, la configuration de leurs systèmes fiscaux, héritée de l'époque coloniale, restait souvent inadaptée et décalée de la réalité sociale. L'examen des situations nationales laisse cependant apparaître quelques particularités :

> « Il existe parfois (des) systèmes fiscaux nationaux cohérents et bien pensés alors que certaines législations sont plus chaotiques et en chantier permanent »[13].

Toutefois, l'impôt y a conservé ses fonctions principales traditionnelles, quoique imparfaitement assumées. Pour que le système fiscal joue un rôle significatif dans la construction et la consolidation de l'État il doit réaliser un équilibre entre les trois fonctions essentielles de l'impôt. Là réside la complexité dans la mise en adéquation des systèmes fiscaux avec réalités spécifiques des États et la construction d'une fiscalité socialement juste et économiquement rentable : la fonction financière originelle, la fonction économique et la fonction sociale. La fonction financière ou fonction budgétaire constitue la fonction première du prélèvement fiscal, celle dans laquelle les libéraux souhaitaient le cantonner, notamment dans une position de neutralité par rapport à l'économique et au social. Ici, l'impôt est considéré comme un moyen d'allocation de ressources au Trésor, ressources sans lesquelles le contrat ne tiendrait plus entre les individus et l'État. En effet, les défaillances de ce dernier dans ses tâches régaliennes, surtout la justice, la sécurité et la protection des personnes et de leurs biens, pourraient constituer autant de facteurs de

---

[12] P. THEOUA-N'DRI, « *Perceptions africaines et conception de l'impôt* », *in N.* MEDE et M. DEBENE (Sous la direction de), Les finances publiques entre globalisation et dynamiques locales, Mélanges en l'honneur de DIARRA Eloi et YONABA Salifou, Dakar, L'Harmattan, p. 324

[13] Th. OBRIST, T-G, KALONJI (Sous la direction de), Droit fiscal en Afrique subsaharienne francophone, Bruylant, 2022, p. 2.

conflits qui accroitraient la défiance des individus envers l'État et créer des situations favorables à la rupture de la paix et de la tranquillité. La définition même de l'impôt[14] fait état de sa nécessité pour la couverture des charges publiques, c'est-à-dire *« celles qui découlent, pour les autorités publiques, de l'exercice de fonctions indispensables à l'organisation de la vie en société et au maintien de l'ordre »*[15]. Cette fonction reste essentiellement prégnante dans les États francophones d'Afrique de l'Ouest. Au Burkina Faso par exemple, la fiscalité est, selon Sylvain OUEDRAOGO *« un système à rendement modéré, la course au recouvrement des recettes étant privilégiée au détriment de la justice fiscale »*[16], avec toutefois un taux de pression fiscale de l'ordre de 12% à 14%, en deçà de la norme communautaire de 20%. En réalité, cette moyenne masque mal une pression qui *« repose essentiellement sur la fiscalité d'entreprise »* qui supporte 84% des recettes fiscales nationales, rien que pour les seules grandes entreprises[17]. La fiscalité des personnes physiques, *« surtout liée aux impôts fonciers, demeure le grand défi à relever pour l'administration fiscale, qui peine à atteindre un recouvrement de 10% au regard du potentiel existant ».*[18] Néanmoins, relève l'auteur/

> « Il faut reconnaître que l'administration fiscale est dans un vaste chantier de modernisation de ses procédures avec les nouvelles technologies de l'information et de la communication après avoir traversé une période de gestion assez archaïque qui a eu des effets pervers non seulement sur la mobilisation des recettes mais également sur la sécurité des fonds collectés »[19].

Un des axes majeurs de la stratégie de mobilisation des recettes prend forme dans la mise en place de factures certifiées ou

---

[14] Conçu par P. BELTRAME et L. MEHL comme *« une prestation pécuniaire, requise des personnes physiques ou des personnes morales de droit privé, voire de droit public, d'après leurs facultés contributives, par voie d'autorité, à titre définitif et sans contrepartie déterminée, en vue de la couverture des charges publiques ou à des fins d'intervention publique », op. cit*, pp. 45-46.

[15] P. BELTRAME, L. MEHL, Techniques, politiques et institutions fiscales comparées, P*UF*, 1997, p. 42.

[16] S. OUEDRAOGO, *in Th*. OBRIST et Trésor-Gauthier KALONJI (Sous la direction de), *op. cit*, p. 43

[17] *Idem*, p. 94.

[18] *Ibid*

[19] Idem

normalisées, notamment pour contrer les fraudes à la TVA, d'en avoir une traçabilité et faire échec aux déductions indues et aux fausses facturations sur la base d'opérations fictives[20]. Cela permettrait également de limiter voire éradiquer les phénomènes de minoration de chiffres d'affaires ou tout autre maquillage du bilan des entreprises. C'est notamment le cas au Bénin[21], au Burkina Faso, au Niger tout comme en Côte-d'Ivoire ou au Sénégal.

Cependant, si la fonction financière de l'impôt permet à l'État de couvrir les charges publiques au sens strict[22], elle n'est pas suffisante pour la consolidation du vivre-ensemble qui passe par une jonction nécessaire entre justice fiscale et justice sociale.

La fonction économique voudrait que l'impôt soit un moyen d'action sur l'économie, notamment sous la forme d'un interventionnisme conjoncturel, par pression ou par dépression. Elle s'analyse au fait que/

> « En modifiant, par des mesures temporaires ou permanentes, le volume et la répartition du prélèvement fiscal, et en influençant ainsi le niveau des activités, l'importance de la consommation et le montant des épargnes individuelles, l'État peut agir sur la conjoncture (…) ou sur les structures (…) »[23].

Dans l'espace francophone d'Afrique de l'Ouest, ces leviers sont peu ou mal usités, malgré l'impulsion de l'Union économique et monétaire. Cela s'explique par l'importance d'un secteur informel peu maîtrisé, la faible diversification des activités et des secteurs économiques, mais également par un déficit en termes de ressources humaines, surtout en matière de fiscalité internationale. En effet, *« les lacunes dans la formation des fonctionnaires fiscaux sont*

---

[20] Un mode opératoire qui a fait perdre à l'État Burkinabè 16. 953. 658. 631 Francs CFA consistait, pour certains opérateurs, à *« recourir à des facturations croisées, la délivrance de fausses factures sur la base d'opérations fictives entre leurs entreprises et leurs clients (composés d'une soixantaine de sociétés), dans l'intention de déduire indûment la TVA. Ils utilisaient également les numéros IFU de leurs entreprises pour des importations frauduleuses au profit d'autres entreprises qui ne désiraient pas s'immatriculer auprès de l'administration publique »* Voir S. OUEDRAOGO, *op. cit*, p. 97.

[21] Au Bénin les factures sont éditées à partir de la plateforme en ligne de la DGID ou à partir de machines électroniques de facturations agréées.

[22] Celles découlant de l'exercice des fonctions indispensables à l'organisation de la vie en société et au maintien de l'ordre.

[23] P. BELTRAME, L. MEHL, *op. cit*, p. 315

particulièrement mises en évidence dans le contexte des prix de transfert. Alors même que ce domaine (...) est d'importance primordiale en lien avec les activités extractives et le commerce des matières premières »[24], les compétences techniques dans le pays d'Afrique de l'Ouest francophone demeurent faibles. Ceci, explique l'auteur, *« est particulièrement préoccupant quand on sait que de nombreux budgets étatiques trouvent un équilibre déjà précaire uniquement par l'exploitation des ressources naturelles »*[25]. Au Bénin par exemple, *« jusqu'en 2019, il n'existait pas (...) un cadre juridique spécifique aux prix de transfert »*[26]. La solution juridiquement et pratiquement convenable a alors consisté pour le législateur béninois, à l'occasion du vote de la loi de finances initiale pour 2020, d'effectuer une greffe de l'article 57 du Code général des impôts français. Ce qui pose, du point de vue même des auteurs d'un rapport sur le droit fiscal en République du Bénin, *« la question de son efficacité dans le contexte béninois »*[27].

La fonction sociale est plus diversifiée et entre constamment en opposition avec la fonction financière. En effet, si l'interventionnisme social par l'impôt atteint sa cible, l'impact pourrait se révéler résiduel sur le rendement du prélèvement fiscal. Elle suppose en effet que l'impôt soit un instrument au service de la justice et de l'équité. Pour ce faire, une juste répartition de la charge fiscale entre contribuables est nécessaire. La notion de *« facultés contributives »* qui fait corps avec la définition contemporaine de l'impôt suppose un aménagement de son assiette et/ou de son champ d'application pour tenir compte des situations particulières, imposer à la fois en fonction de la capacité économique et des charges sociales de l'assujetti.

Les systèmes fiscaux des États d'Afrique de l'Ouest francophone contiennent de tels dispositifs, ne serait-ce qu'en matière d'imposition des revenus. La réalité est cependant que, globalement, la fonction sociale se rétrécit au profit de la fonction budgétaire. S'y ajoute le phénomène pervers de la fraude et de l'évasion fiscales à grande

---

[24] Idem, p. 5

[25] Ibid.

[26] N. MÉDÉ, S. C. HOUNDEFFO, I. M. MÉDÉ, *in* Th. OBRIST et T-G. KALONJI, *op. cit*, p. 25, qui précisent que *« Des échanges avec des cadres de l'administration fiscale, il ressort qu'ils ne sont pas friands de dossiers de fiscalité internationale encore moins de ceux relatifs aux prix de transfert parce qu'ils sont trop complexes*

[27] Idem

échelle, qui fausse le principe d'égalité devant l'impôt et prive les États de ressources substantielles pour leur développement. En effet, les systèmes fiscaux des États membres de l'UEMOA se caractérisent essentiellement par leur iniquité. Ceci se traduit par une pression fiscale globalement faible, mais comprimée sur un nombre très réduit de contribuables. Au Sénégal par exemple, en dépit de l'ambition affichée de mettre en place *« un système fiscal plus équitable et transparent qui favorise le développement durable »* conformément au programme *Tax Equity*, sur 6.000.000 d'assujettis à l'impôt recensés, 85.000 seulement s'acquittent de leurs obligations fiscales[28]. Il s'agit là d'une préoccupation majeure pour les systèmes fiscaux d'Afrique subsaharienne dans son ensemble.

Pour Eloi Diarra, *« si (la) pression fiscale demeure ridiculement basse, c'est aussi que la fuite devant l'impôt est un fléau largement partagé dans ces États et qui se traduit par les sous-déclarations des particuliers, des entreprises et des sociétés »*[29], notamment les multinationales qui *« mettent en œuvre des opérations intra-groupes afin de réaliser des optimisations fiscales qu'il n'est pas toujours aisé de déceler et de redresser quand elles confinent à l'abus de droit »*[30]. En outre, la perspective des Accords de Partenariat Économique (APE) est porteuse de perte de recettes pour les budgets nationaux, notamment en termes de fiscalité de porte. La mobilisation des recettes internes reste de ce fait un objectif principal de la *« transition fiscale »* des États. L'exemple de la Côte-d'Ivoire montre *« qu'en dépit des réformes engagées depuis 2012, le ratio des recettes fiscales au PIB est demeuré relativement faible, à environ 16,5% en 2017 ». Ainsi, « les estimations de l'effort fiscal et du taux de pression fiscal optimal suggèrent que la Côte d'Ivoire dispose d'une marge importante pour collecter davantage de recettes »*[31]. Le débat technique est de ce fait aujourd'hui *« alimenté par la transition fiscale de deuxième génération, avec ses nombreuses contraintes. Il s'agit*

---

[28] Chiffres avancés par le Directeur général des impôts et domaines lors d'une « journée de réflexion scientifique » intitulée *« Regards croisés sur la mobilisation des ressources fiscales à travers le programme Yaatal »*, organisée le mercredi 05 octobre 2022 au Radisson Blu, Dakar.

[29] E. DIARRA, *« Forces et faiblesses des finances publiques ou heurs et malheurs des finances publiques en Afrique noire francophone »*, *in* Nicaise MEDE et Marc DEBENE, Les finances publiques entre globalisation et dynamiques locales, Dakar, *L'Harmattan*, 2021, p. 174

[30] Idem

[31] N-F. KOUAME, P. DAGOU, *in* Th. OBRIST et T-G KALONJI, *op. cit*, p. 317.

pour les États de procéder à la réforme de la structure de leurs recettes fiscales en privilégiant la mobilisation de la fiscalité intérieure, en vue d'un transfert progressif de la pression fiscale, de la fiscalité de porte vers la fiscalité intérieure »[32].

Il s'agit ici d'un véritable paradoxe au regard de l'énorme potentiel en termes de recettes fiscales pourtant inexploité, que constitue la fiscalité internationale, spécifiquement dans le domaine du pétrole, des mines, et des prix de transfert. Les États ont adopté, sous l'égide de l'UEMOA, un programme dit de « transition fiscale », avec les Décisions 10/2006/CM/UEMOA[33], 34/2009/CM/UEMOA[34] et 35/2009/CM/UEMOA[35] du 17 décembre 2009 dont l'objectif est de relever le niveau de pression fiscale afin de faire face aux défis de l'explosion des besoins et de la raréfaction des ressources, notamment en termes de fiscalité de porte.

La centralisation du système fiscal et sa capacité à remplir l'ensemble de ses fonctions serait virtuelle dans la formation et la consolidation de l'État, si les ressources ainsi générées ne sont pas dépensées pour améliorer le bien-être des populations. C'est donc également à travers la dépense budgétaire que se construit l'État, en ce sens qu'elle constitue un facteur de développement et de progrès.

B. L'utilisation de la dépense budgétaire comme facteur de développement et de progrès

La dépense budgétaire est au centre la problématique des finances publiques. *« Tout l'édifice institutionnel, politique, normatif et administratif créé au fil de l'histoire des États modernes ne se justifie que pour mettre en œuvre des dépenses »*[36]. Instrument de financement des politiques publiques, la dépense budgétaire participe à la formation et à la consolidation de l'État. A condition toutefois,

---

[32] P. THEOUA-NDRI, op. cit, p. 332

[33] Portant adoption du programme de transition fiscale au sein de l'UEMOA dont l'objectif affiché est de porter la pression fiscale dans chacun des États membres de 14,5% à 20% du PIB, sur la période 2006-2020

[34] Portant adoption des critères et des indicateurs de la transition fiscale au sein de l'UEMOA

[35] Portant création du dispositif institutionnel de suivi du programme de transition fiscale au sein de l'UEMOA

[36] B. CHEVAUCHEZ, *« la dépense publique, au cœur de nos systèmes de finances publiques »*, *RFFP*, N 77, 2002, p. 28

conformément au nouveau cadre harmonisé des finances publiques au sein de l'UEMOA, de résoudre les équations liées à son utilité et à sa soutenabilité.

Utilité en ce sens que l'utilisation de la richesse collective doit avoir un impact sur la vie des populations, sur la production du service public et, au-delà, sur le bien-être collectif. D'une part *« on ne peut comprendre, et donc piloter nos systèmes de finances publiques qu'après avoir clarifié la place et le contenu de la dépense »*[37], d'autre part *« la première urgence est de se donner les moyens de mesurer l'utilité des dépenses publiques »*[38]. Dans cette perspective, la structure des dépenses publiques doit être adaptée à la conjoncture économique et aux circonstances historiques et politiques des États, dans le temps et dans l'espace. Les dépenses de souveraineté, notamment celles liées à la défense nationale, à l'ordre et à la sécurité publics prennent une part significative dans l'allocation des ressources budgétaires des États d'Afrique de l'Ouest francophone, en raison de la recrudescence de l'insécurité intérieure et transfrontalière. Dans cette perspective, de nombreux pans de production de service public, comme la santé et l'éducation en subissent les contrecoups.

Soutenabilité au regard du hiatus entre l'explosion des besoins et la stagnation, voire le rétrécissement des ressources. La loi d'accroissement des dépenses a eu pour conséquence directe un tassement des perspectives budgétaires, et le niveau atteint par la dépense budgétaire bute sur une contrainte de financement. Cela s'est traduit, dans les États d'Afrique de l'Ouest francophones au moins, par un triple paradoxe : d'un côté le *« moins d'État »* s'est matérialisé par le retrait de l'État de certains secteurs de la vie collective, alors même que les besoins étaient de plus en plus affirmés. De l'autre, en dépit de la recommandation le Conseil d'Administration du FMI lors de sa session du 31 mars 2017 à Washington, de *« se concentrer sur les réformes visant à accroître la mobilisation des recettes budgétaires et à contenir les dépenses courantes tout en protégeant les dépenses sociales et d'investissement prioritaires »,* le *« mieux d'État »* s'est traduit par une paupérisation de la vie sociale et des leviers du développement économique. Au nom d'une classification

---

[37] *Idem*, p. 29

[38] *Ibid*, p. 30

économique des dépenses[39] contestable, les secteurs de l'éducation, de la santé et l'aide aux populations ont subi les foudres de l'ajustement structurel. En même temps et paradoxalement, les contraintes du financement de la dépense se sont traduites par une accumulation de déficits qui ne peuvent être financés ni exclusivement par l'impôt ni accessoirement par la création monétaire en raison, d'un côté du niveau de pauvreté des populations et d'une administration fiscale encore tatillonne dans certains États et de l'autre, des engagements internationaux de la zone UEMOA. Enfin, en dépit d'un accroissement significatif de la dépense, la qualité des services rendus aux citoyens demeure particulièrement médiocre, ce qui pose à la fois le problème de son efficience et de son efficacité.

Le recours au déficit supposerait alors un financement alternatif par la dette, ce qui constitue, pour les États sous étude, une contrainte particulière, surtout envisagée sur le moyen et le long termes. *Or, « le recours permanent au déficit entraîne le basculement dans une dérive auto-entretenue de la dette et des charges d'intérêts, conduisant l'État à emprunter à la seule fin d'assurer le service de la dette »*[40]. Pour pallier une telle situation qui impacterait négativement sur les finances publiques, ne faudrait-il pas, encore une fois, emprunter aux collectivités territoriales[41] le principe de prudence, formellement consacré par la Directive 01/2011 de l'UEMOA[42] ? C'est-à-dire tendre vers une stratégie consistant à fixer les perspectives de dépenses à un niveau inférieur à la croissance attendue, afin d'en mieux maîtriser l'accroissement. La raison tient au fait que *« le choix d'un objectif d'évolution des dépenses indépendant de la conjoncture, et non d'un objectif de solde, permet aux finances publiques de jouer un rôle régulateur de l'activité économique en laissant fonctionner*

---

[39] Qui voudrait que les dépenses consacrées à l'éducation et à la santé notamment ne soient pas des dépenses d'investissement mais des dépenses de consommation improductives et devraient de ce fait être discriminées dans l'allocation des crédits budgétaires.

[40] *Idem.* Les États d'Afrique de l'Ouest francophone étaient entrés dans un cycle si pernicieux de la dette qu'ils ont dû bénéficier, y compris les mieux « nantis », du programme « Pays pauvres très endettés » (PPTE) et bénéficier d'une remise de dettes.

[41] Déjà, la démarche de performance initiée par le nouveau cadre harmonisé des finances publiques a emprunté aux collectivités territoriales le débat d'orientation budgétaire, la consécration en droit positif du principe de sincérité, voire une conception de l'équilibre budgétaire, le « cercle vertueux » vote du compte administratif/vote du budget primitif ainsi que d'autres principes comptables.

[42] Portant régime financier des collectivités territoriales au sein de l'UEMOA.

« les stabilisateurs automatiques » en recettes » [43]. La conséquence ultime produirait un effet d'éviction des dépenses utiles pour le bien-être des populations par les charges d'intérêts de la dette. De ce fait, l'assainissement des finances publiques devrait prioritairement passer par la maîtrise des déficits et la recherche de l'efficacité de la dépense.

Pour ces raisons, il est important de porter une attention particulière sur la mise en ordre des finances publiques, notamment sur l'orthodoxie selon laquelle l'emprunt devrait exclusivement être consacré à des dépenses d'investissement, au nom à la fois de la soutenabilité des finances publiques et de l'équité entre les générations.

Le deuxième aspect de cette marche inexorable de l'État financier s'est traduit, sous le poids de contraintes diverses, par une mutation structurelle : l'explosion des besoins et le rétrécissement des ressources pour y faire face ont généré un nouveau paradigme et accéléré la transformation de l'État. La recherche de performance dans la gestion et d'efficacité dans l'action se sont traduites par un redéploiement et une organisation du système financier public en-deçà et au-delà de l'État.

II. Une croissance sous contraintes : la contribution des finances publiques aux transformations de l'État

Si la formation de l'État s'est opérée par le moyen de la recette et de la dépense budgétaires, sa transformation s'est faite suivant un double mouvement : d'abord un mouvement descendant, avec la décentralisation et une tendance à la territorialisation des politiques publiques ; ensuite un mouvement ascendant de communautarisation, dans le cadre de l'Union économique et monétaire. Historiquement,

---

[43] S. MAHIEUX, *« La maîtrise des dépenses publiques »*, *RFFP*, n 77-mars 2002, p. 42. L'auteure précise « *: dans les phases de ralentissement de l'activité, la stabilité de l'évolution des dépenses combinée au ralentissement spontané des recettes creuse temporairement le solde des administrations. Cette baisse du solde injecte du revenu dans l'économie et soutient (...) l'activité. Symétriquement, dans les phases d'accélération de l'activité, la stabilité de l'évolution des dépenses et la hausse des recettes aboutit à une hausse du solde, qui tend à réduire les tensions inflationnistes. A contrario, avec un objectif de solde, un ralentissement imprévu de l'activité conduirait à compenser la baisse des recettes par une restriction non programmée des dépenses ou par des hausses d'impôts, contribuant à accroître la dépression de l'activité. En phase haute de la conjoncture, l'ancrage des finances publiques sur une norme de dépenses permet d'éviter la dilapidation des recettes de nature exceptionnelle par des dépenses pérennes* ».

l'évolution s'est faite en premier lieu en-deçà, par l'aménagement d'un espace local de proximité (A), dans un deuxième temps au-delà de l'État, à travers la création d'un espace global de solidarité (B), matérialisé par la mise en place d'un cadre harmonisé, notamment en matière de finances publiques. Ce qui soulève de nouvelles problématiques, relativement bien maîtrisées, mais mal assumées.

A. L'aménagement d'un espace local de proximité : transformation en-deçà de l'État

C'est à partir du local que s'est amorcée la transformation de l'État. Conformément au constat du Doyen Vedel, *« l'expérience décentralisatrice a fait naître des types de gestion financière en progrès sur l'archaïsme des modes administratifs traditionnels »*[44]. Initiée pour répondre à une démocratisation à la base et pour rationaliser la gouvernance territoriale de l'État, la décentralisation est, historiquement la première mutation de l'État unitaire tel que connu en Afrique de l'Ouest francophone. Les premières expériences remontent à 1872 avec notamment la création des communes de Dakar, Rufisque, Gorée et Saint-Louis. Le mouvement s'est poursuivi par la suite dans l'ensemble des territoires d'outre-mer pour se perfectionner davantage après l'accession à l'indépendance des États. A l'époque cependant, la décentralisation poursuivait plus des objectifs politiques d'assimilation et d'exclusion qu'un agencement du cadre de gestion des finances publiques. Néanmoins, tout phénomène de société ayant un aspect économique et financier qui le structure, la décentralisation a inévitablement évolué vers l'octroi aux collectivités ainsi créées, d'une autonomie financière et de gestion, compatible avec la réorganisation de l'État. Il s'agit alors de l'aménagement d'un espace de proximité pour mieux distiller les droits liés à l'État territorial, répartir les compétences et les ressources dans une perspective de développement à la base. En adaptant les solutions aux lieux et aux milieux, cette réorganisation répond aux contraintes d'efficacité du service public et conduit à une approche transversale du développement et à la promotion du bien-être des citoyens. En effet *« la territorialisation de l'action publique est (...)*

[44] G. VEDEL, *« Décentralisation et finances locales : clés pour la réflexion »*, *RFFP*, N 38, 1992, p. 13.

un gage d'efficacité, surtout si elle donne une visibilité interne et externe à des périmètres dans lesquels se réveillera et se développera un sentiment d'appartenance qui renforcera la valorisation des ressources locales »[45]. L'objectif est ici de promouvoir un développement harmonieux et durable sur l'ensemble du territoire à travers la convergence des efforts des collectivités décentralisées dont l'État assure la coordination des objectifs et la définition des moyens. Décentraliser, c'est donner un second souffle à l'État, c'est concevoir une nouvelle dynamique de développement, c'est rapprocher, au-delà de la déconcentration, la décision des populations qu'elle concerne.

La décentralisation implique aujourd'hui une réorganisation financière et un partage du portefeuille fiscal entre les collectivités territoriales et l'État, dans une perspective de contention de la pression fiscale globale[46]. Il s'agit, dans les États francophones d'Afrique de l'Ouest, d'une évolution encore inachevée. Elle a ses propres exigences en termes de redéploiement du système financier public. Le rôle de l'État pourrait se résumer ici dans la garantie de trois principes essentiels[47] : le respect des règles et la transparence, la mise en œuvre de la solidarité financière entre les collectivités et l'articulation de l'ensemble du processus de financiarisation du local en fonction d'objectifs à long terme[48]. Ainsi, pour qu'elles prennent une part active dans la transformation de l'État, les finances des collectivités territoriales doivent répondre, essentiellement, à une double exigence : celle du financement et celle de l'organisation des mécanismes de solidarités territoriales.

D'abord, en matière de financement, le constat est que les constitutions ont consacré un principe de libre administration[49] sans autonomie financière véritable[50]. Or *« il ne peut y avoir exercice*

---

[45] J-P. JAMBES et P. TIZON, *« Projets et territoire : vers de nouveaux modes de gouvernement local ? »*, *in* R. Le SAOUT, L'intercommunalité, logiques nationales et enjeux locaux, *Presses universitaires de Rennes*, 1997, p. 150

[46] Le contribuable local étant en même temps un contribuable national.

[47] Voir J-P Sueur, *« Les relations financières avec l'État »*, *RFFP* N 38-1992, p. 19.

[48] Notamment la prise en compte de l'intercommunalité et la spécialisation fiscale des niveaux de collectivités territoriales et une péréquation fiscale horizontale.

[49] *Art. 102 de la constitution Sénégalaise du 22 janvier 2001, art. 164 de la constitution nigérienne du 25 novembre 2010, art. 145 de la constitution burkinabè du 02 juin 1991art., 151de la constitution béninoise du 11 décembre 1990*

[50] Voir M. ZAKI, *« Les entraves à l'autonomie financière des collectivités locales au Sénégal »*, *Afrilex-Bordeaux IV*, 2014, (en ligne)

d'attributions effectives sans un minimum d'autonomie financière, indissociable (...) de la libre administration »[51]. Cela se traduit par un périmètre budgétaire réduit et obsolète qui obère la capacité des collectivités à prendre en charge le développement à la base, un niveau très faible de mobilisation des ressources, ainsi que le poids des compétences transférées et mal compensées par l'État.

Ensuite, un des traits caractéristiques des finances des collectivités territoriales dans les États d'Afrique de l'Ouest francophone réside dans les inégalités horizontales de richesses, induites à la fois par des facteurs géographiques et naturels[52], la localisation des potentiels et les effets déstructurants produits par la fiscalité sur les politiques d'aménagement du territoire. Ici la conséquence se traduit par la difformité des terroirs, la désertification des périphéries et l'exode des populations vers les centres urbains.

L'exemple sénégalais pourrait constituer une grille de lecture médiane de la quête de l'État territorial dans la réorganisation son système financier public, de l'intérieur, en vue de satisfaire des impératifs d'efficacité. Des tentatives plus ou moins couronnées de succès ont consisté en une série de réformes introduites d'abord par la loi 2013-10 du 28 décembre 2013 portant Code général des collectivités locales[53]. Ensuite, à partir de 2018 s'est amorcée une réorganisation des interventions de l'État et un réaménagement du dispositif fiscal, avec une réforme de la patente[54]. La création d'un ministère de l'équité territoriale et de la solidarité nationale participe de cette entreprise.

L'État intervient à partir du fonds de dotation de la décentralisation[55] et du fonds d'équipement des collectivités

---

[51] L. PHILIP, *« L'autonomie financière des collectivités territoriales »*, Les cahiers du Conseil constitutionnel, n° 12/2002, p. 96.

[52] Richesse des terroirs, position centrale ou périphérique, facteurs liés à la démographie et à la géographie physique etc.

[53] La suppression des communautés rurales et la communalisation intégrale instituée par la loi a réintroduit dans le système local sénégalais d'importantes ressources fiscales qui lui échappaient, du fait de la localisation de l'assiette dans le ressort des communautés rurales qui ne pouvaient prélever qu'une « taxe rurale » sur les assujettis.

[54] Abrogée par l'article 60 de la loi 2018-10 du 30 mars 2018 portant modification de certaines dispositions du Code général des impôts, instituant une « Contribution économique locale ».

[55] Institué en vue de la compensation des charges induites par les compétences transférées et financé par un versement de 3,5% du montant de la TVA collectée au profit du budget de l'État *« telle qu'elle résulte de la dernière gestion connue »*.

territoriales. Ce dernier a subi, avec la loi 2018-16 du 08 juin 2018 et le décret 2018-1250 du 06 juillet 2018 une réforme d'envergure : afin de le mettre en adéquation avec les objectifs de développement des collectivités territoriales et les impératifs de solidarité, le rapport de présentation du décret précise que l'objectif visé, qui s'inscrit en droite ligne de « L'Acte III de la décentralisation », est de *« doter le Sénégal de territoires viables, compétitifs et porteurs de développement durable »* dans le cadre d'une refondation majeure de l'action territoriale de l'État. Dans cette perspective, précise le décret, *« il convient de mettre l'accent sur la mise en place un système intégré et pérenne de financement des collectivités territoriales, tout en procédant à la réforme des mécanismes de transfert financier, notamment le Fonds d'Équipement des Collectivités territoriales »*. Il s'agit ainsi de *« promouvoir les principes d'équité, de solidarité et de coopération territoriale, ainsi que la prévisibilité dans les transferts financiers dont il faut procéder au recentrage, pour en faire un mécanisme adapté à l'amélioration de la gouvernance budgétaire et à l'offre de services publics aux populations ».*[56]

Aux termes de l'article 2 du Décret, le fonds a désormais pour objectif non seulement d'accroître les capacités d'investissement des collectivités territoriales, mais également d'assurer leur autonomie.

Les ressources du fonds sont désormais octroyées sur la base d'enveloppes ciblées, entre structures de coopération intercommunale ou inter régionales et entre Communes, Départements et Villes.

A cet effet, l'Agence nationale de la statistique et de la démographie fournit régulièrement des indicateurs, calculés par la combinaison de trois critères : la population de chaque collectivité territoriale, pour déterminer une allocation minimale par habitant, le taux de pauvreté afin de favoriser les collectivités les plus démunies, la densité de la population dans le but de favoriser les territoires ruraux, en ciblant les communes de moins de deux cent cinquante (250) habitants au Km^2. Ces données permettent de calculer un *« Coefficient annuel d'équité territoriale par habitant »* qui servira de base à la répartition de chacune des enveloppes du fonds. Pour les départements, le Coefficient annuel d'équité territoriale est calculé sur la base de la moyenne pondérée des coefficients annuels d'équité

[56] Exposé des motifs

territoriale des communes qui le composent. Les enveloppes instituées par la réforme sont au nombre de quatre :

- Une enveloppe à titre d'allocation globale d'équipement, constituée de 70% du montant global du fonds. 15% reviennent aux Villes, 70% aux communes et 15% aux Départements. Elle est subdivisée en deux sous-enveloppes : *une part fixe*, également répartie entre ordres de collectivités territoriales (Villes /Communes /Départements), et *une part variable*, calculée en fonction de critère démographique pondéré d'un *« coefficient annuel d'équité »*. La part fixe allouée aux Départements représente 80% de l'enveloppe globale qui leur est affectée[57]. Pour les Communes et les Villes, elle représente 25% de l'enveloppe globale affectée à ces ordres de collectivités territoriales[58].

- Une enveloppe à titre d'allocation spéciale, constituée par 15% du montant global du fonds et destinée aux communes, *« en fonction de situations particulières ou exceptionnelles »*. Elle peut leur être versée à travers des projets exécutés par des agences ou autres structures intervenant dans le développement local.

- Une enveloppe à titre d'allocation d'inter territorialité, représentant 5% du montant global du fonds, pour encourager les structures de coopération interterritoriale, c'est-à-dire à une mutualisation des compétences, des services et des ressources entre collectivités.

- Une enveloppe à titre d'allocation de performance, représentant 10% du montant global du fonds. Elle est, à l'instar de l'allocation globale d'équipement, composée d'une part fixe et d'une part variable. La part variable est répartie sur la base d'une dotation par habitant, compte tenu du coefficient annuel d'équité. Elle est destinée à récompenser les efforts des conseils locaux en termes de gouvernance à partir de critères arrêtés par le ministre chargé des collectivités territoriales.

La réforme de la patente par la loi 2018-10 du 30 mars 2018[59] poursuit les mêmes objectifs : veiller à une équité territoriale entre collectivités en créant, à partir de la valeur ajoutée des entreprises

---

[57] 20% de part variable

[58] 75% de part variable

[59] Loi 2018-10 du 30 mars 2018, modifiant certaines dispositions du Code général des impôts, JORS, N 7082.

contributrices, un ensemble de trois enveloppes destinées à la répartition équitable d'une contribution qui naguère introduisait un élément de distorsion importante de richesses : un *« guichet allocation minimale »*[60], un *« guichet stabilisation »*[61] au profit de celles qui, par le fait de la réforme, subiraient des pertes de recettes, et un *« guichet équité territoriale »*[62] dont la vocation affichée est l'introduction d'un mécanisme de péréquation qui s'effectue sur la base de deux critères : l'indice de population et l'indice de pauvreté des communes, avec un coefficient de pondération de 40% sur la base du critère démographique, 60% en fonction de la pauvreté[63]. A cet effet, au plus tard au 31 janvier de chaque année, le ministre chargé des collectivités territoriales saisit l'Agence nationale de la statistique et de la démographie, ou tout autre organisme, aux fins de disposer des données utiles à la détermination des coefficients de pondération.

Il s'agit là certes de réformes importantes, mais le mécanisme semble limité dans la mesure où l'aspect « équité territoriale » et l'incitation à la coopération territorialement intégrée[64] restent, en dépit de l'affirmation du législateur et du pouvoir réglementaire, sommes toutes, résiduels.

Le dernier aspect que je souhaite aborder dans la présente contribution est sans nul doute l'un des plus importants en termes de redéploiement et de transformation de l'État-financier en Afrique de l'Ouest francophone. Il s'agit de la communautarisation des règles en matière de finances publiques, à travers l'organisation, entre les États membres de l'UEMOA, d'un espace global de solidarité.

---

[60] Dont la part revenant uniformément à chaque collectivité territoriale ne peut être inférieure à 12 millions de francs.

[61] Constitué par 70% de l'enveloppe globale diminuée du prélèvement au profit du « guichet allocation minimale ».

[62] 30% de l'enveloppe globale diminuée du prélèvement au profit du « guichet allocation minimale ».

[63] Attestée notamment par la faiblesse du potentiel fiscal.

[64] Qui ne reçoit que 5% des ressources du fonds.

B. La création d'un espace global de solidarité : transformation au-delà de l'État

Il s'agit ici d'une solidarité économique entre États membres, dans sa double dimension monétaire et budgétaire. La création de l'Union économique et monétaire a été un moment déterminant de la transformation de l'État en Afrique de l'Ouest francophone. Celui-ci ne se construit plus seul et isolé mais en convoi, dans le cadre d'une Union. D'abord avec la coordination des politiques économiques afin de garantir la stabilité monétaire, ensuite par la projection du cadre juridique des finances publiques et la convergence des politiques budgétaires des États membres. En mentionnant que *« les lois de finances déterminent la nature, le montant et l'affectation des ressources et des charges de l'État ainsi que l'équilibre budgétaire et financier qui en résulte, compte tenu de la situation et des objectifs macro-économiques de l'État et des obligations du Pacte de convergence, de stabilité, de croissance et de solidarité des États membres de l'UEMOA »*[65], la Directive communautaire relative aux lois de finances[66] projette les finances publiques des États membres sur un plan plus large, en ce sens qu'elles doivent tenir compte des engagements communautaires de chacun, notamment ceux induits par la Pacte de convergence, de stabilité, de croissance et de solidarité[67] qui les lie en matière de politique budgétaire et d'endettement.

L'Union Économique et Monétaire Ouest Africaine (UEMOA) a d'abord procédé à l'harmonisation des règles de gouvernance économique, spécifiquement celles relatives au droit budgétaire, au droit de la comptabilité publique et aux contrôles exercés sur les opérations financières de l'État. Ainsi furent initiées les Directives de première, puis de deuxième génération avec la Directive n° 06/ 2009/CM/UEMOA du 26 juin 2009, qui institua une réforme du cadre législatif des finances publiques des États membres, dont l'objectif principal est l'institution d'une gouvernance financière tournée vers la performance, en substituant les budgets de programmes aux classiques budgets de moyens. La recherche de performance, de

---

[65] Disposition reprise par l'article 3 de la loi 2020-07 du 26 février 2020, portant LOLF du Sénégal.

[66] Directive 06/2009/CM/UEMOA, du 26 juin 2009.

[67] Acte additionnel 04/99, portant Pacte de convergence, de stabilité, de croissance et de solidarité entre les États membres de l'UEMOA, modifié par l'Acte additionnel/01/2015/CCEG/UEMOA du 29 janvier 2015

l'efficience et de l'efficacité de la dépense est recherchée ici à travers le cadre logique du programme budgétaire, conçu par la Directive comme un regroupement de crédits *« destinés à mettre en œuvre une action ou un ensemble cohérent d'actions représentatif d'une politique publique clairement définie dans une perspective de moyen terme »*. La loi 2020-07 du 26 février 2020[68] précise que *« chaque programme est assorti d'objectifs précis, arrêtés en fonction de finalités d'intérêt général et des résultats attendus (...) mesurés notamment par des indicateurs de performance »*. L'Union prend également en compte l'organisation des systèmes fiscaux des États membres ; il s'agit dans ce cas deconcilier la fonction financière originelle de l'impôt et ses fonctions économiques et sociales, concilier justice fiscale et maîtrise des déficits budgétaires, avec un taux de pression fiscale raisonnable.

L'institutionnalisation des Cours de comptes devrait auréoler le processus, constituer un contrepoids à une éventuelle complicité du pouvoir politique et garantir la transparence et la reddition des comptes, grâce à un organe supérieur de contrôle mixte, administratif et juridictionnel, indépendant à la fois de l'Exécutif et du Législatif.

Il faut néanmoins préciser que cette réforme fait partie d'un attelage institutionnel et normatif global, né de la prise de conscience par les instances communautaires qu'une zone économiquement intégrée devrait, pour sa viabilité, coordonner et harmoniser les politiques budgétaires des États membres afin de les rendre compatibles avec la politique monétaire commune. En effet, fondée le 16 mai 1962 avec la création d'une Union monétaire (UMOA), la zone, constituée alors de sept États francophones se particularisait par une paradoxale démarche de ses fondateurs : d'une part un espace intégré au plan monétaire, d'autre part des politiques budgétaires nationales divergentes. Cette dualité constituait à terme une menace pour la monnaie commune et l'économie de la zone.

Pour pallier ces incohérences qui ont abouti en 1994 à la dévaluation du franc CFA, les chefs d'États et de gouvernements, réunis à Dakar, ont signé le 10 janvier 1994, le Traité instituant une Union économique et monétaire dont l'entrée en vigueur en août 1994 répondait à la double exigence de consolider l'Union monétaire

---

[68] Portant LOLF du Sénégal.

instituée par l'UMOA et garantir la compétitivité des économies des États membres.

Un tel programme nécessite des référentiels communs et un dispositif d'évaluation pertinent. Dans cette perspective, le Traité fut complété par l'adoption d'un Acte additionnel n° 04/99/CM/UEMOA du 08 décembre 1999[69], afin de renforcer la surveillance multilatérale des politiques économiques des États, à travers un Pacte de convergence, de stabilité, de croissance et de solidarité. Le mécanisme repose désormais sur la définition de critères et de programmes pluriannuels de convergence auxquels doivent se conformer les États dans l'élaboration et la mise en œuvre de leur politiquebudgétaire. L'édifice fut davantage renforcé par l'adoption, le 19 juin 2000, d'un Code de transparence dans la gestion des finances publiques, modifié par la Directive n° 01/2009[70], afin d'instaurer dans l'Union des règles permettant une gestion transparente et rigoureuse des finances publiques et de conforter la croissance économique.

La réforme porte à la fois sur la structure du budget, les méthodes comptables et les outils de gestion, avec un changement de paradigme dans l'élaboration et la conduite des politiques publiques. Elle consacre une nouvelle architecture de présentation des crédits budgétaires, un mode de préparation et de présentation des projets de lois de finances rigoureux et une procédure de vote rationalisée.

Désormais l'allocation de crédits budgétaires demandés au Parlement recoupe les politiques publiques confiées aux ministères sectoriels, sous la forme de programmes, eux-mêmes déclinés en actions, puis en activités. Il se caractérise également par la projection pluriannuelle des finances publiques, dans le moyen terme[71]. Cette nouvelle démarche *« postule que la gestion publique doit d'abord être conduite en fonction d'objectifs, et que la décision ne se résume pas à une allocation de moyens budgétaires, mais porte sur leur adéquation au regard des finalités de l'action de l'État »*[72].

---

[69] Révisé

[70] Directive 01-2009/CM/UEMOA du 27 mars 2009 portant code de transparence dans la gestion des finances publiques au sein de l'UEMOA.

[71] Le Document de programmation budgétaire et économique pluriannuel et le Document de programmation pluriannuel de dépenses sont calibrés pour un horizon de trois années.

[72] J-P. CAMBY, *« La LOLF et les rapports entre les institutions »*, *RFFP*, n° 97-2007, p. 18.

Vecteurs de la performance, les programmes sont assortis d'indicateurs qui permettent de mesurer l'impact de l'action de l'État sur l'environnement économique et social.

Une telle architecture budgétaire implique nécessairement des réformes institutionnelles, notamment l'adaptation des organigrammes des départements ministériels. Ainsi, en même temps que la déconcentration de la fonction d'ordonnateur principal en dépenses[73], la mise en œuvre des politiques publiques repose sur le responsable de programme, les responsables d'actions et d'activités, avec une cellule de coordination.

Au-delà du processus d'élaboration, de présentation et de vote, la réforme de l'État introduite par les lois de finances est également perceptible à travers l'exécution et le contrôle des opérations budgétaires. L'enregistrement comptable s'effectue désormais sur la base d'une comptabilité multiforme, associant comptabilité générale, comptabilité budgétaire, comptabilité des matières, des valeurs et des titres et comptabilité d'analyse des coûts. Ces référentiels comptables ont pour finalité une mise en ordre des comptes de l'État grâce à une visibilité plus affirmée sur son patrimoine et sa situation financière, en temps réel.

Par ailleurs, les méthodes de contrôle ont évolué pour permettre de passer d'un simple contrôle de régularité à un véritable contrôle de gestion et à l'évaluation des politiques avec une hiérarchisation entre contrôles internes et externes. La LOLF induit principalement une internalisation des contrôles et un allègement du contrôle a priori. Ainsi, le contrôle de la dépense se focalise désormais, en amont, sur l'identification et la prévention des risques financiers, ainsi que sur l'analyse des facteurs explicatifs de la dépense et des coûts associés aux différentes politiques publiques.

Cependant, si le dispositif et les outils de la performance ne manquent pas d'attrait, cette nouvelle dynamique pose de nombreux défis, spécifiquement en termes de « domestication du politique », de la qualité des ressources humaines et d'adaptation des systèmes administratifs. La configuration des programmes budgétaires autant que leur pilotage par les responsables désignés, la déconcentration de

---

[73] Reconnue désormais aux ministres dépensiers et aux présidents d'institutions constitutionnelles pour les crédits affectés à leurs départements et institutions, le ministre chargé des finances conservant la fonction d'ordonnateur principal pour les recettes du budget de l'État.

l'ordonnancement des dépenses, la mise en place des dispositifs de contrôle tout autant que les référentiels comptables constituent en effet d'importants chantiers dans le processus concerté de construction de l'État en Afrique de l'Ouest francophone.

Jeudi 27 octobre 2022

ACTE 1

Les réactions à la rupture de l'ordre constitutionnel : réactions internes

Sous la présidence de Monsieur Alioune Badara FALL, Professeur de droit public, Ancien Directeur du Centre d'études et de recherches sur les droits africains et sur le développement institutionnel des pays en développement (LAM-CERDRADI), Rédacteur en Chef de la Revue électronique Afrilex, Université de Bordeaux (France)

Avec comme modérateur Monsieur Alioune SALL, Professeur titulaire de droit public et de science politique, Université Cheikh Anta Diop de Dakar (Sénégal), ancien juge à la Cour de justice de la CEDEAO

Yakouba OUEDRAOGO

Maître de conférences agrégé, Université Thomas Sankara de Ouagadougou (Burkina Faso)

Les juridictions constitutionnelles et les régimes issus de coup d'État en Afrique

Introduction

Faisant le bilan d'un demi-siècle de constitutionnalisme en Afrique noire francophone, un auteur constate que la démocratie sur le continent « *donne l'image d'un va et vient entre acquis et rejets, entre rejet des acquis et retour aux acquis* »[1]. Ce balancement entre acquis et rejets s'illustre bien à travers le phénomène des coups d'État, dont l'alternance avec les régimes constitutionnels donne l'impression d'un perpétuel recommencement de la construction démocratique. L'histoire politique de nombreux pays africains confirme cette démocratie à éclipses, caractérisée par la rotation entre régimes constitutionnels et régimes d'exception consécutifs aux coups d'État[2].

L'avènement du troisième cycle constitutionnel, commencé au début des années 1990, donnait cependant une lueur d'espoir dans la perspective d'une consolidation de la démocratie[3]. Ainsi, entre 2013 et 2016, le continent n'a pas connu de coup d'État, au point qu'un analyste a pu se demander si le continent a tourné la page des coups d'État[4]. Mais il s'agissait là d'une « simple accalmie » et non « *d'une tendance*

---

[1] KPODAR (A.), « Bilan sur un demi-siècle de constitutionnalisme en Afrique noire francophone », Revue *Afrilex*, 2013, p. 3.

[2] Burkina Faso, Burundi, Iles Comores, Guinée, Madagascar, Mali, Mauritanie, Niger, Soudan, Tchad, pour ne citer que quelques exemples.

[3] GUEYE (B.), « La démocratie en Afrique : succès et résistances », *Pouvoirs*, 2009/2, n° 129, p. 12.

[4] SOUDAN (F.), « Coups d'État en Afrique : la fin d'une époque ? », *Jeune Afrique*, 17 mai 2016, https://www.jeuneafrique.com/mag/323809/politique/coups-detat-afrique-fin-dune-epoque/; [consulté le 13/08/2022].

lourde »[5] ; « *l'on assiste à un nouveau printemps des coups d'État en Afrique* »[6]. Cette « *troisième vague de coups d'État* »[7] prend un aspect endémique, surtout en Afrique de l'ouest. En témoigne la survenance récente de coups d'État au Burkina Faso (janvier 2022 et septembre-octobre 2022), au Soudan (octobre 2021), en Guinée Conakry (septembre 2021), au Mali (août 2020 et mai 2021) et au Tchad (avril 2021) et la tentative avortée en Guinée Bissau (février 2022).

Ce retour des coups d'État et des régimes d'exception interroge sur la qualité des processus démocratiques et l'effectivité des règles juridiques qui encadrent la dévolution et l'exercice du pouvoir. C'est dans ce sens que s'inscrit la présente contribution sur « ***Les juridictions constitutionnelles et les régimes issus de coup d'État en Afrique*** ».

La compréhension des enjeux de la réflexion commande de clarifier au préalable les termes du sujet.

Les juridictions constitutionnelles, entendues ici dans un sens organique, désignent les institutions chargées « *d'assurer la suprématie juridique de la Constitution soit par une juridiction spécialement compétente pour cela soit par le système juridictionnel général dont une des composantes est le contrôle de constitutionnalité* »[8]. Il s'agit donc de « *l'ensemble des juridictions chargées de la justice constitutionnelle* »[9]. L'objet de cette justice est, selon les termes de Hans Kelsen, la « *garantie*

---

[5] *Ibidem* ; MAMBO (P.) et NTAH A MATSAH (H. M. M.), « L'armée dans les Etats d'Afrique francophone », *in L'État inachevé. Mélanges en l'honneur du professeur Koffi AHADZI-NONOU*, Presses Universitaires juridiques de Poitiers, Poitiers, 2021, p. 681.

[6] OUEDRAOGO (S. M.) et OUEDRAOGO (D.), « Propos inquiets sur la dissémination des régimes de transition constitutionnelle en Afrique », Revue *Afrilex*, octobre 2021, p. 2 ; BOISVERT (M.-A.) (dir.), « Coups d'État en Afrique : le retour de l'uniforme en politique », *BULLETIN FRANCOPAIX*, Vol. 7, n° 1-2, janv.-fév. 2022.

BOISVERT (M.-A.), « Introduction », Dossier sur « Coups d'État en Afrique : le retour de l'uniforme en politique », *op. cit.*, p. 4.

[8] SY (D.), « La justice constitutionnelle dans les systèmes politiques africains. Une approche par les fonctions », *Annales africaines*, vol. 2, décembre 2016, p. 2. ; MAGNON (X.), « Retour sur quelques définitions premières en droit constitutionnel : que sont une ''une juridiction constitutionnelle'', ''une Cour constitutionnelle'' et ''une Cour suprême'' ? Propositions de définitions modales et fonctionnelles », *in Long cours, Mélanges en l'honneur de Pierre Bon*, Paris, Dalloz, 2014, p. 308.

[9] FAVOREU (L.), « Juridiction constitutionnelle », cité par RENOUX (Th.), « Juridiction », *in* DUHAMEL (O.) et MÉNY (Y.), *Dictionnaire constitutionnel*, PUF, 1992, p. 547.

juridictionnelle de la Constitution »[10], c'est-à-dire d'assurer « *la répartition de la compétence entre législation ordinaire et législation constitutionnelle, d'assurer le respect de la compétence du système des règles ou de l'organe suprême de l'ordre étatique* »[11]. Les juridictions constitutionnelles sont donc les institutions ou organes qui exercent la justice constitutionnelle. Leur dénomination (Conseil constitutionnel, Cour constitutionnelle, Chambre constitutionnelle de Cour suprême, Tribunal constitutionnel, etc) et leur position institutionnelle peuvent varier en fonction du modèle de justice constitutionnelle retenu[12].

L'institution de juridictions constitutionnelles censées contrôler et réguler le jeu politique constitue l'un des traits marquants du renouveau constitutionnel des années 1990 en Afrique. La démocratisation des systèmes politiques s'est accompagnée de la création ou de la restauration des juridictions constitutionnelles chargées d'assurer la suprématie juridique de la Constitution[13]. Toutefois, ces institutions demeurent encore « *l'un des maillons faibles du constitutionnalisme* »[14] africain. Elles font parfois l'objet de discrédit par l'opinion publique et certains acteurs politiques[15].

---

[10] KELSEN (H.), « La garantie juridictionnelle de la Constitution », *RDP*, 1928, pp. 197- 257 ; EISENMNN (Ch.), « La justice constitutionnelle et la Haute Cour Constitutionnelle d'Autriche », Paris, LGDJ, 1928, 363 p.

[11] FAVOREU (L.) et *alii.*, *Droit constitutionnel*, Dalloz, 21e éd, 2019, n° 265 ; FAVOREU (L.), « La notion de cour constitutionnelle », *in De la Constitution. Etudes en l'honneur de Jean-François AUBERT*, Helbing & Lichtenhahn, pp. 15-27.

[12] du Bois de GAUDUSSON (J.), « Rapport général », Association des cours constitutionnelles ayant en partage l'usage du français (ACCPUF), *Les juridictions constitutionnelles et les crises*, Actes du 5e congrès, Cotonou, 2009, p. 124.

[13] AHADZI (K.), « Les nouvelles tendances du constitutionnalisme africain : cas des Etats d'Afrique noire francophone », *Afrique juridique et politique*, juillet-décembre 2002, p. 35 ; HOLO (Th.), « Emergence de la justice constitutionnelle », *Pouvoirs*, 129, Seuil, 2009, p. 101 ; KPODAR (A.), « Les juridictions constitutionnelles et les crises en Afrique noire francophone », Association des cours constitutionnelles ayant en partage l'usage du français (ACCPUF), *Les juridictions constitutionnelles et les crises*, *op. cit.*, p. 46.

[14] SY (D.), « La justice constitutionnelle dans les systèmes politiques africains. Une approche par les fonctions », *op. cit.*, p. 35-36.

[15] NAREY (O.), « Le jet de discrédit sur les décisions des juridictions constitutionnelles », *in L'État inachevé. Mélanges en l'honneur du professeur Koffi AHADZI-NONOU*, *op. cit.*, pp. 305-325 ; FALL (A. B.), « Le juge, le justiciable et les pouvoirs publics : pour une appréciation concrète de la place du juge dans les systèmes politiques en Afrique », Revue *Afrilex*, n° 3/2003, pp. 4-34.

La notion de coup d'État est plus complexe[16]. Le coup d'État est défini par le *Lexique des termes juridiques* comme une « *action de force contre les pouvoirs publics, exécutée par une partie des gouvernants ou par des agents subordonnés, notamment des militaires (dans ce dernier cas on parle aussi de putsch ou de pronunciamiento), et qui vise à renverser le régime établi (exceptionnellement à le défendre* [...]*)* »[17]. Mais au sens large, le coup d'État englobe toutes les formes d'accession ou de maintien au pouvoir en méconnaissance des règles constitutionnelles. Ce qui le caractérise c'est d'opérer un changement de gouvernants « *hors des procédures constitutionnelles en vigueur, par une action entreprise au sein même de l'État au niveau de ses dirigeants ou de ses agents* »[18]. Qu'il soit initié par l'armée ou par des civils (avec généralement le soutien de militaires), le coup d'État se distingue d'autres phénomènes socio-politiques voisins tels que la révolution[19], la révolte ou soulèvement populaire[20], la rébellion et la guerre civile[21]. Mais le coup d'État peut intervenir après de tels évènements, surtout lorsqu'ils entrainent un changement de gouvernants sans respecter les règles de dévolution du pouvoir[22].

---

[16] N'GBESSO (N. C. V.), *Recherche sur la notion de coup d'État en droit public : Le cas de l'Afrique francophone*, Thèse de doctorat en Droit public, Université de Bordeaux, 2018, p. 14 et s.

[17] GUINCHARD (S.) et DEBARD (Th.) (dir.), *Lexique des termes juridiques 25e édition 2017-2018*, Dalloz.

[18] P. L., « Coup d'Etat », *in* DUHAMEL (O.) et MENY (Y.) (dir.), *Dictionnaire constitutionnel, op. cit.*, p. 240 ; LOADA (A.) et IBRIGA, (L. M.) *Précis de droit constitutionnel et institutions politiques*, PADEG, 2007, p. 623 ; NIGRO (R.), « Quelques considérations sur la fonction et la théorie du coup d'État », *Rue Descartes*, 2013/1 (n° 77), pp. 69-81.

[19] La révolution correspond à une rupture, à un renversement de l'ordre juridique et social existant par un nouvel ordre, quelle que soit la cause de ce bouleversement ; MORABITO (M.), DEFONTAINE (G.), « Qu'est-ce qu'une révolution juridique ? Les enseignements de la révolution française », *Les Cahiers Portalis*, Dossier : « La révolution juridique : retour sur un concept méconnu », 2021/1, n° 8, p. 30. Dans la pensée kelsénienne, le coup d'Etat est englobé dans la révolution ; KELSEN (H.), *Théorie générale du droit et de l'Etat*, Bruylant, LGDJ, 1997, p. 171.

[20] SOMA (A.), « Réflexion sur le changement insurrectionnel au Burkina Faso », *Revue CAMES*, vol. 1, 2015, 14 p. ; S. ANDZOKA, « L'insurrection populaire, un patriotisme constitutionnel de défiance des pouvoirs publics en Afrique francophone », 10e Congrès français de droit constitutionnel tenu à Lille les 22, 23 et 24 juin 2017, 14 p.

[21] MASSINA (P.), « Le coup d'Etat, entre déshonneur et bienveillance », Revue *Afrilex*, p. 3.

[22] Ce fut le cas au Burkina Faso en 2014. Après la vacance de la présidence consécutive à la démission du président Blaise COMPAORE, le lieutenant-colonel Yacouba Isaac ZIDA s'est emparé du pouvoir, jusqu'à la désignation du Président de Transition en la personne de Michel KAFANDO. De même, le changement intervenu en fin septembre-octobre 2022 avec l'avènement

En ce qu'il implique généralement une action de force contre les pouvoirs publics, le coup d'État constitue un mode non démocratique d'accession au pouvoir, condamné par les textes constitutionnels[23]. Il constitue « *une violation du droit interne et une atteinte brusque et réfléchie aux règles juridiques qui ont pour objet l'organisation et le fonctionnement des autorités constituées dans un pays, la police des libertés publiques et le maintien de l'ordre sur le territoire* »[24]. Le coup d'État est une modalité de changement anticonstitutionnel de gouvernement, prohibé à ce titre par des instruments juridiques internationaux et régionaux comme la Charte africaine de la démocratie, des élections et de la gouvernance (CADEG) du 30 janvier 2007[25], le Protocole de la CEDEAO du 21 décembre 2001 sur la démocratie et la bonne gouvernance[26] et la Déclaration de Bamako du 3 novembre 2000 adoptée dans le cadre de l'Organisation internationale de la Francophonie (OIF).

Ainsi, mettre en rapport les coups d'État avec les juridictions constitutionnelles peut paraitre surprenant, car ces juridictions interviennent normalement dans le cadre d'un régime constitutionnel, dont elles assurent le respect et la supériorité des règles fondamentales.

---

du MPSR II combine à la fois un coup d'Etat militaire et un soulèvement populaire à l'appel des militaires. Ce soulèvement a d'ailleurs été déterminant pour faire pencher le rapport de force en faveur des putschistes.

[23] Art. 65 de la Constitution béninoise du 11 décembre 1990 ; art. 28 de la Constitution centrafricaine du 30 mars 2016 ; MASSINA (P.), « Le coup d'Etat, entre déshonneur et bienveillance », *op. cit.*, p. 11 ; MONEMBOU (C.), « La séparation des pouvoirs civil et militaire dans le constitutionnalisme africain », *in L'État inachevé. Mélanges en l'honneur du professeur Koffi AHADZI-NONOU*, *op. cit.*, pp. 725-742.

[24] HOLO (Th.), *L'étude d'un Régime militaire. Le cas du Dahomey (Bénin)*, Thèse de doctorat en droit public, Paris I, 1979, p. 17-18 ; NIGRO (R.), « Quelques considérations sur la fonction et la théorie du coup d'État », *op. cit.*, p. 74.

[25] Art. 23 1. de la Charte ; TCHEUWA (J.-C.), « L'Union Africaine et les changements anticonstitutionnels de gouvernement », *RRJ. Droit Prospectif*, 2009, n° 2, pp. 995 à 1022 ; ADELOUI (A. J.), « L'Union Africaine et la reconnaissance des gouvernements anticonstitutionnels », *Revue Béninoise des Sciences Juridiques et Administratives*, n° 29, 2013, pp. 5-57.

[26] Art. 1er c) du Protocole. Voir aussi chapitre V de la Déclaration de Bamako Adoptée le 3 novembre 2000 par les Ministres et chefs de délégation des États et gouvernements des pays ayant le français en partage lors du « Symposium international sur le bilan des pratiques de la démocratie, des droits et des libertés dans l'espace francophone ».

Or, le coup d'État porte atteinte à l'ordre constitutionnel[27]. Il « *se situe aux antipodes du système démocratique* »[28]. Il relève des situations de « *crise politique extraconstitutionnelle* »[29] dont le traitement échappe en principe aux juridictions constitutionnelles. Celles-ci n'ont d'ailleurs pas manqué de souligner l'antagonisme qui existe entre les coups d'État et le constitutionnalisme. La Cour constitutionnelle du Niger qualifie le coup d'État de « *situation de fait extra-constitutionnelle* »[30] et le Conseil constitutionnel burkinabè l'assimile à « *un cas de force majeure* »[31] justifiant un report des élections. De même, le Conseil d'État burkinabè considère le coup d'État comme une circonstance exceptionnelle dérogeant à la légalité ordinaire[32].

Toutefois, la place et le rôle des juridictions constitutionnelles à l'occasion des coups d'État peuvent se révéler pertinents à questionner. L'avènement des coups d'État et des régimes d'exception ne sonnent pas toujours le glas du droit constitutionnel et des juridictions constitutionnelles. Celles-ci peuvent subsister et fonctionner sous les régimes issus de coups d'État. Les récentes décisions rendues par certaines juridictions constitutionnelles illustrent cette situation. On peut citer l'arrêt n° 2021-02/CC/VACANCE du 28 mai 2021 de la Cour constitutionnelle du Mali attribuant le poste de Président de la Transition au Colonel Assimi GOITA, jusqu'alors Vice-Président de la Transition, et les décisions rendues par le Conseil constitutionnel burkinabè après les coups d'État du 24 janvier 2022 et du 30 septembre 2022 (**Décision n° 2022-004/CC du 08 février 2022** portant dévolution des fonctions de Président du Faso, qui déclare le Lieutenant-colonel Paul Henri Sandaogo DAMIBA du MPSR Président du Faso et **Décision n° 2022-025/CC du 19 octobre 2022** sur la vacance de la présidence de la

---

[27] NAREY (O.), « L'ordre constitutionnel », *in Mélanges Francis WODIÉ*, Presses de l'Université de Toulouse Capitole, 2016, pp. 339-421 ; HCC malgache, Avis n°02-HCC/AV du 31 juillet 2009 sur l'interprétation de l'article 53 de la Constitution.

[28] MASSINA (P.), « Le coup d'Etat, entre déshonneur et bienveillance », Revue *Afrilex*, p. 2.

[29] SY (D.), « La justice constitutionnelle dans les systèmes politiques africains. Une approche par les fonctions », *op. cit.*, p. 31.

[30] Cour const. du Niger, Avis n° 02/CC du 25 mai 2009 sur l'interprétation des articles 1er, 5, 6, 36, 37, 39, 49 et 136 de la Constitution.

[31] Cons. const burkinabè, Décision n° 2015-001/CC/EC du 16 octobre 2015 portant sur la requête du 02 octobre 2015 de Monsieur le Premier ministre aux fins de confirmation de la validation des candidatures aux élections présidentielle et législatives couplées de 2015.

[32] CE burkinabè, Arrêt n° 035/207-2018 du 13 février 2018, *BASSOLE Y. Djibril c/ Etat burkinabè*.

Transition, la désignation par les assises nationales, tenues le 14 octobre 2022, du Président de la Transition, Chef suprême des forces armées nationales et sur son investiture).

Ces décisions interpellent sur la place et le rôle des juridictions constitutionnelles à l'occasion des coups d'État. Ainsi, quel est l'impact des coups d'État sur les juridictions constitutionnelles ? Subsistent-elles à ces phénomènes et parviennent-elles à jouer le rôle de (contre)pouvoirs[33] à l'égard des régimes d'exception ?

Ces interrogations soulèvent deux questions essentielles, à savoir, d'une part, le sort des juridictions constitutionnelles consécutivement à l'avènement des coups d'État et, d'autre part, l'exercice par ces juridictions de leurs missions sous les régimes issus de coups d'État.

L'analyse portera sur le fonctionnement et l'activité des juridictions constitutionnelles après les coups d'État. Les coups d'État survenus au Burkina Faso (2022, 2015), en Guinée (2021), au Mali (2021 et 2020), mais aussi dans un passé récent au Niger (2010) et à Madagascar (2009) serviront de cadres d'analyse. Il s'agira de réfléchir sur la situation des juridictions constitutionnelles pendant ces périodes critiques, notamment par rapport au rôle de garants de la suprématie de la Constitution, de régulateurs du fonctionnement des institutions et de respect des droits fondamentaux des citoyens qu'elles sont censées jouer selon la théorie de la justice constitutionnelle.

De l'observation de la situation des juridictions constitutionnelles, il ressort que le phénomène des coups d'État place les juridictions constitutionnelles dans une situation délicate. Elles connaissent un sort ambivalent après la survenance de coups d'État (**I.**), alors qu'elles parviennent difficilement à réguler le fonctionnement de ces régimes d'exception (**II.**).

I. Le sort ambivalent des juridictions constitutionnelles à l'issue des coups d'État

En ce qu'ils entrainent un changement des institutions et des autorités politiques, les coups d'État ne laissent pas les juridictions constitutionnelles indifférentes. Les régimes qui en sont issus peuvent

[33] F. HOURQUEBIE, *Sur l'émergence du contre-pouvoir juridictionnel sous la Ve République*, Bruxelles, Bruylant, 2004, 693 p.

placer les juridictions constitutionnelles dans deux types de situations opposées. Ces juridictions peuvent tout d'abord être victimes des régimes issus de coups d'État (**A.**). Elles peuvent au contraire jouer un rôle actif en faveur de ces régimes, en étant des complices ou des (co-)auteurs (**B.**).

A. Un acteur victime des régimes issus de coups d'État

Intervenant dans le jeu politique[34], les juridictions constitutionnelles – surtout en Afrique - subissent des pressions des acteurs politiques (pouvoir, opposition) et de l'opinion publique[35]. Les positions « *jurisprudentielles audacieuses* »[36] qui correspondent aux cas où le juge constitutionnel résiste aux velléités du pouvoir politiques sont rares. A l'exception du Bénin[37] et du Niger[38], la juridiction constitutionnelle se trouve plutôt en général désarmée face au pouvoir politique, notamment lorsqu'il s'agit de régimes issus de coup d'État. La force armée (ré)primant (sur)le droit[39], l'existence des juridictions constitutionnelle peut être menacée (**1.**) ou leur action influencée voire instrumentalisée par les régimes issus de coup d'État (**2.**).

1. Une existence menacée

Les coups d'État entrainent une remise en cause de l'ordre constitutionnel. La prise de pouvoir est suivie de mesures portant

---

[34] MEUNIER (J.), « Les décisions du Conseil constitutionnel et le jeu politique », *Pouvoirs*, 2003/2, n° 105, pp. 29-40.

[35] SY (D.), « La justice constitutionnelle dans les systèmes politiques africains. Une approche par les fonctions », *op. cit.*, p. 34.

[36] ONDOUA (A. F.), « La nécessité en droit constitutionnel. Etude à partir de quelques expériences africaines », *in* ONDOA (M.) et ABANE ENGELO (P. E.) (dir.), *L'exception en droit. Mélanges en l'honneur de Joseph OWONA*, L'Harmattan, 2021, p. 77.

[37] Dans sa Décision DCC 06-074 du 08 juillet 2006, la Cour constitutionnelle a élevé le consensus national, l'un des idéaux qui ont présidé à l'adoption de la Constitution du 11 décembre 1990, au rang de principe à valeur constitutionnelle, susceptible de faire échec à un projet de révision constitutionnelle qui ne respecterait pas un tel principe.

[38] Dans ce dernier pays, la position de la Cour défavorable au projet de référendum en vue de la révision de la Constitution de la VIè République pour permettre au Président Tandja de se présenter pour un troisième mandat (Avis n° 02/CC du 25 mai 2009 et Arrêt n° 04/CC/ME du 12 juin 2009) lui a d'ailleurs valu être dissoute par le président ; S. BOLLE, « Au nom de la Constitution, contre la Constitution », http://la-constitution-en-afrique.over-blog.com/article-33280653.html,; [consulté le 15/07/2022].

[39] MARAN (R.), *Batouala*, Éditions Albin Michel, 1921, Préface.

suspension de la Constitution, dissolution de certaines institutions (Gouvernement et Parlement) et changement des gouvernants (Président de la République, Ministres). Celles-ci sont remplacées par des textes et des institutions provisoires chargées de régir et de conduire les affaires publiques jusqu'au retour à un ordre constitutionnel normal[40].

Si la déchéance concerne essentiellement les institutions politiques, les juridictions constitutionnelles n'en sont pas épargnées. Elles peuvent être directement visées par les actes de suspension de la Constitution[41] ou en être des victimes "collatérales". Étant des pouvoirs publics constitutionnels, les juridictions constitutionnelles se trouvent paralysées de fait par une suspension de la Constitution, qui les crée et définit leurs missions et leurs attributions. Après la prise du pouvoir par le Mouvement Patriotique pour la sauvegarde et la restauration (MPSR) le 24 janvier 2022, l'action du Conseil constitutionnel burkinabè a été suspendue par le communiqué n° 02, du fait de la suspension de la Constitution, jusqu'à la levée de cette suspension par l'Acte fondamental du MPSR du 29 janvier 2022. C'est avec cette levée de suspension que le Conseil constitutionnel a recouvré ses attributions[42] telles que définies par la Constitution. Le même scénario s'était déjà produit après l'insurrection de 2014, pendant laquelle l'armée, qui s'est emparée du pouvoir après la démission du Président COMPAORE, a suspendu la Constitution – et avec elle le Conseil constitutionnel – dès sa première Déclaration, avant de lever cette suspension le 15 novembre 2014 (Déclaration n° 3)[43]. De même, en Guinée, le Comité national du rassemblement pour le développement (CNRD) qui a perpétré le coup d'État du 5 septembre 2021 a annoncé la suspension de la Constitution, du Gouvernement et des institutions. L'activité de la Cour constitutionnelle se trouve depuis lors interrompue.

---

[40] LOADA (A.) et IBRIGA (L. M.), *Précis de droit constitutionnel et institutions politiques*, *op. cit.*, p. 17.

[41] En Tunisie, le décret-loi n° 2011-14 du 23 mars 2011 organisant provisoirement les pouvoirs publics après la vacance de la présidence ouverte par le départ de Ben Ali mentionne le Conseil constitutionnel parmi les institutions dissoutes par ce texte.

[42] Cons. const., Décision n° 2022-003/CC du 08 février 2022 portant constatation de la vacance de la présidence du Faso.

[43] OUEDRAOGO (S. M.) et OUEDRAOGO (D.), « Libres propos sur la transition politique au Burkina Faso : Du contexte au texte de la Charte de la transition », Revue *Afrilex*, 2015, pp. 9-10 ; SOMA (A.), « La justice constitutionnelle de la transition insurrectionnelle au Burkina Faso », *in* NAREY (O.) (dir.), *La justice constitutionnelle*, Actes du colloque de l'ANDC, L'Harmattan, 2016, p. 103.

La constitutionnalité des actes de suspension de la Constitution et de dissolution des institutions est cependant contestable. La doctrine les qualifie « *d'actes inexistants* »[44] ou invalides. En effet, « *quelles que soient les formes prises par les actes de suspension (décret ou ordonnances de suspension provisoire des institutions pris par les responsables d'un coup d'État, accords politiques ou chartes de transition), la logique juridique normativiste ne peut justifier leur appartenance formelle à un ordre juridique valide* »[45]. Selon le positivisme juridique particulièrement dans sa variante normativiste, la validité d'une norme - qui conditionne l'appartenance à un ordre juridique - suppose, soit son édiction selon les règles de compétences, de procédure et de forme prévues par une norme supérieure, soit la conformité du point de vue de son contenu à une norme de rang supérieur[46]. Or, les actes de suspension de la Constitution et de dissolution des institutions ne se rattachent à aucune norme supérieure qui régit leur production. Les textes constitutionnels ne prévoient pas d'organes et de procédures permettant d'édicter de tels actes. Sans être parfaite et éternelle en raison des possibilités ouvertes de révision, l'œuvre du constituant a vocation à se pérenniser en vertu du principe même de continuité de l'État, qui a besoin d'un texte fondamental et d'institutions qui encadrent et exercent le pouvoir. L'abrogation ou la suspension de Constitution porte atteinte aux fondements principiels du constitutionnalisme. La justification de la normativité de ces actes repose plus sur les théories réalistes et institutionnalistes[47] et non sur les courants positivistes.

Même lorsque la juridiction constitutionnelle est rétablie après la consommation d'un coup d'État, son activité se trouve généralement paralysée par la déchéance des autorités politiques habilitées à la saisir.

---

[44] OUEDRAOGO (S. M.) et OUEDRAOGO (D.), « Libres propos sur la transition politique au Burkina Faso : Du contexte au texte de la Charte de la transition », *op. cit.*, p. 25.

[45] TUEKAM TATCHUM (Ch.), « La normativité des actes de suspension de la Constitution dans les États d'Afrique francophone : les cas de la Tunisie, du Burkina Faso, de la Côte d'Ivoire, et de la République centrafricaine », *RDP*, n° 2, 2018, p. 573.

[46] KELSEN (H.), *Théorie pure du droit*, Neuchâtel, Éditions de la Baconnière, 1953 (2e éd. 1988), (2e éd.), p. 193.

[47] TUEKAM TATCHUM (Ch.), « La normativité des actes de suspension de la Constitution dans les États d'Afrique francophone : les cas de la Tunisie, du Burkina Faso, de la Côte d'Ivoire, et de la République centrafricaine », *op. cit.*

En l'absence de mécanisme d'auto-saisine[48], la justice constitutionnelle encourt le risque d'être *de facto* désactivée.

La suspension de la Constitution peut également paralyser le fonctionnement des juridictions constitutionnelles en raison de l'incertitude des normes de référence qu'elle crée.

C'est pour prévenir de tels risques que la Haute Cour constitutionnelle malgache a préconisé sous la Transition en 2009, que « *pour éviter un vide constitutionnel,* [son] *maintien* [...], *dans sa formation actuelle, s'avère nécessaire pour la sauvegarde de l'État de droit* »[49].

Le fonctionnement des juridictions constitutionnelles peut encore être influencé par les autorités accédant au pouvoir par coup d'État.

2. Un fonctionnement influencé

Pour marquer la rupture par rapport à l'ordre constitutionnel précédent, les régimes issus des coups d'État peuvent renommer ou remplacer la juridiction constitutionnelle. Au Niger, après le coup d'État du 18 février 2010, la Cour constitutionnelle a été remplacée par un Conseil constitutionnel de Transition, régi par l'ordonnance n° 2010-038 du 12 juin 2010[50]. Ce Conseil a conservé cette dénomination jusqu'à l'installation le 25 mars 2013 de la Cour constitutionnelle créée par la Constitution de la VIIe République du 25 novembre 2010. En République centrafricaine, pendant la transition politique qui a suivi de guerre civile (2013-2016), la juridiction constitutionnelle a été rebaptisée Cour constitutionnelle de Transition[51]. Si le changement de dénomination ne traduit pas en soi une instrumentalisation de la juridiction constitutionnelle, elle permet de marquer la spécificité de la justice constitutionnelle en période de régime d'exception.

Constitue en revanche une instrumentalisation, la recomposition de la juridiction constitutionnelle sous les régimes postérieurs aux coups

---

[48] OUEDRAOGO (S. M.), « Contribution à la réflexion sur l'extension de la compétence du juge constitutionnel africain par le biais du droit », *Politéia*, n° 23, printemps 2013, pp. 387-412.

[49] Avis n° 02-HCC/AV du 31 juillet 2009 sur l'interprétation de l'article 53 de la Constitution.

[50] Ordonnance n° 2010-038 du 12 juin 2010 portant composition, attributions, fonctionnement et procédure à suivre devant le Conseil Constitutionnel de Transition ; GANDOU (Z.), « L'autopsie d'un changement anticonstitutionnel de régime : naissance de la 6ème République au Niger », *Revue de droit, de science politique, d'économie et de gestion de la Faculté de droit de l'Université Abdou MOUMOUNI*, n°00 août 2011, p. 48.

[51] Art. 76 de la Charte de Transition de 2013.

d'État. Les juridictions constitutionnelles ont parfois été recomposées sous certaines périodes d'exception ou de transition politique, comme ce fut le cas en Côte d'Ivoire et en République du Congo[52]. L'éviction des juges constitutionnels constitue une atteinte à l'indépendance et à l'inamovibilité, qui sont les garanties fondamentales du statut des membres des juridictions constitutionnelles[53]. En vertu de ces garanties, il ne peut être mis fin aux fonctions des juges constitutionnels avant l'expiration de leur mandat que sur leur demande ou dans les hypothèses prévues par la loi (incapacité physique ou poursuite pénale)[54]. Bien que les juges constitutionnels soient nommés par les pouvoirs publics, ils doivent pouvoir exercer leurs attributions en dehors de toute ingérence des autorités politiques en vertu d'un « devoir d'ingratitude », selon l'expression de Robert BADINTER.

La juridiction constitutionnelle peut être encore instrumentalisée dans l'exerce de ses fonctions. La réprobation du coup d'État par (une partie de) l'opinion nationale et surtout sa condamnation par les organisations internationales et sous-régionales amène les nouvelles autorités à rechercher une légitimité constitutionnelle. L'une des parades utilisées consiste à demander une investiture et/ou à faire une prestation de serment devant la juridiction constitutionnelle. Cette forme de sollicitation de la juridiction constitutionnelle s'est réalisée après les coups d'État du 24 janvier 2022 et du 30 septembre 2022 au Burkina Faso. Après avoir été reconnu comme Président du Faso par la Décision n° 2022-04 du Conseil constitutionnel, le Lieutenant-colonel DAMIBA a prêté serment devant le même Conseil le 16 février 2022[55], avant d'être

---

[52] En Côte d'Ivoire, sous la première transition, le Conseil constitutionnel a été dissout et remplacé par une Chambre constitutionnelle. De même, au Congo, le Conseil constitutionnel a été dissout par la Conférence nationale et ses compétences transférées à la Cour suprême ; BLEOU (M.), « Les acteurs de la transition constitutionnelle », *in* PHILIPPE (X.), DANELCIUC-COLODROVOSCHI (N.) (dir.), *Transitions constitutionnelles et constitutions transitionnelles : quelles solutions pour une meilleure gestion des fins de conflit ?* Institut Universitaire Varenne, Collection transition et justice, 2014, p. 85.

[53] SOMA (A.), « Le statut du juge constitutionnel en Afrique », *in* F. J. AÏVO (coord.), *La Constitution béninoise du 11 décembre 1990 : un modèle pour l'Afrique ?* L'Harmattan, 2014, p. 451.

[54] Article 4 de la loi organique burkinabè n° 011-2000/AN du 27 avril 2000 sur le Conseil constitutionnel ; art. 21-23 de la loi organique togolaise n° 2019-023 du 26 décembre 2019 sur la Cour constitutionnelle.

[55] Ordonnance n° 2022-001/CC/CAB du 10 février 2022 portant fixation de la date de l'audience solennelle de prestation d serment du Président du Mouvement patriotique pour la sauvegarde et la restauration (MPSR), Président du Faso, Chef de l'Etat.

officiellement investi le 02 mars 2022. De même, le Conseil constitutionnel a pris acte des évènements des 30 septembre, 1er et 2 octobre 2022, qui ont opéré un changement à la tête du MPSR et de la présidence de la Transition. Le Capitaine Ibrahim TRAORE, déclaré président du MPSR et de la Transition[56], a prêté serment devant le Conseil constitutionnel le 21 octobre 2022[57].

Sans revenir sur les débats juridiques que ces évènements ont suscités, force est de reconnaitre qu'ils interrogent sur l'usage des attributions du Conseil constitutionnel. La prise de fonction d'un président élu[58] est subordonnée à la formalité préalable de prestation de serment, qui marque le début du mandat du nouveau président et la fin de celui de son prédécesseur[59]. Dans la plupart des systèmes constitutionnels africains, c'est la juridiction constitutionnelle qui est l'organe habilité, par une sorte de collaboration des pouvoirs, à recevoir le serment du Président de la République[60]. En raison de sa sacralité, la violation du serment est susceptible d'être sanctionnée[61]. La Constitution réservant la prestation de serment au Président élu[62], sur quel fondement un Chef d'État accédant au pouvoir par coup d'État peut-il accomplir cette formalité devant une juridiction constitutionnelle ? La prestation de serment et l'investiture visent à faire bénéficier au Chef d'État issu du coup d'État la même légitimité d'un président démocratiquement élu. Elles créent un

---

[56] Décision n° 2022-025/CC du 19 octobre 2022 sur la vacance de la présidence de la Transition, la désignation par les assises nationales, tenues le 14 octobre 2022, du Président de la Transition, Chef suprême des forces armées nationales et sur son investiture.

[57] Ordonnance n° 2022-006/CAB du 19 octobre 2022 portant fixation de la date de l'audience solennelle de prestation de serment du Président de la Transition.

[58] AÏVO (F. J.), « Le statut constitutionnel du "Président élu" en Afrique noire francophone », Revue *Afrilex*, janvier 2019, pp. 1-39.

[59] Cour const. du Bénin, Décision DCC 06-111 du 11 août 2006 ; BOUMAKANI (B.), « Le serment constitutionnel du Chef d'Etat en Afrique francophone », *in Démocratie en questions ? Mélanges en l'honneur du professeur Théodore HOLO*, L'Harmattan, 2017, p. 54.

[60] AÏVO (F. J.), « Le président de juridiction constitutionnelle Portrait négro-africain », *RDP*, 2019, n° 3, p. 783. Dans certains pays toutefois, le président doit prêter serment devant la Cour suprême. C'est le cas au Mai (art. 37 de la Constitution) et au Rwanda (art. 104 de la Constitution).

[61] Cour const. du Bénin, Décision DCC n° 96-017 du 5 avril 1996, *in Annuaire béninois de justice constitutionnelle*, I-2013, pp. 280-289, obs. FALL (I. M.) ; SOMA (A.), « Observations sous Cour constitutionnelle du Bénin, DECISION DCC 96-058 du 29 juin 1996, Contestation du serment présidentiel », *in Etudes en l'honneur de Laurent BADO*, RBD, n° 49, 2e semestre 2014, pp. 211-217 ; Cour const. du Niger, Avis n° 02/CC du 25 mai 2009 ; BOUMAKANI (B.), « Le serment constitutionnel du Chef d'Etat en Afrique francophone », *op. cit.*, p. 59 et s.

[62] Art. 44 de la Constitution burkinabè.

précédent anticonstitutionnel, qui illustre l'instrumentalisation de la juridiction constitutionnelle par le pouvoir politique.

A rebours de la situation de victime des coups d'État, la juridiction constitutionnelle peut jouer un rôle actif en faveur des régimes issus de coups d'État.

B. Un acteur engagé en faveur des régimes issus de coup d'État

Contrairement à sa fonction de pacification du jeu politique, le juge constitutionnel peut paradoxalement être un « *facteur de troubles ou d'instabilité* »[63], particulièrement des coups d'État. Parmi les organes constitutionnels contribuant à la réalisation des coups d'État figurent les juridictions constitutionnelles[64].

L'engagement des juridictions constitutionnelles en faveur des coups d'État peut prendre des formes variées. Il peut s'agir d'une simple bienveillance à l'égard des coups d'État (**1.**) ou d'un activisme juridictionnel en faveur des régimes qui en sont issus (**2.**).

1. Une attitude bienveillante à l'égard des coups d'État

La bienveillance ici envisagée fait référence aux situations dans lesquelles les juridictions constitutionnelles jouent un rôle d'accompagnement à l'égard des auteurs de coup d'État ou des régimes d'exception qu'ils établissent.

Il peut s'agir tout d'abord de l'hypothèse dans laquelle les juges, par manque d'audace et de témérité, avalisent « *une crise, une procédure inconstitutionnelle (coup d'État, putsch, quelles qu'en soient les formes et habillages* »[65]. Tout en remplissant sa mission – ce qui différencie de la situation de déni de justice constitutionnelle[66] – la juridiction

---

[63] SY (D.), « La justice constitutionnelle dans les systèmes politiques africains. Une approche par les fonctions », *op. cit.*, p. 32.

[64] N'GBESSO (N. C. V.), *Recherche sur la notion de coup d'État en droit public : Le cas de l'Afrique francophone*, *op. cit.*, p. 74.

[65] du Bois de GAUDUSSON (J.), « Rapport général », *Les juridictions constitutionnelles et les crises*, Association des cours constitutionnelles ayant en partage l'usage du français (ACCPUF), *op. cit.*, p. 27.

[66] ONDOUA (A. F.), « La nécessité en droit constitutionnel. Etude à partir de quelques expériences africaines », *op. cit.*, p. 79 et s.

constitutionnelle statue dans un sens favorable aux auteurs de coup d'État. Les régimes militaires survenus en Afrique de l'Ouest en sont des illustrations. Après le coup d'État du 24 janvier 2022, le Conseil constitutionnel burkinabè s'est autosaisi et a rendu le 08 février 2022 deux décisions controversées. Après avoir constaté la démission du Président Roch Marc Christian KABORE et la vacance de la présidence du Faso (Décision n° 2022-03 du 08 février 2022), le Conseil, dans une deuxième décision (Décision n° 2022-04 du 08 février 2022) sur la dévolution des fonctions de président du Faso, « *dit que monsieur Paul Henri Sandaogo DAMIBA, Lieutenant-colonel des Forces Armées Nationales, Président du (MPSR) est désormais Président du Faso, Chef de l'État, Chef suprême des Forces Armées Nationales* »[67]. En déclarant le Président du MPSR Président du Faso, Chef de l'État, au lieu de mobiliser l'article 43 alinéa 2 de la Constitution qui confie l'intérim au Président de l'Assemblée nationale, le Conseil légitime, comme en 2014[68], un régime de fait issu d'un coup d'État. Cette décision a d'ailleurs suscité l'indignation de l'opinion publique et a été critiquée par la doctrine, pour avoir constitutionnalisé le coup d'État comme mode d'accession au pouvoir. Un constitutionnaliste burkinabè a ainsi qualifié la deuxième décision du 8 février 2022 portant dévolution des fonctions du Président du Faso de « *catastrophe constitutionnelle* »[69], qui tue la démocratie, le droit constitutionnel et l'autorité du Conseil lui-même. La Haute juridiction a d'ailleurs tenté de se rattraper, tout au moins de clarifier sa position, dans la décision du 18 mars 2022[70]. Les requérants, poursuivis dans le cadre du procès du coup d'État du 15 octobre 1987, font prévaloir que la décision n° 2022-004 consacre le coup d'État comme mode constitutionnel de dévolution du pouvoir. Ce qui abroge les infractions d'attentats à la sûreté de l'État et de complicité d'attentat

---

[67] Le Conseil s'est explicitement référé au Communiqué n° 1 du 24 janvier 2022 sur l'avènement du MPSR et à l'Acte fondamental élaboré le 29 janvier 2022 par ce mouvement et appliqué jusqu'à l'adoption d'une Charte de transition le 1er mars 2022.

[68] Décision n° 2014- 001/CC du 16 novembre 2014 Transition, portant constatation de la vacance officielle de la Présidence du Faso. Le Conseil avait légitimé *a posteriori* la prise du pouvoir par Lieutenant-colonel Yacouba Isaac ZIDA ; OUEDRAOGO (S. M.) et OUEDRAOGO (D.), « Libres propos sur la transition politique au Burkina Faso : Du contexte au texte de la Charte de la transition », *op. cit.*, pp. 9-10.

[69] https://netafrique.net/burkina-faso-catastrophe-constitutionnelle-le-conseil-constitutionnel-tue-la-democratie-professeur-abdoulaye-soma/; [consulté le 14/07/2022.

[70] Décision n° 2022-005/CC du 18 mars 2022 sur les requêtes de messieurs Mory Aldiouma Jean Pierre PALM, Tibo OUEDRAOGO et TRAORE Bossobé en exception d'inconstitutionnalité des articles 313-1 et 313-2 du Code pénal.

à la sûreté de l'État pour lesquelles ils sont poursuivis. Mais le Conseil, au prix d'un laborieux effort de motivation, a considéré que sa décision ne saurait être interprétée comme une reconnaissance du coup d'État comme mode constitutionnel d'accès au pouvoir. Mais l'impact de cette jurisprudence ne vaut que pour le procès et le futur, car le coup d'État en cause était déjà consommé ! La Décision n° 2022-025/CC du 19 octobre 2022 constatant la déchéance du Lieutenant-colonel DAMIBA et son remplacement par le Capitaine Ibrahim TRAORE comme président du MPSR et de la Transition s'inscrit dans la continuité de la jurisprudence de février 2022.

La position du juge constitutionnel burkinabè peut être rapprochée de celle que son homologue malien a adoptée dans son Arrêt n° 2021-02/CC/VACANCE du 28 mai 2021 sur la dévolution du poste de Président de la Transition. En l'espèce la Cour constitutionnelle malienne a été saisie par une lettre du Ministre Directeur de Cabinet du Vice-président de la Transition tendant à la constatation de la vacance de la Présidence de la Transition, du fait de la démission de Monsieur Bah N'DAW le 24 mai 2021. La Cour a d'abord constaté la vacance de la Présidence de la Transition. Exerçant ensuite son pouvoir de régulation du fonctionnement des institutions et de l'activité des Pouvoirs Publics[71], elle a décidé de pourvoir à la vacance de la Présidence de la Transition. En faisant application de la Charte de Transition, il attribue le poste de Président de la transition au Vice-Président, en la personne du Colonel Assimi GOÏTA, désigné dans les mêmes formes et conditions que le Président de la transition et prêtant le même serment que lui devant la Cour suprême. Si la désignation d'un Vice-Président comme dauphin constitutionnel est une formule appliquée dans certains pays en Afrique francophone[72], dans le régime parlementaire malien, c'est le Président de l'Assemblée parlementaire qui est censé assurer l'intérim en cas de vacance de la Présidence ou d'empêchement absolu et définitif du Président[73]. Mais la Cour a déclaré l'article 36 de la Constitution inapplicable, faisant ainsi obstacle à tout raisonnement par analogie.

---

[71] Art. 85 alinéa 2 de la Constitution malienne.

[72] OUEDRAOGO (S.), « Le statut constitutionnel du Vice-Président en Afrique noire francophone », *RBD*, n° 61, 2nd semestre, 2020, p. 405 ; DJIMADOUMNGAR (A.-A.), « L'instauration des vice-présidences en Afrique noire francophone : les leçons issues de quelques expériences », Revue *Afrilex*, 2021, 32 p. ; NGANDO SANDJÈ (R.), « Le Vice-Président et le Premier ministre au Gabon : duo ou duel ? », *RFD Const*, 2021/1, n° 125, pp. 45-70.

[73] Art. 36 de la Constitution malienne.

La Haute Cour constitutionnelle malgache a aussi consacré en 2009 la reconnaissance d'un transfert non constitutionnel du pouvoir. Après deux mois de bras de fer avec l'opposition, le président Marc RAVALOMANANA ayant perdu le soutien de l'armée démissionne le 17 mars 2009, tout en confiant les pleins pouvoirs à un Directoire militaire dirigé par l'officier le plus ancien dans le plus haut gradé de l'armée[74]. Cette instance non prévue par la Constitution a transféré à son tour les pouvoirs à une Haute Autorité de Transition, présidée par Monsieur Andry RAJOELINA, Chef de l'opposition et maire d'Antananarivo[75]. Par une lettre n° 79-HCC/G du 18 mars 2009, la Haute Cour Constitutionnelle, a entériné les deux ordonnances et déclaré que Monsieur Andry Nirina RAJOELINA exerce les attributions du Président de la République[76]. Il fut installé dans ces fonctions le 21 mars 2009 par la Haute Cour Constitutionnelle, qui affirme clairement le passage à une période de transition pour la gestion des affaires nationales. La validation des ordonnances de transfert des pleins pouvoirs méconnait l'indisponibilité des compétences[77] d'autant plus que la Haute juridiction reconnait qu'il s'agit d'une « *manifestation unilatérale de volonté* [...] *qui ne saurait être conforme aux dispositions constitutionnelles* ». L'institutionnalisation du pouvoir politique et l'encadrement de son exercice par la Constitution interdisent son transfert par un dépositaire, par nature momentané, à un organe ou une autorité non prévue par la Constitution. Le Conseil permanent de la Francophonie réuni en session extraordinaire le 2 avril 2009 a qualifié la situation de transfert anticonstitutionnel des pouvoirs par le président de la République, ce qui a valu la suspension de Madagascar de la Francophonie et de la coopération multilatérale francophone en application du chapitre V paragraphe 3 de la Déclaration de Bamako[78]. La Communauté de développement d'Afrique australe (SADC), par l'entremise de la

---

[74] Ordonnance n° 2009-001 du 17 mars 2009.

[75] Ordonnance n° 2009-002 du 17 mars 2009.

[76] Décision n° 03-HCC/D2 du 23 avril 2009 concernant des requêtes relatives à la situation de transition ; Avis n° 02-HCC/AV du 31 juillet 2009 sur l'interprétation de l'article 53 de la Constitution

[77] AZOUAOU (Ph.), *L'indisponibilité des compétences en droit public interne*, Mare & Martin, 2016, Collection : Bibliothèque des thèses, 732 p.

[78] Organisation internationale de la Francophonie, *Rapport de la francophonie sur l'état des pratiques de la démocratie, des droits et des libertés 2016. Dynamiques constitutionnelles dans l'espace francophone*, 2016, p. 39.

présidence sud-africaine, avait aussi reconnu à l'époque un transfert anticonstitutionnel du pouvoir.

La succession au Président togolais Général Gnassingbé Eyadema en 2005 par son fils, Faure Gnassingbé, alors ministre au moment du décès du Président, a été aussi considérée comme une « *caution explicite à* [un] *coup d'État* »[79].

La complaisance des juridictions constitutionnelles face à toutes ces situations dénote une complicité dans l'atteinte à la démocratie.

L'activisme des juridictions constitutionnelles constitue aussi une forme de participation à la perpétration des coups d'État.

2. Un activisme juridictionnel favorisant les coups d'État

L'activisme des juridictions constitutionnelles en faveur des coups d'État se manifeste d'abord dans l'exercice de son office de juge électoral. La validation d'élections controversées suscite des crises socio-politiques[80] (Gabon, République Démocratique du Congo, Côte d'Ivoire, Burundi, Kenya, Togo, etc). Les troubles post-électoraux peuvent trouver leur dénouement dans la perpétration de coup d'État, que les auteurs justifient soit par l'exclusion de certains acteurs politiques des processus électoraux, soit par la paralysie du fonctionnement des institutions.

Sans en être la seule ni la principale raison, les résultats controversés du second tour des élections législatives tenues le 19 avril 2020 au Mali ont exacerbé les contestations à l'encontre du régime du Président Ibrahim Boubacar KEITA, favorisant ainsi le coup d'État du 18 août 2020. La Cour constitutionnelle avait d'ailleurs adopté à l'égard des

---

[79] KPODAR (A.), « Les juridictions constitutionnelles et les crises en Afrique noire francophone », *op. cit.*, p. 49 ; ASSOUMA (A.), « Les juridictions constitutionnelles et les crises : l'expérience de la Cour constitutionnelle du Togo », *Les juridictions constitutionnelles et les crises*, op. cit., p. 44. A la mort du Président Eyadéma le 5 février 2005, l'intérim devait être assuré par le Président de l'Assemblée nationale. Mais la Constitution (art. 65 et 144 alinéa 5) et le du code électoral (art. 203 alinéa 5) ont été modifiés. Le fils du défunt président fut ainsi d'abord réinstallé comme Président de l'Assemblée nationale et ensuite comme Président de la République le 7 février 2005 pour achever le mandat présidentiel. Il prêta serment devant la Cour constitutionnelle. Face à la crise socio-politique que cette succession a provoquées et aux multiples pressions, il finit par démissionner le 25 février 2005. Il a été déclaré vainqueur de l'élection présidentielle du 24 avril 2005, violemment contestée et qui a plongé le pays dans une crise socio-politique.

[80] BOLLE (S.), « Les juridictions constitutionnelles africaines et les crises électorales », *in Les juridictions constitutionnelles et les crises*, Actes du 5e congrès de l'ACCPUF, pp. 79-102.

manifestations une attitude qui sort de sa fonction de régulation du fonctionnement des institutions et de l'activité des pouvoirs publics. Dans un communiqué de presse du 1er juin 2020[81], elle dénonce des propos insurrectionnels, subversifs des partis politiques et de mouvements d'organisations de la société civile appelant à la démission du Président de la République. Dans un communiqué du 3 juin 2020, elle rappelle que la désobéissance civile ne peut être exercée que pour la préservation de la forme républicaine de l'État.

De même, au Burkina Faso, l'exclusion des anciens membres ou partis proches de l'ancien président COMPAORE des listes des candidats aux élections législatives et à la présidentielle d'octobre 2015[82] a servi de prétexte au coup d'État du Conseil national pour la démocratie (CND), mené par le général Gilbert DIENDERE[83]. La Cour de justice de la CEDEAO avait en effet dans son arrêt du 13 juillet 2015 invité l'État burkinabè à lever tous les obstacles à la libre participation aux élections[84], invitation dont les autorités de transition et le Conseil constitutionnel n'ont pas tenu compte.

Au Niger, lors de l'élection présidentielle de juillet 1996, la Cour suprême s'est comportée en auxiliaire du président Ibrahim Maïnassara BARÉ[85], validant les résultats et les mesures controversées qu'il a édictées avant et après le scrutin[86]. Le verrouillage du jeu politique connaitra un dénouement tragique avec le coup d'État du 9 avril 1999 qui a coûté la vie au Président BARÉ.

En second lieu, l'implication des juridictions constitutionnelles dans la survenance des coups d'État peut être encore plus directe, le juge constitutionnel y prenant une part active. Il s'agit de l'hypothèse de

---

[81] METHIVIER (M.), « Les communiqués de presse du Conseil constitutionnel, objets non identifiés du droit constitutionnel », *RFDA*, Dalloz, 2018, pp.163 et s.

[82] Conseil constitutionnel, Décisions n° 2015-021/CC/EL, n° 2015-025/CC/EL, n° 2015-026/CC/EL, n° 2015-027/CC/EL et n° 2015-029/CC/EL du 24 août 2015, expédiées les 25 et 26 août 2015.

[83] OUEDRAOGO (S M.) et OUEDRAOGO (D.), « Propos inquiets sur la dissémination des régimes de transition constitutionnelle en Afrique », *op., cit.*, p. 22.

[84] CJ-CEDEAO, 13 juillet 2015, *CDP et autres c/ Etat du Bur*kina, Aff. n° ECW/CCJ/APP/19/15 ; jugement n° ECW/CCJ/JUG/16/15.

[85] BOLLE (S.), « Les juridictions constitutionnelles africaines et les crises électorales », *in Les juridictions constitutionnelles et les crises*, *op. cit.*, pp. 96-97.

[86] Modification du code électoral, dissolution de la Commission électorale nationale indépendante, interdiction de l'exercice du droit de grève.

« *coup d'État constitutionnel* »[87], lorsqu'il est le fait de la juridiction constitutionnelle. A la différence du coup d'État militaire classique perpétré par des actions violentes, le coup d'État constitutionnel est plus raffiné. Il se réalise au moyen d'atteintes aux normes juridiques qui encadrent le pouvoir politique : il est « *mené par un des organes de l'ordre constitutionnel existant (l'exécutif) afin de modifier ce dernier* »[88]. Un auteur français a par exemple évoqué l'idée de « *coup d'État de droit* »[89] à propos de la décision du Conseil constitutionnel du 16 juillet 1971 qui, en application du préambule de la Constitution de 1958, a censuré des dispositions législatives au nom de la liberté d'association, affirmée comme principe fondamental reconnu par les lois de la République.

Sur le continent africain, cette forme de coup d'État consiste principalement dans les « *révisions constitutionnelles instrumentalisées* »[90], qui ont pour objet ou pour effet de pérenniser au pouvoir les autorités en place, comme celles qui portent sur la clause limitative du nombre ou de la durée des mandats[91]. La CADEG qualifie de changement anticonstitutionnel de gouvernement tout amendement ou toute révision des Constitutions ou des instruments juridiques qui porte atteinte aux principes de l'alternance démocratique[92]. De telles révisions, « déconsolidantes » pour la démocratie[93], s'opèrent avec la participation des juridictions constitutionnelles. Selon Matthieu FAU-NOUGARET, le « *coup d'État constitutionnel ne peut avoir lieu qu'avec la complicité d'autres organes de l'ordre constitutionnel existant, et le plus souvent les cours constitutionnelles* »[94]. Celles-ci adoptent des attitudes différentes

---

[87] FAU-NOUGARET (M.), « Manipulations constitutionnelles et coup d'Etat constitutionnel en Afrique francophone », p. 2.

[88] *Idem.*

[89] CAYLA (O.), « Le coup d'Etat de droit ? », *Le débat*, n° 100, 1998/3, p. 108-133, DOSSIER : « Le droit, la nature et la politique » ; « Constitution ou norme constitutionnelle ? », *Titre VII* 2022/1 (N° 8), pp. 1-10.

[90] KAMBOU (B. G.), « Les juridictions constitutionnelles et les crises : communication du Conseil constitutionnel du Burkina Faso », *Les juridictions constitutionnelles et les crises*, *op. cit.*, p. 104.

[91] A. LOADA, « La limitation du nombre de mandats présidentiels en Afrique francophone », Revue *Afrilex*, n° 3, 2003, pp. 139-174.

[92] Article 23 §5 de la CADEG.

[93] FALL (I. M.), « La révision de la Constitution au Sénégal », Revue *Afrilex*, 2014, p. 34 et s.

[94] FAU-NOUGARET (M.), « Manipulations constitutionnelles et coup d'Etat constitutionnel en Afrique francophone », p. 2.

face à de tels projets de révision[95]. Certaines juridictions constitutionnelles se limitent à un contrôle minimal, évitant toute appréciation de fond[96]. D'autres se déclarent incompétentes pour contrôler les lois de révision constitutionnelle, laissant ainsi libre cours aux autorités politiques[97] ou encore, font une interprétation ou une application de la Constitution dans un sens favorable au pouvoir politique.

Est symptomatique de cette complicité active, l'application controversée des règles de conflits de normes par la Cour constitutionnelle guinéenne en 2020[98] et les Conseils constitutionnels ivoirien en 2020[99] et burkinabè en 2005[100]. Le recours aux principes de

---

[95] Organisation internationale de la Francophonie, *Rapport de la francophonie sur l'état des pratiques de la démocratie, des droits et des libertés 2016. Dynamiques constitutionnelles dans l'espace francophone*, 2016, p. 23 et s. ; DIALLO (I.), « Pour un examen minutieux de la question des révisions de la constitution dans les Etats africains francophones », Revue *Afrilex*, p. 21 et s.

[96] Voir Cons. const. ivoirien, Décision n° CI-2020-002/DCC/19-03/CC/SG du 19 mars 2020 a validé la loi de Révision de la loi N° 2016-886 du 08 novembre 2016 portant Constitution de la République de Côte d'Ivoire,

[97] C'est le cas du Conseil constitutionnel sénégalais (Décision n° 44/95, Affaire n° 9/C/98 du 9 octobre 1998 ; Décision n° 1/C/2003/du 11 juin 2003 ; Décision 92/2005, Affaire n° 3/C/2005 du18 janvier 2006 ; Décision n° 2/C/2009 du 18 juin 2009) et de la Cour constitutionnelle de l'Union des Comores (Arrêts n° 09-009/CC du 6 mai 2009 et n° 09-012/CC du 19 mai 2009, concernant la procédure de révision constitutionnelle entamée par le président de l'Union des Comores).

[98] La Cour constitutionnelle a donné un avis favorable au projet d'adoption d'une nouvelle Constitution, qui a été adoptée par référendum le 22 mars 2020. L'adoption de cette Constitution a permis au Président Alpha CONDE de se présenter à l'élection présidentielle du 18 octobre 2020, alors que la Constitution de 2010 limitait le nombre de mandats présidentiels à deux (Cour Const., Arrêt N°AE 013 du 09 septembre 2020 Validation et publication de liste définitive des candidats à l'élection présidentielle du 18 octobre 2020).

[99] Cons. const. ivoirien, Décision n° CI -2020-EP-009/14-09/CC/SG du 14 septembre 2020 portant publication de la liste définitive des candidats à l'élection du Président de la république du 31 octobre 2020. Le Conseil s'est fondé sur le fait que la Constitution du 08 novembre 2016 institue une nouvelle République et qu'elle ne mentionne pas « expressis verbis » que les mandats présidentiels exécutés sous l'empire de la précédente Constitution doivent être pris en compte pour l'application de l'article 55, pour inscrire le Président sortant, Monsieur Alassane OUATTARA sur la liste définitive des candidats à l'élection présidentielle du 31 octobre 2020 ; BLEOU (M.), « À propos de la question de la limitation du nombre de mandats présidentiels en Côte d'Ivoire », https://news.abidjan.net/articles/676932/probable-3e-mandat-du-president-ouattara-le-professeur-et-constitutionaliste-martin-bleou-se-prononce-contribution, publié le 24 juillet 2020 ; [consulté le 15/07/2022].

[100] Décision n° 2005-007/CC/EPF du 14 octobre 2005, sur les recours introduits par Messieurs Bénéwendé Stanislas SANKARA, Philippe OUEDRAOGO, Ali LANKOANDE, Norbert Michel TIENDREBEOGO et Ram OUERAOGO demandant l'annulation de la candidature de Monsieur Blaise COMPAORE. Voir CGD, *Grands avis et décisions de la justice constitutionnelle burkinabè (GADJCB) de 1960 à nos jours*, 2009, pp. 81-92 ; ROUMBA (P. W.), « Réflexions

non-rétroactivité et d'effet différé de la nouvelle (loi) constitution(nelle) a eu pour effet d'exclure les précédents mandats réalisés par les présidents en exercice et de remettre ainsi le compteur du nombre des mandats à zéro, ce qui a permis de valider leurs nouvelles candidatures. Au Burundi, face aux pressions du pouvoir en place, la Cour constitutionnelle fut obligée en 2015 de valider l'interprétation donnée par Pierre NKURUNZIZA pour se présenter à pour un troisième mandat, alors que la Constitution limite le nombre de mandats présidentiels à deux[101]. Rentre dans cette attitude, la décision du Conseil constitutionnel français du 06 novembre 1962, refusant de se déclarer compétent pour contrôler la constitutionnalité d'une loi référendaire, alors même que le général de Gaulle avait fait usage de l'article 11 au lieu de la procédure normale de révision constitutionnelle prévue par l'article 89. Cette décision a soulevé des critiques, certains allant jusqu'à parler de « *coup d'État permanent* »[102] pour dénoncer la pratique d'un pouvoir personnel par le Général DE GAULLE, avec la complicité passive de certaines institutions comme le Conseil Constitutionnel.

Dans toutes ces hypothèses, la juridiction constitutionnelle se trouve ainsi complice voire auteur de coup d'État constitutionnel.

Alors que les coups d'État exercent une influence certaine sur les juridictions constitutionnelles, celles-ci parviennent difficilement à assurer la régulation des régimes issus de coups d'État.

II. La difficile régulation du fonctionnement des régimes issus de coup d'État

La régulation du fonctionnement des institutions et de l'activité des pouvoirs publics constitue « *la fonction par excellence de la justice constitutionnelle* »[103]. Entendue au sens large, la régulation confère à la

---

critiques sur la "doctrine" des juridictions constitutionnelles en Afrique noire francophone : le cas du Burkina Faso », *RBD*, n° 50, 2015, p. 217 et s. ; BOLLE (S.), « LA CONSTITUTION COMPAORE ? Sur la décision n° 2005-007/CC/EPF du 14 octobre 2005 du Conseil constitutionnel du Burkina Faso », Revue *Afrilex*, n° 5, 2006, pp. 244-268.

[101] Arrêt du 4 mai 2015, Affaire RCCB 303.

[102] MITTERRAND (F.), *Le coup d'Etat permanent*, Plon, 1964.

[103] SY (D.), « Les fonctions de la justice constitutionnelle en Afrique », *in* NAREY (O.) (dir.), *La justice constitutionnelle*, Actes du colloque de l'ANDC, L'Harmattan, 2016, p. 49-50 ; NAREY (O.) « La régulation du fonctionnement des institutions par le juge constitutionnel », *in* ONDOA (M.) et ABANE ENGOLO (P. E.) (dir.), *Les transformations contemporaines du droit public*,

juridiction constitutionnelle une "fonction d'aiguilleur", c'est-à-dire d'organe « *chargé d'indiquer la voie normative à suivre pour réaliser telle ou telle réforme, ou pour prendre telle ou telle mesure* »[104]. Ainsi, « *la régulation peut consister pour la juridiction constitutionnelle, à faire échec à une situation de paralysie imminente ou réelle d'une ou de plusieurs institutions de la République* » ou encore « *à sanctionner le comportement d'un acteur public considéré comme contraire à la Constitution, et à enjoindre l'acteur en question à adopter un nouveau comportement conforme à la Constitution* »[105].

Or, les coups d'État créent des régimes d'exception et perturbent l'ordonnancement juridique. Les juridictions constitutionnelles sont confrontées aux défis de parvenir à « *maîtriser les effets pervers de ces régimes d'exception* »[106]. Dans la stratégie de régulation, les juridictions constitutionnelles assimilent ces régimes d'exception aux régimes constitutionnels (**A.**) tout en maintenant une différenciation (**B.**).

A. L'assimilation aux régimes constitutionnels

L'assimilation du fonctionnement des régimes d'exception à celui des régimes constitutionnels consiste dans l'application de certains principes constitutionnels aux régimes issus de coup d'État (**1.**) et dans la protection des droits fondamentaux (**2.**).

1. L'application des principes constitutionnels

Les mesures de suspension de la Constitution et de dissolution des institutions qui accompagnent la prise du pouvoir par coup d'État

---

L'Harmattan, 2018, p. 59 ; KANTE (B.), « Les juridictions constitutionnelles et la régulation des systèmes politiques en Afrique », *in Constitutions et pouvoirs, Mélanges en l'honneur de Jean Gicquel*, Paris, Montchrestien, 2008, p. 265 ; DOSSOU (R.), « La fonction régulatrice des juridictions constitutionnelles en Afrique : cas du Bénin », *La Constitution béninoise du 11 décembre 1990 : un modèle pour l'Afrique ? Mélanges en l'honneur de Maurice AHANHANZO-GLELE*, Paris, L'Harmattan, 2014, p. 729 ; MEDE (N.), « La fonction de régulation des juridictions constitutionnelles en Afrique francophone », *AIJC*, 2007, p. 46 ; FAVOREU (L.), « Le Conseil constitutionnel régulateur de l'activité normative des pouvoirs publics », *RDP*, 1967, pp. 5-120.

[104] FAVOREU (L.) et *alii*, *Droit constitutionnel*, Dalloz, 21e éd., 2019, p. 354.

[105] SY (D.), « Les fonctions de la justice constitutionnelle en Afrique », *op. cit.*, p. 50.

[106] KANTE (B.), « Leçon inaugurale. La justice constitutionnelle face à l'épreuve de la transition démocratique en Afrique », *in* NAREY (O.) (dir.), *La justice constitutionnelle*, Actes du colloque de l'ANDC, L'Harmattan, p. 25.

entrainent, selon l'expression de la Haute Cour constitutionnelle malgache, une « *déconstitutionnalisation de fait de l'organisation de l'État* »[107]. Elles portent atteinte aux principes fondamentaux du constitutionnalisme[108], notamment à celui de la séparation des pouvoirs[109]. La séparation des pouvoirs constitue un principe matriciel du constitutionnalisme moderne[110]. Sur son fondement, la Cour constitutionnelle du Bénin a dégagé un « *principe à valeur constitutionnelle de non-immixtion par un organe institué par la Constitution dans les prérogatives non dérogeables d'un autre organe également institué par la même Constitution* »[111].

Les juridictions constitutionnelles ont transposé les principes qui régissent le fonctionnement des régimes constitutionnels aux régimes d'exception, particulièrement le principe de la séparation des pouvoirs. La Haute Cour constitutionnelle malgache a ainsi affirmé dans ses décisions rendues en 2009 que/

> « L'entrée dans une période de transition comporte [...] le changement organique et formel de l'organisation de l'État. Néanmoins demeurent intangibles les principes fondamentaux de la République tel que celui de la séparation des pouvoirs ainsi que l'intégrité du territoire national, la forme républicaine de l'État et les valeurs culturelles propres à la nation »[112].

Le principe de séparation des pouvoirs impose le respect des attributions de chaque organe constitutionnel, y compris les organes mis

---

[107] HCC malgache, Décision n° 03-HCC/D2 du 23 avril 2009 concernant des requêtes relatives à la situation de transition.

[108] TONI (E.), « Les principes non écrits dans la jurisprudence de la Cour constitutionnelle du Bénin », Revue *Afrilex*, 2021, 30 p.

[109] NAREY (O.) (dir.), *Séparation des pouvoirs et contre-pouvoirs*, Dakar, L'Harmattan, 2019, 518 p. ; SOMA (A.), « La séparation des pouvoirs comme droit fondamental dans le constitutionnalisme africain », Revue *Afrilex*, 2018, 26 p. ; OUANDAOGO (A. A. W.), « La garantie juridictionnelle de la séparation des pouvoirs en Afrique noire francophone », *Revue Burkinabè de Droit*, n° 61, 2020, pp. 259-286.

[110] Article 125 de la Constitution béninoise du 11 décembre 1990 ; art. 88 de la Constitution sénégalaise du 22 janvier 2001.

[111] Voir DCC 18-156 du 31 juillet 2018 ; DCC 18-184 du 18 septembre 2018 ; DCC 18-204 du 11 octobre 2018.

[112] Décision n° 03-HCC/D2 du 23 avril 2009 concernant des requêtes relatives à la situation de transition.

en place pendant la période de transition. Il n'interdit pas la collaboration entre les Institutions, nécessaire au fonctionnement de l'État[113].

La Cour constitutionnelle du Mali a aussi affirmé l'application du principe de séparation des pouvoirs dans le fonctionnement des institutions de transition mises en place après le coup d'État du 18 août 2020. La Cour a été saisie par le Président du Conseil national de transition (CNT) – organe législatif de la Transition – aux fins de contrôle de conformité à la Constitution du Règlement Intérieur dudit Conseil adopté le 11 décembre 2020. Parmi les dispositions censurées, elle a déclaré contraires à la Constitution et à la Charte de la Transition, l'article 9 alinéa 3 du Règlement Intérieur qui prévoyait qu'en application de l'article 19 de la Charte, les questeurs sont nommés par Décret pris en Conseil des ministres parmi les membres du CNT sur proposition de son Président. Après avoir rappelé que la séparation des pouvoirs exécutif, législatif et judiciaire est un principe constitutionnel consacré, la Haute juridiction affirme :

> « Que cette nomination constitue une immixtion du pouvoir exécutif dans la gestion interne d'un pouvoir législatif ; qu'il s'agit d'une violation du principe constitutionnel de séparation des pouvoirs ;
>
> Que dès lors les questeurs doivent, au même titre que les autres membres du bureau, être élus par leurs pairs ».

Elle a aussi déclaré non conforme à la Charte de la Transition l'article 94 du même Règlement Intérieur qui indique que le CNT reste en place jusqu'à l'installation d'une nouvelle Assemblée Nationale issue d'élection régulière, alors que l'article 22 de la Charte fixait à l'époque la durée de la Transition à dix-huit (18) mois à compter de la date d'investiture du Président de la Transition.

Au Burkina Faso, la composition et le fonctionnement des organes de transition comportent des atteintes au principe de la séparation des pouvoirs. Ainsi, parmi les soixante-onze (71) membres de l'Assemblée Législative de Transition, vingt-un (21) sont désignés par le Chef de l'État sous la première transition de 2022[114] et vingt (20) sous la seconde transition[115]. Les émoluments et les indemnités qui leur sont servis sont

---

[113] HCC malgache, Avis n° 02-HCC/AV du 31 juillet 2009 sur l'interprétation de l'article 53 de la Constitution.

[114] Art. 24 de la Charte de la Transition signée le 1er mars 2022.

[115] Art. 14 de la Charte de la Transition signée le 14 octobre 2022.

fixés par un décret du Président du Faso. Ces dispositions issues d'un texte à vocation constitutionnelle consacrent une immixtion de l'Exécutif dans l'organisation et le fonctionnement de l'organe législatif. Elles pourraient encourir l'annulation s'il s'agissait de dispositions susceptibles de contrôle de constitutionnalité[116]. Constituerait également une violation de la séparation des pouvoirs, la remise au Premier ministre du rapport d'audit de l'Assemblée nationale réalisée par l'Autorité supérieure de contrôle d'État et de lutte contre la corruption (ASCE-LC)[117]. Le contrôle de la gestion des pouvoirs publics constitutionnels par l'ASCE-LC, bien qu'il s'agisse d'une pratique développée par cette structure[118], peut être discuté, d'autant plus qu'elle a le statut d'autorité administrative indépendante[119]. La transmission du rapport d'audit sur la gestion de l'Assemblée nationale au Premier ministre ressemble à une immixtion dans le fonctionnement d'un pouvoir public, méconnaissant le principe de la séparation des pouvoirs[120].

En plus du principe de la séparation des pouvoirs, il arrive que les juridictions constitutionnelles imposent le respect de certains mécanismes de fonctionnement des régimes constitutionnels. C'est ce qui ressort de la Décision n° 2022-027/CC du 18 novembre 2022 du Conseil constitutionnel burkinabè sur le contrôle de constitutionnalité de la Résolution n° 003-2022/ALT du 14 novembre 2022 portant Règlement de l'Assemblée législative de Transition. Le Conseil constitutionnel a censuré l'article 156 point 2 du Règlement de l'ALT qui prévoyait que la Déclaration de politique générale du Premier ministre est suivie de débats mais ne donne pas lieu à un vote. Selon le Conseil, ces dispositions du Règlement sont contraires à l'article 63 de la Constitution, auquel renvoie

---

[116] Cons const. français, Décision n° 2012-654 DC du 9 août 2012 § 79-83 (BEAUD (O.), « Le Conseil constitutionnel et le traitement du Président de la République : une hérésie constitutionnelle », *Jus Politicum*, 2013).

[117] Compte rendu du Conseil des Ministres du mercredi 03 aout 2022, Communication orale.

[118] L'ASCE-LC a déjà contrôlé la gestion de la présidence du Faso. Voir ASCE-LC, *Rapport de synthèse de l'audit/investigation de la gestion 2017 de la Présidence du Faso, du Premier ministre et des ministres*, 2018, 43 p.

[119] Art. 160.5 de la Constitution burkinabè ; loi organique n° 082-2015/CNT du 24 novembre 2015 portant attributions, composition, organisation et fonctionnement de l'Autorité supérieure de contrôle d'Etat et de lutte contre la corruption (ASCE-LC).

[120] GUÉSSÉLÉ ISSÉMÉ (L. P.), « Le régime financier des organes constitutionnels dans les États d'Afrique noire francophone », *in L'État inachevé. Mélanges en l'honneur du professeur Koffi AHADZI-NONOU*, *op. cit.*, pp. 813-834 ; DUSSART (V.), *L'autonomie financière des pouvoirs publics constitutionnels*, CNRS éditions, Paris, 2000, 334 p.

la Charte de Transition et aux termes duquel la Déclaration du Premier ministre est suivie de débats et donne lieu un vote d'investiture. Cette décision impose le respect d'un principe du régime parlementaire, le vote d'investiture, qui exprime la confiance du Parlement à l'égard du Gouvernement nouvellement désigné.

La normalisation des régimes d'exception réside également dans la protection des droits fondamentaux.

2. La protection des droits fondamentaux

Longtemps cantonné à la régulation du fonctionnement des institutions et à la garantie du respect de la répartition des compétences, l'office du juge constitutionnel a évolué. Aussi « *est-il aujourd'hui communément admis que l'une des fonctions essentielles des juridictions constitutionnelles est de garantir l'effectivité et l'exercice des droits fondamentaux* »[121].

La mission de garantie des droits fondamentaux se trouve cependant compromise pendant les régimes d'exception. Ces régimes notamment ceux issus des coups d'État comportent de nombreuses atteintes aux droits et libertés. Ils imposent des mesures prohibitives ou restrictives des libertés comme les couvre-feux, l'interdiction ou le fort encadrement des partis et des activités politiques et de certaines libertés publiques (droit de grève et liberté de manifestation).

La difficulté vient surtout de l'insécurité juridique créée par l'incertitude des normes de référence censées fonder l'ordre juridique[122] et protéger les droits et libertés. Qu'il s'agisse de la suspension de la Constitution ou de sa coexistence avec des Chartes de transition, le fonctionnement des régimes d'exception crée une incertitude des normes constitutionnelles susceptibles de servir de référence au contrôle du respect des droits fondamentaux.

L'incidence du coup d'État du 24 janvier 2022 sur le procès contre l'assassinat du président Thomas Sankara et douze autres constitue un cas illustratif. Craignant pour le respect des droits de leurs clients

---

[121] Organisation internationale de la Francophonie, *Rapport de la francophonie sur l'état des pratiques de la démocratie, des droits et des libertés 2016. Dynamiques constitutionnelles dans l'espace francophone*, 2016, p. 22 ; AÏVO (F. J.), *Le juge constitutionnel et l'État de droit en Afrique : l'exemple du modèle béninois*, Paris, L'Harmattan, Coll. Études africaines, 2006.

[122] FAVOREU (L.), « Le droit constitutionnel, droit de la Constitution et constitution du droit », *RFDC*, n° 1, 1990, p. 85.

notamment le droit à un procès équitable, les avocats des parties civiles ont demandé et obtenu la suspension des audiences après le coup d'État. Le procès n'a repris qu'après le rétablissement de la Constitution. Trois parties de la défense ont soulevé une exception d'inconstitutionnalité à l'encontre des articles 313-1 et 313-2 du code pénal, qui incriminent et punissent les complots contre la sûreté de l'État, notamment le changement par la violence d'un régime légal. Les auteurs de la saisine font valoir que la prise du pouvoir par le MPSR par un coup d'État et la dévolution des fonctions de Président du Faso au Chef de ce mouvement par le Conseil constitutionnel[123] rendent l'infraction d'attentat à la sûreté de l'État désormais inexistante. Mais dans sa décision du 18 mars 2022[124], le Conseil précise que sa décision n° 2022-004 ne saurait être assimilée à une reconnaissance du coup d'État comme mode constitutionnel d'accès au pouvoir et que l'atteinte à la sureté de l'État demeure une infraction en vertu du code pénal. Ce qui a permis la condamnation des personnes accusées devant le Tribunal militaire.

C'est dire l'incertitude que peut créer les coups d'État du point de vue du régime des droits et libertés.

Tout en affirmant le respect des principes constitutionnels, les juridictions constitutionnelles maintiennent une différence par rapport aux régimes constitutionnels.

B. La différenciation des régimes constitutionnels

La différenciation des régimes issus de coups d'État par rapport aux régimes constitutionnels réside dans l'affirmation de la spécificité des organes politiques institués à l'issue des coups d'État (**1.**) et l'adaptation des règles et techniques constitutionnelles à la nature de ces régimes (**2.**).

1. La spécificité des organes politiques

L'organisation des institutions à l'issue des coups d'État relève des autorités issues de ces régimes d'exception. Pendant la période de transition en 2009, la Haute Cour Constitutionnelle malgache considère

---

[123] Décision n° 202-004 du 08 février 2022 portant dévolution des fonctions de Président du Faso.

[124] Décision n° 2022-005/CC du 18 mars 2022 sur les requêtes de messieurs Mory Aldiouma Jean Pierre PALM, Tibo OUEDRAOGO et TRAORE Bossobé en exception d'inconstitutionnalité des articles 313-1 et 313-2 du Code pénal.

que « *ne disposant pas de la compétence ni de gouverner ni de légiférer* [, elle] *ne peut pas se prononcer à bon droit sur le maintien ou non du Parlement prévu par l'ordre constitutionnel initial* »[125], renvoyant ainsi cette question au choix des autorités politiques.

La rupture par rapport à l'ordre constitutionnel initial se manifeste par l'institution d'organes dont l'architecture et le rôle sont calqués sur ceux des institutions constitutionnelles normales : un Président de Transition, un Conseil National ou une Assemblée de Transition et un Gouvernement de Transition. La Charte de Transition signée le 1er mars 2022 au Burkina Faso ajoute à cette architecture un organe atypique : le Conseil d'orientation et de suivi de la Transition (COST). Il s'agit d'une instance collégiale de définition et d'orientation des questions de paix, de stabilité et de sécurité nationale. Il en fixe les grandes orientations de la politique nationale et assure le suivi de la mise en œuvre des missions de la Transition[126]. Ces différentes institutions sont chargées de conduire les affaires publiques jusqu'à l'installation de nouvelles autorités marquant le retour à une vie constitutionnelle normale. Elles jouent le même rôle et exercent les attributions correspondantes des institutions républicaines auxquelles elles se substituent[127]. Le Conseil constitutionnel burkinabè a ainsi affirmé que l'Assemblée législative de Transition se substitue à l'Assemblée nationale pour la conduite de la Transition[128].

Ces institutions de transition présentent cependant des spécificités par rapport aux institutions démocratiques, spécificités affirmées par les juridictions constitutionnelles. La Cour constitutionnelle du Mali a particulièrement fait la distinction entre les institutions mises en place dans le cadre de la Transition et celles qui procèdent de la Constitution du 25 février 1992. Dans son arrêt n° 2021-02/CC/VACANCE du 28 mai 2021 sur la dévolution du poste de Président de la Transition, laissé vacant après la démission de Bah N'DAW le 24 mai 2021, la Cour

---

[125] Décision n° 03-HCC/D2 du 23 avril 2009 concernant des requêtes relatives à la situation de transition.

[126] Art. 13 et 14 de la Charte de la Transition ; Loi organique n° 002-2022/ALT du 09 juin 2022 portant attributions, composition, organisation et fonctionnement du conseil d'orientation et de suivi de la Transition.

[127] Cons. const. burkinabè, Décision n° 2022-007/CC du 15 avril 2022 sur la constitutionnalité de la Résolution n° 005-2022/ALT du 05 avril 2022 portant Règlement de l'Assemblée Législative de Transition.

[128] Décision n° 2022-027/CC du 18 novembre 2022 sur le contrôle de constitutionnalité de la Résolution n° 003-2022/ALT du 14 novembre 2022 portant Règlement de l'Assemblée législative de Transition.

affirme « *qu'en l'espèce, il s'agit de la vacance de la Présidence de la Transition et non de la vacance de la Présidence de la République* ». Il déclare l'article 36 de la Constitution inapplicable à la succession du Président de la Transition.

Cette jurisprudence s'inscrit dans la continuité de son arrêt n° 2020-07/CC du 18 décembre 2020 rendu sur le contrôle de constitutionnalité du Règlement intérieur (RI) du Conseil nation de Transition (CNT). Elle a censuré les dispositions du RI qui énonçaient que les membres du CNT portent le titre de "Député de la Transition". Selon la Cour, le titre de Députés reconnu aux membres de l'Assemblée nationale par la Constitution « *s'acquiert par élection au suffrage universel direct* ». Elle relève d'ailleurs que la Charte de la Transition elle-même n'attribue pas la qualité de député mais parle plutôt de "membres du Conseil national de Transition". Ceux-ci ne sauraient dès lors porter le titre de Députés. La Cour indique par une réserve d'interprétation constructive qu'« *il convient de remplacer dans le Règlement Intérieur, l'appellation "Député de la Transition" par "membres du Conseil national de Transition"* ». Elle appelle au respect de la dénomination des organes dans le RI, qui emploie indistinctement les dénominations Conseil national de la Transition et Charte de Transition, lesquelles ne correspondent pas aux énonciations de la Charte.

Cette ingénieuse distinction opérée de la Cour constitutionnelle malienne n'a pas inspiré son homologue burkinabè. En 2014 comme en 2022, le Conseil constitutionnel a dévolu les fonctions de Président du Faso, de Chef de l'État et de Chef suprême des forces armées nationales au président de la Transition, sans égard au caractère exceptionnel de ces régimes. Le règlement de l'Assemblée Législative de Transition (ALT) prévoit que les membres de cet organe portent le titre de "députés de la transition"[129]. Cette dénomination n'a toutefois pas été censurée par le Conseil constitutionnel, comme ce fut le cas au Mali. Lors de la première Transition de 2022, la seule déclaration d'inconstitutionnalité a concerné la dénomination du règlement de l'ALT. La dénomination de cet acte a suscité un débat lors de son adoption à la séance plénière du 05 avril 2022, relativement au choix entre "Règlement" et "Règlement intérieur". Le compromis trouvé fut l'engagement du Président de l'ALT à soumettre cette question au Conseil constitutionnel. Dans sa décision du

[129] Art. 2 de la Résolution n° 005-2022/ALT du 05 avril 2022 portant règlement de l'Assemblée législative de Transition.

15 avril 2022, la Haute juridiction constitutionnelle considère que pour respecter l'esprit et la lettre de l'article 155 alinéa 1 de la Constitution, il convient de retenir le terme "Règlement" en lieu et place de l'expression "Règlement intérieur". La version initiale de la Constitution de 1991 employait l'expression "règlement intérieur". C'est la loi de révision constitutionnelle du 11 avril 2000 qui a supprimé l'adjectif "intérieur" à l'article 86 alinéa 2 de la Constitution. Il faut relever que le juge constitutionnel ivoirien est resté indifférent à l'utilisation par l'Assemblée nationale de l'expression "règlement intérieur" alors que la Constitution ivoirienne de 2000 parlait plutôt de "règlement"[130]. L'article 25 de la Charte de la Transition, certes muette sur le contrôle de constitutionnalité, emploie cependant l'expression "règlement intérieur". En privilégiant la dénomination retenue par la Constitution, le Conseil constitutionnel fait implicitement prévaloir les dispositions de la Constitution sur celles de la Charte de la Transition, alors que cette dernière est censée primer sur la Constitution en cas de contrariété entre les deux textes[131].

L'avènement des régimes d'exception entraine aussi une adaptation des règles et techniques constitutionnelles.

2. L'adaptation des règles et techniques constitutionnelles

Les coups d'État et les régimes d'exception qui en résultent entrainent, selon l'expression de la Haute Cour constitutionnelle malgache, « *une déconstitutionnalisation de fait de l'organisation de l'État* », ce qui appelle une conception et une application déformées du droit[132]. L'avènement de coup d'État implique l'adaptation des règles et principes constitutionnels à la situation des régimes d'exception. Par voie d'incidence, l'office du juge constitutionnel se trouve aussi renouvelé.

La première manifestation de l'infléchissement des principes constitutionnels intéresse le pouvoir constituant. D'une part, la

---

[130] Ch. Const./Cour suprême, Chambre constitutionnelle, Arrêt n° 003-202 du 22 mai 2002, Contrôle de conformité de la résolution n° 02A portant règlement intérieur de l'Assemblée nationale ; OUEDRAOGO (D.), « Le contrôle de constitutionnalité des règlements des Assemblées parlementaires dans les États de l'Afrique de l'ouest francophone », *RFD Const*, 2019/1, n° 117, p. 121.

[131] Art. 35 de la Charte de la Transition.

[132] KANTE (B.), « Leçon inaugurale. La justice constitutionnelle face à l'épreuve de la transition démocratique en Afrique », *op. cit.*, p. 31.

survenance de coup d'État justifie l'exercice du pouvoir constituant originaire. La Cour constitutionnelle du Niger admet le coup d'État comme l'une des hypothèses qui autorise l'adoption d'une nouvelle Constitution[133]. D'autre part, le phénomène des coups d'État renforce le rôle constituant des juridictions constitutionnelles[134]. L'arrêt rendu par la Cour constitutionnelle malienne le 28 mai 2021 sur la dévolution du poste de Président de la Transition en est un exemple. La Cour a été saisie par le Ministre Directeur de Cabinet du Vice-président de la Transition, transmettant la lettre de démission en date du 24 mai 2021 du Président de la Transition et le Décret n° 2021-0355/P-T du 24 mai 2021 mettant fin aux fonctions du Premier ministre et des membres du Gouvernement. Après constatation de la vacance de la présidence de la Transition, elle décide de pourvoir au poste. Bien que la Charte ne prévoit pas de procédure de constatation de la vacance de la Présidence de la Transition ni de modalité d'intérim, la Cour décide de ne pas combler ces lacunes par le recours à l'article 36 de la Constitution, mais désigne, par une sorte de jeu des chaises musicales, le Vice-Président comme le successeur constitutionnel du Président de la Transition. Cette attitude est une illustration de l'intervention du juge constitutionnel dans la dévolution du pouvoir politique. Elle a été considérée par un auteur comme la manifestation d'« *un pouvoir constituant de crise ou d'exception globalement illégalement institué bien que parfois légitime* »[135].

Dans la perspective de rédaction de l'avant-projet d'une nouvelle Constitution du Mali[136], la Cour constitutionnelle a organisé le 10 août 2022 en collaboration avec l'Institut international pour la Démocratie et l'Assistance Électorale International (IDEA International) en partenariat avec la MINUSMA, le Centre Malien pour le Dialogue Inter-partis et la

---

133 Avis n° 02/CC du 25 mai 2009 sur l'interprétation des articles 1er, 5, 6, 36, 37, 39, 49 et 136 de la Constitution.

134 DJIELON MOUTCHEU (R. B.), « Vacance de la présidence de la transition et exercice de l'intérim : Commentaire élaboré de l'Arrêt du 28 mai 2021 de la Cour Constitutionnelle du Mali », *Revue constitution et consolidation de l'état de droit de la démocratie et des libertés fondamentales en Afrique*, 2021, n° 6, p. p. 259 ; ANDZOKA ATSIMOU (S.), « La participation des juridictions constitutionnelles au pouvoir constituant en Afrique », *RFD Const*, vol. 110, n° 2, 2017, pp. 279-316.

135 DJIELON MOUTCHEU (R. B.), « Vacance de la présidence de la transition et exercice de l'intérim : Commentaire élaboré de l'Arrêt du 28 mai 2021 de la Cour Constitutionnelle du Mali », *op. cit.*, p. 251.

136 Décret n° 2022-0394/PT-RM du 29 juin 2022 portant nomination des membres de la Commission de rédaction de la nouvelle Constitution.

Démocratie (CMDID), le PNUD et la Fondation Internationale pour les Systèmes Électoraux (IFES), un atelier de partage d'expériences sur les principes généraux du droit dans le processus de révision et de rédaction de nouvelles constitutions au cours des transitions politiques[137]. Selon le président du CMDID/

> « Il s'agit d'[un] l'atelier de partage d'expériences sur le rôle des juridictions constitutionnelles dans la transition politique, une revue du cadre juridique de la cour constitutionnelle, afin d'accompagner la réflexion sur le processus de réforme de cette institution centrale pour le retour à l'ordre démocratique au Mali, un atelier de validation du projet de rapport de la revue du cadre juridique de la cour constitutionnelle ».

L'office du juge constitutionnel se trouve aussi renouvelé par un recours à de nouvelles techniques et méthodes de contrôle. Les juridictions constitutionnelles africaines, à l'exception de quelques-unes d'entre elles[138], font traditionnellement usage de méthodes d'interprétation exégétiques et littérales[139]. Mais les régimes d'exception changent la donne. Face à l'incertitude voire au vide juridique, les juridictions constitutionnelles adoptent une interprétation téléologique, qui permet de prendre en compte la finalité et le contexte socio-politique d'application des règles.

Pour constater la vacance de la présidence de la transition et pouvoir ce poste, la Cour constitutionnelle malienne s'est fondée sur le risque de paralysie et de dysfonctionnement des institutions que provoquerait un vide institutionnel laissé par la démission du Président Bah N'DAW.

Dans ses décisions rendues sur l'institution d'une transition en 2009, la Haute Cour constitutionnelle malgache a tenu compte du contexte politique exceptionnel pour adapter ses techniques de contrôle et déterminer des normes de référence qui vont au-delà du contenu normal du bloc de constitutionnalité. Pour valider les ordonnances transférant les pleins pouvoirs du Président de la République au Directoire militaire et fonder la légitimité de la transition, elle s'est référé à certains concepts

---

[137] http://niarela.net/politique/revision-et-redaction-de-la-nouvelle-constitution-quand-la-cour-constitutionnelle-du-mali-sinspire-des-exemples-de-lafrique-du-sud-du-benin-et-du-burkina-faso; [consulté le 24/08/2022].

[138] C'est le cas du Bénin et du Sénégal.

[139] KANTE (B.), « Les méthodes et techniques d'interprétation de la Constitution : l'exemple des pays d'Afrique occidentale francophone », pp. 155-165 ; « Leçon inaugurale. La justice constitutionnelle face à l'épreuve de la transition démocratique en Afrique », *op. cit.*, p. 29.

connus comme "la sauvegarde de la continuité de l'État", "la nécessité d'éviter le vide institutionnel" et de préserver "l'intérêt supérieur de la Nation", mais également à des notions imprécises comme "les nécessités objectives de l'ordre social ", les "aspirations légitimes du peuple malagasy" ou "l'apaisement de la vie sociale"[140].

Ces techniques d'interprétation permettent aux juridictions constitutionnelles d'assurer la pacification de l'ordre politique et social. Elles consacrent cependant une extension des normes de référence dont la lisibilité se trouve ainsi menacée[141].

On peut toutefois regretter que le Conseil constitutionnel burkinabè n'ait pas repris en 2022 la mention "Transition" dans la classification des décisions rendues pendant cette période d'exception constitutionnelle, alors qu'il avait, par cette méthode, marqué la spécificité de la première transition politique survenue en 2014.

Conclusion

La rupture constitutionnelle provoquée par les coups d'État entraine un bouleversement de tout l'ordonnancement juridique. En tant que maillons importants de l'ordre constitutionnel, la situation des juridictions constitutionnelles constitue un indicateur intéressant d'analyse de ce bouleversement. Par rapport à ces juridictions, la rupture de l'ordre constitutionnel se manifeste dans un double sens.

En premier lieu, l'existence même des juridictions constitutionnelles est mise à rude épreuve par les coups d'État. L'avènement d'un coup d'État entraine généralement une désactivation de la juridiction constitutionnelle en raison de la suspension de la Constitution ou de l'instrumentalisation de son action. La juridiction constitutionnelle peut aussi devenir acteur des coups d'État, en adoptant une attitude complice ou en jouant un rôle très actif dans la perpétration des coups d'État. Il s'agit de l'hypothèse des coups d'État constitutionnel qui prennent la forme des révisions constitutionnelles portant atteinte à la limitation du

---

140 Décision n° 03-HCC/D2 du 23 avril 2009 concernant des requêtes relatives à la situation de transition ; Avis n° 02-HCC/AV du 31 juillet 2009 sur l'interprétation de l'article 53 de la Constitution.

141 KPODAR (A.), « Quand l'interprétation constitutionnelle menace la lisibilité du bloc référentiel : Contribution doctrinale sur la fausse vraie idée du contrôle de constitutionnalité », *Constitutions*, 2015, n° 1, pp. 7-19 ; « L'impératif constitutionnel », *RCC*, 2019/1, numéro spécial, pp. 101-125.

nombre ou de la durée des mandats, révisions opérées avec la complicité des juridictions constitutionnelles.

En second lieu, la rupture s'observe dans l'exercice par les juridictions constitutionnelles de leur office pendant les périodes de transition post coup d'État. Les régimes d'exception issus de coups d'État posent en effet des défis à l'activité des juridictions constitutionnelles. Dans leur mission de régulation, celles-ci transposent les principes des régimes constitutionnels aux régimes issus de coups d'État. Il en est ainsi de la séparation des pouvoirs et de la protection des droits fondamentaux. Les juridictions constitutionnelles maintiennent toutefois la spécificité de ces régimes tant en ce qui concerne les organes que les règles et techniques constitutionnelles. Il semble ainsi se dégager un droit constitutionnel jurisprudentiel applicable aux régimes d'exception, dont les tendances restent encore peu perceptibles en raison de l'hétérogénéité des situations nationales et de la diversité des solutions.

Gaétan Thierry FOUMENA

Maître de conférences agrégé, Université de Ngaoundéré (Cameroun)

La justice constitutionnelle à l'épreuve de la transition post coup d'État dans les États d'Afrique noire francophone

Introduction

La chose constitutionnelle se déploie en Afrique pour le meilleur et pour le pire[1]. Elle oscille entre consécration d'une conception libérale du droit ayant pour référentiels la limitation du pouvoir et la garantie des droits de l'individu[2], et instabilité des régimes et systèmes politiques. Ces derniers sont le cadre soit, de pratiques concrétisant l'accession ou le maintien illégitime au pouvoir, soit, d'une militarisation consécutive à un coup d'État[3]. Celui-ci, même après les transitions démocratiques des années 90 marquées par le sceau de la légitimité démocratique, se caractérise au-delà de sa survivance latente,

[1] BOLLE (Stéphane), « La Constitution en Afrique : pour le meilleur et pour le pire », *in*, *Constitution, Justice, Démocratie, Mélanges en l'honneur du Professeur Dominique ROUSSEAU*, Paris, LGDJ, 2020, P. 845.

[2] RAYNAUD (Philippe), « Constitutionnalisme », *in*, ALLAND (Dénis), et RIALS (Stéphane), (dir), *Dictionnaire de la culture juridique*, Paris, LGDJ, 2003, P. 266. V. également SOMA (Abdoulaye), *Traité de droit constitutionnel général*, Tome1, Ouagadougou, Editions libres, Février 2022, P. 225.

[3] N'GBESSO (N'dory Claude Vincent), *Recherche sur la notion de coup d'Etat en droit public : le cas des Etats francophones africains*, Thèse de doctorat, Université de Bordeaux, 2018, P. 13.

par une résurgence[4], mieux, une récurrence[5] qui suscite des inquiétudes[6], en raison de sa dissémination en Afrique. L'ordre constitutionnel devient ainsi sujet à des mutations et transformations auxquelles la justice constitutionnelle, lorsqu'elle est laissée en vie, contribue ou devient, ce qui est rare, rétive à cette nouvelle donne.

En effet, la continuité de l'État, en dépit du coup d'État, au nom de sa survie à toute épreuve[7], donne lieu à un nouvel ordre de pouvoir qui émerge à la suite de la dissolution de l'autorité préexistante[8]. Cette continuité paradoxale de l'État[9] est réalisée dans le cadre d'une transition post coup d'État[10], au cours de laquelle il n'est pas exclu qu'un coup d'État ait lieu[11]. La notion de coup d'État n'est pas de création récente[12]. Si elle a d'abord bénéficié d'une perception tendant à la valoriser en Europe occidentale[13] et parfois en Afrique au nom des

---

[4] Cela contraste avec l'opinion de certains analystes et observateurs selon laquelle « les militaires ne cherchent plus à s'installer aux commandes de l'Etat », cf, MARTIN (Michel Louis), « Constitutionnalisme et contrôle politique des militaires en Afrique francophone », *in*, *Res Militaris*, vol. 5, été – automne 2015, P. 2. L'auteur développe l'idée du « déclin du prétoriannisme et du recantonnement des armées ». *Ibid.*

[5] ESSONO OVONO (Alexis), « Armée et démocratie en Afrique, une relation ambivalente à normaliser », *in*, *Afrique contemporaine* 2012/2, n°242, PP. 120-121.

[6] OUEDRAOGO (Séni M) et OUEDRAOGO (Djibrina), « Propos inquiets sur la dissémination des régimes de transition constitutionnelle en Afrique », *Afrilex*, septembre 2021, P. 2.

[7] SINDJOUN (Luc), « Le Gouvernement de transition : éléments pour une théorie politico-constitutionnelle de l'Etat en crise ou en reconstruction », *in*, *Démocratie et liberté : tension, dialogue, confrontation, Mélanges en l'honneur de Slobodan MILASIC*, Bruxelles, Bruylant, 2008, P. 974. V. également, MANDJEM (Yves Paul), « Les gouvernements de transition comme sites d'institutionnalisation de la politique dans les ordres politiques en voie de sortie de crise en Afrique ? », *in*, *Revue africaine des relations internationales*, Vol. 12, n° 1 et 2, 2009, PP. 81-182.

[8] *Ibid.* P. 980.

[9] *Ibid.* P. 988. *Ibid.*, P. 24.

[10] *Ibid.* P. 997, et P. 999.

[11] Il convient à titre illustratif de mentionner le coup d'Etat perpétré contre un Gouvernement de transition arrivé au pouvoir à la faveur d'un coup d'Etat et ayant à sa tête un militaire. En effet, huit mois seulement après le putsch du lieutenant-colonel Paul Henri SANDAOGO DAMIBA, il est renversé le 30 septembre 2022 par d'autres militaires sous la houlette du capitaine Ibrahim TRAORE, et annonce sa démission le 2 octobre 2022 après s'être refugié au TOGO.

[12] N'GBESSO (N'dory Claude Vincent), *Recherche sur la notion de coup d'Etat en droit public : le cas des Etats francophones africains*, *op.cit.*, P. 17.

[13] « Au XVIIème siècle, le coup d'Etat désignait l'action par laquelle était décidée quelque chose d'important pour le « *bien* » de l'Etat et du prince, ou encore l'action « *extraordinaire* » à laquelle un gouvernement a recours pour ce qu'il conçoit être favorable et déterminant au « *salut* » de l'Etat. C'est une réaction contre le désordre. Ce sont des nécessités exigeant que le souverain ait recours à des mesures exceptionnelles, même si elles étaient prises en méconnaissance de toute légalité ; d'où les adages « nécessité fait loi », ou encore « la fin justifie les moyens » ». (*Ibid.*).

exigences de démocratie[14] et État de droit[15], elle revêt essentiellement une connotation péjorative. Le coup d'État s'entend d'un « changement de gouvernants opéré hors des procédures constitutionnelles en vigueur, par une action entreprise au sein même de l'État au niveau de ses dirigeants ou de ses agents »[16]. Ce changement est opéré de manière soudaine et donne lieu à l'usage de la force[17]. Il s'agit en d'autres termes d'une action de « conquête ou de réformation du pouvoir politique de nature inconstitutionnelle ou illégale, fondée sur l'usage ou la menace de la force »[18]. S'il est acquis que le coup d'État peut être perpétré, soit par des éléments civils extérieurs à l'État, soit par des éléments qui appartiennent au cercle de l'État, à l'initiative d'un responsable civil[19] ou celle d'un groupe de militaires[20], l'Afrique est le théâtre des coups d'État militaires[21].

L'on assiste à la résurgence, mieux, à un nouveau printemps des coups d'État concrétisés par des hommes providentiels[22] aux tendances

---

En revanche, « étaient constitutives de coup d'Etat illégaux sous l'ancien régime, toutes les actions ayant pour ambition de remplacer le Roi ou de lui arracher la substance du pouvoir politique. (*Ibid.*, P. 18.).

14 ESSONO OVONO (Alexis), « Armée et démocratie en Afrique, une relation ambivalente à normaliser », *op.cit.*

15 CESSOU (Sabine), « Afrique de l'Ouest : un coup d'Etat peut-il laisser une trace positive ? », publié le 16/10/2021, http:// www.rfi.fr/afrique/20211610-afrique-de-l-ouest-un-coup-d-%C3%A9tat-peut-il-laisser-une-trece-positive?ref=wa ; OUEDRAOGO (Séni M) et OUEDRAOGO (Djibrina), « Propos inquiets sur la dissémination des régimes de transition constitutionnelle en Afrique », *Afrilex*, septembre 2021, P. 2, P. 9.

D'aucuns parlent ainsi de coup d'Etat salvateur ou moralisateur « venant sanctionner les déviations constitutionnelles et favorisant l'émergence d'un nouvel ordre constitutionnel » *Ibid.*, P. 2. V. également BADO (Laurent), « Vive les coups d'Etat moralisateurs », publié le 27 novembre 2008, https://lefaso.net/spip.php ?article 29820.

16 LEROY(Paul), « Coup d'Etat », *in*, DUHAMEL (Olivier) et MENY (Yves), (dir), *Dictionnaire de droit constitutionnel*, Paris, PUF, 1992, P. 240.

17 *Ibid.*

18 HERMET (Guy), BADIE(Bertrand), BIRNBAUM (Pierre), BRAUD (Philippe), *Dictionnaire de la science politique et des institutions politiques*, Paris, Armand Colin, 1994, P. 75.

19 *Ibid.*

20 *Ibid.*, V. également DEBARD (Thierry), *Dictionnaire constitutionnel*, Paris, Ellipses, 2002, P. 287.

21 AUGE (Axel) et GNANGUENON (Amandine), (*dir*), *Les armées africaines et le pouvoir politique au sud du Sahara*, Revue de l'Institut de recherche stratégique de l'école militaire, n° 28, Les champs de mars, 2015, 91p.

22 OUEDRAOGO (Séni. Mahamadou) et OUEDRAOGO (Djibrina), « Propos inquiets sur la dissémination des régimes de transition constitutionnelle en Afrique », *Op.cit.*, P.6.

déviationnistes[23], qui les incarnent, alors qu'on a cru qu'ils appartiennent désormais au passé[24]. Du fait de leur nocivité pour la démocratie, les coups d'État[25] posent les bases d'une déstabilisation de l'organisation étatique. Ils sont à l'origine de la suppression non seulement de la Constitution, mais également de l'institution présidentielle, et les autres institutions[26]. Cela n'est guère une nouvelle réjouissante[27], dans un contexte où se développe en Afrique une doctrine de condamnation sans réserves du coup d'État, dans l'espace régional[28] et sous régional[29] traduite par des actes concrets ; doctrine à laquelle l'Organisation internationale de la francophonie[30] et le

[23] LATH (Yédoh Sébastien), « la production constitutionnelle en période de crise dans les Etats d'Afrique : crise du constitutionnalisme ou constitutionnalisme de crise ? », *in*, *Mélanges dédiés au Doyen Francis V. WODIE*, Presses universitaires de Toulouse 1 capitole, 2016, P. 340.

[24] «De 1960 à 1990, l'Afrique s'est offerte comme la terre de prédilection des régimes autoritaires et unanimistes. Cette situation a conduit au règne de la force et à la quasi-institutionnalisation du *putsch* ou coup d'Etat comme mode de droit commune d'accession au pouvoir. (…) dans les années 1990, les Etats africains ont amorcé des processus de démocratisation divers avec pour objectif la construction de l'Etat de droit et la consolidation de la démocratie. », LATH (Yédoh Sébastien), « la production constitutionnelle en période de crise dans les Etats d'Afrique : crise du constitutionnalisme ou constitutionnalisme de crise ? », *Op.cit.*, P. 339.

[25] Le coup d'État n'est pas assimilable aux procédures institutionnalisées de destitution du chef de l'État. Notamment la procédure de mise en cause de la responsabilité du chef de l'État, prévue par la Constitution et susceptible d'aboutir à sa destitution. V. N'GBESSO (N'dory Claude Vincent), *Recherche sur la notion de coup d'Etat en droit public : le cas des Etats francophones africains*, *op.cit.*, P. 19.

[26] DOSSO (Karim), « Les pratiques constitutionnelles dans les pays d'Afrique noire francophone : cohérences et incohérences », *Revue française de droit constitutionnel*, 2012/2, n° 90, P. e76.

[27] GNAMOU (Dandi), « La monarchisation des exécutifs en Afrique francophone », *in*, *Démocratie en questions ?, Mélanges en l'honneur du professeur Théodore HOLO*, Presses universitaires de Toulouse 1 capitole, 2017, P. 91. V. également, HUNTINGTON (Samuel), *The soldier and the State. The theory and politics of civil-military relations*, Cambridge, Harvard University press, 1957, 550 P.

[28] La décision d'Alger de 1999 sur les changements anticonstitutionnels de gouvernement, la déclaration de Lomé de juillet 2000 sur le cadre de réaction de l'O.U.A aux changements anticonstitutionnels de gouvernements, la Charte africaine de la démocratie des élections et de la gouvernance du 30 janvier 2007.

[29] Protocole A/SP/12/01 du 21 décembre 2001 sur la démocratie et la bonne gouvernance additionnel au protocole relatif au mécanisme de prévention, de gestion, de règlement des conflits, de maintien de la paix et de la sécurité du 10 décembre 1999.

[30] Déclaration de Bamako du 3 novembre 2000 lors du Symposium international sur le bilan des pratiques de la démocratie des droits et des libertés dans l'espace francophone.

Commonwealth[31] joignent leur voix. L'armée[32] encore désignée par les expressions « grande muette » et « corps habillé »[33], est en principe appelée à rester dans les casernes et se soumettre au pouvoir civil[34], en raison de son enserrement par les normes constitutionnelles[35]. Elle devrait briller par l'apolitisme et le neutralisme[36]. Mais l'on note qu'elle n'est jamais loin de la gestion du pouvoir[37]. En se détournant de sa mission traditionnelle de défense nationale[38], elle renverse un gouvernement civil[39] ou soumet un Président de la République démocratiquement élu à une « démission manu militari »[40]. La prise du pouvoir par le biais de moyens hostiles à la légalité constitutionnelle, notamment la force, conduit à substituer l'État démocratique par l' « État caserne »[41].

L'armée s'introduit subséquemment dans la sphère politique et constitutionnelle où les débats politiques, comme l'indique le professeur Adama KPODAR sont juridicisés et se déroulent selon les prescriptions de la Constitution[42]. Cette intrusion dans le champ

---

[31] Déclaration de Harare en date du 20 octobre 1991, Charte du Commonwealth du 14 décembre 2012.

[32] JOANA (Jean) et SMYRL (Marc), « Civils et militaires en démocratie », *in*, *Revue internationale de politique comparée*, vol., 15, 2008/1, P. 7.

[33] DEBOS (Marielle) et GLASMAN (Joel), (*dir*), Corps habillés, politique des métiers de l'ordre, coll., Politique africaine, n° 128, Paris, Karthala, 2013, 177 P.

[34] GNAMOU (Dandi), « La monarchisation des exécutifs en Afrique francophone », *Op.cit.*, *ibid.*

[35] AHANHANZO-GLÉLÉ (Maurice), « *La Constitution ou loi fondamentale* », *in*, GONIDEC (Pierre-François) (*dir*), *Encyclopédie juridique de l'Afrique : l'État et le droit*, Tome I, Abidjan, NEA, 1982, p. 32.

[36] ENGOUTOU (Jean Luc), « Le pouvoir militaire dans les Etats en reconstruction d'Afrique noire francophone : le cas de la République centrafricaine », *in*, *Les annales de l'Université de Parakou, série « droit et science »*, vol. 3, n° 1, 2020, P. 119.

[37] OUEDRAOGO (Séni. Mahamadou) et OUEDRAOGO (Djibrina), « Propos inquiets sur la dissémination des régimes de transition constitutionnelle en Afrique », *Op.cit.*, P.2.

[38] N'GBESSO (N'dory Claude Vincent), *Recherche sur la notion de coup d'Etat en droit public : le cas des Etats francophones africains*, *op.cit.*, P. 59.

[39] DOSSO (Karim), « Les pratiques constitutionnelles dans les pays d'Afrique noire francophone : cohérences et incohérences », *Op.cit.*, P. e 57.

[40] OUEDRAOGO (Séni. Mahamadou) et OUEDRAOGO (Djibrina), « Propos inquiets sur la dissémination des régimes de transition constitutionnelle en Afrique », *Op.cit.*, P. 11.

[41] DOSSO (Karim), « Les pratiques constitutionnelles dans les pays d'Afrique noire francophone : cohérences et incohérences », *Op.cit.*, *P. e 75.*

[42] KPODAR (Adama), « Bilan sur un demi-siècle de constitutionnalisme en Afrique francophone », *in*, *La Constitution béninoise du 11 décembre 1990 : un modèle pour l'Afrique ?, Mélanges en l'honneur de Maurice AHANHANZO- GLELE*, Paris, L'harmattan, 2014, P. 101.

politique a pour conséquences la remise en cause des institutions démocratiques existantes et la mise entre parenthèses de l'ordre constitutionnel[43], auquel succède peu ou prou, un autre ordre constitutionnel aménagé au moyen de la charte de transition. Celle-ci, non seulement sert comme élément de justification et de légalisation du coup d'État[44], mais également, contribue à mettre en exergue d'une part, l'échec de la construction démocratique menée jusque-là, et d'autre part, l'attitude des autorités constitutionnelles qui n'offre pas une autre alternative[45] à ce mode illégitime d'accession au pouvoir[46].

La transition désigne la période de vie politique qui s'étend[47] entre la remise en cause de l'ordre constitutionnel préexistant, par le biais d'une insurrection populaire ou d'un coup d'État et la restauration institutionnelle et normative de la République, concrétisée par l'élection démocratique de nouvelles autorités gouvernementales. Par définition temporaire[48], elle se présente sous deux formes : l'une civile généralement issue d'un accord politique[49] et conduite par des autorités de transition civiles[50], l'autre, militaire est assurée par des autorités en

---

[43] GNAMOU (Dandi), « La monarchisation des exécutifs en Afrique francophone », *Op.cit.*, P. 93.

[44] OUEDRAOGO (Séni. Mahamadou) et OUEDRAOGO (Djibrina), « Propos inquiets sur la dissémination des régimes de transition constitutionnelle en Afrique », *Op.cit.*, P. 13 et P. 14.

[45] DOSSO (Karim), « Les pratiques constitutionnelles dans les pays d'Afrique noire francophone : cohérences et incohérences », *Op.cit.,* P. e 57. Il s'agit donc de « faire exister et faire croire à l'existence d'un Etat dont l'échec des titulaires du pouvoir à revendiquer le monopole de l'allégeance citoyenne et de l'exercice de la violence est patent ». v. SINDJOUN (Luc), « Le Gouvernement de transition : éléments pour une théorie politico-constitutionnelle de l'Etat en crise ou en reconstruction », *op.cit.*, P. 971.

[46] N'GBESSO (N'dory Claude Vincent), *Recherche sur la notion de coup d'Etat en droit public : le cas des Etats francophones africains*, *op.cit.,* P. 13.

[47] SOMA (Abdoulaye), «La justice constitutionnelle de la transition insurrectionnelle au Burkina Faso », *in*, NAREY (Oumarou), (*dir*), *La justice constitutionnelle*, Paris, L'harmattan, 2016, P. 100.

[48] GUIMEZANES (Marie), « Les transitions constitutionnelles « internationalisées » : étude de droit interne », *Revue française de droit constitutionnel*, n° 104, 2015/4, P. 803.

[49] ENGOUTOU (Jean – Luc), « Le compromis constitutionnel dans les Etats d'Afrique noire francophone », *Revue française de droit constitutionnel*, n° 121, 2021/1, P. 145.

[50] *Ibid.*, cet auteur décrit la perspective évolutive de la transition à un moment donné en ces termes : « d'une transition à logique fondamentalement militaire en 1966, on est passé à une logique fondamentalement civile en 2014 » (*Ibid.*, P. 101.). Le mouvement inverse se produit plutôt aujourd'hui en regard du nombre élevé de coup d'Etat militaires enregistrés.

V. également OUEDRAOGO (Séni. Mahamadou) et OUEDRAOGO (Djibrina), « Libres propos sur la transition politique au Burkina Faso : du contexte au texte de la charte de transition », *Afrilex*, 2015, P. 9.

treillis arrivées au pouvoir par les armes. Dans les deux cas, la transition intervient dans un contexte d'état de nécessité[51], mieux, d'état de nécessité constitutionnelle[52], ouvrant la voie à un constitutionnalisme alternatif[53] visant le passage d'un régime à un autre[54], et ayant pour socle « un instrument constitutionnel dérogatoire »[55] au droit constitutionnel normal[56], à savoir, la charte de transition. Celle-ci, procède à « une organisation provisoire de l'État en créant des institutions ou organes, comme des mécanismes destinés à faciliter le dénouement de la crise au sein de l'État et d'assurer le passage d'un ordre constitutionnel à un autre »[57].

La charte de transition est diversement caractérisée. D'une part, elle est assimilée à une Constitution, mais pas au sens démocratique, car un élément déterminant fait défaut : son approbation par le peuple[58]. Elle est aussi perçue comme un « acte constitutionnel en deçà des petites constitutions »[59]. D'autre part, elle s'apparente à une Constitution intérimaire démocratiquement élaborée, lorsqu'elle procède d'une instance regroupant les représentants des principales composantes du corps social (partis politiques, société civile, groupes ethniques et représentants des pouvoirs publics), comme ce fut le cas pour la Constitution de transition de République démocratique du Congo du 4

---

[51] Il renvoie à un ensemble de circonstances urgentes et imprévues qui rendent indispensable pour la sauvegarde de l'Etat, la prise des mesures particulières. V. ONDOUA (Alain franklin), « La nécessité en droit constitutionnel, étude à partir de quelques expériences africaines », *in*, ONDOA (Magloire) et ABANE ENGOLO (Patrick Edgard), (*dir*), *L'exception en droit, Mélanges en l'honneur de Joseph OWONA*, Paris, L'harmattan, 2021, P. 58.

[52] *Ibid.*, P. 67.

[53] *Ibid.*

[54] SINDJOUN (Luc), « Le Gouvernement de transition : éléments pour une théorie politico-constitutionnelle de l'Etat en crise ou en reconstruction », *op.cit.*, P. 973.

[55] SOMA (Abdoulaye), «La justice constitutionnelle de la transition insurrectionnelle au Burkina Faso, *Op.cit.*, P. 106.

[56] *Ibid.*, P. 107.

[57] ONDOUA (Alain franklin), « La nécessité en droit constitutionnel, étude à partir de quelques expériences africaines », *Op.cit.*, P. 75.

[58] OUEDRAOGO (Séni. Mahamadou) et OUEDRAOGO (Djibrina), « Libres propos sur la transition politique au Burkina Faso : du contexte au texte de la charte de transition », *Op.cit.*, p. 13.

[59] OUEDRAOGO (Séni. Mahamadou) et OUEDRAOGO (Djibrina), « Libres propos sur la transition politique au Burkina Faso : du contexte au texte de la charte de transition », *Op.cit.*, p. 15.

avril 2003[60]. De plus, lorsqu'elle est greffée ou annexée à la Constitution à laquelle elle ne succède pas, au-delà du questionnement sur la réforme du cadre constitutionnel existant[61] ou l'amorce d'une rupture, la coexistence de la charte de transition avec la Constitution initiale fait naitre des préoccupations tenant non seulement à l'unité et la cohérence de l'ordre constitutionnel[62], mais également au caractère dual[63] ou *Janus* de la Constitution .

L'on peut d'ailleurs questionner le caractère provisoire de la charte de transition annexée à la Constitution en vigueur avant son adoption[64], et la nature des rapports susceptibles d'être établis entre les deux, même s'il y en a qui soutiennent l'idée selon laquelle la Constitution, acte vivant est ouverte à la création continue. Elle n'est pas un texte fermé, clos, fini au moment où il est produit, mais un acte ouvert, et en formation continue[65]. Si pour certains, la charte de transition, parce que issue d'un compromis constitutionnel, contribue à enrichir l'ordre juridique[66] et étendre le bloc de constitutionnalité[67], d'autres y voient un bricolage juridique, une dévalorisation du constitutionnalisme[68] que l'on pourrait ranger dans la catégorie des bizarreries constitutionnelles[69]. Tout compte fait, et indépendamment de la dénomination retenue, (charte de transition, charte constitutionnelle de

---

[60] ENGOUTOU (Jean – Luc), « Le compromis constitutionnel dans les États d'Afrique noire francophone », *Op.cit.*, P. 151.

[61] LEROY (Paul), *L'organisation constitutionnelle et les crises*, Paris, LGDJ, 1966, P. 276.

[62] DOSSO (Karim), « Les pratiques constitutionnelles dans les pays d'Afrique noire francophone : cohérences et incohérences », *Op.cit.,* P. e 83.

[63] ONDOA (Magloire), « La Constitution duale : recherche sur les dispositions constitutionnelles transitoires au Cameroun », *R.A.S.J.*, vol. 1, 2000, PP. 20-56.

[64] En d'autres termes la charte de transition joue-t- elle encore le rôle d'instrument de passage d'une Constitution à une autre ?

[65] ROUSSEAU (Dominique), « Constitution », *in*, DUHAMEL (Olivier) et MENY (Yves), (dir), *Dictionnaire de droit constitutionnel*, *Op.cit.*, P. 210.

[66] ENGOUTOU (Jean – Luc), « Le compromis constitutionnel dans les États d'Afrique noire francophone », *Op.cit.*, P. 157.

[67] Ibid., P. 164.

[68] DOSSO (Karim), « Les pratiques constitutionnelles dans les pays d'Afrique noire francophone : cohérences et incohérences », *Op.cit.,* P. e 83.

[69] TETANG (Franc de Paul), « Quelques bizarreries constitutionnelles relatives à la primauté du droit international dans l'ordre juridique interne : la Côte d'Ivoire et l'affaire de l'élection présidentielle », *R.F.D.C.*, n°3, 20212, PP. 45-66.

transition, charte nationale provisoire, para-constitution)[70], l'acte constitutionnel de transition est ce que le Doyen Alain Franklin ONDOUA qualifie de « norme constitutionnelle typique »[71] car, en période de transition, elle « correspond à celle qui est symbolique, idéale, remarquable et spécifique dans l'ordonnancement étatique »[72]. En cela, elle contribue à déterminer le sort de la justice constitutionnelle, dans un contexte où elle est considérée comme une assise légale du coup d'État[73].

Le changement brutal de régime politique ne rend pas inutile et sans objet, une réflexion sur la justice constitutionnelle en pareille circonstance[74]. Si la justice constitutionnelle entendue comme activité ou fonction exercée en la forme juridictionnelle par un organe indépendant ayant le caractère d'une juridiction[75], se déploie et s'épanouit dans un contexte démocratique en garantissant la suprématie de la Constitution[76], la transition singulièrement post coup d'État en rapport avec la justice constitutionnelle, dans sa dimension institutionnelle et fonctionnelle retient l'attention. Une telle étude dans la période « post indépendances » aurait été sans intérêt, dans un contexte de coups d'État marqués par l'émergence de régimes autoritaires, l'intrusion de l'armée dans la vie politique, la suspension ou la suppression de la Constitution, et conséquemment, le déclin de la

---

[70] ONDOUA (Alain franklin), « La nécessité en droit constitutionnel, étude à partir de quelques expériences africaines », *Op.cit.*, P. 75. ; SINDJOUN (Luc), « Les pratiques sociales dans les régimes politiques africains en voie de démocratisation : hypothèses théoriques et empiriques sur la para constitution », *Revue canadienne de science politique,* juin 2007, vol. 40, n° 2, P. 467. ; TUEKAM TATCHUM (Charles), «Les chartes de transition dans l'ordre constitutionnel des Etats d'Afrique noire francophone : étude à partir des exemples du Burkina Faso et de la République centrafricaine », *Revue CAMES/SJP*, n° 001/2016, P. 43.

[71] ONDOUA (Alain franklin), « La nécessité en droit constitutionnel, étude à partir de quelques expériences africaines », *Op.cit.*, P. 71.

[72] *Ibid.*

[73] OUEDRAOGO (Séni. Mahamadou) et OUEDRAOGO (Djibrina), « Propos inquiets sur la dissémination des régimes de transition constitutionnelle en Afrique », *Op.cit.*, P. 3.

[74] TANESESCU (Elana Simina), « La juridiction constitutionnelle, gardienne des droits dans la transition démocratique », *communication au colloque sur Processus constitutionnels et processus démocratiques : les expériences et les perspectives,* Marrakech, 29-30 mars 2012, PP. 10-11., http : // www.venice.coe.int, consulté le 10 aout 2022.

[75] FROMONT (Michel), *La justice constitutionnelle dans le monde*, Paris, Dalloz, Coll. Connaissance du droit, 1996, P. 2.

[76] KELSEN (Hans), « La garantie juridictionnelle de la Constitution », *in*, *RDP,* 1928, PP. 197-257.

justice constitutionnelle[77], d'autant plus qu'une transition marquant le passage d'un régime politique autoritaire à un autre jugé plus libéral[78] était loin d'être envisageable.

Le rapport de la juridiction constitutionnelle au coup d'État est difficile à déterminer ; dans la mesure où en cas de succès d'une tentative de prise armée du pouvoir, la suspension de la Constitution s'accompagne de celle des activités des pouvoirs publics[79]. Mais l'on peut se demander ce qu'il en est après le coup d'État, surtout si la transition est mise sur pied et aménagée par une charte de transition, qui est le produit d'un pouvoir constituant singulier exercé dans un contexte exceptionnel[80]. Cet acte constitutionnel provisoire, soit encadre exclusivement la transition[81], soit, est annexé à la Constitution antérieurement en vigueur[82]. La justice constitutionnelle, mécanisme d'arbitrage dans le fonctionnement d'un État moderne devient une préoccupation[83] fondamentale, même dans ce contexte particulier. Cela donne lieu à un questionnement qui se décline à travers les deux questions indissociables suivantes : quel sort est réservé à la justice constitutionnelle dans la transition qui fait suite à un coup d'État ?,

---

[77] MODERNE (Frank), « Les juridictions constitutionnelles en Afrique », *in,* CONAC (Gérard), (dir), *Les Cours suprêmes en Afrique : la jurisprudence,* tome 3, Paris, 1989, Économica, PP. 5-6.

[78] SINDJOUN (Luc), « Le Gouvernement de transition : éléments pour une théorie politico-constitutionnelle de l'État en crise ou en reconstruction », *op.cit.*, P. 971.

[79] N'GBESSO (N'dory Claude Vincent), *Recherche sur la notion de coup d'État en droit public : le cas des Etats francophones africains*, *op.cit.,* P. 327.

[80] LATH (Yédoh Sébastien), « la production constitutionnelle en période de crise dans les États d'Afrique : crise du constitutionnalisme ou constitutionnalisme de crise ? », *Op.cit.*, P. 352.

[81] La charte de transition de la République de Guinée ne fait pas mention de la Constitution en vigueur avant le coup d'État. L'article 84 dispose : « La présente charte de transition qui prend effet à partir de la date de signature, sera enregistrée, publiée au journal officiel et exécutée comme loi fondamentale de la république de Guinée durant la période de la transition ». Cette Constitution intérimaire a donc vocation à régir exclusivement la transition. La même solution est retenue au Tchad qui abroge explicitement la Constitution antérieurement en vigueur. L'article 92 de la Charte de transition du 21 avril 2021 dispose : « L'adoption de la présente Charte de Transition abroge la Constitution et toutes autres dispositions antérieures contraires. ».

[82] Les auteurs de la Charte de transition du Mali du 1er octobre 2020 dans le préambule de ladite charte affirment : « Adoptons la présente Charte de la Transition qui complète la Constitution du 25 février 1992 et dont le présent préambule est partie intégrante » ; la même formule figure dans le préambule de la Charte de transition du Burkina Faso du 1er mars 2022, et se lit comme suit : « Approuvons et adoptons la présente Charte qui complète la Constitution du 02 juin1991et dont le présent préambule est partie intégrante ».

[83] SOMA (Abdoulaye), «La justice constitutionnelle de la transition insurrectionnelle au Burkina Faso », Op.cit., P. 101.

quelle attitude la juridiction constitutionnelle adopte-t-elle dans la conduite de son office ?

La présente réflexion n'est pas dénuée d'enjeux. En effet, s'il est difficile d'être sceptique relativement à l'existence d'un droit constitutionnel africain[84], en rupture avec l'idée de mimétisme[85], il se caractérise par une originalité[86] surprenante[87] qui fait dire à certains que l'Afrique réinvente ses propres paradigmes[88]. Pour autant, penser le droit constitutionnel autrement[89] dans ce continent, nécessite que les énigmes qu'il recèle soient démêlées[90]. Le progrès du pluralisme et du libéralisme dans les Constitutions[91] n'exclut pas le développement d'une ingéniosité constitutionnelle[92], source d'une ingénierie constitutionnelle contreproductive en certains points. Il ne serait donc pas inapproprié de s'intéresser aux « pathologies des institutions et des États »[93]. En Afrique, « l'État a ses maladies et ses accès de fièvre »[94] ; le coup d'État est l'un d'eux. Il apparait comme une « pathologie constitutionnelle »[95], en ce qu'il est une crise qui affecte la vie de l'État, alors que la poursuite de l'idéal démocratique par la plupart des États

---

[84] ONDOUA (Alain franklin), « La nécessité en droit constitutionnel, étude à partir de quelques expériences africaines », *Op.cit.*, P. 60.

[85] AIVO (Frédéric Joël), « La fracture constitutionnelle. Critique pure du procès en mimétisme », *in*, AIVO (Frédéric Joël), (dir), *La Constitution béninoise du 11 décembre 1990 : un modèle pour l'Afrique ?, Mélanges en l'honneur de Maurice AHANHANZO- GLELE*, Paris, L'harmattan, 2014, P. 34.

[86] DOSSO (Karim), « Les pratiques constitutionnelles dans les pays d'Afrique noire francophone : cohérences et incohérences », *Op.cit.,* P. e 68.

[87] ENGOUTOU (Jean – Luc), « Le compromis constitutionnel dans les États d'Afrique noire francophone », *Op.cit.*, P. 160.

[88] MILHAT (Cédric), « Le constitutionnalisme en Afrique francophone, variations hétérodoxes sur un requiem », *in*, *Politeia*, 2005, (7), PP. 677-694.

[89] BOLLE (Stéphane), « La Constitution en Afrique : pour le meilleur et pour le pire », *Op.cit.*, P. 845.

[90] DOSSO (Karim), « Les pratiques constitutionnelles dans les pays d'Afrique noire francophone : cohérences et incohérences », *Op.cit.,* P. e 84.

[91] GUIMDO DONGMO (Bernard-Raymond), « Les Constitutions des États d'Afrique noire francophone à l'épreuve de la démocratie », *in*, *Revue RAMRES/SJP*, n° spécial, janvier 2021, P. 14.

[92] ENGOUTOU (Jean – Luc), « Le compromis constitutionnel dans les États d'Afrique noire francophone », *Op.cit.*, P. 165.

[93] MELEDJE DJEDJRO (Francisco), *Droit constitutionnel*, 10e éd., ABC, 2014, P. 57.

[94] JEANNEAU (Benoit), *Droit constitutionnel et institutions politiques*, 8é éd., 1991, p. 281.

[95] *Ibid.*

modernes a conduit à l'instauration d'un système de valeurs et de principes qui disqualifient le coup d'État comme mode d'accession au pouvoir[96]. La conséquence de cette pathologie grave est le fait qu'une nouvelle idée de droit se forme en lieu et place de celle qui s'effondre[97].

Le questionnement de la réalité du néo constitutionnalisme[98] dans l'espace africain francophone, en raison de la recrudescence de la transition, présentée comme nouveau mécanisme permettant le maintien de l'armée dans le champ politique[99], renouvelle l'intérêt pour le lien entre crise politique et crise du droit[100], mieux, le lien entre coup d'État et crise du droit. Ce regain d'intérêt relativement au coup d'État justifie les préoccupations tenant aussi bien au constitutionnalisme de crise[101] qu'à la crise du constitutionnalisme[102]. L'idée de crise du constitutionnalisme semble davantage partagée par ceux qui pensent que le coup d'État, affecte le fonctionnement normal des institutions et se traduit par la création des régimes d'exception, appelés à tort régimes de transition, alors qu'ils perturbent l'ordonnancement juridique[103]. De plus, il est utile de comprendre les fonctions et les orientations qu'une juridiction constitutionnelle, si elle est établie, peut être amenée à assumer dans le contexte d'une transition[104], notamment post coup d'État. Cela permet, ainsi que l'indique le professeur Abdoulaye SOMA « de tirer les enseignements et renseignements pratiques sur le

---

[96] N'GBESSO (N'dory Claude Vincent), *Recherche sur la notion de coup d'Etat en droit public : le cas des Etats francophones africains*, *op.cit.*, P. 18.

[97] LATH (Yédoh Sébastien), « la production constitutionnelle en période de crise dans les Etats d'Afrique : crise du constitutionnalisme ou constitutionnalisme de crise ? », *Op.cit.*, P. 349.

[98] DOSSO (Karim), « Les pratiques constitutionnelles dans les pays d'Afrique noire francophone : cohérences et incohérences », *Op.cit.*, P. e 61.

[99] OUEDRAOGO (Séni. Mahamadou) et OUEDRAOGO (Djibrina), « Propos inquiets sur la dissémination des régimes de transition constitutionnelle en Afrique », *Op.cit.*, P. 4.

[100] LATH (Yédoh Sébastien), « la production constitutionnelle en période de crise dans les États d'Afrique : crise du constitutionnalisme ou constitutionnalisme de crise ? », *Op.cit.*, P. 348.

[101] TAMA AYINDA (Thierry Olivier), *Constitutions et crises : réflexion sur l'encadrement constitutionnel des crises dans les États d'Afrique noire francophone*, Thèse de doctorat, Université de yaoundé 2, 2018, 465 P.

[102] LATH (Yédoh Sébastien), « la production constitutionnelle en période de crise dans les États d'Afrique : crise du constitutionnalisme ou constitutionnalisme de crise ? », *Op.cit.*, P. 337.

[103] KANTE (Babacar), « La justice constitutionnelle face à l'épreuve de la transition démocratique en Afrique », *in*, NAREY (Oumarou), *La justice constitutionnelle*, Paris, L'harmattan, 2016, PP. 24-25.

[104] SOMA (Abdoulaye), «La justice constitutionnelle de la transition insurrectionnelle au Burkina Faso », *Op.cit.*, P. 102.

conditionnement sociologique et juridique de la juridiction constitutionnelle en période politique exceptionnelle »[105], laquelle justice est susceptible d'être légitimée et controversée[106]. La question de sa neutralité axiologique dans un contexte de transition[107] post coup d'État devient inéluctable. De l'analyse des actes constitutionnels aménageant la transition dans les États concernés[108], il ressort que la justice constitutionnelle antérieure au coup d'État est reconduite (**I**). L'étude des décisions rendues permet de relever une rupture de la juridiction constitutionnelle de transition avec les valeurs et principes du constitutionnalisme (**II**).

I. La continuité de la justice constitutionnelle antérieure au coup d'état

La mise en place des institutions de transition à la suite d'un coup d'État, quoique révélatrice de la volonté des militaires de tenir les rênes du pouvoir de transition et le contrôler[109], n'écarte pas l'idée de justice constitutionnelle. Cette dernière est prise en compte par la charte de transition[110] ; laquelle reconduit celle qui avait cours avant le coup d'État. Cela induit deux considérations : d'une part, le juge constitutionnel est ontologiquement indispensable à tout État moderne[111], même lorsque celui-ci traverse une période de transition post coup d'État. D'autre part, « la continuité est un élément de cristallisation de l'orientation du constituant »[112]. Le jeu transitionnel[113]

---

[105] *Ibid.*

[106] *Ibid.* P. 107.

[107] *Ibid.* P. 113.

[108] Il s'agit des États suivants : Burkina Faso, Mali, Guinée, Tchad.

[109] OUEDRAOGO (Séni. Mahamadou) et OUEDRAOGO (Djibrina), « Propos inquiets sur la dissémination des régimes de transition constitutionnelle en Afrique », *Op.cit.*, P. 17.

[110] OUEDRAOGO (Séni. Mahamadou) et OUEDRAOGO (Djibrina), « Libres propos sur la transition politique au Burkina Faso : du contexte au texte de la charte de transition », *Op.cit.*, p. 24.

[111] TANESESCU (Elana Simina), « La juridiction constitutionnelle, gardienne des droits dans la transition démocratique », *Op.cit.,* P. 4.

[112] GUIMDO DONGMO (Bernard-Raymond), « Les Constitutions des États d'Afrique noire francophone à l'épreuve de la démocratie », *Op.cit.*, P. 8.

[113] SOMA (Abdoulaye), « La justice constitutionnelle de la transition insurrectionnelle au Burkina Faso », *Op.cit.*, P. 101.

est ainsi confié à la justice constitutionnelle antérieure au coup d'État, qui s'en trouve maintenue, non seulement dans sa dimension institutionnelle (**A**), mais également dans ses fonctions (**B**).

A. Le maintien de l'institution de justice constitutionnelle

La transition qui se veut également constitutionnelle[114], implique une succession de décisions conduisant à l'adoption d'un acte constitutionnel intérimaire. Celui-ci, quoique traduisant la volonté de ses auteurs de s'écarter des mécanismes tendant à laisser le pouvoir constituant originaire, détenteur de la souveraineté nationale se doter d'une Constitution[115], prend la juridiction constitutionnelle en compte en la maintenant en vigueur. En clair, le constituant de transition procède ainsi, au lieu de créer une nouvelle juridiction constitutionnelle ou revoir l'aménagement issu des textes antérieurs au coup d'État.

Si en 2014 au Burkina Faso, la survie de la juridiction constitutionnelle a été préservée après « deux semaines de vie extraconstitutionnelle »[116], et sa composition maintenue[117], la charte de transition du 1er mars 2022 complétant la Constitution du 2 juin 1991, n'a pas remis le Conseil constitutionnel en cause. Aucune disposition de ladite charte ne revient sur son aménagement. Le fait que l'article 35 dispose qu' « en cas de contrariété entre la Charte de la Transition et la Constitution du 2 juin 1992, les dispositions de la (…) Charte s'appliquent »[118], n'est pas de nature à affecter le Conseil

---

114 BEAUD (Olivier), *La puissance de l'État*, Paris, PUF, Léviathan, 1994, P. 265.

115 GUIMEZANES (Marie), « Les transitions constitutionnelles « internationalisées » : étude de droit interne », *Op.cit.*, P. 801 et P. 806.

116 Suite aux soulèvements populaires des 28 et 30 octobre ayant conduit à la démission du président Blaise Compaoré le 31 octobre le Lieutenant-colonel Yacouba Isaac Zida s'est autoproclamé chef de l'État et a suspendu la Constitution. Deux semaines après, la suspension de la Constitution a été levée et le Conseil constitutionnel a été rétabli dans ses fonctions. V. SOMA (Abdoulaye), « La justice constitutionnelle de la transition insurrectionnelle au Burkina Faso », *Op.cit.*, P. 103.

117 L'article 23 de la charte de transition du 13 novembre 2014 dispose : « Le mandat des membres du Conseil constitutionnel arrivé à échéance est prorogé jusqu'à la mise en place des institutions de la transition, le cas échéant. ». V. également OUEDRAOGO (Séni. Mahamadou) et OUEDRAOGO (Djibrina), « Libres propos sur la transition politique au Burkina Faso : du contexte au texte de la charte de transition », *Op.cit.*, P. 17.

118 Cette disposition est également contenue dans l'article dans l'article 25 de la charte malienne de transition du 1er octobre 2020 et se lit comme suit : « En cas de contrariété entre la Charte de la

constitutionnel, régi par les articles 152 à 160 de la Constitution, la Loi organique du 27 avril 2000 portant composition, organisation, attributions et fonctionnement du Conseil constitutionnel et la procédure applicable devant lui, le règlement intérieur du 6 mars 2008. D'ailleurs, s'agissant de la loi organique, son intégration dans le bloc de constitutionnalité, dont fait partie la charte de transition, est largement partagée[119]. La juridiction constitutionnelle antérieure à la transition post coup d'État reste un acquis, même lorsque la charte de transition se meut, en ce que les propos de M. Stéphane BOLLE servent à qualifier de « drone constitutionnel qui à court terme supplante la Constitution »[120].

Le Mali s'inscrit dans une perspective analogue. En effet, si dans le préambule de la charte de transition du 1er octobre 2020, ses auteurs relèvent « l'urgence et la nécessité de doter le Mali d'organes de transition afin de combler le vide constitutionnel et institutionnel dans la conduite des affaires publiques », la juridiction constitutionnelle n'est pas visée par ce constat servant à justifier les actions menées. Cela suppose que la Cour constitutionnelle existant avant le coup d'État et le début de la transition, reste en place. Cette juridiction est d'ailleurs explicitement mentionnée à l'article 25 de la charte de transition qui complète la Constitution du 25 février 1992. Celle-ci est donc le fondement juridique de la Cour constitutionnelle qu'elle aménage.

En ce qui concerne la République de Guinée, la mise à l'écart de la Constitution précédemment en vigueur et partant de la Cour constitutionnelle, n'a pas entrainé la suppression de la justice constitutionnelle, bien que quelques changements aient été opérés. En effet, le principe de la justice constitutionnelle a été maintenu. Mais, les attributions de la Cour constitutionnelle ont été transférées à la Cour suprême, tel que le prévoit l'article 79 de la charte de transition du 27 septembre 2021 qui dispose : « Les attributions de la Cour constitutionnelle sont transférées à la Cour suprême, durant la période de transition. Une loi détermine l'organisation et le fonctionnement de

---

Transition et la Constitution du 25 février 1992, les dispositions de la présente Charte s'appliquent ».

119 FALL (Ismaila Madior), « La loi organique dans les ordonnancements juridiques des États d'Afrique francophone : Réflexion sur une norme particulière », *Revue électronique Afrilex*, mars 2014, 39 P.

120 BOLLE (Stéphane), « La Constitution en Afrique : pour le meilleur et pour le pire », *Op.cit.*, P. 851.

la Cour suprême, la procédure suivie devant elle… ». L'on note l'érection de la juridiction suprême de l'ordre judiciaire, en juge constitutionnel, en plus de ses missions antérieurement consacrées. C'est la raison pour laquelle son réaménagement par le biais d'une loi s'avère fondamental. Il en est de même du Tchad où la charte de transition fait de la Cour suprême, le juge constitutionnel[121]. Cela était déjà prévu par la défunte Constitution du 4 mai 2018 en son article 157. Cette Constitution a supprimé le Conseil constitutionnel qui avait été créé par l'article 159 de la Constitution du 14 avril 1996. En tout état de cause, l'on peut conclure à la reconduction du modèle de justice constitutionnelle qui a été institué par la Constitution supprimée par la charte de transition.

La justice constitutionnelle n'est pas incompatible avec la transition, même lorsque celle-ci est instituée à la suite d'un coup d'État ; d'autant plus qu'un rôle majeur peut lui être confié à l'occasion de l'aménagement de la transition. Ce fut le cas en 2014 au Burkina Faso : le président du Conseil constitutionnel a été régulièrement consulté lors de la rédaction de la charte de transition[122]. L'on peut conclure que, dans un contexte de transition constitutionnelle atypique[123], qui plus est, issu d'un coup d'État, « les juridictions constitutionnelles prérévolutionnaires [en dehors de quelques cas] pourraient continuer à fonctionner même après le changement de régime politique »[124]. Et en cela, elles exerceraient les fonctions dévolues à une juridiction constitutionnelle.

---

[121] Article 82 de la charte de transition du 20 avril 2021.

[122] OUEDRAOGO (Séni. Mahamadou) et OUEDRAOGO (Djibrina), « Libres propos sur la transition politique au Burkina Faso : du contexte au texte de la charte de transition », *Op.cit.*, P. 25.

[123] GUIMEZANES (Marie), « Les transitions constitutionnelles « internationalisées » : étude de droit interne », *Op.cit.*, P. 801.

[124] TANESESCU (Elana Simina), « La juridiction constitutionnelle, gardienne des droits dans la transition démocratique », *Op.cit.,* PP. 10-11.

B. Le maintien des fonctions de la juridiction constitutionnelle

La juridiction constitutionnelle, entendue comme juridiction chargée de la justice constitutionnelle[125] , n'existe que par la volonté du constituant. En clair, non seulement l'organe en charge de conduire le procès constitutionnel[126] est mis en place par la Constitution[127], mais aussi son organisation, son fonctionnement et ses attributions sont déterminés par le bloc de constitutionnalité[128]. En Afrique francophone, si « la crise du constitutionnalisme aboutit souvent à la neutralisation des solutions constitutionnelles classiques »[129], la juridiction constitutionnelle, non seulement survit dans l'ordre constitutionnel de transition, mais surtout, ses fonction sont maintenues. Celles-ci, qu'elles soient considérées comme étant multiples, variées et enchevêtrées[130], diffuses, médiates ou cachées[131], s'exercent à l'effet de « garantir un équilibre général du système politique par des réajustements réguliers, une adaptation constante et une modération permanente du système »[132]. C'est dire que ces fonctions, compte tenu du contexte dans lequel elles s'exercent ont pour principale finalité : arbitrer le combat politique de sortie de crise[133].

La juridiction constitutionnelle, dans l'exercice de la fonction contentieuse en matière de contrôle de constitutionnalité des lois ou contentieux électoral, et consultative, est investie des mêmes missions et prérogatives en vigueur antérieurement au coup d'État. La charte de transition ne restreint, ni ne remet en cause, lesdites fonctions qui sont

---

125 FAVOREU (Louis), « Juridiction constitutionnelle », *in*, DUHAMEL (Olivier) et MENY (Yves), (*dir*), *Dictionnaire de droit constitutionnel*, Paris, PUF, 1992, P. 547.

126 JAN (Pascal), *Le procès constitutionnel*, 2e éd., Paris, LGDJ, 2010, 233 P.

127 TUSSEAU (Guillaume), *Contentieux constitutionnel comparé : une introduction critique au droit constitutionnel processuel*, Paris, LGDJ, 2021, P. 596.

128 *Ibid.*

129 ONDOUA (Alain franklin), « La nécessité en droit constitutionnel, étude à partir de quelques expériences africaines », *Op.cit.*, P. 74.

130 SY (Demba), « Les fonctions de la justice constitutionnelle en Afrique », *in*, NAREY (Oumarou), (*dir*), *La justice constitutionnelle*, Paris, L'harmattan, 2016, PP. 46-47.

131 *Ibid.*

132 *Ibid.*, P. 47.

133 KANTE (Babacar), « La justice constitutionnelle face à l'épreuve de la transition démocratique en Afrique », *in*, NAREY (Oumarou), *La justice constitutionnelle*, (*dir*), Paris, L'harmattan, 2016, P. 22.

reconduites, nonobstant le contexte de transition post coup d'État[134], en raison de son mutisme relativement à l'organisation et au fonctionnement de la juridiction constitutionnelle. Celle-ci, lorsqu'elle statue, et ce, après saisine selon les règles inchangées, vise les textes en vigueur avant la période de transition. C'est le cas du Conseil constitutionnel du Burkina Faso qui, dans sa décision du 8 février 2022[135] portant constatation de la vacance de la présidence du Faso, en plus de la Constitution du 2 juin 1991, vise la loi organique du 27 avril 2000[136] portant composition, organisation, attribution et fonctionnement du Conseil constitutionnel et la procédure applicable devant lui, le règlement intérieur du 6 mai 2008, la décision du 24 mars 2010[137] portant classification des délibérations du Conseil constitutionnel. Les mêmes textes en plus de la Charte de transition, ont été visés dans la décision du 18 mars 2022[138], sur les requêtes de messieurs Mory ALDIOUMA, Jean Pierre PALM, Tibo OUEDRAOGO, TRAORE Bassobe en exception d'inconstitutionnalité des articles 313-1 et 313-2 du code pénal. L'on se « retrouve donc dans un ménage à trois avec un Conseil constitutionnel arbitre des conflits potentiels ou latents entre Constitution et charte »[139].

Par ailleurs, la charte de transition indique précisément certaines fonctions que la juridiction constitutionnelle de transition doit exercer. En effet, s'agissant du Burkina Faso, l'article 11 de la charte de transition du 1er mars 2022, dispose que le Conseil constitutionnel constate l'empêchement absolu du président de la transition. Cet empêchement absolu peut survenir en cas de démission, décès ou incapacité définitive du président de transition. De plus, le nouveau président de la transition prête serment devant le Conseil constitutionnel en prononçant la formule contenue dans la charte de

---

[134] OUEDRAOGO (Séni. Mahamadou) et OUEDRAOGO (Djibrina), « Propos inquiets sur la dissémination des régimes de transition constitutionnelle en Afrique », *Op.cit.*, P. 22.

[135] Décision n° 2022-003/CC

[136] Loi organique n° 011-2000/AN du 27 avril 2000.

[137] Décision n° 2010-05/ du 24 mars 2010.

[138] Décision n° 2022-005/CC

[139] OUEDRAOGO (Séni. Mahamadou) et OUEDRAOGO (Djibrina), « Libres propos sur la transition politique au Burkina Faso : du contexte au texte de la charte de transition », *Op.cit.*, P. 22.

transition[140]. Durant la cérémonie de prestation de serment, le président du Conseil constitutionnel reçoit la déclaration écrite d'intérêts et de patrimoine du nouveau président de la transition. Cette déclaration, non seulement est transmise à l'Autorité Supérieure de Contrôle de l'État et de Lutte contre la Corruption dans un délai de sept jours, mais également est publiée au journal officiel dans un délai de quinze jours. Dans le mois suivant la fin de la transition, le Conseil constitutionnel reçoit une seconde déclaration écrite avec des justificatifs de l'augmentation éventuelle du patrimoine du président de la transition, qui est publiée au journal officiel.

S'agissant du Mali, depuis la révision de la charte de transition intervenue le 25 février 2022, l'article 7 nouveau dispose qu' « En cas de vacance de la Présidence de la Transition pour quelque cause que ce soit ou d'empêchement absolu ou définitif du Président de la Transition pour quelque cause que ce soit, constatée par la Cour constitutionnelle saisie par le Président du Conseil national de Transition et le Premier ministre, les fonctions du Président de la Transition sont exercées par le Président du Conseil national de Transition jusqu'à la fin de la Transition ». Toutefois, la Cour constitutionnelle, malgré le rôle central qui lui est confié pour la constation de l'empêchement absolu du président de la transition, n'est pas habilitée à recevoir son serment. L'article 10 nouveau désigne le président de la Cour suprême pour exercer cette fonction. Cela n'étiole pas le rôle de régulateur du fonctionnement régulier des institutions de transition, qui lui est reconnu par la Charte de transition. L'article 25 de ce texte, dispose que « La Cour constitutionnelle statue en cas de litige ». L'on en déduit qu'aucune limitation n'est opérée relativement à la nature et l'ampleur du litige devant lui être soumis.

En République de Guinée, la charte de transition a supprimé la Cour constitutionnelle et confié ses fonctions à la Cour suprême. L'article 47 de la charte de transition du 27 septembre 2021, indique que le président de la transition, avant son entrée en fonction prête serment devant la Cour suprême. Il en est de même du Tchad où l'exercice du contrôle de constitutionnalité par la Cour suprême, ne peut être déclenché que par les autorités de transition que sont : le Président du Conseil Militaire de

[140] « Je jure devant le peuple burkinabè et sur mon honneur de préserver, de respecter, de faire respecter et de défendre la Constitution, la Charte de transition et les lois, de tout mettre en œuvre pour garantir la justice à tous les habitants du Burkina Faso ».

Transition, le Président du Conseil National de Transition ou un quart des membres du Conseil National de Transition. Ces deux États, empruntent la voie contraire à celle ouverte par le nouveau constitutionnalisme des années 90, en renouant avec la très décriée « voie africaine de la justice constitutionnelle »[141], consistant à confier l'exercice de la justice constitutionnelle à la juridiction suprême de l'ordre judiciaire. Cet organe, réputé contrôlé et paralysé par le pouvoir en place[142], n'obéit pas aux critères et exigences du constitutionnalisme libéral.

L'idée selon laquelle, le problème de l'existence de la justice constitutionnelle ne se pose que dans les pays qui se sont dotés d'une Constitution au sens moderne du terme[143], doit, en ce qui concerne l'Afrique francophone, tenir compte des réalités qui sont propres au constitutionnalisme africain[144]. En effet, la justice constitutionnelle est une fonction de l'État[145] qui survit pendant la transition post coup d'État. Elle ne déroge pas à la disparité des fonctions attribuées au juge constitutionnel selon les divers systèmes nationaux[146] ; mais l'analyse de l'office de ce juge singulier révèle qu'il rompt avec les principes et valeurs du constitutionnalisme.

---

141 FAVOREU (Louis), « Brèves réflexions sur la justice constitutionnelle en Afrique », *in*, CONAC (Gérard), (*dir*), *Les Cours suprêmes en Afrique : la jurisprudence,* tome 3, Paris, Économica, 1989, P. 41.

142 KONTCHOU-KUOMEGNI (Augustin), « Vers un nouveau modèle de contrôle de la constitutionnalité des lois au Cameroun », *in*, CONAC (Gérard), (*dir*), *Les Cours suprêmes en Afrique : la jurisprudence,* tome 3, Paris, Économica, 1989, P. 46.

143 HAMON (Francis) et WIENER (Céline), *La justice constitutionnelle en France et à l'étranger*, Paris, LGDJ, 2011, P. 11.

144 ONDOUA (Alain franklin), « La nécessité en droit constitutionnel, étude à partir de quelques expériences africaines », Op.cit., P. 60.

145 VILLALON (Pedro Cruz), « Juge constitutionnel et fonctions de l'État », *in*, GREWE (Constance), JOUANJAN (Olivier), MAULIN (Eric), WACHSMANN (Patrick), (*dir*), *La notion de justice constitutionnelle*, Paris, Dalloz, 2005, P. 173.

146 *Ibid.*, P. 176.

II. L'office de la juridiction constitutionnelle de transition en rupture avec les valeurs et principes du constitutionnalisme

La justice constitutionnelle peut-elle être correctement rendue dans le contexte d'une transition ?[147] Cette question à bien des égards pertinente, conduit à s'intéresser à l'office de la juridiction constitutionnelle de transition post coup d'État, à l'ère de la valorisation du rôle et de la responsabilité du juge dans les démocraties contemporaines[148]. Si la justice constitutionnelle s'impose comme un moyen de réalisation de la démocratie[149], son déploiement pendant la période de transition pourrait contribuer à créditer le constat selon lequel, au ré enchantement suscité par le renouveau constitutionnel du début des années 90, s'est succédé par son fait, le désenchantement[150]. En effet, le « réajustement contrasté »[151] de l'ordre constitutionnel en période de transition post coup d'État, se traduisant par la fragilisation des bases démocratiques, donne à découvrir un juge constitutionnel allant à l'encontre des principes[152] et valeurs[153] du constitutionnalisme[154]. Cette trajectoire qu'il se définit s'observe dans

---

[147] SOMA (Abdoulaye), « La justice constitutionnelle de la transition insurrectionnelle au Burkina Faso », *Op.cit.*, P. 101.

[148] GUIMDO DONGMO (Bernard-Raymond), « Les Constitutions des États d'Afrique noire francophone à l'épreuve de la démocratie », *Op.cit.*, P. 7.

[149] *Ibid.*, P. 5.

[150] BOLLE (Stéphane), « La Constitution en Afrique : pour le meilleur et pour le pire », *Op.cit.*, P. 846. Le professeur Babacar GUEYE, à cet égard affirme : « Les pays africains ont certes accompli des progrès significatifs sur la voie de la démocratisation. Mais l'expérience est encore jeune et fragile, donc réversible. Les résistances rencontrées démontrent que les perspectives prometteuses que l'ouverture démocratique au début des années 90 avait laissé entrevoir semblent être dans une impasse préoccupante », V. « La démocratie en Afrique succès et résistances », *Revue Pouvoirs,* n° 129, 2009, P. 15.

[151] ENGOUTOU (Jean – Luc), « Le compromis constitutionnel dans les États d'Afrique noire francophone », *Op.cit.*, P. 151.

[152] GUIMEZANES (Marie), « Les transitions constitutionnelles « internationalisées » : étude de droit interne », *Op.cit.*, P. 810 et P. 801.

[153] Les valeurs désignent des repères partagés par un groupe ; ce sont également des aspirations sous forme de représentations et de préceptes performatifs censés guider ceux qui les partagent. V. NGANGO YOUMBI (Eric Marcel), « Valeurs et Constitution : Étude à partir de quelques Constitutions africaines », *RRJ,* n° 1, 2021, P. 336. V. également, *La Constitution et les valeurs, Mélanges en l'honneur de Dimitri Georges LAVROFF*, Paris, Dalloz, 2005, 615 P.

[154] Le vocable constitutionnalisme est inséparable du libéralisme politique et de la démocratie. Il repose sur une philosophie libérale de la limitation du pouvoir, de la séparation des pouvoirs et de

la régularisation de la prise antidémocratique du pouvoir (**A**) et l'admission d'un processus constituant non démocratique (**B**). L'on est enclin à conclure à la dévalorisation[155], voire la théâtralisation[156] du constitutionnalisme en Afrique noire francophone.

A. La régularisation de la prise antidémocratique du pouvoir

La transition post coup d'État en Afrique noire francophone, objet de la présente réflexion incline à relever avec les professeurs PACTET et MELIN SOUCRAMANIEN que la « réalité ne correspond pas toujours, ni même souvent aux schémas constitutionnels »[157], qui avaient été esquissés lors de l'avènement du nouveau constitutionnalisme. Les coups d'État commis en ce début de 21e siècle sont justifiés par la nécessité de sauvegarder les exigences démocratiques[158]. D'où le rattachement, dans certains cas, des Chartes de transition qui en sont issues aux Constitutions antérieurement en vigueur, et le maintien sur les plans statutaire et fonctionnel de la juridiction constitutionnelle. Celle-ci, élément caractéristique du patrimoine constitutionnel africain[159], et surtout organe d'arbitrage dans le fonctionnement de l'État moderne[160], doit pleinement jouer son rôle.

Cependant, la juridiction constitutionnelle statue dans un contexte où pour certains, « l'équilibre technique nécessaire au règlement du

---

la promotion des droits de l'individu. (RAYNAUD (Philippe), « Constitutionnalisme », *Op.cit.*, P. 266.). En clair, le constitutionnalisme repose sur l'ensemble des référentiels ci-après : les principes universels de démocratie et le respect des droits de l'Homme, le principe de l'État de droit fondé sur le respect et le suprématie de la Constitution, la tenue des élections transparentes libres et justes, les changements démocratiques de gouvernement, l'accès au pouvoir et son exercice conformément à la Constitution, la séparation des pouvoirs, la participation populaire par le biais du suffrage universel…. V. BOLLE (Stéphane), « La Constitution en Afrique : pour le meilleur et pour le pire », *Op.cit.*, P. 846.

155 DOSSO (Karim), « Les pratiques constitutionnelles dans les pays d'Afrique noire francophone : cohérences et incohérences », *Op.cit.,* P. e 77.

156 *Ibid.*

157 PACTET (Pierre) et MELIN SOUCRAMANIEN (Ferdinand), *Droit constitutionnel*, 26e éd., Paris, Sirey, 2007, P. 62.

158 OUEDRAOGO (Séni. Mahamadou) et OUEDRAOGO (Djibrina), « Propos inquiets sur la dissémination des régimes de transition constitutionnelle en Afrique », *Op.cit.*, P. 9.

159 BOLLE (Stéphane), « La Constitution en Afrique : pour le meilleur et pour le pire », *Op.cit.*, P. 846.

160 FAVOREU (Louis), « Le droit constitutionnel, droit de la Constitution et constitution du droit », *in*, *RFDC*, n° 1, 1990, PP. 71-89.

contentieux constitutionnel a été doublé du déséquilibre politique immanent à la logique unidirectionnelle du contexte de la transition »[161]. Pour autant, la qualité et l'éthique ne doivent pas faire défaut. En d'autres termes, « la mission de service public de justice constitutionnelle doit être assurée dans l'objectivité technique et la vérité républicaine »[162] ; bien que cette tache s'avère ardue, car consistant à maitriser les effets pervers du « régime d'exception »[163], instauré à la faveur de la transition. Aussi relève-ton que la charte de transition s'impose à la juridiction constitutionnelle, et lui sert de norme de référence[164]. La charte de transition ne saurait constituer la seule norme de référence sur laquelle se fonde la juridiction constitutionnelle, lorsqu'elle est greffée à la Constitution antérieurement en vigueur qu'elle n'abroge pas, et nonobstant la supériorité que s'arroge la charte de transition en cas de conflit entre les deux textes[165]. La protection des principes démocratiques et des droits fondamentaux ne doivent pas disparaitre des objectifs poursuivis par la juridiction constitutionnelle dans la conduite de son office. La vie de l'État post-moderne ne se conçoit pas en dehors de l'impératif démocratique.

L'on note que la juridiction constitutionnelle se meut en « bras armé »[166] des acteurs du coup d'État qu'elle contribue à légaliser, et à légitimer. Le cas du Burkina est illustratif à cet égard. Dans sa décision du 8 février 2022[167] portant constatation de la vacance de la présidence du Faso, le Conseil constitutionnel après avoir visé la Constitution et l'acte fondamental du Mouvement Patriotique pour la Sauvegarde et la Restauration du 29 janvier 2022, retrace les circonstances de la démission du président démocratiquement élu Roch Christian Marc

---

[161] SOMA (Abdoulaye), «La justice constitutionnelle de la transition insurrectionnelle au Burkina Faso », *Op.cit.*, P. 109.

[162] *Ibid.*, P. 113.

[163] KANTE (Babacar), « La justice constitutionnelle face à l'épreuve de la transition démocratique en Afrique », *in, Op.cit.,* P. 25.

[164] ENGOUTOU (Jean – Luc), « Le compromis constitutionnel dans les États d'Afrique noire francophone », *Op.cit.*, P. 154.

[165] L'on assiste à un déclassement de la Constitution par la charte de transition et l'émergence d'une supra constitutionnalité atypique. V. ENGOUTOU (Jean – Luc), « Le compromis constitutionnel dans les États d'Afrique noire francophone », *Op.cit.*, PP. 157-158.

[166] OUEDRAOGO (Séni. Mahamadou) et OUEDRAOGO (Djibrina), « Libres propos sur la transition politique au Burkina Faso : du contexte au texte de la charte de transition », *Op.cit.*, P. 25.

[167] N° 22/03/CC

KABORE en ces termes : « suite aux événements du 24 janvier 2022, monsieur Roch Christian Marc KABORE, par lettre du 24 janvier 2022 a démissionné de ses fonctions de président du Faso dans l'intérêt supérieur de la Nation ». La haute juridiction ne dit pas en quoi ont consisté les événements ayant conduit à la démission du président KABORE. Elle reste également silencieuse relativement à la nature et la valeur juridiques de l'acte fondamental du Mouvement Patriotique pour la Sauvegarde et la Restauration du 29 janvier 2022, dont l'article 35 lève la suspension de la Constitution, qui entraine la restauration du Conseil constitutionnel. Celui-ci dans le même temps affirme s'autosaisir conformément aux articles 157 alinéa 3 et 43 de la Constitution, en raison de l'impossibilité du Gouvernement de le saisir, le président du Mouvement Patriotique pour la Sauvegarde et la Restauration, ayant par Communiqué n° 2 du 24 janvier 2022 procédé à sa dissolution et celle de l'Assemblée Nationale.

Les affirmations ci-dessus faites par le Conseil constitutionnel sont reprises dans une autre décision[168] rendue le même jour. En effet, en référence aux événements non élucidés du 24 janvier 2022, la haute juridiction prend acte de la démission du président KABORE et officialise la vacance de la présidence du FASO. Elle reconnait également le communiqué n° 1 du 24 janvier portant avènement du Mouvement Patriotique pour la Sauvegarde et la Restauration, son signataire, le lieutenant-colonel Henri Sandaogo DAMIBA et l'Acte Fondamental adopté le 29 janvier 2022. En justifiant son auto saisine par la levée de la suspension de la Constitution, le Conseil constitutionnel s'est plutôt fondé sur l'Acte fondamental du Mouvement Patriotique pour la Sauvegarde et la Restauration du 29 janvier 2022, pour procéder à la dévolution du pouvoir, alors que la suspension de la Constitution a été levée. Notamment l'article 26 qui dispose : « le Mouvement Patriotique pour la Sauvegarde et la Restauration est l'organe central de définition et d'orientation de la politique sécuritaire, économique, sociale, de développement et de la restauration de l'intégrité territoriale. Il assure la continuité de l'État en attendant la mise en place des organes de transition. Il assure la continuité et la gestion des affaires de l'État, même en cas d'indisponibilité du Gouvernement ».

---

[168] Décision n° 2022-004 / CC du 8 février 2022 sur la dévolution des fonctions de président du Faso.

De même, le Conseil constitutionnel rappelle l'article 28 alinéa 1er de l'Acte Fondamental qui dispose : « le président du Mouvement Patriotique pour la Sauvegarde et la Restauration est le président du Faso, chef de l'État, chef suprême des forces armées nationales ». Il apparait clairement une mise à l'écart de la Constitution pourtant rétablie, à laquelle est substitué l'Acte fondamental qui fait office de fondement de l'ordre juridique et charte de l'organisation étatique, pour reprendre les propos du Doyen VEDEL. En cela, le Conseil constitutionnel apporte son onction à la dévolution non démocratique du pouvoir et en marge de la Constitution et des textes supranationaux à l'instar de la CADEG. En d'autres termes, il valide le coup d'État ayant conduit au renversement d'un Président de le République démocratiquement élu. Dans sa décision du 18 mars 2022[169] il explique et justifie l'onction qu'il apporte au coup d'État. En effet, les requérants ayant saisi le Conseil constitutionnel aux fins de déclaration d'inconstitutionnalité des articles 313-1 et 313-2 du code pénal, exposent que la mutinerie militaire débutée le 23 janvier 2022, s'est muée en coup d'État le lendemain : un groupe de militaires a pris le pouvoir et proclamé l'avènement du Mouvement Patriotique pour la Sauvegarde et la Restauration (MPSR), présidé par le lieutenant-colonel Henri Sandaogo DAMIBA qui a suspendu la Constitution, dissout le Gouvernement ainsi que l'Assemblée Nationale. Le président KABORE démocratiquement élu était ainsi écarté du pouvoir.

De plus, les requérants indiquent que le coup d'État qui est une infraction d'attentat à la sureté de l'État, consistant en un changement par la violence de régime légal, est prévu et puni par l'article L 313-1 et suivants du Code pénal. Par décision n° 2022-004 / CC du 8 février 2022 portant dévolution des fonctions de Président du Faso au président du MPSR, le Conseil constitutionnel a consacré la prise de pouvoir par la force comme mode constitutionnel de dévolution du pouvoir.

Pour répondre aux allégations des requérants et les mettre en échec, le Conseil constitutionnel affirme que « l'avènement du MPSR a été portée à la connaissance de l'opinion publique le 24 janvier 2022 par plusieurs communiqués ». Il ajoute : « par le communiqué n° 1 le MPSR s'est adressé au peuple et aux amis du Burkina Faso (...) il a

---

[169] Décision n° 22- 005 / CC sur les requêtes de messieurs Mory ALDIOUMA, Jean Pierre PALM, Tibo OUEDRAOGO, TRAORE Bassobe en exception d'inconstitutionnalité des articles 313-1 et 313-2 du code pénal.

motivé la prise de pouvoir par la dégradation continue de la situation sécuritaire qui menace les fondements même de la nation, l'incapacité manifeste du pouvoir de monsieur Roch Christian Marc KABORE à unir les burkinabè pour faire efficacement face à la situation et d'assumer ses responsabilités devant l'histoire, la communauté nationale et internationale ». Par conséquent, « ces actes de MPSR qui sont constitués principalement de communiqués, ont régi la vie de la nation entre le 24 et le 29 janvier 2022 ; (...) ils ont eu pour effet d'impacter le fonctionnement régulier des institutions du Burkina Faso avec la démission du chef de l'État, monsieur Roch Christian Marc KABORE, la suspension de la Constitution, la dissolution du Gouvernement et de l'Assemblée nationale ». Au Mali la Cour constitutionnelle, en déclarant le colonel Assimi GOITA président de la transition, et ce, après avoir légalisé le coup d'État, a opté pour la même perspective d'analyse et de raisonnement[170].

Le rôle de la juridiction constitutionnelle en période de transition devrait être questionné ou redéfini. Organe a priori considéré non seulement comme un contre-pouvoir devant empêcher la remise en cause de l'ordre constitutionnel[171], mais également comme un instrument de limitation du pouvoir, l'analyse de son office révèle qu'elle ne présente pas des gages d'indépendance et de neutralité[172]. L'on a cru et espéré que le juge constitutionnel de transition soit hors de portée des pouvoirs qu'il contrôle[173] ; d'autant plus que la mise en place de la transition qu'il est sensé réguler est justifiée par la défense des idéaux démocratiques, la défense de la sécurité et l'intégrité de l'État[174]. Le juge constitutionnel de transition effectue plutôt un mouvement à rebours de celui enclenché au début des années 90. En clair, il se déprend de la figure de clé de voute de l'État de droit[175], pour

---

[170] OUEDRAOGO (Séni. Mahamadou) et OUEDRAOGO (Djibrina), « Propos inquiets sur la dissémination des régimes de transition constitutionnelle en Afrique », *Op.cit.*, P. 14.

[171]SY (Demba), « Les fonctions de la justice constitutionnelle en Afrique », *Op.cit.*, P. 48.

[172] OUEDRAOGO (Séni. Mahamadou) et OUEDRAOGO (Djibrina), « Propos inquiets sur la dissémination des régimes de transition constitutionnelle en Afrique », *Op.cit.*, P. 22.

[173] FAVOREU (Louis), « Juridiction constitutionnelle », *Op.cit.*, P. 547.

[174] OUEDRAOGO (Séni. Mahamadou) et OUEDRAOGO (Djibrina), « Propos inquiets sur la dissémination des régimes de transition constitutionnelle en Afrique », *Op.cit.*, PP. 10-11.

[175] MOCKLE (Daniel), (dir), Mondialisation *de l'Etat de droit, Bruxelles*, Bruylant, 2002, P. 27.

reprendre celle surannée de clé de voute fragile[176]. Le gardien de la stabilité de l'ancien ordre juridique[177] est ainsi transformé en promoteur de valeurs et principes contraires au constitutionnalisme. La reconstruction démocratique est compromise avec l'apport du juge constitutionnel qui accentue la ruine du constitutionnalisme[178]. Celui-ci en Afrique « est à nouveau sur la sellette »[179], le coup d'État contribue à le ranger au « rayons des illusions perdues »[180] ; surtout lorsque le juge constitutionnel se transforme en élément du tripartisme constitutionnel de transition antidémocratique dont il valide l'édification et le déploiement.

B. L'admission d'un processus constituant non démocratique

A la question de savoir si la démocratie peut être conçue indépendamment des organes habilités à l'animer ou la rendre effective, l'on répond que la démocratie sans organes fiables et crédibles n'est que ruine de la démocratie[181]. A l'époque contemporaine, la démocratie constitutionnelle qui tend à s'imposer comme la forme la plus aboutie[182], place le juge constitutionnel au centre de sa garantie[183], en tant que celui qui est le maitre de la dernière décision, celui qui modifie la composition du corpus normatif en vigueur[184]. Ainsi le maintien de cette autorité juridictionnelle après un coup d'État lui confère de par

---

[176] LOADA (Augustin), *Droit constitutionnel et institutions politiques*, coll., Précis de droit burkinabé, 2007, P. 445.

[177] TANESESCU (Elana Simina), « La juridiction constitutionnelle, gardienne des droits dans la transition démocratique », *Op.cit.*, P. 11.

[178] OUEDRAOGO (Séni. Mahamadou) et OUEDRAOGO (Djibrina), « Propos inquiets sur la dissémination des régimes de transition constitutionnelle en Afrique », *Op.cit.*, P. 15 et P. 25.

[179] DOSSO (Karim), « Les pratiques constitutionnelles dans les pays d'Afrique noire francophone : cohérences et incohérences », *Op.cit.,* P. e 72.

[180] *Ibid.*

[181] GUIMDO DONGMO (Bernard-Raymond), « Les Constitutions des États d'Afrique noire francophone à l'épreuve de la démocratie », *Op.cit.*, P. 17.

[182] FRIEDRICH (Carl Joachim), *La démocratie constitutionnelle*, Paris, PUF, 1958, 564 P.

[183] FRANCOIS (Bastien), « Justice constitutionnelle et démocratie constitutionnelle : critique du discours constitutionnaliste européen », *in*, *Droit et politique*, Centre de Recherche administrative et politique de Picardie, 1993, p 53 et s. V. également, DENQUIN (Jean Marie), « Que veut-on dire par « démocratie » ? L'essence, la démocratie et la justice constitutionnelle », *in*, *Jus Politicum*, ,n° 2, 2009, P. 1.

[184] PFERSMANN (Otto), « Le juge dans la démocratie constitutionnelle », *in*, *www. cairn.info. ressources.univ. poitiers.fr*, consulté le 20 avril 2022.

son statut un rôle central, notamment dans l'opération constituante de transition. La volonté affichée par les acteurs de la transition de rétablir les valeurs et principes de la démocratie et l'État de droit, doit être concrétisée sous le regard attentif de la juridiction constitutionnelle. Cela suppose que les procédés para constitutionnels de production de la normativité constitutionnelle[185], régissant la transition soient basés sur les principes démocratiques. Toutefois, en période de transition post coup d'État prétendument matinée de démocratie, le constitutionalisme est plus idéalisé que vécu[186]. Les chartes de transition dans le préambule évoquent la nécessité d'une transition démocratique, mais leur élaboration se fait au mépris des principes démocratiques[187]. Et cela semble satisfaire la juridiction constitutionnelle qui laisse se développer un « constitutionnalisme non démocratique »[188], conduisant à se demander si l'Afrique plonge dans l'impasse constitutionnelle[189].

La confiscation et la monopolisation du pouvoir constituant par les militaires sont curieusement validées par la juridiction constitutionnelle. Dans sa décision du 18 mars 2022, le conseil constitutionnel burkinabé[190] indique que « par l'acte fondamental du MPSR du 29 janvier 2022 prenant effet à compter du 24 janvier 2022 et signé de son président, monsieur Paul Henri Sandaogo DAMIBA, le MPSR a émis un acte d'ordre juridique qui a été voulu de valeur constitutionnelle ; que cet acte a défini un cadre normatif provisoire, destiné à assurer la continuité de l'État au plan national et international ; (...) l'acte fondamental lève la suspension de la Constitution du 02 juin 1991 qui s'applique à l'exception de ses dispositions incompatibles avec l'acte fondamental ». L'acte fondamental selon le juge constitutionnel est un acte juridique à valeur constitutionnelle ayant suspendu la Constitution du 2 juin 1991, aménagé l'ordre juridique

[185] LATH (Yédoh Sébastien), « la production constitutionnelle en période de crise dans les États d'Afrique : crise du constitutionnalisme ou constitutionnalisme de crise ? », *Op.cit.*, P. 354.

[186] DOSSO (Karim), « Les pratiques constitutionnelles dans les pays d'Afrique noire francophone : cohérences et incohérences », *Op.cit.,* P. e 72.

[187] OUEDRAOGO (Séni. Mahamadou) et OUEDRAOGO (Djibrina), « Propos inquiets sur la dissémination des régimes de transition constitutionnelle en Afrique », *Op.cit.*, P. 15 et P. 21.

[188] DOSSO (Karim), « Les pratiques constitutionnelles dans les pays d'Afrique noire francophone : cohérences et incohérences », *Op.cit.,* P. e 57.

[189] *Ibid.*, P. 60.

[190] Décision n° 2022 – 005 / CC sur les requêtes de messieurs Mory ALDIOUMA, Jean Pierre PALM, Tibo OUEDRAOGO, TRAORE Bassobe en exception d'inconstitutionnalité des articles 313-1 et 313-2 du code pénal.

burkinabé provisoirement. La haute juridiction confère la supra constitutionnalité à l'acte fondamental dans la mesure où les dispositions de la Constitution du 2 juin 1991 rétablie, ne doivent pas lui être contraire. Par de telles prises de position, le juge constitutionnel reconnait également la détention et l'exercice par les putschistes du pouvoir constituant, dont le siège et les modalités d'exercice sont profondément dénaturés. En d'autres termes, le juge constitutionnel, en donnant son onction à ce processus constituant atypique, valide une réforme constitutionnelle antidémocratique[191] ; ou alors adoube-t-il une « démocratie sans et contre le peuple »[192], marquée par une dépossession du peuple de sa souveraineté[193]. Cela est sans doute la résultante de la légitimation du coup d'État militaire[194], qui n'est jamais une solution sans risques[195]pour la démocratie. L'on ne saurait donc parler d'un enrichissement de l'ordre juridique dans ce contexte particulier[196].

L'idée de Constitution est libérale[197]; elle est la traduction des aspirations d'un peuple, le socle de sa volonté. SIEYES affirme d'ailleurs avec force que seule la Nation a le droit de faire une Constitution[198]. Mais elle se voit imposer une Constitution et de nouveaux constituants, alors que le pouvoir constituant originaire dispose seul de la souveraineté constituante[199]. Cette mise à l'écart du pouvoir constituant avec l'assentiment du juge constitutionnel laisse le constitutionnaliste perplexe, même si cela semble justifié par l'idée

---

191 TANESESCU (Elana Simina), « La juridiction constitutionnelle, gardienne des droits dans la transition démocratique », *Op.cit.*, P. 2.

192 VERDIER (Marie France), « La démocratie sans et contre le peuple », *in, Démocratie et liberté : tension, dialogue, confrontation, Mélanges en l'honneur de Slobodan MILASIC*, Bruxelles, Bruylant, 2008, P. 1073.

193 DOSSO (Karim), « Les pratiques constitutionnelles dans les pays d'Afrique noire francophone : cohérences et incohérences », *Op.cit.*, P. e 82.

194 OUEDRAOGO (Séni. Mahamadou) et OUEDRAOGO (Djibrina), « Propos inquiets sur la dissémination des régimes de transition constitutionnelle en Afrique », *Op.cit.*, P. 15 et P. 9.

195 *Ibid.*, P. 24.

196 ENGOUTOU (Jean – Luc), « Le compromis constitutionnel dans les États d'Afrique noire francophone », *Op.cit.*, P. 157.

197 BASTID (Paul), *L'idée de constitution*, Paris, Economica, 1985, P. 153.

198 SIEYES (Emmanuel – Joseph), *Qu'est-ce-que le tiers état* ? Edition critique par Zapperi, Droz, Genève, 1970, P. 177.

199 GUIMEZANES (Marie), « Les transitions constitutionnelles « internationalisées » : étude de droit interne », *Op.cit.*, P. 810 et P. 806.

selon laquelle, la Constitution provisoire est imposée à la population du fait des conditions difficiles dans lesquelles se situe la transition[200]. L'analyse faite par un auteur à cet égard n'est pas susceptible de convertir. Il écrit : « Assurément, les opérations constituantes engagées dans le cadre de la transition s'inscrivent dans une procédure atypique. Il est vrai que l'exclusion de la grande majorité des citoyens de la procédure d'élaboration et d'adoption des Constitutions de transition pourrait conférer un caractère non démocratique aux procédés utilisés. Cependant, il faut prendre en compte le contexte de crise politique dans lequel interviennent les opérations constituantes. Ainsi, à bien observer, les procédés d'établissement des constitutions transitoires ne sont pas aussi autoritaires qu'ils paraissent »[201].

L'auteur ne peut pas nier l'idée d'un recours à des procédés constituants autoritaires alors qu'il admet qu' « en période de crise, il est évident que les procédés ordinaires demeurent inappropriés dans la production de normes constitutionnelles »[202]. Le coup d'État ne peut pas être envisagé en dehors de la période de crise dont il est fait mention. Toujours est-il qu'au regard de changements brutaux de régimes politiques[203], d'octroi d'une Constitution au peuple, et de déficit d'émancipation du juge constitutionnel non seulement en tant qu'organe de réalisation de la démocratie, mais également en tant que gardien des principes et valeurs du constitutionnalisme[204], il se produit un glissement de la démocratie libérale vers une pseudo démocratie ou « démocratie autoritaire »[205]. Au lieu d'œuvrer dans la conversion des putschistes aux principes et valeurs du constitutionnalisme[206] en période de transition, le juge constitutionnel renonce à son rôle et ses missions fondamentales dans un contexte particulier d'instrumentalisation de la démocratie par les militaires. L'exercice du

---

200 *Ibid.*, P. 806.

201 LATH (Yédoh Sébastien), « la production constitutionnelle en période de crise dans les Etats d'Afrique : crise du constitutionnalisme ou constitutionnalisme de crise ? », *Op.cit.*, P. 353.

202 *Ibid.*, P. 350.

203 TANESESCU (Elana Simina), « La juridiction constitutionnelle, gardienne des droits dans la transition démocratique », *Op.cit.*, P. 10.

204 GUIMDO DONGMO (Bernard-Raymond), « Les Constitutions des États d'Afrique noire francophone à l'épreuve de la démocratie », *Op.cit.*, P. 5.

205 GUIMEZANES (Marie), « Les transitions constitutionnelles « internationalisées » : étude de droit interne », *Op.cit.*, P. 810.

206 TANESESCU (Elana Simina), « La juridiction constitutionnelle, gardienne des droits dans la transition démocratique », *Op.cit.*, P. 6.

pouvoir constituant originaire ne pose pas un problème de légalité constitutionnelle, mais de démocratie constitutionnelle[207] dont le juge constitutionnel est le garant. Surtout que la Constitution ne se limite pas au texte, mais davantage au consentement des citoyens qui est l'expression du consentement national[208]. L'on ne peut donc pas parler d'une construction démocratique devant régir la transition après un coup d'État[209]. Il est compréhensible que l'on soutienne l'idée d'une crise du droit en raison de l'illégitimité de l'ordre constitutionnel[210].

Conclusion

Au demeurant, « la démocratie libérale est devenue une nourrice idéologique de la standardisation des systèmes d'organisation politique »[211], dont le rayonnement dépend de la capacité du juge constitutionnel[212] à en assurer la garantie. Celle-ci est également fondamentale en période de transition post coup d'État lorsque le juge constitutionnel est maintenu en fonction. Il doit donc « dire la Constitution par une décision ou un avis qui impacte la construction de l'État de droit et la démocratie pluraliste »[213]. Cela suppose qu'il œuvre à la consolidation de la culture démocratique et l'édification d'une armée au service de la démocratie, la paix et le constitutionnalisme[214].

Toutefois, le traitement constitutionnel de la démocratie semble inachevé[215] en raison des interactions entre les milieux militaires et politiques, conduisant à des ingérences politiques des gens d'armes au

---

[207] LATH (Yédoh Sébastien), « la production constitutionnelle en période de crise dans les États d'Afrique : crise du constitutionnalisme ou constitutionnalisme de crise ? », *Op.cit.*, P. 346.

[208] *Ibid.*

[209] *Ibid.*, P. 349.

[210] *Ibid.*, P. 350.

[211] GUIMDO DONGMO (Bernard-Raymond), « Les Constitutions des États d'Afrique noire francophone à l'épreuve de la démocratie », *Op.cit.*, P.33.

[212] *Ibid.*, P. 36

[213] BOLLE (Stéphane), « La Constitution en Afrique : pour le meilleur et pour le pire », *Op.cit.*, P. 851.

[214] ESSONO OVONO (Alexis), « Armée et démocratie en Afrique, une relation ambivalente à normaliser », *op.cit.*

[215] GUIMDO DONGMO (Bernard-Raymond), « Les Constitutions des États d'Afrique noire francophone à l'épreuve de la démocratie », *Op.cit.*, P.33.

moyen du coup d'État[216]. Cela fait de l'Afrique une « terre d'insécurité constitutionnelle »[217] dans la mesure où, le prétorianisme influencé par le treillis conduit à l'appauvrissement du constitutionnalisme avec le concours du juge constitutionnel. Il doit cesser en période de transition post coup d'État, d' « être le pire disant pour être le mieux disant »[218]. Il contribuerait à coup sûr au cantonnement du pouvoir militaire aux missions républicaines et l'empêcher de saccager les belles constructions et architectures érigées pour le rayonnement de la démocratie et le constitutionnalisme[219].

---

[216] AUGE (Axel) et GNANGUENON (Amandine), « Introduction au thème : de l'institution de l'armée dans l'appareil d'État », in, AUGE (Axel) et GNANGUENON (Amandine), (*dir*), *Les armées africaines et le pouvoir politique au sud du Sahara*, Revue de l'Institut de recherche stratégique de l'école militaire, n° 28, Les champs de mars, 2015, P. 7.

[217] BOLLE (Stéphane), « La Constitution en Afrique : pour le meilleur et pour le pire », *Op.cit.*, P. 849.

[218] *Ibid.*, P. 851.

[219] Holo (Théodore), « Démocratie revitalisée ou démocratie émasculée ? Les Constitutions du renouveau démocratique dans les États de l'espace francophone africain : régimes juridiques et systèmes politiques », *R.B.S.J.A.*, n° 16, 2006, P. 31.

ACTE 2

Les réactions à la rupture de l'ordre constitutionnel : réactions internationales (Suite)

Sous la présidence de Monsieur Fabrice HOURQUEBIE, Professeur de droit public, Directeur du C.E.R.C.C.L.E., Université de Bordeaux, Secrétaire général de l'Association française de droit constitutionnel (France)

Avec comme modérateur Monsieur Mahaman S. TIDJANI ALOU, Professeur titulaire de science politique, ancien Doyen de la Faculté des sciences économiques et juridiques de l'Université Abdou Moumouni de Niamey (Niger)

Arsène-Joël ADELOUI

Maître de conférences agrégé, Université d'Abomey-Calavi (Bénin)

Les réactions internationales à la rupture de l'ordre constitutionnel en Afrique

Introduction

« Nous demandons instamment un retour rapide à l'ordre constitutionnel »[1]. De tels propos sont fréquemment entendus au lendemain des coups d'États militaires pour signifier à l'opinion publique nationale et internationale la condamnation des actes illicites qui troublent l'ordre démocratique préétabli. En effet, après une accalmie relative, les coups d'État ou toute autre manifestation qui ressemble aux interruptions du processus démocratique sont de retour sur le continent. L'Afrique de l'ouest bat le record des changements anticonstitutionnels de gouvernement avec cinq coups d'États en moins de deux ans dont un en Guinée-Conakry, deux au Mali et deux au Burkina-Faso. A ce nombre s'ajoutent le coup d'État au Soudan de 2019, la tentative de coup d'État intervenue en Guinée-Bissau ; et les velléités de renversement au Tchad qui n'ont pas manqué d'offusquer la communauté internationale sur la résurgence des changements anticonstitutionnels de gouvernement malgré les mesures hardies prises à leur encontre par diverses organisations internationales ou régionales.

Même si d'un pays à l'autre les raisons de ces changements sont variables, force est de constater qu'ils aboutissent tous à une interruption de l'ordre constitutionnel préétabli et une paralysie de la vie socio-économique. Il est donc clair que ces nouveaux changements anticonstitutionnels de gouvernement viennent défier la construction de

[1] Il s'agit de la déclaration issue du point de presse de Madame Ravina Shamdasani, porte-parole du Haut-Commissariat de l'ONU aux droits de l'homme dénonçant la prise du pouvoir par les militaires au Burkina Faso juste après le renversement du président élu démocratiquement KABORE.

l'Etat en Afrique et reposer la problématique de la gouvernance de nos systèmes démocratiques. Si pendant longtemps l'on a douté de la capacité des dirigeants militaires à répondre aux attentes de leurs peuples, force est de constater que de plus en plus les civils qui accèdent au pouvoir de façon démocratique ont du mal eux-mêmes à gouverner démocratiquement. Cette incapacité démocratique ajoutée au mécontentement populaire sont parfois perçus comme des facteurs accélérateurs de déséquilibre de nos démocraties encore fragiles et qui ont du mal à s'enraciner.

Les changements anticonstitutionnels de ces dernières années se ressemblent tous en ce sens qu'ils sont quasiment intervenus à la suite de l'incapacité des dirigeants démocratiquement élus à bien gouverner, à respecter le serment constitutionnel, voire la constitution.

Dans ces conditions, il se pose la question de savoir si la rupture de l'ordre constitutionnel que l'on constate de façon itérative peut être rétablie juste après les menaces voire les réactions de la communauté internationale. Autrement dit, les réactions internationales ont-elles un impact sur le rétablissement de l'ordre interrompu ? Il est clair que s'il se dégage un consensus international sur la condamnation de la perturbation de l'ordre constitutionnel(I), force est néanmoins de constater que l'exigence de rétablissement de cet ordre se révèle complexe (II).

I. Une condamnation consensuelle de l'ordre constitutionnel perturbe

Si pendant longtemps, le droit international s'est montré indifférent à l'égard des régimes politiques en vertu du principe de l'autonomie constitutionnelle[2], la fin de la guerre froide a vu émerger le principe de la légitimité démocratique, principe qui ne reconnait que les régimes qui se conforment à l'ordre constitutionnel préétabli, respectueux des droits de la personne et garantissant des élections libres, honnêtes et transparentes. Désormais, toute tentative d'accéder au pouvoir hors des moyens légaux est interdit sous peine de sanctions. La communauté

[2] Voir la Résolution 2625 du 24 octobre 1970 : « *Chaque Etat a le droit de choisir et de développer librement son système politique, social, économique et culturel* ». La même idée transparait dans l'avis de la CIJ du 16 octobre 1975 dans lequel la CIJ considère que « *aucune règle de droit du droit international n'exige que l'Etat ait une structure déterminée comme le prouve la diversité des structures étatiques qui existent actuellement dans le monde* »

internationale ne tarde pas à réagir toutes les fois que ces genres de situations se produisent.

A. L'interdiction formelle de troubler l'ordre préétabli

L'ordre constitutionnel, tel que cela figure dans les constitutions est sacré. Aucun individu n'a donc le droit de le perturber. C'est d'ailleurs pour cela qu'au niveau international, régional ou sous-régional, il est prévu des dispositions pour condamner d'éventuelles perturbations.

Au plan régional africain, c'est sous l'OUA que l'on avait défini un régime de prohibition des coups d'État[3]. Ce régime s'est enrichi d'un cadre normatif et institutionnel nouveau sous l'UA. L'adoption en 2007 de la CADEG a révolutionné en Afrique la mise hors des changements anticonstitutionnels où il est prévu des sanctions à l'encontre des acteurs de tels actes illicites.

Au plan sous-régional africain, il y a la CEDEAO par son protocole A/SP1/12/01 sur la démocratie et la bonne gouvernance qui est utilisé contre les changements irréguliers de constitutions. C'est le premier cadre contraignant qui a été adopté sur le continent pour contrecarrer les coups d'Etat sur le continent.

Au plan international, l'engagement de l'ONU peut se dévoiler à travers l'adoption d'un nombre croissant de résolutions qui se réfèrent expressis verbis au processus de démocratisation[4]. C'est en ce sens qu'un changement anticonstitutionnel de gouvernement peut constituer « une menace à la paix, une rupture de la paix ou un acte d'agression »[5]. Le conseil de sécurité devient ainsi l'organe immédiatement compétent pour faire rétablir l'ordre perturbé.

L'organisation internationale de la francophonie prévoit également un cadre normatif de surveillance. Ainsi, la francophonie vise à aider à

---

[3] Voir entre autres la Décision d'Alger de 1999 sur le rejet des changements anticonstitutionnels de gouvernement et la promotion de la démocratie en Afrique de 1999 ; la Déclaration relative à la Conférence sur la sécurité, la stabilité, le développement et la coopération en Afrique (2000) et la Déclaration sur le cadre pour une réaction de l'Organisation de l'Unité africaine face aux changements anticonstitutionnels de gouvernement de 2000

[4] Le professeur Linos-Alexandre Sicilianos parle de « l'infiltration de l'impératif démocratique « dans les résolutions de l'ONU », *in L'ONU et la démocratisation de l'État. Systèmes régionaux et ordre juridique universel*, Paris, Pédone, 2000, p.145

[5] B. STERN, « Évolution récente en matière de maintien de la paix par l'ONU », *Revue de l'Association française pour les Nations unies*, n°5, Automne-Hiver, 1998, p.9 ;

« l'instauration et au développement de la démocratie, à la prévention, à la gestion et au règlement des conflits »[6]. Aussi, a-t-elle décidé de confier au Secrétariat général de se tenir « informé en permanence de l'état des pratiques de la démocratie, des droits et des libertés dans l'espace francophone »[7]. A ce cadre général, il convient de le compléter avec la Déclaration de Bamako du 3 novembre 2000 et la Déclaration de Saint-Boniface du 14 mai 2006

Enfin, le Commonwealth offre également un cadre approprié de lutte contre les changements anticonstitutionnels de gouvernement[8]. Très tôt, dans le préambule de la Déclaration de Singapour de 1971, les chefs d'État et de gouvernement de la communauté avaient affirmé « le droit inaliénable des individus de participer aux processus démocratiques, en particulier par des élections libres et équitables dans la formation de la société dans laquelle ils vivent ». Cette volonté de contraindre à respecter les principes fondateurs de l'État démocratique est rappelée des années plus tard. Ils ont ainsi « réaffirmé leur engagement total et continu » mais aussi se sont « engagés avec une vigueur renouvelée à protéger et promouvoir les valeurs politiques fondamentales de l'Organisation, dont la démocratie, les processus et institutions démocratiques, la primauté du droit et l'indépendance du pouvoir judiciaire, un gouvernement juste et honnête »[9]

En pratique, ces organisations entendent agir conformément aux dispositions prévues à l'encontre des changements anticonstitutionnels.

B. La réalité de l'interdiction

Elle se manifeste dans les réponses rapidement apportées suite aux perturbations constatées. Il est important de rappeler que les conférences nationales n'ont pas empêché la prise de pouvoir par les armes. On a en mémoire les cas du Burundi (1993 et 1996), de la Gambie (1996), des Comores (1999) et du Niger(1999). Ce retour aux coups d'État dans ces États n'avait pas laissé indifférente l'Organisation de l'Unité Africaine

---

[6] Art.1er de Charte de la francophonie du 23 novembre 2005

[7] Art.7alinéa 3 de la Charte, ibid.,

[8] Voir la Déclaration de Singapour sur les principes du Commonwealth de 1971 disponible sur le site https://thecommonwealth.org/

[9] Voir la Déclaration de Harare de 1991 sur le site du Commonwealth https://thecommonwealth.org/

qui avait promptement réagi en adoptant par le biais de la commission africaine des droits de l'homme et des peuples une importante résolution les condamnant. C'est à la 16ème session ordinaire qui s'est tenue à Banjul(Gambie) du 25 octobre au 03 novembre 1994 que la commission, après avoir rappelé « l'intervention de l'armée dans les États africains au cours des rois décennies… » a précisé que « le meilleur gouvernement demeure celui qui est élu par un responsable devant le peuple »[10]. Autrement dit, la voie royale d'accès au pouvoir est l'élection.

Dans les récents coups d'États des années 2020 à 2022, on a pu enregistrer différents cas d'interventions. En règle générale, dès la survenance d'un cas de rupture de l'ordre constitutionnel les organisations internationales ne tardent pas à réagir. Il faut souligner particulièrement ici la proactivité de la CEDEAO dont l'intervention prompte se justifie par le fait que tous les cinq coups d'État aient lieu dans la sous-région.

Au Burkina -Faso, il y a eu deux coups d'État militaire en moins de huit mois. Le premier coup d'État du 24 janvier 2022 était dirigé contre le Président Roch Marc Christian KABORE renversé par la junte dirigée par le lieutenant-colonel Paul Henri SANDAOGO DAMIBA qui l'accuse pour son incapacité à sortir le pays de l'insécurité des jihadistes et de la corruption. La junte se dit vouloir rétablir la sécurité dans le pays dont les deux tiers sont occupés par les terroristes. Aussitôt, la CEDEAO a suspendu le pays de ses activités et la junte a promis un retour à la légalité constitutionnelle quand toutes les conditions seraient réunies. Mais face à l'incapacité de la junte à satisfaire les attentes des populations, surtout de l'insécurité grandissante, le capitaine Ibrahim TRAORE va organiser une mutinerie qui entrainera la fuite puis la démission du putschiste Paul Henri DAMIBA le 30 septembre 2022. Cette nouvelle rupture de l'ordre constitutionnel ne va pas laisser indifférentes les organisations internationales qui ont demandé un retour rapide à l'ordre constitutionnel.

En Guinée-Conakry, le troisième mandat du Président Apha CONDE est intervenu dans des conditions floues de fraude à la constitution. Son retour au pouvoir qui s'est fait en violation de la constitution a occasionné un mécontentement généralisé qui s'est matérialisé par des

---

[10] Voir Résolution sur les régimes militaires (1994) de la Commission africaine des droits de l'homme et des peuples adoptée en sa 16 ème session ordinaire, Banjul(Gambie), 25 octobre au 03 novembre 1994, voire sur le site https://www.achpr.org/fr_home

manifestations à répétition, des emprisonnements voire des décès. La situation délétère du pays va conduire au pouvoir Mamady DOUMBOUYA à la suite d'un coup d'État militaire. La CEDEAO condamne ce coup, suspend la Guinée de ses instances. Elle a envoyé une première médiation dans le pays qui a échoué, ce qui a nécessité une mission conjointe ONU-CEDEAO avec des discussions qui ont porté sur la durée de la transition.

A l'instar de la CEDEAO, l'UA a suspendu la Guinée de toutes ses instances le 10 septembre 2021.

En Guinée-Bissau, il y a eu une tentative de coup d'État rapidement condamné par l'UA et la CEDEAO qui ont demandé aux militaires de retourner sans délais dans les casernes en préservant l'intégrité physique du Président Umaro Sissoco Embalo et des membres de son gouvernement.

Au Mali, deux coups d'État ont été perpétrés en moins de neuf mois. Le premier est intervenu le 18 août 2020 face à l'incapacité du Président démocratiquement élu Ibrahim Boubacar Keïta à gérer démocratiquement le pays. Ce qui avait entrainé des manifestations à répétition dans le pays. On l'accusait de corruption et d'impuissance face à la lutte contre le djihadisme et l'insécurité dans le pays. L'UA qui avait suspendu le Mali l'a rétabli suite à la promesse faite par la junte de remettre le pouvoir au civil dans les 18 mois qui suivent. Les élections présidentielle et législative devraient avoir lieu en mars 2022. Le 24 mai 2022 le second coup d'État est intervenu après un mécontentement intervenu au sein du gouvernement qui a conduit à l'arrestation du Gouvernement et du premier ministre. Le 28 mai la Cour constitutionnelle du Mali a proclamé Assimi Goita, Président de la transition du Mali

La CEDEAO et L'UEMOA ont sanctionné lourdement le Mali qui a décidé d'une transition de 5 ans avant de passer le pouvoir aux civils. Cette volonté des autorités maliennes a nécessité la prise de sanctions. Le 5 décembre 2021, la CEDEAO a décidé du gel des avoirs dans les banques centrales et commerciales des États de l'Afrique de l'ouest dont la BCEAO, fermeture des frontières terrestres et aériennes entre le pays et les autres États membres de la CEDEAO, suspension des transactions commerciales avec Bamako à l'exception des produits médicaux et de première nécessité et retrait des ambassadeurs de tous les pays membres du Mali. Toutes ces sanctions ont été entérinées par l'UEMOA qui n'approuve pas aussi la durée de la transition

La CEDEAO conditionnait la levée de ces sanctions à la prise d'un chronogramme réaliste sur le passage du pouvoir aux civils.

Le Mali a riposté en rappelant ses ambassadeurs des États membres et en fermant ses frontières aériennes et terrestres avec les États impliqués. Par la voix de son premier ministre, Abdoulaye Maiga, les sanctions de la CEDEAO ont été qualifiées de « malencontreuses, illégales et illégitimes »

Mieux à l'Union Africaine, le Conseil de Paix et de sécurité de l'union Africaine a décidé de suspendre le Mali de ses instances après cette deuxième interruption constitutionnelle, décision intervenue le 1er juin 2022 soit quelques jours après celles de la CEDEAO. Précisément, il « décide (...) de suspendre immédiatement la République du Mali de sa participation à toutes les activités de l'Union africaine, ses organes et ses institutions, jusqu'à ce qu'un ordre constitutionnel normal soit rétabli dans le pays »

Face a cette situation inquiétante de trouble à l'ordre constitutionnel qui se généralise dans la sous-région, la CEDEAO a tenu un sommet extraordinaire le 4 juin 2022 sur les trois États concernés (Burkina-Faso, Mali et Guinée) en vue d'apprécier la situation. De ce sommet, il ressort entre autres que :

Sur le Burkina-Faso, la CEDEAO a décidé de réitérer sa ferme condamnation du coup d'État du 24 janvier 2022, de maintenir la suspension du pays de toutes les instances de la CEDEAO, de demander un chronogramme acceptable de retour à l'ordre constitutionnel et de poursuivre néanmoins les discussions avec les autorités pour parvenir à un accord ;

Sur la GUINEE, elle demande la finalisation d'un chronogramme acceptable de transition ; la mise en place d'un cadre de dialogue approprié pour tous les acteurs, le respect des droits humains de tous les guinéens ; et

Sur le Mali du maintien des sanctions décidées ; la poursuite des discussions pour parvenir à un accord, de demander aux partenaires du Mali d'accroitre leur assistance humanitaire pour le pays.[11]

---

[11] CEDEAO, sommet extraordinaire de la Conférence des chefs d'Etat et de gouvernement sur au Mali, en Guinée et au Burkina-Faso, Accra, 4 juin 2022

Mais comme on le sait, une chose est de condamner les interruptions à l'ordre constitutionnel, l'autre est d'espérer un retour effectif à la normalité constitutionnelle. Mais ce retour se révèle complexe.

II. La complexité du rétablissement de l'ordre constitutionnel

L'arrivée des putschistes interrompt l'ordre constitutionnel qu'il faut rétablir a posteriori. Mais le plus souvent, on assiste à des chantages de ces derniers qui jouent sur la durée des transitions, ce qui rend inefficaces les sanctions prises à leur encontre.

A. Le chantage sur la durée des transitions

Dans tous les cas d'interruption constitutionnelle, les putschistes presque dans tous les cas tiennent un même langage d'aller très rapidement au rétablissement de l'ordre constitutionnel, après avoir dissout toutes les institutions. Il est pertinent de souligner que la durée normale de transition acceptable devrait osciller entre 6 mois et 12 mois. Or, dans les interruptions constitutionnelles constatées, la tendance est à la spéculation. On peut le constater par exemple dans le cas du Mali où on a proposé carrément 5 ans[12]. En Guinée, la junte au pouvoir a fixé la durée de la transition à 39 mois[13]et au Burkina, la transition devrait durer trente-six mois[14], ce qui repousse dans ces trois cas la date de remise du pouvoir aux civils après des élections démocratiques organisées. Dans ces différents cas, il est observé une volonté manifeste des putschistes de se maintenir au pouvoir. Or, dans la plupart des cas des coups d'État intervenus jusque-là sur le continent, aucun putschiste n'arrive à respecter le chronogramme des transitions proposées qui ne fait que s'allonger. C'est ce qui explique parfois que les organisations

---

[12] P.A. DIAW, « Mali : quelle durée pour la transition ? », in https:// www.bbc .com/afrique/region-60471112 , 22 février 2022

[13] In *le Monde Afrique* du 1er mai 2022, https://www.lemonde.fr /afrique /article/ 2022/05/01/guinee-les-putschistes-fixent-la-transition-a-39-mois-au-mepris-de-la-communaute-internationale_6124312_3212.html

[14] https://www.france24.com/fr/afrique/20220301-au-burkina-faso-la-junte-fixe-%C3 %A0-trois-ans-la-p%C3%A9riode-de-transition-avant-des-%C3%A9lections, 1er mars 2022

internationales maintiennent voire durcissent leur sanction qui demeurent pourtant irréalistes.

B. Des sanctions peu réalistes

Toutes les organisations hostiles aux coups d'État prévoient des sanctions appropriées à l'encontre des auteurs. En dépit de leur fermeté à appliquer, ces organisations sont contraintes de se montrer flexibles quant à l'application des sanctions.

En effet, la CEDEAO est radicale contre les coups d'État dans sa sous-région. C'est ce qui explique l'adoption à Abuja de l'Acte additionnel A/SA.13/02/12 portant régime des sanctions à l'encontre des États membres qui n'honorent pas leurs obligations vis-à-vis de la CEDEA0 le 17 février 2012. En effet, l'article 3 de l'Acte mentionne clairement que «1. Les États membres qui n'honorent pas leurs obligations vis-à-vis de la communauté encourent des sanctions judiciaires et des sanctions politiques. 2. Les dirigeants des États membres, les membres de leurs familles et leurs partisans peuvent également encourir les sanctions visées au paragraphe 1 du présent article ». C'est donc en vertu de telles dispositions que la CEDEA0 s'est montrée ferme vis-à-vis des putschistes en décidant par exemple au Mali des sanctions à la fois diplomatiques, politiques économiques et financières. Elle sera suivie dans cette posture par l'UEMOA qui les a endossées. Ce que l'État malien ne va pas approuver puisqu'il a décidé de saisir la Cour de justice de la CEDEAO (CJ-UEMOA) pour une demande de mesures provisoires des sanctions édictées.

Dans son ordonnance n°06/2022/CJ du 24 mars 2022, la CJ -UEMOA a jugé que : « Considérant qu'il ressort du dossier que la Conférence des chefs d'État et de gouvernement de l'UEMOA en sa session extraordinaire du 9 janvier 2022 a, entre autres sanctions, suspendu le Mali des organes et institutions de l'UEMOA, suspendu les concours financiers en faveur du Mali par les institutions de financement de l'UEMOA et instruit les institutions communautaires pour l'application immédiate desdites sanctions ; que ces sanctions ayant reçu une application immédiate par les différents organes et institutions de l'UEMOA, les arguments exposés par l'État du Mali sur les conséquences de l'exécution des sanctions prononcées à son encontre sont dès lors pertinents et fondés dans la mesure où cette application risque d'entrainer des conséquences difficilement réparables au regard de l'impact social, économique et financier ; considérant, en outre, que les moyens énoncés dans la requête paraissent sérieux compte tenu de l'importance de la décision à venir sur le fond du litige qui pose un problème d'appréciation de légalité d'un acte pris par la haute autorité de l'UEMOA, la Conférence des Chefs d'État et de Gouvernement, d'une part, et des conséquences de cet acte sur le fonctionnement d'un État membre et la stabilité de l'Union, en rapport avec les objectifs d'union de droit, d'autre part ; que l'urgence et le motif sérieux sont établis pour surseoir à l'exécution des sanctions décidées par la Conférence des chefs d'État et de gouvernement de l'UEMOA…Qu'il y a lieu dès lors, en l'état, d'ordonner le sursis à l'exécution des sanctions prononcées par la Conférence des chefs d'État et de Gouvernement de l'UEMOA lors de sa session extraordinaire tenue à Accra, le 9 janvier 2022 et figurant dans son communiqué final »[15]. On comprend bien là que l'UEMOA a fini par décider de retirer ses sanctions au Mali. La CEDEAO finira par suivre cette direction dans une certaine mesure. Car, fortement critiquée et divisée par les partisans et les adversaires des sanctions, la CEDEAO finira par lâcher du lest. Au 61e sommet ordinaire des Chefs d'État et de Gouvernement de la Communauté Économique des États de l'Afrique de l'Ouest tenu le 3 juillet courant à Accra au Ghana, il a été décidé de la levée des sanctions économiques et financières imposées au Mali depuis le 9 janvier 2022. Cependant, elle maintient les sanctions individuelles contre les autorités de la Transition et la suspension du Mali des instances de la Communauté Économique des États de l'Afrique de l'Ouest.

Il y a lieu de retenir ici que ces sanctions se sont révélées in fine inefficaces car la première catégorie de sanction (suspension de la participation aux activités des OI notamment) n'a pas empêché la junte de prolonger les transitions dans des délais déraisonnables. Seule la deuxième catégorie de sanction ayant frappé uniquement le Mali semble avoir eu impact relatif car elle a conduit la junte à ramener la durée de la transition à 2 ans à compter de mars 2022 au lieu de 5ans avancés en décembre 2021. Seulement, cela reste un échec pour la CEDEAO car non seulement elle voulait les élections dans l'immédiat mais aussi parce que la durée totale de la transition s'élève à 4 ans au Mali.

Il s'agit même de sanctions contraires aux objectifs de l'UEMOA et de la CEDEAO car elles ont empêché la libre circulation des personnes

[15]CIJ-UEMOA, ordonnance n°06/2022/CJ du 24 mars 2022

et des biens dans les espaces, la jouissance des droits économiques et sociaux par la population, la libre coopération entre les États, etc.

En somme, les réactions internationales ont montré leurs limites face à la résurgence des coups d'État qui défient les sanctions imposées. Pour consolider l'ordre constitutionnel, les dirigeants africains ont besoin de rester fidèles à leur constitution qui demeure un texte sacré tant que c'est consensuel.

Abdoulaye HAMADOU

Maitre-assistant en droit public, Université Djibo Hamani de Tahoua (Niger)

Le Protocole sur la démocratie et la bonne gouvernance de la CEDEAO à l'épreuve des perturbations des processus démocratiques

> *« Il ne faut jamais verser du jus de viande dans la gorge d'une hyène et lui demander de le recracher »*
> **Amadou Kourouma,**
> *En attendant le vote des bêtes sauvages*

Introduction

En une décennie d'exercice du pouvoir d'État (de 2012 à 2022), seize coups d'État ont eu lieu sur le continent africain, dont six en Afrique de l'Ouest entre 2021 et 2022 : au Mali (2012, 2020, 2021), en Guinée-Bissau (2012), en Égypte (2013), en Centrafrique (2013), au Burkina Faso (2015, janvier 2022 et septembre 2022), au Tchad (2021), au Soudan (2019, 2021), au Zimbabwe (2017) et en Guinée (2021)[1]. Ces chiffres et les évènements récents ayant cours sur le continent et qui sont liés soit aux coups d'État militaires, soit aux manipulations des Constitutions ou lois électorales, pour prendre ou rester au pouvoir, révèlent assurément une crise démocratique, après de nombreuses années d'efforts un peu partout sur le continent[2]. Cette situation ravive aussi les

---

[1] **M-A. BOISVERT,** « Coups d'État en Afrique : le retour de l'uniforme en politique », *Bulletin francopaix*, Vol. 7, n° 1-2, JAN-FEV 2022, p. 3.

[2] Pour se limiter à l'Afrique francophone, voir Présidents démocratiquement élus, les vents de démocratisations qui ont soufflé depuis 1990 avec l'organisation des conférences nationales

pertinents questionnements de certains auteurs africains sur le rapport entre l'Afrique et les changements anticonstitutionnels de gouvernement[3].

En Afrique de l'Ouest, la résurgence des Coups d'État, surtout entre 2020 à 2022 apparait comme la manifestation d'une régression démocratique assez profonde. En effet, de nombreux analystes[4] considèrent l'Afrique de l'Ouest comme la région la plus prometteuse en matière d'achèvement démocratique, notamment entre 1990 et 2010, à contrario de l'Afrique centrale qu'on estimait être le trou noir de la démocratie[5]. Il faut rappeler que cette région qui est l'espace géographique de la Communauté économique des États de l'Afrique de l'Ouest (CEDEAO), la prévention des coups d'État et de l'instabilité politique, perçus comme des facteurs fragilisant la paix et la sécurité en Afrique, a été progressivement intégrée dans certains dispositifs normatifs[6]. C'est ainsi qu'en 2001, les chefs d'État et de Gouvernement (CEDEAO) ont adopté le Protocole sur la démocratie et la bonne gouvernance. Ce protocole vient compléter, de façon précise, celui relatif au mécanisme de prévention, de gestion, de règlement des conflits, de maintien de la paix et de la sécurité du 10 décembre 1999 relatif au mécanisme de prévention, de gestion, de règlement des conflits, et de maintien de la paix et de la sécurité, adopté le 10 décembre 1999. Par les principes et valeurs qu'il consacre, ce protocole est considéré comme une

---

souveraines et l'émergence d'une justice constitutionnelle très active comme protectrice de la Constitution les engagements de la conférence de La Baule en 1990.

[3] **M. BENCHENANE**, Les coups d'État en Afrique, Paris, Publisud, 1983 ; **A.S.O. BOUBOUTT,** « L'Union Africaine et les changements anticonstitutionnels de gouvernement : libres propos sur certains aspects de la charte africaine de la démocratie, des élections et de la gouvernance du 30 janvier 2007 », in *Actualités du droit public et de la science politique en Afrique, Mélanges en l'honneur de Babacar Kanté*, L'Harmattan-Sénégal, 2017, p. 685 ; **S. A. K. SY,** « L'Afrique : une terre aux changements anticonstitutionnels de gouvernement ? », en ligne : https://ceracle.com/lafrique-une-terre-aux-changements-anticonstitutionnels-de-gouvernement-serigne-abdou-khadre-sy/#.Yt4rARjfsu9, consulté le 25 juillet 2022 ; **J. RAMASY**, « Autoritarisme renouvelé et retour des coups en Afrique, l'illustration malgache », *Bulletin francopaix*, Vol. 7, n° 1-2, JAN-FEV 2022, pp.8-10.

[4] **B. NDIAYE**, « Les démocraties ouest africaines à l'épreuve des coups d'État militaires et constitutionnels », *Bulletin francopaix*, Vol. 7, n° 1-2, JAN-FEV 2022, pp.19-23.

[5] C'est la période qui a enregistré moins de coup d'État militaires depuis l'accession à l'indépendance des États qui composent la région. Voir à ce sujet les analyses de Francis LALUPO en ligne : https://www.iris-france.org/170504-170504/, consulté le 14 septembre 2022.

[6] **H. BAKO et M. JOBBINS,** « Les organisations régionales et l'instabilité politique en Afrique de l'Ouest et en Afrique centrale », B*ulletin Franco Paix, numéro spécial Vol. 7, n° 1-2*, janvier - février 2022, p. 16.

« Constitution »[7]. Il constitue donc un référentiel d'analyse des processus et pratiques démocratiques en Afrique de l'Ouest, d'où la présente contribution qui se propose de confronter ledit protocole aux perturbations des processus démocratiques dans la région.

Si la définition du Protocole ne pose pas de problème particulier, il n'en est pas de même pour l'expression « perturbations des processus démocratiques », qui est une construction de l'auteur de la présente contribution. En effet, le Protocole est un instrument juridique communautaire[8] signé en 2001 à Dakar par les Chefs d'État et de Gouvernement de quatorze (14) des quinze (15) pays membres de la CEDEAO[9] et entré en vigueur en 2005. Au regard du contexte dans lequel il est conçu, le Protocole a pour enjeu principal la consolidation de l'État de droit, la construction d'un espace démocratique solide à travers l'adoption de principes communs de bonne gouvernance et le respect des droits et libertés des citoyens dans l'espace CEDEAO. C'est pourquoi certains le considèrent comme un tournant dans la construction politique d'une communauté régionale qui se voulait au départ en 1975 essentiellement économique[10]. A l'échelle continentale africaine et au sens de la Charte de l'Union africaine, la démocratie est devenue un principe essentiel pour l'établissement, la promotion et la consolidation de la paix, la sécurité et la prévention des conflits au sein des États membres[11]. Le cadre juridique favorable à la stabilité et à l'implémentation démocratique parait donc bien établi.

---

[7] **I. M. FALL et A. SALL**, « Une constitution régionale pour l'espace CEDEAO : le protocole sur la démocratie et la bonne gouvernance de la CEDEAO », https://jaga.afrique-gouvernance.net/_docs/pr_sentation_et_analyse_du_protocole_sur_la_d_mocration_de_la_cedeao.pdf, *consulté le 18 mars 2022.*

[8] PROTOCOLE A/SP1//12/01 sur la démocratie et la bonne gouvernance additionnel au protocole relatif au mécanisme de prévention, de gestion, de règlement des conflits, de maintien de la paix et de la sécurité.

[9] Seul le Cap Vert n'avait pas signé le Protocole au départ.

[10] **M. DIALLO**, « Le rapport des Forces de Défense et de Sécurité au Pouvoir politique, selon le Protocole additionnel de la CEDEAO », Communication, Atelier sur la place et le rôle du Protocole additionnel de la CEDEAO dans la gouvernance du secteur de la sécurité en Afrique de l'Ouest, Bissau du 16 a 18 novembre 2005, p. 1. Dans sa présentation l'auteur ajoute que « Le Protocole additionnel constitue à la fois un moment et une dimension importante dans le processus d'édification régionale d'un cadre de gouvernance politique démocratique en appui au développement économique et social de l'Afrique de l'Ouest ».

[11] Pour en savoir plus : « Instruments et mécanismes régionaux de gouvernance endogène et de prévention des conflits ». OECD, SWAC, février 2009, *in* **H. BAKO et M. JOBBINS**, « Les

L'expression « perturbations des processus démocratiques » renvoie à toutes les pratiques qui ne sont pas favorables au développement de l'État de droit et à la consolidation de la démocratie dans l'espace communautaire. Il s'agit en particulier des coups d'États militaires, des manipulations de la Constitution et des lois électorales par le biais de la révision, l'emprisonnement des opposants politiques et des membres de la société civile, etc. mais, dans la présente réflexion, le curseur de l'analyse sera placé sur les coups d'État militaires dont la résurgence dans l'espace CEDEAO fait craindre le scenario du pire. En effet, le coup d'État militaire, dont la conception diffère selon les époques[12] ou les auteurs[13], est défini aujourd'hui comme la prise illégale et brutale du pouvoir par l'armée ou par une autorité politique bénéficiant de son soutien. Il peut se produire à l'initiative ou avec le concours du peuple, ou d'une fraction de celui-ci[14]. D'un point de vue strictement juridique, le coup d'État est « une violation du droit interne et une atteinte brusque et réfléchie aux règles juridiques qui ont pour objet l'organisation et le fonctionnement des autorités constituées dans un pays, la police des libertés publiques et le maintien de l'ordre sur le territoire »[15]. Depuis l'entrée en vigueur du protocole de 2001, le Coup d'État est également contraire à l'ordre juridique communautaire.

---

organisations régionales et l'instabilité politique en Afrique de l'Ouest et en Afrique centrale », op.cit., p.16.

[12] Le phénomène du coup d'État est aussi vieux que le monde : de l'assassinat du jeune prince SMERDIS dans la Grèce antique19 ou de celui de César à Rome par le général Brutus, en passant par celui du 18 Brumaire20 par le général Napoléon Bonaparte et celui du 2 décembre 1851 par Louis-Napoléon Bonaparte, l'histoire politique des nations regorge d'exemples demeurés célèbres. Plus près de nous, la vie politique de l'Amérique latine, puis de l'Afrique, a été rythmée par d'incessantes incursions des militaires dans la vie politique à partir des années 1960 : voir à ce sujet **P. MASSINA**, « Le coup d'État, entre déshonneur et bienveillance », http://afrilex.u-bordeaux.fr/wp-content/uploads/2021/03/PALOUKY_Massina_Le_coup_d_Etat.pdf, consulté le 26 juin 2022, p.3 ;

[13] Roberto Nigro, « Quelques considérations sur la fonction et la théorie du coup d'État », *Collège international de Philosophie* | *« Rue Descartes »* 2013/1 n° 77 | pages 69 à 81.

[14] **D. KOKOROKO**, « Révolution et droit international », *Revue togolaise de sciences juridiques*, janv.-juin 2012, n° 02, p. 7.

[15] **L. MARIN**, « *Pour une théorie de l'action politique* », in NAUDE (Gabriel), « *Considérations politiques sur les coups d'État* » Paris, Les Éditions de Paris, 1988, p.20. L'auteur parle d'« *une prise de pouvoir illégale, rapide et préméditée* ». On retrouve cette perception aussi chez le professeur Theodore HOLO qui considère le coup d'État comme « *une violation du droit interne et une atteinte brusque et réfléchie aux règles juridiques qui ont pour objet l'organisation et le fonctionnement des autorités constituées dans un pays, la police des libertés publiques et le maintien de l'ordre sur le territoire* » : **T. HOLO**, « L'étude d'un Régime militaire. Le cas du Dahomey (Bénin) », Thèse de doctorat en droit public, Paris I, 1979, p. 17-18.

Pendant longtemps, les coups d'État s'appuyaient sur des arguments fondamentalement politiques : mauvaise gouvernance, pouvoir autocratique, violations des droits civils et politiques des citoyens, arrestations, détentions, répression et harcèlement judiciaire des journalistes, etc. Aujourd'hui, on remarque un relatif basculement dans la justification des auteurs. En effet, depuis quelques années, la majorité des coups d'État intervenus dans l'espace CEDEAO ne s'appuie pas sur un paradigme idéologique, mais progressivement sur la question sécuritaire[16]. A l'exception du Niger en 2010 et de la Guinée en 2021, où les *putschs* ont été perpétrés contre des dirigeants ayant procédé à une manipulation constitutionnelle pour se maintenir au pouvoir, les coups d'États intervenus au Burkina Faso et au Mali ces dernières années sont liés, à tort ou à raison, à la question sécuritaire. Ces coups, qui sont qualifiés de salutaires ou libérateurs par les populations, au regard de l'enthousiasme qu'ils suscitent, sont considérés par elles comme une réponse à l'incapacité des dirigeants civils à assurer la satisfaction de l'intérêt général.

A côté des coups d'État militaires, on trouve souvent d'autres formes de rupture démocratique qu'une partie de la doctrine appelle « coups d'État constitutionnels ou manipulations constitutionnelle », qui permettent à un dirigeant, un parti ou un groupe d'intérêts de se maintenir au pouvoir contrairement à la volonté du pouvoir constituant originaire. D'un point de vue matériel et procédural, les manipulations de la Constitution peuvent aboutir, dans beaucoup de cas, à un coup d'État constitutionnel, que Mathieu FAU-NAUGARET assimile à une manœuvre conduite par un organe de l'ordre constitutionnel normal (l'exécutif) afin de le modifier, avec la complicité d'autres organes de l'ordre constitutionnel existant, et le plus souvent les cours constitutionnelles[17]. D'un point de vue pratique, les manipulions

---

[16] Il faut relativiser cette affirmation, car l'insécurité ne constitue pas un motif suffisant pour justifier un coup d'État. Si on fait le lien entre la question sécuritaire et les coups d'État, on se rend compte que dans un pays comme le Nigeria, confronté depuis plusieurs années au fléau terroriste avec Boko Haram, la stabilité politique est la réponse la plus forte que ce pays ait opposée à l'expansion djihadiste. La démocratie nigériane a fait d'énormes progrès ces vingt dernières années. Quand on sait que le projet des groupes terroristes djihadistes est de détruire les États et de les remplacer par leur logiciel, force est de constater que le Nigeria apporte la réponse la plus efficace. Voir en ce sens : https://www.iris-france.org/170504-170504/, consulté le 14 septembre 2022.

[17] **M.FAU-NOUGARET**, « Manipulations constitutionnelles et coup d'État constitutionnel en Afrique francophone », *afrilex-u-bordeaux4.fr., pdf.*, p. 2, consulté le 7 mai 2022.

constitutionnelles sont opérées à travers des modifications visant souvent à contourner certains verrous relatifs à l'âge limite d'éligibilité, la nationalité et surtout la limitation du nombre de mandats présidentiels[18]. Dans le sillage de ces tripatouillages constitutionnels, on trouve également les manipulations de la loi électorale, à quelques mois des échéances électorales, dont le but est de rendre les conditions de participation plus difficiles aux opposants. En tant qu'elles constituent des procédés de changement anticonstitutionnel ou de modes non démocratiques d'accession ou de maintien au pouvoir, ces pratiques sont en contradiction avec le Protocole de 2001[19].

Au-delà de l'interdiction de tout changement anticonstitutionnel de Gouvernement[20], le Protocole définit des principes constitutionnels communs à tous les États membres de la CEDEAO qui incluent, entre autres : la séparation des pouvoirs exécutif, législatif et judiciaire ; la valorisation et le renforcement des Parlements; l'indépendance de la justice ; l'interdiction de toute réforme importante de la loi électorale dans les six mois qui précèdent une élection, sauf si consensus clair se dessine pour la modification[21]. Théoriquement et au regard de son contenu, le protocole pose les bases d'un ancrage démocratique dans l'espace CEDEAO, en dissuadant toute entreprise de coup d'État, qu'il soit militaire ou constitutionnel.

L'intérêt de la présente communication réside dans la démarche de relecture du Protocole de 2001 à l'aune des perturbations des processus démocratiques. Il s'agit pour nous d'élargir le champ d'analyse, en intégrant des nouvelles références dépassant le strict « coup d'État militaire » pour évaluer une vingtaine d'années de pratiques

[18] Voir en ce sens : **I. S. BOINA**, « La malédiction constitutionnelle en Afrique : la révision », Presses Universitaires de France, *Revue française de droit constitutionnel*, 2021/4 N° 128, pp. 27 et suivantes.

[19] Le principe du bannissement de tout mode non démocratique d'accession au pouvoir qui va au-delà du rejet des seuls coups d'État inscrit dans les textes de l'Union africaine permettra notamment à la CEDEAO de se saisir pour la première fois en 2009, avec le cas du Niger, de la question des manipulations de la Constitution par des chefs d'États souhaitant se maintenir au pouvoir par des voies pouvant être qualifiées de non démocratiques.

[20] La Déclaration de l'OUA de juillet 2000 donne une définition large de l'expression « changements anticonstitutionnels de gouvernement » : un coup d'État militaire contre un gouvernement issu d'élections démocratiques ; une intervention de mercenaires pour renverser un gouvernement élu ; une intervention de groupes dissidents armés et de mouvements rebelles pour renverser un gouvernement élu ; le refus pour un gouvernement en place de remettre le pouvoir au parti vainqueur à l'issue d'élections libres, justes et démocratiques.

[21] Articles 2 et 3 du Protocole additionnel.

démocratiques ou non à l'épreuve de la Constitution régionale. En cela, la contribution présente un intérêt juridique certain. Elle présente également un intérêt pratique, dans la mesure où à l'épreuve des perturbations des processus démocratiques, le Protocole est différemment appliqué à travers des sanctions différenciées, selon l'État en cause. Or, dans son principe le texte communautaire ne permet pas une telle liberté, au profit des mécanismes de mise en œuvre du Protocole. Finalement, à l'épreuve des faits, la stabilité politique et institutionnelle à long terme recherchée à travers le Protocole est supplantée par des crises politiques et le manque de confiance des populations à l'égard des institutions nationales et communautaires. Dès lors, il est possible de s'interroger : quelle appréciation peut-on faire de l'application du Protocole sur la démocratie et la bonne gouvernance de la CEDEAO à l'épreuve des pratiques antidémocratiques ? à l'analyse, et pour répondre à cette question, on peut constater dans un premier temps le recul du droit à l'épreuve de l'exercice du pouvoir (I), et, dans un second temps, face à l'affaiblissement du droit, il est fait recours à la force pour sauvegarder les principes démocratiques (II).

I. Le recul du droit à l'épreuve de l'exercice du pouvoir

Dire que le droit recule à l'épreuve de l'exercice du pouvoir, c'est postuler que les normes constitutionnelles encadrant la dévolution et l'exercice du pouvoir politique au sein des États s'affaiblissent, par ce qu'elles ne sont pas rigoureusement observées. Dans l'espace CEDEAO, l'exercice du pouvoir politique doit être fondé, en plus de la Constitution nationale, sur la « Constitution régionale »[22] qu'est le Protocole sur la démocratie et la bonne gouvernance. Il en découle donc une double exigence constitutionnelle pour les États membres, en termes de respect des normes démocratiques dans la région : la séparation des pouvoirs, le respect des droits du Parlement et de ses membres, l'indépendance de la justice, les droits de la défense reconnus aux avocats, la transparence des élections, la liberté de l'opposition politique, le bannissement de tout mode anti constitutionnel d'accession au pouvoir...sont doublement renforcées. Cependant et à l'épreuve de la pratique, ce cadre juridique

[22]Le protocole est présenté comme un texte matériellement constitutionnel, selon la doctrine constitutionnaliste ouest africaine : **I. M. FALL et A. SALL,** « Une constitution régionale pour l'espace CEDEAO : le protocole sur la démocratie et la bonne gouvernance de la CEDEAO », op.cit., p. 2.

constitutionnel communautaire fait l'objet de transgression continue depuis son entrée en vigueur en 2005. Au regard des crises de l'État de droit et de la gouvernance politique dans l'espace CEDEAO, qui constituent autant des dysfonctionnements du cadre normatif constitutionnel, la présente contribution met en perspective deux pratiques qui pourraient expliquer les raisons d'un tel recul : d'une part, on assiste à la banalisation du Protocole sur la démocratie et la bonne gouvernance par les États membres (A) et d'autre part, on observe une instrumentalisation dudit Protocole à travers « les deux poids deux mesures dans son application » (B).

A. La banalisation du Protocole sur la démocratie et la bonne gouvernance

1. La résurgence des coups d'État militaires

C'est en 2005 que le Protocole sur la démocratie et la bonne gouvernance est entré en vigueur et depuis lors, on a assisté à une succession de coups de force ayant conduit les militaires à prendre le pouvoir. Au total, huit, voire neuf[23] coups d'États ont été perpétrés dans la région, dont le pic se situe entre 2021 et 2022. On peut distinguer deux temps dissemblables dans cette période post-entrée en vigueur du Protocole : un moment de relative accalmie (de 2005 à 2010)[24] et une période de multiplication de coups d'États de 2012 à 2022.

Les coups d'États intervenus de 2005 à 2022 en Afrique de l'Ouest, sous le régime du protocole de 2001, peuvent être répartis en trois groupes avec chacun une caractéristique propre. ***Le premier groupe*** est constitué de coups d'États destinés à maintenir un groupe, un parti ou des intérêts au pouvoir. On retrouve dans cette première catégorie les coups d'États, de 2005 au Togo et celui de 2008 en Guinée.

Au Togo, le 5 février 2005, des officiers supérieurs des FAT (Forces Armées Togolaises), entrés depuis dans l'histoire sous le nom de « Groupe du 5 février », avaient suspendu la constitution et confié le pouvoir à Faure Essozimna GNASSINGBE, le jour même de l'annonce

[23] Si l'on compte la prise du pouvoir par Yacouba IZAAC ZIDA, après la révolution burkinabé de 2014.

[24] De 2005 à 2010, on a enregistré trois coups d'États en Afrique de l'Ouest : au Togo, en 2005 ; en Guinée en 2008 et au Niger en 2010.

du décès de son père, Etienne GNASSINGBE EYADEMA[25]. Il s'agit là d'un *modus operandi* distinct des coups d'État militaires classiques où ce sont les militaires qui décident de prendre le pouvoir et l'exercer directement. Dans ce cas d'espèce, l'armée a favorisé l'accession au pouvoir, par la force, d'un dirigeant civil en violation des dispositions constitutionnelles. Pour s'en tenir aux réactions de la CEDEAO, cette action est assimilée à un coup d'État militaire, maquillé par une modification d'acte constitutionnel. En effet, les chefs d'État de la CEDEAO réunis à Niamey le 9 février 2005, ont vivement critiqué la transmission du pouvoir de père en fils, par le biais de l'armée[26].

Cette confiscation du pouvoir par l'armée au profit du clan EYADEMA constitue une violation flagrante de la Constitution togolaise qui stipule qu'en cas de vacance du pouvoir, le président de l'Assemblée nationale, doit assumer l'intérim et sera chargé d'organiser des élections présidentielles dans les soixante (60) jours[27]. En choisissant un ministre du Gouvernement[28] et fils du président décédé comme successeur, l'armée a méconnu volontairement les dispositions de la norme fondamentale, relativement à la succession, en cas de vacance du pouvoir.

Le coup d'État du 23 décembre 2008 en Guinée ressemble à bien des égards à celui du Togo, dans son *modus operandi*. Dirigé par le capitaine Moussa Dadis CAMARA, il intervient quelques heures après le décès du chef de l'État, le général Lansana Conté. Ce coup d'État met définitivement un terme à toute succession telle que prévue par l'article 34 de la Constitution[29]. En effet, le 23 décembre vers 7h30, des putschistes lisent à la radio guinéenne leur première déclaration informant le peuple du coup de force. Le porte-parole, le capitaine Moussa Dadis CAMARA, qui deviendra par la suite le Chef de la junte, annonce la suspension de la Constitution, des institutions de l'État, de la vie politique et syndicale ainsi que la création d'un Comité militaire

---

[25] http://www.ufctogo.com/Togo-5-fevrier-2005-Coup-d-etat-2041.html, consulté le 22 aout 2022.

[26] https://reliefweb.int/report/togo/togo-la-cedeao-condamne-le-coup-d%C3%A9tat-et-exige-le-retour-%C3%A0-lordre-constitutionnel, consulté le 22 août 2022.

[27] Article 65 de la Constitution togolaise.

[28] Ministre de l'Équipement, des Mines, des Postes et Télécommunications, au moment du décès de son père.

[29] **B. DOMINIQUE**, « Le coup d'État de décembre 2008 et la Transition controversée en Guinée », Les Champs de Mars, vol. 28, no. 3, 2015, pp. 18-33.

dénommé « le Conseil national pour la démocratie et le développement (CNDD) ». Aucune succession constitutionnelle, n'étant possible dans ces conditions, le coup d'État est ainsi consommé.

Comme au Togo, la justification de la prise du pouvoir par l'armée en Guinée, répond à des calculs personnels et corporatistes, même si d'autres justifications ont pu être avancées en son temps[30]. D'ailleurs, à la question « Pourquoi avez-vous pris le pouvoir ? », le chef des *putschistes* Moussa Dadis CAMARA répond :

> « Je n'avais pas trop le choix. Je ne compte pas que des amis dans la haute hiérarchie militaire. J'étais donc face à un dilemme après la mort du Président Lansana Conté : soit je prenais le pouvoir, soit je quittais le pays. Si le pouvoir était tombé entre les mains du chef d'état-major Diarra Camara, j'aurais été obligé de m'exiler pour échapper à une mort certaine ».

A l'analyse et pour reprendre les termes de Michel Louis MARTIN, ce coup d'État s'inscrit dans un militarisme à usage politique interne, c'est-à-dire une action coercitive menée par des officiers des forces armées contre le pouvoir civil.

Sur le plan juridique, quelle que soit la justification donnée, l'intervention des militaires constitue une interruption du processus constitutionnel qui devait voir le Président de l'Assemblée Nationale, Aboubacar SOMPARE, assurer l'intérim, conformément aux dispositions de l'article 34 de la Constitution.

La deuxième catégorie des coups d'État intervenus pendant la période post entrée en vigueur du Protocole de 2001 regroupe les interventions militaires pour mettre fin à des dérives autoritaires. Au cours de cette période, on peut en identifier deux : le coup d'État du 10 février 2010 au Niger et celui du 5 septembre 2021 en Guinée. Les deux *pronunciamentos* ont la particularité d'avoir mis fin à deux régimes issus de manipulations constitutionnelles ayant permis à leurs auteurs de s'incruster au pouvoir.

---

[30] Les justifications du coup a posteriori, tant par les militaires que les civils, selon lesquelles le fauteuil présidentiel était vide ou encore que l'Assemblée nationale en vigueur était illégale ou périmée et illégitime. Un autre argument souvent avancé, de manière rapide, consiste à affirmer que la Constitution et les institutions de l'État (Assemblée nationale, Cour suprême) n'avaient plus de légitimité car elles n'étaient pas respectées. De même, une autre opinion consiste à avancer que le Président de l'Assemblée nationale, très impopulaire du fait de sa proximité avec les régimes de Sékou Touré et de Lansana Conté, ne devait pas assurer l'intérim : **B. DOMINIQUE**, « Le coup d'État de décembre 2008 et la Transition controversée en Guinée », *op.cit.*, p.21.

Au Niger, le Président Mamadou TANDJA est renversé par un groupe de militaires réunis au sein du Conseil Suprême pour la Restauration de la Démocratie (CSRD) le 18 février 2010. Ce coup de force, dirigé par le chef d'escadron SALOU Djibo, intervient dans un contexte d'exaspération socio-économique et de crise politique aigue. En effet, élu démocratiquement en 1999 et crédité d'un bilan convenable, Mamadou Tandja avait refusé de se retirer au terme de son second quinquennat, alors que la Constitution l'y oblige. Après avoir dissout le Parlement et la Cour constitutionnelle, qui s'opposaient à son maintien au pouvoir, il avait fait adopter une Constitution sur mesure prolongeant son mandat jusqu'en 2012 sans élection et faisant du président le « détenteur exclusif du pouvoir exécutif »[31] et de pouvoir se présenter à nouveau et sans limite à l'élection présidentielle[32]. Ce coup d'État est justifié, selon les auteurs, par la nécessité de mettre fin à un régime illégitime miné par la corruption dans un contexte favorable à l'affrontement, le tout couronné par une famine ressentie par des milliers de nigériens. Il faut reconnaitre à ce niveau que cette intervention militaire est relativement saluée par une large partie de l'opinion publique nationale et n'a fait l'objet que de timides condamnations des organisations communautaires et internationales.

En Guinée, à l'origine du coup d'État du 5 septembre 2021 figure la contestation du pouvoir d'Alpha CONDÉ dont le troisième mandat est considéré illégitime[33], tout en s'inscrivant dans une longue série de putschs[34]. Il faut rappeler à ce titre qu'avant la prise du pouvoir par les

---

[31] https://www.la-croix.com/Actualite/Monde/Le-coup-d-Etat-au-Niger-a-ete-plutot -bien-percu-_NG_-2010-02-21-547153: consulté le

[32] **M. KANE ELIMAME**, « Lecture et relecture du coup d'État du 18 février 2010 au Niger », Institut de documentation et recherche sur la paix, 2010, p. 18, www.institutidrp.org/contributionsidrp/Niger-2011.pdf.

[33] Le référendum constitutionnel ayant établi la IVe République en Guinée a servi de prétexte pour justifier le coup d'État du 5 septembre 2021, pour certains auteur, il y'a d'autres justifications. Ainsi, pour Adrien POUSSOU, La réforme constitutionnelle consacrant le changement de la République n'en était pas la cause, puisque le choix de la nouvelle Constitution s'est déroulé dans des conditions optimales. Le principal leader de l'opposition a pris part à l'élection présidentielle qui a suivi. Les vraies raisons du putsch sont à rechercher ailleurs. La vérité, c'est que le président Alpha Condé était devenu un homme à abattre aussi bien pour ses collaborateurs vénaux que pour certaines puissances extérieures : **A. POUSSOU**, *Guinée les véritables raisons d'un coup d'État inique : Comment le président Alpha Condé est-il devenu un homme à abattre* ?, Paris, Équilibres, 2022, 124 pages.

[34] À la mort de Sékou Touré en avril 1984, un Comité militaire de redressement national (CMRN) prit le pouvoir. Sous cette seconde République, l'armée fut l'un des piliers centraux du régime de Lansana Conte. À la mort du président Conté, c'est cette armée divisée qui reprend le pouvoir, le

militaires, le contexte social, économique et politique du pays était explosif[35]. En effet, La candidature du président Alpha CONDÉ à un troisième mandat[36] le 18 octobre 2020 a provoqué des mois de tensions qui ont causé des dizaines de morts dans un pays coutumier des confrontations politiques sanglantes. L'élection a été précédée et suivie par l'arrestation de dizaines d'opposants et des défenseurs des droits humains[37]. Dans une de leurs déclarations, les militaires réunis au tour du Comité National du Rassemblement et du Développement (CNRD) semblent en partie justifier leur intervention par le malaise socioéconomique et politique, en citant une phrase célèbre de l'ex-président ghanéen Jerry RAWLINGS : « *Si le peuple est écrasé par ses élites, il revient à l'armée de rendre au peuple sa liberté.* ». Comme au Niger en 2010, le coup d'État en Guinée a été salué par une partie de la population guinéenne, et n'a essuyé que de timides condamnations régionales et internationales.

Le troisième groupe de coups d'État est lié à la difficile gestion de la crise sécuritaire dans le sahel, une composante de l'espace CEDEAO. Dans cette catégorie, on y trouve les coups d'État au Mali et au Burkina. Au Mali, les trois coups d'État enregistrés de 2012 à 2022 découlent de la crise sécuritaire aigue que le pays connait depuis 2012. Le coup d'État du 21 mars 2012, dirigé par Amadou Haya SANOGO est consécutif à une mutinerie des soldats contre l'incapacité du gouvernement à arrêter l'offensive dans le Nord de rebelles Touareg et l'afflux de jihadistes en provenance des pays voisins. Les mutins avaient chassé le président Amadou Toumani TOURÉ, à deux mois de la fin de son mandat. Le Nord était alors rapidement tombé sous la coupe des jihadistes dont les agissements se sont depuis étendus au Centre et aux pays voisins[38]. Le deuxième coup d'État, intervenu le 18 aout 2020 est l'aboutissement d'un vaste mouvement de protestations populaires commencé dans les rues et

---

23 décembre 2008, pour instaurer un nouveau régime d'exception instauré par le Conseil national pour la démocratie et le développement (CNDD), dirigé par Moussa Dadis CAMARA.

[35] La contestation du troisième mandat du président Condé a provoqué la mort d'une centaine de personnes : https://www.voaafrique.com/a/contestation-en-guin% C3%A9e -90-morts-selon-l-opposition-le-gouvernement-conteste/5618658.html, consulté le 30 août 2022.

[36] Il avait fait adopter en mars 2020, malgré une contestation déjà vive, une nouvelle Constitution pour, disait-il, « moderniser (les) institutions »

[37] https://www.lepoint.fr/afrique/coup-de-force-en-guinee-05-09-2021-2441587382 6. php#11: consulté le 14 aout 2022.

[38]https://www.voaafrique.com/a/l-ex-putschiste-malien-sanogo-signe-un-retour-en-gr%C3%A2ce-remarqu%C3%A9-sous-la-junte/5593420.html, consulté le 23 septembre 2022.

terminé avec le renversement du président élu Ibrahim Boubacar KEITA. Cette nouvelle irruption des militaires à la tête de l'État, consolidée par le renversement des autorités civiles de la transition le 24 mai 2021[39] est dirigé par le Colonel Assimi GOITA.

Les Coups d'États intervenus au Burkina Faso les 25 janvier et 30 septembre 2022 sont également liés à la dégradation continue de la situation sécuritaire du pays. En effet, les groupes armés islamistes radicaux ont en effet à la fois étendu et plus profondément ancré leur influence dans le Nord et l'Est du pays, tandis que l'influence des groupes d'autodéfense communautaires n'a cessé de s'affirmer, jusqu'à ce que s'impose l'institutionnalisation de certains d'entre eux à travers la loi sur les volontaires pour la défense de la patrie[40]. Chacun de deux coups de force a pu être justifié, selon leurs auteurs et aux yeux de l'opinion publique, par des évènements particulièrement dramatiques. Pour le premier, conduit par Paul Henri SANDAOGO DAMIBA, c'est le drame d'*Inata*, survenu le 14 novembre 2021, lors duquel cinquante-trois gendarmes ont été massacrés par des groupes djihadistes après avoir réclamé en vain des renforts et de la nourriture (ils ont dû chasser durant deux semaines pour se nourrir)[41] qui est directement à l'origine du renversement du président Roch Marc Christian KABORÉ par certains des officiers auxquels il venait pourtant d'accorder sa confiance pour prendre le relais d'une hiérarchie militaire jugée (tardivement) vieillissante et incompétente[42]. Le second, mené par le capitaine Ibrahim TRAORÉ, le 30 septembre 2022, a visiblement été précipité par le massacre de 27 militaires à Gaskindé le samedi 2022 septembre. En effet, le drame de *Gaskindé* n'a pas fait qu'allonger la liste des milliers de personnes, civils ou militaires, morts depuis que le pays a basculé dans l'insécurité, en 2015. Il a aussi précipité le coup d'État du 30 septembre, mené par le capitaine Ibrahim TRAORÉ contre le lieutenant-colonel Paul-Henri SANDAOGO DAMIBA. Accusant leur supérieur de n'avoir

---

[39] **C. BENSIMON et M. LE CAM**, « Mali : Assimi Goïta, colonel aux deux coups d'État » : https://www.lemonde.fr/afrique/article/2021/05/28/mali-assimi-goita-colonel -aux-deux-coups-d-etat_6081936_3212.html, consulté le 29 aout 2022.

[40] **N. BAGAYOKO et M.-A. BOISVERT,** « Le retour des coups d'État en Afrique » : https://esprit.presse.fr/actualites/niagale-bagayoko-et-marc-andre-boisvert/le-retour-des-coups-d-etat-en-afrique-44042, consulté le 02 septembre 2022.

[41] https://burkina24.com/2022/12/11/drame-dinata-lona-charles-ouattara-met-a-nu-le-dysfonctionnement-de-larmee-et-propose-des-solutions/, consulté le 15 septembre 2022.

[42] Jean-François Bayart, *L'État en Afrique*. **La politique du ventre**, Paris, Fayard, 2006, *in* N. BAGAYOKO et M.-A. BOISVERT, « Le retour des coups d'État en Afrique » :

rien réglé à la crise sécuritaire qu'il promettait d'enrayer, les putschistes du 30 septembre 2022 ont décidé de le renverser, ouvrant un nouveau chapitre incertain à la tête d'un État déjà largement fragilisé[43].

2. Le recours aux manipulations constitutionnelles

Les manipulations de la Constitution et de lois électorales par les détenteurs du pouvoir politique constituent la seconde manifestation des perturbations du processus démocratique en Afrique de l'Ouest. Il s'agit de deux pratiques de plus en plus ancrées dans la gouvernance politique dans l'espace CEDEAO, et au-delà. D'un point de vue pratique, les manipulions constitutionnelles sont opérées à travers des modifications visant souvent à contourner certains verrous relatifs à l'âge limite d'éligibilité, et surtout la limitation du nombre de mandats présidentiels. Pour se limiter au deuxième cas, il faut relever qu'à l'exception de certains pays africains[44] et de certains régimes politiques[45], la limitation du nombre de mandats présidentiels a été vécue comme un nouvel ordre démocratique institué dans les années 1990. Cette limitation du nombre de mandats fait cortège avec les autres revendications exprimées lors des conférences nationales[46].

Dans l'espace CEDEAO, la révision constitutionnelle est maintes fois utilisée par certains chefs d'État pour se maintenir au pouvoir sur le fondement « d'une interprétation fallacieuse du texte en dépit de la clarté de son énoncé »[47] du texte en dépit de la clarté de son énoncé». Pour faire sauter le verrou de la limitation des mandants, la révision

---

[43] Benjamin Roger, « Burkina Faso – Attaque de Gaskindé : « 22 ans, c'est trop jeune pour mourir » : https://www.jeuneafrique.com/1383439/politique/burkina-faso-attaque-de-gaskinde-22-ans-cest-trop-jeune-pour-mourir/?utm_source=newsletter-ja-actu-v4&utm_campaign=newsletter-ja-actu-v4-10-10-2022&utm_medium=email&utm_content=article_2, consulté le 10 octobre 2022.

[44] On peut citer le Gabon, Ouganda, le Cameroun, la Djibouti, le Rwanda, le Soudan, le Soudan du Sud, l'Érythrée et la Gambie.

[45] Dans les régimes parlementaires où le pouvoir exécutif est exercé par un premier ministre, le président de la République n'a dans ces systèmes qu'un rôle honorifique. Le Premier ministre n'a aucune restriction inhérente à une limitation de nombre des mandats à l'image de l'Allemagne. On peut citer l'Île Maurice, le Lesotho et le Cap Vert. Il en est de même pour les monarchies comme le Maroc ou le Swaziland

[46] **I. S. BOINA**, « La malédiction constitutionnelle en Afrique : la révision », Presses Universitaires de France | « Revue française de droit constitutionnel », 2021/4 N° 128 | p. 24

[47] **M. NDIAYE**, « La stabilité constitutionnelle, nouveau défi démocratique du juge africain », *AIJC* XXXIII-2017, Economica-PUAM, 2018, p. 667-688.

constitutionnelle a été brandie comme la caution morale, politique et juridique[48] par les chefs d'États en question. Le « mandat de plus » est ainsi devenu pour certains chefs d'État une « obsession », comme l'illustre l'intitulé d'un article portant sur la question[49]. Depuis l'entrée en vigueur du Protocole de 2001, on peut compter une dizaine de cas.

Au Niger, le scenario du maintien au pouvoir de l'ex Président Mamadou TANDJA au-delà de son mandat constitutionnel offre une parfaite illustration de la manipulation constitutionnelle contraire au Protocole de 2001. En effet, à un peu plus d'un an avant la fin de son deuxième mandat, il a décidé de se maintenir au pouvoir encore au moins trois ans après l'expiration du deuxième mandat afin, dit-il, de « *parachever les grands chantiers qu'il a entamés* ». L'opposition politique saisit alors la Cour constitutionnelle pour avis sur la constitutionnalité de l'opération projetée. La Cour rendit un avis défavorable à l'initiative présidentielle. Malgré tout, le Président signa un décret n° 2009-178/PRN/MI/SP/D du 5 juin 2009[50] convoquant le corps électoral pour un référendum sur la constitution de la VIe République. L'opposition politique intenta alors devant la Cour constitutionnelle, un recours pour excès de pouvoir contre le décret de convocation du corps électoral. La Cour fît droit à la requête et ordonna l'annulation du décret querellé par un arrêt n° 04/CC/ME du 12 juin 2009. Face à l'intransigeance de l'opposition politique et la détermination de la Cour constitutionnelle à faire échec à son initiative, le Président de la République Mamadou TANDJA mît en œuvre son pouvoir de dissolution de l'Assemblée nationale par le décret n° 2009-150/PRN du 26 mai 2009[51]. Par la suite, il mettait fin aux fonctions des membres de la Cour constitutionnelle qu'il remplaça par d'autres personnalités, sur le fondement de ses « pouvoirs exceptionnels » a-t-on soutenu. La Constitution de la VIe République fut adoptée dans ce contexte de crise politique et institutionnelle le 4 aout 2009 et promulguée par décret n° 2009-256 du 18 août 2009[52]. Il organisa en octobre et décembre de la même année des élections législatives et

---

[48] **I. S. BOINA**, « La malédiction constitutionnelle en Afrique : la révision », op.cit., p. 27.

[49] **J. I. SENOU,** « Le nouvel avatar démocratique en Afrique : l'obsession du second mandat », ***Revue française de droit constitutionnel,*** 2016/3 n° 107, pages 633 à 652.

[50] JORN spécial n° 10 du 15 juin 2009

[51] JORN du 17 juin 2009

[52] *JORN* spécial n° 16 du 30 août 2009

municipales qui furent boycottées par les partis politiques opposés à l'initiative de la nouvelle constitution[53].

Au Sénégal, la révision constitutionnelle, intervenue en 2008, a permis au Président Abdoulaye WADE de briguer en 2012, un troisième mandat pourtant en violation de la Constitution[54], mais qu'il perdra dans les urnes, face à Macky SALL. En Côte d'Ivoire, le président Alassane OUATTARA qui avait été élu en 2010, puis réélu en 2015, avait déclaré le 5 mars 2020 qu'il renonçait à une nouvelle candidature, avant de changer d'avis en août à la suite du décès du candidat de son parti, le premier ministre Amadou Gon COULIBALY. La Constitution ivoirienne prévoyait deux mandats, mais le Conseil constitutionnel a estimé que la nouvelle loi fondamentale adoptée en 2016, permettait au président sortant de briguer un nouveau mandat. Mais, pour d'autres, un troisième mandat est strictement proscrit par la Constitution[55]. En Guinée, le Président Alpha CONDÉ a, en violation de la Constitution[56], brigué un troisième mandat en 2020 après avoir fait procéder à la révision de la Constitution[57] quelques mois avant la fin de son second mandat.

Ces manipulations constitutionnelles appellent de notre part deux commentaires. D'abord, il faut reconnaitre, qu'au regard du Protocole de 2001, ces pratiques créent un déficit démocratique, en ce sens que les règles constitutionnelles sont malmenées, les droits politiques de certains citoyens (les membres des partis politiques de l'opposition, par exemple)

---

[53] **J.I. SENOU**, « Le nouvel avatar démocratique en Afrique : l'obsession du second mandat », op.cit., p. 638.

[54] En effet l'article 27 de la Constitution sénégalaise de 2001, était-on ne peut plus clair « le mandat est renouvelable une seule fois ».

[55] La Constitution ivoirienne de 2000 a été révisée en 2016 par référendum mais n'a nullement remis en cause le principe de limitation à deux du nombre de mandats. L'article 35 de la Constitution ivoirienne en sa version du 1er août 2000 dispose dans son premier alinéa que « le président de la République est élu pour cinq ans au suffrage universel direct. Il n'est rééligible qu'une fois ». L'article 55 de la Constitution ivoirienne de 2016 reprend textuellement le premier alinéa de l'article 35 de la Constitution ivoirienne dans sa version de 2000. Au regard de cette disposition, nul n'a légalement le droit d'occuper les fonctions présidentielles plus de deux mandats consécutifs.

[56] La Constitution du 7 mai 2010 dispose en son article 27 que « Le président de la République est élu au suffrage universel direct. La durée de son mandat est de cinq ans, renouvelable une fois. En aucun cas, nul ne peut exercer plus de deux mandats présidentiels, consécutifs ou non ».

[57] La Constitution adoptée le 22 mars 2020 permet au président de partir non seulement sur un nouveau mandat, mais également un mandat rallongé qui passe de 5 à 6 ans (Const. 2020, art. 40). Voir en ce sens : **S. OUMAR BALDE**, « Les conséquences d'un changement constitutionnel sur le cadre électoral et l'alternance démocratique en Guinée », http://sens-public.org/articles/1528/, consulté le 11 septembre 2022.

sont réduits à néant, l'alternance est hypothéquée. Dans cet ordre d'idées, on estime que l'exercice de troisièmes mandats alimente les crises et décrédibilise la classe politique des États membres de la CEDEAO, et au-delà l'organisation elle-même. Ensuite, les manipulations constitutionnelles tendant à maintenir les chefs d'États au pouvoir créent un climat favorable à l'intervention de l'armée, pour prendre le pouvoir : les cas du Niger en 2010 où Djibo SALOU a déposé l'ex-président Mamadou TANDJA et de la Guinée en 2021où Mamady DOUMBOUYA a déposé Alpha CONDÉ constituent une parfaite illustration.

B. Les « deux poids, deux mesures » dans l'application des sanctions

Les réactions de la CEDEAO face aux coups d'États et autres manipulations des lois dans son espace géographique se font généralement à travers des communiqués ou des Déclaration contenant souvent des sanctions. Ces sanctions sont principalement fixés dans deux instruments majeurs : le Traité Révisé de la CEDEAO du 24 juillet 1993 et le Protocole A/SP1/12/01 du 21 décembre 2001 sur la démocratie et la bonne gouvernance. On peut résumer en affirmant que, désormais, tous les États membres de la CEDEAO, ont l'obligation, sous peine de sanction de respecter certains principes dont celui relatif au « *bannissement de tout mode anticonstitutionnel d'accession au pouvoir* ». Les sanctions prévues à cet égard doivent être appliquées de façon égale contre les États contrevenant. Dans la pratique cependant, la CEDEAO a de plus en plus du mal à prendre des décisions uniformes, claires et applicables de façon effective sur le terrain. A l'analyse, on peut relever que les décisions prises à l'encontre des États fautifs ne sont toujours pas conformes aux instruments en vigueur, ou dans le meilleur des cas, sont modulées en fonction de l'État en question. A ce titre, on peut distinguer d'une part ce que l'on peut appeler les « prises de position passive » à travers lesquelles les organes communautaires font une application minimalistes, voire complaisante, du Protocole (1) et d'autre part les « prises de position ferme », à travers lesquelles la CEDEAO fait une application du Protocole sans concession (2).

1. Les prises de position passives

Quand on analyse les différentes réactions de la CEDEAO face aux coups d'États militaires et autres changements anti constitutionnels, un constat est frappant : une certaine bienveillance, sympathie, complaisance de l'organisation face à ces pratiques, par rapport à certains États. Or, les sanctions prévues à cet effet par le Protocole ne doivent pas faire l'objet de différenciation entre les États Parties. Pour rappel, les sanctions d'ordre spécifique prévues « en cas de rupture de la Démocratie par quelque procédé que ce soit… »[58] peuvent aller par graduation : refus de soutenir les candidatures présentées par l'État membre concerné à des postes électifs dans les organisations internationales ; refus de tenir toute réunion de la CEDEAO dans l'État membre concerné ; suspension de l'État membre concerné dans toutes les Instances de la CEDEAO. Il faut ajouter, relativement à la dernière sanction, que pendant la suspension, l'État sanctionné continue d'être tenu au paiement des cotisations de la période de suspension. Pour l'essentiel, ces sanctions ont une dimension plutôt symbolique en ce qu'elles permettent au moins de mettre au banc de la Communauté l'État sanctionné pour rupture démocratique. A ce titre, seule la troisième option, c'est-à-dire la suspension de l'État membre semble revêtir un caractère un peu sévère.

Dans la pratique, on peut relever que tous les États ayant été victimes de coups d'État militaires ont écopé d'une suspension des Instances communautaires[59]. C'est le cas pour le Togo en 2005, la Guinée en 2008, le Niger en 2010, le Mali en 2012, 2020 et 2021, la Guinée en 2021 et le Burkina en 2022. Pour certains de ces pays, d'autres sanctions plus sévères ont pu être mobilisées.

Cependant, la réaction de la CEDEAO face aux manipulations constitutionnelles est pour le moins, ambigüe. En effet, de nombreux analystes dénoncent le silence de la CEDEAO à l'endroit des modifications constitutionnelles ayant permis au président Alpha CONDÉ, mais aussi, dans des conditions similaires, au président ivoirien Alassane OUATARA en 2020, d'effectuer un troisième mandat en

---

[58] A prendre par la Conférence des Chefs d'État et de Gouvernement

[59] Communiqué du 3ème sommet extraordinaire de la conférence des chefs d'État et de gouvernement de la CEDEAO sur la situation au Mali et en Guinée, Accra, République du Ghana, 7 novembre 2021 (Paragraphe §9) ; Sommet extraordinaire de la conférence des chefs d'État et de gouvernement de la CEDEAO sur la situation politique au Burkina Faso, Par visioconférence, 28 janvier 2022 (Paragraphe §7. b)).

violation des dispositions initiales des chartes fondamentales guinéennes et ivoiriennes. Or, ces manipulations constitutionnelles, en tant qu'elles constituent des ruptures des processus démocratiques en empêchant notamment les alternances au pouvoir, sont contraires au Protocole additionnel de 2001 sur la démocratie et la bonne gouvernance. D'ailleurs, le 22 août 2020 lors du d'un sommet, en mode virtuel, des Chefs d'États de la CEDEAO, le Président Umaro Sissoco EMBALO de la Guinée-Bissau, sur un « ton ironique », considère qu' : « un coup d'État militaire est forcément condamnable mais s'il faut condamner les coups d'État militaires, il faut aussi condamner tous les putschs qui permettent aux Présidents de faire un troisième mandat dans leurs pays ». En toile de fond, un tel discours semblerait jeter le discrédit sur le référendum du 22 mars 2020 organisé par le Président Guinéen Alpha CONDE aux fins d'un « artifice constitutionnel » pour prétendre à un troisième mandat, mais aussi la décision du chef de l'État ivoirien Alassane Dramane OUATTARA, invoquant un « cas de force majeure », d'être candidat à sa propre succession pour un troisième mandat[60].

Ces prises de positions à géométrie variables expliquent à la fois l'indignation des opinions publiques africaines face aux sanctions qu'elles ont adoptées contre les militaires maliens, mais aussi la difficulté de l'organisation ouest-africaine à s'imposer face aux officiers désormais au pouvoir au Burkina Faso, en Guinée et au Mali[61]. Au Sahel, une bonne partie de la société civile considère la CEDEAO comme « le club de chefs d'État » ou encore « le syndicat des chefs d'État» favorisant les intérêts de ceux-ci au détriment de celui des populations des États membres de l'organisation régionale. Même si cette perception ne fait pas l'unanimité, elle écorche considérablement l'image de l'institution et démontre le besoin croissant des citoyens en termes de redevabilité y compris au niveau des instances régionales.

2. Les prises de position fermes de la CEDEAO

De tous les coups d'État militaires perpétrés dans l'espace CEDEAO depuis l'entrée en vigueur du Protocole de 2001, celui intervenu au Mali

---

[60] **S. A. K. SY,** L'Afrique : une terre aux changements anticonstitutionnels de gouvernement ? », *op.cit.,* p.6-7

[61] ibidem

le 24 mai 2021[62], semble être le moins admissible, pour la CEDEAO. En effet, par une série de sanctions, les unes traditionnelles ; les autres sans précédent, car constituant une nouveauté au sein de l'organisation, la CEDEAO s'est montrée intraitable face aux autorités militaires de l'État malien.

D'un point de vue chronologique, et initialement à l'occasion du coup d'État du 18 août 2020, la République du Mali a subi différentes formes de sanctions prises par la CEDEAO et d'autres organisations[63]. Ensuite, en réaction au coup de force du 24 mai 2021, l'organisation communautaire a suspendu à nouveau[64] le Mali des institutions de la CEDEAO conformément aux dispositions du Protocole de 2001 de la CEDEAO[65]. Puis, la CEDEAO va recourir à une série de sanctions, les unes plus sévères que les autres, pour amener les militaires à rendre le pouvoir en février 2022, date prévue pour les élections. Dans cette perspective, l'Organisation régionale annonce le 7 novembre 2021 l'interdiction de voyage et le gel des avoirs financiers des autorités de la transition du Mali. A cet effet, la Conférence demande au Président de la Commission de la CEDEAO de compiler et soumettre la liste des individus et groupes d'individus concernés »[66]. Le 17 novembre 2021, la CEDEAO établit une liste de 149 personnalités du gouvernement malien et du Conseil national de transition (CNT), visées par des sanctions individuelles. Tous les membres du gouvernement et du CNT sont visés. Seuls les présidents de la Transition, le colonel Assimi GOITA, et le

---

[62] Ce coup d'État qui a déposé Bah N'DAW (président de la transition) t le Premier ministre Moctar OUANE et dirigé par le colonel Assimi GOÏTA, succède à celui 18 août 2020 qui a déposé le président IBK.

[63] Le 19 Août 2020, l'Union africaine décide de suspendre le Mali. Moussa FAKI MAHAMAT, condamne fermement la "détention forcée du président du Mali, du Premier ministre et d'autres membres du gouvernement malien" ; le 25 Août 2020 (OIF), l'Organisation internationale de la Francophonie (OIF) a, à son tour, suspendu le Mali de ses instances lors d'une session extraordinaire du Conseil permanent de la Francophonie (CPF), réuni sous la présidence de Louise Mushikiwabo, Secrétaire générale de la Francophonie : https://www.aa.com.tr/fr/afrique/mali-deux-coups-d-etat-et-une-pl%C3%A9iade-de-sanctions/2548089

[64]Communiqué du 3ème sommet extraordinaire de la conférence des chefs d'État et de gouvernement de la CEDEAO sur la situation au Mali et en Guinée, Accra, République du Ghana, 7 novembre 2021 (Paragraphe §9).

[65] Communique final du sommet extraordinaire de la CEDEAO sur le Mali, Fait à Accra, le 30 mai 2021 (Paragraphe §8, b)).

[66] Communiqué de la session extraordinaire de la conférence des chefs d'État et de gouvernement de la

CEDEAO, Accra, République du Ghana 16 septembre 2021 (Paragraphe §15).

ministre des Affaires étrangères, Abdoulaye DIOP, ne figurent pas sur la liste.

Pour en rajouter une nouvelle couche aux sanctions déjà prises, le 9 janvier 2022 la CEDEAO et l'UEMO décident de la fermeture des frontières terrestres et aériennes entre le Mali et les pays de la CEDEAO, la suspension de toutes les transactions commerciales avec le Mali, à l'exception des produits médicaux et de première nécessité, le gel des avoirs de la République du Mali dans les Banques centrales de la CEDEAO, le gel des avoirs de l'État malien et des entreprises publiques et parapubliques dans les banques commerciales des pays de la CEDEAO, la suspension de toute assistance et transaction financières en faveur du Mali par les Institutions de financement de la CEDEAO, particulièrement la BIDC et la Banque Ouest Africaine pour le Développement[67].

A l'analyse, et en comparant les sanctions infligées au Mali par rapport à celles infligées au Burkina Faso, à la Guinée ou au Niger, il ressort que la CEDEAO fait un traitement différencié, pour le même mal, ce qui est contraire aux prescriptions du Protocole considéré comme le référentiel ici. En effet, en plus des sanctions politiques, le Mali a subi des sanctions économiques et financières, particulièrement sévères. Les sanctions politiques renvoient à la suspension de l'État malien des instances communautaires, qui sans doute a entrainé logiquement et automatiquement l'application des autres sanctions prévues au titre du Traité et du Protocole[68]. Leur base juridique n'est donc pas contestable.

En revanche, les sanctions économiques et financières comme la fermeture de toutes les frontières terrestres et aériennes ainsi que l'arrêt de toutes transactions financières et de tous les flux économiques et commerciaux entre les pays membres et l'État sanctionné, la suspension de toutes les transactions commerciales et financières, le gel des avoirs

---

[67] Communiqué du 4ème sommet extraordinaire de la conférence des chefs d'État et de gouvernement de la CEDEAO sur la situation politique au Mali, Accra, République du Ghana, 9 janvier 2022 (paragraphe §9).

[68] refus de soutenir les candidatures présentées par l'État membre concerné à des postes électifs dans les organisations internationales ; refus de tenir toute réunion de la CEDEAO dans l'État membre concerné ; pendant la suspension, l'État sanctionné continue d'être tenu au paiement des cotisations de la période de suspension ; la suspension de l'octroi de tout nouveau prêt ou de toute nouvelle assistance par la Communauté ; la suspension de décaissement pour tous1 les prêts, pour tous les projets ou les programmes d'assistance communautaires en cours ; le rejet de la présentation de candidature aux postes statutaires et professionnels ; la suspension du droit de vote et la suspension de la participation aux activités de la Communauté),

dans les Banques centrales de la CEDEAO, le gel des avoirs des entreprises publiques et parapubliques dans les banques commerciales des pays de la CEDEAO, la suspension de toute assistance et transaction financières par les Institutions de financement de la CEDEAO[69] sont, a priori, sans fondement légal. En effet, ces sanctions posent deux problèmes juridiques : dans le fond et dans la procédure. Dans le fond, il faut bien convenir avec l'économiste togolais Kako NUBUKPO que le Mali n'avait enfreint aucune des règles de gestion monétaire ou de la réglementation des changes, condition exigée pour de telles sanctions[70]. Du point de vue de la procédure, les sanctions ont été prises en méconnaissance des procédures requises, notamment la réunion formelle de la Banque centrale pour constater une éventuelle infraction

En plus de leur irrégularité, ces mesures vont à l'encontre des fondements mêmes sur lesquelles la Communauté repose. Au regard des objectifs de la CEDEAO (art.3), ces sanctions remettent en cause le principe de la libéralisation des échanges entre États, la libre circulation des personnes, des capitaux, biens et services… etc. et en ce temps de globalisation et de mondialisation très poussé.

En réaction à ces sanctions économiques et financières, le Mali a saisi le Cour de justice de l'UEMOA de deux requêtes : l'une pour demander l'annulation de sanctions considérées comme « illégales », et une autre pour les suspendre. C'est sur cette dernière requête que s'est prononcée la Cour de justice en attendant de statuer sur le fond. Ainsi, dans un communiqué de presse, la Cour a décidé d'ordonner le sursis à l'exécution des sanctions prononcées par la Conférence des chefs d'État et de gouvernement de l'UEMOA lors de sa session extraordinaire tenue, à Accra, le 9 janvier 2022, en considérant que les arguments de l'État du Mali quant à ce caractère d'urgence sont « fondés dans la mesure où l'application des sanctions risque d'entraîner des conséquences difficilement réparables au regard de l'impact social, économique et financier »[71]. Elle n'a pas été entendue, et il a fallu attendre le 3 juillet pour que ces dernières soient levées.

---

[69] Il s'agit essentiellement de la BIDC et de la BOAD.

[70] https://www.jeuneafrique.com/1385021/politique/kako-nubukpo-la-cedeao-connait-une-derive/: consulté le 17 octobre 2022.

[71] Communiqué du 24 mars 2022, lu par Hamidou Yamega, Greffier adjoint de la Cour de Justice de l'UEMOA.

« L'efficacité de l'ensemble de ces mesures demeure toutefois très modeste. En effet, en dehors du coup d'État de Amadou HAYA SANOGO en 2012 où, à la suite des pressions exercées sur son gouvernement, il a quitté le pouvoir, les sanctions n'ont jamais forcé un putschiste à quitter et à rendre immédiatement le pouvoir. Quant aux sanctions économiques frappant l'ensemble de la population, elles offrent au contraire au régime sanctionné l'occasion de se faire passer pour le défenseur des intérêts de la population contre les ennemis de l'extérieur. Par ailleurs, ces mesures sont généralement vouées à l'échec grâce à la mondialisation qui favorise des pratiques de contournement ». À ce titre, le Mali a pu notamment s'appuyer sur l'Algérie, la Mauritanie et la Guinée pour contourner l'isolement dans lequel les sanctions l'ont précipité.

II. Le recours à la « force » pour sauvegarder les « principes démocratiques »

Au regard du développement qui précède, une question simple nous tente : A quoi sert encore le Protocole de la CEDEAO sur la démocratie et la bonne gouvernance ? Cette question nous rappelle celle de P.-F. GONIDEC en 1988, lorsqu'il se demandait dans un article éclairant « ***À quoi servent les constitutions africaines ? Réflexion sur le constitutionnalisme africain*** »[72], Dans un premier temps, on pourrait soutenir qu'à l'épreuve des faits, le protocole n'a pas atteint ses objectifs : les coups d'État civil et militaire se sont multipliés depuis son entrée en vigueur. Le Protocole de la CEDEAO n'est donc pas efficace pour parer aux changements anticonstitutionnels de gouvernement [73]. Dans un second temps, on peut affirmer qu'au regard de l'incapacité des textes et autres mécanismes régionaux de produire les réponses et les solutions attendues aux coups d'État et aux tensions politiques, démocratiques et sociales récurrentes en Afrique de l'Ouest, le protocole est dépassé et ineffectif. Finalement, face au déclin du droit à travers l'échec des mécanismes politiques, les instances communautaires recourent à la

---

[72] **P.-F. GONIDEC**, « À quoi servent les constitutions africaines ? Réflexion sur le constitutionnalisme

africain », *RJPIC*, 1988, n°4, p. 849.

[73] **S.A.K. SY**, « L'Afrique : une terre aux changements anticonstitutionnels de gouvernement ? », op.cit., p. 4-5.

menace militaire (A), ce qui encourage parfois la légitimation des coups d'État militaires (B).

A. De l'échec des mécanismes politiques à la menace militaire

1. L'échec des mécanismes politiques

Dérive[74], passivité[75], perte de crédibilité[76]... les analyses et autres observateurs rivalisent de talent et de créativité pour qualifier la manière chaotique avec laquelle la CEDEAO gère les différentes crises politiques qui assaillent la région, depuis quelques années. Il faut rappeler qu'en matière de démocratie et de bonne gouvernance, le Protocole relatif au Mécanisme de prévention, de gestion, de règlement de conflits, de maintien de la paix et de la sécurité de 1999 et son Protocole additionnel sur la démocratie et la bonne gouvernance de 2001, ont doté la CEDEAO des capacités institutionnelles de mettre en lien la défense de la stabilité des pays[77] ainsi que la résolution des conflits et le modèle de gouvernance démocratique. À la lecture de deux protocoles, il ressort que la Conférence des chefs d'État et de gouvernement et le Conseil de Médiation et de Sécurité forment les principaux mécanismes politiques chargés de veiller, spécifiquement, au respect des principes démocratiques et de bonne gouvernance dans la région. Initialement et au regard du Protocole de 1999, c'est la Conférence des chefs d'État et de gouvernement dans le cadre des questions se rapportant à la prévention, à la gestion et au règlement des conflits, au maintien de la paix et de la sécurité, à l'assistance humanitaire, à la consolidation de la paix, à la lutte contre la criminalité transfrontalière et la prolifération des armes légères. Par la suite, la Conférence des chefs d'État et de

---

[74] **N. KAKO**, « La CEDEAO connaît une dérive » : https://www.jeuneafrique.com/1385021/politique/kako-nubukpo-la-cedeao-connait-une-derive/: consulté le 17 octobre 2022.

[75] N. BAGAYOKO et M.-A. BOISVERT, « Le retour des coups d'État en Afrique », op.cit., *en ligne.*

[76] **O. BOUTALEB**, « Le rôle de la CEDEAO dans la gestion des crises politiques et sécuritaires internes de ses États membres », *Policy Brief - N° 49/22* - Août 2022

[77] Certains analystes estiment qu'au moment de sa création, la principale préoccupation de l'organisation consistait en la protection des présidents et des gouvernements des États membres. L'aspect concernant le respect des normes démocratiques et des droits de l'homme ne représentait pas à cette époque une priorité pour les États membres.

gouvernement décide d'octroyer au Conseil de médiation et de sécurité (CMS) la possibilité de décider en son nom des mesures appropriées dans le cadre du Mécanisme. Ainsi, le Conseil a le pouvoir de proposer des politiques visant à prévenir et à aider à la gestion des conflits et du retour de la paix et de la sécurité. De ce fait, ledit Conseil approuve les interventions nécessaires et peut ordonner de déployer des moyens militaires ou politiques. Le Conseil se réunit à trois niveaux : entre chefs d'État, entre ministres et entre ambassadeurs des pays membres[78].

A l'épreuve des prises de pouvoir anticonstitutionnelles, la ligne de conduite de la CEDEAO, à travers ses mécanismes politiques, a combiné fermeté sur les principes, réalisme politique et mobilisation internationale afin de formuler l'exigence d'une transition courte aboutissant au transfert du pouvoir à des responsables politiques civils élus[79]. Si dans plusieurs cas, les mécanismes ont joué avec fermeté un rôle pro actif et de veille en dénonçant et condamnant les prises illégales du pouvoir, il n'en est pas de même pour d'autres cas. Dans le cas du Niger en 2009 lorsque TANDJA Mamadou a décidé de se maintenir au pouvoir au-delà de son mandat constitutionnel, la CCE/G et le CMS ont interpellé le Gouvernement du Niger en vue de respecter ses obligations découlant du Protocole Additionnel régional sur la Démocratie et la Bonne Gouvernance. Face à l'intransigeance du président Mamadou TANDJA, le Niger a été suspendu des instances de la CEDEAO en application des dispositions de l'article 45 du protocole de 2001. Même si les sanctions n'ont pas découragé le président TANDJA d'aller au bout de son entreprise, elles l'ont décrédibilisé et alerté la communauté internationale sur le risque que représente cette décision sur la paix, la démocratie et les droits de l'homme. On peut également citer la fermeté exemplaire de l'organisation contre le coup de force du capitaine Amadou Haya SANOGO, qui a fini par rendre le pouvoir aux civils, à la suite d'une pléthore de sanctions. En décembre 2016, la CEDEAO est intervenue en Gambie à travers l'opération « *Restore Democracy* » suivant la volonté du Président élu Adama BARROW. Ainsi, les présidents en exercice du Ghana, Nana AKUFO-ADO, du Sénégal, Macky SALL, et Ellen Johnson SIRLEAF du Libéria, ont élaboré un

---

[78] **O. BOUTALEB**, « Le rôle de la CEDEAO dans la gestion des crises politiques et sécuritaires internes de ses États membres », *Policy Brief - N° 49/22* - Août 2022, p.4.

[79] **G. OLAKOUNLE YABI**, *Le Rôle de la CEDEAO dans la Gestion des Crises Politiques et des Conflits : cas de la Guinée et de la Guinée Bissau*, Friedrich-Ebert-Stiftung, Bureau Régional, Abuja, 2010,

accord dans le cadre de la CEDEAO dans l'optique de pousser Yahya JAMMEH à démissionner. Le manque de coopération de ce dernier, malgré les incitations de ses homologues ouest-africains, a poussé la CEDEAO à expulser Yahya JAMMEH de ses instances. L'organisation a également menacé le président d'organiser une opération militaire dans le pays. Yahya JAMMEH finit par céder le pouvoir et s'exiler.

A l'exception de ces trois cas, il est remarquable aujourd'hui que la CEDEAO est en perte continue d'influence dans la prévention et le règlement des perturbations des processus démocratiques dans ses États membres. Dans les récentes crises politiques vécues par des pays de l'Afrique de l'Ouest, les instances de la CEDEAO n'ont pas réussi à prendre des initiatives effectives[80]. Le premier cas de l'échec des mécanismes politiques qui interpelle est celui du Benin. Réputé comme étant un laboratoire de démocratie depuis les années 90, le Bénin a accusé un recul important ces dernières années. En effet, en avril 2019, la majorité des partis de l'opposition décident de boycotter les élections législatives. Ils dénonçaient un système politique anti-démocratique et répressif. Les élections se tiennent alors avec la participation de seulement deux petits partis proches du gouvernement de Patrice TALON[81]. Le taux de participation aux élections est de 27 % dans un contexte politique extrêmement tendu. La CEDEAO n'intervient à aucun moment dans le processus politique malgré le recul démocratique, consécutif aux élections et manœuvres ayant entrainé la victoire du clan Talon.

Au Togo, la CEDEAO est également restée passive face à l'entêtement du président togolais Faure GNASSINGBÉ de se maintenir au pouvoir malgré l'arrivée à échéance de son dernier mandat. Déjà, en juillet 2018 et dans le cadre des élections législatives à venir, les autorités togolaises rejettent la feuille de route de la CEDEAO faisait mention de la formation d'une Commission électorale nationale indépendante ainsi que d'une réforme totale du fichier électoral pour la tenue des élections. Face à la réaction du pouvoir en place, l'organisation régionale n'impose aucune sanction et permet de ce fait à GNASSINGBÉ de mener à bien les législatives sans l'implémentation des réformes. À l'issue des

---

[80] **VEDIE, H.L.**, *Forces et faiblesses de la CEDEAO en 2021*. Policy Center for the New South, p. 7.

[81] **O. BOUTALEB**, « Le rôle de la CEDEAO dans la gestion des crises politiques et sécuritaires internes de ses États membres », op.cit., p.4.

élections, la CEDEAO applaudit la transparence du processus électoral et le bon déroulement des élections. En 2020, le Togo organise des élections présidentielles. Celles-ci seront remportées dès le premier tour par le président Faure GNASSINGBÉ pour un quatrième mandat consécutif.

En Guinée, après deux mandats, contestés, mais tout de même considérés comme légitimes par la communauté internationale, le président sortant décide de tout mettre en œuvre pour se maintenir au pouvoir. En mars 2020, après des mois de crise politique due aux manifestations de l'opposition, le manque d'intervention effective de la CEDEAO ainsi que de l'Union africaine[82] permet à Alpha CONDÉ d'organiser les élections législatives et le référendum en vue d'adopter une réforme constitutionnelle. En octobre 2020, après une révision du fichier électoral, les élections présidentielles, boycottées par la plupart des acteurs politiques, sont maintenues. Le 18 octobre 2020, Alpha CONDÉ remporte les élections présidentielles à la majorité des voix dès le premier tour. Bien que les résultats aient été contestés par les partis de l'opposition, la CEDEAO et l'Union africaine se disent satisfaites du processus électoral. Devant la passivité des organisations régionales face à la crise politique qui sévit en Guinée depuis plusieurs mois, le pays dérive. Le 5 septembre 2021, moins d'un an après avoir entamé son troisième mandat, Alpha CONDÉ est renversé par un coup d'État militaire, qui aurait pu être anticipé à bien des égards. Dès lors, un bras de fer marque les rapports entre la junte au pouvoir et la CEDEAO. Cette dernière condamne le coup d'État tandis que la junte militaire reproche à l'organisation régionale son manque de réactivité tout au long des deux dernières années. La CEDEAO prend alors une série de sanctions à l'encontre de la junte et exclut la Guinée de ses instances. Après des mois d'incertitude ainsi que plusieurs ultimatums posés par la CEDEAO, le Conseil National de Transition guinéen annonce une transition de 39 mois malgré les délais courts fixés par l'organisation régionale. De plus, que ce soit au sein de la population ou dans les rangs du pouvoir, les

[82] L'organisation régionale a dépêché une mission d'experts à Conakry pour vérifier la fiabilité du fichier électoral devant servir pour le double scrutin. Ces derniers ont recommandé le retrait de 2,5 millions de personnes des listes électorales pour l'organisation d'élections transparentes mais ces modifications ne seront pas implémentées par le gouvernement. Bien qu'il ait été boycotté par une large frange des électeurs, le double scrutin ouvre la voie pour une nouvelle constitution qui permet au président sortant de se présenter pour un troisième mandat. Les observateurs, internationaux et régionaux, ont d'ailleurs manqué à l'appel lors de ces deux scrutins en raison du refus du gouvernement guinéen prétextant la crise sanitaire.

réactions hostiles à la CEDEAO se radicalisent de plus en plus. Dans le cas particulier de la Guinée, la CEDEAO n'a pas eu de réaction tranchante comme elle a pu le faire par le passé.

L'incapacité de la CEDEAO à utiliser ses instruments d'alertes précoces et de prévention des crises[83], est significative d'un besoin de réformes permettant de mettre l'organisation davantage à l'écoute des aspirations profondes des populations de ses États membres.

2. La menace militaire de la CEDEAO

Lorsque les militaires prennent le pouvoir aux civils, ils avancent généralement des arguments selon lesquels, ils entendent « restaurer la démocratie et l'État de droit ». Malgré ces justifications de principe, ils seront automatiquement et immédiatement rejetés[84] et condamnés, par la communauté internationale leur déniant toute forme de légitimité. Seule l'opinion nationale ou une partie accordera une certaine crédibilité à leurs discours. Pourtant, face à la résurgence des coups d'État et diverses tentatives dans la région, la CEDEAO menace de recourir également à la force militaire pour « restaurer la démocratie »[85]. C'est en 2012, pour la première fois, que la CEDEAO a brandit d'une intervention militaire contre des putschistes en vue d'un retour à l'ordre constitutionnel, à travers sa « force militaire d'attente »[86]. En effet, réunis à Dakar le 2 avril

---

[83] Au terme d'une série de consultations et de réunions d'experts, le Conseil de Médiation et de Sécurité a adopté le 16 janvier 2008 un Règlement définissant le Cadre de Prévention des Conflits de la CEDEAO (CPCC), un document qui vise à clarifier la stratégie de mise en œuvre des principes contenus dans les deux protocoles de 1999 et 2001. Dans ce nouveau document, il est indiqué que la CEDEAO a « mis en place plusieurs organes prometteurs en matière de prévention des conflits en vue de soutenir son mandat, notamment le Système d'alerte précoce, le Conseil de Médiation et de Sécurité, le Conseil des sages et des médiateurs spéciaux » mais que « la mise en œuvre des aspects préventifs du Mécanisme a parfois souffert de l'absence d'une approche stratégique » qui se caractérise par « une faible coordination interne, une sous-utilisation et une mauvaise canalisation des capacités humaines existantes ainsi que le déploiement d'instruments limités. Voir à ce sujet l'analyse de : **G. OLAKOUNLE YABI**, Le Rôle de la CEDEAO dans la Gestion des Crises Politiques et des Conflits : cas de la Guinée et de la Guinée Bissau, *op.cit,* p. 33.

[84] Seuls quelques coups d'État font exception à ces condamnations de principe, dont le plus récent est celui intervenu au Tchad où le fils du président Deby ITNO l'a remplacé à la tête de l'État après sa mort, le …

[85] En décembre 2016, la CEDEAO est intervenue en Gambie à travers l'opération « *Restore Democracy* », pour selon eux,

[86] La Force en attente de la CEDEAO (FAC) est une force multidisciplinaire composée de militaires, de policiers et de civils issus des États membres de la CEDEAO. Elle met à disposition du personnel pour les missions et opérations de soutien à la paix régionales et continentales.

2012, Conférence des Chefs d'État et de Gouvernement a menacé d'intervenir militairement au Mali en pleine tourmente. Pour cela, les douze chefs d'État présents ont « demandé au Comité des chefs d'état-major de se réunir immédiatement à Abidjan pour voir les modalités d'activation de cette force ». Préventivement, la CEDEAO avait déjà mis en état d'alerte en fin de semaine dernière une force militaire de quelque 2.000 hommes[87].

En décembre 2016, la CEDEAO a menacé d'intervenir militairement en Gambie à travers l'opération « *Restore Democracy* » contre le président gambien si ce dernier, battu à la présidentielle gambienne par **l'opposant Adama BARROW,** ne quitte pas le pouvoir à la fin officielle de son mandat. L'organisation sous régionale donné à l'homme au boubou blanc jusqu'au 19 janvier 2017 pour vider le State House sans quoi elle le délogera par la force armée[88].

Plus récemment encore le 28 juillet 2022, dans un contexte tendu entre les autorités militaires du Mali et les Instances de la CEDEAO, le président de la Guinée-Bissau et président en exercice de l'organisation ouest-africaine du 28 juillet 2022, annonce que l'organisation étudie la possibilité de créer une « force anti-putsch » pour lutter contre les coups d'États en Afrique :

> « Il est déjà sur la table la création d'une force anti-putsch que nous sommes en train de penser à créer, et cela pourra permettre que tout le monde comprenne qu'en plein 21e siècle, les coups d'États sont inadmissibles et inacceptables », et d'ajouter : « on ne peut pas penser que pour arriver au sommet de l'État, c'est un fast-track [...] Il y a des procédures pour devenir chef d'État. Il faut que nous soyons tous

---

Depuis la dissolution du groupe de supervision du cessez-le feu de la CEDEAO (ECOMOG) en 2000, l'organisation ouest-africaine dispose d'une force intérimaire prête à agir. Un contingent de cette force intérimaire ouest-africaine dénommée Ecomib est déployé en Guinée-Bissau depuis le coup d'État d'avril 2012 qui a renversé le président Raimundo Peireira : https://afrique.latribune.fr/politique/2016-12-23/gambie-la-cedeao-a-t-elle-les-moyens-d-une-intervention-militaire.html, consulté le 12 octobre 2022.

[87]https://www.nouvelobs.com/monde/20120403.OBS5303/mali-la-cedeao-menace-d-intervenir-militairement.html: consulté le 21 septembre 2022.

[88] « La date limite butoir que nous avons, c'est le 19 janvier, à laquelle le mandat du président Yahya Jammeh finit », insiste Marcel de Souza, président de la Commission de la CEDEAO. « S'il ne s'en va pas, nous avons les forces d'attente qui sont déjà mises en alerte. Ces forces d'attente doivent pouvoir intervenir ou faire rétablir la volonté du peuple », prévient l'officiel : https://www.rfi.fr/fr/afrique/20161223-election-gambie-mali-cedeao-adama-barrow-jammeh-yahya-intervention-armee, consulté le 22 septembre 2022.

républicains. C'est le peuple qui a le droit de sanctionner les dirigeants même si les peuples sont parfois aussi complices ».

D'après M. EMBALO, dont les propos ont été soutenus par son homologue Emmanuel MACRON, ces situations sont inadmissibles au 21e siècle. « *C'est un instrument extrêmement efficace pour lutter contre les déstabilisations qu'on a vu fleurir dans la région où des groupes militaires ont exploité l'affaiblissement des États soumis soit à l'instabilité endémique soit aux coups de boutoir des terroristes, pour prendre le pouvoir* », a d'ailleurs renchéri le président français[89].

Bluff ou menace sérieuse, l'idée de faire intervenir militairement dans un État membre est un aveu d'impuissance, voire d'échec. Une telle intervention est confrontée à des limites juridiques et pratiques. D'un point de vue juridique, une intervention militaire de la CEDEAO pour restaurer la démocratie n'est pas prévue par un instrument communautaire. Elle est à priori illégale et les États victimes risquent de se pourvoir devant la Cour de justice de la CEDEAO afin qu'elle déclare l'illégalité de l'intervention. D'un point de vue procédural, une intervention militaire constitue un recours exceptionnel qui devrait précéder d'autres voies, notamment les sanctions économiques et diplomatiques sur une certaine période (entre 3 et 6 mois)[90]. À ce titre, il faut aussi rappeler qu'en droit international, le recours à la force des organisations régionales telles que l'UA, la CEDEAO ou l'OTAN demeurent subordonnées aux dispositions de la Charte de l'ONU. En dehors des situations de légitime défense et d'assistance sollicitée, celle-ci ne peuvent employer la force sans l'autorisation préalable du CSNU, auquel échoit la responsabilité principale du maintien de la paix et de la sécurité internationales[91]. Or ici, il apparait que le motif de l'intervention réside dans la volonté de restaurer la démocratie, qui ne figure nullement dans la Charte comme une raison suffisante. D'un point de vue pratique, l'organisation ne dispose pas de tous les moyens opérationnels pour attaquer un autre État, dans un contexte marqué par les difficultés économiques de défis sécuritaires auxquels certains pays font face

---

[89] https://www.agenceecofin.com/urgent/2807-100169-la-cedeao-envisage-la-creation-dune-force-anti-putch-pour-lutter-contre-les-coups-detat-en-afrique-de-louest, consulté le 25 septembre 2022.

[90] **D. SOW**, « Crise gambienne : rétrospective juridique sur l'intervention militaire de la CEDEAO», https://www.wathi.org/laboratoire/tribune/crise-gambienne-retrospective-juridique-lintervention-militaire-de-cedeao/, consulté le 18 septembre 2022.

[91] *Ibidem.*

(Burkina Faso, Niger, Mali, Nigeria). Il apparaît peu réalisable que des contingents militaires conséquents soient mis à disposition pour une opération militaire d'une pareille envergure ; ou encore que des fonds soient alloués pour financer une telle initiative. Enfin, une intervention militaire provoquerait un soulèvement populaire dont les conséquences sont incalculables dès lors les opinions publiques sont largement en faveur des militaires auteurs des coups d'État. Finalement, il semble que la seule explication possible d'une telle menace soit la peur d'un effet de contagion à d'autres pays en proie également à des contestations populaires semble en être la véritable raison.

B. La légitimation des coups d'État militaires

Face à la désillusion démocratique, au désespoir socioéconomique et à l'exaspération sécuritaire, une certaine opinion semble adhérer à l'option des coups d'État militaires, pour être délivrés de régimes corrompus et incompétents. Les coups d'État intervenus ces dernières années dans l'espace CEDEAO, et au-delà, sont tolérés et même soutenus, dans certains cas, d'où la conviction qu'ils bénéficient d'une légitimation d'abord populaire (1) et ensuite, dans d'autres cas, institutionnelle (2).

1. Une légitimation populaire

Enthousiasme, soulagement, espoir, libération, etc., ces mots décrivent les sentiments des populations en Afrique de l'Ouest, notamment, lorsque les militaires déposent un président civil ou non mal aimé. En effet, au lendemain des coups d'État, les populations sortent massivement[92] pour exprimer leur joie et leur soutien à ceux qu'elles considèrent comme des héros ou des « acteurs de la rectification démocratique ». Ces réactions constituent la preuve que les citoyens ne restent pas passifs face à ces changements, même lorsqu'ils sont anti démocratiques, et qu'ils aspirent à un réel changement dans la gouvernance politique. Il existe en effet un sentiment grandissant en Afrique de l'Ouest que la démocratie, et surtout ses dirigeants, ne sont pas en mesure de délivrer les espérances populaires pour un futur

---

[92] D'autres moyens sont également utilisés aujourd'hui, à l'ère du numérique : le soutien aux militaires sur les réseaux sociaux se fait aussi à travers l'usage de Facebook, Twitter ou WhatsApp. Ces outils ont réussi à prendre place dans l'espace de production de l'opinion publique.

meilleur. Il y a donc un risque que les gens se tournent vers des alternatives plus radicales ou autoritaires[93], car on ne voit plus la prise forcée du pouvoir par des moyens extraconstitutionnels, mais simplement la fin d'une souffrance et la naissance d'un espoir.

Dans les cas du Niger en 2010, du Mali en 2012, 2020 et 2021, de la Guinée en 2021 et du Burkina en 2022, il est perceptible que l'enthousiasme exprimé est symptomatique de la grande désespérance de ces populations, déçues par des régimes civils qui n'ont pas su tenir leurs promesses démocratiques, économiques, sociales et sécuritaires. A l'analyse, cette adhésion populaire aux prises du pouvoir par la grande muette rappelle l'idée de coup d'État libérateur ou, pour reprendre l'expression d'Ozan VAROL, « coup d'État démocratique »[94]. En effet, l'auteur Ozan VAROL[95] expliquait en 2012 le concept de coup d'État démocratique, comme un acte mettant fin à un régime dictatorial et favorisant le retour aux bases démocratiques. L'auteur établissait cette distinction avec les autres types de coups perpétrés par des militaires, qui n'ont d'autres buts que de concentrer le pouvoir entre leurs mains à des fins personnelles ou de constitution de rentes[96]. Au regard des critères que l'auteur dégage[97], seul le coup d'État de Salou DJIBO et dans une moindre mesure celui de Mamadi DOUMBOUYA en 2021 en Guinée se

---

93 **A. DOSS,** « Sauvegarder la démocratie en Afrique de l'Ouest » : https://africacenter.org/fr/spotlight/sauvegarder-la-democratie-en-afrique-de-l-ouest/, consulté le 21 aout 2022.

94 Le 30 mars 2010, Jeune Afrique publiait un article intitulé « Coup d'État démocratique » en référence aux nombreux putschs perpétrés en Afrique de l'Ouest qui étaient justifiés par un besoin de retour à la démocratie après une parenthèse de transition dirigée par une junte militaire. Voir en ce sens : https://www.wathi.org/alerte-au-coup-detat-democratique-en-afrique-de-louest/, consulté le 17 septembre 2022.

95 **O. VAROL**, « The Democratic Coup d'État », Harvard International Law Journal, vol. 53, pp. 298s

96 **W. AHOUANSOU,** « Alerte au « coup d'État démocratique » en Afrique de l'Ouest », janvier 2022 : https://www.wathi.org/alerte-au-coup-detat-democratique-en-afrique-de-louest/, consulté le 5 octobre 2022.

97 Réalisés contre un régime totalitaire ; à la demande persistante d'une opposition populaire au régime dictatorial ; face au refus dudit régime de prendre en compte les revendications de la population en démissionnant ; par un militaire ayant une bonne réputation au sein de la nation ; uniquement dans le but de renverser la dictature et permettant l'organisation rapide d'élections libres et transparentes, avec un transfert effectif du pouvoir au nouveau régime démocratiquement élu. Un exemple de coup d'État démocratique présenté par Ozan Varol pour soutenir sa théorie est celui réalisé en Égypte le 11 février 2011 contre Hosni Moubarak. Sans pour autant considérer cet acte comme un moyen légitime de dévolution du pouvoir, l'auteur le présente tout de même comme un pan de l'histoire d'un pays qui permet un retour à un régime favorisant le respect des normes démocratiques et les aspirations du peuple.

rapprochent de cette catégorie. Les autres, étudiés dans cette contribution, rentrent plutôt dans une nouvelle catégorie qu'on peut appeler « *coup d'État à objectif sécuritaire* ».

Quelle que soit la catégorie dans laquelle, on peut les classifier, il est important que ces coups d'État permettent d'emprunter le chemin de la démocratie. Les exemples du Mali en 1991 avec Amadou Toumani TOURÉ, Au Ghana avec Jerry RAWLINGS, présenté comme celui qui a su ouvrir le pays à la démocratie et celui de Salou DJIBO, qui a permis au Niger de renouer avec la démocratie[98] sont là pour espérer[99].

2. Une légitimation institutionnelle

A priori, l'idée d'une légitimation institutionnelle d'un coup d'État peut surprendre, si l'on considère que c'est un acte qui sort de l'orbite de la loi, de l'ordre juridique, qui lui est contraire. En effet, l'expression « légitimation institutionnelle » renvoie à l'action pour des corps constitués, des organes constitutionnels, des États, des organisations régionales et internationales, etc. de reconnaitre et de soutenir les prises extraconstitutionnelles du pouvoir. A ce titre, ce dont on est habitué, ce sont les condamnations qui pleuvent à l'occasion des coups d'État militaires. Mais, à l'épreuve des coups d'État intervenus entre 2020 et 2022, les prises de positions de certains acteurs montrent une autre réalité : la légitimation tacite de certains coups de force.

En Afrique francophone, l'exemple qui fait cas d'école aujourd'hui, et qui risque, d'être une référence ironique est le coup d'État du 20 avril 2021 au Tchad. Ce coup de force, qui n'est pas diffèrent des autres, en ce sens qu'il a anéanti toute possibilité de succession constitutionnelle, a été validé à la fois par la France[100] et par l'Union Africaine. Le plus surprenant est l'acte de validation de l'Union africaine (UA), qui, pour la première fois de son histoire, n'a pas décidé de sanctions collectives ni de suspension suite à un changement inconstitutionnel de régime[101] de

---

[98] Voir à ce sujet, l'analyse de : **P. MASSINA**, « Le coup d'État, entre déshonneur et bienveillance », op. cit.,pp.18 et suivantes.

[99] Idem.

[100] Le pays a immédiatement pris acte, par le biais d'un communiqué de l'Élysée, de l'instauration au Tchad du CMT : Jérôme Tubiana, « How France undermines democracy in Chad", Foreign Policy, 24 mai 2021.

[101] **P.-S. HANDY**, « L'exercice d'équilibrisme de l'UA au sujet du coup d'État au Tchad crée un précédent inquiétant », Institut d'études de sécurité, 2 juin 2021.

l'instauration d'un régime ouvertement militaire au Tchad. Cette attitude a incontestablement constitué un précédent de nature à favoriser les prises de pouvoir par les armes sur le continent. L'invocation de la nécessité d'assurer la stabilité régionale a alors été brandie aussi bien par la diplomatie française que par l'organisation continentale pour justifier leurs positions[102].

Les coups d'État sont également légitimé par les juridictions constitutionnelles. Deux cas nous permettent d'étayer ce propos. D'abord au Mali, la junte militaire a obtenu une onction de légalité lorsque la Cour constitutionnelle a été saisie pour constater une vacance de pouvoir justifiant que le vice-président Assimi GOÏTA soit investi nouveau président de la transition[103]. Au Burkina Faso la haute juridiction constitutionnelle a, par une décision rendue le 8 février 2022 portant « dévolution des fonctions du Président du Faso » reconnu et légitimé le Lieutenant-colonel Paul Henri Sandaogo DAMIBA, responsable du putsch de janvier 2022, comme chef de l'État. Venant d'une juridiction constitutionnelle, cette décision est à la limite incompréhensible, car elle s'apparente à une hérésie. Dans cet ordre d'idée, le professeur Abdoulaye SOMA a estimé qu'en argumentant de la sorte, « le Conseil constitutionnel tue la Constitution. Le Conseil constitutionnel tue la démocratie. Le Conseil constitutionnel tue le droit constitutionnel, en même temps qu'il tue l'autorité du Conseil lui-même »[104].

Conclusion

En définitive, on en vient à constater qu'en une vingtaine d'années de mise en œuvre, le Protocole de la CEDEAO sur la démocratie et la bonne gouvernance n'a pas permis l'ancrage démocratique pour lequel, il a été conçu. Face aux changements anticonstitutionnels de Gouvernement qui se répètent continument dans la région et l'incapacité de la CEDEAO à imposer son respect, on peut affirmer que « le Protocole est mort de sa belle mort » et que seule une révision en profondeur et une volonté

---

102 **N. BAGAYOKO et M.-A. BOISVERT,** « Le retour des coups d'État en Afrique », *op.cit.*, en ligne.

103 **S.M. OUEDRAOGO et D. OUEDRAOGO,** « Propos inquiets sur la dissémination des régimes de transition constitutionnelle en Afrique », *afrilex-u-bordeaux4.fr., pdf.*, p. 14, consulté le 17 septembre 2022.

104 https://burkina24.com/2022/02/10/burkina-le-conseil-constitutionnel-tue-la-constitution-et-tue-la-democratie-pr-soma/, consulté le 19 septembre 2022.

politique aussi bien à l'échelle Étatique qu'à l'échelle communautaire permettraient de répondre aux aspirations d'un espace démocratique, stable et prospère.

Ghislain BOMBELA MOSOUA

Assistant en droit public, Université de Yaoundé II (Cameroun)

Le principe de légitimité démocratique face aux coups d'État en Afrique

Introduction

L'avènement de l'État en Afrique est le fruit de l'entreprise coloniale[1]. Le colonisateur a transféré aux africains son idée de l'État[2]. Les puissances coloniales vont ainsi laisser derrière elles après les indépendances africaines des structures politico-administratives en formation, répondant aux critères descriptifs de l'État tels que le propose le droit international à savoir : des territoires aux contours imprécis, des populations enchantées par l'idée d'indépendance, des institutions administratives embryonnaires qui permettront d'asseoir les nouveaux pouvoirs et des drapeaux qui flottent haut dans le ciel symbole des souverainetés fraîchement acquises[3]. Il ressort de ce qui précède que l'État serait une institution importée dans le continent noir[4] et que c'est à travers le processus de décolonisation que ces nouveaux États africains vont accéder à la souveraineté internationale[5]. Cet état des choses a introduit le débat sur la greffe et le mimétisme institutionnel dans

---

[1] PAMBOU TCHIVOUNDA (Guillaume), *Essai sur l'État africain postcolonial*, Paris, LGDJ, 1982, p.32-35. ; KAMTO (Maurice), « Crises de l'État et réinvention de l'État en Afrique », KAMTO (Maurice) (dir), *L'Afrique dans un monde en mutation. Dynamiques internes ; marginalisation internationale ?* Afrédit, 2010, p.54.

[2] GONIDEC (Pierre-François), *L'État africain. Évolution-Fédéralisme, Centralisation et Décentralisation*, 2ème éd, Paris, LGDJ, 1985, p.77.

[3] KAMTO Maurice), « Crises de l'État et réinvention de l'État en Afrique », *op cit*, p.54.

[4] BADIE (Bertrand), *L'État importé. L'occidentalisation de l'ordre politique*, Paris, Fayard, « Coll. L'espace du politique », 1992, 334p.

[5] La décolonisation étant perçue ici comme la séparation d'un territoire colonial de l'État métropolitain. *Cf.* FORTEAU (Mathias), MIRON (Alina) et PELLET (Alain), *Droit international public*, 9ème éd, Paris, LGDJ-Lextenso éditions, 2022, p.738.

l'analyse de l'État en Afrique[6]. Bien qu'importés, les États africains nouveaux vont reposer sur un socle socioculturel profondément différent de l'État westphalien occidental[7]. Les africains ont tenté une indigénisation et une appropriation maladroites et insuffisantes des doctrines qui sous-tendent cet État importé[8]. Les logiques de sacralisation[9], de personnalisation[10], de mystification[11] et de monarchisation[12] du pouvoir seront donc convoquées comme éléments de singularité de la statolité en Afrique. Le constat de la crise de l'État africain postcolonial fera l'unanimité au sein de la doctrine locale et africaniste. Qu'il soit néo-patrimonial[13], sous développé[14],

---

[6] MENY (Yves), « La greffe et le rejet. Les politiques du mimétisme institutionnel », MENY (Yves) (dir), *Les politiques du mimétisme institutionnel. La greffe et le rejet*, Paris, L'Harmattan, 1993, PP.7-36. ; DARBON (Dominique), « A qui profite le mime ? Le mimétisme institutionnel confronté à ses représentations en Afrique », MENY (Yves) (dir), *Les politiques du mimétisme institutionnel. La greffe et le rejet*, Paris, L'Harmattan, 1993, PP.113-133. ; DU BOIS DE GAUDUSSON (Jean), « Le mimétisme postcolonial, et après ? », *La démocratie en Afrique, Pouvoirs*, n°129, 2009/2, PP.45-64.

[7] KAMTO (Maurice), « Crises de l'État et réinvention de l'État en Afrique », *op cit*, p.54-55.

[8] *Ibid*, p.55.

[9] KAMTO (Maurice), *Pouvoir et droit en Afrique noire. Essai sur les fondements du constitutionnalisme dans les États d'Afrique noire francophone*, Paris, LGDJ, « Coll. Droit, Sociologie et Économie », 1987, p.201 et suivants.

[10] BADJI (Mamadou), « Le chef d'État dans les régimes politiques africains : miroir des modes traditionnels d'exercice du pouvoir politique », BADJI (Mamadou), DEVAUX (Olivier) et GUÈYE (Babacar) (dir), *Pouvoirs et États en Afrique noire francophone*, Presses de l'Université de Toulouse 1 Capitole, *Droits sénégalais*, n°9-2010, p.38-39.

[11] AÏVO (Frédéric-Joël), *Le président de la République en Afrique noire francophone. Genèse, mutations et avenir de la fonction*, L'Harmattan, 2007, p.93-101.

[12] KAMTO (Maurice), « Crises de l'État et réinvention de l'État en Afrique », *op cit*, p.62-67.

[13] MEDARD (Jean-François), « L'État néo patrimonial en Afrique noire », Médard (Jean-François) (dir), *États d'Afrique noire. Formations, mécanismes et crises*, Paris, Karthala, 1991, PP.323-353. ; MEDARD (Jean-François), « L'État patrimonialisé », *Politique africaine*, n°39, septembre 1990, PP.25-36.

[14] MEDARD (Jean-François), « L'État sous développé au Cameroun », *Année africaine*, 1977, Paris, Pédone, 1979, PP.35-84.

transitionnel[15], monarchique[16], ethnopolitiste[17], clientéliste[18], autoritaire[19], perpétuel[20] ou stationnaire[21], l'État africain fait l'objet d'une pathologie aux métastases chroniques. L'une des manifestations les plus endémiques de cette pathologie de la statolité africaine sera la prégnance des coups d'État et la récurrence des régimes militaires dans l'Afrique postindépendance.

Le phénomène de coup d'État s'inaugure dans la partie nord du continent noir le 23 juillet 1952 par le groupe des officiers libres de l'armée égyptienne conduit par le général Mohamed NEGUIS et le colonel Gamel Abdel NASSER qui a renversé le roi FAROUK[22]. Le second coup d'État dans le continent intervient le 17 novembre 1958 au Soudan lors du renversement du gouvernement de KHALIL par le maréchal Ibrahim ABDOUD[23]. L'Afrique noire va rejoindre la danse le 13 janvier 1963 à travers le renversement de l'ordre constitutionnel au Togo avec l'assassinat de Sylvanus OLYMPIO par un groupe de militaires togolais fraîchement libérés de l'armée française[24]. Depuis ce renversement militaire du pouvoir au Togo, le phénomène de coup d'État

---

[15] SINDJOUN (Luc), « Le gouvernement de transition : Élément pour une théorie politico-constitutionnelle de l'État en crise ou en reconstruction », *Démocratie et liberté : Tension, dialogue, confrontation, Mélanges en l'honneur de Slobodan Milacic*, Bruxelles, Bruylant, 2007, PP.967-1011.

[16] KAMTO (Maurice), « Crises de l'État et réinvention de l'Etat en Afrique », *op cit*, p.62-67.

[17] *Ibid*, p.67-74.

[18] BAYART (Jean-François), *L'État en Afrique. La politique du ventre*, Paris, Fayard, « Coll. L'espace du politique », 2006, p.281-330.

[19] MBEMBE (Achille), *De la postcolonie. Essai sur l'imagination politique dans l'Afrique contemporaine*, Paris, Karthala, 2000.

[20] OWONA NGUINI (Mathias-Éric), « Le gouvernement perpétuel en Afrique Centrale : le temps politique présidentialiste entre autoritarisme et parlementarisme dans la CEMAC », *Enjeux, Bulletin d'analyse géopolitique pour l'Afrique Centrale*, Fondation Paul Engo Ela, n°19, juin 2004, PP.9-14. ; OWONA NGUINI (Mathias-Éric) et MENTHONG (Hélène-Laure), « Gouvernement perpétuel et démocratie janusienne au Cameroun (1990-2018) », *Politique africaine* n°150, juin 2018, PP.97-114.

[21] EBOKO (Fred) et AWONDO (Patrick), « L'État stationnaire, entre chaos et renaissance », *Politique africaine* n°150, juin 2018, PP.5-27.

[22] KOUASSI (Yao), « Les coups d'État militaires en Afrique, d'hier à aujourd'hui », *Tribune* n°464, WWW.defnat.fr. 21 janvier 2014, p.1.

[23] *Idem.*

[24] *Ibidem.*

va se répandre dans toute l'Afrique noire[25]. L'ampleur du phénomène est frappante, il a touché la plupart des États francophones d'Afrique noire[26]. Du point de vue du droit constitutionnel, les coups d'État ont pour conséquence la mise en place d'un gouvernement de fait dans la mesure où, le premier acte de la prise du pouvoir par les militaires est la suspension *sine die* de l'ordre constitutionnel en vigueur[27]. Ce qui entraîne une instabilité constitutionnelle et un déclin du constitutionnalisme en Afrique[28]. Les régimes militaires se présentent donc comme des régimes dictatoriaux qui font régresser la démocratie et les droits de l'homme dans le continent africain[29]. Il s'agit des régimes d'exception parce qu'ils résultent de l'usage des armes contre les autorités constitutionnelles et également du fait qu'ils ne reposent pas sur un texte constitutionnel[30]. Il arrive régulièrement à ces régimes de reposer sur un vide constitutionnel comme ce fut le cas au Bénin, au Togo, au Tchad et au Niger qui sont restés plusieurs années sans constitution[31]. Lorsque ces régimes suspendent ou abrogent la constitution, ils gèlent en réalité les principes démocratiques ou républicains et les libertés publiques qui gênent ces pouvoirs de fait[32]. Loin d'apporter des solutions aux préoccupations quotidiennes des populations africaines, et encore moins de contribuer au renforcement de la sécurité, de la démocratie et du développement socio-économique des

---

[25] À l'exception de quelques États qui ont été épargnés à l'instar du Cameroun, de la Côte d'Ivoire, de la Guinée et de la Mauritanie. Ce constat ne vaut à l'égard de certains de ces États que pour la période allant de 1952 à 1990.

[26] Le Burundi en 1966, la Centrafrique en 1966, le Congo Brazzaville en 1968, le Dahomey en 1963, en 1965 et en 1972, la Haute Volta en 1966 et en 1975, Madagascar en 1972, le Mali en 1968, le Togo en 1963 et en 1967, le Niger en 1974, le Rwanda en 1973, le Zaïre en 1967 et le Tchad en 1975 . Les États anglophones comme le Nigéria et ceux de l'Afrique de l'Est à l'instar de l'Éthiopie et de la Somalie ne sont pas reste. *Cf.* LAVROFF (Dmitri-Georges), *Les systèmes constitutionnels en Afrique noire. Les États francophone*, Paris, A. Pedone, 1976, p.26. ; SEURIN (Jean-Louis), « Les régimes militaires », *Pouvoirs*-25, 1983, p.91.

[27] LAVROFF (Dmitri-Georges), *Les systèmes constitutionnels en Afrique noire*, *op cit*, p.37-38.

[28] AHANHANZO GLELE (Maurice), « La constitution ou loi fondamentale », Encyclopédie juridique de l'Afrique, Tome 1, *L'Etat et le droit*, Abidjan, NEA, 1982, p.33-34.

[29] NGUELE ABADA (Marcelin), « La juridicisation de la vie politique en Afrique : Réflexion à partir du développement politique des années 1990 », NAREY (Oumarou) (dir), *Droit, pouvoir et politique*, Actes du Séminaire Scientifique de Niamey, du 20 au 22 octobre 2021, Association Nigérienne de Droit Constitutionnel (ANDC), Sénégal, l'Harmattan, 2022, p.272.

[30] LAVROFF (Dmitri-Georges), *Les systèmes constitutionnels en Afrique noire*, *op cit*, p.50.

[31] AHANHANZO GLELE (Maurice), « La constitution ou loi fondamentale », *op cit*, p.33.

[32] *Idem*.

peuples africains, comme ils le prétendent, les régimes militaires africains se présentent comme des mécanismes de spoliation indispensables à l'asservissement des populations et à la reproduction d'une aristocratie interne de relais et de service ; tout comme à l'ingérence et à la domination externes[33]. Ces régimes vont se radicaliser dès le milieu des années 1970 mais connaîtront une baisse considérable à la moitié des années 1980 pour prendre fin au moment des transitions démocratiques des années 1990[34]. Ces dernières vont inaugurer ce qu'il est convenu d'appeler le constitutionnalisme de la troisième vague en Afrique[35]. Dans les régimes politiques africains de la troisième vague, la majorité des textes constitutionnels vont dénoncer les régimes militaires et vont délimiter et cantonner le rôle des forces armées[36]. Ces lois fondamentales vont s'employer à subordonner les militaires aux autorités civiles et à neutraliser sur le plan politique les forces de défense en les qualifiant d'apolitique[37]. Ces mesures seront complétées par d'autres qui vont consister à classer juridiquement le coup d'État dans la catégorie des actes criminels[38]. Tout ceci aura pour conséquence de restaurer à la

[33] KOUNOU (Michel), « Coups d'État, régimes militaires et développement démocratique au sud du Sahara de 1963 à 2004 : Bilan et perspectives », *Revue Africaine d'Études Politiques et Stratégiques*, n°3, 2003, p.135-136.

[34] MARTIN (Michel-Louis), « Constitutionnalisme et pouvoir militaire en Afrique francophone aujourd'hui », BADJI (Mamadou), DEVAUX (Olivier) et GUEYE (Babacar) (dir), *Pouvoirs et États en Afrique noire francophone*, Presses de l'Université de Toulouse 1 Capitole, *Droits sénégalais*, n°9-2010, p.343.

[35] CABANIS (André) et MARTIN (Michel-Louis), *Le constitutionnalisme de la troisième vague en Afrique francophon*e, Presses Universitaires de Rennes, 2010, 227p.

[36] MARTIN (Michel-Louis), « Constitutionnalisme et pouvoir militaire en Afrique francophone aujourd'hui », *op cit*, p.345-346.

[37] *Ibid*, p.347.

[38] À cet effet, la constitution congolaise dans son préambule condamne le coup d'État comme moyen d'accession au pouvoir ; la constitution béninoise quant à elle considère comme une forfaiture et un crime contre la nation et l'État, toute tentative de renversement du régime constitutionnel par les personnels des forces armées ou de sécurité publique ; la constitution du Burkina Faso, pour sa part, classe « *l'atteinte à la constitution* » parmi « *les crimes les plus graves commis à l'encontre du peuple* » ; la constitution togolaise, dans l'article consacré aux coups d'État et aux coups de force quelconques, prévoit que « *tout renversement du régime constitutionnel est considéré comme un crime imprescriptible contre la nation et sanctionné conformément aux lois de la République* ». *Cf.* CABANIS (André), « Droit constitutionnel, pouvoir militaire et politique en Afrique », NAREY (Oumarou) (dir), *Droit, pouvoir et politique*, Actes du Séminaire Scientifique de Niamey, du 20 au 22 octobre 2021, Association Nigérienne de Droit Constitutionnel (ANDC), Sénégal, l'Harmattan, 2022, p.54-55.

constitution son autorité de fondement du pouvoir[39] et son statut de cadre décisif de fonctionnement des institutions politiques en Afrique[40]. Le constituant africain des années 1990 va, dans ce contexte de démocratisation, hisser la constitution au sommet de l'ordonnancement juridique et consacrer des droits et des libertés visant à protéger les citoyens contre l'arbitraire des gouvernants[41]. Le retour au multipartisme, la reconnaissance de l'opposition, la garantie constitutionnelle des droits, la consécration des élections comme seul mode de dévolution du pouvoir seront également des éléments caractéristiques de ce nouveau constitutionnalisme pluraliste et libéral issu de la troisième vague en Afrique[42].

On aurait cru qu'avec l'ouverture démocratique qu'il instaurait et les mécanismes d'assujettissement des militaires aux autorités civiles qu'il aménageait, le constitutionnalisme de la troisième vague avait réussi à éradiquer le phénomène de coup d'État en Afrique. Tel n'est pas le cas. On assiste à la résurgence des putschs dans le continent[43]. Que ce soit à Madagascar (en 2001 et en 2009), en République centrafricaine (en 2003), à Sao Tome et Principe (en 2005), au Togo (en 2005), en Mauritanie (en 2008), en République de Guinée (en 2008), en Guinée Bissau (en 2009), au Niger (en 1996, en 1999 et en 2010)[44], en Côte d'Ivoire (en 1999), en Sierra Leone (en 1999), etc., la recrudescence du phénomène de coup d'État se fait criarde en Afrique. Face à cette incapacité du droit constitutionnel africain à contenir ce phénomène, le droit international africain[45] viendra à la rescousse pour l'éradiquer du

---

39 BOURGI (Albert), « L'évolution du constitutionnalisme en Afrique : du formalisme à l'effectivité », *Revue française de droit constitutionnel*, n°52, 2002, p.721.

40 KEUTCHA TCHAPNGA (Célestin), « Droit constitutionnel et conflits politiques dans les États d'Afrique noire », *Revue française de droit constitutionnel*, 2005/3, n°63, p.452.

41 AHADZI (Koffi), « Les nouvelles tendances du constitutionnalisme africain », *Afrique juridique et politique*, Volume 1, n°2, juillet-décembre 2002, p.40.

42 NGUÈYE (Babacar), « La démocratie en Afrique : succès et résistances », *La démocratie en Afrique*, *Pouvoirs*-129, 2009, p.7-15.

43 BOMBELA MOSOUA (Ghislain), *Le standard africain de société démocratique*, Thèse de doctorat en droit public, Université de Yaoundé II, 2020, p.546.

44 *Ibid*, p.546-549. ; NGUÈYE (Babacar), « La démocratie en Afrique : succès et résistances », *op cit*, p.20-23.

45 Cette expression a été systématisée pour la première fois par le professeur Joseph Marie BIPOUN WOUM. En s'appuyant sur les spécificités du régionalisme africain en droit international, il va appréhender le droit international africain comme l'ensemble des normes régissant les rapports entre les États africains en quête de solutions concertées à leurs problèmes. La démonstration faite par le professeur Jean Louis ATANGANA AMOUGOU de l'existence

continent. En effet, Sous la houlette de l'UA, les organisations internationales africaines vont édicter un modèle constitutionnel uniformisé construit autour de principes démocratiques communs comme c'est le cas en Europe avec la Commission de Venise[46]. Les États africains seront ainsi soudés autour des valeurs communes déduites des principes politiques d'organisation partagés[47] qui vont instaurer comme modèle de légitimité obligatoire la démocratie constitutionnelle[48]. En légiférant dans le domaine naturel du droit constitutionnel, les organisations internationales africaines vont procéder à une harmonisation des systèmes constitutionnels des différents États africains autour des standards démocratiques et constitutionnels[49]. Cette harmonisation constitutionnelle découlant de la méthode de standardisation par le haut se fera à travers des instruments juridiques internationaux aussi bien conventionnels qu'unilatéraux des

---

d'un ordre juridique africain et les analyses du professeur Jean Claude TCHEUWA d'après lesquelles cet ordre juridique s'articulerait autour du traité instituant l'UA, ont conduit le professeur Abdoulaye SOMA à conclure à l'existence d'un droit international interafricain qui renverrait en réalité au droit international africain. Ce dernier désignerait donc l'ensemble des règles découlant des organisations internationales africaines s'articulant autour de l'UA. *Cf.* BIPOUN-WOUM (Joseph-Marie), *Le droit international africain. Problèmes généraux-règlement des conflits*, Paris, LGDJ, 1970, p.6. ; ATANGANA AMOUGOU (Jean-Louis), « Multiplication des juridictions internationales et sécurité juridique en Afrique », FAU-NOUGARET (Mathieu) (dir), *La concurrence des organisations régionales en Afrique*, L'Harmattan, 2012, p.135-136. ; TCHEUWA (Jean-Claude), « L'union africaine et les changements anticonstitutionnels de gouvernement », *Revue de la recherche juridique-droit prospectif*, 2009-2, p.1000. ; SOMA (Abdoulaye), « Sur le principe d'une obligation des États africains de se « démocratiser » : Eléments de droit constitutionnel et de droit international public », *African foundation for international law*, 2010, p.387.

46 MARTIN (Valentine), « La contribution de la commission de Venise à la formation des standards constitutionnels mondiaux : vers un espace constitutionnel global ? », DISANT (Mathieu), LEWKOWICZ (Gregory) et TÜRK (Pauline) (dir), *Les standards constitutionnels mondiaux*, Bruxelles, Bruylant, « Coll. Penser le droit », 2018, p.80.

47 OLINGA (Alain-Didier), « La charte africaine de la démocratie, des élections et de la gouvernance : une présentation générale », *Revue camerounaise d'études internationales*, Numéro double 1er et 2e semestre 2013, p.107.

48 OLINGA (Alain-Didier), « L'Afrique en quête d'une technique d'enracinement de la démocratie constitutionnelle », KAMTO (Maurice) (dir), *L'Afrique dans un monde en mutation. Dynamiques internes ; marginalisation internationale ?* Afrédit, 2010, p.170.

49 DIOMPY (Abraham-Hervé), *Le paradoxe de l'internationalisation du droit constitutionnel en Afrique. Réflexion sur les interactions normatives, institutionnelles et politiques dans l'espace CEDEAO*, Thèse de doctorat en droit public, Université de Bordeaux, 2017, p.35. ; ANDZOKA ATSIMOU (Séverin), *L'ingénierie constitutionnelle, solution de sortie de crise en Afrique : les exemples de l'Afrique du sud, de la République démocratique du Congo, du Burundi et du Congo*, Thèse de doctorat en droit, Université Cheikh Anta Diop de Dakar, 2013, p.286-302.

organisations internationales africaines[50]. Observons qu'au cœur des standards démocratiques et constitutionnels consacrés dans l'ordre régional africain, figure l'interdiction des coups d'État. Les organisations internationales africaines ont ainsi saisi à bras le corps la problématique des coups d'État au regard de la persistance de ce phénomène dans le continent.

Les développements qui précèdent conduisent à constater l'instauration du principe de légitimité démocratique en Afrique. S'imposant progressivement comme un principe de droit international contemporain[51], le principe de légitimité démocratique désigne le fait pour le droit international de consacrer le régime démocratique comme le seul auquel on doit obéir et le seul à être reconnu[52]. Originellement fondé sur sa neutralité à l'égard de la nature des systèmes politiques et constitutionnels internes[53], l'ordre juridique international n'est plus indifférent à l'organisation du pouvoir dans chacun des systèmes constitutionnels des États[54]. Que ce soit au niveau universel ou régional, le droit international énonce des règles qui déterminent le régime démocratique aux États[55] et limite ainsi le principe de l'autonomie

---

[50] BOMBELA MOSOUA (Ghislain), *Le standard africain de société démocratique*, *op cit*, p.183-184.

[51] KAMTO (Maurice), *Droit international de la gouvernance*, Paris, A. Pedone, 2013, p.79. ; HUET (Véronique), « Vers l'émergence d'un principe de légitimité démocratique en droit international ? », *Revue trimestrielle des droits de l'homme* (67/2006), PP.547-573. ; MARTIN-CHENUT (Kathia), « Droit international et démocratie », *Diogène*, 2007/4-n°220, PP.36-48.

[52] KOKOROKO (Dodzi), « souveraineté étatique et principe de légitimité démocratique », *Revue québécoise de droit international*, 16.1 (2003), p.43-44.

[53] Cette neutralité résulte du sacro-saint principe de la souveraineté en droit international. En vertu de ce principe, chaque État détermine son système politique, constitutionnel, économique, culturel et social. Cette liberté absolue qu'ont les États de choisir leur système politique et constitutionnel en droit international renvoie à ce que le professeur SICILIANOS appelle l'équivalence des régimes politiques. La règle de la non-ingérence dans les affaires intérieures des États conformément à l'article 2 § 7 de la Charte des Nations unies et le principe de l'autonomie constitutionnelle sont donc des corollaires de la souveraineté internationale. D'où la consécration du principe du domaine réservé en droit international. *Cf.* SICILIANOS (Linos-Alexandre), *L'ONU et la démocratisation de l'État. Systèmes régionaux et ordre juridique universel*, Paris, A. Pedone, 2000, p.27-39.

[54] D'ASPREMONT (Jean), « Emergence et déclin de la gouvernance démocratique en droit international », *Revue québécoise de droit international*, 22.2 (2009), p.58. ; BEN ACHOUR (Rafâa), « Changements anticonstitutionnels de gouvernement et droit international », *RCADI*, Volume 379, 2016, p.442-481.

[55] KAMTO (Maurice), *Droit international de la gouvernance*, *op cit*, p.79-102. ; SICILIANOS (Linos-Alexandre), *L'ONU et la démocratisation de l'État*, *op cit*, p.46-87. ; d'ASPREMONT (Jean), *L'État non démocratique en droit international. Études critique du droit international*

constitutionnelle[56]. L'ordre régional africain ne fait pas exception à cette dynamique. L'Afrique s'est dotée d'un ensemble d'instruments juridiques internationaux contraignants imposant la démocratie comme unique système politique reconnu et légitime[57]. En vertu de ces instruments juridiques internationaux contraignants, les États africains se sont engagés à la démocratie et sont dès lors tenus par de véritables obligations juridiques en la matière[58]. On va ainsi assister à l'apparition d'une obligation démocratique africaine[59] qui fera de la démocratie une obligation objective dans l'ordre régional africain[60]. Le principe de légitimité démocratique en Afrique est donc l'œuvre du droit international africain. Au cœur de ce principe figure de manière substantielle la condamnation des coups d'État. Ces derniers désignent le fait pour les forces armées régulières ou irrégulières de prendre le pouvoir par la force au mépris des règles constitutionnelles[61]. Une définition plus complète permet d'appréhender les coups d'État comme tout moyen illégal d'accession et de maintien au pouvoir se traduisant par un putsch, une révolution, un recours au mercenariat, une fraude aux élections ou une manipulation de la constitution[62].

---

positif et de la pratique contemporaine, Paris, A. Pedone, 2008, p.2-5. ; CHARLESWORTH (Hilary), « Democracy in international law », *Hague Academy of intenational law*, 2014, p.74-79. ; BEN ACHOUR (Rafâa), « Changements anticonstitutionnels de gouvernement et droit international », *op cit*, P.442-483.

[56] HUET (Véronique), « L'autonomie constitutionnelle de l'État : déclin ou renouveau ? », *Revue française de droit constitutionnel*, 73, 2008, PP.65-87. ; BEN ACHOUR (Rafâa), « État de droit, démocratie et droit international », *Ordine internationazionale e diritti umani*, 2014, p.189-219. ; KOKOROKO (Dodzi), « souveraineté étatique et principe de légitimité démocratique », *op cit*, p.45-59.

[57] KAMTO (Maurice), *Droit international de la gouvernance*, *op cit*, p.91-94.

[58] SOMA (Abdoulaye), « Sur le principe d'une obligation des Etats africains de se « démocratiser » : Eléments de droit constitutionnel et de droit international public », *op cit*, p.379-380.

[59] *Ibid*, p.378.

[60] BOMBELA MOSOUA (Ghislain), *Le standard africain de société démocratique*, *op cit*, p.371-380. Pour avoir des développements beaucoup plus approfondis sur la notion d'obligations objectives en droit international, bien vouloir lire l'excellente thèse de TOUONANG Thierry. *Cf.* TOUONANG TEKENDO (Thierry), *Les obligations objectives en droit international*, Thèse de doctorat en droit international public, Université de Yaoundé II, 2013, 537p.

[61] *Ibid*, p.267. ; GUÈYE (Babacar), « Les coups d'État en Afrique entre légalité et légitimité », BADJI (Mamadou), DEVAUX (Olivier) et GUEYE (Babacar) (dir), *Pouvoirs et Etats en Afrique noire francophone*, Presses de l'Université de Toulouse 1 Capitole, *Droits sénégalais*, n°9-2010, p.260.

[62] ADELOUI (Arsène-Joël), « L'union africaine et la reconnaissance des gouvernements anticonstitutionnels », *Revue béninoise des sciences juridiques et administratives*, n°29, 2013, p.9.

À la lumière de tout ce qui vient d'être dit, on est en droit de se poser la question de savoir : l'avènement du principe de légitimité démocratique en Afrique a-t-il permis l'éradication des coups d'État dans ce continent ? La question ainsi posée présente un intérêt majeur dans l'analyse de la statolité en Afrique. Elle permet d'aborder les nouvelles dynamiques qui structurent la démocratisation de l'État africain après les transitions démocratiques des années 1990 et les pesanteurs auxquelles elles font face. L'orientation qu'impose ce questionnement présente également un intérêt certain dans la science du droit constitutionnel africain. Il envisage de ressortir les logiques et les dynamiques d'internationalisation, de standardisation démocratique et des rapports de systèmes qui sous-tendent l'étude du constitutionnalisme africain de nos jours. Cette interrogation permet, par ailleurs, de renforcer l'analyse du régionalisme africain en droit international et consolide l'idée de l'existence d'un droit international africain.

Pour répondre de manière judicieuse à la question posée, il convient de relever que, s'il est avéré que le principe de légitimité démocratique constitue à l'heure actuelle un important moyen de lutte contre les coups d'État en Afrique (**I**), il demeure qu'il est sérieusement éprouvé par la persistance du phénomène putschiste dans ce continent (**II**).

I. Le principe de légitimité démocratique comme un moyen efficace de lutte contre les coups d'État en Afrique

Avec l'avènement du principe de légitimité démocratique institué par les organisations internationales africaines, on assiste à un foisonnement de standards constitutionnels et démocratiques qui structurent une uniformisation du droit constitutionnel africain et sédimentent progressivement un patrimoine constitutionnel commun des sociétés politiques en Afrique[63]. Au cœur de ces standards constitutionnels et démocratiques africains, se trouve un en particulier focalisé sur l'éradication des coups d'État en Afrique. L'importance et la prééminence accordées à ce standard dans l'ordre juridique africain tend

---

[63] SINDJOUN (Luc), *La formation du patrimoine constitutionnel commun des sociétés politiques. Éléments pour une théorie de la civilisation politique internationale*, Dakar, CODESRIA, 1998, 72p. ; DIOMPY (Abraham-Hervé), *Le paradoxe de l'internationalisation du droit constitutionnel en Afrique*, *op cit*, p.

à révéler que, le principe de légitimité démocratique s'affirme comme un cadre de renforcement du dispositif normatif (**A**) et institutionnel (**B**) d'éradication des coups d'État en Afrique.

A. Un cadre de renforcement du dispositif normatif d'interdiction des coups d'État en Afrique

Le constitutionnalisme de la troisième vague issu des transitions démocratiques des années 1990 a institué dans plusieurs États africains des règles de neutralisation des coups d'État[64]. Ces mesures n'ont pas empêché la recrudescence du phénomène putschiste dans le continent africain. Face à cet état des choses, les organisations régionales et sous régionales africaines vont, en plus des dispositifs constitutionnels internes de neutralisation du phénomène putschiste, instituer un standard constitutionnel d'éradication des coups d'État au niveau régional et sous régional. Ce standard constitutionnel se dévoile à travers la norme de l'interdiction des changements anticonstitutionnels de gouvernement. Cette norme se présente comme un dispositif normatif supplémentaire et superposé aux règles constitutionnelles internes en la matière. Et par ce fait, elle constitue un dispositif de renforcement normatif du rejet des coups d'État en Afrique. En clair, le principe de légitimité démocratique renforce l'éradication normative des coups d'État en Afrique en consacrant la règle de l'interdiction des changements anticonstitutionnels de gouvernement (**1**) dont la portée est significative dans l'ordre régional africain (**2**).

---

[64] On peut en citer quelques-uns : la subordination des militaires aux autorités civiles comme cela est observable dans les articles 190 de la constitution tchadienne, 170 et 171 de la constitution du Congo Brazzaville, 147 de la constitution togolaise, 246 de la constitution burundaise et 188 al. 3 de la constitution de la République démocratique du Congo ; la désignation du président de la République comme le chef des armées comme c'est le cas au Cameroun (article 8 al. 2 de la constitution), aux Comores (article 12 al. 5 de la constitution), en Guinée (article 41 al. 3 de la constitution), au Togo (article 72 de la constitution), en Algérie (article 77-1 de la constitution), au Burkina Faso (article 52 de la constitution), au Burundi (article 83 al. 1er de la constitution), en Centrafrique (article 78 de la constitution), au Gabon (article 22 al. 1er de la constitution, etc. *Cf.* MARTIN (Michel-Louis), « Constitutionnalisme et pouvoir militaire en Afrique francophone aujourd'hui », *op cit*, p.347-351.

1. La consécration de la norme de l'interdiction des changements anticonstitutionnels de gouvernement

La norme juridique se présente généralement comme un ensemble de propositions formulées de manière impérative sous la forme d'un ordre ou d'une injonction ou sous celle d'un interdit ou d'une prohibition[65]. Ainsi, la norme juridique peut prendre la forme prohibitive en interdisant un comportement ou une attitude. C'est de la sorte qu'il faudrait appréhender la norme de l'interdiction des changements anticonstitutionnels de gouvernement. Il s'agit d'une règle qui interdit le coup d'État comme mode légal et normal d'accession au pouvoir en Afrique. Avant d'être formellement consacrée par les organisations régionales et sous régionales africaines, la règle de l'interdiction des changements anticonstitutionnels de gouvernement a connu une certaine affirmation[66]. Toutefois, ces condamnations demeuraient essentiellement formelles et étaient prises par des institutions à la portée relative[67]. À la

---

[65] CHEVALLIER (Jacques), « La normativité », *Les Cahiers du Conseil Constitutionnel*, n°21, 2006, PP.83-86.

[66] Le rejet des coups d'État sur le plan régional africain s'amorce avec la Commission africaine des droits de l'homme et des peuples au début des années 1990. Cette dernière a non seulement interdit ce phénomène de manière générale, mais elle a adopté une résolution en 1994 qui portait exclusivement sur les coups d'État. Il s'agit de la Résolution sur les régimes militaires adoptée lors de sa 16ème session ordinaire de Banjul les 24 octobre-3 novembre en 1994. Dans cette résolution, la Commission a eu à affirmer que : *« un gouvernement militaire est une violation manifeste de ce principe fondamental de la démocratie (...) l'accession d'un régime militaire au pouvoir constitue une atteinte sérieuse à la démocratie en Gambie et en Afrique en général (...) la prise du pouvoir par la force par tout groupe de civils ou de militaires est contraire aux dispositions 13 (1) et 21 (1) de la Charte africaine des droits de l'homme et des peuples »*. À l'occasion d'une autre résolution sur la situation des droits de l'homme en Afrique en 1994, la Commission a eu comme préoccupation : « *l'éventualité de prise de pouvoir par les voies non démocratiques en Afrique* » et a condamné la « *planification ou l'exécution de coup d'État et toute tentative d'accéder au pouvoir par des moyens non démocratiques* ». Par de telles déclarations, la Commission a inauguré le rejet des coups d'État comme technique d'accession au pouvoir et a consacré par-là l'élection comme le seul mode de dévolution du pouvoir en Afrique. À côté de la Commission, le Mécanisme pour la prévention, la gestion et le règlement des conflits nouvellement mis en place, condamna le coup d'État au Burundi en octobre 1993. Le Conseil des ministres de l'OUA réitéra cette condamnation lors de sa 59ème session en janvier 1994 à Addis Abeba en adoptant une résolution qui va condamner la tentative de coup d'État. *Cf.* BOMBELA MOSOUA (Ghislain), *Le standard africain de société démocratique*, *op cit*, p.269-270. ; FAU-NOUGARET (Mathieu), « Les organisations régionales africaines et les changements de pouvoir anticonstitutionnels », FAU-NOUGARET (Mathieu) (dir), *La concurrence des organisations régionales en Afrique*, Paris, l'Harmattan, 2012, P.413.

[67] FAU-NOUGARET (Mathieu), « Les organisations régionales africaines et les changements de pouvoir anticonstitutionnels », *op cit*, p.413.

suite du coup d'État en Sierra Leone de mai 1997, la Conférence des Chefs d'État de l'OUA va adopter à Harare sa Déclaration en juillet de la même année à travers laquelle elle va condamner de manière ferme les coups d'État. Deux ans plus tard, lors de la 35ème session ordinaire de la Conférence des Chefs d'État à Alger, deux décisions ont été adoptées réaffirmant ce qui avait été dit à Harare à savoir la ferme interdiction de l'accès au pouvoir par des moyens anticonstitutionnels. Lors de sa 36ème session, les Chefs d'État et de gouvernement adoptèrent à Lomé, la Déclaration sur le cadre pour une réaction de l'OUA face aux changements anticonstitutionnels de gouvernement en juillet 2000. Ce texte fondamental de l'OUA va, pour éradiquer les coups d'État, non seulement déterminer un certain nombre de principes et de valeurs communs pour assurer la démocratisation des États africains, mais aussi définir, pour la première fois, les situations pouvant être considérées comme des changements anticonstitutionnels de gouvernement ainsi qu'une procédure pour restaurer l'ordre constitutionnel[68]. Cependant, bien que pertinent, cet instrument demeure un acte juridique non contraignant en droit international. C'est l'UA, au travers de son Acte constitutif[69], qui va ériger la norme de l'interdiction des changements anticonstitutionnels de gouvernement en véritable norme juridique contraignante dans le sens du droit international en lui conférant une valeur conventionnelle. En effet, l'article 4 (p) de l'Acte constitutif de l'UA consacre l'interdiction des changements anticonstitutionnels de gouvernement comme un de ses principes cardinaux. Par ailleurs, aux termes de l'article 30 de l'Acte constitutif, « *Les Gouvernements qui accèdent au pouvoir par des moyens anticonstitutionnels ne sont pas admis à participer aux activités de l'Union* ». Cette consécration de l'interdiction des changements anticonstitutionnels de gouvernement dans le corpus de l'Acte constitutif de l'UA donne un fondement constitutionnel non équivoque à cette norme[70]. Les chartes constitutives des organisations internationales étant considérées de nos jours comme

---

[68] TABALA KITENE (Faustin), *Le statut des sanctions contre les changements anticonstitutionnels de gouvernement dans les textes et la pratique de l'union africaine. Contribution à l'étude de la production des normes par les organisations internationales*, Thèse de doctorat en droit, Université de Gand, 2013, p.79.

[69] Adopté le 11 juillet 2000 à Lomé au Togo et entré en vigueur le 26 mai 2021.

[70] TCHEUWA (Jean-Claude), « L'union africaine et les changements anticonstitutionnels de gouvernement », *op cit*, p.1003-1004.

de véritables constitutions[71]. En plus de cette formalisation constitutionnelle du rejet des changements anticonstitutionnels de gouvernement, la prohibition des coups d'État en Afrique sera instituée par le droit dérivé de l'UA à travers la Charte africaine de démocratie, des élections et de la gouvernance (CADEG)[72]. Elle est considérée comme le texte le plus abouti dans la prohibition du phénomène putschiste en Afrique[73]. Ceci parce qu'en plus de consacrer la règle de l'interdiction des changements anticonstitutionnels de gouvernement, elle en élargie les contours et densifie ses mécanismes de garantie[74].

Au-delà de consacrer[75], la CADEG énonce que les changements anticonstitutionnels de gouvernement correspondent aux actes suivants :

> « 1. Tout putsch ou coup d'État contre un gouvernement démocratiquement élu. 2. Toute intervention de mercenaires pour renverser un gouvernement démocratiquement élu. 3. Toute intervention de groupes dissidents armés ou de mouvements rebelles pour renverser un gouvernement démocratiquement élu. 4. Tout refus par un gouvernement en place de remettre le pouvoir au parti ou au candidat vainqueur à l'issue d'élections libres, justes et régulières. Tout amendement ou toute révision des constitutions ou des instruments juridiques qui porte atteinte au principe de l'alternance démocratique[76] ».

Il faudrait ajouter que le Règlement intérieur de la Conférence de l'UA renforce le régime juridique de cette norme en énumérant outre les situations pouvant être qualifiées de changements anticonstitutionnels de gouvernement telles que énoncées dans l'article 23 de la CADEG, les institutions qui interviennent dans la mise en œuvre des décisions prononcées à l'encontre des auteurs de ce type de changement de gouvernement[77]. Une lecture du contenu de l'article 23 de la CADEG

---

[71] *Ibid*, p.1003.

[72] *Ibid*, p.1004. Il faudrait préciser que la CADEG est adoptée le 30 janvier 2007 à Addis Abéba et est entrée en vigueur le 15 février 2012.

[73] FAU-NOUGARET (Mathieu), « Les organisations régionales africaines et les changements de pouvoir anticonstitutionnels », *op cit*, p.415.

[74] BOMBELA MOSOUA (Ghislain), *Le standard africain de société démocratique*, *op cit*, p.272.

[75] Article 3 § 10 de la CADEG.

[76] Article 23 de la CADEG.

[77] MBAILASSEM DON GAR (Bienvenu-Criss-Dess), « Réflexion sur l'émergence d'un principe de légitimité défense démocratique contre les régimes tyranniques dans le droit régional africain », *L'Observateur des Nations-Unies*-Volume 47 (2019-2), p.160-161.

révèle qu'il reprend le contenu de la Déclaration de Lomé tout y ajoutant un cinquième élément à savoir :

> « Tout amendement ou toute révision des constitutions ou des instruments juridiques qui porte atteinte aux principes de l'alternance démocratique ».

Une analyse de l'article 23 révèle que la notion des changements anticonstitutionnels de gouvernement a un contenu binaire. Cette notion renvoie aussi bien à l'accession inconstitutionnelle au pouvoir qu'au maintien anticonstitutionnelle au pouvoir[78]. S'agissant de l'accession anticonstitutionnelle au pouvoir, elle se présente comme la première variante des changements anticonstitutionnels de gouvernement. Cette variante se présente comme la forme violente de prise de pouvoir ou de changement anticonstitutionnel violent[79]. Sous ce registre se trouvent les coups d'État ou les putschs, l'intervention des mercenaires, des groupes dissidents armés ou des mouvements rebelles visant à renverser ou à évincer les gouvernements démocratiquement élus[80]. La norme de l'interdiction des changements anticonstitutionnels de gouvernement signifie donc le rejet des coups d'État, des putschs, des mouvements rebelles ou dissidents quelconques qui renverseraient des gouvernements démocratiquement élus[81]. Il ressort donc de cette facette de la règle que toute prise du pouvoir par la force est interdite. Le seul moyen d'accession au pouvoir est l'élection. Cette dernière constitue le fondement de l'ordre constitutionnel dans l'ordre juridique africain[82] car se présentant comme le seul moyen d'instituer un gouvernement légitime et les changements démocratiques de gouvernement[83].

---

[78] NTIENJEM MADÙ (Mariette-Aïcha), *L'union africaine et les changements anticonstitutionnels de gouvernement*, Mémoire de DEA en droit public international et communautaire, Université de Yaoundé II, 2007-2008, p.34-38.

[79] TIDIANE LY (Amadou), « Les changements anticonstitutionnels de gouvernement en Afrique », BADJI (Mamadou), DEVAUX (Olivier) et GUEYE (Babacar) (dir), *Pouvoirs et États en Afrique noire francophone*, Presses de l'Université de Toulouse 1 Capitole, *Droits sénégalais*, n°9-2010, p.310.

[80] BOMBELA MOSOUA (Ghislain), *Le standard africain de société démocratique*, *op cit*, p.272.

[81] NTIENJEM MADÙ (Mariette-Aïcha), *L'union africaine et les changements anticonstitutionnels de gouvernement*, *op cit*, p.34-38.

[82] TCHEUWA (Jean-Claude), « L'union africaine et les changements anticonstitutionnels de gouvernement », *op cit*, p.997.

[83] Article 2 § 3 de la CADEG.

Le maintien anticonstitutionnel au pouvoir constitue l'autre visage des changements anticonstitutionnels au pouvoir tel que cela ressort de l'article 23 de la CADEG. Rentre dans cette catégorie, le refus de remettre le pouvoir au candidat vainqueur des élections et les révisions constitutionnelles portant atteinte à l'alternance démocratique. Dans ce volet, la CADEG a innové en élargissant le champ de la définition de la notion des changements anticonstitutionnels à toute action visant à prolonger indéfiniment le maintien d'un gouvernement au pouvoir[84]. Elle interdit d'un côté, les manipulations frauduleuses des élections par les gouvernements en place dans le but de fausser le verdict des urnes afin de se maintenir au pouvoir[85], et de l'autre, les manipulations de la constitution à travers des révisions qui ont pour unique objectif de prolonger anormalement les gouvernements en place[86]. On voit donc par-là que la CADEG enrichit la notion de changement anticonstitutionnel de gouvernement en condamnant ce qu'on peut appeler les coups d'État constitutionnels. Toutes ces innovations normatives significatives de l'ordre régional africain ont conduit le professeur Rafâa BEN ACHOUR à parler de l'approche offensive de l'UA contre les changements anticonstitutionnels de gouvernement[87].

---

[84] ADELOUI (Arsène-Joël), « L'union africaine et la reconnaissance des gouvernements anticonstitutionnels », *op cit*, p.21.

[85] Il s'agit ici d'éviter aux dirigeants en place de se maintenir au pouvoir en truquant les élections et en empêchant que leur sincérité ne conduise à la désignation d'un autre comme vainqueur des urnes. Il existe une manœuvre électorale frauduleuse qui consiste pour les dirigeants africains d'instaurer les élections présidentielles à un tour afin de se maintenir au pouvoir. Ce sont toutes ces manœuvres électorales frauduleuses que vise cette facette de la règle de l'interdiction des changements anticonstitutionnels de gouvernement. *Cf.* BOMBELA MOSOUA (Ghislain), *Le standard africain de société démocratique*, *op cit*, p.274. ; KAZADI MPIANA (Joseph), « L'union africaine et la gestion des changements anticonstitutionnels de gouvernement », *Revue québécoise de droit international*, 2012, 114.

[86] On observe en Afrique un usage instrumental des révisions constitutionnelles qui vise à sauter les verrous de la clause de limitation des mandats présidentiels dans le but d'instaurer la présidence à vie. Ce sont donc de telles révisions constitutionnelles frauduleuses qui sont visées par l'article 23 de la CADEG. *Cf.* ATANGANA AMOUGOU (Jean-Louis), « Les révisions constitutionnelles dans le nouveau constitutionnalisme africain », *Politéa* n°7, 2005, p.609. ; ATANGANA AMOUGOU (Jean-Louis), « Rigidité et instabilité constitutionnelles dans le nouveau constitutionnalisme africain », *Afrique juridique et politique*, Volume 2, numéro 2, juillet-décembre 2006, p.72. ; LOADA (Augustin), « La limitation des mandats présidentiels en Afrique francophone », *Revue électronique Afrilex* n°3/2003, p.144-146-147. ; AÏVO (Frédéric-Joël), « La crise de la normativité de la constitution en Afrique », *Revue de droit public et de la science politique en France et à l'étranger*, 2012-1-006, p.148.

[87] BEN ACHOUR (Rafâa), « Changements anticonstitutionnels de gouvernement et droit international », *op cit*, p.492.

Relevons également qu'à côté de la CADEG, la CEDEAO va adopter un instrument contraignant légiférant dans le domaine de la démocratie à savoir le Protocole sur la démocratie et la bonne gouvernance[88]. Au cœur des principes de convergence constitutionnelle qu'il énonce, figure la règle de l'interdiction des changements anticonstitutionnels de gouvernement. Tout en consacrant cette règle[89], cet important texte va également instituer l'élection comme le seul mode d'accession au pouvoir [90] et va consacrer le principe de soumission de l'armée aux autorités civiles[91]. En consacrant la norme de l'interdiction des changements anticonstitutionnels de gouvernement, les instruments régionaux et sous régionaux africains ambitionnent lui donner un retentissement important dans l'ordre régional africain.

2. La densité de la portée normative du rejet des changements anticonstitutionnels de gouvernement

La consécration conventionnelle et voire même constitutionnelle[92] de la norme de l'interdiction des changements anticonstitutionnelles de gouvernement a des conséquences normatives denses et intenses dans l'ordre régional africain. La première conséquence normative de cette règle est l'élargissement de la notion des coups d'État aux manipulations

---

[88] Le titre complet de ce texte est le suivant : Protocole A/SP1/12/01 sur la démocratie et la bonne gouvernance additionnel au Protocole relatif au mécanisme de prévention, de gestion, de règlement des conflits, de maintien de la paix et de la sécurité. Il est adopté le 21 décembre 2001 et entre en vigueur en 2005.

[89] Article 1 (c) du Protocole sur la démocratie et la bonne gouvernance de la CEDEAO.

[90] Article 1 (b) du Protocole sur la démocratie et la bonne gouvernance de la CEDEAO.

[91] Article 1 (e) du Protocole sur la démocratie et la bonne gouvernance de la CEDEAO.

[92] Plusieurs auteurs considèrent l'Acte constitutif de l'UA, la CADEG et le Protocole de la CEDEAO sur la démocratie et la bonne gouvernance comme étant de véritables constitutions matérielles. Ceci parce qu'elles élaborent des normes sur des matières naturelles du droit constitutionnel : la forme de l'État, la participation des citoyens à l'exercice du pouvoir, les modalités d'accession et d'extinction du pouvoir. On voit ainsi que la constitution n'est pas un phénomène exclusivement réservé au droit interne mais peut également être transposé en droit international. *Cf.* FALL (Ismaëla-Madior) et SALL (Alioune), « Une constitution régionale pour l'espace CEDEAO : le protocole sur la démocratie et la bonne gouvernance de la CEDEAO », Article en ligne. ; MOUDOUDOU (Placide), *La constitution en Afrique. Morceaux choisis*, Paris, L'Harmattan, 2012, p.47-67. ; GERKRATH (Jörg), *L'émergence d'un droit constitutionnel européen. Modes de formation et sources d'inspiration de la constitution des communautés et de l'union européenne*, Thèse de doctorat en droit public/droit des communautés européennes, Université Robert Schuman de Strasbourg, p.72-79. ; BOMBELA MOSOUA (Ghislain), *Le standard africain de société démocratique*, *op cit*, p.381-385.

frauduleuses des textes constitutionnels et des lois électorales dans le but de se maintenir anormalement au pouvoir. On pourrait parler ici de coups d'État constitutionnels. Cette extension normative n'est pas anodine ; elle vise à éradiquer les révisions constitutionnelles malsaines dont la finalité est de bloquer l'alternance démocratique ainsi que les manipulations vicieuses des lois électorales contrecarrant la sincérité du verdict des urnes et instaurant la présidence à vie en Afrique. La deuxième conséquence de l'institution de cette règle par les organisations régionales et sous régionales africaines est qu'elle se présente sous la forme d'un standard constitutionnel et démocratique substantiel en Afrique. Ceci parce que les standards sont des instruments de mesure des comportements et des situations mise en œuvre par de véritables règles de droit[93]. Comme tout standard, l'interdiction des changements anticonstitutionnels de gouvernement est un instrument de mesure en termes de normalité[94]. Elle traduit en même temps une normalité descriptive[95] et une normalité dogmatique[96]. La proclamation par le haut de ce standard témoigne de ce qu'il est valable dans l'ensemble du continent. Il traduit une unification et une harmonisation du droit constitutionnel africain. La troisième conséquence normative de cette règle est qu'elle consacre l'obligation juridique des États africains de se

[93] RIALS (Stéphane), « Les standards, notions critiques du droit », PERELMAN (Chaïm) et VANDER ELST (Raymond) (Études publiées par), *Les notions à contenu variable en droit*, Bruxelles, Établissements Emile Bruylant, 1984, p.44.

[94] *Ibid*, p.43-44.

[95] Elle renvoie à ce qui est statistiquement, ce qui est plus fréquent. La norme de l'interdiction des changements anticonstitutionnels de gouvernement, en tant que standard, assurerait donc une fonction de normalité descriptive dans la mesure où, elle vise à éradiquer une attitude, un fait ou un comportement récurrent dans le continent africain : le coup d'État. Sur la notion de normalité descriptive bien vouloir lire : RIALS (Stéphane), « Les standards, notions critiques du droit », *op cit*, p.43-44. ; MARTIN (Valentine), « La contribution de la commission de Venise à la formation des standards constitutionnels mondiaux : vers un espace constitutionnel global ? », *op cit*, p.82-83.

[96] Elle désigne ce qui doit être. Elle propose donc un modèle de comportement, un référentiel à partir duquel on peut mesurer ou apprécier un comportement ou une attitude. Dans ce sens, la norme du rejet des changements anticonstitutionnels de gouvernement se présente comme un standard qui énonce un modèle de comportement, un référentiel à partir duquel peuvent être appréciés l'accession et le maintien au pouvoir en Afrique. Sur la notion de normalité dogmatique bien vouloir consulter : RIALS (Stéphane), « Les standards, notions critiques du droit», *op cit*, p.43-44. ; MARTIN (Valentine), « La contribution de la commission de Venise à la formation des standards constitutionnels mondiaux : vers un espace constitutionnel global ? », *op cit*, p.82-83.

démocratiser[97]. Contrairement à l'idée qui a été avancée selon laquelle, le continent africain n'a pas encore institué l'obligation pour les États d'être démocratiques[98], il ne fait plus de doute que ce continent a innové en matière d'obligation démocratique. Les instruments qui consacrent la règle de l'interdiction des changements anticonstitutionnels de gouvernement en Afrique sont d'une originalité indéniable dans le monde. Aussi loin que l'on recule dans l'histoire constitutionnelle connue des États, la CADEG est d'une originalité par son objectif ; elle vise à mettre en place une organisation politique continentale et un mode d'exercice du pouvoir politique et constitue par ce fait une sorte de constitution politique internationale[99]. Il s'agit de l'un des rares instruments juridiques internationaux contraignant traitant ouvertement, prioritairement et méticuleusement de la démocratie[100]. La même observation pourrait également être faite au niveau sous régional au Protocole de la CEDEAO sur la démocratie et la bonne gouvernance. L'Acte constitutif de l'UA, la CADEG et le Protocole de la CEDEAO sur la démocratie et la bonne gouvernance qui consacrent la règle de l'interdiction des changements anticonstitutionnels de gouvernement sont des conventions internationales, des instruments juridiques contraignants du droit international. Au regard de leur nature juridique contraignante, les prescriptions que ces trois conventions énoncent ont force obligatoire pour chaque État membre de l'UA et de la CEDEAO au regard des articles 26 et 34 de la Convention de vienne sur le droit des traités du 23 mai 1969[101]. La règle de l'interdiction des changements anticonstitutionnels de gouvernement est donc une obligation juridique pour les États africains. La quatrième conséquence de cette règle est

---

[97] SOMA (Abdoulaye), « Sur le principe d'une obligation des États africains de se « démocratiser »: Éléments de droit constitutionnel et de droit international public », *op cit*, p.379-380.

[98] SICILIANOS (Linos-Alexandre), « Le respect de l'État de droit comme obligation internationale », *L'État de droit en droit international*, Colloque de Bruxelles, SFDI, Paris, A. Pedone, 2009, p.145.

[99] TCHIKAYA (Blaise), « La charte africaine de la démocratie, des élections et de la gouvernance », *Annuaire français de droit international*, 2008, p.516.

[100] NGARHODJIM (Nadjita-F.), « Charte africaine de la démocratie, des élections et de la gouvernance : une analyse critique », *Open Society Institute*, Afrimap, 2007, p.3.

[101] SOMA (Abdoulaye), « Sur le principe d'une obligation des États africains de se « démocratiser » : Éléments de droit constitutionnel et de droit international public », *op cit*, p.388.

qu'elle institue une infraction à la démocratie[102], un crime international[103]. Elle constitue en réalité une violation du droit international. Ceci parce que les coups d'État contre un gouvernement démocratiquement élu portent atteinte au droit des peuples à l'autodétermination interne ainsi qu'au maintien de la paix et de la sécurité internationales[104]. La règle de l'interdiction des changements anticonstitutionnels de gouvernement réaffirme l'État de droit en Afrique et revalorise la volonté exprimée du peuple[105] en instituant l'élection comme le seul mode de dévolution du pouvoir. Cette règle a également un caractère d'ordre public dans l'ordre régional africain parce qu'elle protège des valeurs fondamentales tels que la paix, la démocratie et les droits de l'homme[106]. Elle est par ce fait une norme ayant une portée objective dans l'ordre régional africain[107].

À la lumière de ce qui vient d'être dit, il ressort que la règle de l'interdiction des changements anticonstitutionnels de gouvernement, au regard de son importance, à une portée normative importante. Au-delà de sa consécration, le dispositif institutionnel de mise œuvre de cette règle témoigne du renforcement de l'éradication des coups d'État tel que cela ressort du principe de légitimité démocratique en Afrique.

B. Un cadre d'approfondissement du dispositif institutionnel d'éradication des coups d'État en Afrique

La prohibition des changements anticonstitutionnels de gouvernement serait restée lettre morte si on ne l'avait pas assortie de mécanismes de

[102] LALI (Armel), « La perception de l'État de droit dans le droit et la pratique de l'union africaine », *L'État de droit en droit international*, Colloque de Bruxelles, SFDI, Paris, A. Pedone, 2009, p.292-302.

[103] SOMA (Abdoulaye), « Le crime international de changement anticonstitutionnel de gouvernement », *Revue suisse de droit international et européen*, 2016, vol. 26, p.417.

[104] SICILIANOS (Linos-Alexandre), « Le respect de l'État de droit comme obligation internationale », *op cit*, p.149-150.

[105] TCHEUWA (Jean-Claude), « L'union africaine et les changements anticonstitutionnels de gouvernement », *op cit*, p.1009-1014.

[106] BOMBELA MOSOUA (Ghislain), *Le standard africain de société démocratique*, *op cit*, p.372-374.

[107] *Ibid*, 372-377.

contrôle et de garantie[108]. Un foisonnement d'organes sera ainsi déployé tant au niveau régional (**1**) que sous régional (**2**) afin de garantir le respect de la règle prohibant les changements anticonstitutionnels de gouvernement en Afrique.

1. La pluralité des organes régionaux de garantie

Parler des organes régionaux de garantie, c'est faire allusion aux institutions chargées d'assurer le respect de la règle prohibitive des changements anticonstitutionnels de gouvernement au niveau continental. À ce stade, il s'agit essentiellement des organes de l'UA. Une lecture analytique des organes chargés d'éradiquer les coups d'État en Afrique au niveau de l'UA sont de deux ordres : politiques et opérationnels.

Les organes politiques désignent les organes qui ont en charge la définition des orientations de l'UA dans le domaine de sa compétence[109]. On dénombre trois organes politiques de garantie de la règle de l'interdiction des changements anticonstitutionnels de gouvernement au niveau de l'UA : la Conférence des Chefs d'État et de gouvernement, le Conseil exécutif et la Commission. Organe suprême de l'UA[110], la Conférence est au cœur du système d'éradication des changements anticonstitutionnels de gouvernement[111]. En effet, l'article 4 § 1 (g) du Règlement intérieur énonce que la Conférence :

> « Détermine les sanctions à imposer à l'encontre de tout État membre (…) en cas de non-respect des décisions de l'Union et de changements anticonstitutionnels de gouvernement ». Bien plus, l'article 37 § 5 du même texte précise que : « la Conférence applique immédiatement les sanctions à l'encontre du régime qui refuse de restaurer l'ordre constitutionnel ».

Par ailleurs, chaque fois qu'il y a un changement anticonstitutionnel de gouvernement, la Conférence est à même d'adopter des décisions assorties d'effet juridique, c'est-à-dire, des mesures qui s'imposent à

---

[108] TCHEUWA (Jean-Claude), « L'union africaine et les changements anticonstitutionnels de gouvernement », *op cit*, p.1014.

[109] *Ibid*, p.1015.

[110] En vertu de l'article 6 § 2 de l'Acte constitutif de l'UA.

[111] TCHEUWA (Jean-Claude), « L'union africaine et les changements anticonstitutionnels de gouvernement », *op cit*, p.1015. ; TCHIKAYA (Blaise), *Le droit de l'union africaine. Principes, institutions et jurisprudence*, Paris, Berger-Levrault, 2014, p.63.

l'État concerné ou aux auteurs des changements anticonstitutionnels de gouvernement[112]. Les destinataires visés par les décisions de la Conférence sont tenus de les respecter sous peine de sanctions[113]. La Conférence constate[114] et sanctionne[115] tout changement anticonstitutionnel de gouvernement. En outre, la Conférence donne mandat au Conseil de Paix et de Sécurité (CPS) d'intervenir pour rétablir l'ordre constitutionnel dans un État membre comme ce fut le cas pour l'Île d'Anjouan de l'Union des Comores en 2008[116]. Le Conseil Exécutif[117] de l'UA joue également un rôle non négligeable dans l'éradication des changements anticonstitutionnels de gouvernement au sein de l'architecture institutionnelle de l'UA. L'article 36 § (c) de son Règlement intérieur dispose qu'il applique les sanctions imposées par la Conférence en cas de changement anticonstitutionnel de gouvernement. La Commission[118] de l'UA se présente également comme un organe

---

[112] TABALA KITENE (Faustin), *Le statut des sanctions contre les changements anticonstitutionnels de gouvernement dans les textes et la pratique de l'union africaine*, *op cit*, 139.

[113] *Idem.*

[114] L'article 37 § 4 du Règlement intérieur de l'UA prévoit que le Président de la Conférence collégialement avec le Président de la Commission condamne le changement anticonstitutionnel de gouvernement et en appelle au retour du *statut quo ante* puis averti et enfin, suspend l'État membre et demande au Conseil de paix et de sécurité (CPS) d'examiner la question.

[115] L'article 37 § 5 du Règlement intérieur prévoit un certain nombre de sanctions qui vont du refus du visa à la restriction des relations diplomatiques, commerciales y compris celles émises par le CPS ou prévu par l'Acte constitutif de l'UA à l'article 23 § 2.

[116] NTIENJEM MADÙ (Mariette-Aïcha), *L'union africaine et les changements anticonstitutionnels de gouvernement*, *op cit*, p.60.

[117] Anciennement désigné Conseil des ministres, cet organe est composé des ministres des Affaires étrangères ou de tous les autres ministres ou autorités désignés par les gouvernements des États membres de l'UA. Le Conseil exécutif a pour principales attributions de coordonner et de prendre des décisions sur les politiques et les stratégies dans des domaines d'intérêt commun des États membres de l'UA. Il examine les questions que lui confie la Conférence, surveille la mise en œuvre des décisions qu'elle adopte et est responsable devant elle. Il est en outre chargé d'examiner la structure, les fonctions et les statuts de la Commission et de faire des recommandations à la Conférence. Il élit par ailleurs les commissaires puis propose à la Conférence de les nommer. *Cf.* TCHIKAYA (Blaise), *Le droit de l'union africaine. Principes, institutions et jurisprudence*, *op cit*, p.73. ; MUKAMA BISWARO (Joram), « La conférence, le conseil exécutif et la commission », YUSUF (Abdulqawi-A.) et OUGUERGOURZ (Fatsah) (dir), *L'union africaine : cadre institutionnel. Manuel sur l'organisation panafricaine*, Paris, A. Pedone, 2013, p.82.

[118] Elle est l'un des principaux organes de l'UA. L'article 20 de l'Acte constitutif de l'UA la consacre comme secrétariat de l'Union. Elle est donc la seule structure chargée de la gestion quotidienne des affaires de l'UA faisant ainsi d'elle la véritable courroie de transmission pour tous les organes de l'UA. *Cf.* MUKAMA BISWARO (Joram), « La conférence, le conseil exécutif et la commission », *op cit*, p.83.

déterminant de garantie de la règle de prohibition des changements anticonstitutionnels de gouvernement en Afrique. L'article 37 § 4 attribue les mêmes fonctions au président de la Conférence et au président de la Commission chaque fois qu'il y a un changement anticonstitutionnel de gouvernement. Ces fonctions consistent à condamner les changements anticonstitutionnels de gouvernement, demander instamment le retour rapide à l'ordre constitutionnel tout en précisant que ce changement illégal n'est ni toléré, ni reconnu par l'Union et de suspendre immédiatement l'État membre et sa participation aux organes de l'UA[119]. Dans le même ordre d'idées, le président de la Commission en consultation avec le président de la Conférence rassemble les faits concernant les changements anticonstitutionnels de gouvernement, établit des contacts appropriés avec les auteurs en vue de s'informer de leurs intentions concernant la restauration de l'ordre constitutionnel sans pour autant reconnaître leur légitimité, sollicite la contribution des dirigeants et des personnalités africaines pour amener les auteurs du changement anticonstitutionnel de gouvernement à coopérer avec l'Union[120].

À côté de ces organes politiques, l'UA s'est également dotée d'un organe opérationnel dans l'éradication des changements anticonstitutionnels de gouvernement en Afrique : le Conseil de paix et de sécurité (CPS). Crée sur la base de l'article 5 § 2 de l'Acte constitutif de l'UA, le CPS se présente comme une structure opérationnelle dont la mission centrale est la promotion de la paix, de la sécurité et de la stabilité en Afrique[121]. Le Protocole portant sur sa création fut adopté lors de la première session ordinaire de la Conférence de l'UA à Durban le 9 juillet 2002. Le CPS constitue un dispositif important de lutte contre les coups d'État en Afrique. Les articles 24 et 25 de la CADEG lui attribuent des pouvoirs importants pour restaurer l'ordre constitutionnel en Afrique. En vertu de ces dispositions, le CPS exerce la responsabilité de maintenir l'ordre constitutionnel lorsque survient dans un État partie, une situation susceptible de compromettre l'évolution de son processus politique et institutionnel démocratique ou l'exercice légitime du pouvoir ; il constate

---

119 TABALA KITENE (Faustin), *Le statut des sanctions contre les changements anticonstitutionnels de gouvernement dans les textes et la pratique de l'union africaine*, *op cit*, 149-150.

120 *Ibid*, p.150.

121 Article 17 § 1 du Protocole instituant le CPS de l'UA.

qu'il y a eu changement anticonstitutionnel de gouvernement dans un État partie et a la capacité de prendre la décision de suspendre les droits de participation de l'État partie concerné aux activités de l'Union conformément aux dispositions des articles 30 de l'Acte constitutif de l'UA et 7 (g) du Protocole l'instituant. Le Protocole qui l'institue lui confie des attributions aussi bien préventives que curatives sur la question des changements anticonstitutionnels de gouvernement[122]. Sur le plan préventif, le CPS en vertu de l'article 7 § 1 (m) a le pouvoir de suivre les progrès réalisés sur les questions relatives à la promotion des pratiques démocratiques, la bonne gouvernance, l'État de droit, la protection des droits de l'homme et des libertés fondamentales. Au niveau curatif, il impose conformément à la Déclaration de Lomé des sanctions chaque fois qu'un changement anticonstitutionnel de gouvernement se produit dans un État membre en conformité avec l'article 7 § 1 (g) du Protocole qui l'institue. Il exerce cette compétence conjointement avec le président de la Commission de l'UA.

De manière générale, lorsqu'un coup d'État se réalise, la première réaction qui est désormais automatiques de ces organes politiques de l'UA est la suspension de l'État des activités de l'organisation[123]. À titre d'illustration, on peut prendre l'exemple du coup d'État déroulé en Guinée le 24 décembre 2008. Le même jour, le CPS adopta une décision dans laquelle il énonçait que ce coup d'État constituait une violation flagrante de la constitution guinéenne et des instruments pertinents de l'UA et exigeait son retour à l'ordre constitutionnel[124]. Il a par la suite pris une série de sanctions à l'encontre de la Guinée, entre autre, la suspension de la participation de ce pays aux activités de l'UA jusqu'au retour de l'ordre constitutionnel[125]. Les institutions régionales ne sont pas les seules à œuvrer pour la neutralisation des coups d'État en Afrique. Les organes sous régionaux viennent souvent renforcer ce dispositif de réaction aux coups d'État en Afrique.

---

[122] FAU-NOUGARET (Mathieu), « Les organisations régionales africaines et les changements de pouvoir anticonstitutionnels », *op cit*, p.420.

[123] *Ibid*, p.425.

[124] *Idem*.

[125] *Ibidem*.

2. La pertinence des organes sous régionaux de garantie

Deux organisations sous régionales se démarquent de manière particulière dans l'éradication des coups d'État en Afrique : la CEDEAO[126] et la SADC[127] sans jeter un coup d'œil sur ceux de l'Afrique Centrale. Pour ce qui est de la CEDEAO, il a été souligné qu'elle a mis sur pied un important instrument conventionnel qui consacre la règle prohibant les changements anticonstitutionnels de gouvernement en Afrique. Le Protocole de la CEDEAO sur la démocratie et la bonne gouvernance a institué des principes de convergence constitutionnelle qui portent, entre autre, sur le fait que l'accession au pouvoir doit se faire à travers les élections libres honnêtes et transparentes, l'interdiction de tout changement anti constitutionnel de même que tout mode non démocratique d'accession et de maintien au pouvoir, le caractère apolitique de l'armée et l'interdiction formelle à tout militaire de prétendre à un mandat politique électif[128]. Pour implémenter de tels principes démocratiques, la CEDAO s'est dotée d'un ensemble d'institutions. Elle a institué dans un premier temps le Mécanisme de prévention, de gestion, de règlement des conflits, de maintien de la paix et de la sécurité crée par le Protocole d'Abuja de 1999. Elle a par la suite crée des organes de sanctions notamment : la Commission de défense et de sécurité, le Conseil des sages et enfin le Groupe de contrôle du cessez le feu (ECOMOG)[129]. Il est à relever que la CEDEAO s'est dotée d'un Mécanisme d'alerte précoce qui est en place en cas de renversement ou de tentative de renversement d'un gouvernement démocratiquement élu[130]. Cette organisation sous régionale s'est également dotée d'un instrument important dans le cas du maintien et de la restauration de l'ordre constitutionnel dans ses États membres c'est le Cadre de prévention des conflits de la CEDEAO (CPCC). Adopté en janvier 2008, le CPCC a une composante démocratie et gouvernance politique qui donne les grandes orientations aux États membres parmi lesquels on trouve entre autre l'exigence de créer des espaces et des conditions justes

---

[126] Communauté Économique des États de l'Afrique de l'Ouest.

[127] Southern Africa Development Community.

[128] Articles 1 (b), (c) et (e) du Protocole de la CEDEAO sur la démocratie et la bonne gouvernance.

[129] FAU-NOUGARET (Mathieu), « Les organisations régionales africaines et les changements de pouvoir anticonstitutionnels », *op cit*, p.420.

[130] *Idem.*

et équitables en ce qui concerne la distribution et l'exercice du pouvoir, la mise en place et le renforcement des institutions de la gouvernance[131]. Sur la base de ces institutions de garantie, la CEDEAO se présente comme la sous-région du continent africain la plus dynamique dans l'éradication des coups d'État. En 2005, la CEDEAO a imposé des sanctions contre le Togo suite à la mise non démocratique de Faure EYADEMA comme président par l'armée togolaise ; ces sanctions de la CEDEAO ont obligé Monsieur EYADEMA à remettre le pouvoir à un président intérimaire de quelques mois[132]. Notons également que la CEDEAO constitue le principal acteur dans la gestion de l'actuelle crise malienne. Elle y a impulsé un accord cadre qui a permis la mise sur pied d'un gouvernement d'union nationale. Elle s'active avec l'UA à solliciter l'autorisation du Conseil de sécurité pour le déploiement d'une force multinationale pour la stabilisation du Mali[133]. La CEDEAO assure très souvent les missions d'observation des élections comme se fût le cas en Guinée Bissau en mai 2006, en Gambie en août 2006, en Guinée en février 2007, au Nigéria en avril 2007 et au Mali en avril 2007. Par de tels actes, cette organisation sous régionale s'affirme comme un outil indispensable d'éradication des coups d'État en Afrique de l'Ouest.

La SADC a adopté des textes qui visent à reconnaître au niveau sous régional l'intérêt de la promotion de la démocratie dans le cadre de ses activités[134]. Le 14 août 2001 à Blantyre fut adopté le Protocole sur la coopération politique en matière de défense et de sécurité collective qui fixe pour objectif à l'organe constitué à cet effet de promouvoir le développement des institutions et pratiques démocratiques au sein des États membres et encourager le respect des droits de l'homme universellement reconnus[135]. Ce texte sera complété par le « *Principles and Guidelines for Governing Democratic Elections* » adopté le 17 août 2004. Ce texte constitue une feuille de route à l'intention des États membres souhaitant faire appel à la SADC en tant qu'observateur des

---

131 *Ibid*, p.421.

132 EBOBRAH (Solomon-T), « La charte africaine de la démocratie, des élections et de la gouvernance : une nouvelle ère qui consacre une gouvernance légitime en Afrique ? », *Open society Institute*, 2007, p.10.

133 KAZADI MPIANA (Joseph), « L'union africaine et la gestion des changements anticonstitutionnels de gouvernement », *op cit*, p.137.

134 FAU-NOUGARET (Mathieu), « Les organisations régionales africaines et les changements de pouvoir anticonstitutionnels », *op cit*, p.416-417.

135 *Idem*.

élections[136]. Au regard de tout ce qui vient d'être énoncé, il ressort que la SADC n'a pas explicitement légiféré sur les changements anticonstitutionnels de gouvernement[137]. Cependant, relevons que son mécanisme de veille et de promotion de sécurité et de défense est de nature à prévenir et à gérer certaines crises qui, pour la plupart sont consubstantielles à la rupture de l'ordre constitutionnel[138]. Ainsi, l'implication de la SADC dans la gestion de la crise politique de Madagascar à la suite du coup d'État d'Andry RAJOELINA a révélé son opposition farouche à une dévolution anticonstitutionnelle du pouvoir[139]. L'organisation sous régionale a ainsi rejeté avec fermeté et condamné avec énergie la décision unilatérale de formation d'un gouvernement par le président de transition[140]. La suspension de Madagascar lors du 20ème sommet de la SADC et l'exigence d'un retour rapide à la normalité constitutionnelle traduisent l'attachement de cette institution à la prohibition des gouvernements anticonstitutionnels.

L'Afrique Centrale quant à elle n'a pas légiféré sur la question des changements anticonstitutionnels de gouvernement. Ce n'est qu'à travers son mécanisme de maintien de la paix que l'on pourrait entrevoir comment les organisations de cette région luttent contre les coups d'État. Les États membres de la CEEAC[141] ont ratifié le 24 février 2000 à Malabo le Protocole relatif au Conseil de paix et de sécurité en Afrique Centrale (COPAX). Ce dernier dont l'un des principes est la promotion des institutions démocratiques, dispose d'une Force multinationale (FOMAC), d'un Mécanisme d'alerte rapide d'Afrique Centrale tel que cela ressort des dispositions pertinentes en la matière du Protocole instituant le COPAX. Ces mécanismes de maintien de la paix dans cette sous-région peuvent être mobilisés à l'occasion de la survenance d'un coup d'État dans la mesure où ; ce dernier constitue une menace contre la paix et une rupture de paix.

L'analyse des dispositifs normatifs et institutionnels d'éradication des coups d'État en Afrique témoigne de la vigueur et de la vitalité du

---

136 *Ibid*, p.417.

137 TIDIANE LY (Amadou), « Les changements anticonstitutionnels de gouvernement en Afrique », *op cit*, 325.

138 *Idem.*

139 *Ibidem.*

140 *Ibidem.*

141 Communauté Économique des États de l'Afrique Centrale.

principe de légitimité démocratique. Ce dernier atteste de ce que les gouvernements africains ont fait le choix de la démocratie. Toutefois, la recrudescence du phénomène putschiste ces dernières années dans le continent met à mal le principe de légitimité démocratique au point où il est même envisagé l'hypothèse des coups d'État démocratiques.

II. Le principe de légitimité démocratique éprouvé par la recrudescence des coups d'État en Afrique

Malgré la consécration du principe de légitimité démocratique, qui institue la règle de l'interdiction des changements anticonstitutionnels de gouvernement et qui met en branle un ensemble d'institutions pour la garantir, l'Afrique reste en proie à la recrudescence du phénomène putschiste. Il sera question ici de voir comment ce principe est éprouvé par un phénomène dont il a vocation à contenir voire à éradiquer. Il convient de noter qu'une nouvelle vague de coups d'État a fait surface après l'affirmation du principe de légitimité démocratique par les institutions internationales africaines. Ces coups d'État sont ceux de la troisième vague[142]. Ce sont eux qui mettent en mal le principe de légitimité démocratique dans le continent noir. Pour s'en rendre compte, il sera question de présenter un répertoire et la logique d'ensemble de cette nouvelle catégorie de coups d'État (A) avant d'en ressortir les facteurs explicatifs (**B**).

A. Répertoire et intelligibilité des coups d'État de la troisième vague en Afrique

Malgré l'affirmation du principe de légitimité démocratique dès la fin des années 1990 par l'UA, nous observons la recrudescence des coups d'États en Afrique. Pour s'en convaincre, un tour d'horizon des différents coups d'État qui ont eu lieu en cette période (**1**) et la logique qui préside à leur compréhension (**2**) s'imposent afin de mieux savoir comment les contrer.

---

[142] BOISVERT (Marc-André), « Introduction », *Coups d'État en Afrique : le retour de l'uniforme en politique*, *Bulletin FrancoPaix*, numéro spécial, Vol. 7, n°1-2, janvier-février 2022, p.4.

1. Répertoire des coups d'État de la troisième vague

En dépit de la consécration du principe de légitimité démocratique en Afrique dans l'Acte constitutif de l'UA, dans la CADEG et dans le Protocole de la CEDEAO sur la démocratie et la bonne gouvernance, on observe la résurgence des coups d'État dans ce continent. Depuis le début des années 2010, l'Afrique va enregistrer une série de coups d'État. C'est ainsi qu'on observe qu'environ quatorze coups d'État ont eu lieu sur le continent africain depuis 2012 dont trois au Mali (2012, 2020, 2021), un en Égypte (2013), un en Centrafrique (2013), deux au Burkina Faso (2015, 2022), un au Tchad (2021), un en Guinée Bissau (2012), deux au Soudan (2019, 2021), un au Zimbabwe (2017) et un en Guinée (2021)[143].

Juste un mois après l'entrée en vigueur de la CADEG, un coup d'État va mettre à l'épreuve ce texte important qui consacre le principe de l'interdiction des changements anticonstitutionnels de gouvernement. C'est ainsi que, le 22 mars 2012, le Président Amadou TOUMANI TOURE, président démocratiquement élu au Mali, a été renversé à quelques semaines de l'expiration de son mandat. Le 12 avril 2012, un coup d'État militaire interrompt le processus électoral à deux semaines du second tour de la présidentielle en Guinée Bissau. Ces putschistes dirigés par le Général Antonio INDJAI déposent le président Raimundo PERREIRA et le premier ministre Junior GOMES. En 2013 en Centrafrique, les rebelles de la Seleka, essentiellement musulmans prennent la capitale Bangui chassant François BOZIZE au pouvoir depuis dix ans. Leur chef Michel DJOTODIA va s'autoproclamer président en Mars 2013. Élu en 2012 en Égypte, l'armée destitue et arrête Mohamed MORSI le 3 juillet 2013. Moins d'un mois après que Blaise COMPAORE ait été chassé par un soulèvement populaire le 17 septembre 2017, le président Michel KAFANDO est renversé par un coup d'État mené par une unité d'élite de l'armée. Il sera rétabli dans ses fonctions une semaine plus tard après un accord entre les soldats légalistes et les putschistes. Le 21 novembre 2017 au Zimbabwe, Robert MUGABE démissionne car pressé vers la sortie par les militaires. Le 11 avril 2019, Omar EL-BECHIR est destitué par l'armée au Soudan après quatre mois d'un mouvement protestataire populaire. Le 18 août 2020, le président malien Ibrahim BOUBACAR KEITA est renversé par un putsch militaire. Le 24 mai 2021, les militaires arrêtent le président et le

[143] *Ibid*, p.3.

premier ministre et le colonel Assimi GOÏTA est investi en juin comme président de transition. Le 5 septembre 2021 en Guinée, le président Alpha CONDE, réélu en octobre 2020 pour un troisième mandat controversé[144] sera renversé par un groupe de militaires dirigés par le lieutenant-colonel Mamady DOUMBOUYA. CONDE est arrêté et les institutions dissoutes, alors qu'un Comité national de rassemblement et du développement (CNRD) s'engage à tenir « une transition transparente et inclusive ». Le 20 avril 2021 était annoncé officiellement la mort du maréchal Idriss DEBY ITNO, président du Tchad. Au mépris des règles constitutionnelles, qui énonçaient une transition de moins de quatre-vingt-dix jours menée par le président de l'Assemblée nationale, un Conseil militaire de transition (CMT) composé de quatorze généraux va confier le pouvoir au désormais général Mahamat Idriss ITNO[145]. L'argument qui était avancé par les membres du CMT était que, Haroun KABADI président de l'Assemblée nationale, aurait refusé d'accepter la succession établie par la constitution arguant de son état de santé précaire, même s'il fût reconduit, par la suite, à la tête du parlement provisoire[146]. Il s'agissait bel et bien là d'un véritable coup d'État institutionnel, une prise du pouvoir par la force et au mépris des règles constitutionnelle par l'armée.

Il faudrait relever de manière analytique que plusieurs de ces coups d'État de la troisième vague soit correspondent à la prise du pouvoir par la force, soit sont causés par un coup d'État constitutionnel. On entend ici par coup d'État constitutionnel les manipulations constitutionnelles à travers lesquelles les dirigeants africains refusent de se conformer aux limites de durée de mandat présidentiel, ou aux résultats des urnes défavorables afin de pérenniser leur pouvoir. Dès la révision constitutionnelle de février 2005 qui a instauré Faure EYADEMA après

---

[144] Élu président de la Guinée en 2010 après avoir été longtemps opposant au régime de Lansana CONTE (1984-2008), Alpha CONDE est réélu en 2015. Il décide ensuite de faire modifier la constitution afin d'être candidat une troisième fois. Un référendum qu'il gagne facilement a été ouvert et cela accentuera la grogne à son endroit. En plus de cette révision malicieuse de la constitution, sa gouvernance autoritaire et la situation catastrophique de l'économie et de la gouvernance vont accélérer son renversement par les militaires.

[145] LE-YONTA NGARTEBAYE (Eugène), « La disparition du maréchal Idriss Déby Itno : entre coup d'État et continuité du système », *Coups d'État en Afrique : le retour de l'uniforme en politique*, *Bulletin FrancoPaix*, numéro spécial, Vol. 7, n°1-2, janvier-février 2022, p.13.

[146] *Idem.*

le décès de son père au pouvoir Gnassingbé EYADEMA[147], la CEDEAO qualifiait déjà cette révision de coup d'État constitutionnel. En Guinée, la mise à l'écart d'Alpha CONDE a suscité peu d'indignation sur le continent africain, amenant certains observateurs à parler d'un coup d'État militaire venu rectifier un coup d'État constitutionnel qu'aurait exécuté l'ancien président Alpha CONDE en modifiant la constitution pour s'offrir un troisième mandat en 2020. En Côte d'Ivoire la mort subite du candidat désigné par le parti au pouvoir a forcé la réinterprétation des règles constitutionnelles pour permettre à Alassane Dramane OUATTARA de briguer un troisième mandat présidentiel en 2020. Au Bénin, le projet d'instauration d'un mandat unique a été abandonné. Depuis les acquis démocratiques de ce pays, longtemps considéré comme modèle en la matière, sont remis en cause avec les modifications constitutionnelles non consensuelles. On voit clairement que le phénomène putschiste demeure prégnant qu'il soit armé ou qu'il procède des manipulations des constitutions et des lois électorales. Et cette troisième vague du phénomène des coups d'État ne fait pas exception. Après ce petit tour d'horizon des coups d'État de ces dernières années malgré l'affirmation du principe de légitimité démocratique en Afrique, il serait intéressant d'en saisir la logique spécifique pour mieux comprendre leur singularité.

2. Intelligibilité des coups d'État de la troisième vague

Depuis leur accession aux indépendances en 1960, les États africains ont connu trois vagues de coups d'État. La vague qui nous intéresse est la troisième. C'est celle qui a actuellement cours malgré l'affirmation du principe de légitimité démocratique qui institue la règle de l'interdiction des changements anticonstitutionnels de gouvernement en Afrique. Pour bien saisir la logique qui structure cette troisième vague de coups d'État en Afrique, il serait intéressant de l'analyser en rapport avec les deux premières vagues dans une approche comparative.

La première vague se disait corrective avec pour objectif au lendemain des indépendances, de rectifier la trajectoire de l'État[148]. Les gouvernements de Sylvanus OLYMPIO au Togo (1963), d'Houari

---

[147] ATANGANA AMOUGOU (Jean-Louis), « Rigidité et instabilité constitutionnelles dans le nouveau constitutionnalisme africain », *op cit*, p.69-70.

[148] BOISVERT (Marc-André), « Introduction », *op cit*, p.3.

BOUMEDIENNE en Algérie (1965), de Ndameni AZIKIWE au Nigéria (1966), de NKWAME NKRUMAH au Ghana (1966), de Modibo KEITA au Mali (1968), etc., furent renversés par les forces de sécurité, souvent avec l'appui des puissances étrangères[149]. Dans ces États fraîchement indépendants, l'inexpérience et la désorganisation des nouveaux dirigeants se confrontaient à une institution militaire forte, renforcée par une hiérarchie, une discipline, des formations solides, un esprit de corps et une chaîne de commandement fonctionnelle et le tout auréolé par des cadres militaires formés dans la métropole coloniale[150]. Fort de tout cela, les militaires se sont arrogés le droit d'intervenir lorsqu'ils estimaient que les gouvernements civils n'arrivent pas à garantir l'ordre, la stabilité sociale et la modernisation de l'État. Cette première vague va susciter l'élaboration de deux théories sur la militarisation de l'Afrique : la théorie de l'institution militaire comme instrument de modernisation et de développement et celle des forces armées et de sécurité comme garantes de la loi et du maintien de l'ordre[151].

La seconde vague des coups d'État est apparue avec la fin de la guerre froide, alors que les régimes à partis uniques menés à la faillite ont cumulé les crises et se sont révélés incapables de se renouveler[152]. Liés à la troisième vague de démocratisation, plusieurs de ces coups d'État ont mis fin à des régimes d'autocrates vieillissants entraînant des transitions démocratiques plus ou moins réussies[153]. Cette génération de coups d'État qualifiée de salutaires a été observée au Mali en 1991 par le colonel Amadou TOUMANI TOURE, au Nigeria en 1999 avec le général Abdou Salami ABUBAKAR, au Niger en 1999 avec le commandant Malam WANKE et en 2010 avec le commandant Sabou DJIBO, en Mauritanie en 2005 avec le général Ould VALE, en Guinée en 2009 avec le général SEKOUBA KONATE[154]. Les artisans de ces coups d'État sont considérés comme des sauveurs face aux dirigeants qui

---

149 *Idem.*

150 *Ibidem.*

151 KOUNOU (Michel), « Coups d'Etat, régimes militaires et développement démocratique au sud du Sahara de 1963 à 2004 : Bilan et perspectives », *op, cit*, p.138-140.

152 BOISVERT (Marc-André), « Introduction », *op cit*, p.3.

153 *Idem.*

154 GUÈYE (Babacar), « Les coups d'État en Afrique entre légalité et légitimité », *op cit*, p.270-271.

ont violé le principe démocratique[155]. De cette seconde vague est née la notion de coup d'État démocratique ou légitime.

La troisième vague de coup d'État, celle qui nous intéresse prend une forme de plus en plus endémique et se caractérise par un atavisme très poussé[156]. Cette troisième catégorie repose sur deux aspects. Tout d'abord sur une crise sécuritaire où les interventions tant internationales que nationales n'ont pas réussi à endiguer la montée des groupes terroristes et des conflits communautaires et subitement, les forces armées sont devenues une institution nécessaire après des années de négligence des politiques[157]. Les juntes au Tchad, au Burkina Faso et au Mali ont toutes pointé du doigt l'incompétence des politiciens à répondre à une crise sécuritaire et ont également réussi à s'imposer comme les garants d'une stabilité face à des politiciens incapables de juguler la crise[158]. Ensuite, ces coups d'État surfent sur le populisme : ils puisent dans le mécontentement profond des populations vis-à-vis d'une gouvernance incapable de répondre à leurs besoins sociaux, économiques et sécuritaires[159]. La logique d'ensemble qui permet d'avoir l'intelligibilité de cette catégorie de coups d'État repose donc sur l'incapacité des gouvernements civils à répondre aux attentes des populations dans un contexte de prolifération du mouvement terroriste en Afrique. Une fois que ce constat est posé, il est question d'évoquer les facteurs qui permettent de comprendre les raisons pour lesquelles, malgré les efforts des organisations internationales africaines à implémenter le principe de légitimité démocratique, ce dernier n'arrive pas à éradiquer le phénomène putschiste en Afrique.

B. Les facteurs explicatifs

Aborder les facteurs explicatifs c'est ressortir les causes profondes qui annihilent la dynamique d'éradication des coups d'État impulsée par le principe de légitimité démocratique en Afrique. En d'autres termes, pourquoi la consécration de la règle prohibant les changements anticonstitutionnels de gouvernements et les mécanismes

---

155 *Ibid*, p.271.

156 BOISVERT (Marc-André), « Introduction », *op cit*, p.4.

157 *Idem.*

158 *Ibidem.*

159 *Ibidem.*

d'implémentation de cette règle n'arrivent pas à éradiquer les coups d'État en Afrique ? Deux facteurs peuvent en donner une explication viable : la faiblesse des mécanismes de garantie de la norme de l'interdiction des changements anticonstitutionnels de gouvernement (**1**) et la mauvaise gouvernance des gouvernements civils en Afrique (**2**).

1. La faiblesse des mécanismes de garantie de la règle de l'interdiction des changements anticonstitutionnels de gouvernement

Les mécanismes régionaux et sous régionaux de garantie de la règle de l'interdiction des changements anticonstitutionnels de gouvernement, présentés plus haut, révèlent des faiblesses qui contribuent à favoriser les coups d'État en Afrique. Nous commencerons par énoncer les faiblesses des organes politiques et ensuite celles des organes opérationnels. Organe prééminent dans la constatation et la sanction des changements anticonstitutionnels de gouvernement, la Conférence des chefs d'État et de gouvernement de l'UA se heurte à un certain nombre de difficultés. La première difficulté à laquelle elle fait face est le manque de force obligatoire de ses décisions ; ce qui conduit régulièrement les États à ne pas les respecter[160]. Deuxièmement, il se pose le problème de suivi et d'application des sanctions imposées par la Conférence à l'encontre d'un État membre[161]. La méthode du consensus par laquelle la Conférence prend ses décisions montre beaucoup de limites puisque sa réalisation prend beaucoup de temps dans la durée avec le risque d'affaiblir l'autorité de la décision prise[162]. Organe suprême et se situant au-dessus de l'architecture institutionnelle de l'UA, la Conférence a souvent tendance à se substituer à la Commission entraînant ainsi des conflits qui constituent un frein à l'efficacité de l'UA de lutter contre les changements anticonstitutionnels de gouvernement[163]. À titre d'illustration, on peut citer le conflit qui a opposé le président de la Commission à celui de la Conférence lors de la crise togolaise d'avril

---

[160] BOMBELA MOSOUA (Ghislain), *Le standard africain de société démocratique*, *op cit*, p.499.

[161] TABALA KITENE (Faustin), *Le statut des sanctions contre les changements anticonstitutionnels de gouvernement dans les textes et la pratique de l'union africaine*, *op cit*, p.144.

[162] *Idem*.

[163] ADELOUI (Arsène-Joël), « L'union africaine et la reconnaissance des gouvernements anticonstitutionnels », *op cit*, p.34.

2005. En effet, se fondant sur l'article 10 du Protocole portant création du CPS de l'UA, le président de la Commission, Alpha KONARE, a nommé un médiateur en la personne de l'ex chef d'État zambien Kenneth KAUNDA qu'il a dépêché à Lomé pour faire des investigations sur cette crise[164]. Cette nomination a été déclarée nulle et non avenue par le Président de la Conférence, Olosegun OBASANJO qui a eu le sentiment que ses prérogatives étaient en train d'être discutées et son autorité minimisée[165]. On voit donc par-là les difficultés qu'ont les organes de mise en œuvre de la règle de l'interdiction des changements anticonstitutionnels de gouvernement. Il en découle que, le président de la Commission de l'UA constitue une menace pour les chefs d'État et de gouvernement poussés par l'envie d'encadrer au maximum son pouvoir d'initiative[166]. Le même type de rapport conflictuel peut être perçu entre la Conférence et le Conseil exécutif. On peut prendre l'exemple de la recommandation du Conseil exécutif, relative à la suspension de participation de la République centrafricaine aux activités de l'UA suite au renversement de l'ordre constitutionnel par le général François BOZIZE le 15 mars 2003, qui n'avait pas été bien accueillie par la Conférence qui ne l'avait pas immédiatement avalisée[167]. On voit donc que la Commission et le Conseil exécutif sont des organes limités dans leurs actions par la Conférence. Cet état des choses est de nature à fragiliser de manière structurelle la vocation d'implémentation et de garantie de la norme de la prohibition des changements anticonstitutionnels de gouvernement. Ce qui pourrait constituer une raison valable de l'inertie de ces organes et du succès des coups d'État en Afrique. L'autre faiblesse structurelle de ces rouages de garantie de la norme qui interdit les coups d'État en Afrique est le financement. Si on prend l'exemple de la Commission, les États membres de l'UA ont de sérieux arriérés de contribution financière. En guise d'illustration, en fin décembre 2006 plus de trente États n'avaient pas réglé leurs arriérés de

---

[164] *Ibid*, p.35.

[165] *Ibid*em.

[166] *Ibid*, p.36.

[167] LALI (Armel), « La perception de l'État de droit dans le droit et la pratique de l'union africaine », *op cit*, p.297. ; TABALA KITENE (Faustin), *Le statut des sanctions contre les changements anticonstitutionnels de gouvernement dans les textes et la pratique de l'union africaine*, *op cit*, p.146-147.

contribution[168]. La question financière constitue l'une des plus grandes faiblesses de l'UA. Les États membres ne contribuant pas financièrement de manière consistante, l'UA est paralysée dans ses actions.

S'agissant des organes opérationnels de mise en œuvre de la règle de l'interdiction des changements anticonstitutionnels de gouvernement, il faudrait relever qu'ils présentent également des limites qui justifient la recrudescence des coups d'État en Afrique. Le CPS de l'UA se présente comme un rouage essentiel de garantie de la norme citée plus haut. Cependant, cet organe présente un certain nombre de limites. L'une de ses grandes limites est son inféodation aux organes politique de l'UA[169]. Cette situation amenuise son efficacité[170]. Cela est vrai tant pour la désignation de ses membres et de la durée de leur mandat que pour le processus décisionnel[171]. S'agissant de la désignation des membres, leur durée de deux ans ne leur permet pas de mener à bien leur mission[172]. Leur désignation par la Conférence de l'UA organe politique par excellence fait du CPS son instrument. S'agissant du processus décisionnel, on peut avoir un véritable problème d'articulation et de communication entre le CPS, le président de la Commission et la Conférence en matière de gestion des crises[173]. En effet, l'article 10 du Protocole du CPS qui dote le président de la Commission de pouvoirs très importants en ce domaine, accorde pratiquement les mêmes pouvoirs au CPS[174]. Il s'en dégage donc un important risque de conflits de compétences si ces deux institutions se saisissent d'un même dossier[175]. Les pouvoirs du CPS peuvent également être empiétés par le président de la Commission et la Conférence de l'Union qui, elle a, le dernier mot[176]. On peut également relever que le CPS n'a pas une réelle autonomie dans le champ du maintien de la paix régionale. Il participe de

---

[168] MUKAMA BISWARO (Joram), « La conférence, le conseil exécutif et la commission », *op cit*, p.87.

[169] BOMBELA MOSOUA (Ghislain), *Le standard africain de société démocratique*, *op cit*, p.509.

[170] TCHEUWA (Jean-Claude), « L'union africaine et les changements anticonstitutionnels de gouvernement », *op cit*, p.1017.

[171] *Idem.*

[172] *Ibid*, p.1018.

[173] ADELOUI (Arsène-Joël), « L'union africaine et la reconnaissance des gouvernements anticonstitutionnels », *op cit*, p.36.

[174] *Ibid*, p.37.

[175] *Idem.*

[176] *Ibidem.*

la décentralisation du maintien de la paix sur la base de l'article 43 de la Charte de l'ONU. Chaque fois qu'il voudra intervenir, il faudrait au préalable qu'il ait l'autorisation du Conseil de sécurité des Nations unies qui a la responsabilité principale en matière de sécurité internationale conformément à l'article 24 de la Charte de l'ONU. L'UA est donc obligé d'informer le Conseil de sécurité et de requérir son aval pour les déploiements sur le terrain des forces armées[177]. Une coopération étroite s'impose donc entre ces deux institutions et s'est matérialisée à travers la création par le Secrétariat général d'un bureau de liaison auprès de l'UA et par des réunions d'information sur les conflits que le Conseil de sécurité a tenu avec les représentants de l'Union sans compter les situations dans lesquelles le Conseil de sécurité a donné des mandats spécifiques à l'UA[178]. Tout ceci contribue à alourdir l'intervention du CPS en cas de changements anticonstitutionnels de gouvernement. Pour toutes ces raisons, le CPS se présente comme un rouage limité dans la lutte contre les coups d'État en Afrique. Il ressort que ces limites des mécanismes de garantie de la norme interdisant les coups d'État en Afrique des organisations internationales africaines justifient et expliquent pourquoi perdure le phénomène putschiste en Afrique. Toutefois, ces faiblesses institutionnelles ne constituent pas les seules causes de cette recrudescence des coups d'État en Afrique. La crise de la gouvernance tant politique qu'économique et sociale des dirigeants africains se présentent également comme un des facteurs déterminant de la prégnance des coups d'État en Afrique.

2. La mauvaise gouvernance des gouvernements civils africains

Le principe de légitimité démocratique institué par les organisations internationales africaines impulse une éthique de la gouvernance dans la gestion des affaires publiques. Il institue un ensemble de standards démocratiques et constitutionnels qui doivent orienter et dicter la manière avec laquelle les dirigeants et les gouvernements civils africains doivent gérer le pouvoir. Dans cette logique, la règle de l'interdiction des changements anticonstitutionnels de gouvernement doit être appliquée par les gouvernements civils eux-mêmes. Ceux-ci doivent donc éviter

---

[177] ADJOVI (Roland), « Le conseil de paix et de sécurité », YUSUF (Abdulqawi-A.) et OUGUERGOURZ (Fatsah) (dir), *L'union africaine : cadre institutionnel. Manuel sur l'organisation panafricaine*, Paris, A. Pedone, 2013, p.143.

[178] *Idem.*

toute attitude de manipulation frauduleuse de la constitution et des lois électorales dans le but de se maintenir au pouvoir comme l'évoque l'article 23 de la CADEG. C'est dans cette veine qu'il est impérieux que les gouvernements africains intègrent un ensemble de valeurs, une culture constitutionnelle[179] afin de promouvoir et d'impulser une véritable éthique du constitutionnalisme en Afrique[180]. Cette éthique repose sur un certain nombre de principes et de valeurs : la constitutionnalisation des droits fondamentaux et du pluralisme politique, la rationalisation de la prééminence institutionnelle du chef de l'État et la limitation des mandats présidentiels[181]. L'être de la constitution substantielle en Afrique repose donc sur l'existence de règles de qualité qui traduisent une idée de droit devant limiter l'absolutisme du pouvoir et garantir les droits individuels[182]. C'est donc la promotion de l'État de droit, qui prône le fait que la puissance de l'État trouve ses limites dans les droits reconnus aux individus[183], que l'éthique du constitutionnalisme africain diffuse. L'alternance démocratique dont parle l'article 23 de la CADEG impose le rejet des révisions constitutionnelles malsaines qui visent à sauter les verrous de la limitation des mandats présidentiels. Ainsi, les révisions constitutionnelles qui portent atteinte à l'alternance politique et qui visent à modifier l'équilibre des pouvoirs sont constitutives de fraude à la constitution[184]. Or, la non prise en compte de ces principes et de ces valeurs de l'éthique du constitutionnalisme par les dirigeants civils africains constitue l'une des causes majeures de la recrudescence des

---

179 DU BOIS DE GAUDUSSON (Jean), « Constitution sans culture constitutionnelle n'est que ruine du constitutionnalisme. Poursuite d'un dialogue sur quinze années de « transition » en Afrique et en Europe », *Démocratie et liberté : tension, dialogue, confrontation, Mélanges en l'honneur de Slobodan Milacic*, Bruxelles, Bruylant, 2007, PP.333-348.

180 ATANGANA AMOUGOU (Jean-Louis), « L'éthique du constitutionnalisme en Afrique », AÏVO (Frédéric-Joël), DU BOIS DE GAUDUSSON (Jean), DESOUCHES (Christine), MAÏLA (Joseph) (dir), *L'amphithéâtre et le prétoire. Au service des droits de l'homme et de la démocratie, Mélanges en l'honneur du président Robert Dossou*, Paris, L'Harmattan, 2020, PP.203-212.

181 AÏVO (Frédéric-Joël), « La crise de la normativité de la constitution en Afrique », *op cit*, p.147.

182 KPODAR (Adama), « Bilan sur un demi-siècle de constitutionnalisme en Afrique noire francophone », AÏVO (Frédéric-Joël) (dir), *La constitution béninoise du 11 décembre 1990 : un modèle pour l'Afrique ?*, Paris, L'Harmattan, « Coll. Études Africaines », 2014, p.97.

183 CHEVALLIER (Jacques), « Les aspects idéologiques de l'État de droit », *L'État de droit en droit international*, Colloque de Bruxelles, SFDI, Paris, A. Pedone, 2009, p.71.

184 ATANGANA AMOUGOU (Jean-Louis), « Rigidité et instabilité constitutionnelles dans le nouveau constitutionnalisme africain », *op cit*, p.79. ; OUEDRAOGO (Séni-Mohamadou), *La lutte contre la fraude à la constitution en Afrique noire francophone*, Thèse de doctorat en droit, Université Montesquieu-Bordeaux IV, 2011, 449p.

coups d'État en Afrique. C'est ainsi que, le fait pour le président du Niger Mamadou TANDJA d'organiser un référendum constitutionnel le 4 août 2009 dans le but de proroger son mandat qui arrivait à expiration dans trois mois, a suscité le coup d'État de l'armée nigérienne le 18 février 2010 sous la conduite du chef d'escadron Salou DJIBO[185]. Les militaires en écartant le président TANDJA du pouvoir, ont simplement refusé d'adhérer au projet tyrannique et antidémocratique de celui-ci[186]. C'est pourquoi loin de provoquer l'inquiétude des populations, ce coup d'État a été accueilli avec un certain soulagement dans ce pays et par la communauté internationale[187]. Relevons que les coups d'État de la décennie 2010 respectivement en Mauritanie, à Madagascar, au Mali, en Guinée Bissau ont été menés, selon leurs auteurs, pour mettre un terme à la mauvaise gouvernance politique de régimes considérés comme autoritaires et peu respectueux des droits de l'homme et des libertés des citoyens[188]. On voit donc que la mauvaise gouvernance politique des dirigeants civils africains constitue une cause majeure des coups d'État dans le continent noir.

Il en est de même de la mauvaise gouvernance économique. La corruption, le clientélisme, le tribalisme, le népotisme, le détournement des deniers publics, la patrimonialisation des biens publics sont autant de maux qui créent des frustrations auprès des populations et qui incitent les militaires à prendre le pouvoir avec parfois l'assentiment et l'approbation du peuple. Les mauvaises politiques publiques qui entrainent le chômage exacerbé, la cherté de la vie, la pauvreté extrême des populations constituent autant de raison de delégitimation des gouvernements civils. Il faudrait noter que cette paupérisation extrême des populations côtoie paradoxalement la vie luxueuse et mégalomane d'une élite civile comprador. Ce qui est remarquable est que même dans un contexte de régime politique élu démocratiquement, la prise illégale du pouvoir par les militaires peut paraître légitime pour servir les objectifs de développement. La mauvaise gestion économique et sociale des États africains peut susciter des coups d'État. Observons que, les organisations internationales africaines en instituant le principe de légitimité démocratique promeuvent non seulement la gouvernance politique mais

---

[185] KAMTO (Maurice), *Droit international de la gouvernance*, *op cit*, p.104.

[186] GUÈYE (Babacar), « Les coups d'État en Afrique entre légalité et légitimité », *op cit*, p.274.

[187] *Idem*.

[188] KAMTO (Maurice), *Droit international de la gouvernance*, *op cit*, p.103.

également la gouvernance économique et sociale. S'agissant de la gouvernance économique et sociale, les instruments régionaux africains instituent un certain nombre de principes, de valeurs et d'objectifs : l'amélioration du secteur public et de l'efficacité de l'administration publique, la lutte contre la corruption, la transparence dans la gestion des finances publiques, la reddition des comptes publics, le développement durable, la répartition équitable de la richesse et des ressources nationales, la réduction de la pauvreté, la décentralisation comme technique de développement local et de participation publique, l'amélioration des conditions de vie, le développement social[189], etc. Les gouvernements civils gagneraient donc à résoudre concrètement les problèmes économiques et sociaux des populations pour ne pas voir l'irruption des militaires au pouvoir sous prétexte de vouloir moderniser et développer l'État.

Conclusion

Au terme de cette réflexion sur le principe de légitimité démocratique au prise avec les coups d'État en Afrique, il faudrait retenir que les organisations internationales africaines œuvrent énormément pour restaurer la démocratie, l'État de droit, les droits de l'homme et le bien-être économique et social des africains. La règle de l'interdiction des changements anticonstitutionnels de gouvernement témoigne d'une certaine dynamique qui prend en compte les préoccupations d'ordre éthique[190]. Ces préoccupations visent à instaurer un certain nombre de valeurs tels que : le respect de l'État de droit et des droits de l'homme, l'affirmation de l'élection comme seul mode de dévolution du pouvoir, l'éradication des manipulations frauduleuses de la constitution dans le but de se maintenir au pouvoir, etc. Il est vrai que les régimes civils pèchent pour cause de mauvaise gouvernance, mais ce n'est pas pour autant qu'il faudrait encourager la prolifération des régimes militaires. Nous souscrivons à la thèse du professeur SICILIANOS du refus d'adhérer à l'idée de coup d'État salutaire[191] et émettons des réserves

---

[189] BOMBELA MOSOUA (Ghislain), *Le standard africain de société démocratique*, *op cit*, p.303-323.

[190] ATANGANA AMOUGOU (Jean-Louis), « L'éthique du constitutionnalisme en Afrique », *op cit*, p.211.

[191] SICILIANOS (Linos-Alexandre), « Le respect de l'Etat de droit comme obligation internationale », *op cit*, p.148.

d'étendre le principe de légitimité démocratique au droit de contestation et de renversement populaire d'un pouvoir fût-il autocratique comme l'affirme le professeur KAMTO[192]. Même s'il peut s'avérer utile, salutaire ou légitime, le coup d'État est incontestablement illégal et traduit une anormalité[193]. Le coup d'État n'est pas le mal en soi, il n'est qu'un symptôme, la manifestation extrême de ce qui ne va pas[194]. Le mal auquel il faut trouver le remède n'est pas le coup d'État mais sa cause, les situations qui autorisent la tentation d'un putsch[195]. C'est la raison pour laquelle le principe de légitimité démocratique, en plus d'instituer la règle de l'interdiction des changements anticonstitutionnels de gouvernement, consacre l'interdiction des manipulations frauduleuses des constitutions qui bloquent l'alternance démocratique, la garantie de l'État de droit et des droits de l'homme, l'institution des élections démocratiques, l'éradication de la corruption, la bonne gestion des affaires publiques à travers la transparence et la reddition des comptes, la réduction de la pauvreté, la redistribution équitable des richesses et des ressources nationales, le développement durable. Les instruments juridiques des organisations internationales africaines consacrent donc une démocratie performative[196]. Il serait judicieux pour l'éradication réelle des coups d'État en Afrique et l'implémentation concrète du principe de légitimité démocratique dans ce continent de subordonner l'adhésion des États aux organisations internationales africaines aux principes démocratiques qui viennent d'être cités[197].

---

[192] KAMTO (Maurice), *Droit international de la gouvernance*, *op cit*, p.138-139.

[193] GUÈYE (Babacar), « Les coups d'État en Afrique entre légalité et légitimité », *op cit*, p.276.

[194] *Idem.*

[195] *Ibidem.*

[196] BOMBELA MOSOUA (Ghislain), *Le standard africain de société démocratique*, *op cit*, p.365-366.

[197] NDULO (Muna), « L'interdiction des changements anticonstitutionnels de gouvernements », YUSUF (Abdulqawi-A.) et OUGUERGOURZ (Fatsah) (dir), *L'union africaine : cadre institutionnel. Manuel sur l'organisation panafricaine*, Paris, A. Pedone, 2013, p.232.

ACTE 3

La résistance de l'État de droit face à la rupture de la légalité

Sous la présidence de Monsieur Amadou TANKOANO, Professeur de droit public, ancien Doyen de la Faculté des sciences économiques et juridiques de l'Université Abdou Moumouni de Niamey (Niger)

Avec comme modérateur Monsieur Mamoudou GAZIBO, Professeur titulaire de science politique, Université de Montréal (Canada)

Apollinaire FOULLA DAMNA

Maître-assistant, Chef de département de science politique,
Université de Maroua (Cameroun)

Les coups d'État militaires en Afrique entre construction, déconstruction et reconstruction de l'État

Résumé

La figure de l'armée en Afrique et ailleurs est centrale dans l'existence de l'État. Elle est au fondement de la construction des États, au cœur de leur protection et parfois de leur déstabilisation. Dans de nombreux États africains, l'hégémonie militaire s'affirme à travers des révolutions qui animent la vie socio-politique par le biais des mutineries. Les différents coups d'État perpétrés sur ce continent depuis l'avènement du processus de démocratisation assurent curieusement dans bien des cas, l'alternance au pouvoir par les armes et mettent entre parenthèse les institutions et la Constitution du fait de la transition. Ils font de la concurrence guerrière une modalité importante du jeu politique qui influence relativement les expériences démocratiques des États. Le coup d'État est une voie d'accès problématique au pouvoir. Il est à la fois régulateur de la démocratie et révélateur de la fragilité du système démocratique. D'où sa récurrence et son érection comme règle pragmatique et controversée du jeu politique. Comment les coups d'État militaires contribuent-ils paradoxalement soit à la construction, soit à la déconstruction et à la reconstruction des États en Afrique ? Notre travail envisage deux points essentiels qui consacrent d'une part la figure des militaires politiciens comme acteurs « bâtisseurs » de l'État démocratique et promoteurs ou « sauveurs » de la démocratie en Afrique et d'autre part comme des agents perturbateurs de la difficile consolidation de la démocratie. Les coups d'État militaires perpétrés en Afrique à partir de la décennie 1990 et ayant éprouvé significativement l'État retiendront uniquement notre attention.

Mots clés : *Coups d'État-Armée-Démocratie-Transition-État-Pouvoir.*

Introduction

Le pouvoir d'État s'acquiert de nombreuses manières. La concurrence peut y être démocratique ou guerrière. Le coup d'État depuis la décennie 1990 est un événement presqu'africain, car il s'y manifeste toujours malgré la démocratisation. Même si les coups d'État semblent être des pratiques surannées, on note une résurgence certaine de ces modes violents d'accès au pouvoir en Afrique. Traiter du coup d'État pourrait d'ordinaire nous conduire à un simple exercice journalistique chargé de discours redondant et nous exposerait à la paresse scientifique de narration plate des événements relatifs à des prises violentes du pouvoir. C'est pourquoi, il est opportun d'actualiser les connaissances sur les coups d'État en Afrique au regard de sa routinisation comme « voie d'accès institutionnalisée au pouvoir politique »[1]. Le coup d'État révèle la fragilité des systèmes démocratiques, la face obscure des équilibres politiques et institutionnels. Il est un moment politique aux multiples facettes qui représente de plus en plus une « modalité « ordinaire » de la concurrence »[2] et d'accès au pouvoir. C'est l'expression de la brutalisation du champ politique par les soldats, les armes et les mutins. Les coups d'État apparaissent souvent brusquement en conjonctures fluides suite à des situations d' « incertitude structurelle » en vue d'une refondation d'un ordre politique contesté, instable ou jugé trop permanent.

Le coup d'État est entendu ici comme une prise illégale et brutale du pouvoir par l'armée ou par une autorité politique bénéficiant de son soutien. Il renvoie à un moment de rupture de l'ordre constitutionnel en vue d'une transition. Nous ne retiendrons dans notre échantillon que les tentatives réussies des opérations de conquête ou de reformulation du pouvoir politique de nature inconstitutionnelle ou illégale, fondée sur l'usage ou la menace de la force. Ce choix nous éloigne de la catégorisation coups d'État « justes », « injustes » ou de « coups d'État

---

[1] Sindjoun Luc, « L'Afrique », in Antonin Cohen, Bernard Lacroix, Philippe Riutort, *Nouveau Manuel de science politique*, Paris, La Découverte, 2010, p.203.

[2] Ibid, p.201.

citoyen »[3] qui réinventent la démocratie. Les militaires apparaissent alors parfois comme « faucons ou des colombes »[4] selon les cas de figures.

Le coup d'État est ici un opérateur de questionnement qui permet d'analyser la trajectoire des États pas dans la logique de la problématique de la consolidation démocratique[5] en Afrique uniquement, mais celle d'un désordre[6] savamment orchestré pour créer un nouvel ordre.

Il ne s'agit pas de s'étonner du caractère violent de la prise du pouvoir par les armes, mais de comprendre comment les rapports de force armée servent de ressource capitale entre les acteurs de métiers de l'ordre d'une part et le pouvoir d'État d'autre part. L'Afrique est ici une observation liée à la logique du travail scientifique et non un verdict de la réalité. Elle est étudiée au-delà du « prisme de clichés et des préjugés qui ont la peau dure » d'une part, et des « défis épistémologiques liés à la « conciliation entre le spécifique et l'universel »[7], d'autre part. Notre approche envisage d'aller au-delà de l'étude du professionnalisme des corps habillés[8] en Afrique à savoir les activités de maintien de l'ordre ou de sécurité pour mettre le recours à la force armée à l'épreuve de la dynamique de l'État. Cette logique suppose de s'émanciper de la vision réductrice du désordre comme instrument politique[9] en Afrique pour aller vers les coups d'État comme action publique politique dans le sens de la construction, de la reconstruction et de la déconstruction de l'État.

La littérature politiste consacrée à la prise du pouvoir par les moyens des armes est dominée par la problématique des causes des coups d'État à partir des raisons étiologiques basée sur les configurations causales des

---

[3] Lewis E., Slitine R., *Le coup d'État citoyen : ces initiatives qui réinventent la démocratie*, Paris, La Découverte, 2016.

[4] Lire Lindemann Thomas, « Faucons et colombes. Le choix stratégique des forces armées entre intérêt corporatiste et identités militaires », *Revue internationale de politique comparée*, vol.15, 2008/1, pp. 55-76.

[5] Ducatenzeiler Graciela, « Nouvelles approches à l'étude de la consolidation démocratique », *Revue Internationale de Politique Comparée*, vol.8, 2001/2, pp.191-198.

[6] Myriam Aît Aoudia, Antoine Roger, *La logique du désordre. Relire la sociologie de Michel Dobry*, Paris, Presses de la Fondation Nationale de Sciences politiques, 2015.

[7] Mamoudou Gazibo, Céline Thiriot, *Le politique en Afrique. État des débats et pistes de recherche*, Paris, Karthala, 2009, p.13.

[8] Lire Debos Marielle, Glasman Joël, « Politique des corps habillés. État, pouvoir et métiers de l'ordre en Afrique », *Politique Africaine*, n°128, 2012/4, pp.5-23.

[9] Chabal Patrick, Daloz Jean Pascal, *L'Afrique est partie ! Du désode comme instrument politique*, Paris, Economica, 1999.

putschs[10]. Adopter semblable posture empirique, nous conduirait à de graves erreurs. Les incidences internationales des coups d'État militaires[11] ne sont pas à minorer. L'étude des coups d'État militaires en contexte post-transition en Afrique[12] en rapport avec la dynamique de l'État épouse ce cadre général d'analyse. Toutefois, elle se structure à l'inverse des hypothèses liées à la prise violente du pouvoir comme phénomène « anormal ». Les coups d'État seront ainsi pensés en termes contigents[13] et non déterministes. Cette perspective privilégie la logique de la découverte de l'essence de l'usage politique des coups d'État dans la dynamique de l'évolution de l'État par le truchement de l'approche discursive des nouveaux hommes forts. Nous envisageons observer les coups d'État non pas comme des pathologies de la consolidation démocratique[14] dans les perspectives africaines de l'odysée de l'État plus de trente ans après la libéralisation de la vie politique[15], mais comme un objet/phénomène qui renouvelé les termes de références sur la transitologie[16].

La problématique des rapports entre les coups d'État et le pouvoir politique peut susciter un questionnement plus général et quelques interrogations plus spécifiques. Les coups d'État militaires sont-ils solubles dans la démocratie en Afrique ? Comment les coups d'État nouent-ils l'intrigue de la dynamique de l'État en Afrique ?

---

[10] Lire Niagalé Bagayoko, Marc-André Boisvert, « Le retour des coups d'État en Afrique », *Esprit*, mai 2022.

[11] Yakemtchouk Romain, « Coups d'État militaires en Afrique dans leurs incidences internationales », *Studio Diplomatica*, vol.38, n°1, 1985, pp.43-108.

[12] Thiriot Céline, « La place des militaires dans les régimes post-transition d'Afrique subsaharienne : la difficile resectorisation », *Revue Internationale de Politique Internationale*, vol.15, 2008/1, pp.15-34.

[13] Przeworski A., « Democracy as contingent outcome of conflict », in Elster J., Slagstad R., *Constitutionnalism and democracy*, Cambridge, Cambridge University Press, 1987.

[14]Lire les travaux de Graciela Ducatenzeiler, « Nouvelles approches à l'étude de la consolidation démocratique », *Revue Internationale de Politique Internationale*, vol.8, 2001/2, pp.191-198 ; Schedler Andreas, « Comment observer la consolidation démocratique », *Revue Internationale de Politique Internationale*, vol.8, 2001/2, pp.225-244.

[15] Lire Herbst J., « Political liberalization in Africa after ten years », *Comparative Politics*, 2001, pp.357-375.

[16] Carothers T., « The end of the transition paradigm », *Journal of Democracy*, vol.13, n°1, 2002, pp.5-21.

Notre hypothèse est que les coups d'État perçus comme des conjonctures fluides ou crises au sens de Dobry[17] lubrifient le jeu démocratique en Afrique soit en huilant la transition ou soit en rouillant les vices et écrous des mécanismes de la démocratisation. L'objectivation de cette hypothèse inclinera à l'usage alternatif des approches historiques, discursives et constructivistes afin de scruter ce que les coups d'État font aux institutions étatiques africaines et ce que les acteurs des putschs disent des institutions à travers l'ordre du discours. De ce point de vue, les discours performatifs constituent une entrée féconde pour analyser le processus étatique à partir des agendas et des idées. Les discours sont alors un marqueur fort des processus qui permettent, de façonner, de définir l'autorité légitime nouvelle. Ils sont des traceurs indélébiles des pratiques politiques.

La présente communication interroge le statut des coups d'État dans l'invention et la réinvention des États. Il s'agit de comprendre les coups d'État en Afrique en sériant les configurations au-delà de tout fétichisme juridique qu'impose parfois les principes de la démocratie. Partant de cette option théorique, l'objectif de l'étude est de montrer que les coups d'État militaires sont porteurs d'idées réformatrices de la dynamique de l'État. Bien plus, ils ne sont pas simplement des moments de conquête du pouvoir, mais des marqueurs et indicateurs forts qui construisent, déconstruisent et reconstruisent l'État. Ils désignent « aussi bien une action visant à conserver le pouvoir qu'à le ravir »[18].

La démarche croise le regard sur l'idée des coups d'État dits démocratiques au sens de Varol Ozan[19]. Il s'agit ainsi dans un premier mouvement d'analyser les coups d'État militaires comme instruments de promotion du nouvel État et dans un second, les coups d'État comme agents perturbateurs relatifs de la difficile consolidation démocratique.

---

[17] Dobry Michel, *Sociologie des crises politiques, la dynamique des mobilisations multisectorielles*, Paris, Presses de Sciences Po, 2009.

[18] Cherrier Emmanuel, « Naissance d'une notion : le coup d'État », *Revue Française d'Histoire des Idées Politiques*, n°56, 2022/2, pp.66-67.

[19] Varol Ozan O., « *The democratic coup d'états* », *Harvard International Law Journal*, vol.53, n°2, Summer, 2012, pp. 292-356.

I. Les coups d'État militaires comme dramaturgie de l'État en Afrique

Les coups d'État mettent en visibilité les figures militaires. Celles-ci apparaissent alors comme des acteurs promoteurs ou bâtisseurs du nouvel État. L'historicité des putschs depuis la libéralisation de la vie politique dans les années 1990, malgré le relatif déclin de la concurrence militaire comme concurrence politique normale et légitime (A) ainsi que les trajectoires des États africains depuis cette période reposent sur une dynamique discursive d'action publique pour un État réinventé (B).

A. Historicité des putschs posts monopoles durs en Afrique

Relire l'État en Afrique à l'aune des coups d'État dans une perspective de la transitologie, c'est aussi les analyser comme « des processus historiques compris de manière séquentielle, contingents, qui dépendent des calculs-et des interactions entre-des acteurs spécifiques, dont l'issue est aléatoire »[20]. La prise en compte de l'historicité de ce phénomène à partir des transitions africaines[21] dévoile un chiffre vertigineux de plus de 200 coups d'État en Afrique depuis les indépendances. Sindjoun affirme à cet effet, : « la succession de coups d'État militaires est un trait dominant de la vie politique des États africains depuis les indépendances : les pays tels que le Burkina Faso, la Sierra Leone, le Ghana, le Burundi et autres Congo ou Ouganda en ont connu au moins quatre dans leur histoire…dans 45 États indépendants, on dénombre 52 coups d'État réussis, 56 tentatives de coups d'État et 102 complots déjoués ou avortés »[22]. L'historicité des coups d'État en Afrique depuis les années de démocratisation oscille sur la pendule de la concurrence entre les mouvements armés d'une part et d'autre part entre les élites civiles ou militaires. Les récits sur ces moments de tensions relatent les faits consacrant le crépitement des armes comme moyen de faire la

---

[20]Thiriot Céline, « Des transitions africaines au monde arabe, 1991-2011 : vent de printemps sur les outils de la transitologie », *Revue Internationale de Politique Comparée, vol.20, 2013/2, p.147.*

[21] Lire Van de Walle N., « Démocratisation en Afrique, un bilan critique », in Gazibo Mamoudou, Thiriot Céline (Dir.), *Le politique en Afrique. Etat des débats et pistes de recherche*, Paris, Karthala, 2009, pp.135-163.

[22] Sindjoun, op.cit., p.203.

politique. Au Tchad, en Centrafrique, au Soudan, au Nigeria, au Mali, au Burkina Faso, au Congo etc. Les cobras, les Janjawid, les anti balaka etc., rivalisent d'adresse avec les forces républicaines et consacrent la crise du monopole de la violence physique légitime. L'État dans ce vertige se construit, se déconstruit et se reconstruit idéologiquement ou territorialement. La géographie de la colère militaire exprimée à travers les fusils définit ainsi des zones ou territoires rebelles, amies, ennemies. Pour Sindjoun, « la régularité et la généralisation des mouvements armés en Afrique en font en effet des organisations politiques « normales »[23]. Bien plus, dans de nombreux cas de figure, les formations politiques sont aussi des organisations partisanes dotées des mouvements armés comme au Congo entre 1992 et 1997, en RDC, en Côte d'Ivoire[24]. La fable du lion, du rat et de l'ours endormi illustre merveilleusement bien le cas ivoirien avec Guéi, Bédié et Gbagbo, puis le *jeu du chicken* entre Ouatara et Gbagbo.

L'exécution du coup d'État doit demeurer masquée pour ne pas susciter prématurément la coalition de rivaux ni éveiller l'humeur soupçonneuse de l'opinion publique. L'archéologie du savoir sur les coups d'État post démocratisation au regard des travaux de Kimba Idrissa précise, « Yaya Jammeh organise en juillet 1994 le premier coup d'État de l'ère de la démocratisation, mettant fin à 29 ans de régime civil en Gambie. Il est suivi le 27 janvier 1996 par le colonel Baré du Niger. La « contagion kaki » reprend à nouveau : putschs, tentatives de putschs, mutineries ou soulèvements de l'armée en Guinée, au Congo, en Gambie, en Sierra Leone, au Burundi, au Zaïre, en République Centrafricaine, à nouveau au Niger en avril 1999, ensuite aux Comores et Guinée Bissau le mois suivant, en Côte d'Ivoire et le dernier en date en Mauritanie organisé par le colonel Ely Ould Mohamed Vall le 3 août 2005. C'est le retour des prétoriens »[25]. Les coups d'État semblent consubstantiel à l'Afrique. Ils suscitent très souvent des vrais élans d'adhésion voire d'enthousiasme. Et pourtant, les charmes, et même l'habilité de leur réussite contrastent souvent avec le déguisement du succès qui les fait apparaître comme peu crédible jusqu'en devenir méconnaissable. Ils sont parfois la fausse monnaie d'échange contre l'adhésion populaire au

---

[23] Sindjoun, in Antonin Cohen, op. cit., p.202.

[24] Lire Talbot Chris et John Farmer, Coup d'Etat en Côte d'Ivoire, 30 décembre, 1999, Marshall, Ruth. « La France en Côte d'Ivoire: L'interventionnisme à l'épreuve des faits ». *Politique africaine*, 2005, n° 2, pp. 21-41.

[25] Kimba Idrissa, *Armée et politique au Niger*, Dakar, Codesria, 2008.

regard des joies mauvaises qui en découlent. Généralement les arguments avancés évoquent l'instabilité chronique et continuelle et l'incapacité des partis politiques à s'organiser lors des élections. Une identification de ces coups d'État est une entreprise de longue haleine. Il faut relever en relativisant la perception de Bratton et VAN Walle pour qui « les processus de démocratisation entamés dans les années 1990 peuvent marquer un relatif déclin de la concurrence militaire comme concurrence politique »[26]. Les coups d'État consacrent l'obéissance à la personne ou au nouvel « homme fort » et non aux réglements impersonnels au sens Weberien du terme. La légitimité dont il jouit est d'abord charismatique avant dêtre légale rationnelle par le filtre de la transition, de sa transformation et de son élection. Le repère orthonormé des coups d'État militaire en Afrique depuis la démocratisation présente des courbes sinusoidales et ascendantes complexes.

B. Les mots et la matérialité des coups d'État : le gouvernement discursif des autres ou l'énonciation de l'État

Comprendre les coups d'État en Afrique à travers le verbe suppose un détour par les discours notamment ceux prononcés lors des premières prises de paroles des mutins. Ceux-ci sont des « politiciens entrepreneurs » au sens de Lacam qui mobilisent la parole dans la logique du gouvernement des autres en indiquant les manières de faire.

Les discours des putschistes objectivent, subjectivent et subliment l'idée de l'État ailleurs[27]. Les mots et les discours extériorisent les imaginations politiques[28] dans la logique des métamorphoses conjoncturelles de l'État[29]. Ils s'appuient généralement sur les questions que relève Chabal à savoir la « bonne gouvernance », le « state management », la moralité politique, la violence et la survie de l'État menacé par les attaques terroristes. Les discours exposent ainsi les problématiques du changement, de la rupture en opposition avec le passé.

---

[26] Bratton et Van de Walle cité par Antonin, p.204

[27] Sindjoun Luc, *L'Etat ailleurs : entre noyau dur et case vide,* Paris, Economica, 2002

[28] Mbembe Achille, *De la postcolonie : essai sur l'imagination politique dans l'Afrique contemporaine*, Paris, Karthala, 2000.

[29] Médard J.F. (dir.), *Etats d'Afrique noire : formation, mécanismes et crise*, Paris, Karthala, 1991a.

Il est ainsi évident de constater que les mots des putschistes modulent les institutions en laissant leur marque sur celles-ci. Ils modifient la trajectoire de l'État en le réinventant par le discours. Il est question en réalité très souvent de sédimentation, car ajoutant une marque nouvelle à l'architecture étatique déjà existante. Cette hypothèse se justifie à partir du moment où « les institutions sont créées durant certaines conjonctures favorables »[30]. Ce travail d'institutionnalisation au sens de Huntington, situe l'autorité politique même militaire au centre de l'analyse à partir des cadres de l'expérience.

Comprendre ce que le coup d'État veut dire en contexte de démocratie en Afrique, revient à dépasser le couple État-armée pour cerner ce qui se joue derrière la prise du pouvoir par les armes au-delà de toute délégitimassion et condamnation de cet acte. Il s'agit de déterminer à partir d'enquêtes fines des ressources symboliques ou langagières des putschistes les éléments participant à l'animation du discours sur l'État. La perspective discursive des politiques publiques permettent « tout à la fois de saisir la production du sens et d'analyser les processus à travers lesquels ce sens façonne les actions et les institutions »[31]. Le discours ainsi produit conçoit et transforme les institutions. Il met l'État en action et permet de gouverner à travers l'instrument discursif. Celui-ci est central dans l'enrichissement de la compréhension des processus. L'agir communicationnel au sens de Habermas dans cette logique rationalise la société et permet de comprendre « tout d'abord l'importance du discours comme lieu où s'élabore un partage à la fois circonstanciel et contingent entre le normal et le pathologique »[32]. L'ordre du discours construit la lutte et détermine la détention du pouvoir. Un intérêt pour le champ des possibles qu'offre l'usage argumentatif de la prise de parole révèle quelques curiosités rédondantes. Les déclarations de certains putschistes en sont forts révélateurs. Une étude attentive de leurs discours aux lendemains de leur prise du pouvoir renseignent sur la trajectoire à donner à l'État. (Discours Damago, Ibrahim Touré, Guéi, Doumbouya, Burkina Faso, Niger). Le Colonel Doumbouya déclarera lors de son investiture en tant que président de transition de la Guinée :

---

[30] Mamoudou Gazibo, Jane Jenson, *La politique comparée. Fondements, enjeux et approches théoriques*, Montréal, Presses Universitaires de Montréal, 2004, p.204.

[31] Anna Durnova et Philippe Zittoun, « Les approches discursives des politiques publiques », *Revue Française de Science Politique*, n°3-4, vol.63, 2013, p. 570.

[32] Ibid., p.572.

> « En effet, comme vous le savez, la Guinée a connu, depuis le 5 septembre 2021, un changement politique suite à la prise de pouvoir par l'armée. Ceci est constitutif à une longue crise socio-politique et économique à laquelle le pays est confronté…Ainsi, sous la direction du Comité Nationale du Rassemblement pour le Développement, le pays s'est doté d'une Charte de Transition qui prévoit, notamment, un Gouvernement de Transition et un Conseil National de Transition, qui auront la charge de dérouler les différentes missions de la Transition. Ces missions se résument essentiellement à : la rédaction d'une Nouvelle Constitution, la refondation de l'État, la lutte contre la corruption, la réforme du système électoral et la refonte du fichier, l'organisation des élections libres, crédibles et transparentes et la réconciliation nationale ».

Les thèmes de réconciliation nationale, mais aussi et surtout de refondation de l'État apparaissent en filigrane dans les discours fondateurs des putschistes. C'est dans cette logique que se mettent en perspective l'esprit du putsch, le soi du meneur et la société.

Les coups d'État construisent factuellement et discursivement l'État. Ils consacrent le caractère suprême de cette institution au regard de sa perpétuelle réinvention. En prenant le cas Mauritanien, « si l'on sen tient à la rhétorique de légitimation des différents gouvernants civils et militaires, on peut considérer que les coups d'État et la transition démocratique entre 2005 et 2009 ont pu avoir une fonction rédemptrice en permettant d' « expier » les maux des régimes déchus »[33]. Le caractère populaire de ces coups d'État contraste à chaque fois avec les humeurs volatiles du peuple. Les passions qui s'en dégagent produisent parfois des heurts brutaux et d'appétits rivaux qui s'inscrivent dans une tâche de Sisyphe. Aux coups d'État de généraux en Mauritanie, en Côte d'Ivoire, en Égypte, et de colonels au Mali, au Niger, au Tchad suivent ceux des capitaines au Burkina Faso etc. Le répertoire d'action des mutins est routinisé. Il se décline par des coups de feu, la neutralisation des médias, la séquestration du chef de l'État, sa capture ou sa fuite vers l'étranger et enfin la lecture d'un communiqué sur la chaîne de télévision nationale par un porte parole entouré des hommes armés. La formation langagière des portes paroles des putschistes affiche des ordres du symbolique et du social en jouant le double rôle d'enjeu et d'agent des relations sociales. Le rapport de domination qui s'établit définit le nouvel

---

[33] Riccardo Ciavolella, Marion Fresia, « Entre démocratisation et coups d'État. Hégémonie et subalternité en Mauritanie », *Politique africaine*, n°114, 2009/2, p.12.

ordre politique en exerçant un pouvoir d'action sur le peuple. Ce spectacle médiatique met en scène le nouvel homme fort. La pratique discursive des putschistes s'inscrit dans une historicité radicale du discours et les conditions institutionnelles de légitimation de l'énonciation. En tant que cadre théorique de référence, elle affiche des prises de paroles routinières. Bien plus, les coups d'État donnent à l'armée d'apparaître comme l'essentiel acteur social qui sanctionne les vices de la société : corruption, clientélisme, dissensions ethniques etc. Elle devient de ce fait l'arbitre du jeu politique. A travers les mots des putschistes, il ressort que « l'État est un construit social qui doit être introduit puis constamment maintenu, dans l'esprit des individus et collectivités qu'il prétend dominer. Son existence repose sur une production et reproduction à la fois quotidienne et extraordinaire de sa légitimité »[34].

II. Les coups d'État comme moments perturbateurs de la difficile consolidation démocratique

Saisir le politique par les coups d'État comme moments perturbateurs, c'est sortir des trois illusions de la sociologie des crises politiques de Dobry, à savoir l'illusion étiologique, de l'histoire naturelle et l'illusion héroïque du nouvel « homme fort ». Cette précaution analytique revitalise le débat sur la transition et la consolidation démocratique et fait du coup d'État un processus de délégitimassion du pouvoir en place (A) sous-tendue par l'habitus de l'idée libératrice et la régression démocratique (B).

A. Le coup d'État comme processus de légitimation du pouvoir

Le coup d'État en tant que crise assure des situations de conjoncture critique avec des effets de déperditions de légitimité pour les dirigeants. Il loge la politique du fusil entre transactions collusives et collisives et le dilemme de l'économie du consentement. Le peuple dans certains cas de figures apporte au sens d'Easton un soutien diffus aux hommes en treillis. Le processus de légitimation et de délégitimation est pensé ici en tant que

---

[34] Jourde Cédric, « Les grilles d'analyse de la politique africaine. La problématique de l'Etat », in Mamoudou Gazibo, Thiriot Céline, op.cit., p.58.

« formes particulières de réduction du soutien diffus et, non sans fugitives hésitations, en tant qu'évolutions à long terme »[35] au régime politique et aux autorités ou personnel politique. La fluctuation de légitimité entre les acteurs entraine une lente érosion des sentiments ou des croyances du régime ou des autorités. Le dérapage au regard des promesses de départ peut s'expliquer relativement par la non satisfaction des attentes des membres de la société à partir des outputs du système. De plus, le décalage entre les valeurs inculquées au peuple au cours de la socialisation suscite parfois un sentiment de délégitimation du processus déclenché.

Les effets de légitimation et ou de déligitimation induits interviennent dans les trajectoires des crises en cours. Les rapports collusifs qui peuvent se dégager mettent en compétition des factions de l'armée. Le processus de délégitimation à travers la localisation sociale des soutiens diffus ou de la légitimité travaille les configurations variables des crises. L'économie politique du consentement s'exprime alors par des attitudes politiques de de consentement (*consenters*) et de dissidence (*dissenters)/ assenters* « cynisme » ou de contestations. La légitimation par en haut se fait via des grands dialogues (voir actualité comme au Tchad et au Burkina Faso) afin d'acquérir la légitimité par en bas à travers la production du consentement. Les transactions intersectorielles interviennent ainsi pour faciliter ce processus par la mobilisation des réservoirs de soutien diffus. L'érosion de la légitimité du régime du fait de l'affaissement des réservoirs de soutien induit très souvent des nouveaux coups d'État comme au Burkina Faso, en Centrafrique au Niger….Il se développe une démocratie à pas de guépard. En Mauritanie par exemple, « si l'on s'en tient à la rhétorique de légitimation des différents gouvernants civils et militaires, on peut considérer que les coups d'État et la transition démocratique entre 2005 et 2009 ont pu avoir une fonction rédemptrice en permettant d' « expier » les maux des régimes déchus »[36]. Dans la même veine, Bonnecase et Brachet précisent « les signes de désordres larvés ou de conflits ouverts ne manquent pas si l'on considère les évolutions qu'ont connues les pays sahéliens ces dernières années. Plusieurs de ces pays ont subi des coups d'État – la Mauritanie en 2008, le Niger en 2010, le Mali en 2012 – ainsi que des rébellions armées qui ont mené dans le cas soudanais à une partition *de*

---

[35] Dobry, op.cit., p.264

[36] Riccardo Ciavolella, Marion Fresia, op. cit., p.12.

jure du territoire en 2011, et dans le cas malien à une partition *de facto* de plusieurs mois en 2012. Ces troubles politiques et militaires sont intervenus sur fond de tensions sociales et de difficultés économiques »[37].

Les coups d'État rétrécissent les arènes politiques et affichent les stratégies charismatiques des nouveaux hommes forts. Ces stratégies renvoient à la recherche au profit d'un individu donné, d'une attestation sociale de sa qualification charismatique ou, si l'on préfère une formulation un peu plus sécularisée, de son aptitude personnelle à offrir une issue, un débouché, une « solution » à la crise dans laquelle il intervient »[38]. Pour la grande majorité des nouveaux présidents de transition, le charisme émergent se construit avec leur accès au pouvoir. C'est le cas de Mahamat Idriss Déby Itno qui surfe du point de vue vestimentaire entre le treillis et le boubou blanc de son défunt père en fonction des circonstances. Ce dédoublement vestimentaire lui confère une existence duale qui le présente comme chef militaire et « civil » en devenir. Le travail charismatique qui se déploie à travers les gestes, les comportements ou les discours affecte d'un coefficient multiplicateur la figure du « prophète ». Le treillis apparaît de ce point de vue comme un capital, une ressource politique investie dans le champ politique. Le coup d'État quant à lui est une « saillance situationnelle » que la transition en tant que structure de plausibilité alimente fondamentalement.

Les coups d'État font des institutions militaires des arbitres des processus de changement politique en leur offrant des opportunités cachées. Ils constituent aussi une « stratégie de renouvellement des classes dirigeantes incapables de réformer leurs systèmes politiques gangrénés par le néo-patrimonialisme »[39] aussi le renouvellement de la classe dirigeante. L'idée de la rose et de l'épine inscrivent ce moment de prise brutale du pouvoir entre vague d'euphorie populaire et tempérance des ardeurs. Les transactions collusives entre les visions structurent les transitions comme des processus historiques compris de manière séquentielle, contingents, qui dépendent des calculs-et des interactions

---

[37] Vincent Bonnecase, Julien Brachet, « Les « crises sahéliennes » entre perceptions locales et gestions internationales », *Politique africaine*, n°130, 2013/2, pp. 5-22

[38] Dobry Michel, op.cit., p.228

[39] Mandjem Yves Paul, « Les institutions militaires face aux situations révolutionnaires dans les Etats arabes et ailleurs en Afrique subsaharienne », *Polis, Revue camerounaise de Science Politique*, vol.18&19, n°1&2, 2014, p. 64.

entre-des acteurs spécifiques, dont l'issue est aléatoire »[40]. Le coup d'État est un test aléatoire de la transition et un analgésique relatif de la consolidation démocratique. Il pose la problématique de la démocratie perçue sous le prisme de la transition et de la consolidation. De nombreux arguments sont ainsi mobilisés pour justifier le recours aux armes. Mamadi Doumbouya de la Guinée dira à cet effet lors dans son adresse à la nation lors du nouvel an :

> « L'état de fragilité de notre pays a été notre unique motivation : une société gangrénée par le communautarisme et le tribalisme, parfois même la haine, une cohésion nationale inexistante, une confiscation par quelques-uns des richesses de notre pays, une pauvreté galopante et une corruption endémique. La Guinée et les guinéens étaient touchés dans leur âme. La fierté d'être guinéen profondément ébranlée »[41].

Les militaires se découvrent dans la grande majorité des cas une mission messianique auprès du peuple, qu'ils entendent libérer. Les effets d'annonce participent parfois à une séduction du peuple. Le Colonel Assimi Goïta lors son discours d'investiture en tant que Président de transition, déclarera :

> « Je m'emploierai à la réduction du train de vie de l'État. D'ores et déjà, j'ai décidé d'allouer les deux tiers du fonds de souveraineté du président, soit un milliard huit cent millions annuels aux œuvres sociaux sanitaires notamment pour faciliter l'accès à l'eau potable et aux soins de santé primaire dans les zones difficiles de notre pays ».

Au sens de Tilly, le coup d'État peut apparaître comme le résultat d'un crime organisé. Il réinvente le répertoire du crime politique. Au sens des auteurs tels que O'Donnell, Schmitter et Whitehead (1986), la transition se définie « comme l'intervalle (généralement court) entre deux régimes ». Si elle envisage la libéralisation politique comme moment où les libertés sont concédées avec l'autorisation des partis politiques et autres associations dont la matérialisation se donne à voir à travers l'organisation des premières élections libres, les transitions des coups d'État mettent entre parenthèse les partis politiques et suspendent les institutions. La consolidation qui devrait découler des transitions classiques et normales est une phase plus longue qui se définit comme le

---

[40] Thiriot Céline, « Des transitions africaines au monde arabe, 1991-2011 : vent de printemps sur les outils de la transitologie », *RIPC*, vol.20, 2013, p.147.

[41] Discours du nouvel an An de Mamadi Doumbouya

processus d'institutionnalisation et de légitimation du régime issu de la transition. Le coup d'État en Afrique comme ailleurs a une visée refondatrice de l'État avec la réinvention des manières de gouverner. L'agenda de la transition à l'issue du putsch est très souvent dévoilé dans les discours des putchistes. Parce que la « libéralisation n'équivaut pas à la démocratisation », les pathologies liées aux coups d'État peuvent éprouver le processus. Au Tchad, le gouvernement de transition de Mahamat Idriss Déby apparaît comme un gage de protection de la paix fragile liée au décès du Maréchal Déby. Le métier des armes ici est un leitmotiv pour la continuité de l'État.

L'espérance de vie de l'État est fonction des rythmes des coups d'État. La durée de l'État est liée à la trajectoire des putschs.

B. Le coup d'État entre régression démocratique et habitus de militarisation du champ politique

L'habitus sera entendu ici comme cadre d'expérience pour approcher l'activité du coup d'État. C'est dans cette logique que l'on peut construire le rapport entre habitus et conjonctures de crises armées pas dans l'ordre des déterminations et de façonnement de l'État par les systèmes sociaux. Les opérations de cadrage schématisent les constellations de sens, mettent en alliance les thèmes qui captent l'attention et enclenchent des séquences d'action. Cette option entend nous éloigner de la vision libératrice des crises. L'hypothèse de la régression vers l'habitus repose sur l'idée de la survivance des coups d'État comme norme installée dans le passé et reproduite dans le présent. Le coup d'État surgit alors comme un acte qui brise les routines en proposant de nouvelles perspectives. Il est oint d'une puissance génératrice de reproduction par les acteurs dans leurs pratiques de prise de pouvoir par les armes. Le coup d'État post démocratisation crée un rapport réciproque qui établit un lien entre le monde social et les putschistes qui se présentent comme des « sauveurs ». Les coups d'État opérés avant la démocratisation apparaîssent alors comme des périodes d'apprentissage ou de socialisation primaire et d'intériorisation des valeurs et ou des rôles de l'armée. Ils déconstruisent l'ordre établi qui bascule et suspend l'avenir tout entier en créant un effet d'hystéries des habitus au sens bourdieusien. Les coups d'État se donnent alors à voir en ce moment comme une para-constitution. Ils sont des maillons médiateurs consistant en des rapports sociaux et politiques objectivés et mêmes en des dispositions intériorisées dans des institutions. Les propriétés de la conjoncture de crise inculquées par la socialisation primaire sont renforcées par la mission salvatrice de l'armée lorsque les institutions semblent vaciller. L'armée apparaît à partir de cet instant comme un accélérateur de carrière et même comme un grand corps qui produit des présidents. Elle assure une fonction tribunitienne qui lui confère une confiance dans l'habitus du coup d'État. Ce dédoublement institutionnel et fonctionnel de l'armée se renforce par la cooptation d'autres personnels pour légitimer leur action. La révolte des soldats ou les rivalités entre les membres de la junte s'accompagne parfois des moments de doute. Dans ce cas de figure, le prophète auto-proclamé ou auto-désigné est défroqué et remplacé par un autre pasteur devant guider le peuple. Les exemples du Burkina Faso et du Mali sont forts évocateurs à ce sujet. Le jeu de passe entre Ibrahim Touré et Damiba, ainsi que la spécifité du tandem Mbah Ndaw et Assimi Goita après la déposition d'Ibrahim Boubakar Keita le 18 Août 2020 et le renversement de Bah Ndaw par Assimi Goita qui devient président de la transition. Cette tendance confirme l'idée selon laquelle le jeu des habitus des coups d'État n'est pas toujours homogène. Elle relativise d'ailleurs la localisation conjoncturelle des acteurs militaires, l'engendrement des conduites et des perceptions du coup d'État. Les variations conjoncturelles liées à ces situations alimentent substantiellement la fluidité des crises. Le capital militaire peut dès lors connaître une véritable déperdition. Leur mise en œuvre en des contextes « inadéquats » se solde très souvent par des mobilisations populaires violemment réprimées.

Les vulnérabilités spécifiques de ces coups d'État s'affirment par le truchement des sanctions sociales et la condamnation populaire comme au Soudan du Sud. L'habitus du putsch à partir du poids variable des contextes s'explique aussi par l'abandon à des stratégies automatiques de recours à la force. La pratique du coup d'État tient de dispositions intériorisées par des agents militaires occupant des positions au sein de l'appareil répressif de l'État. Le putsch est ainsi une technologie organisationnelle de survie du rêve du meilleur État en même temps une tactique de dernière heure pour rectifier des dérapages constatés. L'institution militaire peut à ce moment craquer ou se disloquer ouvrant la brèche à d'autres acteurs bénéficiant d'autres capitaux et ressources. Toutefois, que l'évaluation soit procédurale ou substantielle, la démocratisation a certes bouleversé l'ordre ancien, mais les acteurs s'en inspirent, y retournent en pélérinage et le réinventent. C'est pourquoi des retro-pédalages ou des retour en arrière font observer que : « beaucoup de pays ont été si longtemps dirigés par des militaires que le poids de l'armée diminue le pouvoir de gouverner des élus ».

Conclusion

Les coups d'État comme recours à la violence donnent de lire la politique des États en Afrique comme des « enclaves autoritaires ». Ils surgissent parfois comme des révoltes démocratiques suscitées par le peuple et exécutées par l'armée ou vice-versa. Toutefois, même si la démocratie est loin d'être institutionnalisée en Afrique, « la voie de la consolidation reste encore difficile et les configurations post-transition sont nombreuses »[42]. Les coups d'État sont des pratiques certes surannées, mais qui donnent sens à des formes d'invention et de réinvention du politique. Ils ne sont pas des corpus théoriques spécifiques à l'Afrique, encore moins un « exceptionnalisme africain ». Les coups d'État sont l'expression de la participation politique du fusil et de la violence des appareils répressifs de l'État. Les coups d'État en Afrique font avancer la démocratie en dents de scie. Ils sont des irrégularités qui régulent parfois la démocratie, orientent le gouvernail de l'État en le réinventant. Ils créent des zones de turbulences dans la trajectoire de la vie de l'État en affichant les pieds d'argile de celui-ci. Les coups d'État consacrent la naissance permanente de l'État parfois furtif, passager ou éclair. Ils sont les producteurs d'une politique d'usurpation fonctionnelle du chef de l'État. Ils affirment ainsi la validité de l'équation du coup d'État *making/state making* en Afrique. C'est à travers leurs actions que l'État en dents de scie se produit. L'imposition aux différents protagonistes des confrontations des jeux et enjeux canalisant vers des sites institutionnels du champ politique légitime est envisageable pour atténuer. Le coup d'État représente une modalité « ordinaire » pas toujours spécifique de la concurrence politique sur le continent africain. Il anime la dynamique des États en vivifiant une configuration brutale et parfois « douce » de la compétition politique. Le concurrent surfe ainsi dans la dualité de l'ennemi et de l'adversaire selon les cas de figures. Les coups d'État mobilisent des « ressources coercitives dont disposent les acteurs, collectifs ou individuels, pour imposer physiquement leur

---

[42] Antonin, p.223.

volonté aux autres »[43]. Ils confirment l'effectivité de la thèse des voies incertaines de la transitologie[44], faites de séquences historiques tragiques, de bifurcations et de processus sinueux. Les coups d'État en Afrique sont des zones de turbulences qui secouent « le vol de l'État » suscitant des crashs emportant parfois le pilote en chef qui ne se serait pas éjecté à temps ou l'effritement de l'appareil étatique. Ils sont des outils rénovateurs de la gestion de l'État, pas un accident politique, mais une ressource pour accéder au pouvoir. Pour finir, il importe d'appliquer la théorie de la concordance au sens de Schiff[45] entre les partenaires militaires, les élites politiques et les citoyens pour un mieux d'État en Afrique. Les coups d'État font de l'armée une grande pie qui fait chanter l'État et non une grande muette.

---

[43] Antonin Cohen, Bernard Lacroix, Philippe Riutort, *Nouveau manuel de science politique*, Paris, La Découverte, 2009, p. 201.

[44] Dobry Michel, « Les voies incertaines de la transitologie », *Revue Française de Science Politique*, vol.50, n°4-5, 2000, pp.584-614.

[45] Schiff, « Civil military relations reconsidered : a theory of concordance », *Armed Forces and Society*, vol.22, n°1, 1995, pp.7-24.

Bibliographie

- Anna Durnova et Philippe Zittoun, « Les approches discursives des politiques publiques », *RFSP*, n°3-4, vol.63, 2013, pp.569-577.

- Antonin Cohen, Bernard Lacroix, Philippe Riutort, *Nouveau manuel de science politique*, Paris, La Découverte, 2009.

- Carothers T., « The end of the transition paradigm », *Journal of Democracy*, vol.13, n°1, 2002, pp.5-21.

- Chabal Patrick, Daloz Jean Pascal, *L'Afrique est partie ! Du désode comme instrument politique*, Paris, Economica, 1999.

- Cherrier Emmanuel, « Naissance d'une notion : le coup d'État », *Revue Française d'Histoire des Idées Politiques*, n°56, 2022/2, pp.37-83.

- Debos Marielle, Glasman Joël, « Politique des corps habillés.Etat, pouvoir et métiers de l'ordre en Afrique », *Politique Africaine*, n°128, 2012/4, pp.5-23.

- Dobry Michel, « Les voies incertaines de la transitologie », *Revue Française de Science Politique*, vol.50, n°4-5, 2000, pp.584-614.

- Dobry Michel, *Sociologie des crises politiques, la dynamique des mobilisations multisectorielles*, Paris, Presses de Sciences Po, 2009.

- Ducatenzeiler Graciela, « Nouvelles approches à l'étude de la consolidation démocratique », *Revue Internationale de Politique Comparée*, vol.8, 2001/2, pp.191-198.

- Herbst J., « Political liberalization in Africa after ten years », *Comparative Politics*, 2001, pp.357-375.

- Jourde Cédric, « Les grilles d'analyse de la politique africaine. La problématique de l'État », in Mamoudou Gazibo, Thiriot Céline, *Le politique en Afrique, État des débats et pistes de recherche*, Paris, Karthala, 2009, pp.43-70.

- Kimba Idrissa, *Armée et politique au Niger*, Dakar, Codesria, 2008.

- Lewis E., Slitine R., *Le coup d'État citoyen : ces initiatives qui réinventent la démocratie*, Paris, La Découverte, 2016.

- Lindemann Thomas, « Faucons et colombes. Le choix stratégique des forces armées entre intérêt corporatiste et identités militaires », *Revue internationale de politique comparée*, vol.15, 2008/1, pp. 55-76.

- Mamoudou Gazibo, Jane Jenson, *La politique comparée. Fondements, enjeux et approches théoriques*, Montréal, Presses Universitaires de Montréal, 2004.

- Mamoudou Gazibo, Céline Thiriot, *Le politique en Afrique. État des débats et pistes de recherche*, Paris, Karthala, 2009.

- Mamoudou Gazibo, Jane Jenson, *La politique comparée. Fondements, enjeux et approches théoriques*, Montréal, Presses Universitaires de Montréal, 2004.

- Mandjem Yves Paul, « Les institutions militaires face aux situations révolutionnaires dans les États arabes et ailleurs en Afrique subsaharienne », *Polis, Revue camerounaise de Science Politique*, vol.18&19, n°1&2, 2014, pp.

- Marshall, Ruth. « La France en Côte d'Ivoire: L'interventionnisme à l'épreuve des faits ». *Politique africaine*, n° 2, 2005, pp. 21-41.

- Mbembe Achille, *De la postcolonie : essai sur l'imagination politique dans l'Afrique contemporaine*, Paris, Karthala, 2000.

- Médard J.F. (dir.), *Etats d'Afrique noire : formation, mécanismes et crise*, Paris, Karthala, 1991a.

- Myriam Aît Aoudia, Antoine Roger, *La logique du désordre. Relire la sociologie de Michel Dobry*, Paris, Presses de la Fondation Nationale de Sciences politiques, 2015.

- Niagalé Bagayoko, Marc-André Boisvert, « Le retour des coups d'État en Afrique », *Esprit*, mai 2022.

- Przeworski A., « Democracy as contingent outcome of conflict », in Elster J., Slagstad R., *Constitutionnalism and democracy*, Cambridge, Cambridge University Press, 1987.

- Riccardo Ciavolella, Marion Fresia, « Entre démocratisation et coups d'Etat. Hégémonie et subalternité en Mauritanie », *Politique africaine*, n°114, 2009/2, pp.5-23.

- Schedler Andreas, « Comment observer la consolidation démocratique », *Revue Internationale de Politique Internationale*, vol.8, 2001/2, pp.225-244.

- Schiff, « Civil military relations reconsidered : a theory of concordance », *Armed Forces and Society*, vol.22, n°1, 1995, pp.7-24.

- Sindjoun Luc, *L'Etat ailleurs : entre noyau dur et case vide,* Paris, Economica, 2002

- Thiriot Céline, « Des transitions africaines au monde arabe, 1991-2011 : vent de printemps sur les outils de la transitologie », *Revue Internationale de Politique Comparée,* vol.20, 2013/2, pp.145-163.

- Thiriot Céline, « La place des militaires dans les régimes post-transition d'Afrique subsaharienne : la difficile resectorisation », *Revue Internationale de Politique Internationale*, vol.15, 2008/1, pp.15-34.

- Van de Walle N., « Démocratisation en Afrique, un bilan critique », in Gazibo Mamoudou, Thiriot Céline (Dir.), *Le politique en Afrique. État des débats et pistes de recherche*, Paris, Karthala, 2009, pp.135-163.

- Varol Ozan O., « *The democratic coup d'Etat* », *Harvard International Law Journal*, vol.53, n°2, Summer, 2012, pp. 292-356.

- Vincent Bonnecase, Julien Brachet , « Les « crises sahéliennes » entre perceptions locales et gestions internationales », *Politique africaine*, n°130, 2013/2, pp. 5-22

- Yakemtchouk Romain, « Coups d'État militaires en Afrique dans leurs incidences internationales », *Studio Diplomatica*, vol.38, n°1, 1985, pp.43-108.

Jean-Louis ESAMBO KANGASHE

Professeur ordinaire, Doyen de la Faculté de droit de l'Université de Kinshasa, et Président au Conseil d'État (République Démocratique du Congo)

Les coups d'État et la construction de l'État en Afrique noire francophone

Introduction

Mode exceptionnel d'accession ou de maintien au pouvoir, le coup d'État est a-démocratique, inconstitutionnel, immoral, irrationnel et illégitime. Collé à l'histoire politique de l'Afrique[1], il semble congénital pour intéresser la doctrine africaine[2], mais également occidentale[3].

André Cabanis relève à ce sujet que :

> L'histoire politique de l'Afrique, depuis les indépendances des années 1960, est très marquée par la présence d'un pouvoir militaire qui a souvent ébranlé la stabilité constitutionnelle des pays composant le continent[4].

L'affirmation n'est pas dénuée de pertinence, lorsqu'on observe la récurrence, dans quelques États de l'Afrique notamment de l'Ouest[5], du

[1] Les premières apparitions du coup d'État en Afrique sont à situer en Égypte avec le renversement, le 23 juillet 1952, du Roi FAROUK par Mohamad NAGUIB et Gamal Abdel NASSER. Une divergence apparait, cependant, sur le nombre de coups d'État perpétrés en Afrique. Une opinion avance le nombre de 82 jusqu'en 2000, une autre identifie plutôt 154 entre 1952 et 2021 et une troisième répertorie 250 coups d'État depuis les indépendances africaines des années 1960.

[2] En Afrique, les anthropologues, sociologues, historiens, juristes, philosophes et politologues se sont intéressés au phénomène de coup d'État, ses causes et ses conséquences.

[3] CABANIS A, « Droit constitutionnel, pouvoir militaire et politique en Afrique » in NAREY O (dir), *Droit, pouvoir et politique*, Actes du Séminaire scientifique de Niamey, L'Harmattan-Sénégal, 2022, pp. 43-67.

[4] *Idem*, p. 43.

[5] Notamment, au Burkina Faso, en Guinée et au Mali.

coup d'État éloignant le continent de la stabilité, de la construction d'un État fort et du développement qui paraissent en constituer le mobile. Adopté, le 30 janvier 2007, le cadre normatif continental[6], destiné à endiguer la vague des changements anticonstitutionnels des gouvernements, n'a pas encore donné les résultats attendus. La Charte africaine de la démocratie, des élections et de la gouvernance définit le changement anticonstitutionnel de gouvernement comme :

> Tout moyen illégal d'accession ou de conservation du pouvoir, notamment le putsch, le coup d'État, l'intervention des mercenaires, pour destituer un gouvernement démocratique, la destitution par les dissidents militaires d'un gouvernement démocratique, le refus pour un gouvernement en place de céder le pouvoir au parti vainqueur des élections libres, équitables et régulières, la modification ou la révision des Constitutions ou des autres textes juridiques, en violation des principes de changement démocratique de gouvernement[7].

Dans l'évolution politique et institutionnelle de l'Afrique contemporaine, trois périodes présentent une signification particulière : la première marquée par la résurgence des coups d'État ; la deuxième donne l'image de la construction de l'État africain affecté, alors qu'au courant de la troisième, on constate une apparente stabilité politique des régimes issus des élections.

S'agissant de la récurrence des coups d'État, on note qu'indépendant, le 5 août 1960, le Burkina Faso a dû subir l'épreuve de sept coups d'État[8] qui n'ont conduit ni à la stabilité politique, ni au développement. Ce pays vient récemment de connaitre deux coups d'État en l'espace de huit

---

[6] Il s'agit de la Charte africaine de la démocratie, des élections et de la gouvernance.

[7] Art. 23 de la Charte africaine de la démocratie, des élections et de la gouvernance.

[8] Le premier coup d'État est intervenu, le 3 janvier 1966, avec la destitution de Maurice YAMÉOGO par le chef d'État-major de l'armée, Aboubakar SANGOULÉ LAMIZANA, lui-même renversé, le 25 novembre 1980, par le Colonel Saye ZERBO, chef du Comité militaire de redressement pour le progrès national, CMRPN, en sigle. Présidé par Jean-Baptiste OUEDRAOGO, le Conseil de Salut du Peuple, CSP, en sigle, renversa, le 07 novembre 1982, le Colonel ZERBO et nomma, le 10 janvier 1984, le capitaine Thomas SANKARA en qualité de premier ministre. Avec le capitaine Blaise COMPAORÉ, il prit le pouvoir d'État, le 04 août 1984, avant d'être abattu par ce dernier, le 15 octobre 1987.

mois[9], avec la particularité d'entraîner la démission forcée du président de la République ou celui de la transition[10].

Depuis son accession à l'indépendance en 1966, le Burundi a enregistré quatre coups d'État, sur fond des conflits ethniques entre les hutus et les tutsi[11], impactant négativement sur la stabilité politique, l'avènement de la démocratie et l'édification d'un État fort.

L'histoire politique de la Guinée indépendante renseigne la fréquence des coups d'État[12]. On relève qu'à la mort de Ahmed Sékou Touré en 1984, son intérim fut assuré, pendant quelques jours, par Louis Lansana Beavogue qui fut anéanti par un coup d'État mené par Diarra Traoré et Lansana Conté ; ce dernier devint président de la République jusqu'en 2008.

Le décès, le 23 décembre 2008, de Lansana Conté aurait permis l'organisation de l'intérim constitutionnel[13], n'eut été l'irruption du capitaine Moussa Dadis Camara qui mit fin à l'ordre constitutionnel alors en vigueur. De même, l'arrivée au pouvoir d'un opposant n'a rien changé ; la liesse populaire qu'elle suscita fut de courte durée, parce que contrariée par la mauvaise gouvernance et la crise sociopolitique, consécutive au troisième mandat controversé de Alpha Condé[14] et qui précipita sa chute, le 05 septembre 2021[15].

Le Mali conserve une marque singulière d'incursion des militaires dans l'arène politique. Indépendant, le 22 septembre 1960, ce pays a

---

[9] Conduit par le Lieutenant-Colonel Paul Henri SANDAOGO DAMIBA, le premier intervint, le 24 janvier 2022, et mit fin au régime de Roch Marc Cristian KABORÉ pourtant élu au suffrage universel. Œuvre du Mouvement patriotique pour la sauvegarde et la restauration dirigé, cette fois-ci, par le Capitaine Ibrahim TRAORÉ, le second survint le 30 septembre de la même année.

[10] Pour leurs sécurités, Roch Marc Cristian KABORÉ et Paul Henri SANDAOGO DAMIBA ont dû se soumettre à cet exercice.

[11] C'est , le 28 novembre 1966 que le jeune officier Michel MICOMBÉRO renverse le Roi NTARE V et s'installe au pouvoir jusqu'au 1er novembre 1976. Il est, à son tour, évincé par un coup d'État de Jean-Baptiste BAGAZA qui fut éconduit, le 3 septembre 1987, par le Major Pierre BUYOYA. Le même officier destitua, le 25 juillet 1996, le président de la République élu Sylvestre NTIBANTUNGANYA.

[12] De 1958 à 2022, ce pays a connu trois présidents de la République élus, Ahmed SÉKOU TOURÉ, Lansana CONTÉ et Alpha CONDÉ, les deux derniers ayant été renversés par des coups d'État.

[13] Assuré par le président de l'Assemblée nationale.

[14] ESAMBO KANGASHE J.-L, « Les altérités de la fonction présidentielle en Afrique noire francophone » in NAREY O (dir) *Droit, pouvoir et politique*, L'Harmattan-Sénégal, 2022, p.56.

[15] Par un coup d'État du Colonel Mamady DOUMBOUYA.

enregistré, au total, quatre coups d'État[16]. Un vaste mouvement de protestation populaires, commencé par la rue, a eu récemment raison d'un régime accusé d'avoir mal organisé les élections législatives de 2020, de corruption et du laxisme dans la gestion des forces négatives au nord du pays. Destitué, Ibrahim Boubacar Keita[17]fut remplacé par un gouvernement civil[18]renversé, à son tour, par un coup de force du 23 mai 2021[19], avec en toile de fond la démission forcée du président de la transition[20].

La République centrafricaine traverse depuis 1960 une crise politique marquée par la répétition de coups d'État[21], l'affaiblissement de l'État et de la démocratie ainsi que le rejet de l'État de droit.

Le changement anticonstitutionnel de gouvernement est bien assumé par la République du Congo avec la particularité que l'auteur[22]est classé parmi les chefs d'État africains qui accusent une longévité au pouvoir[23].

Indépendant depuis le 1er juillet 1962, le Rwanda n'a pas connu d'alternance démocratique au pouvoir politique, ni de stabilité politique dans la durée, à cause, notamment, des fréquents changements

---

[16] Avec la chute, le 19 novembre 1968, du régime de MODIBO KEITA par le Lieutenant Moussa TRAORÉ. Devenu Général, il sera évincé, le 26 mars 1991, par le Lieutenant-Colonel Amadou Toumani TOURÉ. Élu président de la République, ce dernier fut injecté, le 22 mars 2012, par le Capitaine Amadou AYA SANOGO. Arrivé au pouvoir par les urnes, Ibrahim Boubacar KEITA est chassé, le 18 août 2020, par le Lieutenant-Colonel Assimi GOITA, également auteur de coup de force , du 25 mai 2021, qui emporta le président de la transition Bah N'DAW.

[17] À la suite d'une action conjuguée des religieux, notamment, l'Imam Mahmoud DICKO et des quelques militaires dont Asimi GOITA, Malick DIAW, Israël WAGUÉ et Sadio CAMARA.

[18] Dirigé par M'BA DAO.

[19] À la tête duquel se trouve le Colonel Assimi GOITA.

[20] Intervenue le 25 mai 2021.

[21] Le 31 décembre 1965, le premier président David DACKO est destitué par Jean-Bedel BOKASSA qui finit par s'autoproclamer empereur en 1977. En 1981, David DACKO reprend le pouvoir, avant de se voir neutralisé par le Général André KOLINGBA. Deux ans après l'introduction du pluralisme politique, en 1993, Ange Félix PATASSÉ fut élu président de la République, avant de faire les frais, le 15 mars 2003, du coup d'État du Général François BOZIZÉ, lui-même renversé en mars 2013.

[22] On se rappellera que, c'est le 4 septembre 1968 qu'intervint la destitution du président Alphonse MASSAMBA-DÉBAT. Devenu chef de l'État par intérim, Alfred RAOUL fut renversé en janvier 1969 par un coup d'État qui propulsa Marien NGOUABI au pouvoir, avant d'être renversé, le 18 mars 1977, par le Colonel Dénis SASSOU-NGUESSO qui récidiva avec la mise à l'écart, le 5 février 1979, du président de la République élu Joachim YHOUMBI-OPANGO et, le 12 octobre 1997, de Pascal LISSOUBA également élu.

[23] C'est depuis le 18 mars 1977 que le président Dénis SASSOU-NGUESSO dirige des mains de fer la République du Congo.

anticonstitutionnels de gouvernement. L'histoire politique de ce pays est également ponctuée par de nombreux conflits communautaires entre la minorité tutsi, actuellement, au pouvoir et la majorité hutu forcée à l'exil. On rappelle que le premier président de la République du Rwanda indépendant, Georges Kayibanda, fut renversé en 1973 par Juvénal Habyarimana, un Général de l'ethnie hutu. Il conserva le pouvoir jusqu'à son assassinat, le 6 avril 1994[24], par une rébellion menée, à partir de l'Ouganda, par Paul Kagamé de souche tutsi.

Le Soudan a connu de successions au pouvoir par les armes. L'incapacité du gouvernement civil à gérer la crise sociale et économique ainsi que la guerre civile propulsa, le 30 juin 1989, un Général au pouvoir[25], qui fut destitué, le 11 avril 2019, par un autre[26], également renversé, le 25 octobre 2021.

Le Tchad n'a pas non plus été épargné par le phénomène de coup d'État. On note que le décès, le 20 avril 2021, du président en fonction[27] accéléra sa succession par le fils[28], en dehors de toute prévision constitutionnelle. Désigné président du Conseil militaire de transition[29], le chef de la junte fut investi président de la transition[30]. Utilisée dans d'autres pays[31], la tactique incite à porter un regard nouveau sur le droit constitutionnel africain.

---

[24] L'avion qui ramenait le président rwandais et son homologue burundais, Cyprien NTARYAMIRA, du Sommet de l'Organisation de l'unité africaine fut abattu par les éléments des Front Patriotiques Rwandais, pendant qu'il s'apprêtait à se poser à l'aéroport de Kigali.

[25] Il s'agit du Général Omar el Béchir.

[26] Le Général Abdel FATTAH.

[27] Il s'agit du Marechal Idriss DEBY ITNO qui a accédé au pouvoir par un coup d'État du 1er décembre1990 contre le président HISSÈNE HABRE, lui-même auteur du coup de force du 7 juin 1982 qui renversa le président GOUKOUNI OUEDEI.

[28] Le Général Mahama Idriss DEBY. La tactique a été, précédemment, utilisée en République démocratique du Congo , en 2001, à l'occasion de l'assassinat de Laurent Désiré KABILA et, au Togo, en 2015, à la suite du décès du Général Étienne GNASSIBE EYADEMA .

[29] Dans une cacophonie organisée, le Dialogue national inclusif adopta, le 02 octobre 2022, une résolution fixant la durée de la transition à deux ans, en plus de dix-huit mois initialement arrêtés par la junte, au moment de la prise du pouvoir et autorisant le président de la transition à candidater aux prochaines élections présidentielles.

[30] Par la Cour suprême de justice qui reçût son serment dans une cérémonie officielle boycottée par la majorité des partis d'opposition politique, la société civile, l'Union européenne et l'Union africaine. Seul le Niger qui fut représenté par son président de la République.

[31] Le Burkina Faso, la Guinée, le Mali, la République centrafricaine, la République Démocratique du Congo et le Tchad se sont prêtés, tour à tour, à cet exercice.

La situation politique tunisienne mérite d'être évoquée. Après la chute de Zine-El-Abidine Ben Ali, l'élection[32] de Kaïs Saïd à la tête du pays suscita bien d'espoir sur la voie de la démocratie et de l'État de droit, mais les premières réformes[33]initiées par le nouveau régime[34] ont fini par créditer l'idée d'un coup d'État à la Constitution[35].

Quel que soit l'appréhension que l'on peut avoir sur le coup d'État en Afrique, il est bon de rappeler qu'au lendemain des indépendances, le continent prit une trajectoire décisive vers le constitutionnalisme, avec la mise en place des textes élaborés, pour l'essentiel, par les africains. La stratégie a globalement contribué à l'établissement des régimes démocratiques.

La période allant de 1970 à 1980 vit apparaitre une disette constitutionnelle que caressaient pourtant les régimes à parti unique, appuyée par le recours au coup d'État militaire. La vie politique africaine de cette époque fut particulièrement agitée avec la récurrence des coups d'État[36], le déclin de la démocratie et la fragilisation de l'État que l'on voulait fort et tourné vers le développement.

L'ingénierie constitutionnelle de la décennie quatre-vingt-dix rendit possible une apparente accommodation des régimes démocratiques avec la stabilité politique menacée, par moments, par des révisions constitutionnelles inopportunes. Les élections en trompe l'œil et les crises politiques ou postélectorales[37]qui suivirent ont fini par orienter la pensée vers le ressentiment au coup d'État.

Traditionnellement étudiée en science politique, la question des rapports entre le coup d'État et la construction de l'État en Afrique n'échappe pas au viseur du constitutionnaliste, plus que jamais intéressé

---

[32] Le 13 octobre 2019.

[33] Qualifiées par une certaine opinion de débâcle constitutionnelle.

[34] Depuis le 25 juillet 2021.

[35] En raison, notamment, de la dissolution du parlement ; le président de la République agissant, désormais, par décret-loi, la modification du Code électoral et la mise en veilleuse de l'indépendance de la justice.

[36] Soutenus, pour la plupart, par des pays occidentaux qui décidaient des hommes à confier le pouvoir en Afrique.

[37] Loin de propulser l'Afrique vers la stabilité et le progrès, la démocratie que l'on croyait liée à l'organisation des élections n'a offert que des conflits et crises politiques. Souvent entachés des irrégularités et fraudes, les résultats électoraux sont, pour la plupart, validés par les juridictions électorales et une certaine communauté internationale, plus portée à garder la main sur le contrôle du pouvoir en Afrique.

à l'impact sur la gouvernance politique pour établir, à la lumière de quelques expériences, un éventuel alignement à sa résilience. Il importe donc d'en préciser le contenu, ses relations avec les notions voisines[38] et les conditions de sa réalisation.

Mode anticonstitutionnel de gouvernance, le coup d'État est une prise du pouvoir par une autorité instituée[39] ou par l'armée, avec ou sans mort d'hommes. Dans ce dernier cas, la technique est proche du putsch ou du coup de force[40]. Opposé au coup de force, celui de balais fait intervenir, non pas toute l'armée ou l'une de ses grandes unités, mais bien quelques officiers gradés dans les opérations du renversement d'un régime démocratique.

Recourant à la violence ou aux voies de fait, pour s'emparer du pouvoir politique ou s'opposer au gouvernement légal, la rébellion est une résistance diffuse ou organisée contre le régime en place. La pression populaire qui l'accompagne conduisit à la chute, le 28 octobre 2014, du régime de Blaise Compaoré.

Mouvement social et brusque se réalisant en marge des règles constitutionnelles ou légales établies, la révolution aboutit au changement violent et complet de l'ordre constitutionnel établi. Dans la pratique, la révolution ressemble au soulèvement populaire, à la désobéissance civile ou, si elle est organisée, à l'insurrection constitutionnelle[41].

Au regard des contingences de survenance et des intentions des auteurs, le coup d'État peut être *constitutionnel, inconstitutionnel ou illégitime ;* chaque adjectif donnant une tonalité singulière au mouvement. La diversité d'appréhensions conceptuelles ne change rien à l'anormalité, l'inconstitutionnalité et l'inutilité du phénomène.

---

[38] Telles que le putsch, le coup de force, la rébellion, la révolution, le soulèvement populaire ou les changements anticonstitutionnels des régimes. Lire dans ce sens, ESAMBO KANGASHE J.-L, *Le droit constitutionnel*, Louvain-la-Neuve, Academia-l'Harmattan, 2016, pp. 26-27.

[39] Le parlement, le gouvernement ou le pouvoir judiciaire.

[40] À l'exemple des forces de terre, de l'air, la marine ou la garde présidentielle.

[41] L'alinéa1er de l'article 64 de la Constitution de la République démocratique du Congo du 18 février 2006 impose à tout Congolais le devoir de faire échec à tout individu ou groupe d'individus qui prend le pouvoir par la force ou en violation de la Constitution. L'article 34 de la Constitution béninoise du 11 décembre 1990 oblige à tout civil ou militaire de respecter, en toutes circonstances, la Constitution et, l'ordre constitutionnel établi, ainsi que les lois et règlements de la République.

Lorsqu'on donne un coup à l'État, l'acte n'est ni constitutionnel, ni légal encore moins légitime.

Ainsi circonscrit, le coup d'État trouve, en apparence, une justification sur le caractère conflictogène de certaines Constitutions africaines et la perception d'une main invisible qui s'y cacherait. En tout état de cause, la pratique sent la poudrière et brouille la vie politique africaine.

I. La poudrière du coup d'État

Au seuil des années quatre-vingt-dix, bon nombre d'États africains se sont dotés des Constitutions adoptées, pour la plupart, par referendum. Ces textes ont rarement interdit, ni sanctionné le coup d'État.

Dans une formule moulée, la Constitution congolaise du 18 février 2006 invite tout citoyen à faire échec à tout individu ou groupe d'individus qui prend le pouvoir par la force ou l'exerce en violation de la Constitution. Elle sanctionne d'infraction imprescriptible contre la nation et l'État, tout renversement du régime constitutionnel[42].

Le constituant béninois du 11 décembre 1990 est plus précis, lorsqu'il dispose que :

> En cas de coup d'État, de putsch, d'agression par des mercenaires ou de coup de force, tout membre d'un organe constitutionnel a le droit et le devoir de faire appel à tous les moyens, pour rétablir la légitimité constitutionnelle, y compris le recours aux accords de coopération militaire existants. Dans ces circonstances, désobéir et s'organiser pour faire échec à l'autorité illégitime constituent, pour tout Béninois, le plus sacré des droits et le plus impératif des devoirs[43].

Il énonce que :

> Toute tentative de renversement du régime constitutionnel, par les personnels des Forces armées ou de la Sécurité publique, sera considérée comme une forfaiture et un crime contre la nation, sanctionnée conformément à la loi[44].

---

[42] Art. 64 de la Constitution de la République Démocratique du Congo du 18 février 2006, telle que révisée par la Loi n° 11/002 du 20 janvier 2011.

[43] Art. 66 de la Constitution du Bénin du 11 décembre 1990, telle révisée par la Loi du 16 novembre 2019.

[44] Art. 65 de la même Constitution.

L'articulation a visiblement influencé le constituant centrafricain du 30 mars 2016 pour qui *l'usurpation de la souveraineté, par coup d'État, rébellion, mutinerie ou tout autre procédé non démocratique, constitue un crime imprescriptible contre le peuple centrafricain. Toute personne ou tout État tiers qui accomplit de tels actes aura déclaré la guerre au peuple centrafricain.*

Le texte marque une désapprobation à l'égard de :

> Toute personne physique ou morale qui organise des actions de soutien, diffuse ou fait diffuser des déclarations pour soutenir un coup d'État, une rébellion ou une tentative de prise de pouvoir par mutinerie ou par tout autre moyen. Les auteurs, co-auteurs et complices de ces actes sont interdits d'exercer toute fonction publique dans les institutions de l'État[45].

Il prescrit :

> En cas de coup d'État, d'agression par un État tiers ou par des mercenaires, aux autorités habilitées par la Constitution, le droit et le devoir de recourir à tous les moyens pour rétablir la légitimité constitutionnelle, y compris le recours aux accords de coopération militaire en vigueur, tout citoyen ou groupe de citoyens a le droit et le devoir de s'organiser d'une manière pacifique, pour faire échec à l'autorité illégale[46].

La Constitution nigérienne n'interdit pas formellement le coup d'État, mais bannit toute atteinte à la forme républicaine de l'État qu'elle qualifie de crime de haute trahison puni par la loi[47]. Les constituants burundais[48], camerounais[49], congolais[50], gabonais[51], ivoirien[52], rwandais[53],

---

[45] Art. 28 de la Constitution de la République centrafricaine du 30 mars 2016.

[46] Art. 29 de la même Constitution.

[47] Art. 1er al.2 de la Constitution de la République du Niger du 25 novembre 2010, *Journal Officiel* du 29 novembre 2010.

[48] Du 07 juin 2018.

[49] Notamment, la Constitution du 02 juin 1972, telle que révisée par la Loi n°96-06 du 18 janvier 1996.

[50] En l'espèce, la Constitution de la République du Congo du 06 novembre 2016.

[51] La loi n°001/2018 du 12 janvier 2018 portant révision de la Constitution de la République Gabonaise.

[52] Loi n°2016 -886 du 08 novembre 2016 portant Constitution de la République de Côte d'Ivoire.

[53] La Constitution du 24 décembre 2015.

sénégalais[54] et togolais[55]ne se sont pas prononcés sur la question, faisant porter au droit le poids d'un phénomène politique qui a tendance à prendre appui sur l'obsession au pouvoir et le rejet d'une gouvernance moins radiée.

A. L'obsession au pouvoir

Si loin que l'on puisse remonter dans la mémoire des hommes, on s'aperçoit que le pouvoir est un phénomène naturel dont l'exercice peut conduire aux abus que la nature humaine à difficile à justifier[56]. La marotte est telle que celui qui ressent l'envie, doit rendre compte.

La rareté des espèces en la matière[57]est souvent justifiée[58]par la relative prise en charge juridique d'un phénomène adulé par ceux qui le combattent à l'apparence. Les réformes constitutionnelles en Côte d'Ivoire, le 8 novembre 2016, et en République du Congo, le 6 novembre 2015, auraient dû inciter l'Union africaine à sanctionner les auteurs des changements anticonstitutionnels de gouvernement.

La Charte africaine de la démocratie, des élections et de la gouvernance organise une série de sanctions, en cas de changement anticonstitutionnel de gouvernement, mais qui ne sont pas toujours appliquées. Elle prescrit au Conseil de Paix et de Sécurité de :

> Déployer les initiatives diplomatiques pour ramener les auteurs de changement anticonstitutionnel de gouvernement. En cas d'échec, il prend la décision de suspendre les droits de participation de l'État partie concerné aux activités de l'Union en vertu des dispositions des articles 30 de l'Acte constitutif et 7(g) du Protocole. La suspension prend immédiatement effet. Cependant, l'État partie suspendu est tenu

---

[54] Loi n°2016-10 du 05 avril 20016 portant révision de la Constitution de 2002.

[55] Il s'agit de la Constitution du 31 décembre 2002.

[56] ESAMBO KANGASHE J.-L, *La Constitution congolaise du 18 février 2006 à l'épreuve du Constitutionnalisme. Contraintes pratiques et perspectives*, Louvain-la-Neuve, Academia-l'Harmattan, Bibliothèque de droit africain 7, 2010, p. 165.

[57] À l'exception, toute fois, de Blaise COMPAORÉ condamné, le 6 avril 2021, à perpétuité par contumace, notamment, pour assassinat de Thomas SANKARA. Les poursuites pénales, en Guinée, contre Moussa Dadis CAMARA et Alpha CONDÉ étant encore en cours, on ne saurait en préjuger de l'issue.

[58] Dans certains pays comme le Burkina Faso, la Guinée ou le Mali, les auteurs de coup d'État jouissent d'une immunité pénale, excluant toute poursuite judiciaire pour les actes commis pendant la prise du pouvoir et même après.

de continuer à honorer ses obligations vis-à-vis de l'Union, en particulier celles relatives au respect des droits de l'homme.

Elle précise que :

> Nonobstant la suspension de l'État partie concerné, l'Union maintient ses relations diplomatiques et prend toute initiative afin de rétablir la démocratie dans ledit État partie. Les auteurs de changement anticonstitutionnel de gouvernement ne doivent ni participer aux élections organisées pour la restitution de l'ordre démocratique, ni occuper des postes de responsabilité dans les institutions politiques de leur État. Ils peuvent être traduits devant la juridiction compétente de l'Union… Les États parties ne doivent ni accueillir, ni accorder asile aux auteurs de changement anticonstitutionnel de gouvernement. Ils les jugent ou prennent des mesures nécessaires de leur extradition effective[59].

L'accession au pouvoir par coup d'État pousse à porter un regard appuyé sur les destinataires intéressés à la réalisation des promesses faites par les auteurs. On observe, en même temps, que la déférence à la Loi fondamentale[60] aurait incité à évacuer toute esquive à l'exercice des prérogatives régaliennes.

L'attachement au pouvoir peut, par moments, conduire au népotisme, au tribalisme, au détournement de deniers publics et à l'enrichissement illicite. Associée au tripatouillage de la Constitution, il réduit l'efficacité de l'action politique et donc, son utilité.

De l'incertitude du lendemain à l'abus du pouvoir, on aboutit à la vulnérabilité de la fonction présidentielle[61] que caressent les nouveaux maîtres du jeu politique. Ainsi, placé à la tête de l'État, le 18 octobre 2020, Alpha Condé fut extirpé par la révolution du 5 septembre 2021. De même et pour avoir modifié la Constitution dans le but de se maintenir au pouvoir, après deux mandats successifs, Mamadou Tanja dû subir le même sort. Après 23 ans d'exercice autoritaire du pouvoir, Zine el-Abidine Ben Ali fut contraint à l'abdication par une révolte populaire. L'exil forcé de Yahya Jammeh, après avoir tenté vainement de résister à

---

[59] Art. 25 de la Charte africaine de la démocratie, des élections et de la Gouvernance.

[60] L'ensemble de Constitutions africaines engagent le président de la République à exercer pleinement ses charges dans l'intérêt du peuple. Cet engagement ressort clairement des termes du serment qu'il prête avant toute prise officielle de fonction.

[61] ESAMBO KANGASHE J.-L, « Les altérités de la fonction présidentielle en Afrique noire francophone », *op.cit.* p. 80.

la pression militaire et diplomatique qui suivit sa défaite à l'élection présidentielle de 2011[62], s'inscrit dans la même optique.

Dans ces conditions, la construction d'un État africain au service de l'intérêt général devient illusoire, sinon hypothétique, parce que confrontée au rejet permanant de la gouvernance moins radiée.

B. Le rejet de la gouvernance politique moins radiée

Les Constitutions africaines accordent, globalement, d'importants pouvoirs aux institutions politiques pour leur permettre d'accomplir les charges régaliennes. D'elles, dépend, en théorie, l'avenir de toute une nation[63]. Ces textes n'interdisent, nullement, d'orienter les actions politiques en direction des citoyens.

Il arrive que, prétextant la mauvaise gouvernance antérieure, les auteurs du coup d'État lui administrent une cure dont ils peinent à connaitre la meilleure posologie. Du coup, l'envie de balayer la cour supposée insalubre se conjugue difficilement avec l'incapacité de tenir parole. Dans ces conditions, la cupidité peut servir de balise à un autre coup d'État. Le Burkina Faso et le Mali offrent, à cet égard, une illustration significative.

Le contraste est réel du fait que, proscrit par la Constitution, le coup d'État est, par moments, adulé par une partie de la population[64] qui croit, naïvement, à la résolution de ses problèmes par l'arrivée au pouvoir des militaires. Comment comprendre l'inapplicabilité ou l'inefficacité de la Charte africaine de la démocratie, des élections et de la gouvernance et des Constitutions africaines à contenir le phénomène dont on connait l'impact nuisible au développement et au progrès du continent africain?

Au Burkina Faso, par exemple, la pratique a régulièrement porté atteinte aux principes démocratiques consacrés, par ailleurs, par la Constitution. Il est rapporté qu'au moment où se tenaient, à l'initiative du gouvernement, les consultations politiques préparatoires à la réforme constitutionnelle, survint un coup d'État à la tête duquel se trouvait un

---

[62] Après avoir accédé au pouvoir par un coup d'État du 22 juillet 1994 qui a renversé le président DAWDA JAWARA, qui dirigea le pays depuis l'indépendance, Yahya JAMMEH perdu le scrutin présidentiel du 1er décembre 2016 au profit de l'homme d'affaires Adama BARRO.

[63] ESAMBO KANGASHE J.-L, *Le droit constitutionnel, op.cit.* p. 18.

[64] Orientée par une certaine société civile politisée, quelques acteurs politiques, voire certains universitaires qui travaillent dans l'ombre des auteurs du coup d'État.

officier militaire , mettant en néant les efforts de reprise du pouvoir par les civils. La tactique a été aussi utilisée au Mali[65] .

Comme on le voit, la tolérance, même tacite des coups d'État est parfois justifiée par l'instrumentalisation d'une certaine communauté internationale[66], la manipulation d'une population moins encadrée, l'oisiveté de la jeunesse et l'ignorance de la Constitution, qui brouille la vie politique.

II. Le coup d'État brouille la vie politique

Ambitionnant la construction d'un État fort, les auteurs du coup d'État lui substituent les indices qui l'éloignent de l'objectif. Avec lui, on assiste au ralentissement du constitutionalisme, l'ombrage de l'État de droit et la reculade de la démocratie.

A. Le ralentissement du constitutionnalisme

Jadis controversé, le constitutionnalisme évoque, pour chaque État, l'existence d'une Constitution organisant la séparation des pouvoirs, la limitation du pouvoir, la promotion et la protection juridictionnelle des droits humains et naturellement, l'encadrement du pouvoir[67]. On ne peut y accéder dans un système qui autorise ou tolère l'accession ou le maintien au pouvoir par coup d'État. À contrario, il s'observe l'émergence d'un phénomène de constitution-déconstitution-reconstitution, ponctué par les accords politiques qui finissent par bousculer le processus constitutionnel formel.

Négociés, conclus et signés en marge des règles et procédures arrêtées par le droit positif, ces textes de circonstance servent bien souvent de référentiel aux mutations constitutionnelles, outil indispensable aux ajustements nécessaires ou tactiques de gestion de crises politiques.

---

[65] Lors des chutes des régimes Moussa Traoré, Amadou Toumani Touré et Ibrahim Boubacar Keita.

[66] À défaut d'avoir un entendement partagé sur ce que représente la communauté internationale, les africains sont résignés à constater leur exclusion de fait au profit de certains États occidentaux qui passent pour les maitres du jeu, au niveau mondial, distribuant des notes de satisfecit aux uns et des sanctions autres. De leur attitude dépendent la légalité et la légitimité des actions politiques posées en Afrique.

[67] ESAMBO KANGASHE J.-L, *La Constitution congolaise du 18 février 2006 à l'épreuve du constitutionnalisme. Contraintes pratiques et perspectives*, *op.cit.*, pp.20-21.

Portés sur cette base, les accords politiques dictent, dans bon nombre de pays africains, les réformes constitutionnelles au point de prendre une part importante dans la gestion de crises, à l'égard desquelles le dispositif normatif en vigueur paraît inefficient, inopérant ou, à tout le moins, affaibli par les contingences politiques[68].

Normes de crises ou de gestion de crises, ces « *nouvelles Constitutions* » portent, en elles-mêmes, une dimension politique et philosophique du *conventionnisme* pris, non pas au sens de convention de constitution ou de convention constitutionnelle[69], mais de technique d'appropriation, par le droit positif, de la volonté exprimée par les accords politiques.

Quelle que soit, en effet, l'importance qui peut leur être accordée dans le processus de normalisation de la vie politique, on doit reconnaitre que, dépourvus de valeur juridique, les accords politiques ne sont que des règles politiquement imposables aux parties. La référence qui leur est souvent faite pose le problème de leur légalité, en plus de la légitimité qu'ils sont bien obligés de conquérir[70].

Il reste que, devenus source des nouvelles Constitutions, les accords politiques peuvent servir de baromètre de régulation de la vie politique; les réformes constitutionnelles qu'ils dictent portent *a priori* le crédit de la stabilité politique.

Issus des coups d'État ou des crises politiques, ces textes constitutionnels s'assignent comme mission la stabilité politique, prélude à toute normalisation constitutionnelle. La pratique a, d'ailleurs, révélé une diversité d'application au Burkina Faso[71], au Burundi[72], en Côte

---

[68] ESAMBO KANGASHE J.-L, « Le conventionnisme constitutionnel : entre rupture et pérennité de la Constitution en Afrique noire francophone », in FALL A.B (dir), *Le droit constitutionnel en Afrique à l'épreuve de la pratique du pouvoir*, L'harmattan-Sénégal, 2022.

[69] Pierre AVRIL utilise indistinctement les deux expressions qu'il prend pour synonymes.

[70] ESAMBO KANGASHE J.-L, « Le conventionnisme constitutionnel : entre rupture et pérennité de la Constitution en Afrique noire francophone », *op.cit.*

[71] Les négociations politiques qui suivirent la démission de Blaise Compaoré aboutirent à la signature, le 14 novembre 2014, de l'Accord de paix, pour la gestion de la période de transition lequel précise, en son préambule, que la Charte de la transition complète la Constitution du 2 juin 1991, avec laquelle elle fait corps. En cas de contrariété, précise ce texte, priorité est accordée aux dispositions de la Charte. Le Conseil constitutionnel statue, en cas de conflit.

[72] La pratique a inspiré ce pays, lors des négociations antérieures à la signature, le 28 août 2000, de l'Accord de paix et de réconciliation, qui mit en veilleuse certaines dispositions constitutionnelles et exigé l'élaboration d'un nouvel Acte constitutionnel de transition, ainsi que

d'Ivoire[73], au Mali[74], en République centrafricaine[75], en République démocratique du Congo[76]ou au Rwanda[77].

Vu sous la double fonction normative et de gestion de crises, les accords politiques ont pu détendre l'ambiance politique et rétablir un minimum de confiance entre acteurs impliqués. Ils ont fait naitre un *constitutionnalisme conventionnel*, pour permettre à l'État de fonctionner et au pouvoir de s'exercer, dans un environnement politique relativement calme.

B. L'obstruction de l'État de droit

Développé depuis la deuxième moitié du siècle des lumières, l'État de droit est un concept complexe à saisir, en raison de l'évocation diversifiée, dans le monde politique et juridique. Il est, en revanche, admis qu'il n'y a pas d'État de droit, lorsque la légalité est obstruée et la

---

l'insertion, dans l'ordre juridique positif, de la loi n°1/017 du 1er décembre 2000 portant adoption de l'Accord d'Arusha pour la paix et la réconciliation.

[73] La crise politique qu'elle connut en 2002, servit de prétexte aux négociations à l'issue desquelles fut signé, le 24 janvier 2003, l'Accord de Linas-Marcoussis, prélude à d'autres, dont l'acceptation influa sur la dévolution et l'exercice du pouvoir. Dans ce pays, en effet, la Constitution du 23 juillet 2000 exigeait du candidat président de la République de naître de père et mère, eux-mêmes, ivoiriens d'origine, en plus d'avoir l'âge de quarante ans. À la base de l'exclusion politique, cette formulation fut réaménagée par l'Accord, qui lui reprochait de renfermer un concept dépourvu de valeur juridique ou relevant des textes législatifs.

[74] La signature, le 2 juillet 2006, à Alger, de l'Accord pour la paix et la réconciliation permit d'arrêter un certain nombre de dispositions de portée nationale, mais prioritairement applicables aux régions du Nord. Un dispositif constitutionnel, législatif et règlementaire différent de celui en vigueur fut organisé.

[75] L'Accord de Libreville du 11 janvier 2013 a abrogé la Constitution du 27 décembre 2004 ; le nouveau parlement chargé d'élaborer et d'adopter la Charte constitutionnelle de la transition et le projet de Constitution à soumettre au référendum.

[76]De 1992 à 2003, ce pays a connu une succession des textes constitutionnels établis sur la base des accords politiques. Il s'agit, notamment, de l'Acte portant dispositions constitutionnelles relatives à la période de la transition du 4 août 1992, de l'Acte constitutionnel harmonisé relatif à la période de la transition du 2 avril 1993, de l'Acte constitutionnel de la transition du 9 avril 1994 et de la Constitution de la transition du 4 avril 2003.

[77] Complété par l'Accord de cessez-le-feu de la N'sele , du 29 mars 1991, tel qu'amendé à Gbadolite, le 16 septembre 1991 et, à Arusha, le 12 juillet 1992, ainsi que d'autres protocoles d'accord relatifs à l'État de droit et au partage du pouvoir, ledit Accord affirme faire partie intégrante de la Constitution de la transition, mais du fait qu'il abrogeât certaines dispositions constitutionnelles sur la dévolution et l'exercice du pouvoir, ainsi que le remplacement de quelques institutions par d'autres issues des négociations politiques, sa supériorité sur la Constitution fut réelle.

légitimité méconnue. L'État de droit implique donc l'existence d'une Constitution qui assure la séparation des pouvoirs, la promotion ainsi que la protection des droits de l'homme et des libertés publiques[78].

Prenant, cependant, appui sur le brisement institutionnel, le coup d'État ne peut emporter l'attachement au droit[79], il enfreint la légalité constitutionnelle, démolie l'édifice institutionnel et étouffe les droits de l'homme et les libertés publiques.

Se servant du discours séduisant et miroitant, les auteurs du coup d'État versent souvent dans la démagogie et la manipulation de l'opinion publique, réduisant l'État de droit à leur pensée. Seuls à détenir une vision prophétique pour leurs pays, ces faiseurs des nouvelles règles constitutionnelles demeurent la référence institutionnelle et politique[80]. Ils incarneraient le courage exceptionnel, la bravoure, l'amour de la patrie et le souci du bon fonctionnement des institutions et des pouvoirs publics. Dans un tel système, il ne faut pas s'attendre à ce que la justice soit indépendante et la démocratie installée.

C. La reculade démocratique

Les Constitutions africaines ont, dans l'ensemble, donné le ton à la vitalité démocratique, en ce qu'on a pu déceler, formellement, la consécration du soufrage universel, du pluralisme politique et syndical ainsi que la séparation des pouvoirs.

Dans la durée, il a été constaté la prédominance de l'autorité sur la liberté ; l'image du président de la République sur le formalisme constitutionnel, que l'on croyait servir un État fort, s'est finalement révélé aléatoire et irréaliste. C'est plutôt à l'opportunisme politique qu'il faut garder la main.

La mise en veilleuse de la démocratie a indubitablement conduit à la substitution de la gouvernance politique par une autre, issue du coup d'État contrariant la Constitution, elle-même, remplacée par une Charte de transition.

---

[78] ESAMBO KANGASHE J.-L, *La Constitution congolaise du 18 février 2006 à l'épreuve du constitutionnalisme. Contraintes pratiques et perspectives, op.cit.*, pp.173-178.

[79] CAYLA O « Le coup d'État de droit ? », *Le Débat* mai-août 1993/n°100, Galimard, 1998, pp. 108-133.

[80] Ils pensent jouir de l'immunité de la parole et de l'action.

La pratique au Burkina Faso, au Burundi, en Côte d'Ivoire, en Guinée, au Mali, en République centrafricaine, au Rwanda ou au Tchad a montré les limites de l'arrimage entre la légalité et la légitimité. Peu importe, donc, les raisons en appui à cette technique, on doit reconnaitre le danger qu'elle porte sur le constitutionnalisme, l'État de droit et la démocratie en Afrique.

Conclusion

La récurrence des coups d'État en Afrique a démontré les limites du droit à résorber durablement un phénomène politique qui donne l'allure d'être congénital. La Charte africaine de la démocratie, des élections et de la gouvernance ainsi que les Constitutions africaines semblent moins portées pour enrayer la récurrence. De même, la répression du coup d'État serait, selon le rapport de l'Institut d'Études de Sécurité du 8 septembre 2020, insuffisante.

À la base de l'illusion démocratique[81], le coup d'État éloigne le continent de la construction des États forts, stables et portés vers le progrès et le développement. Il est inconstitutionnel, illégitime, inutile pour l'État et le pouvoir en Afrique.

Critiquant les régimes à parti unique que l'on a, par moments, assimilés à la dictature, l'espoir suscité par la démocratie se conjuguerait avec l'organisation des scrutins dont la transparence et la crédibilité n'étaient pas toujours au rendez-vous. Rares sont, en effet, les élections qui ont amené, au-delà de l'alternance au pouvoir[82], l'amélioration des conditions de vie des citoyens et le développement espéré, tant l'obsession au pouvoir semble être la finalité du coup d'État.

Dans ces conditions, plutôt que prescrire les remèdes qui ne seront que de façades, le moment n'est-il pas venu de creuser en profondeur le problème pour dépasser le cadre strictement juridique au profit d'autres solutions suggérées par la sociologie, l'ethnologie, la philosophie ou l'anthropologie ? On pense ainsi à l'invention d'un nouveau modèle démocratique et à l'amélioration de la gouvernance politique.

Jusqu'il y a peu, le mal africain a été justifié par l'absence de la démocratie ; un lien a pu être établi entre les élections et la démocratie.

---

[81] MIGNARD P, *L'illusion démocratique*, Toulouse, 2003.

[82] Dont les espèces se comptent au bout des doigts.

Comme en occident, l'Afrique a été longtemps marquée par la magie des élections et notamment le pourcentage des résultats qui ne correspondent pas toujours à la réalité[83].

Il a été, en effet, observé que le vainqueur d'une élection n'est pas nécessairement celui qui aurait mérité, en témoigne les contestations parfois violentes enregistrées à l'issue d'un scrutin et qui conduisent, quelquefois, aux révolutions ou coups d'État soutenus par la population[84]. Contrairement à l'idée que l'on se fait en occident, la victoire électorale a, en Afrique, une dominance thématique et conjoncturelle, plutôt qu'idéologique.[85]

On n'aurait même pas pensé au développement de l'Afrique en dehors de toute compétition politique. L'évocation du parti unique suffirait pour porter le poids de la dictature, alors que l'attachement au multipartisme conduirait à la démocratie. La similitude est tout simplement erronée ; l'inclinaison au pluralisme politique n'étant pas une garantie suffisante pour atteindre la démocratie[86] ou le développement[87].

Fondée sur la loi de la majorité avec la protection de la minorité, la démocratie libérale trouve difficilement d'écho en Afrique où la perception du pouvoir tient à la capacité du détenteur d'être effectivement au service des autres : on ne peut s'attendre à l'obéissance que dans la mesure où le pouvoir protège les plus faibles.

L'idée de réadapter les règles de dévolution et d'exercice du pouvoir est, à cet égard, évoquée. Il s'agit de faire appel, pour les élections des membres des assemblées législatives, à la représentation proportionnelle, plutôt qu'au système majoritaire qui, en dépit de ses mérites, est actuellement critiqué, à cause de son injustice à l'égard de la minorité. On lui reproche de déformer les résultats du vote, le vainqueur emportant l'ensemble de sièges en compétition, pendant que le vaincu en est

---

[83] ESAMBO KANGASHE J.-L, *Le droit constitutionnel, op.cit.*, pp. 29-30.

[84] Les expériences burkinabés, guinéenne et malienne peuvent être citées en exemple.

[85] La peur de perdre le pouvoir, le besoin de stabilité politique et institutionnelle, la préservation de l'unité nationale et l'intégrité territoriale, etc....

[86] Elle peut conduire à la dictature d'un parti dominant, d'attraction ou attrape tout.

[87] Sous le règne de Mouammar KADDAFI, la Libye présentait un niveau de développement plus élevé que certains pays occidentaux attachés au pluralisme politique.

dépouillé. Souvent éloigné des réalités locales, ce système est à la base des frustrations[88] pour servir, par moments, de balise au coup d'État[89].

Fil conducteur de tout coup d'État, le pouvoir est une charge que l'on n'assure jamais seul. Il importe d'assurer le partage de responsabilité dans le cadre d'une démocratie consensuelle[90]. Comme hier, l'Afrique d'aujourd'hui a besoin de taire les conflits de majorité-opposition au profit d'une démocratie fondée sur les valeurs africaines. Également, portée à la réflexion la nécessité d'améliorer la gouvernance politique pour lutter contre la récurrence des coups d'État en Afrique. Comme tel, le pouvoir ne doit plus être considéré comme une fin en soi, mais bien un service à rendre à la communauté.

---

[88] ESAMBO KANGASHE J.-L, *Le droit électoral congolais*, Louvain-la-Neuve, 2eéd, Academia-l'Harmattan, 2020, p. 47.

[89] Pratiquée depuis 2006 en République démocratique du Congo, la représentation proportionnelle a permis d'étouffer quelques velléités séparatistes, l'opposition ayant été associée à la gestion des affaires publiques par la présidence de certaines commissions et la présence au sein des bureaux de l'Assemblée nationale, du Sénat et des Assemblées provinciales.

[90] Utilisée en Afrique du Sud, au KENYA, en République démocratique du Congo et, dans une moindre mesure en Côte d'Ivoire, la tactique a contribué à la décrispation politique.

Christian Gérard I. ANGUE

Assistant en droit public, Université de Dschang (Cameroun)

Le constitutionnalisme démocratique à l'épreuve des coups d'État dans les États d'Afrique noire francophone : entre décadence et résilience

Résumé

Au regard de la recrudescence des coups d'État en Afrique noire francophone, que reste-t-il du constitutionnalisme démocratique amorcé dans la décennie 90? Assiste-t-on à sa décadence ou fait-il montre de résilience ? Ces diverses questions structurent la trame de notre étude qui entend s'intéresser au sort du constitutionnalisme démocratique dans les États d'Afrique noire francophone à l'épreuve de la résurgence des coups d'État, de sorte à questionner la portée de son ancrage. A ce propos, il est constaté que ce regain des coups d'État ne sonne point le glas du constitutionnalisme démocratique au sein desdits États. Celui-ci y bénéficie d'un ancrage, la démocratie y a été érigée en valeur et principe juridiques. Pour s'en convaincre, il convient d'interpréter, à titre de droit comparé, les instruments juridiques de valeur constitutionnelle, et d'analyser, par ailleurs, la pratique institutionnelle. Sous le prisme de cette double démarche exégétique et analytique, il ressort que, face au regain des coups d'État, le constitutionnalisme démocratique connait certes une décadence, mais celle-ci demeure conjoncturelle. Par contre, celui-ci fait montre d'une résilience structurelle qui l'inscrit dans la durée et en garantit, de ce fait, la pérennité.

Mots clés : constitutionnalisme démocratique-coups d'État-décadence-résilience

Abstract

In view of the resurgence of putsch in French-speaking black Africa, what remains of the democratic constitutionalism begun in the 1990s? Are we witnessing its decline or is it showing resilience? These various questions structure the framework of our study which intends to focus on the fate of democratic constitutionalism in the states of French-speaking black Africa put to the test by the resurgence of putsch, so as to question the scope of its anchoring. In this regard, it is noted that this resurgence of putsch does not sound the death knell of democratic constitutionalism within the said States. It benefits from an anchoring there, democracy has been erected there as a legal value and principle. To be convinced of this, it is necessary to interpret, as comparative law, the legal instruments of constitutional value, and to analyze, moreover, the institutional practice. Under the prism of this dual exegetical and analytical approach, it emerges that, faced with the resurgence of putsch, democratic constitutionalism is certainly experiencing decadence, but this remains temporary. On the other hand, it shows a structural resilience that makes it long-term and therefore guarantees its sustainability.

Keywords : democratic constitutionalism-coups-decadence-resilience

Introduction

Le constitutionnalisme n'est point un phénomène récent en Afrique noire francophone, affirme, fort justement, le Professeur Pierre François GONIDEC[1] à la suite d'autres auteurs[2]. Sur cette lancée, le Professeur Ismaïla Madior FALL relève que : « le constitutionnalisme a toujours existé en Afrique dans la mesure où le pouvoir exercé par les chefs était régi par des règles constitutionnelles coutumières. Le constitutionnalisme est donc un phénomène permanent et inhérent aux sociétés politiques, même si ses fonctions sont contingentes et variables selon les époques »[3]. Cela est vrai au regard de sa polysémie qui recouvre plusieurs réalités

[1] Gonidec Pierre-François, « Constitutionnalismes africains », *RJPIC*, 1996(1), Janv.-Avril, p.23.

[2] Kamto Maurice, *Pouvoir et Droit en Afrique Noire. Essai sur les fondements du constitutionnalisme dans les Etats d'Afrique Noire francophone*, LGDJ, 1987,545p.

[3] Madior Fall Ismaila, « Les constitutions africaines et les transitions démocratique », in Loada Augustin et Wheatley Jonathan (dir.), *Transitions démocratiques en Afrique de l'Ouest :*

et situations politiques, et qui découlerait de la neutralité axiologique originelle de son objet: la constitution ; laquelle est au plan phénoménologique[4] consubstantielle à toute société politique, quel que soit son degré d'évolution. Selon les positivistes, cette dernière désigne le « document particulier qui organise le statut de l'État »[5]. Intrinsèquement, elle en détermine la structure. En ce sens, la fonction de limitation du pouvoir et de garantie des droits et libertés individuels assignée au constitutionnalisme n'est point naturelle. Elle est un construit, car elle « a été forgée par l'histoire au gré des besoins stratégiques des hommes politiques et stabilisée ou rationalisée par la doctrine »[6]. Elle constitue ainsi à une déontologie[7] en ce qu'elle est une prescription et non une description.

Ayant pour référentiel la constitution, le constitutionnalisme s'identifie, de ce fait, à la technique d'instrumentation de celle-ci à diverses fins sociopolitiques. Le Professeur Dimitri Georges LAVROFF écrit à cet égard que : « le constitutionnalisme entendu comme la volonté de soumettre l'exercice du pouvoir à des règles écrites préétablies et déterminées en fonction d'un but choisi rationnellement, peut être considéré comme une situation tout à fait exceptionnelle »[8].

Saisi, au sens classique, comme la technique d'organisation du pouvoir établi adossée sur la constitution, le constitutionnalisme a connu maintes périodes et déclinaisons en Afrique noire francophone[9]. Il y a naguère existé le constitutionnalisme autoritaire[10], lequel imprégna la période postindépendance, et ce après la brève parenthèse libérale

---

Processus constitutionnels, société civile et institutions démocratiques, Paris Harmattan, 2015, p.119.

4 Virally Michel, « Le phénomène juridique », *Revue du droit public et de la science politique en France et à l'étranger*, vol.82, 1966, pp.5-64.

5 Rousseau Dominique, « Constitutionnalisme et démocratie », *www.Laviedesidées.fr*, p.3

6 Ibidem

7 Denquin Jean Marie, « Situation présente du constitutionnalisme. Quelques réflexions sur l'idée de démocratie par le droit », *jus politicum*, n°1, 2007, p.4.

8 Lavroff Dimitri Georges, « Les tendances du nouveau constitutionnalisme africain », in Conac Gérard (dir.), *Dynamiques et finalités des droits africains, Actes du colloque de la Sorbonne, « La vie du droit en Afrique »*, Economica, 1980, p.414.

9 Gonidec Pierre-François, « Constitutionnalismes africains », op. cit., pp.23-36

10 Tusseau Guillaume, « Constitutionnalisme autoritaire et créativité institutionnelle : remarques sur quelques évolutions récentes du droit constitutionnel gabonais », *Politeia-Les Cahiers de l'Association Française des Auditeurs de l'Académie Internationale de Droit constitutionnel*, 2018, pp.105-131.

d'ascendance coloniale[11]. Levier des régimes autoritaires, militaires[12] et civils, ce constitutionnalisme niait le pluralisme politique, banalisait la constitution en ignorant sa normativité[13] à travers sa supplantation par la pratique politique qui était décidée au gré des intérêts des gouvernants autoritaires. Sous la conjugaison fortuite des facteurs exogènes et endogènes[14], cette forme de constitutionnalisme fut substituée par celle qualifiée de démocratique à la faveur des transitions démocratiques de la décennie 90[15]. Opposé au premier, celui-ci cristallise un mouvement et une technique de limitation du pouvoir politique et d'objectivation de la participation du peuple à l'exercice de celui-ci. Cette participation se veut désormais sincère au travers des élections pluralistes et transparentes[16] ; l'objectif étant d'instaurer une démocratie constitutionnelle[17], c'est-à-dire un régime démocratique fondé sur la constitution comme norme suprême et fondamentale.

Cependant, le constitutionnalisme démocratique n'est pas un long fleuve tranquille en Afrique noire francophone. Il fait face à des vicissitudes marquées par la recrudescence des coups d'État. Selon le Professeur Théodore HOLO, le coup d'État s'entend d'« une violation du droit interne et une atteinte brusque et réfléchie aux règles juridiques qui ont pour objet l'organisation et le fonctionnement des autorités constituées dans un pays, la police des libertés publiques et le maintien de l'ordre sur le territoire »[18]. Il emporte un changement de gouvernants « hors des procédures constitutionnelles en vigueur, par une action entreprise au sein même de l'État au niveau de ses dirigeants ou de ses

---

[11] Kamto Maurice, « Dynamique constitutionnelle du Cameroun indépendant », *RJA*, 1995, p.13.

[12] Wodié Vangah Francis, « Régimes militaires et constitutionnalisme en Afrique », *Penant,* n°803, juin-sept. 1990, pp.195-204.

[13] Aïvo Frédéric Joël, « La crise de la normativité de la constitution en Afrique » *Revue de droit public et de la science politique* en *France et à l'Etranger*, 20 déc. 2012, 0101 n°1, pp.141-180.

[14] Sindjoun Luc, « Elections et politiques au Cameroun : concurrence déloyale, coalitions de stabilité hégémonique et politique d'affection », *AJPS* (1997), vol.2 N°1, pp.89-121.

[15] Thiriot Céline, « Transitions politiques et changements constitutionnels en Afrique », in Gaillet Aurore, Perlo Nicoletta, Schmitz Julia (dir.), *Le phénomène constituant. Un dialogue interdisciplinaire*, LGDJ, Presses de l'Université Toulouse I Capitole, 2017, pp.29-49.

[16] Afo Abi Kassere, *La transparence des élections en droit public africain, à partir des cas béninois, sénégalais et togolais*, Thèse de doctorat en droit public, Université Montesquieu-Bordeaux IV, mars 2013, 538p.

[17] Friedrich Carl Joachim, « La démocratie constitutionnelle », *Revue internationale de droit comparé*. Vol. 12 N°1, Janvier-mars 1960. pp.268-269

[18] Holo Théodore, *L'étude d'un Régime militaire. Le cas du Dahomey (Bénin)*, Thèse de doctorat en droit public, Paris I, 1979, p. 17-18

agents »[19]. Il est à l'initiative aussi bien des civils que des militaires[20]. Parce qu'il objective des pratiques *contra legem* puisqu'il s'oppose aux modes constitutionnels d'accession au pouvoir, et ce abstraction faite du régime politique concerné, il rentre, de ce fait, dans la catégorie des changements anticonstitutionnels de gouvernement[21]. Ainsi, la résurgence de ces coups d'État nous fait prendre conscience avec Anatole AYISSI et Catherine MAIA que « la seule vertu de la proclamation de lois fondamentales démocratiques n'a manifestement pas suffi à intérioriser, chez les acteurs politiques, une culture de la démocratie propre à s'ériger en rempart contre les dérives d'un exercice autoritaire du pouvoir »[22]. Cette résurgence tend à renouer avec une tradition[23] dont le spectre semblait conjuré avec des transitions démocratiques. Se remémorant cette époque, El Hadj MBODJ écrit, fort à propos, que « la prise du pouvoir présidentiel par des moyens extraconstitutionnels se présente a priori comme le procédé de droit commun de succession en Afrique »[24]. Dressant un constat similaire, Céline THIRIOT relève que : « [...] le coup d'État est devenu un moyen très banal de changement politique en Afrique, instituant « la violence comme moyen du combat politique »»[25]. Cette tradition des coups d'État a naguère convaincu certains auteurs à conclure à la négation du constitutionnalisme démocratique en Afrique, et à son incapacité congénitale à s'approprier ses valeurs[26]. Ainsi donc, fut systématisée la thèse de la négation du constitutionnalisme démocratique[27], bref de la démocratie. Laquelle

---

[19] Ibid., p.18.

[20] Massina Palouki, « Le coup d'État, entre déshonneur et bienveillance », *Afrilex*, 2021/3, p.2.

[21] Tcheuwa Jean-Claude, « L'union africaine et les changements anticonstitutionnels de gouvernement », *Revue de* la *Recherche juridique*, PUAM, 2009-2, pp.1007-1008.

[22] Ayissi Anatole et Maia Catherine, « La gestion des crises constitutionnelles en Afrique : mandat et défis de la médiation internationale », *Annuaire français de relations internationales* - vol. xiii – 012, p.173.

[23] Lavroff Dimitri-Georges, « Régimes militaires et développement politique en Afrique noire », *Revue française de science politique*, 22e année, n°5, 1972. pp. 981-984.

[24] El Hadj Mbodj, *La succession du chef d'Etat en droit constitutionnel africain*, thèse de doctorat d'Etat en droit, Université Cheikh Anta Diop, 29 juin 1991, p.14.

[25] Thiriot Céline, « La place des militaires dans les régimes post-transition d'Afrique subsaharienne : la difficile resectorisation », *Revue internationale de politique comparée*, 2008/1 Vol. 15, p.21.

[26] Bayart Jean François, « La démocratie à l'épreuve de la tradition en Afrique subsaharienne », *Pouvoirs*, N°129, 2009, p.27

[27] A ce propos, lire utilement Owona Joseph, « L'essor du constitutionnalisme rédhibitoire en Afrique noire. Etude de quelques ''constitutions Janus'' », in Mél. En l'honneur de Pierre-

thèse le Professeur Jean-François BAYART en fit en son temps une pertinente critique dans la mesure où celle-ci naturaliserait la démocratie qui n'est, en réalité, qu'un fait culturel dynamique[28].

Au reste, la récente actualité au Mali, en Guinée et au Burkina Faso tend à exhumer et conforter cette thèse pour peu que l'on se confine à ces évènements. Une impression de « déjà vu » s'y dégage du moment où l'on mobilise les données politiques et historiques des décades 70 et 80[29]. Ces données ont permis l'élaboration des statistiques fort éloquentes sur la banalité des coups d'État en Afrique noire francophone[30].

Cependant, il convient de souligner que le contexte a changé. Si jadis les coups d'État ont bénéficié d'une forte complaisance de la communauté internationale du fait des clivages idéologiques et géostratégiques issus de la guerre froide[31], ce n'est vraiment plus le cas de nos jours. Ils sont désormais systématiquement condamnés à l'échelle nationale, sous-régionale et régionale au regard de leur interdiction formelle par des normes supra nationales[32]. En effet, comme l'écrit le Professeur Ismaïla Madior FALL, «ces condamnations formelles ne suffisent certes pas à empêcher des changements anticonstitutionnels de régimes. Mais au moins les auteurs de tels changements savent désormais qu'ils doivent compter avec la réprobation de la communauté internationale et africaine »[33]. C'est dans ce contexte qu'intervient notre

---

François Gonidec, *Etat moderne ; horizon 2000 : aspects interne et externe*, Paris, LGDJ, 1985, p.285 ; Gonidec Pierre-François, « A quoi servent les Constitutions africaines ? Réflexion sur le constitutionnalisme africain », *RJPIC*, oct.-déc. 1988, n°4, pp.849-866 ; Kouamé Saint-Paul Koffi, *Constitutionnalisme et démocratie en Afrique noire francophone : le cas du Bénin, de la Cote d'Ivoire, du Mali, du Burkina Faso, du Togo et du Sénégal*, Thèse de doctorat en droit public, Université de Paris 3-Sorbonne, 2017, 455p. ; Dosso Karim, « Les pratiques constitutionnelles dans les pays d'Afrique noire francophone : cohérences et incohérences, *RFDC*, 2012/2, n°90, pp.57-85.

[28] Bayart Jean-François, « La démocratie à l'épreuve de la tradition en Afrique subsaharienne », op. cit., p.27

[29] Wodié Vangah Francis, « Régimes militaires et constitutionnalisme en Afrique », op. cit., pp.197-200.

[30] Ibidem

[31] Kokoroko Dodzi, « Souveraineté étatique et principe de légitimité démocratique », *Revue québécoise de droit international*, (2003) 16.1, p.37.

[32] Voir à cet effet l'article 2 alinéa 4 et l'article 3 alinéa 10 de la Charte africaine de la démocratie, des élections et de la gouvernance ; le Protocole A/SP1/12/01 sur la démocratie et la bonne gouvernance additionnel au Protocole relatif au mécanisme de prévention, de gestion, de règlement des conflits, de maintien de la paix et de la sécurité.

[33] Madior Fall Ismaïla, « Les constitutions africaines et les transitions démocratique », op. cit., p.126.

étude sur le constitutionnalisme démocratique à l'épreuve des coups d'État dans les États d'Afrique noire francophone. Il s'agit ici des États ayant connu des coups d'État depuis la décade 2012. Cette césure temporelle marque en fait la date d'entrée en vigueur de la Charte africaine de la démocratie, des élections et de la gouvernance ; laquelle condamne et sanctionne[34] désormais les coups d'État en Afrique et érige la démocratie en standard juridique régional s'imposant à tous les États ayant ratifié ladite Charte. Le choix de ces États comme cadre spatial se justifie, par ailleurs, par le fait que ceux-ci aient été confrontés ou le sont toujours aux coups d'État, et qu'ils aient, de la sorte, connu des changements de constitution[35]. Ainsi, cette étude envisage y déterminer l'ancrage du constitutionnalisme démocratique sous les effets déstructurants des coups d'État. Elle revêt, à cet effet, un intérêt théorique en ce qu'elle envisage renouveler et enrichir une question qui fut autrefois traitée sous le prisme généralisant du paradigme[36] du reflux du constitutionnalisme en Afrique et de celui de sa réception contrastée, un contraste oscillant entre « succès et résistances »[37].

En effet, plusieurs auteurs concluent au reflux du constitutionnalisme démocratique en Afrique noire francophone. Sans prétendre être exhaustif, nous convoquerons quelques-uns au rang desquels le Professeur Fabrice HOURQUEBIE qui relève à ce sujet que: «Vingt-cinq ans de pratique dans les pays africains en consolidation démocratique illustrent l'épuisement des vertus démocratiques idéalisées (idéalisées car souffrant d'une absence de contextualisation ; d'un manque de prise en compte suffisante des « valeurs traditionnelles locales » ; le constitutionnalisme fait alors l'objet de manipulations faisant prévaloir la procédure sur le fond […] »[38]. S'alignant sur cette position, le Professeur Ibrahim David SALAMI relève que : « le

---

[34] Voir à cet effet les articles 23, 24, 25 et 26 de la Charte africaine de la démocratie, des élections et de la gouvernance.

[35] Andréani Tony, « Changer la Constitution, ou de Constitution », *Nouvelles Fondations*, 2007/1, n°5, pp.32-43.

[36]Dossou Robert, « Flux et reflux dans le nouveau constitutionnalisme Africain », *Revue du Conseil constitutionnel algérien,* N°462014, pp.327-420 ; James Mouangue Kobila, « Peut-on parler d'un reflux du constitutionnalisme au Cameroun ? », *Recht in Afrika*, vol.13, 2010, pp.33-82

[37] Guèye Babacar, « La démocratie entre succès et résistances », *Pouvoirs*, N°129, 2009, pp.5-26.

[38] Hourquebie Fabrice, « Néo-constitutionnalisme et contenu des constitutions de transition : quelle marge de manœuvre pour les constitutions de transition ? » *Annuaire international de justice constitutionnelle*, 30-2014, 2015, p.588.

renouveau du constitutionnalisme en Afrique se heurte à de nombreux obstacles, qui justifient que l'on s'interroge sur l'éventualité d'« un retour à la case départ », c'est-à-dire à l'autoritarisme »[39]. Dans la même logique, le Professeur Robert DOSSOU écrit qu'« [i]l est constant qu'à la période 1989-1990 la poussée démocratique était si forte que même ceux qui ne voulaient rien entendre à la démocratie ont fini par prendre cette direction. Cette situation favorise des retours ou tentatives de retour à l'ancien système. [...] Nombreux parmi ceux appelés à gouverner sous le nouveau constitutionnalisme n'ont connu que des régimes de parti unique qui laissent subsister des stigmates du passé poussant ainsi vers un reflux. C'est-à-dire un retour en arrière »[40].

Par contre, le Professeur Babacar GUEYE pense quant à lui que le constitutionnalisme en Afrique ne connait pas de reflux. Son évolution est ambivalente, elle connait des succès et des résistances. A cet effet, il relève qu'« au-delà de certaines réalisations qui permettent de dire que l'Afrique s'est engagée sur le chemin de la démocratisation, il existe aujourd'hui d'autres acquis qui laissent croire que les États africains veulent consolider et renforcer leur démocratie »[41]. Puis, il poursuit que : « l'Afrique est devenue un vaste chantier constitutionnel depuis le début des années 1990. Mais l'apprentissage de la démocratie demande du temps et doit encore vaincre des résistances multiformes. [...]»[42]. Dans la même logique, le Professeur Ismaïla Madior FALL opine que : « Formellement, les régimes politiques africains semblent irréversiblement s'inscrire dans la voie de l'enracinement de la démocratie électorale ; du moins si l'on en juge par leur adhésion au pluralisme politique et aux normes et standards internationaux universels en matière électorale réceptionnées dans les constitutions, les codes électoraux, les accords politiques postconflits ou les codes de bonne conduite. Mais dans la pratique, l'on a affaire à des régimes hybrides qui n'ont pas encore renoncé à leurs réflexes autoritaires quand il s'agit de conserver ou d'exercer le pouvoir politique »[43].

---

[39] Salami Ibrahim David, « Le chef d'État de transition en Afrique », *Revue béninoise de sciences politiques*, Vol. 1, N°1, 2017, p.8

[40] Dossou Robert, « Flux et reflux dans le nouveau constitutionnalisme africain », op. cit., N°4-2014, p.341.

[41] Guèye Babacar, « La démocratie entre succès et résistances », op. cit., p.7

[42] Ibid., p.15.

[43] Madior Fall Ismaïla, « Les constitutions africaines et les transitions démocratique », op. cit., pp.126-127.

Bien que cette littérature soit confortée par la récente actualité politique[44], on constate néanmoins, dans la plupart des ordres juridiques communautaires et constitutionnels africains, même ceux des États en crise sociopolitique ou en sortie de ladite crise, une réaffirmation de la démocratie. Aussi sommes-nous amenés à nous demander si la résurgence des coups d'État nie-t-elle cette réaffirmation de sorte à annoncer la fin du constitutionnalisme démocratique dans les États d'Afrique noire francophone.

En fait, la recrudescence des coups d'État ne sonne pas le glas du constitutionnalisme démocratique dans ces États. Certes, elle en refrène la consolidation, mais celui-ci y bénéficie toujours d'une légitimité et légalité. C'est dire d'un solide ancrage en ce que la démocratie y a été érigée en valeur et principe juridiques[45] dont les assises normatives sont autant nationales que supranationales. Au double plan axiologique et juridique, la démocratie libérale dont le constitutionnalisme est la matrice institutionnelle, demeure l'idéal et le standard juridique[46] autour desquels s'accordent les régimes politiques africains. Pour s'en convaincre, il importe d'interpréter, à titre de droit comparé, les instruments juridiques de valeur constitutionnelle, et d'analyser, à titre accessoire, la pratique institutionnelle. A l'aune de cette double démarche exégétique et analytique, il apparait que, face au regain des coups d'État dans certains États d'Afrique noire francophone, le constitutionnalisme démocratique connait une décadence qui reste toutefois conjoncturelle **(I)**. Par contre, celui-ci y fait montre d'une résilience structurelle **(II)** qui l'inscrit dans la durée.

I. Une décadence conjoncturelle

« L'enfer est pavé de bonnes intentions », ce célèbre adage sied, fort à propos, à la nature des coups d'État en ce qu'ils constituent un outrage au constitutionnalisme démocratique, ce peu importe les intentions qui les animeraient et les conséquences qui en découleraient. C'est dire qu'ils traduisent une décadence de ce constitutionnalisme ; mais une décadence

---

[44] Il s'agit notamment les coups d'État au Mali, au Burkina Faso, en Guinée.

[45] Voir à cet effet la Charte africaine de la démocratie, des élections et de la gouvernance.

[46] Bombela Mosoua Ghislain, *Le standard africain de société démocratique*, Mémoire de DEA, Université de Yaoundé II, 2008, 222p. Voir à cet égard les articles 2 alinéa 1 ; 3 alinéas 1 et 7 ; 4 alinéa 1 de la Charte africaine de la démocratie, des élections et de la gouvernance.

qui reste conjoncturelle en ce sens qu'elle n'emporte, au demeurant, qu'une neutralisation temporaire de l'ordre constitutionnel démocratique préexistant **(A)** et, partant, sa substitution intérimaire par un ordre constitutionnel de transition **(B)**.

A. La neutralisation temporaire de l'ordre constitutionnel démocratique préexistant

Du fait de leur nature violente et déstabilisante, les coups d'État constituent sans doute un affront au constitutionnalisme démocratique. En effet, ils se posent en s'opposant à l'ordre constitutionnel démocratique préexistant. Toutefois, si cet affront renforçait jadis des régimes militaires et autoritaires. Ce n'est plus le cas de nos jours où la démocratie a été juridicisée et érigée en standard juridique. Elle constitue désormais le modèle de gouvernement en Afrique. Ce qui a pour effet d'y limiter le coefficient de nuisance des coups d'État dans la durée. De la sorte, on observe une neutralisation temporaire des ordres constitutionnels des États qui y font face. Le caractère temporaire de cette neutralisation procède de la dénonciation systématique de *l'occultation* de la norme constitutionnelle (1), ainsi que de la sanction systémique de la dissolution des institutions constitutionnelles démocratiques (2).

1. La dénonciation systématique de l'occultation de la norme constitutionnelle

Ayant accédé au pouvoir par un coup d'État, la junte militaire est intrinsèquement hors la loi. Elle ne saurait s'accommoder de la norme constitutionnelle démocratique préexistante, sauf à dénier la rationalité de son action. Aussi tend-elle souvent à l'occulter, c'est-à-dire à en nier l'existence ou à en relativiser la portée soit en l'abrogeant, soit en la suspendant de sorte à fonder l'exercice de son pouvoir non sur une légitimité légale rationnelle, mais sur une toute autre qualifiée de charismatique, selon l'idéaltype wébérien[47]. En abrogeant ou en suspendant la norme constitutionnelle, la junte militaire créé ainsi un vide

---

[47] Kauffmann Elisabeth, « « Les trois types purs de la domination légitime » de Max Weber : les paradoxes de la domination et de la liberté », *Sociologie*, 2014/3 (Vol.5), pp.307-317 ; Coenen-Huther Jacques, « Le type idéal comme instrument de la recherche », *Revue française de sociologie*, 2003/3 Vol.44, pp.531-547.

constitutionnel, et non un vide juridique tel que le relève la doctrine[48], pour peu que cette expression fasse sens[49]. Car l'État, au-delà d'être une personne morale de droit public, incarne l'ordre juridique[50]. Or il demeure, il ne cesse pas d'exister ; il est simplement amputé de son acte fondamental. L'ordre juridique ne s'effondre pas avec l'abrogation ou la suspension de la norme constitutionnelle. En réalité, c'est le régime démocratique qui disparait au profit d'un régime militaire dont le fondement n'est point la *grundnorm*, mais la force des armes, et non celle de la persuasion discursive par la délibération. Dans ce sens, l'acte abrogatoire ou suspensif de la constitution est un pur fait objectivant un acte déconstituant dépourvu de la double validité statique et dynamique au sens de Hans KELSEN[51]. Au plan formel, celui-ci est adopté par une entité constitutionnellement incompétente et en marge de toute procédure légale constituante. Sur le plan matériel, il viole une clause intangible[52], le caractère démocratique de l'État[53]. Il est anticonstitutionnel et non inconstitutionnel en ce que son adoption dénie la fondamentalité de la Constitution. Cet acte se fait donc l'écho du décisionnisme de Carl SCHMITT[54] en ce sens qu'il se pose comme une solution à une situation exceptionnelle qui emporte de ce fait la mise en berne du droit positif. Il

---

[48] Tuekam Tatchum Charles, « Les chartes de transition dans l'ordre constitutionnel des États d'Afrique noire francophone : étude à partir des exemples du Burkina Faso et de la République centrafricaine », *Revue CAMES/SJP*, n°001/2016, p.31.

[49] Bernard Diane, Pieret Juliet, « Le vide juridique », *La Revue Nouvelle*, 2021/3 N°3, pp.60-66 ; Ho Dinh Anne-Marie, « Le « vide juridique » et le « besoin de la loi ». Pour un recours à l'hypothèse de non-droit », *L'Année sociologique*, 2007/2, Vol.57, pp.419-453.

[50] Kelsen Hans, *Théorie pure du droit*, trad. Ch. EISENMANN, Paris, Dalloz, 1962, pp.411-412.

[51] Ibid., p.258 et ss. ; Luigi Ferrajoli, *Diritto e ragione. Teoria del garantismo penale,* préface de Noberto Bobbio, Laterza, Roma-Bari, 1996, p.XIV. ; Paul Amselek, « Quelques réflexions autour de la conception kelsénienne de l'ordre juridique », *RDP,* 1978-1, p.11.

[52] Bakadisula Kangoma Benjamin, « Constitution intangible comme mécanisme de prévention des crises politiques au sein des Etats membres de l'UA. Cas de la RDC », Librairie Africaine d'Etudes Juridiques, 3 (2016), pp.48-79.

[53] Dans la majorité des constitutions des États d'Afrique noire francophone, le caractère démocratique de l'État est une disposition intangible. A ce sujet, l'article 64 de la Constitution camerounaise dispose que : « Aucune procédure de révision ne peut être connue si elle porte atteinte à la forme républicaine, à l'unité et à l'intégrité territoriale de l'État et aux principes démocratiques qui régissent la République ». Dans le même sens, l'article 117 de la Constitution de la République du Gabon énonce que : « La forme républicaine de l'État, ainsi que le caractère pluraliste de la démocratie sont intangibles et ne peuvent faire l'objet d'aucune révision ».

[54] Raynaud Philippe, « Controverse : Le décisionnisme de Carl Schmitt », *Esprit*, N°144 (11), nov.1988, pp.134-136.

constitue un affront au normativisme de Hans KELSEN[55], lequel adosse la validité de tout acte pourvu d'effets juridiques à un autre acte supérieur préexistant : la Constitution. Or c'est ce normativisme qui imprègne le constitutionnalisme démocratique. Aussi, l'acte d'abrogation ou de suspension de la norme constitutionnelle démocratique ne saurait-il se soustraire à la dénonciation systématique en ce qu'il est constitutionnellement négateur.

Systématique cette dénonciation l'est en ce qu'elle est non seulement constante depuis la décennie 2000[56] et bien avant[57], mais également énoncée à plusieurs plans. En effet, elle est l'œuvre de nombreuses institutions internationales et nationales. L'international renvoie ici à trois échelles : l'universel, l'Afrique et le sous régional. Au plan universel, la dénonciation est souvent lâche puisque la démocratie n'est guère un standard universel malgré les conclusions généreuses d'une certaine doctrine fortement idéologisée[58]. Ainsi, relativement au coup d'État récemment survenu au Burkina Faso, le Secrétaire général de l'ONU, Antonio GUTERRES, affirma que : « les coups d'État militaires étaient inacceptables »[59]. Il poursuivit en exhortant les militaires à « défendre leur pays, pas d'attaquer leurs gouvernements »[60].

---

[55] Kelsen Hans, *Théorie générale des normes*, Paris, PUF, 1ère éd., 1996, 616p.

[56] Voir à cet effet, la Déclaration sur le cadre pour une réaction de l'OUA face aux changements anticonstitutionnels de gouvernement, AHG/Decl. 5 (XXXVI) (2000)

[57] C'est ainsi qu' avoir affirmé dans la *Résolution sur les régimes militaires* lors de sa session de Banjul tenue du 25 octobre au 3 novembre 1994 « que le meilleur gouvernement est celui qui est élu par et responsable devant le peuple », la Commission africaine des droits de l'homme et des peuples reconnaît que « la prise du pouvoir par la force par tout groupe de civils ou militaires est contraire aux dispositions des articles 13(1) et 20(1) de la *Charte africaine des droits de l'homme et des peuples* ». Commission africaine des droits de l'homme et des peuples, *Résolution sur les régimes militaires*, Rés AG CADHP, 16e sess, ACHPR/Res.10(XVI)94 (1994) à la p 1. Elle s'est référée à cette résolution en l'étoffant et la spécifiant lors de la condamnation du coup d'État intervenu aux Comores le 30 avril 1999. Commission africaine des droits de l'homme et des peuples, *Résolution sur la situation aux Comores*, Rés AG CADHP, 25e sess, ACHPR/Res.34(XXV)99 (1999) aux pp 41-42.

[58] Lire utilement Kelsen Hans, *La démocratie, sa nature-sa valeur*, trad. Charles Eisenmann, Paris, Economica, 1988, pp.15-24 ; Lanciné Sylla, *Existe-t-il un modèle universel de démocratie*, Abidjan, CERAP, pp.21-34 ;

Rosanvallon Pierre, « L'universalisme démocratique : histoire et problèmes », *laviedesidees.fr*, le 17 décembre 2007, 17p.

[59] Lire à ce propos Le Figaro, 25/01/2022.

[60] Ibidem.

Par contre, elle est devenue une norme africaine et régionale, et fait désormais partie du patrimoine constitutionnel africain[61]. Ainsi sa violation heurte les organisations œuvrant dans ces deux sphères, notamment l'Union Africaine et, entre autres, la Communauté économique des États de l'Afrique de l'Ouest (CEDEAO) dont l'expérience en ce domaine justifie sa forte prise en compte. À travers plusieurs communiqués, les instances compétentes de l'UA ont condamné les coups d'État et, partant, la mise en berne de la norme constitutionnelle au Mali, au Burkina Faso, en Guinée[62] ; et des tentatives de coup d'État au Niger[63] et au Soudan[64]. Dans le même sens et suivant la même procédure, la CEDEAO l'a également fait à l'endroit du Mali[65], du Burkina Faso[66], de la Guinée[67] et du Niger[68], pour ne citer que ces États.

Au plan national, les coups d'État subissent le plus souvent l'anathème des institutions privées au premier rang desquelles les partis politiques. Ils y sont particulièrement hostiles. La raison à cela procède du fait que les coups d'État inclinent à instaurer des régimes militaires et autoritaires, lesquels sont réfractaires au multipartisme et aux élections pluralistes. De sorte à priver les partis politiques de toute possibilité d'accéder au pouvoir par les urnes. Confrontés à une telle menace qui dénie leur raison d'être, ils ne peuvent que s'insurger contre cet état de choses et rentrer dans une logique « insurrectionnelle » non violente dans le but de réclamer la restauration de la norme constitutionnelle démocratique abrogée ou suspendue, ou l'adoption participative d'une nouvelle.

---

[61] Sindjoun Luc, *La formation du patrimoine constitutionnel commun des sociétés politiques, Eléments pour une théorie de la civilisation politique internationale*, Dakar, COSDERIA, 1998, 72p ; Ondo Télesphore, « L'internationalisation du droit relatif aux élections nationales : à propos d'un droit international des élections en gestation » *RDP*, N°5, 2012, pp.1405-1431.

[62] Voir à cet effet le Communiqué conjoint sur le coup d'État en Guinée, 2021 ; le Discours du Président de la Commission de l'Union Africaine lors du Sommet de la CEDEAO du 03 Juillet 2022 sur la situation au Mali, en Guinée et au Burkina Faso.

[63] Voir à ce sujet la condamnation faite par le Président de l'Union Africaine le 01 avril 2021.

[64] Voir à ce propos la condamnation faite par le Président de l'Union Africaine le 25 octobre 2021.

[65] Lire à ce propos la déclaration du 20 août 2020 du Président de la République du Niger, Mohamadou Issoufou qui assurait la présidence de la CEDEAO.

[66] Voir le communiqué du président de la commission de la CEDEAO en date du 24 janvier 2022.

[67] Lire le communiqué de la commission de la CEDEAO en date du 06 septembre 2021.

[68] Voir à ce sujet le Communiqué du 31 mars 2021 de la Commission de la CEDEAO.

Également, l'abrogation ou la suspension de la norme constitutionnelle démocratique est dénoncée par les associations apolitiques qui participent de la société civile. Leur action a pour dessein la garantie des droits fondamentaux constitutionnels que cette abrogation met en péril. Car elle les prive de leur fondamentalité pour les confiner à leur valeur conventionnelle. En outre, elle les soustrait à la protection de la juridiction constitutionnelle au travers du mécanisme du contrôle de constitutionnalité des lois. Leur dénonciation constitue, de la sorte, une sonnette d'alarme contre les effets liberticides d'une telle abrogation ou suspension.

Au reste, en abrogeant ou en suspendant la norme constitutionnelle démocratique, les auteurs des coups d'État, notamment la junte militaire, dissolvent souvent, dans la foulée, les institutions constitutionnelles démocratiques qui en découlent. Ce qui a pour effet de liquider l'existence du régime démocratique préexistant et de ranger définitivement ces coups d'État dans la catégorie des changements anticonstitutionnels de gouvernement. Cela justifie souvent la mise en branle du mécanisme des sanctions prévues à cet effet.

2. La sanction systémique de la dissolution des institutions constitutionnelles

L'effectivité des institutions constitutionnelles démocratiques est adossée sur celle de la norme constitutionnelle démocratique qui en constitue la matrice. De ce lien de causalité, il ressort que l'abrogation ou la suspension de celle-ci emporte nécessairement la dissolution de celles-là. Car, en maintenant ces dernières, les auteurs de coups d'État se délégitimeraient et (re)légitimeraient les institutions concernées. En outre, ils s'excluraient paradoxalement de la sphère politique. Or ils entendent se substituer auxdites institutions. Cette stratégie n'est point récente. Elle est une tradition inhérente à la quintessence des coups d'État, à savoir : apurer un passif institutionnel susceptible de remettre en question la rationalité des institutions nouvelles jugées par ailleurs salutaires. Cela se manifeste par la création immédiate d'organes politiques transitoires et exceptionnelles aux dénominations évocatrices à l'instar du Comité national pour le salut du peuple[69], du Conseil

[69] Ce vocable n'est pas sans rappeler le premier organe du gouvernement révolutionnaire mis en place par la Convention en France, après la révolution de 1789, pour faire face aux dangers qui

national pour la démocratie et le développement[70], du Conseil militaire de transition[71].

Au regard des remous que la mise en place de ces organes, d'une illégalité indiscutable du point de vue du normativisme kelsénien[72], soulèvent souvent auprès des partis politiques et de la société civile, les auteurs des coups d'État s'empressent, la plupart du temps, d'octroyer ou de négocier la mise en place d'un gouvernement de transition. Malgré son caractère parfois négocié au regard de la participation de certains partis politiques et des acteurs de la société civile[73], ce dernier est intrinsèquement non démocratique puisque sa création est issue d'un processus de décision excluant le peuple, du moins ses représentants formellement désignés. Ce gouvernement est généralement institué par un décret du chef de la junte militaire qui ne jouit d'aucun mandat électif. Traditionnellement, il cumule les fonctions gouvernementales et législatives[74]. Son existence finalise la dissolution des institutions démocratiques, le président de la République et le parlement, et matérialise, de ce fait, la fin du régime démocratique et l'instauration d'un régime autoritaire. Cette situation objective la volonté des auteurs de coup d'État de se maintenir au pouvoir et de renoncer à restaurer la légalité constitutionnelle. Cela cristallise également l'échec des négociations diplomatiques engagées, en cette occasion, par les organisations internationales, notamment régionales. Au regard de cet échec diplomatique, les auteurs du coup d'État et l'État concerné s'exposent à une sanction systémique.

Systémique, cette sanction l'est du fait de son caractère multilatéral et bidimensionnel. La sanction de la junte militaire au pouvoir est adossée à un faisceau de mesures adoptées par les organisations régionale et sous-

---

menaçaient la République au printemps 1793. Il s'agit du nom de l'organe que les putschistes ont mis en place au lendemain du coup d'État du 18 août 2020.

[70] Olakounlé Yabi Gilles, *Le rôle de la CEDEAO dans la gestion des crises politiques et des conflits : cas de la Guinée et de la Guinée Bissau*, Friedrich-Ebert-Stiftung, 2010, p.46.

[71] Il s'agit de l'organe mis en place par les forces armées du Tchad après le décès du Président de la République, Idriss Déby Itno, pour assurer la transition menée par le fils du défunt, Mahamat Idriss Déby.

[72] Kelsen Hans, *Théorie générale des normes*, op. cit., 616p

[73] Ces deux composantes de la société sont regroupées sous l'expression générique de « Forces vives » que l'on retrouve notamment dans les chartes de la transition du Mali, du Burkina Faso, de la Guinée etc.

[74] Lire l'article 13 de la Charte de la transition du Mali ; l'article 21 de la Charte de la transition du Burkina Faso ; l'article 56 de la Charte de la transition de la Guinée.

régionales. Au niveau continental, l'Union africaine, à la suite de sa devancière, l'OUA, se montre cohérente à cet égard. De manière constante, elle sanctionne les auteurs des coups d'État à travers l'action de son Conseil de Paix et de Sécurité créé, à l'inspiration du Conseil de sécurité des Nations Unies[75], par le protocole du 09 juillet 2002[76], prévu par la Charte africaine de la démocratie, des élections et de la gouvernance[77]. Ce Conseil jouit de la liberté du choix du type de sanctions. Cumulativement, il peut infliger des sanctions politiques et économiques[78]. Il mobilise, à cet effet, la suspension saisie comme la sanction de principe prévue à l'article 30 de son acte constitutif. Lequel article stipule que « les gouvernements qui accèdent au pouvoir par des moyens anticonstitutionnels ne sont pas admis à participer aux activités de l'Union ». Cette disposition est une formalisation de la déclaration d'Alger adoptée à l' occasion de la 35ème session ordinaire de l'OUA organisée du 12 au 14 juillet 1999[79].

Au niveau régional, la CEDEAO se montre très active en sanctionnant les auteurs des coups d'État et les régimes politiques qui en découlent. Pour ce faire, elle est adossée sur le Protocole A/SP1/12/01 sur la démocratie et la bonne gouvernance additionnel au Protocole relatif au mécanisme de prévention, de gestion, de règlement des conflits, de maintien de la paix et de la sécurité. Celui-ci apparait telle une véritable constitution régionale au regard de sa forme et de son fond, notamment à travers la consécration des principes de convergence constitutionnelle[80]. En référence à l'article 45 dudit Protocole, la Conférence des Chefs d'État et de Gouvernement de la CEDEAO est

---

[75] Lecoutre Delphine, « Le Conseil de paix et de sécurité de l'Union Africaine, clef d'une nouvelle architecture de stabilité en Afrique ? », *Afrique contemporaine*, 2004/4 n°212, p.133.

[76] Protocole relatif à la création du Conseil de paix et de sécurité de l'Union Africaine, adopté par la Première session ordinaire de la Conférence de l'Union Africaine, Durban, le 9 juillet 2002.

[77] Article 24 de la Charte africaine de la démocratie, des élections et de la gouvernance.

[78] Article 25 op. cit.

[79] Aux termes de cette Déclaration, les chefs d'État et de gouvernement se sont déclarés résolus à « promouvoir des institutions...démocratiques pour assurer la sauvegarde des principes de la bonne gouvernance, de la transparence et des droits de l'homme » et ont décidé que « les États membres dont les gouvernements ont accédé au pouvoir par des moyens anticonstitutionnels après le sommet de Harare, devraient restaurer la légalité constitutionnelle avant le prochain sommet, faute de quoi l'OUA prendra des sanctions à l'encontre de ces gouvernements jusqu'à ce que la démocratie soit rétablie ».

[80] Article 1er du Protocole A/SP1/12/01 sur la démocratie et la bonne gouvernance additionnel au Protocole relatif au mécanisme de prévention, de gestion, de règlement des conflits, de maintien de la paix et de la sécurité.

compétente pour sanctionner les auteurs des coups d'État et l'État concerné. Cela a été récemment relevé au Mali, au Burkina Faso et en Guinée. Les sanctions adoptées par cette Conférence sont graduelles[81] et essentiellement politiques[82]. Elles produisent, cependant, des effets économiques. A preuve, la sanction de suspension de l'État membre concerné dans toutes les instances de la CEDEAO emporte nécessairement la suspension des relations économiques avec ledit État, et son isolement politico-économique dans la sous-région. La levée de ces sanctions est régulièrement conditionnée à la présentation des garanties de restauration négociée de l'ordre constitutionnel. Celles-ci constituent ainsi un puissant levier de négociation et de dissuasion aux mains des organisations internationales. Ce qui permet d'éviter la pérennisation de l'ordre constitutionnel transitoire mis souvent en place par les putschistes pour neutraliser l'ordre constitutionnel démocratique. C'est ce qui explique le caractère intérimaire de la substitution ce dernier par cet ordre constitutionnel de transition.

B. La substitution intérimaire par un ordre constitutionnel de transition

A la suite d'un coup d'État militaire ou civil, il est de tradition que ces auteurs décident de la mise en place d'un ordre constitutionnel de transition en substitution du précédent jugé défaillant. Il s'agit là d'une stratégie mobilisée par ceux-ci pour réaliser les jalons d'un régime politique militaire et autoritaire qui les maintiendrait de la sorte au pouvoir en leur permettant de s'approprier le pouvoir constituant et d'imposer une constitution « taillée sur mesure ». En ce cas, le qualificatif transitoire n'est souvent qu'en trompe-œil. Cependant, face à l'hostilité des organisations internationales traduite par l'application d'un arsenal de sanctions, on relève le caractère intérimaire de cette substitution au profit d'un ordre constitutionnel de transition. Ce caractère intérimaire se traduit par la confiscation transitoire du pouvoir constituant (1), et l'imposition provisoire d'une charte de transition (2).

---

[81] Voir article 45 alinéa 2 op. cit.

[82] Ibidem.

1. La confiscation transitoire du pouvoir constituant

Dans l'État démocratique moderne, le pouvoir constituant appartient, de fait, au peuple décliné comme l'entité souveraine qui l'exerce soit directement par la voie référendaire[83], soit par ses élus, notamment les parlementaires. Ainsi, le parlement saisi comme pouvoir constitué selon la distinction opérée par l'Abbé SIEYES[84], n'est donc point le dépositaire ou le titulaire de ce pouvoir. Il en est le délégataire constitutionnel en tant que représentant du peuple créé par lui dans la constitution comme acte fondamental. Il exerce à ce titre le pouvoir constituant dérivé en tant que pouvoir de révision de la constitution, d'après la distinction construite par Roger BONNARD[85] et systématisée par Raymond CARRE DE MALBERG[86]. Ainsi donc, il est logique que tout renversement de l'ordre constitutionnel par voie révolutionnaire, c'est-à-dire à l'initiative du peuple, ne constitue que la manifestation de sa souveraineté et, de ce fait, l'exercice de son pouvoir constituant originaire dans sa forme déconstituante. Il s'agit d'un « pouvoir constituant exercé dans les circonstances révolutionnaires »[87] qui se déploie « en dehors du droit établi par la Constitution en vigueur »[88]. De la sorte, en tant que souverain, le peuple n'est point lié de façon atemporelle par la constitution. Il peut la réviser ou adopter une nouvelle. Sous cet angle, le pouvoir constituant originaire est l'attribut du peuple souverain. Il constitue, selon Raymond CARRE DE MALBERG, un pur fait insaisissable par le droit, car il préexiste à la constitution et lui survit. Il relève précisément du miracle schmittien[89]. Dans ce sens, les notions d'illégalité et d'inconstitutionnalité n'ont plus de sens. Kemal GÖZLER écrit à cet effet que : « Il est évident que dans une telle situation le pouvoir constituant originaire ne peut pas être de nature juridique. Il n'est qu'un

---

[83] Bartolucci Mattéo, « Le référendum d'initiative partagée : tirer les leçons de l'expérience constitutionnelle française », *RFDC*, 2021/4 N°128, pp.3-19.

[84] Siéyes Emmanuel Joseph, *Qu'est-ce que le Tiers état ?* Ed. Du Boucher, 2002, p.53

[85] Bonnard Roger, *Les Actes constitutionnels de 1940,* Paris, LGDJ, 1942, p.17.

[86] Carré de Malberg Raymond, *Contribution à une théorie générale de l'État, spécialement d'après les données fournies par le Droit constitutionnel français,* Paris, Recueil Sirey, t. II, 1922, p.495 et S.

[87] Gözler Kemal, *Le pouvoir constituant*, Ed. EKin Kitabevi, Bursa- 1999, p.11.

[88] Ibidem

[89] Storme Tristan, « Maintenir l'histoire en mouvement : Carl Schmitt, penseur de l'historicité moderne », *Revue d'histoire*, N°117, janvier-mars, 2013, pp.119-132.

pur fait, non susceptible de qualification juridique »[90]. En référence à l'idéologie libérale, l'exercice dudit pouvoir par le peuple s'avère légitime sous le prisme du droit à l'auto-détermination interne[91] et du droit de résistance à l'oppression. Il est question pour lui de reconquérir sa souveraineté extorquée par un individu ou un groupe d'individus et, partant, de garantir les droits et libertés individuelles, car le but de toute société, d'après cette idéologie, est la garantie des droits dont l'État de droit constitue l'objectivation technique. Aux termes de l'article 2 de la Déclaration des droits de l'homme et du citoyen de 1789, « la résistance à l'oppression correspond à la possibilité que réserve la conscience collective [...] de se révolter contre l'arbitraire ». Certes, la résistance se distingue de deux autres catégories de désobéissance, notamment la « révolution » et « la désobéissance civile ». Entre ces trois notions, il existe toutefois une corrélation étroite, car comme le relève Georges BURDEAU, « la révolution commence sous forme de résistance à l'oppression et celle-ci se renforce du refus d'obéissance aux lois injustes »[92].

Au demeurant, et en référence à l'idéologie libérale, toute autre forme de reversement de l'ordre constitutionnel excluant la participation directe du peuple constitue une tentative de confiscation de sa souveraineté et, partant, de son pouvoir constituant originaire. En abrogeant ou suspendant la norme constitutionnelle et en dissolvant le parlement, les auteurs des coups d'État, sans représenter le peuple ou s'y confondre, se substituent à lui de sorte à confisquer le pouvoir constituant. Cependant, dans un contexte juridique et idéologique africain acquis aux valeurs démocratiques, notamment le pluralisme politique, et généralement hostile aux coups d'État et à l'exclusion du peuple de la participation politique, cette confiscation du pouvoir constituant ne saurait plus perdurer. Elle est précaire en ce qu'elle fait face à une opposition. Aussi n'est-elle que transitoire. Intrinsèquement, le peuple n'a donc jamais perdu son pouvoir constituant originaire, l'exercice de celui-ci lui a été extorqué et lui sera restitué à la suite de la restauration de la légalité constitutionnelle. En attendant cette restauration, les auteurs de coups

---

[90] Gözler Kemal, *Le pouvoir constituant*, op. cit., p.14.

[91] Seymour Michel, « L'autodétermination interne et externe des peuples », *Revue québécoise de droit international*, Hors-série (janvier 2022), pp.167-178 ; Gingras Denis, « L'autodétermination des peuples comme principe juridique », *Laval théologique et philosophique*, N°2, Vol.53, juin 1997, pp.365-375.

[92] Burdeau Georges, *Traité de science politique*, t. IV, LGDJ, 1969, p.491.

d'État, avec la contribution négociée des leaders de partis politiques et des membres de la société civile, vont adopter de façon provisoire une charte de transition.

2. L'adoption provisoire d'une charte de transition

Le référendum est sans doute le mode le plus démocratique de participation du peuple à l'exercice du pouvoir politique. Il puise ses racines dans la démocratie athénienne, qualifiée alors de directe en ce que le peuple se gouvernait lui-même sans solliciter une intermédiation, en prenant les décisions qui devaient l'engager. Ainsi, la volonté du peuple décliné ici comme l'ensemble des citoyens, s'exprime sans filtre et non moins sans œillères, car il n'est guère à l'abri de manipulations susceptibles de biaiser son consentement. Alexis de TOCQUEVILLE en esquissa un pertinent portrait sur les États-Unis d'Amérique[93]. A travers ce mécanisme, il ambitionne exercer véritablement sa souveraineté. Pour qu'il soit valide, le référendum doit toutefois être encadré pour en garantir la solennité et la régularité. Il n'est point mobilisé pour des questions classiques dont le parlement peut normalement se saisir. Par ailleurs, le peuple ne s'autosaisit pas, il est sollicité par les autorités constituées auxquelles il a confié l'exercice de la souveraineté, sa fonction constituante est ainsi fort réduite[94]. Cela signifie que l'initiative du référendum n'émane donc pas de lui, du moins dans la plupart des ordres constitutionnels africains.

Or en abrogeant la norme constitutionnelle, les auteurs de coups d'État déconstruisent les fondements juridiques de ce référendum. En sus, ne pouvant adopter une constitution faute d'existence de pouvoirs constitués à la suite de la suspension du parlement, ils sont appelés à les remplacer par des organes transitoires. La création de ces organes procède de l'adoption provisoire d'une charte de transition. Cette dernière constitue une pratique ancrée, ayant cours dans les États en crise politique en raison des coups d'État. Elle est un instrument de sortie de crise[95] dont la

---

[93] De Tocqueville Alexis, De la démocratie en Amérique, *Classiques_des_sciences_sociales* tomes I et II, 691p.

[94] Bikoro Jean Mermoz, « La fonction constituante du peuple dans le nouveau constitutionnalisme des Etats d'Afrique noire francophone », *Civitas Europa*, 2021/1 N°46, pp.325-359.

[95] Ouédraogo Séni M., Ouédraogo Djibrihina, « Propos inquiets sur la dissémination des régimes de transition constitutionnelle en Afrique », *Afrilex*, 2021/10, pp.19-24 ; Mandjem Yves Paul, « Les Gouvernements de transition comme site d'institutionnalisation de la politique dans les

juridicité est questionnable au plan du normativisme kelsénien. Car elle ne tire sa validité d'aucune norme juridique supérieure existante. Au plan substantiel, elle épouse un caractère juridique, précisément constituant, déconstituant et reconstituant. Elle créé, en effet, des organes constitués, notamment un conseil national de la transition cristallisant le pouvoir législatif, un gouvernement de transition[96] et un président de transition[97]. Ainsi donc, à travers la mise en place de ces organes de transition, elle produit un effet déconstituant à l'endroit des anciens pouvoirs constitués. N'ayant point vocation à perdurer comme le stipulent souvent ses dispositions, elle prépare la révision, l'élaboration et l'adoption d'une nouvelle constitution répondant aux standards démocratiques. Ces différentes fonctions de la charte de transition sont observées dans de nombreux pays africains faisant face à des coups d'État. C'est le cas actuellement du Mali[98], du Burkina Faso[99], de la Guinée[100]. La durée de vie de ces chartes est relative, elle dépend souvent de l'issue des négociations entre les acteurs politiques nationaux, régionaux et sous-régionaux. Majoritairement, elle n'excède point trois ans, et a pour *terminus ad quem* l'adoption d'une nouvelle constitution qui est appelée à renouer avec les exigences démocratiques. Ainsi, l'abrogation de l'ordre constitutionnel démocratique, du fait des effets des coups d'État, amène à conclure à une décadence du constitutionnalisme démocratique. Toutefois, cette décadence se confond avec le temps de vie précaire d'une charte de transition. C'est cette précarité qui sous-tend par conséquent la thèse d'une résilience structurelle de ce constitutionnalisme.

II. Une résilience structurelle

En dépit des coups de boutoir auxquels il est confronté du fait de la recrudescence des coups d'État, le constitutionnalisme démocratique semble avoir de beaux jours dans les États d'Afrique noire francophone.

---

ordres politiques en voie de sortie de crise en Afrique ? », *Revue africaine des relations internationales*, Vol. 12, N°1et 2, 2009, pp.81-182

[96] Voir à cet effet les articles 15 à 20 de la Charte de transition du Burkina Faso ; les articles 11 et 12 de la Charte de transition du Mali ; les articles 48 à 55 de la Charte de transition de la Guinée.

[97] Voir à cet effet les articles 6 à 12 de la Charte de transition du Burkina Faso ; les articles 4 et 10 de la Charte de transition du Mali ; les articles 38 à 47 de la Charte de transition de la Guinée.

[98] Voir Préambule et article 25 de la Charte de transition du Mali.

[99] Voir Préambule et article 35 de la Charte de transition du Burkina Faso.

[100] Article 78 de la Charte de transition de la Guinée.

Tel un roseau, il ploie mais ne rompt pas et suit son cours certes tumultueux mais évolutif. C'est ainsi que chaque coup d'État est appelé à ne point perdurer. Il est contraint de céder la place à une nouvelle légalité constitutionnelle. Cela se manifeste par la restauration programmée de la démocratie constitutionnelle **(A)**, et la consolidation projetée de la constitution démocratique **(B)**.

A. La restauration programmée de la démocratie constitutionnelle

Face aux dénonciations et sanctions, les auteurs des coups d'État sont souvent sommés de restituer le pouvoir politique aux civils en restaurant la démocratie constitutionnelle. A cet effet, ils inclinent à négocier leur sortie du circuit de décision politique de sorte à se soustraire aux poursuites judiciaires. Cet objectif demeure souvent implicite dans la Charte de transition. Il ne saurait toutefois être ignoré, car la période de transition est source de nombreuses dérives et violations. De manière explicite, il s'agit également d'aménager une sortie de crise paisible, en évitant de retomber dans les travers politiques d'antan[101]. Cela explique le temps octroyé à la transition politique afin de programmer la restauration de la démocratie constitutionnelle. Cette restauration se manifeste par la réhabilitation déterminée de l'ordre constitutionnel (1), et par l'organisation annoncée des élections pluralistes (2).

---

[101] Le Préambule de la Charte de transition de la République de Guinée stipule à ce propos que : « Conscients de la nécessité de bâtir ensemble d'une manière durable les fondamentaux d'une République démocratique stable, unie dans sa diversité et respectueuse des droits de l'homme et des libertés publiques ». Dans la même logique, le préambule de la Charte de transition du Burkina Faso dispose à ce sujet que : « Considérant la nécessité d'une transition politique, démocratique, apaisée, inclusive, non partisane et l'urgence de doter le Burkina Faso d'organes de transition afin de combler le vide institutionnel dans la conduite des affaires publiques ». Plus précis, l'article 2 de cette Charte reconnait à la Transition la mission d'« assainir et refonder la vie politique en la débarrassant des dérives et pratiques contraires aux valeurs et principes ci-dessus cités »[101]. Egalement dans le même sens, le préambule de la Charte de transition du Mali énonce que : « Considérant l'urgence et la nécessité de doter le Mali d'organes de transition afin de combler le vide constitutionnel et institutionnel dans la conduite des affaires publiques ; Conscient de la nécessité d'une trêve sociale pour permettre aux autorités de la transition de poser les bases de la refondation de l'Etat ».

1. La réhabilitation déterminée de l'ordre constitutionnel

Saisie comme une constitution provisoire[102], la charte de transition représente le cadre de détermination de la réhabilitation de l'ordre constitutionnel. Celle-ci balise ce processus en instituant l'organe constituant, notamment le Conseil de la transition qui fait office de pouvoir législatif et, le cas échéant, de pouvoir constituant. Il lui est ainsi confié la mission d'adopter le projet de nouvelle constitution[103] ou, à défaut, de restaurer l'ancienne. Et cela même si ledit projet sera soumis à référendum comme le précise la Charte de transition de la Guinée[104]. Son adoption incombe audit conseil qui votera à cet effet une loi constitutionnelle. Son élaboration est adossée sur une logique de consensus. Cette élaboration appelle à cet effet la collaboration de nombreux acteurs, notamment politiques, civils et militaires. L'objectif mis en exergue ici est la stabilité de l'ordre constitutionnel. Car « les procédés d'élaboration des Constitutions ne sont pas sans effet sur leur durabilité. Plus ils seront inclusifs, moins le nouveau texte constitutionnel sera soumis aux instabilités et aux crises »[105]. En effet, « pour durer, la Constitution ne peut être que le résultat d'un processus reposant, en amont, sur un compromis politique issu des partis politiques, des coalitions, des leaders, des groupes sociaux, des représentants des citoyens, qui négocient les valeurs, les principes et les logiques institutionnelles »[106]. L'objectif implicite est l'aboutissement à une constitution susceptible de sauvegarder les intérêts des uns et des autres, et surtout ceux de la junte militaire au pouvoir. Palouki MASSINA affirme en ce sens que : « L'objectif est de s'assurer non seulement que les textes vont dans le sens qu'ils désirent, mais, également, pour se ménager des garanties et, préserver leurs privilèges antérieurs »[107]. Pour ce faire, cette junte militaire confie souvent la rédaction de la nouvelle

---

[102] Zulueta-Fülscher Kimana, *Les Constitutions provisoires. Des outils de maintien de la paix et de renforcement de la démocratie*, IDEA, 2021, 43p.

[103] Article 57 de la Charte de transition du Burkina Faso.

[104] Ibidem.

[105] Direction «Affaires politiques et gouvernance démocratique», *Rapport sur l'état des pratiques de la démocratie, des droits et des libertés — 2016. Dynamiques constitutionnelles dans l'espace francophone*, OIF, p.15.

[106] Ibidem.

[107] Massina Palouki, « Le coup d'État, entre déshonneur et bienveillance », op. cit., p.28

constitution à un comité d'experts sélectionnés par elle[108]. Au reste, comme l'écrit fort justement l'auteur précité, « en dehors de ce cas particulier, l'adoption des nouvelles Constitutions à de fortes majorités semble traduire un large consensus sur leur orientation démocratique. L'influence des militaires semble perçue par la majorité comme la garantie de la finalité démocratique des textes et de leur équilibre »[109].

Par ailleurs, à défaut d'encadrer l'adoption d'une nouvelle constitution, la charte de transition vient compléter celle en vigueur. C'est le cas notamment de la Charte de transition du Burkina Faso qui stipule dans son préambule que : « Nous, Forces vives de la Nation [...] approuvons et adoptons la présente Charte qui vient complète la Constitution du 02 juin 1991 et dont le présent préambule est partie prenant ». En ce sens, le Professeur Abdoulaye SOMA écrit que : « la Charte de la transition est réputée compléter la Constitution pendant la durée de la transition. Elle est supposée supprimer les dispositions constitutionnelles non pertinentes et les suppléer par ses propres dispositions, notamment concernent le gouvernement, le parlement, la désignation du Chef de l'État intérimaire »[110]. Cette Charte ne se confine point à compléter la Constitution du 02 juin 1991, elle la supplante en ses dispositions contraires aux siennes[111]. La même logique prévaut dans la Charte de transition du Mali, et ce en dépit de l'incongruité entretenue par l'article 25 qui dispose que la Cour constitutionnelle tranche en cas de litige. Cette intervention de la Cour constitutionnelle parait superfétatoire en ce que la constitution a déjà donné la solution à ce type de litige. Sur cette base, l'intervention de ladite Cour est formelle, sa compétence étant liée. Elle ne fait que formaliser l'orientation prédéfinie par la Constitution.

Sommés de rétablir l'ordre constitutionnel en adoptant une nouvelle constitution ou en complétant l'ancienne, les auteurs des coups d'État ou putschistes sont appelés à organiser des élections pluralistes dans l'optique de restaurer les institutions constitutionnelles suspendues.

---

[108] Ibidem.

[109] Ibidem.

[110] Soma Abdoulaye, « Réflexion sur le changement insurrectionnel au Burkina Faso », *Revue CAMES, Science Juridique et Politique*, n°001, 2015, p.8.

[111] Voir l'article 35 de la Charte de transition.

2. L'organisation annoncée des élections pluralistes

Dans la logique des chartes de transition, la suspension des institutions constituées doit céder à la restauration de celles-ci au terme de la transition. Car la rationalité des coups d'État consiste à solutionner les scories à l'origine des crises politiques. Une fois ces scories apurées, il s'agit de revenir à la situation normale en organisant des élections pluralistes de manière à lever la suspension des institutions constituées. Cependant, afin d'éviter que lesdites élections soient un facteur crisogène, leur organisation commande l'assainissement de l'environnement juridique et politique. A cet effet, un chronogramme est arrêté sur la base des dispositions de la charte de transition, de la nouvelle constitution adoptée, de celle révisée et du code électoral modifié. Ce chronogramme constitue « un facteur général de présomption favorable dans la bonne foi des putschistes, mais elle n'est pas la seule ; elle est suivie de l'installation d'une commission électorale indépendante des partis politiques »[112]. Celui-ci doit d'être raisonnable. C'est dire donc qu'il ne saurait être ni trop long ni trop court au risque de favoriser les partis politiques solidement installés. Tel que le note en effet un auteur, « l'ensemble de ces mesures purifie le débat électoral de tout doute et rend la concurrence loyale et équitable ; la présence des leaders renversés risquait de faire pencher la balance en leur faveur, car la dissolution du parti n'entraîne pas automatiquement l'effondrement des structures, notamment administratives, qui leur servaient de relais ou de « bras armé ». Leur retour immédiat aux affaires risquerait de balayer les retombées du coup d'État et de rétablir -ne serait-ce que par désir de revanche-l'autoritarisme auquel les putschistes avaient voulu mettre fin »[113]. Toujours dans la logique de garantie d'élections transparentes et paisibles, les autorités de la transition et les leaders des partis renversés sont interdits d'être candidats aux élections présidentielle et législatives qui marquent la fin de la transition. Cette interdiction est souvent consacrée dans la charte de transition. A ce propos, l'article 46 de la Charte de transition de la Guinée stipule que : « le Président et les membres du Comité national pour le Rassemblement et le Développement ne peuvent faire acte de candidature ni aux élections nationales ni aux élections locales qui seront organisées pour marquer la

---

[112] Massina Palouki, « Le coup d'État, entre déshonneur et bienveillance », op. cit., p.28

[113] Ibid., p.29.

fin de la transition ». Sur cette lancée, l'article 55 de cette Charte énonce que : « Le Premier ministre et les membres du gouvernement ne peuvent faire acte de candidature aux élections locales et nationales qui seront organisées pour marquer la fin de la transition ». Également l'article 65 de celle-ci dispose que : « Les membres du Conseil National de Transition ne peuvent faire acte ni aux élections locales, ni aux élections nationales qui seront organisées pour mettre fin à la transition ». Bien que restrictives en ce qu'elles ne visent que les autorités à la tête de certains organes de la transition, des dispositions similaires sont prévues dans la Charte de la transition du Burkina Faso[114]. La même logique restrictive irrigue la Charte de la transition du Mali. Ici ne sont concernés que le président de la transition, le Premier ministre et les autres membres du gouvernement de la transition[115]. Cependant, à la différence des deux premières, celle-ci n'interdit point la révision de cette disposition d'inéligibilité. Par contre, celles-là énoncent la clause suivante : « La présente disposition n'est susceptible d'aucune révision ». Cette clause d'intangibilité empêche les autorités de la transition de modifier la Charte dans l'optique de se présenter aux prochaines élections et de les manipuler pour se maintenir au pouvoir. Afin de garantir la transparence desdites élections, les États concernés peuvent solliciter l'appui de la communauté internationale, notamment l'UA et la CEDEAO. Cet appui se traduit en termes de financement et d'assistance technique à la préparation et à l'observation des élections. Ici « l'assistance technique consiste à mettre à la disposition de la commission électorale, chargée de l'organisation et de la supervision des élections, des experts dont elle a besoin pour l'accompagner dans le déroulement des activités qui lui incombent : élaboration des listes électorales consensuelles, établissement des cartes d'électeurs, formation des agents électoraux etc. »[116]. La présence de ces experts est appelée à crédibiliser ces élections. Parce qu'ils sont présumés neutres de par leur statut, leur présence facilite l'acceptation par tous des règles proposées[117].

Au reste, la transition imposée par les coups d'État doit céder à la restauration de la démocratie constitutionnelle. Cependant, afin que cette

---

114 Voir à cet effet les articles 10 et 26 de la Charte de transition du Burkina Faso.

115 Voir les articles 9 et 12 de la Charte de transition du Mali.

116 Massina Palouki, « Le coup d'État, entre déshonneur et bienveillance », op. cit., p.30.

117 Ibidem.

restauration perdure, elle est souvent suivie d'une consolidation projetée de la constitution démocratique.

B. La consolidation projetée de la constitution démocratique

Afin de prévenir un va-et-vient néfaste à la stabilité de l'État et au constitutionnalisme démocratique, le constituant des États africains en proie aux coups d'État entendent, la plupart du temps, consolider la constitution démocratique nouvellement adoptée. C'est ainsi que dans l'optique de conjurer ces coups d'État, il constitutionnalise le statut des forces de défense et de sécurité (1) ainsi que le devoir civique de résistance à ceux-ci (2).

1. La constitutionnalisation du statut des forces de défense et de sécurité

La résurgence des coups d'État dans les États d'Afrique noire francophone manifeste leur difficulté à «*domestiquer*» leurs forces de défense et de sécurité. Ces dernières constituent un facteur d'instabilité de l'ordre constitutionnel démocratique. Relevant le caractère ambivalent du rapport entre ces forces et la démocratie, le Professeur Alexis ESSONO OVONO affirme à cet égard que : « Alors [que les militaires] expliquent souvent leur intrusion dans la vie politique par la nécessité de préserver l'ordre constitutionnel ou défendre la démocratie, les militaires se sont révélés souvent pires que le mal qu'ils dénonçaient »[118]. Par la suite, il nuance ses propos en relativisant que : « devant le refus de certains dirigeants politiques face aux changements revendiqués par la majorité des citoyens, ou face aux dérives autoritaires de certains chefs d'État, l'armée est apparue comme le dernier recours »[119]. De la sorte, selon lui, « l'intervention de l'armée a permis de sortir de l'impasse en mettant fin à une situation de crise politique. Dans chaque cas, une transition plus ou moins longue a été organisée, des élections transparentes et disputées ont eu lieu à l'issue desquelles le pouvoir a été transféré aux civils »[120]. Dans le même sens, Riccardo

---

[118] Essono Ovono Alexis, « Armée et démocratie en Afrique, une relation ambivalente à normaliser », *Afrique contemporaine*, 2012/2 n° 242, p.120.

[119] Ibid., p.120.

[120] Ibidem.

CIAVOLELLA et Marion Frésia KARTHALA écrivent à propos de la Mauritanie que : « La démocratisation a été annoncée à maintes reprises comme une solution radicale aux problèmes de « gouvernance » du pays – manipulation électorale, clientélisme et surtout emprise de l'armée sur la vie politique »[121]. Et ces deux auteurs de nuancer par la suite que : « Toutefois, les coups d'État et les tentatives de démocratisation ne doivent pas être interprétés comme les deux extrêmes du pendule de la politique mauritanienne : les putschistes ont toujours voulu mettre fin à une démocratisation à leurs yeux défaillante et proposer une transition militaire censée permettre d'instaurer une démocratie « véritable ». Et toutes les tentatives de démocratisation ont été interrompues par des responsables militaires qui, de manière apparemment paradoxale, avaient été appelés à en assurer la tutelle »[122].

Au reste, les coups d'État ne sauraient consolider la démocratie constitutionnelle. En amont, il revient, par conséquent, à la constitution de les conjurer en apprivoisant les forces de défense et de sécurité. Cet apprivoisement consiste ainsi à conférer à ces dernières un statut constitutionnel dans lequel elles sont dépolitisées et soumises au pouvoir civil. L'article 190 de la Constitution du Tchad dispose, à cet effet, que : « Les Forces Armées et de Sécurité sont au service de la Nation. Elles sont soumises à la légalité républicaine. Elles sont subordonnées au pouvoir civil ». Il est en cela suivi de l'article 191 du même texte qui énonce que : « Les Forces armées et de Sécurité sont apolitiques. Nul ne peut les utiliser à des fins particulières ». Dans la même logique, l'article 147 de la Constitution togolaise énonce que : « Les forces armées togolaises sont une armée nationale, républicaine et apolitique. Elles sont entièrement soumises à l'autorité politique constitutionnelle régulièrement établie ». A la suite de cette disposition, l'article 148 stipule que : « Toute tentative de renversement du régime constitutionnel par le personnel des forces armées ou de sécurité publique, par tout individu ou groupe d'individus, est considérée comme un crime imprescriptible contre la nation et sanctionnée conformément aux lois de la République ».

Cependant, la constitutionnalisation du statut des forces de défense et de sécurité n'est pas suffisante à dépolitiser celles-ci et à les convaincre

---

[121] Ciavolella Riccardo, Fresia Marion, « Entre démocratisation et coups d'Etat. Hégémonie et subalternité en Mauritanie », *Politique africaine*, 2009/2 N°114, p.6.

[122] Ibidem.

de renoncer à s'ingérer dans la sphère politique. A cet effet, il nécessite des réformes plus importantes liées à leur formation, ainsi qu'une implication du peuple qui devrait, le cas échéant, s'opposer frontalement aux auteurs des coups d'État. C'est ce qui justifie la constitutionnalisation du devoir civique de résistance aux coups d'État dans certains pays africains.

2. La constitutionnalisation d'un devoir civique de résistance aux coups d'État

Les coups d'État constituent, sans aucun doute, un affront à la souveraineté du peuple. Ils la lui extorquent, le reléguant de ce fait au rang de sujet subissant le *diktat* ou la volonté d'une poignée de personnes non mandatées par lui. Or selon les théories contractualistes et libérales, l'État est un construit issu de la volonté du peuple entendu comme l'ensemble des citoyens. Par conséquent, celui-ci n'est qu'un instrument à leur service, ce dans le but de garantir leurs droits et libertés. Aussi celui-ci ne saurait-il être instrumentalisé pour opprimer le peuple. Et si cela est le cas, ce dernier en droit de résister pour préserver sa souveraineté et sauvegarder ses droits. Il s'agit du droit civique de résistance à l'oppression dont les fondements théoriques sont diversifiés et controversés, et cela au sein d'un même courant doctrinal et idéologique. A ce sujet, dans la philosophie contractualiste, « Locke et Hobbes s'opposent drastiquement sur la possibilité de renverser le souverain. Il n'y a pas dans la pensée de Hobbes de droit à la résistance au profit des sujets à qui il n'accorde d'ailleurs aucun droit à la différence du pouvoir public qui se voit conférer des droits exorbitants. Il y a juste un droit à démanteler le contrat social et retourner à l'état de nature »[123]. Par contre, « pour Locke, le premier mécanisme d'application du contrat social correspond au droit collectif du peuple de lancer légitimement une révolte contre l'autorité en place si elle vient à méconnaître les termes du contrat. Lorsque l'autorité publique détourne les fins du pouvoir dont elle a été investie, le peuple peut légitimement activer son droit à l'insurrection. [...] Il s'agit d'un droit de résistance collective et agressive, le peuple pouvant recourir contre le gouvernement à tous les moyens même des moyens violents »[124]. Ainsi donc, le droit de

[123] Dubuy Mélanie, « Le droit de résistance à l'oppression en droit international public : le cas de la résistance à un régime tyrannique », *Civitas Europa*, 2014/1 N°32, pp.147-148.

[124] Ibid., p.148.

résistance doit constituer un *ultimum remedium.* Pour certains internationalistes classiques, le droit de résistance relève du *« natural right of resistance and self preservation »*. Au-delà de cette controverse, ce droit qualifié de naturel a été juridicisé. A cet effet, l'article 2 de la Déclaration française des Droits de l'Homme et du citoyen de 1789 dispose que : « Le but de toute association politique est la conservation des droits naturels et imprescriptibles de l'Homme. Ces droits sont la liberté, la propriété, la sûreté, la résistance à l'oppression ».

Cependant, après avoir été nié sous l'ère des régimes autoritaires en Afrique, ce droit bénéficie d'un regain d'intérêt à l'ère des processus démocratiques, et particulièrement dans les États post-crises politiques ayant fait face à des coups d'État. Il prend un autre relief ; il ne s'agit plus d'une faculté reconnue au peuple, mais d'un devoir constitutionnalisé qui vise, en particulier, les coups d'État. Ce devoir de résistance se manifeste par la désobéissance civile. A cet effet, tout en prohibant les coups d'État, l'article 148 de la Constitution du Togo dispose que : « dans ces circonstances, pour tout togolais, désobéir et s'organiser pour faire échec à l'autorité illégitime constituent le plus sacré des droits et le plus impératif des devoirs ». Dans la même logique, l'article 121 de la Constitution 27 février 1992 du Mali énonce que : « La forme républicaine de l'État ne peut être remise en cause. Le peuple a le droit à la désobéissance civile pour la préservation de la forme républicaine de l'État ». Sur la même lancée, l'article 167 de la Constitution du 02 juin 1991 Burkina-Faso stipule que : « Tout pouvoir qui ne tire pas sa source de cette constitution, notamment celui issu d'un coup d'État ou d'un putsch est illégal. Dans ce cas, le droit à la désobéissance civile est reconnu à tous les citoyens ».

Du fait de la neutralisation de la norme constitutionnelle par les putschistes, soit en la suspendant, soit à la supplantant par la charte de transition, la mise en œuvre de la résistance aux coups d'État ne saurait se faire par la médiation constitutionnelle, précisément le recours à la juridiction constitutionnelle qui participe souvent des institutions constituées suspendues. Dès ce moment, l'une des options qui s'offrent aux citoyens sont les manifestations pacifiques ou violentes. Cependant, il faut avouer que cette résistance a souvent une faible portée du fait de la violence armée mobilisée et opposée par les putschistes, ce qui a tôt fait de transformer la désobéissance civile en rébellion.

Conclusion

La recrudescence des coups d'État dans les États d'Afrique noire refrène sans doute la consolidation du constitutionnalisme démocratique. Elle entretient une illusion de rédhibition et d'ancrage de l'autoritarisme. Ce constitutionnalisme semble balayé par l'effet de ces coups d'État. Faisant un bilan du constitutionnalisme en Afrique, le Professeur Adama POKDAR affirme à ce propos que : « La fétichisation de la constitution dans les États d'Afrique noire d'expression française, cache mal son incapacité à servir véritablement d'assise juridique au pouvoir politique. La doctrine ressent ainsi un malaise dans le droit constitutionnel, une crise de l'ordre constitutionnel à travers des signes inquiétants d'inadéquation entre la norme et la pratique. La démocratie africaine oscille de ce point de vue entre « succès et résistances »[125]. Au regard de cette difficulté de la norme constitutionnelle à s'imposer, on est porté à conclure hâtivement à la décadence du constitutionnalisme démocratique. Cependant, cette décadence n'est que conjoncturelle, la démocratisation étant un processus encore en cours dans ces États. En outre, la démocratie y a été érigée en principe et valeur par les normes supra nationales. Ce qui y explique la restauration systématique de la démocratie constitutionnelle. Au regard de cette restauration, on n'est porté à conclure à la résilience structurelle du constitutionnalisme démocratique. Cependant, au risque d'assister à des restaurations incessantes, il importe de placer l'armée « sous une forme contrôle démocratique »[126]. A cet effet, des pistes de solution sont proposées. Outre la dépolitisation et la professionnalisation des forces de défense et de sécurité, il importe d'abord, comme le suggère le Professeur Adama Ferdinand POKDAR, de renforcer les autres institutions constitutionnelles, et de redéfinir les conditions d'élections démocratiques ; ensuite de rétablir la soumission de l'armée ; et enfin de redéfinir les missions de l'armée[127]. En bref, il s'agit de « resectorialiser »[128] les forces armées car, tel que le relève Céline

---

[125] Kpodar Adama Ferdinand, « Bilan sur un demi-siècle de constitutionnalisme en Afrique noire francophone », *Afrilex*, janvier 2013, p.7.

[126] Luckham Robin, « Dilemmas of Military Disengagement and Democratization in Africa », *IDS Bulletin*, 26 (2), Avril 1995, p.56.

[127] Ibid., pp.30-31.

[128] Thiriot Céline, « La place des militaires dans les régimes post-transition d'Afrique subsaharienne : la difficile resectorisation », op. cit., pp.15-34.

THIRIOT, « Toute la difficulté – et tout l'enjeu de la consolidation des relations civils-militaires dans les récents régimes démocratiques – est de ménager des moyens de paroles professionnelles mais apolitiques, inoffensives pour le régime »[129].

[129] Ibid., p.33.

Vendredi 28 octobre 2022

ACTE 1

Les explications des coups d'État et les pistes de solution

Sous la présidence de Monsieur Koffi AHADZI-NONOU, Professeur titulaire de droit public et de science politique, ancien Président de l'Université de Lomé, Avocat au Barreau de Lomé (Togo)

Avec comme modérateur Monsieur Mamoudou GAZIBO, Professeur titulaire de science politique, Université de Montréal (Canada)

Mouhamadou Moustapha AIDARA

Professeur titulaire de droit public, Université Gaston Berger de Saint Louis (Sénégal)

Constitutionnalisme et crise sécuritaire en Afrique : instabilité ou déviation constitutionnelle ?

Introduction

Avec la crise sécuritaire qui sévit dans certains États, notamment de l'Afrique de l'Ouest[1], un autre regard pourrait aujourd'hui être porté sur le constitutionnalisme africain. Rappelons d'abord que celui-ci souffre, selon certains, d'une faiblesse originelle, liée au décalage entre la réalité de la société et le texte fondamental qui entend l'organiser[2].

Après trois décennies, le bilan du constitutionnalisme tel qu'il a été établi par la doctrine divise deux camps[3].

Du côté des contempteurs, les objectifs assignés au constitutionnalisme sont mis en avant et consistent notamment en la création de conditions de construction d'un nouvel édifice institutionnel garantissant l'équilibre des pouvoirs, l'État de droit, un rempart aux dérives récurrentes, assurant le respect des libertés et droits fondamentaux et le bon fonctionnement du pluralisme retrouvé. Au regard de ces objectifs, le constitutionnalisme a échoué puisqu'il est « crisogène » en ce sens qu'il n'a pas réussi à pacifier et à démocratiser

---

[1] Il s'agit du Mali et du Burkina Faso qui ont connu deux coups d'État entre 2020 et 2022 et de la Guinée, en 2021

[2] F. Hourquebie, « Le sens d'une Constitution vu de l'Afrique » in Conseil constitutionnel « Titre VII » n°1, sept. 2018, pp 35-43, en ligne, www.cairn.info/revue-titre-vii-2018-1-p35.htm (consulté le 16 juillet 2022)

[3] Th. Holo, « Démocratie revitalisée ou démocratie émasculée ? Les constitutions du renouveau démocratique dans les États de l'espace francophone africain : régime juridique et systéme politique » Revue béninoise des sciences juridiques et administratives, 2006, n°16, p.17

le jeu politique[4]. Bien au contraire, il a été le prétexte pour les régimes autoritaires de rester au pouvoir.

Le constitutionnalisme serait alors à l'origine des crises électorales, du retour à l'autoritarisme, s'il n'a jamais quitté, et lui fournit les arguments de la légitimité.

D'un autre côté, les défenseurs du constitutionnalisme réfutent ces critiques et les relativisent estimant que le tableau n'est pas aussi sombre et que tout dépend des domaines considérés. Le droit constitutionnel, estiment-ils, est revendiqué, pour ne pas dire approprié, par tous les acteurs, qu'il faudra du temps et que le prisme occidental ne peut permettre de l'apprécier convenablement.

Partant de là, ils relativisent l'ineffectivité qui ne serait pas générale, ainsi que son intensité qui dépendrait des critères utilisés pour la mesurer. En cas de crise par exemple, tous les acteurs ont tendance à se placer sur le terrain du droit constitutionnel et même si les arguments invoqués sont souvent très peu convaincants, il faut, y voir, une victoire du constitutionnalisme puisque la volonté manifestée par tous les protagonistes est la soumission formelle au droit constitutionnel[5].

Quelle que soit l'argumentation privilégiée, il reste qu'une proportion importante des États sont aujourd'hui impliqués dans des processus de transition. Des conflits éclatent dans plusieurs endroits sur le continent entraînant l'intervention d'organisations internationales, régionales, sous-régionales, pour proposer des solutions, ce qui soulève la délicate question de l'articulation du droit interne et du droit international ou communautaire[6].

Aujourd'hui, les circonstances ont changé : jusqu'ici, la crise du constitutionnalisme était surtout liée à l'instrumentalisation de la révision constitutionnelle par les autorités politiques en place, en vue de remettre, après deux mandats, le décompte au point de départ, afin de prolonger leur règne ; le constitutionnalisme est menacé sous une autre forme surtout liée à l'insécurité ou au terrorisme. Ces deux dernières années,

---

[4] Voir G. Gonidec, « A quoi servent les constitutions africaines ? Réflexion sur le constitutionnalisme africain », RJPIC, 1988, n°4 p.849

[5] J. du Bois de Gaudusson, « Défense et illustration du constitutionnalisme en Afrique : après quinze ans de pratique du pouvoir » in Renouveau du droit constitutionnel, Mélanges en l'honneur de Louis Favoreu, Dalloz, 2007, P. 608.

[6] K. Dosso, « Les pratiques constitutionnelles dans les pays d'Afrique noire francophone : cohérences et incohérences », RFDC, 2012, n°90, PP 57-85

dans certains États africains (Mali, Burkina Faso, Guinée) auxquels se limite cette étude, on assiste à une succession de coups de force. Est-ce à dire que les régimes constitutionnels sont aujourd'hui en face du redoutable venin du terrorisme ? En tout cas, des présidents démocratiquement élus sont écartés, des constitutions suspendues, des régimes autoritaires mis en place, revendiquant la défense de l'État et de son existence.

Certes, lorsqu'une société vit une insécurité sans précédent, la population est poussée au désespoir et quand le pouvoir civil montre des signes de faiblesse, un espace est alors laissé aux militaires. Quand un soldat, de rang pas nécessairement le plus élevé dans la hiérarchie militaire, renverse un président élu, s'autoproclame chef de l'État, il en réclame le droit estimant qu'il est capable de réaliser son coup.

La lutte contre l'insécurité aboutit, ici et là, à de changements anticonstitutionnels qui ressemblent à grands traits aux décennies qui suivirent les indépendances. Cependant, les motifs avancés divergent car ils se rapportent essentiellement à la déliquescence du régime en place, à l'incapacité des autorités démocratiquement élues à faire face à l'insécurité liée au terrorisme. On invoque l'amplification des conflits meurtriers sur une partie importante du territoire avec des milliers de morts, des centaines de villages détruits, des milliers de déplacés et de réfugiés ainsi que le sacrifice ultime des forces de défense mal équipées et livrées à l'ennemi[7].

La Constitution comme la démocratie ne serait-elle pas une victime collatérale de l'insécurité ?

L'euphorie manifestée par une frange de la population signifie-t-elle une adhésion sans réserve à la décision des putschistes ou plus modestement refléterait-elle une certaine lassitude due à l'inefficacité du régime déchu à faire face à l'insécurité ? Plus fondamentalement, l'insécurité rôderait-elle la croyance ou la confiance de certains Africains au constitutionnalisme et à l'État de droit ?

Tout se passe comme si le constitutionnalisme subit une crise parce qu'il ne parvient pas à rompre avec les régimes autoritaires qu'il a supprimés[8]. On se demande alors si la situation politique ou sécuritaire

---

[7] Décret n° 2020-0072/PT-RM du 1 octobre 2020 promulguant la Charte de la transition, in J.O.R.M., spécial n°17 du 1 octobre 2020

[8] F.J. Aivo, « le constitutionnalisme et le pouvoir politique en Afrique », RFDC, n° 104, 2015, pp 771-800

serait si exceptionnelle. Est-elle d'une gravité telle que l'intégrité du territoire, l'indépendance de la nation, le fonctionnement régulier des institutions ou encore le respect des engagements internationaux seraient foncièrement remis en cause ou paralysés ? A supposer qu'il soit le cas, le constitutionnalisme, en soi, ne fournirait-il pas des moyens, des mécanismes ou de manière plus générale, des solutions efficaces pour faire face à une crise sécuritaire, quel que soit son degré de gravité.

Au plan strictement juridique, nous savons que, dans nos États africains de l'espace francophone, des mesures d'exception sont prévues dans les constitutions[9], comme il en est dans pratiquement toutes les constitutions écrites. La justification réside dans le fait que le respect strict de l'État de droit peut constituer une limite pour une action volontairement efficace. Ainsi, il est possible, au nom de l'impératif sécuritaire, de s'affranchir de certaines contraintes juridiques. C'est d'ailleurs, ce qui fait que l'état d'urgence prévu dans les constitutions relève plus de l'État de puissance que de l'État de droit[10].

Le droit constitutionnel dont la vocation est d'encadrer les phénomènes politiques marqués par la lutte ou l'antagonisme entre une classe dirigée et qui exige toujours plus de liberté et une classe dirigeante défendant l'ordre, est un droit qui « sent la poudre ». De tout temps, en tout lieu, le constitutionnalisme s'est confronté, entre autres, à l'insécurité résultant des guerres, des soulèvements, du terrorisme[11].

Depuis quelques décennies, aux États-Unis ou en Europe, le terrorisme constitue une menace globale qui s'attaque aux fondations de l'État en tant que garant de la sécurité des biens et des personnes. Et pourtant, les pertes humaines liées au terrorisme peuvent être moins nombreuses que celles issues des guerres ou des catastrophes, mais avec le terrorisme, les victimes n'étaient pas prêtes à exposer leur vie comme les soldats, ce qui aggrave le sentiment de terreur dans la population.

---

[9] Voir notamment les articles 47 de la Constitution du Sénégal, en ligne https://www.ofnac.sn/resources/pdf/Autres/CONSTITUTION%20DE%20LA%20REPUBLIQUE%20DU%20SENEGAL.pdf (consulté le 10 janvier 2023), 59 de la Constitution du Burkina Faso, en ligne, https://www.sggcm.gov.bf/fileadmin/user_ upload/constitution.pdf (consulté le 10 janvier 2023) et 16 de la France, https://www.conseil-constitutionnel.fr/sites/default/files /as/root/bankmm/constitution/constitution.pdf (consulté le 10 janvier 2023)

[10] D. Rousseau, « la réhabilitation paradoxale du droit », RDP, n° hors-série, oct. 2021, p. 35

[11] Voir X. Magnon et A. Vidal-Naquet, " le droit constitutionnel est-il un droit politique ? », Les Cahiers Portalis, n° 6, déc. 2018, p. 107.

La pression ne s'exerce pas seulement sur la population, elle s'étend aussi aux ressources de l'État en ce sens que le terrorisme provoque une chute de l'activité économique, oblige les collectivités publiques à mobiliser d'énormes moyens budgétaires à des politiques publiques prenant en compte les multiples aspects de la menace. Cependant, aux États Unis ou en Europe, le constitutionnalisme, malgré quelques obstacles ou dérives réels (création de zones de non- droit, accusations de torture, critiques du Patriot Act ou encore du projet de loi abandonné sur la déchéance de la nationalité en France), parvient tant bien que mal à surmonter les épreuves de l'insécurité liée au terrorisme pour devenir un point fixe autour duquel s'articulent les stratégies et dispositifs de lutte contre la menace. A cet effet, les juges développent une politique jurisprudentielle permettant la consolidation du constitutionnalisme et de l'État de droit. C'est ainsi que le juge suprême américain a invalidé les tribunaux militaires d'exception mis en place pour juger les "ennemis combattants" pour qui il a rétabli le droit de contester leur détention devant un tribunal, dans le célèbre arrêt rendu le 29 juin 2006, Hamdan v. Rumsfeld[12]. En France, certaines dispositions de la loi relative aux perquisitions ont été censurées, de même que diverses mesures d'assignation à résidence et le projet de constitutionnalisation de l'état d'urgence abandonné[13].

Les Cours constitutionnelles, en Allemagne ou en Italie, permettent au constitutionnalisme de se développer[14].

Pourquoi dans des pays démocratiques, la Constitution constitue-t-elle un refuge, un rempart pour lutter contre le terrorisme tandis que dans certains États africains les armes du constitutionnalisme sont écartées ?

Le phénomène étant récent, il manque encore du recul pour considérer ces suspensions des institutions par des coups de force : doivent-elles être considérées comme une rupture institutionnelle, constitutionnelle ou politique ou bien un simple épisode dans le long processus d'évolution du constitutionnalisme en Afrique ?

---

[12] Voir S. Botreau-Bonneterre, « le contrôle par les juridictions américaines de la guerre globale contre le terrorisme : aspects internationaux », Cahiers de la Recherche sur les Droits Fondamentaux, n°6, 2008, pp 101-112

[13] Voir Cons. const., 23 janv. 2015, n° 2014-439 QPC, en ligne, https://www.conseil-constitutionnel.fr/decision/2015/2014439QPC.htm (consulté le 12 février 2022)

[14] D. Dyzenhaus, « L'état d'exception » in M. Troper, D. Chagnollaud, Traité international de droit constitutionnel, tome 2, Dalloz, 2012, p. 737

En tout cas, dans le contexte africain actuel, la situation est complexe : l'insécurité, la corruption, l'impunité, créent une situation inédite qui peut faire évoluer les rapports à la Constitution, aux institutions, à la norme constitutionnelle lesquelles perdent de leur légitimité, de leur effectivité, voire de leur validité pour une partie du corps social[15] qui ne se révolte plus de la violation de la Constitution et semble même adhérer à sa remise en cause. En conséquence, les termes de l'analyse de la crise telle qu'on vient de la décrire changent, évoluent. On dirait que le temps et la pratique sont en train d'imposer aux textes constitutionnels des changements profonds. Au Mali comme au Burkina Faso, les Chartes constitutionnelles de la transition adoptées comportent des points communs qui attirent l'attention.

Les missions assignées à la transition consistent notamment à rétablir et à renforcer la sécurité sur l'ensemble du territoire national, à redresser l'État et à créer les conditions de base pour sa refondation, à assainir la vie politique en la "débarrassant des dérives et pratiques contraires aux valeurs et principes". Des valeurs de référence et des principes sont consacrés pour guider la transition, ses organes et l'ensemble des personnalités appelées à la conduire[16].

On peut s'interroger pour comprendre pour quelles raisons, selon quel processus, et avec quelles conséquences, le constitutionnalisme ou les dispositions constitutionnelles sont remises en cause.

Le terrorisme constitue un véritable défi pour les constitutions africaines parce que l'efficacité des mécanismes constitutionnels et leur pertinence pour éviter ce risque sont mises à rude épreuve. La suspension du régime constitutionnel reste aussi désarmante car le constitutionnalisme traduit l'acceptation à la fois juridique et politique de la supériorité de la Constitution sur toute autre norme. Il en résulte que le constitutionnalisme est confronté à deux situations d'exception inédites : l'instabilité (I) et la déviation (II)

---

[15] M.-A. Cohendet, « légitimité, effectivité et validité » in République, Mélanges P. Avril, Montchrestien, 2001, pp 201-234

[16] Voir Charte de la transition du Burkina Faso du 14 octobre 2022, en ligne, https://www.sig.bf/2022/10/charte-de-la-transition/ et Décret n° 2020-007/PT-RM du 1er octobre 2020 portant charte de la transition du Mali, en ligne, http://www.droit-afrique.com/uploads/Mali-Decret-2020-72-charte-transition.pdf.

I. L'instabilité

Le terrorisme constitue en soi une urgence qui est une exception à l'ordre normal. Sa particularité est de créer un état d'insécurité permanent (A) alors que dans les constitutions des États considérés, fortement inspirés de la Constitution française de la Ve République, l'urgence qui est prévue est de nature temporaire (B).

A. L'état d'insécurité permanent du terrorisme

Sommairement, le terrorisme est un mouvement qui prône un règlement des problèmes politiques par la violence. En droit pénal, un acte terroriste est incriminé lorsqu'il réunit deux conditions essentielles. La première est matérielle en ce sens qu'une infraction terroriste, c'est d'abord une infraction de droit commun. La deuxième est subjective : l'infraction est visée dans une intention d'intimidation, de coercition ou de déstabilisation[17]. Avec le terrorisme, la sécurité est conçue de manière large, elle couvre les aspects internes et externes, elle s'étend aux risques de toute nature auxquels les individus sont exposés[18].

Le terrorisme modifie profondément les relations entre l'État et le corps social. Il cristallise les peurs ou les phobies collectives. La menace terroriste renforce le sentiment d'insécurité en créant un contexte de risque, d'incertitude et d'indécision. Il remet en cause les équilibres institutionnels : les rapports au sein de l'exécutif, les relations entre l'administration et la justice. La lutte contre le terrorisme redéfinit les contours même de l'État, (on y reviendra plus loin). Elle mobilise tous les organes de l'État et le corps social dans son ensemble. La peur est instrumentalisée, son ressort est utilisé pour mobiliser toute la population et donner une onction à l'action de l'État. Cependant, le risque est très grand de voir la confiance des citoyens se déliter très rapidement devant l'impuissance des pouvoirs publics à éradiquer les menaces qu'il fait planer sur la société. La persistance des attaques terroristes brise le consensus des citoyens autour des gouvernants. Politiquement, les citoyens sont invités à prendre du recul, à faire montre de patience et d'esprit de sacrifice. Pour échapper à l'insécurité, ils doivent être prêts à

---

[17] Voir P. Bourdan, F. Blanc, l'État et le terrorisme, Paris, Éditions de la Sorbonne, 2018, 304 p.

[18] Voir OCDE "Conséquences économiques du terrorisme", Perspectives économiques de l'OCDE, 1, 2002, p. 147

renoncer à une part de leur liberté. Les exposés des motifs des lois de lutte contre le terrorisme dans tous les pays insistent sur ces différents aspects[19]. Concrètement, la lutte contre le terrorisme porte atteinte à des droits et libertés fondamentaux. La menace représentée par le terrorisme nécessite une réponse qui, pour être efficace, doit s'inscrire sur le long terme, il s'agit donc d'une période indéfinie, c'est sans doute ce qui permet de saisir les limites des ressources constitutionnelles.

B. Les limites des ressources constitutionnelles

Les constitutions des États africains francophones, y compris celles du Mali et du Burkina Faso, ont tendance à reprendre les dispositions de la Constitution de 1958 sur les circonstances exceptionnelles, lesquelles restent inadaptées à la lutte contre le terrorisme. Ni le fonctionnement régulier des institutions, ni l'intégrité du territoire, et encore moins l'indépendance de la nation ne sont pas véritablement remis en cause.

Les dispositions constitutionnelles relatives aux circonstances exceptionnelles contenues dans la plupart des textes fondamentaux des États africains de l'espace francophone visent à permettre le redressement de la situation à travers celui du fonctionnement normal des pouvoirs publics constitutionnels.

Il faut dire que la logique même du dispositif des circonstances exceptionnelles n'est pas adaptée au terrorisme puis qu'au fond, elle postule, qu'en cas d'urgence, il revient principalement à un seul organe (l'Exécutif) de prendre en main la situation. C'est ainsi qu'il est prévu dans les constitutions que le président de la République prend "après consultation de certaines autorités »[20], les mesures exigées par les circonstances.

L'article 50 de la Constitution malienne dispose que l'exercice des pouvoirs exceptionnels vise à assurer l*a continuité de l'État et le rétablissement dans les brefs délais du fonctionnement régulier des institutions.* L'article 59 de la Constitution du Burkina Faso *affirme qu'en aucun cas, il ne peut être fait appel à des forces étrangères pour intervenir dans un conflit intérieur.*

---

[19] CH. Pierucci, « les finances publiques, une mise en perspective de la réaction de l'État face au terrorisme » in P. Bourdan, F. Blanc, l'État et le terrorisme, op. cit., pp 231-252

[20] L'article 59 de la Constitution de la République du Burkina Faso exige la consultation du président du Sénat, de l'Assemblée nationale et du Conseil constitutionnel.

Des considérations plus pragmatiques que juridiques ont justifié le choix de l'exécutif : il dispose de l'information (le renseignement permet de décider) et de la capacité de réagir de manière décisive. Mais avec le terrorisme, ni l'une ni l'autre ne sont justifiées. L'information exige une technologie, une expertise faisant souvent défaut d'où la conclusion de plusieurs accords internationaux dans le domaine du partage des renseignements et des données. Dès lors, c'est moins la Constitution que le droit international ou conventionnel, qu'il convient de mobiliser.

Pour ce qui concerne la capacité d'action, aucun État, a *fortiori* un organe étatique ne saurait, à lui seul, venir à bout du terrorisme. C'est ce qui explique le recours à de nombreux accords et conventions pour mettre en place des Missions ou créer des forces spéciales. C'est ainsi que la Mission multidimensionnelle intégrée des Nations Unies pour la stabilisation au Mali (MINUSMA) comprenant environ treize mille soldats et deux mille policiers sera mise en place par la Résolution 2100 du Conseil de sécurité des Nations Unies, le 25 avril 2013. Elle est chargée notamment d'appuyer le processus politique, de réaliser un certain nombre d'activités de stabilisation concernant la sécurité, la protection des populations civiles, le contrôle des droits fondamentaux, de créer les conditions indispensables à l'acheminement de l'aide humanitaire et au retour des déplacés, à l'extension de l'autorité de l'État et à la préparation d'élections libres et transparentes[21]. Dans la même lancée, une force spéciale antiterroriste (cent quatre-vingt policiers et gendarmes d'élite) est présentée par les autorités comme étant un mécanisme plus souple, plus réactive qui devra permettre d'assurer une meilleure coopération entre les différentes forces de sécurité[22].

Il convient aussi de distinguer entre les opérations extérieures de lutte contre les terroristes sur les territoires des États concernés des opérations d'appui, de soutien aux armées des pays concernés par le terrorisme. Une coopération sous-régionale dans le domaine des renseignements, de la logistique se développe. Les accords internationaux aboutissent à la

---

[21] Voir https://minusma.unmissions.org/historique, (consulté le 20 décembre 2022)

[22] Voir arrêté n° 2016-0592/MSPC-SG du 22 mars 2016 portant création et composition d'une force spéciale antiterroriste de sécurité, J.O.R.M., en ligne, https://www.ilo.org/dyn/natlex/docs/ELECTRONIC/108820/134702/F684761092/MLI-108820.pdf (consulté le 5 décembre 2022)

poursuite d'opérations internationales sur le territoire des États[23]. De telles raisons font que l'état d'exception n'est sans doute pas proclamé, les pouvoirs de police ne changent pas de mains. La Constitution est du coup fragilisée.

Le chantier sécuritaire comporte des remous politiques et sociaux importants. L'extension du terrorisme augmente le nombre de citoyens affectés par la crise, la misère et la difficulté de survivre.

La confiance de la population dans la capacité du chef et de ses troupes à redresser la situation du pays est mise à rude épreuve. Il est évident que les relations sont étroites entre la vie politique et le fonctionnement des institutions, de sorte qu'une crise politique peut entraîner une crise institutionnelle. S'il existe un fossé entre les comportements prescrits par la Constitution et les attitudes des gouvernants, le constitutionnalisme va manquer d'effectivité. Dès lors, la validité de la norme constitutionnelle s'affaiblit. Et lorsque l'idée de ce que doit être la Constitution pour les citoyens est foncièrement différente de ce qu'elle est réellement, la norme suprême n'a plus de légitimité. Elle ne fournit plus de réponses convaincantes et sa suspension devient possible. Le constitutionnalisme se retrouve alors face à l'autoritarisme. Autrement dit, l'instabilité peut conduire à la déviation.

II. La déviation

Les raisons souvent mises en évidence par les auteurs des coups de force pour justifier leur intervention se rapportent à la dégradation de la situation sécuritaire et à l'incapacité manifeste du pouvoir en place à unir la population et faire face efficacement à la menace. Mais la suspension de la Constitution comporte un danger puisque l'autorité de lutte contre le terrorisme se trouve en dehors de l'ordre juridique, elle réside dans les qualités des auteurs du coup d'État, c'est en cela que la suspension de la Constitution est désarmante et pose la question d'un retour à un autoritarisme. Concrètement, la déviation se traduit par l'aménagement d'un ordre normatif illisible (A) d'où la question de savoir si cette illisibilité ne mène pas vers une dictature aux relents constitutionnels (B)

---

[23] Exemple des opérations Serval, Épervier et Barkhane menées par l'armée française au Sahel, en ligne, https://histoire.ac-versailles.fr/IMG/pdf/activita_barkhane_.pdf (consulté le 13 octobre 2022)

A. Aménagement d'un ordre normatif illisible

Nous avons déjà souligné la mobilisation des populations autour des régimes qui ont suspendu la Constitution et mis fin à des régimes démocratiques. Quelques jours seulement après le coup de force, des assises nationales sont organisées. Elles rassemblent les forces vives du pays comprenant les auteurs du coup de force, les partis politiques, les syndicats, les organisations de la société civile, des femmes, des personnes déplacées, ce qui rapproche d'une Assemblée constituante dans un contexte de remise en cause de l'ordre constitutionnel[24]. Elles adoptent une Charte constitutionnelle de la transition. Une feuille de route fixant la période de transition, avant le retour à l'ordre normal est adoptée.

Le chef de la junte est investi par les Assises nationales et il prête serment devant la juridiction constitutionnelle. Ses pouvoirs et prérogatives sont ceux définis par la Charte et les attributions reconnues au président de la République par la Constitution, laquelle reste en vigueur.

Formellement, la Charte de la transition, une fois adoptée, complète la Constitution qui était suspendue. Elle consacre des valeurs de référence dénommées "principes" pour guider la transition, ses organes et l'ensemble des personnalités appelées à la conduire. Parmi ces principes, on peut citer *le pardon et la réconciliation, l'inclusion, le sens de la responsabilité, la probité, l'esprit de consensus et de sacrifice, la discipline, le civisme, la citoyenneté*[25].

Au plan strictement juridique, la qualification de ces différents termes de « principe » est sujette à débats d'autant plus qu'il est affirmé qu'en cas de contrariété entre la Charte de la transition et la Constitution, ce sont les dispositions de la Charte qui prévalent[26].

Que doit redouter le plus le constituant africain ? Le terrorisme ou la suppression de sa Constitution ? Que faudrait-il considérer comme

---

[24] Voir Décret n° 2020-0072 PT-RM du 1er octobre 2020 portant promulgation de la Charte de la transition au Mali, J.O.R.M, spécial, N° 17, 1er octobre 2020, P. 2

[25] Voir Titre II de la Charte de la transition de la République du Mali intitulé « des valeurs, principes et missions de la transition » ibidem, p. 3

[26] Voir article 24 de la Charte de la transition du Burkina Faso du 14 octobre 2022, en ligne, https://www.sig.bf/2022/10/charte-de-la-transition/ (consulté le 5 décembre 2022)

exceptionnel ? Est-ce la situation sécuritaire ou la suspension de la Constitution qui accompagne le renversement du régime ?

La crise met en évidence un élément important : le sort de la Constitution semble étroitement lié à celui du pouvoir exécutif, plus précisément du président de la République. Quand il manipule la Constitution, instrumentalise les institutions, favorise l'impunité, s'il perd toute légitimité, la Constitution qui l'a mis en place, y perd aussi[27]. Quand le fondement du pouvoir est démocratique mais que son exercice ne l'est pas, la légitimité de ce pouvoir et donc celle de la Constitution s'affaiblit. Certaines causes de la crise du constitutionnalisme africain sont aussi à rechercher dans les liens distendus qui existent entre la Constitution et le pouvoir[28].

La Constitution est très volontiers invoquée par les acteurs politiques (pouvoir comme opposition), par les citoyens, et, en même temps, elle est régulièrement écartée. Invoquer une règle ne suffit pas pour l'appliquer en ce sens qu'il est bien connu et démontré qu'une norme peut être effective sans être invoquée et une norme peut être invoquée sans être effective, c'est ce qui fait dire à certains qu'une Constitution n'est efficace que lorsque les normes qui sont posées conformément à cette Constitution sont appliquées et respectées de façon générale[29].

Il est permis de se demander si la Charte constitutionnelle adoptée dans un tel contexte ne serait pas une sorte de constitution d'urgence qui installerait une dictature constitutionnelle.

B. Une dictature aux relents constitutionnels

Les soldats qui ont renversé un président démocratiquement élu, suspendu la Constitution, mis en place une Charte constitutionnelle et des organes de transition, seraient-ils les prétoriens de l'époque moderne ? Dans la Rome antique, en cas de péril grave et imminent, pour parer à la menace extérieure, la République a recours à un dictateur, reconnu

---

[27] D.G. Lavroff, « La crise de la Constitution" in En hommage à Francis Delpérée : Itinéraires d'un constitutionnaliste, Bruxelles, Bruylant, Paris, LGDJ, 2007, p.757

[28] P. F. Gonidec, « A quoi servent les constitutions africaines ? Réflexion sur le constitutionnalisme africain », Revue juridique et politique : indépendance et coopération, n° 4, 1988, p. 849

[29] M.-A. Cohendet, « légitimité, effectivité, et validité », République, Mélanges Pierre avril, Montchrestien, 2001, P. 201

juridiquement, chargé de restaurer “l’ordre et le gouvernement normaux” avant de rendre le pouvoir aux autorités ordinaires[30].

Les soldats chargés de garder l’Empereur relevaient de la garde prétorienne et ils marquent l'histoire lorsqu’ils s'octroient deux pouvoirs importants : celui de renverser le monarque qu’ils avaient vocation à protéger et celui de choisir son successeur. Depuis le terme est entré dans la postérité pour désigner un corps de militaires qui font et défont les gouvernements.

Cette cohorte prétorienne invoquait des motifs multiples et variés, à l’appui de leur action de renversement. C’est ainsi qu’ils considèrent qu’ils incarnent le bien commun, l'intérêt général ou les valeurs suprêmes de la nation. Machiavel constate qu’en considérant le passé et le présent, on voit que toutes les cités et tous les peuples ont les mêmes désirs et les mêmes humeurs et les ont toujours eus. Il poursuit en affirmant que “les hommes sont si aveugles, si entraînés par le besoin du moment, qu’un trompeur trouve quelqu’un qui se laisse tromper[31] ».

Dans nos États africains, la suspension de la Constitution éclipse l’État de droit, la garantie des droits et libertés fondamentaux, la démocratie. Aucun moyen légal de contrôler les nouveaux dirigeants n’est à la disposition du peuple. Rappelons que le terrorisme s’attaque aux fondations de l’État, au contrat social, à la cohésion nationale. Il instaure un climat de guerre civile.

Le régime autoritaire a aussi souvent recours à des méthodes brutales et discriminatoires, privilégiant la voie de fait sur celle de droit.

La lutte contre le terrorisme est invoquée pour suspendre la Constitution, remettre en cause les institutions de la République, mais il est aisé de se rendre compte que cette suspension ne se traduit pas par l’instauration d’un véritable État sécuritaire.

Sous l’influence des pressions notamment régionales et internationales, les préoccupations sont plus politiques que juridiques. Elles se rapportent essentiellement à l'organisation des assises nationales, à l’adoption d’une Charte de la transition, à la fixation de sa durée, à la mise en place de ses organes sous la pression de la communauté internationale. Une immunité pour les auteurs du coup de force est aussi

---

[30] M. Foutane, Histoire universelle : Rome (de 754 à 63 av. J.C.), Paris, Alphonse Lemerre Éditeur, MDCCCC XCI

[31] N. Machiavel, Le Prince, en ligne, https://abracadabrapdf.net (consulté le 20 janvier 2023) p. 111

aménagée. Il n'est pas affirmé une période déterminée de mise à l'écart de l'État de droit au profit d'un État sécuritaire censé mettre fin à l'insécurité, rétablir l'ordre, la cohésion sociale, par l'application durable de mesures dérogatoires pour faire face aux dangers permanents. Il n'est pas vérifié une mise à l'écart temporaire de certains principes juridiques en vue de surmonter les situations de crise grave.

Les coups de force constituent un recul du constitutionnalisme, ils installent une instabilité qui peut exacerber le terrorisme et dérouter encore plus les populations civiles.

En soi, le renversement d'un régime constitutionnel est un exercice anti-démocratique. Le pacte social est remis en cause, le peuple est écarté, la souveraineté lui échappe ; il n'a plus à définir l'ordre juridique. Curieusement, c'est aussi ce même peuple qui a manifesté pendant de longues semaines pour exiger la démission du président qu'il avait élu, dénonçant son inertie, son incompétence, sa corruption. Le renversement de la classe politique au pouvoir est alors motivé par le désir de renouveler avec la population un "contrat démocratique" qui est déchiré. Est-ce à dire que les coups d'État, dans ce contexte précis, supplantent l'impossibilité pour le peuple d'obtenir de ses représentants le déclenchement de la procédure de destitution d'un président qui aurait violé son serment ? En tout cas, la crise révèle que le constitutionnalisme africain doit développer une conception de la responsabilité politique, de la responsabilité pénale et d'une manière générale de la séparation des pouvoirs qui répond au contexte actuel. L'irresponsabilité est une source de crise démocratique grave car elle alimente la défiance des citoyens et des militaires, à l'égard des institutions.

Tout se passe comme si l'État, tel qu'il est organisé, constitutionnellement, n'apparaît plus comme l'ultime rempart contre la menace terroriste. Dès lors, c'est un corps de la société (l'armée) qui doit jouer ce rôle.

Conclusion

Selon une approche philosophique, se poser la question de savoir à qui appartient le pouvoir de faire, de modifier et bien sûr de suspendre une Constitution, revient à se demander à qui appartient le pouvoir de faire l'esprit de tout un peuple.

Face à l'insécurité, cet esprit aujourd'hui, en Afrique, doit vaincre le scepticisme ; il doit faire prévaloir la raison sur les passions, la sagesse sur les imprudences et l'empirisme sur les spéculations.

Hilaire AKEREKORO

Maître de conférences agrégé, Université d'Abomey-Calavi (Bénin)

Analyse constitutionnelle d'une faiblesse dans la construction de l'État en Afrique : la gestion de la sécurité des populations

Résumé

La sécurité des populations et donc de l'état n'est pas une mince affaire ou un gadget. Primordiale et prioritaire, elle nécessite la mise en place et le fonctionnement des institutions tant constitutionnelles, politiques qu'administratives dont les attributions sont variées. Cependant, la pratique donne de voir un écart entre le dispositif constitutif théorique et la réalité de terrain, tant les atteintes à la sécurité humaine et à celle de l'État sont d'une actualité et d'une acuité incontestables. A titre prospectif, la présente analyse essaie de dégager et de mettre en lumière les antidotes constitutionnels à même de permettre de régler le problème crucial de la gestion de la sécurité des populations en Afrique. Au nombre des solutions constitutionnelles, les unes sont offertes par les droits constitutionnels en Afrique, tandis que les autres sont découvertes grâce à un effort doctrinal. D'autres encore sont mis en exergue par la convocation à l'analyse du droit constitutionnel comparé.

Mots clés : Analyse constitutionnelle, faiblesse, construction de l'État, gestion de la sécurité, populations.

Abstract

The security of populations and therefore of the State is not a trivial matter or a gadget. Primordial and priority, it requires the establishment and functioning of constitutional, political and administrative institutions whose attributions are varied. However, practice shows a gap between the theoretical constitutive mechanism and the reality on the ground, as the attacks on human security and that of the State are undeniably topical and acute. Prospectively, this analysis attempts to identify and highlight the constitutional antidotes capable of solving the crucial problem of managing the security of populations in Africa. Among the constitutional solutions, some are offered by constitutional rights in Africa, while others are discovered through doctrinal effort. Still others are highlighted by the invitation to the analysis of comparative constitutional law.

Keywords: *Constitutional analysis, weakness, state building, security management, populations.*

Introduction

Dans la pratique des vœux de fin d'année, il n'est pas courant d'entendre une personne souhaitée à une autre le vœu de sécurité. Les vœux qui sont souvent exprimés sont ceux de santé, de prospérité, de longévité, de paix, de bonheur, etc. Cependant, avec l'occurrence des problèmes sécuritaires non seulement en Afrique, mais aussi ailleurs dans le monde, ce vœu prend toute son importance comme l'est d'ailleurs l'étude de la sécurité des populations et sa gestion. Au préalable, des notions sont importantes à élucider. Elles sont constituées de : faiblesse, construction, État, sécurité, gestion et populations.

Dans le langage courant, la faiblesse désigne le manque de force ou de qualité. C'est aussi la fragilité. Quant à la construction, elle est le fait de construire, de bâtir, de réaliser une œuvre en s'appuyant ou non sur des fondations plus ou moins solides. Si la vision commune assimile la notion de construction à celle de maison ou d'habitation, il faut aussi concevoir que la construction n'est pas étrangère à l'État. Considéré comme l'une des notions fondamentales et l'un des objets d'étude du droit constitutionnel classique comme contemporain, mais aussi du droit administratif ainsi que du droit international public (l'État est un sujet principal de droit international), l'État est une entité juridique qui, en droit constitutionnel, suppose la réunion de trois éléments sociologico-juridiques incompressibles : un territoire, une population et un pouvoir politique souverain et effectif. La construction de l'État est alors le phénomène ou le processus visant à combiner ses trois éléments pour obtenir un sujet de droit capable d'assurer le bien commun. Elle est différente de la consolidation de l'État, voire de sa refondation.

Si l'État moderne doit assurer trois fonctions[1] essentielles que sont la législation, l'administration (y compris l'administration numérique) et la justice (étendue aujourd'hui à la justice numérique), ses missions comprennent, en autres, la sécurité, érigée en mission ou en tâche régalienne de l'État. La sécurité est le fait de mettre en confiance, de prévenir un danger. Elle intéresse tant les disciplines non juridiques[2] que la science juridique au moins à travers la notion de sécurité juridique[3].

En droit, la notion de sécurité est une notion familière, mais complexe et plurielle. Elle est usitée aussi bien en droit privé qu'en droit public. En droit privé, la sécurité privée[4], la sécurité civile[5], la sécurité au travail et la sécurité sociale sont des termes juridiques bien établis. En droit public, la sécurité voyage du droit constitutionnel au droit administratif en passant par le droit international public. En droit constitutionnel contemporain, la sécurité est un droit de l'homme (la sécurité humaine ou sécurité individuelle). Dans ce sens, la Constitution de la République du Niger du 25 novembre 2010 modifiée dispose : « *Chacun a droit à la liberté et à la sécurité dans les conditions définies par la loi* »[6]. En République du Bénin, « *tout individu a droit à la vie, à la liberté, à la sécurité et à l'intégrité de sa personne. Nul ne peut être condamné à la peine de mort* »[7]. Toujours en droit constitutionnel, la sécurité est rattachée à l'existence de l'État (la sécurité de l'État à la fois intérieure et extérieure). Alors que la sécurité de l'État est relative à sa survie et à sa protection contre toute agression extérieure par des moyens militaires, la sécurité humaine, non militaire, est centrée sur la personne humaine et est « *basée elle sur les impératifs politiques, économiques, sociaux et*

---

[1] LEROY-BEAULIEU Paul, *L'État moderne et ses fonctions*, Paris, Guillaumin et Cie, 3ème édition revue et augmentée, 1900, 487 p.

[2] Bureau des Nations Unies pour l'Afrique de l'Ouest et le Sahel (UNOWAS), *Pastoralisme et sécurité en Afrique de l'Ouest et au Sahel*, étude, 97 p., sur https://www.unowas.unmissions.org, consulté le 30 mai 2022.

[3] HARDY Hélène, *Le principe de sécurité juridique au sens du droit de la Convention européenne des droits de l'homme*, Thèse de doctorat en droit public, Université de Montpellier, 2019, 862 p.

[4] AÏT YOUSSEF Driss, *Sécurité privée et libertés*, Thèse de doctorat, Université de Nice Sophia-Antipolis, 2015, 421 p.

[5] NORMANDIN Julie-Maude, *La sécurité civile en transformation : analyse comparative de la conception et de la mise en oeuvre de la résilience face aux désastres*, Thèse de doctorat, École Nationale d'Administration Publique, 2019, 526 p.

[6] Art. 12 al. 3 de la Constitution de la République du Niger du 25 novembre 2010 modifiée.

[7] Art. 15 nouveau de la Constitution de la République du Bénin du 11 décembre 1990 révisée.

environnementaux, en plus des droits de l'homme »[8]. Il faut préciser que la sécurité de l'État est également qualifiée de sécurité nationale, laquelle peut être définie comme l'ensemble des stratégies visant à identifier les menaces et les risques pouvant affecter la vie de la nation tout entière et les moyens pour les combattre. Son objectif est de protéger la population de l'État, d'assurer l'intégrité du territoire national ainsi que la permanence des institutions de la République.

En droit international public et en relations internationales, il est évoqué la sécurité collective et celle dans l'espace océanique ou marin (selon le cas), tandis qu'en droit des organisations internationales, l'Organisation des Nations Unies (ONU) est créée pour maintenir la paix et la sécurité internationales[9]. Dans le cadre de la création des grands ensembles politiques et/ou économiques régionaux et sous-régionaux, la sécurité n'est guère occultée. Elle constitue même l'une des priorités des actions des organisations d'intégration politique et/ou économique régionales et sous-régionales. Il en est ainsi par exemple au niveau de l'Union Africaine (UA)[10], dont l'architecture institutionnelle comprend une Commission de Paix et de Sécurité (CPS), et de la Communauté Économique des États de l'Afrique de l'Ouest (CEDEAO). Aux termes du traité de la CEDEAO, il est créé une Commission technique affaires politiques, judiciaire et juridique, sécurité régionale et immigration[11], la mise en œuvre de l'architecture de paix et de sécurité ouest africaine

---

[8] Commission de l'Union Africaine, *Cadre d'orientation sur la réforme du secteur de la sécurité*, Addis-Abeba (Éthiopie), sur https://www.peaceau.org, consulté le 31 mai 2022. - HUSSEIN Karim et *alii*, *Sécurité et sécurité humaine. Présentation des concepts et des initiatives. Quelles conséquences pour l'Afrique de l'Ouest ?*, Club du Sahel et de l'Afrique de l'Ouest, 2004, 53 p.

[9] SCHEPPELE Kim Lane, « Le droit de la sécurité internationale. Le terrorisme et l'empire sécuritaire de l'après 11 septembre 2001 », *in Actes de la recherche en sciences sociales*, n° 173, 2008/3, pp. 28-43. - NTUMBA KAPITA Patrice Emery, *La pratique onusienne des opérations de consolidation de la paix : analyse, bilan et perspectives*, Thèse de doctorat, Nancy Université, 2010, 446 p.

[10] Commission de l'Union Africaine, *Cadre d'orientation sur la réforme du secteur de la sécurité*, *op. cit.*, consulté le 31 mai 2022. L'UA possède des principes généraux ayant trait au secteur de la sécurité. Ces principes sont développés dans des mécanismes juridiques devenus classiques dont l'Acte Constitutif de l'UA du 11 juillet 2000 révisé, le Protocole relatif à la mise en place du Conseil de Paix et de Sécurité de l'UA, la Déclaration Solennelle sur la Politique Commune Africaine de Défense et de Sécurité et la Politique sur la Reconstruction et le Développement au lendemain des conflits (RDPC).

[11] Art. 22.1 (f) du Traité de la Communauté Économique des États de l'Afrique de l'Ouest (CEDEAO) signé à Lagos (Nigeria) le 28 mai 1975 et révisé le 24 juillet 1993 à Cotonou (Bénin).

permettant le déploiement de l'*Ecowas Monitoring Group (ECOMOG)*[12] et désormais de la Force Nationale Multinationale Conjointe de l'Initiative d'Accra (FMC-IA) destinée à la lutte contre le terrorisme et la criminalité transnationale organisée dans la sous-région ouest africaine[13]. A l'instar de l'UA, la CEDEAO dispose aussi d'un cadre de politique pour la réforme et la gouvernance du secteur de sécurité[14].

En droit administratif, la sécurité publique est l'une des composantes de l'ordre public[15], c'est-à-dire, le bon ordre dans la société. A cette dimension de la sécurité administrative, il faut ajouter les nouvelles formes de sécurité que sont la sécurité sanitaire[16], la sécurité de la navigation aérienne, la sécurité informatique[17], la sécurité numérique[18], laquelle vise à lutter contre l'insécurité en ligne, etc.

Pour notre part, cette étude privilégie la sécurité en droit constitutionnel. Dans cette matière, elle désigne à la fois un moyen et une

---

[12] *International Crisis Group*, *Mettre en oeuvre l'architecture de paix et de sécurité (III) : Afrique de l'Ouest*, Rapport Afrique, n° 234, 14 avril 2016, 40 p.

[13] Conférence Internationale sur l'Initiative d'Accra et Sommet des Chefs d'État et de Gouvernement des États membres de l'Initiative d'Accra tenus à Accra (Ghana) le 22 novembre 2022, inédit, n°s 15 et 18.

[14] Communauté Économique des États de l'Afrique de l'Ouest (CEDEAO), *Cadre de politique de la CEDEAO pour réforme et la gouvernance du secteur de sécurité*, sur http://www.ecowas.int, consulté le 31 mai 2022.

[15] NATOLI Francesco, « Sécurité et ordre public : deux notions à relation variable. Comparaison franco-italienne», *in La Revue des droits de l'homme*, mis en ligne le 13 janvier 2017, sur http://journals.openedition.org/revdh/2905 ; DOI : https://doi.org/10.4000/ revdh.2905, consulté le 30 mai 2022. - SALAS Denis, « État de sécurité ou État de droit ? L'hésitation française », *in Études*, Tome 408, 2008/4, pp. 463-473. L'ordre public se compose, en droit administratif, non seulement de la sécurité publique essentiellement mais non exclusivement assurée par les services de police, mais aussi de la salubrité et de la tranquillité publiques. A ces éléments traditionnels, s'ajoutent aujourd'hui de nouveaux comme la moralité publique et le respect de la dignité humaine.

[16] ABOU EL KALAM D'Anas, *Modèles et politiques de sécurité pour les domaines de la santé et des affaires sociales*, Thèse de doctorat, Centre National de la Recherche Scientifique, 2003, 183 p. - *Les nouvelles menaces sur notre monde vues par la CIA. Analyses, faits et chiffres*, Rapport traduit de l'anglais (Etats-Unis), Equateurs, Humensis, 2022, p. 81.

[17] Pour un auteur, la sécurité informatique « *est une discipline qui consiste à protéger l'intégrité et la disponibilité des informations stockées dans un système informatique* ». SANFO Younoussa, *Cybercriminalité, le nouveau visage de la menace en Afrique*, sur https://fisst.com, consulté le 1er juin juin 2022. V. aussi L'Agence internationale de l'énergie atomique (AIEA), *La sécurité informatique dans les installations nucléaires*, Orientations techniques, Manuel de référence, n° 17, sur https://www-pub.iaea.org, consulté le 1er juin 2022.

[18] La sécurité numérique consiste dans un ensemble cohérent d'outils indispensables pour faire face aux défis de l'*Internet*. Elle tend à prévenir et à contrôler les usages malveillants et les risques technologiques majeurs que peut engendrer le numérique.

fin. En tant que moyen, la sécurité est inhérente à la personne humaine, aux populations vivant sur le territoire de l'État. Par populations, il faut entendre l'ensemble des habitants qui sont à un moment donné sur le territoire étatique. Plus que la nation et le peuple, la population, notion de démographie, voire de sociologie, est « *d'un meilleur secours dans l'adaptation du meccano constitutionnel aux sociétés plurales africaines, sociétés politiques à substrat humain complexe* »[19]. Comme le souligne un auteur, elle est « *la condition humaine de l'existence de l'État* »[20]. Dès lors, la sécurité est la protection dont une personne physique doit bénéficier pour ne pas craindre pour sa vie.

En tant que fin, la sécurité est poursuivie sans cesse par les États contemporains comme une finalité. Dès lors, les États mettent en place toute une gamme variée de stratégies et d'arsenal de sécurité pour le bien-être collectif. Mais hélas, malgré les efforts de l'État, presque tout reste à construire en matière sécuritaire, tant il y a des problèmes sécuritaires à régler et à gérer. La gestion est le fait de manager, de gérer, d'administrer.

Devant l'insécurité galopante, la recrudescence des crimes organisés et l'accroissement des attaques terroristes et djihadistes, les efforts des États sont sinon anéantis, du moins fortement et sérieusement réduits. Ce constat est amplifié par la survenance et la persistance de diverses sortes de crises[21] ou de conflits[22]. Dès lors, ils se retrouvent dans des situations sécuritaires difficiles à gérer. Or, en Afrique, la construction de l'État ne peut faire l'économie de s'appuyer et de respecter les règles établies par la Constitution, norme suprême de l'État. Très souvent, ces règles y compris celles qui s'appliquent en matière sécuritaire sont bafouées au grand dam des appétits politiques et de la boulimie du pouvoir des gouvernants. En conséquence, malgré les belles constructions démocratiques et l'espoir porté par l'ouverture du jeu politique en Afrique depuis 1990, il est aisé d'observer des coups d'arrêt des processus démocratiques ici et là par l'avènement des coups d'État

---

[19] ONDOUA Franklin Alain, « La population en droit constitutionnel. Le cas des pays d'Afrique francophone », *in Afrique contemporaine*, n° 242, 2012/2, p. 88.

[20] *Id.*, « La population en droit constitutionnel. Le cas des pays d'Afrique francophone », *ibid.*, p. 88.

[21] ZEINO-MAHMALAT Ellinor, REIFELD Helmut (Ed.), *La crise sécuritaire au Sahel. Quelles répercussions sur les pays du Maghreb arabe ?*, Konrad Adenauer Stiftung, 2015, 153 p.

[22] GNANGUÊNON Amandine (dir.), *Les défis stratégiques africains : la gestion de la conflictualité en Afrique centrale*, Etudes de l'IRSEM, n° 25, 2013, 108 p.

militaires, lesquels s'expliquent, entre autres, par la mauvaise gestion de la question sécuritaire par les gouvernants pourtant démocratiquement élus, du moins investis par les urnes. Il s'agit là, ni plus ni moins, d'une faiblesse, d'une limite des expériences démocratiques en Afrique et un facteur réducteur des efforts en faveur du développement[23].

Il y a donc un intérêt scientifique certain à réfléchir à cette faiblesse dans la construction de l'État en Afrique pour en souligner les tendances récentes et actuelles ainsi que les dynamiques futures dans une perspective téléologique. En définitive, faire une analyse constitutionnelle de la gestion de la sécurité des populations en Afrique, c'est s'appuyer sur la Constitution et les données que fournit l'ordre constitutionnel, y compris dans ses éléments d'extranéité[24], pour traiter d'une telle gestion.

Face au « *défi sécuritaire* »[25] et surtout au drame que vivent presque quotidiennement les populations africaines, comment est-il possible de gérer au mieux la sécurité des populations pour des processus démocratiques apaisés ? C'est à cette problématique que cette étude essaie de répondre. Pour ce faire, sont mobilisées les méthodes d'analyse du droit constitutionnel, y compris la démarche comparative pour voir les succès et analyser les échecs sécuritaires préjudiciables à la bonne marche de la démocratie dans les États africains. Les critères de l'analyse sont à la fois organisationnels, fonctionnels et techniques. A terme et comme résultats attendus, les failles profondes de la gestion de la sécurité des populations sont mises en lumière et la prospection commande de proposer les solutions qu'offre le droit constitutionnel contemporain pour y parer à titre d'antidote. Dès lors, sont développés le drame (**I**) et l'antidote (**II**).

---

[23] GOERENS Charles, « Sécurité et développement de l'Afrique : une nouvelle approche pour l'UE », *in Cahier de Chaillot*, n° 99, avril 2007, 75 p.

[24] KPODAR Adama, « La communauté internationale et le Togo : élément de réflexions sur l'extranéité de l'ordre constitutionnel », *in Revue Togolaise des Sciences Juridiques (RTSJ)*, n° 0000, Janvier/Juin 2011, p. 38.

[25] AHADZI Koffi, « L'Afrique face au défi sécuritaire », *in Les transformations de l'État*, Mélanges en l'honneur de Babacar GUEYE, Toulouse, Presses de l'Université Toulouse 1 Capitole, 2019, p. 45.

I. Le drame

La gestion de la sécurité des populations implique la création des forces de l'ordre ou forces de sécurité publique[26]. Ces forces ne sont pas à confondre avec les forces armées, c'est-à-dire, les militaires[27]. Cette gestion est laissée aux plus hautes autorités de l'État ainsi qu'aux autorités locales, lesquelles constituent, entre autres des « *acteurs de la sécurité publique* »[28]. Cependant, les failles du système, ses lacunes donnent de voir que les espoirs placés en lui sont déçus. Aussi bien les populations que l'État doit faire face à des problèmes sécuritaires de plus en plus accrus ainsi qu'à des « *défis de la gouvernance de la sécurité* »[29]. Dans certains cas, les populations sont laissées à elles-mêmes et doivent s'organiser ou non pour assurer leur propre sécurité. L'analyse constitutionnelle permet d'en souligner deux traits essentiels : une sécurité des populations malmenée (A) et une sécurité de l'État torturée (B).

A. Une sécurité des populations malmenée

Dans la construction constitutionnelle de l'État en Afrique, des dispositions constitutionnelles sont prévues par le pouvoir constituant originaire comme dérivé pour préserver et protéger la sécurité des populations. Ces dispositions concernent notamment le pouvoir politique, dans ses dimensions législatif et exécutif.

En premier lieu, au niveau du pouvoir législatif, dans l'intérêt de la défense nationale et de la sécurité nationale ou publique, la loi fixe les

---

[26] QUERO Yann-Cédric, *Étude sur les polices en Afrique subsaharienne francophone : structures et missions au regard de la prévention de la criminalité*, Rapport d'analyse thématique, Montréal, février 2008, 125 p.

[27] COURTIN Christophe et BOKO François, « Les forces armées en Afrique francophone », *in Note* n° 284, Fondation Jean-Jaurès, 2015, 7 p. - HUGON Philippe et ESSIANE ANGO Naïda, *Les armées nationales africaines depuis les indépendances. Essai de périodisation et de comparaison*, Institut de Relations Internationales et Stratégiques (IRIS), Les Notes de l'IRIS, avril 2018, 60 p.

[28] DERDZINSKI L. Joseph, PORRECA Jackson, « Mesurer la sécurité. Comprendre la capacité étatique dans les pays producteurs de pétrole », *in ASPJ Afrique et Francophonie*, 1er trimestre 2017, p. 54.

[29] NAHI Pregnon Claude, « Les défis actuels de la gouvernance de la sécurité en Afrique », *in Revue Ivoirienne de Gouvernance et d'Études Stratégiques (RIGES)*, 2016, Gouvernance et Développement Humain, 2 (1), p. 17. - MARC Alexandre et *alii*, *Relever les défis de la stabilité et de la sécurité en Afrique de l'Ouest*, La Banque Mondiale, 2015, p. 1.

règles concernant « *les sujétions imposées ... aux citoyens, en leur personne et en leurs biens* ». Cette consécration constitutionnelle est établie, entre autres, au Bénin et au Niger[30]. Suivant cette disposition constitutionnelle, la sécurité nationale ou la sécurité publique commande donc que des contraintes, des limitations ou des nécessités soient imposées aux citoyens.

En second lieu et s'agissant du pouvoir exécutif, la préservation de la paix et de la sécurité nationale implique une fonction de participation à assurer par les forces de défense, c'est-à-dire, les forces armées. A cette fin, la Constitution nigérienne précitée énonce :

> « Les Forces armées nigériennes (FAN) assurent la défense de l'intégrité du territoire national contre toute agression extérieure et participent, aux côtés des autres forces, à la préservation de la paix et de la sécurité, conformément aux lois et règlements en vigueur »[31].

Certes, les services de renseignement sont aussi considérés comme des instruments de sécurité des États en Afrique[32]. Toutefois, notre analyse privilégie les forces de sécurité en tant que structures organisées de l'État. En Afrique francophone, tous les États n'ont pas constitutionnalisé les forces de sécurité publique, notamment la police nationale. Parmi les États qui l'ont fait, la République Démocratique du Congo (RDC) constitue un bel exemple en raison de la précision qui caractérise ses dispositions constitutionnelles, lesquelles distinguent clairement la police nationale et les forces armées. En effet, aux termes de la Constitution de la RDC du 18 février 2006 modifiée :

> « La Police nationale est chargée de la sécurité publique, de la sécurité des personnes et de leurs biens, du maintien et du rétablissement de l'ordre public ainsi que de la protection rapprochée des hautes autorités. La Police nationale est apolitique. Elle est au service de la Nation congolaise. Nul ne peut la détourner à ses fins propres. La Police nationale exerce son action sur l'ensemble du territoire national dans le respect de la présente Constitution et des lois de la République.

---

[30] Art. 98 de la Constitution de la République du Bénin du 11 décembre 1990 révisée précitée. - Art. 99 nouveau de la Constitution de la République du Niger du 25 novembre 2010 modifiée précitée.

[31] Art. 66 al. 1er de la Constitution de la République du Niger du 25 novembre 2010 modifiée précitée.

[32] DEHEZ Dustin, « Réforme du secteur de la sécurité et services de renseignement en Afrique subsaharienne. Saisir toute l'histoire », *in ASPJ Afrique et Francophonie*, 3ème trimestre 2010, p. 61.

La Police nationale est soumise à l'autorité civile locale et est placée sous la responsabilité du ministère qui a les affaires intérieures dans ses attributions »[33].

Cependant, en dépit de ces énonciations constitutionnelles, la pratique offre une lecture très biaisée qui donne de constater que la sécurité des populations est malmenée dans la plupart des États africains. Deux séries d'arguments permettent de l'analyser.

La première série est la mauvaise gestion de la question sécuritaire. Celle-ci résulte de l'incapacité de l'État à combattre l'accroissement de l'insécurité et l'existence des gangs, des groupes et des bandes armés ainsi que des groupes rebelles[34] sur son territoire. Ce phénomène n'est pas spécifique aux États africains francophones. Il existe aussi dans les États africains anglophones, en l'occurrence en Afrique du Sud et au Nigeria qui connaissent des cas très élevés de bandes et de crimes organisés. Ces cas d'insécurité entraînent des effets économiques immédiats, puisque l'insécurité est un obstacle pour les investissements en Afrique, car les investisseurs ont du mal à investir dans un environnement d'insécurité[35].

La seconde série d'arguments tendant à analyser la manière dont la sécurité des populations est malmenée en Afrique est la mauvaise organisation des forces de sécurité publique. Deux cas de figure se présentent selon qu'il s'agit des périodes électorales ou de celles d'accalmie électorale. Pendant les élections, il faut certes noter que les États font des efforts pour sécuriser le processus électoral d'une manière générale et fermer les frontières. Mais, même en période électorale, il n'est pas rare que des violences post électorales surviennent après les élections montrant l'incapacité des forces de l'ordre à sécuriser les populations. Les violences post électorales au Togo en 2005 et celles ayant eu lieu au lendemain des élections législatives du 28 avril 2019 au

---

[33] Art. 182 à 184 combinés de la Constitution de la République Démocratique du Congo (RDC) du 18 février 2006 modifiée.

[34] Cas de la rébellion du Mouvement du 23 mars (M23) au Nord-Kivu dans l'Est de la RDC. Cette rébellion attaque les positions de l'Armée congolaise, pille et commet des exactions ainsi que des viols sur les populations civiles. Cf. https://information.tv5monde.com/afrique/rdc-qui-sont-les-rebelles-du-m23-et-pourquoi-sont-ils-source-de-tensions-avec-le-rwanda, consulté le 02 juin 2022.

[35] AKEREKORO Hilaire, *Droit public économique. Nouvelles dynamiques béninoises et droit comparé*, Abomey-Calavi, Les Éditions de la Miséricorde, 2ème édition travaillée, augmentée et mise à jour, 2022, p. 18.

Bénin en sont des exemples illustratifs. En période d'accalmie électorale et selon les États, qu'elles soient qualifiées de police nationale comme c'est le cas en RDC ou de police républicaine comme au Bénin[36], ces forces ne sont pas suffisamment organisées pour faire face au défi sécuritaire. Les problèmes d'organisation qui sont visibles ici ont trait à l'insuffisance de la couverture sécuritaire du territoire national dans bien des cas et au manque de moyens logistiques et associés nécessaires à ces forces. Comme conséquence, il est à noter la faiblesse des forces de sécurité publique qui ne parviennent pas à répondre favorablement et efficacement à la mission de sécurisation des populations qui leur est confiée, et qui, des fois, sont obligées de fuir devant l'ennemi ou même les malfrats et les voleurs.

Sur le plan théorique et doctrinal, la faiblesse des forces de l'ordre dans la préservation de la sécurité de l'État induit incontestablement la catégorisation des États africains en États faibles ou fragiles et en États plus ou moins capables sécuritairement. La théorie de l'État fragile offre d'ailleurs une grille intéressante d'analyse des causes des coups d'État militaires en Afrique[37] en général, en Afrique subsaharienne en particulier. Bien souvent, les militaires prétextent de l'incapacité des gouvernants à assurer la sécurité des populations pour renverser le Président de la République en exercice, suspendre la Constitution et dissoudre les institutions démocratiques, notamment l'Assemblée Nationale. Toutefois, il faut relever que cet argument ne résiste pas à la controverse scientifique, car l'Armée, qui a vocation à défendre le territoire national contre les agressions extérieures, ne doit pas accéder au pouvoir de manière anticonstitutionnelle, car par définition elle est apolitique. Conformément à la Constitution de la RDC :

> « Les Forces armées comprennent la force terrestre, la force aérienne, la force navale et leurs services d'appui. Elles ont pour mission de défendre l'intégrité du territoire national et les frontières. Dans les conditions fixées par la loi, elles participent, en temps de paix, au développement économique, social et culturel ainsi qu'à la protection des personnes et de leurs biens. Les Forces armées sont républicaines. Elles sont au service de la Nation toute entière. Nul ne peut, sous peine

---

[36] Loi n° 2017-42 du 02 juillet 2018 portant statut des personnels de la police républicaine au Bénin.

[37] BOISVERT Marc-André (dossier dirigé par), *Coups d'Etat en Afrique : le retour de l'uniforme en politique*, *Bulletin Franco Paix*, Vol. 7, n° 1-2, Janvier-Février 2022, 23 p.

de haute trahison, les détourner à ses fins propres. Elles sont apolitiques et soumises à l'autorité civile »[38].

A l'analyse, la pratique politico-administrative de la sécurité des populations contrarie le construit constitutionnel. En plus, la sécurité de l'État est torturée.

B. Une sécurité de l'État torturée

En littérature comme en droit général, la torture est un ensemble de souffrances ou de sévices subis par quelqu'un. Mais, dans le cadre de cette étude, la notion de torture est employée en rapport avec la sécurité de l'État et partant de sa population en raison de l'ampleur de certaines atteintes à cette sécurité. Pour l'analyser, il est convoqué deux types d'idées maîtresses. Le premier type a trait au développement du terrorisme en Afrique et aux violences inter religieuses, tandis que le second type concerne les effets néfastes des catastrophes naturelles ou des situations d'urgence du même ordre.

Relativement au terrorisme[39], son étude tend à réduire la portée de l'idée selon laquelle ce sont uniquement les guerres interétatiques et celles non interétatiques, c'est-à-dire, les guerres civiles qui sont à la base des situations d'insécurité auxquelles l'État est confronté. L'architecture de paix et de sécurité des Organisations Internationales (OI) qu'elles soient universelles, régionales ou sous-régionales est d'ailleurs construite et élaborée pour gérer ces genres de conflits armés internationaux ou internes. C'est ce que souligne un auteur :

> « (...) le continent africain connaît depuis pratiquement 1960, année d'accession en masse de la plupart de ses États à la souveraineté internationale, une insécurité permanente due à des conflits armés interétatiques (...), des conflits armés non interétatiques (...), des guerres de décolonisation (...), des coups d'État réussis ou non et, depuis peu, le terrorisme, la piraterie maritime, les trafics d'armes et de stupéfiants. En vue d'y faire face, l'Organisation de l'unité africaine (OUA), devenue Union africaine (UA) en 2000 et les Communautés

[38] Art. 187 à 188 combinés de la Constitution de la RDC du 18 février 2006 modifiée précitée.

[39] BAUD Jacques, *Terrorisme, mensonges politiques et stratégies fatales de l'Occident*, Monaco, Groupe Artège, Editions du Rocher, 2016, 312 p.

économiques régionales (CER) ont progressivement mis en place un vaste système de sécurité régionale »[40].

Le développement du terrorisme en Afrique est à prendre au sérieux dans l'analyse constitutionnelle de la gestion de la sécurité des populations et donc de l'État, car le terrorisme est plus qu'une gangrène et un fléau. Il constitue un acte de torture pour la sécurité de l'État. Sur le continent africain, le terrorisme se développe grâce à l'existence et à l'évolution des groupes terroristes et djihadistes[41] dont les attaques contre les populations civiles et les forces de l'ordre sont d'une actualité brûlante dans de nombreux États africains même si, pour l'instant, certains États sont épargnés par les méfaits du terrorisme comme le Botswana, la Mauritanie et le Sénégal. Les exemples illustratifs au titre des études de cas à citer sont constitués en Afrique francophone, des États côtiers (Bénin, Côte d'Ivoire, Togo, etc.) et de ceux du Sahel (Burkina Faso, Mali, Niger et Tchad surtout) ; en Afrique anglophone, des États comme le Cameroun et le Nigeria et en Afrique lusophone, d'un État comme le Mozambique.

Le terrorisme crée une perte de confiance des populations dans les autorités chargées de gérer l'État en général, dans celles missionnées pour la sécurité publique en particulier. Ce constat est plus topique dans des États comme le Mali et le Niger, voire le Burkina Faso (la zone des trois frontières) où des organisations djihadistes comme le Front de libération du Macina (FLM) qui, associé à Al-Qaïda au Maghreb Islamique (AQMI), Ansar Dine et Al-Mourabitoune, a fini par former en 2017 le Rassemblement pour la Victoire de l'Islam et des Musulmans (RVIM) ainsi que l'État Islamique au Grand Sahara (EIGS) causent des attentats terroristes et de terribles souffrances aux populations, y compris celles vivant dans les zones rurales.

Suivant les modes opératoires des groupes terroristes et djihadistes, non seulement la sécurité de l'État est directement visée, mais aussi le djihadisme au Sahel et au Nigeria tend à remettre en cause les fondements de la République démocratique pour asseoir les bases de l'État islamique, c'est-à-dire, *Daesh* ou *Daech*[42] dans sa version africaine, mais dans tous

---

[40] AHADZI Koffi, « L'Afrique face au défi sécuritaire », *ibid.*, pp. 45-46.

[41] RAUFER Xavier, *A qui profite le djihad ?*, Paris, Les Éditions du Cerf, 2021, 116 p.

[42] CHALIAND Gérard et BLIN Arnaud (dir.), *Histoire du terrorisme. De l'Antiquité à Daech*, Paris, Fayard, 2015, 736 p.

les cas avec l'imposition de la charia, la loi islamique comme le montre l'actualité au Nord du Nigeria, notamment à *Sokoto* et à *Maiduguri* où sévit *Boko Haram.*

Il faut souligner que les défaillances sécuritaires de l'État permettent le développement des groupes terroristes et djihadistes mettant à rude épreuve la sécurité nationale. Dans les portions du territoire de l'États non contrôlées par les forces de sécurité publique comme c'est le cas de certaines zones du Burkina Faso, du Mozambique ou du Nigeria, est-il encore possible d'évoquer l'effectivité du pouvoir de l'État ? N'y a-t-il pas une perte d'influence ou une réduction notable de la présence de l'autorité de l'État dans ces zones ? Rien n'est moins sûr. La preuve en est que devant la force de frappe des terroristes, les dégâts humains, matériels et environnementaux qu'ils causent, les populations vivant dans ces zones n'ont d'autres choix que de fuir laissant derrière elles des années de réalisations de toute nature.

Les conséquences pour la gestion de l'État sont évidentes : la lutte contre le terrorisme et les groupes djihadistes dépasse le seul cadre sécuritaire national, car un seul État ne parvient pas avec ses seuls et propres moyens à contenir l'activité des groupes djihadistes à un niveau faible de sorte à mettre sa population en confiance ; ce qui permet de relativiser l'idée défendue par un auteur et selon laquelle la sécurité est l'affaire de l'État[43]. La sécurité touche à l'ensemble de secteurs intéressés par le développement de même qu'elle appelle une synergie d'action de la part des États. Là également, les efforts que déploient les États ne sont pas sans limites comme le montre le G5 Sahel (G5S)[44] composé du Burkina Faso, du Mali, de la Mauritanie, du Niger et du Tchad[45].

Quant aux violences inter religieuses, elles portent surtout atteinte à la liberté religieuse et à la liberté de culte, ainsi qu'à la liberté d'aller et venir ainsi que le prouvent les violences des groupes armés d'une confession religieuse contre une autre au Nigeria, notamment les musulmans et les chrétiens. Dans ces conditions, les populations vivent

---

[43] LATOUR Xavier, « La sécurité intérieure, entre échelon national et échelon local », *in L'Actualité Juridique Droit Administratif* 2022, p. 614.

[44] Le G5 Sahel est créé le 16 février 2014 pour coordonner et suivre la coopération régionale en matière de politiques de développement et de sécurité.

[45] ROUAMBA-OUEDRAOGO Valérie (dir.), *Crise sécuritaire dans les pays du G5 Sahel. Comprendre pour agir*, Paris, L'Harmattan, 2021, 365 p.

en insécurité et ne sont pas tranquilles dans la pratique de la liberté religieuse et de la liberté de culte.

S'agissant des effets néfastes des catastrophes naturelles ou des situations d'urgence du même ordre, ils sont révélateurs de la force de la nature sur les constructions humaines et de l'impossibilité des États à trouver des solutions définitives pour combattre certains aspects du naturel. Dans cet ordre d'idées, sont constitutives de catastrophes naturelles à même d'engendrer ou de causer des situations d'insécurité pour l'État, les inondations, les ouragans, les changements climatiques, etc. Devant ces fléaux, les États restent souvent désarmés et n'ont pas les moyens suffisants et adéquats, ni pour prévenir, ni pour combattre durablement de telles catastrophes qui ne sont pas, hélas, une spécificité africaine dans la mesure où elles sont aussi observables sur les autres continents, en l'occurrence dans les Amériques (*In the Americas*) et en Asie. En témoignent le passage de l'ouragan *Agatha* au Mexique en mai 2022 ou encore les inondations de mai-juin 2022 au Brésil qui ont occasionné plus de 100 décès[46].

Face à ce drame, que faire ? D'où l'antidote.

II. L'antidote

L'antidote est un remède à une situation dramatique, problématique ou conflictogène. Il est synonyme de thérapie. En droit général, les antidotes juridiques ont vocation à remédier à des situations de malaise pour en corriger les effets néfastes et contre productifs. En droit constitutionnel et appliqués à la question sécuritaire, les antidotes de nature constitutionnelle à même de régler un tant soit peu les problèmes d'insécurité des populations sont à chercher et trouver dans les constructions du constitutionnalisme contemporain. A cette fin, le schéma du constitutionnalisme africain est d'abord exposé (A). Il est complété par l'apport du droit constitutionnel comparé (B).

---

46 https://www.france24.com/fr/am%C3%A9riques/20220529-au-br%C3%A9sil-des-pluies-torrentielles-font-des-dizaines-de-morts-et-de-disparus, consulté le 02 juin 2022.

A. Le schéma du constitutionnalisme africain

Pour résoudre les problèmes que pose la gestion de la sécurité des populations en Afrique, les Constitutions ont prévu des solutions de type institutionnel. A ces solutions offertes dont il convient de réfléchir à l'efficacité, le recours à l'ingénierie constitutionnelle permet de mettre en lumière les antidotes constitutionnels qu'il est possible de découvrir lorsque le curseur de l'analyse est focalisé sur la doctrine constitutionnaliste.

D'un côté, les thérapies constitutionnelles offertes pour régler les difficultés de gestion de la sécurité des populations sont purement institutionnelles et sont fonction des régimes politiques et constitutionnels. Leur étude permet d'en dégager deux catégories. La première est constituée des institutions entrant dans le champ d'exercice du pouvoir exécutif, tandis que la seconde a trait à la mise en œuvre des attributions du pouvoir législatif.

D'abord, les institutions intéressant l'exercice du pouvoir exécutif et indispensables à la bonne gestion de la sécurité des populations sont composées, dans un premier temps, du Président de la République, dans un second temps, de l'organe administratif en charge de la sécurité destiné à assister et à aviser le Président de la République, entre autres, sur les questions sécuritaires. Dans les Constitutions africaines, les attributions du Président de la République en matière de sécurité ne sont pas clairement énoncées dans toutes les Constitutions. Cependant, certaines Constitutions font exception à cette règle générale, les dispositions constitutionnelles connaissant une variation en fonction des régimes politiques et constitutionnels. Ainsi, au Bénin par exemple et à la faveur de la Loi n° 2019-40 du 07 novembre 2019 portant révision de la Constitution du 11 décembre 1990, la Constitution prévoit clairement que le Président de la République est « *le responsable de la sécurité nationale* »[47], alors qu'au Cameroun, il « *veille à la sécurité intérieure et extérieure de la République* »[48]. Dès lors, au Bénin, il lui appartient de prendre directement les mesures nécessaires pour assurer la sécurité de la population. Puisqu'il détermine et conduit la politique de la Nation et

---

[47] Art. 62 nouveau de la Constitution de la République du Bénin du 11 décembre 1990 révisée précitée.

[48] Art. 8 (3) de la Constitution de la République du Cameroun du 02 juin 1972 révisée.

exerce le pouvoir réglementaire[49], il lui revient de déterminer la politique sécuritaire de l'État. Il peut organiser la sécurité nationale par voie de décret simple ou par décision prise en Conseil des ministres. Mais, les attributions du Président de la République en matière sécuritaire connaissent une convergence dans un nombre restreint de Constitutions africaines qui ont fait du Président de la République en même temps le président de l'organe administratif en charge de la sécurité comme c'est le cas au Bénin et au Sénégal[50]. Cet organe, distinct du ministère de l'intérieur et de la sécurité publique, connaît une dénomination très variée et distincte en fonction des choix constitutionnels des États. Dans l'ensemble, deux catégories d'États doivent être distingués. D'une part, il faut mentionner les États dont les Constitutions ont fusionné le Conseil national de défense et le Conseil national de sécurité pour obtenir un seul organe. Ce modèle est offert par le Bénin dont la Constitution précitée dispose :

> « Le Président de la République (...) est assisté du Conseil national de défense et de sécurité et du Conseil national de renseignement dont il nomme les membres en Conseil des ministres »[51].

D'autre part, il faut citer les États dont les Constitutions ont séparé le Conseil supérieur de la défense nationale et le Conseil national de sécurité. Rentrent dans ce schéma des États comme le Niger et le Sénégal. Au Niger, la Constitution énonce :

> « Le Président de la République (...) est assisté du Conseil supérieur de la défense nationale et du Conseil national de sécurité »[52], tandis qu'au Sénégal, elle prévoit : « Le Président de la République (...) préside le Conseil supérieur de la défense nationale et le Conseil national de sécurité »[53].

Il faut faire observer que même dans les régimes semi-présidentiels (semi-parlementaires) ou *primo* ministériels, le Conseil national de

---

[49] Art. 54 nouveau al. 1er de la Constitution de la République du Bénin du 11 décembre 1990 révisée précitée.

[50] Art. 62-2 de la Constitution de la République du Bénin du 11 décembre 1990 révisée précitée. - Art . 45 de la Constitution de la République du Sénégal du 22 janvier 2001 révisée.

[51] Art. 62 nouveau de la Constitution de la République du Bénin du 11 décembre 1990 révisée précitée.

[52] Art. 63 de la Constitution de la République du Niger du 25 novembre 2010 modifiée précitée.

[53] Art . 45 de la Constitution de la République du Sénégal du 22 janvier 2001 révisée précitée.

sécurité n'assiste pas le Premier ministre, mais plutôt le Président de la République. Ces organes administratifs chargés d'assistance et de donner des avis au Président de la République ne peuvent véritablement contribuer à une meilleure gestion de la sécurité des populations que s'ils exercent leurs attributions[54] avec efficacité.

Ensuite, dans la mise en œuvre des attributions du pouvoir législatif, ce dernier peut permettre de résoudre tout aussi efficacement les problèmes sécuritaires dans les États africains si la fonction de contrôle du Parlement est correctement exercée. Le contrôle est une institution. Il vise à vérifier la manière dont l'État est géré par le pouvoir exécutif. La fonction de contrôle de l'action gouvernementale par le Parlement est consacré dans presque tous les États africains francophones comme en témoignent les cas du Bénin, du Cameroun, du Niger, du Sénégal et du Togo[55]. Cette fonction peut être valablement actée au Togo où la Constitution énonce :

> « Les Forces de sécurité et de Police, sous l'autorité du Gouvernement, ont pour mission de protéger le libre exercice des droits et des libertés, et de garantir la sécurité des citoyens et de leurs biens »[56].

De l'autre, le recours à l'ingénierie constitutionnelle permet de dégager les solutions découvertes sur le plan doctrinal. Au titre de ces solutions, il ne peut être passé sous silence la responsabilité[57] du Président de la République en matière sécuritaire, car si comme l'a prévu la Constitution béninoise précitée le Président de la République est le

---

[54] Au Bénin, le Conseil national de défense et de sécurité « *définit les orientations en matière de programmation militaire, de conduite des opérations de planification des réponses aux crises majeures, de renseignement, de sécurité économique et énergétique, de programmation de la sécurité intérieure et de la lutte contre le terrorisme. Il en fixe les priorités* ». Art. 62-1 de la Constitution de la République du Bénin du 11 décembre 1990 révisée précitée. Au Niger, le Conseil national de sécurité « *donne son avis sur les questions relatives à la sécurité de la Nation, à la défense de la Nation, à la politique étrangère et de manière générale sur toutes questions liées aux intérêts vitaux et stratégiques du pays* ». Art. 65 de la Constitution de la République du Niger du 25 novembre 2010 modifiée précitée.

[55] Art. 79 al. 2 de la Constitution de la République du Bénin du 11 décembre 1990 révisée précitée. - Art. 14 (2) de la Constitution de la République du Cameroun du 02 juin 1972 révisée précitée. - Art. 90 de la Constitution de la République du Niger du 25 novembre 2010 modifiée précitée. - Art . 59 de la Constitution de la République du Sénégal du 22 janvier 2001 révisée précitée. - Art. 81 de la Constitution de la République togolaise du 14 février 1992 révisée.

[56] Art. 49 de la Constitution de la République togolaise du 14 février 1992 révisée précitée.

[57] Pour des développements nouveaux sur la question, v. entre autres : Archives de philosophie du droit, Tome 63- *La responsabilité*, Paris Dalloz, 2022, 506 p. - DEROSIER Jean-Philippe (dir.), *La responsabilité des gouvernants*, Paris, Lexis Nexis, 2022, 408 p.

responsable de la sécurité nationale, il doit pouvoir rendre compte de sa gestion sécuritaire. Comme tenu de l'importance de la question sécuritaire pour les populations, la Constitution béninoise du 11 décembre 1990 révisée aurait pu ériger la légèreté dans la gestion de la sécurité nationale par le Président de la République (responsabilité personnelle) en une infraction constitutionnelle, à charge pour la Haute Cour de Justice (HCJ) d'en connaître en cas de survenance au même titre que la haute trahison, l'atteinte à l'honneur et à la probité et l'outrage à l'Assemblée Nationale[58].

S'y ajoutent, au titre des éléments d'extranéité de l'ordre constitutionnel, les sanctions politiques[59], économiques et financières qui peuvent frapper les responsables en charge de la sécurité en cas de changement anticonstitutionnel de gouvernement (gel des avoirs, interdiction de voyager, etc.). Les conséquences de ces sanctions sont drastiques pour le secteur public économique et les finances publiques. La mobilisation du droit constitutionnel comparé peut permettre de gérer au mieux la question sécuritaire en Afrique en général, en Afrique francophone en particulier. Il sied alors d'étudier son apport.

B. L'apport du droit constitutionnel comparé

Le droit constitutionnel comparé est une discipline très éclairante pour les études et les analyses constitutionnelles comparatives et ce, en tenant compte des régimes politiques et constitutionnels qu'ils soient républicains ou monarchiques. La comparabilité des droits constitutionnels contemporains, en plus de faire ressortir des éléments de transconstitutionnalisme, est révélatrice des spécificités constitutionnelles qui peuvent exister dans les droits constitutionnels étrangers. L'objectif ici est de s'appuyer sur l'argument de droit comparé en droit constitutionnel pour mettre en lumière les antidotes constitutionnels imaginés hors d'Afrique pour régler les problèmes que pose la gestion de la sécurité des populations.

En focalisant le regard de l'analyse constitutionnelle sur les grands systèmes de droit contemporains, trois catégories distinctes de droits

---

[58] Art. 73 de la Constitution de la République du Bénin du 11 décembre 1990 révisée précitée.

[59] KPODAR Adama, « La communauté internationale et le Togo : élément de réflexions sur l'extranéité de l'ordre constitutionnel », *ibid.*, p. 40.

peuvent servir de grille d'analyse intéressante pour la présente étude. Il s'agit des droits romano-germaniques, des droits scandinaves et des droits des États de tradition et de culture juridiques anglaise et assimilées.

D'abord, dans les droits romano-germaniques, la logique humanitaire et le respect des principes d'organisation du pouvoir politique tels qu'étudiés en Afrique existent aussi dans ces droits. A titre illustratif, la Constitution du Portugal révisée en 1997 consacre en son article 27 (1) le droit de toute personne à la liberté et à la sécurité. En outre, au titre des pouvoirs des députés portugais, la même Constitution énonce qu'ils ont le pouvoir de « *poser des questions au gouvernement sur tout acte de celui-ci ou de l'Administration publique et obtenir une réponse dans un délai raisonnable, sous réserve des dispositions de la loi en matière de secret d'État* »[60] ; ce qui signifie qu'ils peuvent contrôler l'action gouvernementale s'agissant de la gestion de la sécurité des populations.

Cependant, contrairement aux droits constitutionnels en Afrique, les Constitutions du Portugal et de l'Italie n'ont pas prévu le Conseil national de sécurité comme un organe administratif d'assistance du Président de la République. Elles ont plutôt privilégié le Conseil de défense dont les dénominations varient en fonction des prescriptions et des choix constitutionnels des États. Au Portugal, il appartient au Président de la République de « présider le *Conseil supérieur de la défense nationale* » [61], alors qu'en Italie le Président de la République « *a le commandement des Forces armées, préside le Conseil suprême de défense constitué suivant la loi, déclare l'état de guerre décidé par les chambres* »[62] du Parlement. Il en découle que les Constitutions portugaise et italienne ont accordé plus d'importance à la défense qu'à la sécurité. En est-il de même dans le Royaume d'Espagne ?

Dans la monarchie constitutionnelle espagnole, l'élaboration des règles du droit constitutionnel ibérique comprend une similitude avec les dispositions des Constitutions des États d'Afrique subsaharienne et de la Constitution du Portugal en ce qui concerne la reconnaissance constitutionnelle du droit à la liberté et à la sécurité[63]. Néanmoins et contrairement aux États d'Afrique sus étudiés, s'il le Roi d'Espagne est

---

[60] Art. 156 (d) de la Constitution du Portugal révisée en 1997.

[61] Art. 133 (o) de la Constitution du Portugal révisée en 1997 précitée.

[62] Art. 87 de la Constitution de la République italienne de 1947.

[63] Art. 17.1 de la Constitution espagnole de 1978.

chargé d'exercer le commandement suprême des forces armées[64], il est du rôle du Gouvernement de diriger la politique intérieure et extérieure, l'administration civile et militaire et la défense de l'État[65]. Comme au Portugal et en Italie, il faut noter que ni la sécurité nationale, ni celle publique ne sont pas directement visées par la Constitution espagnole qui préfère la fonction de défense de l'État.

Ensuite, dans les droits scandinaves, notamment dans le Royaume de Suède où la criminalité et la délinquance connaissent une hausse selon une étude du Conseil suédois de prévention du crime[66], les solutions pour y remédier nécessitent plus d'engagement de la part des acteurs politiques et sociaux. Mais, si d'une manière générale, les États européens contribuent à la paix, à la stabilité et à la sécurité en Afrique grâce aux missions militaires, s'agissant plus précisément des États d'Europe du Nord (Danemark, Finlande, Islande, Norvège et Suède), leur contribution à la gestion de la sécurité de l'État en Afrique australe surtout prend la forme de partenariat et d'accueil des pourparlers de paix entre les parties en guerre comme au Soudan du Sud[67].

Enfin, dans les droits des États de tradition et de culture juridiques anglaise et assimilées, en l'occurrence, en Australie, au Canada, aux États-Unis d'Amérique, en Grande-Bretagne et au Japon, l'esprit de relativité et de synthèse nécessite de se limiter aux prescriptions du droit constitutionnel des États-Unis d'Amérique. Conformément au deuxième amendement de la Constitution des États-Unis d'Amérique du 17 septembre 1787, « *une milice bien organisée étant nécessaire à la sécurité d'un État libre, le droit qu'a le peuple de détenir et de porter des armes ne sera pas transgressé* ». Le port d'armes individuel ou le droit de porter des armes est ainsi érigé en un droit constitutionnellement garanti. Ce droit ne semble pas être remis en cause en dépit de l'insécurité générée par la pratique du port d'armes dans la société étatsunienne actuelle. Il constitue une avancée constitutionnelle lorsque la comparaison est faite et opérée avec les Constitutions africaines

---

[64] Art. 62 h) de la Constitution espagnole de 1978 précitée.

[65] Art. 97 de la Constitution espagnole de 1978 précitée.

[66] https://www.europarl.europa.eu/doceo/document/E-9-2021-004170_FR.html, consulté le 02 juin 2022.

[67] NANTULYA Paul, « La solidarité en matière de paix et de sécurité ; le partenariat entre les pays nordiques et l'Afrique », sur https://africacenter.org/fr/spotlight/la-solidarite-en-matiere-de-paix-et-de-securite-le-partenariat-entre-les-pays-nordiques-et-lafrique/, consulté le 02 juin 2022.

francophones subsahariennes. Certes, en Afrique subsaharienne, des citoyens sont autorisés à porter des armes pour se défendre contre toute agression et la légitime défense est aussi reconnue.

Néanmoins, la reconnaissance constitutionnelle du droit de porter des armes[68] offre une garantie plus forte que celle de la loi ordinaire et des règlements. Pour éviter toute confusion, il ne s'agit pas de doter les populations de missiles, de bombes ou des armes de destruction massive. Il n'est pas non plus question de « *poutiniser* » les populations africaines par un recours sans cesse à la force. Il s'agit plutôt de reconnaître constitutionnellement à toute personne physique vivant sur le territoire de l'État en Afrique la possibilité de porter une arme pour sa défense individuelle et celle des personnes placées sous sa responsabilité. Pour éviter les dérapages et les déviances regrettables, la jouissance de ce droit doit être encadrée, la Constitution pouvant laisser le soin au législateur d'en préciser les modalités. Aussi, appartient-il à la juridiction constitutionnelle de contrôler la manière dont les pouvoirs publics traitent les personnes physiques dans la jouissance d'un tel droit.

Conclusion

Au terme de cette étude, il appert que la sécurité des populations et donc de l'État n'est pas une mince affaire ou un gadget. Primordiale et prioritaire, elle nécessite la mise en place et le fonctionnement des institutions tant constitutionnelles, politiques qu'administratives dont les attributions sont variées. Cependant, la pratique donne de voir un écart entre le dispositif constitutif théorique et la réalité de terrain, tant les atteintes à la sécurité humaine et à celle de l'État sont d'une actualité et d'une acuité incontestables.

Dans le registre des actes attentatoires à ces formes de la sécurité privilégiées par la présente analyse et étudiées, il y a logiquement les actes de banditisme, de gangstérisme, de braquage, de violences, de

[68] Le port des armes n'est pas une donnée étrangère à l'Afrique. Dèjà, dans de nombreuses sociétés africaines ou américaines précoloniales, les populations avaient développé l'habitude de porter des armes pour se défendre, notamment les fusils de fabrication artisanale et les flèches empoisonnées. Dans certaines sociétés africaines postcoloniales, cette habitude n'a pas disparu, car dans certains cas, elle est transmise de génération en génération sur le plan ethnologique et anthropologique. La pertinence de cette idée est très importante à soutenir aujourd'hui vu les proportions alarmantes des phénomènes du terrorisme, du djihadisme et des bandes armées qui sèment la terreur et l'épouvante dans la population civile.

criminalité organisée ou non, de rébellion sans oublier le terrorisme et les actes des groupes djihadistes. Cette liste est complétée par les problèmes sécuritaires causés par les catastrophes naturelles et les situations d'urgence du même ordre. Ces actes d'insécurité constituent un drame que vivent les populations dans la plupart des États africains. L'une des conclusions qui s'en dégagent est que l'insécurité crée des problèmes économiques comme il est à la base de la fuite des cerveaux et de l'immigration clandestine internationale dans certains cas.

A ce stade de l'analyse, la prise en compte de la question sécuritaire induit d'essayer, sur le plan doctrinal, une nouvelle définition de l'État en droit constitutionnel. L'État est un pouvoir politique effectif et efficace qui s'exerce sur une population sécurisée vivant sur un territoire délimité et protégé. Un État qui vit en insécurité permanente est un État en danger et ses efforts pour le développement sont réduits.

A titre prospectif, la présente analyse essaie de dégager et de mettre en lumière les antidotes constitutionnels à même de permettre de régler le problème crucial de la gestion de la sécurité des populations en Afrique. Au nombre des solutions constitutionnelles, les unes sont offertes par les droits constitutionnels en Afrique, tandis que les autres sont découvertes grâce à un effort doctrinal. D'autres encore sont mis en exergue par la convocation à l'analyse du droit constitutionnel comparé qui offre une gamme variée de solutions constitutionnelles dont le port individuel d'armes reconnu et pratiqué en droit constitutionnel des États-Unis d'Amérique.

Bibliographie

I. Ouvrages

1- AKEREKORO Hilaire, *Droit public économique. Nouvelles Dynamiques béninoises et droit comparé*, Abomey-Calavi, Les Éditions de la Miséricorde, 2ème édition travaillée, augmentée et mise à jour, 2022, 284 p.

2- Archives de philosophie du droit, Tome 63- *La responsabilité*, Paris Dalloz, 2022, 506 p.

3- BAUD Jacques, *Terrorisme, mensonges politiques et stratégies fatales de l'Occident*, Monaco, Groupe Artège, Editions du Rocher, 2016, 312 p.

4- CHALIAND Gérard et BLIN Arnaud (dir.), *Histoire du terrorisme. De l'Antiquité à Daech*, Paris, Fayard, 2015, 736 p.

5- DEROSIER Jean-Philippe (dir.), *La responsabilité des gouvernants*, Paris, Lexis Nexis, 2022, 408 p.

6- LEROY-BEAULIEU Paul, *L'État moderne et ses fonctions*, Paris, Guillaumin et Cie, 3ème édition revue et augmentée, 1900, 487 p.

7- RAUFER Xavier, *A qui profite le djihad ?*, Paris, Les Editions du Cerf, 2021, 116 p.

8- ROUAMBA-OUEDRAOGO Valérie (dir.), *Crise sécuritaire dans les pays du G5 Sahel. Comprendre pour agir*, Paris, L'Harmattan, 2021, 365 p.

9- ZEINO-MAHMALAT Ellinor, REIFELD Helmut (Ed.), *La crise sécuritaire au Sahel. Quelles répercussions sur les pays du Maghreb arabe ?*, Konrad Adenauer Stiftung, 2015, 153 p.

II. Articles

1- AHADZI Koffi, « L'Afrique face au défi sécuritaire », *in Les transformations de l'Etat*, Mélanges en l'honneur de Babacar GUEYE, Toulouse, Presses de l'Université Toulouse 1 Capitole, 2019, pp. 45-68.

2- DERDZINSKI L. Joseph, PORRECA Jackson, « Mesurer la sécurité. Comprendre la capacité étatique dans les pays producteurs de pétrole », *in ASPJ Afrique et Francophonie*, 1er trimestre 2017, pp. 54-73.

3- DEHEZ Dustin, « Réforme du secteur de la sécurité et services de renseignement en Afrique subsaharienne. Saisir toute l'histoire », *in ASPJ Afrique et Francophonie*, 3ème trimestre 2010, pp. 57-63.

4- GOERENS Charles, « Sécurité et développement de l'Afrique : une nouvelle approche pour l'UE », *in Cahier de Chaillot*, n° 99, avril 2007, 75 p.

5- KPODAR Adama, « La communauté internationale et le Togo : élément de réflexions sur l'extranéité de l'ordre constitutionnel », *in Revue Togolaise des Sciences Juridiques (RTSJ)*, n° 0000, Janvier/Juin 2011, pp. 38-44.

6- LATOUR Xavier, « La sécurité intérieure, entre échelon national et échelon local », *in L'Actualité Juridique Droit Administratif* 2022, pp. 614 et suivants.

7- NAHI Pregnon Claude, « Les défis actuels de la gouvernance de la sécurité en Afrique », *in Revue Ivoirienne de Gouvernance et d'études Stratégiques (RIGES)*, 2016, Gouvernance et Développement Humain, 2 (1), pp. 17-54.

8- ONDOUA Franklin Alain, « La population en droit constitutionnel. Le cas des pays d'Afrique francophone », *in Afrique contemporaine*, n° 242, 2012/2, pp. 87-97.

9- SALAS Denis, « États de sécurité ou État de droit ? L'hésitation française », *in Etudes*, Tome 408, 2008/4, pp. 463-473.

10- SCHEPPELE Kim Lane, « Le droit de la sécurité internationale. Le terrorisme et l'empire sécuritaire de l'après 11 septembre 2001 », *in Actes de la recherche en sciences sociales*, n° 173, 2008/3, pp. 28-43.

III. Thèses de doctorat

1- ABOU EL KALAM D'Anas, *Modèles et politiques de sécurité pour les domaines de la santé et des affaires sociales*, Thèse de doctorat, Centre National de la Recherche Scientifique, 2003, 183 p.

2- AÏT YOUSSEF Driss, *Sécurité privée et libertés*, Thèse de doctorat, Université de Nice Sophia-Antipolis, 2015, 421 p.

3- HARDY Hélène, *Le principe de sécurité juridique au sens du droit de la Convention européenne des droits de l'homme*, Thèse de doctorat en droit public, Université de Montpellier, 2019, 862 p.

4- NORMANDIN Julie-Maude, *La sécurité civile en transformation : analyse comparative de la conception et de la mise en oeuvre de la résilience face aux désastres*, Thèse de doctorat, Ecole Nationale d'Administration Publique, 2019, 526 p.

5- NTUMBA KAPITA Patrice Emery, *La pratique onusienne des opérations de consolidation de la paix : analyse, bilan et perspectives*, Thèse de doctorat, Nancy Université, 2010, 446 p.

IV. Textes juridiques

1- Constitution de la République Démocratique du Congo (RDC) du 18 février 2006 modifiée.

2- Constitution de la République du Bénin du 11 décembre 1990 révisée.

3- Constitution de la République du Cameroun du 02 juin 1972 révisée.

4- Constitution de la République du Niger du 25 novembre 2010 modifiée.

5- Constitution de la République du Sénégal du 22 janvier 2001 révisée.

6- Constitution de la République italienne de 1947.

7- Constitution de la République togolaise du 14 février 1992 révisée.

8- Constitution du Portugal révisée en 1997.

9- Constitution espagnole de 1978.

10- Traité de la Communauté Économique des États de l'Afrique de l'Ouest (CEDEAO) signé à Lagos (Nigeria) le 28 mai 1975 et révisé le 24 juillet 1993 à Cotonou (Bénin).

11- Loi n° 2017-42 du 02 juillet 2018 portant statut des personnels de la police républicaine au Bénin.

V. Documents et rapports

1- BOISVERT Marc-André (dossier dirigé par), *Coups d'État en Afrique : le retour de l'uniforme en politique*, *BulletinFrancoPaix*, Vol. 7, n° 1-2, Janvier-Février 2022, 23 p.

2- COURTIN Christophe et BOKO François, « Les forces armées en Afrique francophone », *in Note* n° 284, Fondation Jean-Jaurès, 2015, 7 p.

3- GNANGUÊNON Amandine (dir.), *Les défis stratégiques africains : la gestion de la conflictualité en Afrique centrale*, Études de l'IRSEM, n° 25, 2013, 108 p.

4- HUGON Philippe et ESSIANE ANGO Naïda, *Les armées nationales africaines depuis les indépendances. Essai de périodisation et de comparaison*, Institut de Relations Internationales et Stratégiques (IRIS), Les Notes de l'IRIS, avril 2018, 60 p.

5- HUSSEIN Karim et *alii*, *Sécurité et sécurité humaine. Présentation des concepts et des initiatives. Quelles conséquences pour l'Afrique de l'Ouest ?*, Club du Sahel et de l'Afrique de l'Ouest, 2004, 53 p.

6- *International Crisis Group*, *Mettre en oeuvre l'architecture de paix et de sécurité (III) : Afrique de l'Ouest*, Rapport Afrique, n° 234, 14 avril 2016, 40 p.

7- *Les nouvelles menaces sur notre monde vues par la CIA. Analyses, faits et chiffres*, Rapport traduit de l'anglais (États-Unis), Equateurs, Humensis, 2022, 442 p.

8- MARC Alexandre et *alii*, *Relever les défis de la stabilité et de la sécurité en Afrique de l'Ouest*, La Banque Mondiale, 2015, 31 p.

9- QUERO Yann-Cédric, *Étude sur les polices en Afrique subsaharienne francophone : structures et missions au regard de la prévention de la criminalité*, Rapport d'analyse thématique, Montréal, février 2008, 125 p.

VI. Webographie et sites *Internet*

1- Bureau des Nations Unies pour l'Afrique de l'Ouest et le Sahel (UNOWAS), *Pastoralisme et sécurité en Afrique de l'Ouest et au Sahel*, étude, 97 p., sur https://www.unowas.unmissions.org.

2- Commission de l'Union Africaine, *Cadre d'orientation sur la réforme du secteur de la sécurité*, Addis-Abeba (Éthiopie), sur https://www .peaceau.org.

3- Communauté Économique des États de l'Afrique de l'Ouest (CEDEAO), *Cadre de politique de la CEDEAO pour réforme et la gouvernance du secteur de sécurité*, sur http://www.ecowas.int.

4- https://africacenter.org/fr/spotlight/la-solidarite-en-matiere-de-paix-et-de-securite-le-partenariat-entre-les-pays-nordiques-et-lafrique/.

5- https://www.europarl.europa.eu/doceo/document/E-9-2021-004170_FR.html.

6- L'Agence internationale de l'énergie atomique (AIEA), *La sécurité informatique dans les installations nucléaires*, Orientations techniques, Manuel de référence, n° 17, sur https://www-pub.iaea.org.

7- NATOLI Francesco, « Sécurité et ordre public : deux notions à relation variable. Comparaison franco-italienne», *in La Revue des droits de l'homme*, mis en ligne le 13 janvier 2017, sur http://journals.openedition.org/revdh /2905 ; DOI : https://doi.org/10.4000/ revdh.2905.

8- SANFO Younoussa, *Cybercriminalité, le nouveau visage de la menace en Afrique*, sur https://fisst.com.

Mazamesso WELLA

Maître-Assistant en Droit public, Université de Lomé (Togo)

La sécurité nationale et les coups d'État en Afrique noire francophone

Introduction

« *La France a compris que je n'étais sorti de la légalité que pour entrer dans le droit* » : déclarait Napoléon Bonaparte, le 31 décembre 1851, à la suite du coup d'état du 2 décembre de la même année. Cet oxymore rend bien compte du sempiternel problème du coup d'État présenté à la fois comme une violation de la Constitution et une action pour le salut de l'État. En Afrique noire francophone particulièrement, le constat est saisissant. D'août 2020 à septembre 2022, six coups d'État se sont succédés[1] et la plupart ont été justifiés, à tort ou à raison, par les difficultés des gouvernements à freiner la progression des groupes terroristes qui mettent à mal la sécurité nationale et l'intégrité du territoire. Le coup d'État, formellement proscrit en démocratie comme mode d'accession au pouvoir[2], est donc convié au service de la sécurité

---

[1] Mali (18 août 2020 et 24 mai 2021), Guinée Conakry (5 septembre 2021), Burkina Faso (24 janvier 2022 et 30 septembre 2022) et au Tchad (20 avril 2021).

[2] Le rejet des changements anticonstitutionnels par les organisations régionales est matérialisé par l'adoption de plusieurs instruments juridiques. Au sein de l'Union africaine (UA), l'article 30 de l'Acte constitutif prévoit que « *les gouvernements qui accèdent au pouvoir par des moyens anticonstitutionnels ne sont pas admis à participer aux activités de l'Union* ». On peut également citer la Charte africaine de la démocratie, des élections et de la gouvernance qui condamne les changements anticonstitutionnels. L'UA ne se contente plus de condamner ces changements dans des déclarations comme sa devancière. Elle impose des sanctions à l'encontre des États (suspensions, restrictions commerciales, droit d'intervention, etc.) et des auteurs (refus de visas, gel des avoirs financiers, poursuite judiciaire), même si leur efficacité reste encore à prouver. Au niveau sous régional, la Communauté économique des États de l'Afrique de l'Ouest (CEDEAO), s'est dotée d'un Protocole sur la Démocratie et la Bonne Gouvernance additionnel au protocole relatif au mécanisme de prévention, de gestion, de règlement des conflits, de maintien de la paix et de la sécurité qui dispose à son article premier alinéa (b) : « *Toute accession au pouvoir doit se faire à travers des élections libres, honnêtes, et transparentes* ». L'alinéa (c) renchérit que « *Tout*

nationale, une mission régalienne de l'État. Ce nouveau facteur explicatif du coup d'État invite à interroger l'efficacité des mécanismes juridiques à garantir à la fois la sécurité nationale et la démocratie.

En réalité, la plupart des Constitutions des États d'Afrique francophone font référence à la notion de sécurité nationale de façon résiduelle sous l'angle de la « *sécurité intérieure*[3] », de la « *défense nationale* [4]», de la « *sécurité publique*[5] » ou encore de la « *sécurité des biens et des personnes* [6]». Elles posent le principe général du primat de l'Exécutif en matière de défense nationale[7], désignent l'autorité compétente en matière de nomination des commandants militaires[8] et précisent l'autorité compétente pour déclarer la guerre[9].

Selon la loi française du 29 juillet 2009 :

> « La stratégie de sécurité nationale a pour objet d'identifier l'ensemble des menaces et des risques susceptibles d'affecter la vie de la Nation, notamment en ce qui concerne la protection de la population, l'intégrité du territoire et la permanence des institutions de la République, et de déterminer les réponses que les pouvoirs publics doivent y apporter. L'ensemble des politiques publiques concourt à la sécurité nationale [10]».

Ainsi, dans sa conception matérielle, la sécurité nationale renvoie à la protection de l'État et de sa population contre les menaces extérieure et intérieure. Elle repose donc sur une double dimension : la dimension externe qui consiste à « *défendre l'État contre les ennemis du dehors*[11] » et la dimension interne qui vise à « *assurer au dedans le maintien de*

---

changement anticonstitutionnel est interdit de même que tout mode non démocratique d'accession ou de maintien au pouvoir ».

[3] Exemple des Constitutions gabonaise (article 1er), camerounaise (article 8) et sénégalaise (article 4).

[4] Cas des Constitutions burkinabé de 2015 (article 101), togolaise (article 14) et sénégalaise (article 39).

[5] Exemple de la Constitution béninoise (article 40).

[6] Article 49 de la Constitution togolaise.

[7] Article 39 de la Constitution sénégalaise.

[8] Article 70 de la Constitution togolaise.

[9] Article 101 de la Constitution béninoise.

[10] L'article L1111-1 la loi de programmation militaire du 29 juillet 2009.

[11] Justine Castillo MAROIS, « Controverse sur la suprématie du président de la république en matière de défense nationale », *RFDC*, 2017/2 N° 110, pp. 343-366.

l'ordre et l'exécution des lois[12] ». La sécurité est au principe même de l'institution de l'État car la fonction première d'un l'État est de préserver l'existence du corps social contre les menaces de toute nature. Elle est apparue avec l'institutionnalisation progressive de l'État et vise essentiellement à protéger la souveraineté étatique[13]. L'État apparaît donc comme la garantie de la survie et de l'intégration d'une société qui serait, sans son intermédiaire, vouée au désordre, à l'éclatement, à la dissolution. Cette vision est, on le sait, au cœur des théories du contrat social. L'exigence de sécurité est la raison d'être de la fondation de l'État[14] et la finalité profonde de son institution : elle justifie la concentration entre ses mains de l'ensemble des moyens de coercition ; condition de la paix sociale, l'État devient la seule source légitime de contrainte.

En ce qui concerne le « coup d'État », sa définition ne fait pas l'objet d'unanimité. Les divergences concernent moins l'acte que le jugement qui est porté sur lui. Néanmoins, le coup d'État peut être caractérisé par quatre éléments appréciatifs : le premier relève de la force brutale, il s'agit généralement d'une entreprise violente ; en second lieu, il intervient de façon spectaculaire avec une certaine rapidité ; le troisième élément tient au fait que le coup d'État est exécuté par un groupe de personnes, ce qui l'oppose à une révolution ; le quatrième élément se rapporte aux auteurs du coup d'État qui appartiennent généralement à une instance étatique d'un échelon plus ou moins important. Fort de ces éléments caractéristiques, le coup d'État peut être appréhendé comme une prise de contrôle physique et politique de l'appareil d'État, par un groupe de conspirateurs s'appuyant sur la menace ou le recours à la violence. Il s'agit d'un changement anticonstitutionnel de gouvernement caractérisé par : la violation de la loi ou de la Constitution et l'invocation du salut de l'État. Selon Serge GUINCHARD et Thierry DEBARD, le coup d'état est une *« action de force contre les pouvoirs publics, exécutée par une partie des*

---

[12] *Ibid.*

[13] Ernest MAY, « National Security in American History », in Graham T. Allison, Gregory F. Treverton (eds.), *Rethinking America's Security: Beyond Cold War to New World Order,* New York, Norton, 1992, p. 235.

[14] Voir Jean DELUMEAU, *Rassurer et protéger. Le sentiment de sécurité dans l'Occident d'autrefois*, Paris, Fayard, 1989.

gouvernants ou par des agents subordonnés, notamment des militaires et qui vise à renverser le régime établi[15]».

Il convient de rappeler que les études sur les coups d'État dans le processus de construction de l'État en Afrique ne sont pas rares[16]et, y consacrer une réflexion peut sembler inopportune et superfétatoire. Toutefois, l'analyse des motifs invoqués par les putschistes dans les cas Malien et Burkinabé, par exemple, invite à renouveler le débat sur le rapport entre la sécurité d'État et le respect de la légalité car l'insécurité généralisée dans les pays de la sous-région ouest-africaine est devenue le motif qui semble justifier et légitimer l'intrusion de l'armée dans l'arène politique[17].

En réalité, la sous-région fait face à des défis sécuritaires sans précédent. Au Burkina Faso, l'État ne contrôle que 60% du territoire[18] tandis qu'au Mali, les groupes terroristes occupent environ 80% du territoire malien[19]. Outre, l'atteinte à l'intégrité du territoire, l'insécurité a entrainé de nouvelles menaces à l'encontre de la démocratie électorale. On a assisté, au Mali, à la fermeture de plusieurs bureaux de vote lors des élections législatives de 2020 en raison de l'insécurité.

C'est dans ce contexte que les principes d'ordre public et sécuritaire sont invoqués pour justifier le coup d'État, notamment : « *la défense du territoire, l'indépendance nationale, l'unité nationale, la continuité de l'État face à l'expansion du terrorisme ...* ». Ainsi, contrairement au gouvernement légitime qui, en cas de péril sécuritaire de l'État, recourt

---

[15] Serge GUINCHARD et Thierry DEBARD, *Lexique des termes juridiques*, Paris, Dalloz, 2017-2018, p. 621.

[16] Voir, par exemple, Siaka COULIBALY, *Coups d'état : légitimation et démocraties en Afrique*, Dakar Harmattan, 2013, 156 p. ; Jean-Pierre PABANEL, *Les coups d'État militaires en Afrique noire*, Dakar, Harmattan, 2000, 189 p. ; Issaka K. SOUARE, *Guerres civiles et coups d'État en Afrique de l'Ouest*, Dakar, Harmattan, 2007, 292 p. etc.

[17] Au Burkina Faso, les putschistes ont, le 24 janvier 2022, expliqué l'action par la nécessité de restaurer « *l'intégrité territoriale* » ; au Mali, le colonel Ismael WAGUE a déclaré, à l'issue du coup d'état du 18 août 2020, que « *l'existence en tant que pays et nation est menacé dans son fondement* ». « *L'anarchie et l'insécurité* » qui règnent justifient la prise du pouvoir d'État par l'armée.

[18] Media TV Afrique, 24 Janvier 2023.

[19] Déclaration de fin de mission de l'Expert Indépendant sur la situation des droits de l'homme au Mali, Alioune Tine – 15 août 2022.

aux pouvoirs exceptionnels prévus par le droit[20], les auteurs du coup d'État usent des procédés inconstitutionnels, estimant que le respect de la légalité ne permettrait pas de défendre l'existence de l'État.

A l'analyse, les défis sécuritaires mettent en jeu deux exigences : le respect de la légalité et la défense de l'État. Le respect des normes constitutionnelles et la garantie de la sécurité nationale semblent parfois inconciliables, surtout dans un contexte d'atteinte généralisée à l'intégrité du territoire, de violence contre les populations civiles et d'atteintes aux biens. Dans pareilles situations, l'incapacité d'un gouvernement à garantir la sécurité nationale peut-elle justifier la prise du pouvoir d'État par l'armée au détriment des principes démocratiques ? Concrètement, les exigences sécuritaires peuvent-elles justifier un coup d'État ?

Il convient de remarquer, préalablement à toute réponse à cette question délicate, que la démocratie ne peut prospérer que dans un État sécurisé et stable. Cela suppose que l'État doit préalablement exister, l'intégrité de son territoire garantie et sa population protégée. Dans les faits, l'équilibre entre l'État de droit et la sécurité est souvent précaire et variable selon le contexte politique. L'idée de sécurité a été fréquemment mise en avant pour justifier certaines entorses à l'État de droit dans les périodes de guerre ou de conflit armé[21] ou en cas de fortes tensions intérieures[22]. Dans le contexte ouest-africain particulièrement, l'insécurité liée au terrorisme, dans sa forme actuelle, menace l'existence même de l'État et de sa population. C'est ainsi que la prise du pouvoir d'État par l'armée, chargée de garantir l'intégrité du territoire et la sécurité nationale, est apparue comme un ultime remède (I), même si le coup d'État demeure une pathologie réelle pour l'État (II).

---

[20] Il s'agit, notamment des circonstances exceptionnelles, l'état de guerre, l'état d'urgence et l'état de siège.

[21] Voir Arlette HEYMANN-DOAT, *Les libertés publiques et la guerre d'Algérie*, Paris, LGDJ, 1970.

[22] Marie-France TOINET, *La chasse aux sorcières 1947-1957*, Paris, Éditions Complexe, 1984.

I. Le coup d'État, un remède présumé pour la sécurité nationale

La sécurité est à la fois la raison d'être de l'État et la condition de sa légitimité. Ainsi, un primat semble être accordé à l'impératif sécuritaire avec l'émergence d'un « *État sécuritaire* », faisant « *primer la sécurité policière sur la sécurité juridique*[23] ». Ce primat de la sécurité nationale sur le respect de l'État de droit conforte le caractère régalien de cette première (A), dont la garantie semble justifier, non pas sans dérive regrettable, le recours au coup d'État (B).

A. La sécurité nationale, une mission régalienne de l'État

Lors du discours de Bayeux du 14 juin 1952, le Général de Gaulle déclara : « *la défense, c'est là en effet la première raison d'être de l'État. Il n'y peut manquer sans se détruire lui-même*[24]». Par ces propos, de Gaulle rappelait fort bien l'un des fondements philosophiques de la création de l'État car dans le processus de construction de l'État, la sécurité est érigée comme un objectif commun aux individus. L'État « *est une société dont l'objectif commun est la sécurité* [25]». L'État est investi, en vertu d'un contrat social, du monopole de l'action sécuritaire[26]. C'est pourquoi en droit positif, la Constitution assigne à l'État la mission d'assurer la sécurité des citoyens et la protection de l'intégrité du territoire[27]. Cette vision puise ses fondements philosophiques dans la vision hobbesienne de l'état de nature : celui-ci est un état de crainte généralisée, un état de guerre de tous contre tous[28]. Mais les hommes ont un besoin naturel de sécurité, qui justifie le contrat social : pour vivre en sécurité et sauvegarder ainsi leur droit le plus

---

[23] Frederic GROS, *Le principe sécurité,* Paris, Gallimard, 2012, p. 94 et s.

[24] Charles de GAULLE, *Discours et messages.* Tome II : Dans l'attente 1946-1958, Paris, Plon, 1970, p. 527.

[25] 8. Friedrich LEIBNIZ, *Lettre de 1705 parue dans Die Werke Von Leibniz*, vol. IX, édité par Onno Klopp, Hannover, Klindworth, 1864-1873, p. 143.

[26] Jean-Jacques ROUSSEAU, *Du contrat social*, Paris, Gallimard, coll. « La Bibliothèque de la Pléiade », 1964, p. 486.

[27] C'est le cas de la Constitution nigérienne du 25 novembre 2011, en ses articles 63 et suivants ou de la Constitution béninoise du 11 décembre 1990 en son article 62 modifié.

[28] Voir Thomas HOBBES, *Léviathan,* trad. Gérard Mairet, Paris, Gallimard, « folio-essais », 2000, p. 327.

précieux, le droit à la vie, les hommes acceptent de déléguer tous leurs pouvoirs à l'État, sauf un, précisément, le droit à la vie. Ainsi, la sécurité consubstantielle à l'État, apparaît comme une compétence régalienne suivant l'approche défendue par Jean Bodin[29]. Ce caractère régalien de la mission de sécurité a deux principales implications : l'impossibilité de transférer la sécurité et l'impossibilité de partager la sécurité.

D'abord, en raison de son statut de compétence étatique, la sécurité ne peut pas être transférée au niveau supra national. Elle est l'une des matières qui ne peuvent être transférées sans porter atteinte aux conditions essentielles d'exercice de la souveraineté[30].

Ensuite, l'État dispose du monopole de la sécurité, qu'il ne partage ni avec d'autres entités publiques, ni avec des personnes privées. Selon Jean Bodin, la sécurité constitue l'une des « *marques de la souveraineté* ». C'est ainsi que dans un État unitaire, la sécurité nationale ne peut être transférée aux collectivités décentralisées ni partagée avec elles. Cette attribution est concentrée entre les mains du pouvoir central. Dans un État fédéral, la sécurité nationale relève également de la compétence exclusive de l'État fédéral.

Enfin, la sécurité ne peut pas être partagée avec des personnes privées. L'interdiction de la délégation du pouvoir de police ou la défense nationale à une personne privée est un principe établi et régulièrement rappelé par la jurisprudence administrative et constitutionnelle[31].

---

[29] Jean BODIN, « La souveraineté saisie par ses marques », *Bibliothèque d'Humanisme et Renaissance* T. 62, No. 3 (2000), pp. 611-623

[30] La question s'est posée en France, au sujet de la ratification de l'accord de Schengen, de savoir si des compétences en matière de sécurité pouvaient être transférées au niveau supra national sans porter atteinte aux exigences constitutionnelles. Ainsi, lors de la ratification de l'accord de Schengen, la suppression des contrôles aux frontières était dénoncée comme constituant un transfert de souveraineté contraire au quinzième alinéa de la Constitution de 1946. Le Conseil constitutionnel écarte le grief au motif que sont préservées des possibilités de dérogation pour des motifs « d'ordre public » ou de « sécurité nationale » et les compétences de police de chaque Partie contractante sur son territoire.

[31] Ainsi, en 2011, le Conseil Constitutionnel a invalidé des dispositions de la LOPPSI II permettant de « *déléguer à une personne privée des compétences de police administrative générale inhérentes à l'exercice de la force publique* ».

Il apparaît donc que si la sécurité est la mission première et fondamentale de l'État, un État dans lequel la sécurité ne serait plus assurée n'est plus un. C'est justement la position de Thomas Hobbes pour qui : « *un État qui ne serait plus capable d'assurer la sécurité de ses sujets ne serait plus légitime*[32] ». Il n'est donc pas superflu de rappeler que la stabilité d'un pays démocratique passe par deux engagements. Le premier est un engagement en matière de sécurité et le second un engagement envers les valeurs républicaines de primauté du droit, de tolérance, d'ouverture au monde et de rejet de la violence.

Il s'ensuit donc qu'au nom de la sécurité nationale, les gouvernants sont autorisés à restreindre l'exercice de certains droits et libertés dans les limites et conditions prévues par le droit. C'est ainsi que les libertés de circulation, de réunion ou de manifestation peuvent être limitées en temps de guerre. Mais, l'on peut se demander si ces atteintes autorisées aux droits et libertés pour des raisons de sécurité peuvent aller loin jusqu'à la remise en cause de l'ordre démocratique.

B. Le coup d'État, un acte supposé au service de la sécurité nationale

Les coups d'État, ont dans certains cas, contribué à restaurer l'État de droit et la démocratie, surtout devant la réticence de certains dirigeants politiques aux changements revendiqués par la majorité des citoyens, ou face aux dérives autoritaires de certains chefs d'État. Dans ces circonstances, l'armée est apparue comme le dernier recours. Les interventions de l'armée ont ainsi permis de mettre fin à certaines situations de crise politique. Elles débouchent généralement sur une transition plus ou moins longue, l'organisation d'élections transparentes et disputées permettant de transférer le pouvoir aux civils. Ces interventions au nom de la démocratie prennent deux formes : d'une part, sous la forme d'interventions fondatrices et, d'autre part, sous la forme d'interventions correctrices[33]. L'armée a permis dans certains pays de mettre fin au règne du parti unique au moment des revendications démocratiques. C'est le cas notamment au Mali, où l'armée dirigée par le colonel Amadou Toumani Touré est intervenue

---

[32] Thomas HOBBES, *Léviathan*, *op. cit.* p. 105.

[33] Voir Yves Alexandre CHOUALA, « Contribution des armées au jeu démocratique en Afrique », *Revue juridique et politique des états francophones,* 2004, vol. 58, pp. 548-574.

en 1991 pour renverser le président Moussa Traoré et instaurer la démocratie. Elle a également permis de renouer avec le processus démocratique. Au Niger en 2009, elle est intervenue pour mettre fin à une crise née de la volonté du président Tandja de se maintenir au pouvoir à tout prix. La transition qui a suivi a permis l'organisation d'élections crédibles et le retour du pouvoir aux civils.

Ainsi, tout porte à croire qu'il existerait des bons et mauvais coups d'État. Les bons coups d'État seraient inspirés d'un motif légitime, tel que la démocratie, la liberté ou la sécurité et les mauvais coups d'État seraient ceux qui guidés par les intérêts personnels. Or, dans le cas malien et burkinabè, par exemple, les gouvernants qui exercent le pouvoir d'État sont jugés, au regard des faits, incapables de garantir la sécurité des citoyens et l'intégrité du territoire. Et c'est dans cette condition de perte de légitimité des gouvernants que le coup d'État est envisagé comme un recours ultime au service de l'État. La prise du pouvoir d'État par l'armée serait l'ultime moyen pour la restauration de la sécurité de l'État. Pour les partisans de la catégorisation des bons et mauvais coups d'État, le coup d'État perpétré au nom de la sécurité nationale est un bon coup d'État. C'est ainsi que se justifie certains coups d'État commis en Afrique noire francophone. Au Burkina Faso, les militaires putschistes déclaraient le 30 septembre 2022 suite au coup d'État d'Ibrahim Traoré que « *nous avons décidé de prendre nos responsabilités, animés d'un seul idéal, la restauration de la sécurité et de l'intégrité de notre territoire* ». Ils affirment que l'incapacité des gouvernements successifs à endiguer la violence jihadiste et à assurer la sécurité sur le territoire a fragilisé le régime en place. Les coups d'État observés en Afrique de l'Ouest, notamment dans les pays du Sahel, ont pour dénominateur commun l'absence de sécurité.

Par ailleurs, ayant été justifié par les raisons de sécurité nationale, les coups d'État ont bénéficié d'un soutien populaire sans précédent marqué par l'absence de contestations. En effet, les réactions populaires face à l'accession au pouvoir des militaires au Mali, en Guinée et au Burkina Faso ont suscité la surprise de la communauté internationale, en raison de l'enthousiasme voire de la liesse qui a entouré ces putschs. La destitution des présidents Jean-Marc Christian Kaboré et Ibrahim Boubacar Keita n'a en effet pas été contestée. Au contraire, de larges manifestations populaires ont affiché un soutien déterminé au changement de régime incarné par de jeunes officiers. La bienveillance des opinions publiques ouest-africaines face à l'accession au pouvoir des militaires s'explique en partie par la capacité technique qui leur est prêtée de gérer plus efficacement l'insécurité que des autorités civiles. Aussi certains veulent-ils croire qu'au Burkina ou au Mali, l'arrivée à la tête de l'État de soldats, forts d'une solide expérience de combat, pourrait plus facilement mettre fin aux violences endémiques qui affectent les populations.

Mais, cette tendance à avaliser et à perpétuer les coups d'État au nom de la sécurité nationale est difficilement soutenable. A ce jour, aucune étude ne démontre que les militaires au pouvoir s'avèrent plus efficaces pour gérer les crises sécuritaires que des gouvernements civils, et peu d'indices permettent de le croire. Amadou Toumani Touré, président malien renversé en 2012, Paul-Henri Damiba et Blaise Compaoré, chassés du pouvoir, étaient aussi deux militaires. En tout état de cause, le coup d'État demeure une pathologie pour la construction de l'État de droit démocratique.

II. Le coup d'État, une pathologie réelle pour la sécurité nationale

Si le contexte d'insécurité généralisée a justifié l'adhésion populaire au coup d'État, il n'en demeure pas moins que ce dernier constitue une violation des principes constitutionnels de dévolution du pouvoir politique et de gestion des circonstances exceptionnelles (B) et susceptible de porter atteinte à la sécurité nationale (A).

A. Le coup d'État, un acte attentatoire à la sécurité nationale

L'analyse de la gouvernance de l'État sous les régimes de fait issus des coups d'État révèle une contradiction frappante. Le paradoxe réside dans le fait que l'État devient un facteur d'insécurité alors même que l'une de ses fonctions premières est la garantie de la sécurité. Les coups d'État perpétrés au nom de la sécurité nationale sont paradoxalement source d'insécurité d'État. Ils ont de graves répercussions sur la stabilité des institutions, les droits et libertés des citoyens, ainsi que sur la sécurité nationale de manière générale. Les nouvelles autorités de fait procèdent généralement à la suspension de la Constitution et à la dissolution du gouvernement et du parlement. Elles restreignent également l'exercice des droits et libertés. Toutes ces mesures sont constitutives d'actes d'insécurité.

D'abord, le coup d'état est dirigé contre l'organisation et le fonctionnement de l'État. Il s'agit avant tout d'une atteinte aux institutions de la République et à l'autorité de l'État. Il remet en cause l'existence même de l'État et de ses institutions. C'est une forme d'atteinte à la sécurité et à la sûreté de l'État. Le coup d'État supposé pour le salut de l'État et sa sécurité n'est rien d'autre qu'un coup d'État d'insécurité et du chaos institutionnel.

Ensuite, les régimes de fait issus des coups d'État sont souvent des régimes liberticides. L'exercice de certains droits et libertés est souvent entravé. La liberté d'association et de réunion est très vite remise en cause à travers des interdictions générales et absolues de rassemblement et la dissolution des partis politiques et associations. C'est le cas de la dissolution du Front national pour la démocratie (FNDC) en Guinée à la suite du coup d'état du 5 septembre 2021. Les données factuelles révèlent également des détentions arbitraires. Très généralement, on assiste à l'arrestation des gouvernants renversés ou leur assignation à résidence, avec une interdiction de quitter le territoire national. Les cas des présidents déchus Amadou Toumani Touré, Alpha Condé et Jean-Marc Christian Kaboré sont révélateurs. C'est dire que le coup d'État est un vecteur d'insécurité pour les gouvernants et les gouvernés, tant dans leur personne que dans leurs biens.

Enfin, contrairement à la garantie de la sécurité nationale prétextée par les putschistes, le coup d'État, ne participe pas la sécurité nationale. La déstabilisation et la désorganisation institutionnelle ne permettent pas la lutte contre les terroristes et les faits l'attestation.

En somme, l'État garant de la sécurité devient un facteur d'insécurité à la faveur des coups d'État. Les auteurs des coups d'État sont source de violence contre l'Etat et le pouvoir politique de par la répression et la négation des forces politiques et sociales autres que celles qu'ils produisent ou reconnaissent.

B. Le coup d'État, un acte démocratiquement injustifié

Le coup d'État est formellement inconstitutionnel et injustifié même du point de vue de l'éthique quelle que soit la noblesse des motivations de ses auteurs. En Afrique noire francophone, la Constitution proscrit formellement le recours à la force pour accéder au pouvoir. Elle aménage les règles de dévolution du pouvoir politique ainsi que de la responsabilité politique et pénale des gouvernants en cas de défaillance grave dans la gestion de leurs responsabilités. Il y a donc une incompatibilité de principe entre la démocratie et la violence armée. La démocratie postule l'abandon de tout recours à la force au profit d'une régulation juridique des rapports entre les acteurs politiques. Elle implique que le pouvoir s'acquiert, non pas par les armes, mais par le jeu pacifié des rapports politiques conflictuels au travers d'élections disputées.

Selon l'approche dogmatique de Kelsen, basée sur le respect indéfectible de l'ordre constitutionnel[34], le coup d'État est un acte inconstitutionnel et anti-démocratique même s'il est commis au nom de la sécurité nationale. Le coup d'État ne peut être une réponse à l'incapacité de l'État à assumer les prérogatives de justice, d'égalité et de sécurité.

La garantie de la sécurité nationale est confiée au Président de la République qui dispose, à ce titre de l'armée. C'est pourquoi la plupart des constitutions disposent que le Président de la République est le chef des armées. L'armée est sous le contrôle du pouvoir civil. Elle est apolitique. Elle ne peut donc pas s'emparer du pouvoir politique *es qualité*. Le motif tiré de l'incapacité du gouvernement civil à lutter efficacement contre les groupes terroristes n'est qu'un prétexte. Pour Léon Duguit :

> « La force armée doit être un instrument passif entre les mains du gouvernement (...) L'idéal serait que la force armée fut une machine inconsciente que le gouvernement pourrait mettre en mouvement en pressant un bouton électrique[35] ».

La principale raison d'être de l'établissement d'une armée était la défense territoriale de l'État. A ce titre, son intervention dans l'arène politique est une atteinte à la démocratie. Les organisations sous-régionales et régionales, notamment la CEDEAO et l'Union africaine (UA) s'inscrivent dans cette logique. Elles proscrivent le coup d'État comme moyen de conquête du pouvoir. Ainsi, en cas de coup d'État ou de tentative de coup d'État, elles exigent souvent le retour à l'ordre constitutionnel sous peine de sanctions. Le coup d'État, loin d'être une

---

[34] Hans KELSEN, *Théorie générale des normes,* Paris PUF 1996, p.180.

[35] Léon DUGUIT, cité par Caplow (T) et Vennesson (P), *Sociologie militaire*, Paris, Armand Colin, 2000, p.49

solution à l'insécurité liée à l'expansion du terrorisme, constitue une atteinte à la démocratie.

Par ailleurs, les attaques terroristes, portant une atteinte généralisée à l'intégrité du territoire, aux personnes et aux biens, quoique susceptibles d'être qualifiées de circonstances exceptionnelles, ne peuvent légitimement justifiées les coups d'État.

En effet, la plupart des Constitutions prévoient le recours aux pouvoirs d'exception en cas de circonstances exceptionnelles telles que les menaces sécuritaires liées aux attaques terroristes[36]. L'état d'exception est la situation dans laquelle, en invoquant l'existence de circonstances exceptionnelles particulièrement dramatiques[37] et la nécessité d'y faire face, on suspend provisoirement l'application des règles qui régissent ordinairement l'organisation et le fonctionnement des pouvoirs publics.

Dans la pratique, les Constitutions mentionnent limitativement les différents états d'exception, notamment l'état de siège, l'état de guerre et l'état d'urgence. Elles précisent la procédure, l'autorité qui déclare et celle qui met en œuvre les règles relatives à l'état d'exception, les modalités de contrôle des décisions de mise en œuvre de l'état d'exception, ainsi que l'autorité compétente pour mettre fin à l'état d'exception[38]. L'état d'exception n'est donc que la mise en œuvre de dispositions constitutionnelles. En cas d'état d'exception, il n'y a aucune suspension du droit, il n'y a pas de suspension de la Constitution, puisque l'ensemble de ces dispositions forment le droit

---

[36] « *Lorsque les institutions de la République, l'indépendance de la Nation, l'intégrité de son territoire ou l'exécution de ses engagements internationaux sont menacées d'une manière grave et immédiate et que le fonctionnement régulier des pouvoirs publics constitutionnels est interrompu le président de la république prend des mesures exigées par ces circonstances* ».

[37] Par exemple à une catastrophe naturelle, une guerre, une insurrection, des actes terroristes ou une épidémie.

[38] En rappel, il existe deux types de pouvoirs d'exception : constitutionnels et extraconstitutionnels. Dans le premier cas, les pouvoirs d'exception reposent sur la Constitution (écrite) ou sur une loi organique ou ordinaire. Dans le second cas, les autorités exécutives agissent en urgence sur la base de principes (constitutionnels) non écrits, en vue de surmonter la situation. La première forme d'état d'exception peut être considérée comme de droit, la seconde de fait. Les coups d'État semblent être rangés dans la seconde catégorie.

constitutionnel pour le temps de crise[39]. Il y a un droit de l'état d'exception : « *L'état d'exception n'a rien d'exceptionnel*[40] ».

Le coup d'État, non seulement n'est pas prévu comme une mesure exceptionnelle, mais il conduit généralement à la suspension de la Constitution et des institutions en lieu et place du renforcement et du transfert du pouvoir de police à certaines autorités. D'abord, la déclaration de l'état d'exception n'est pas de la compétence de l'institution militaire, même si elle participe à la mise en œuvre des mesures prises par l'autorité civile. Ensuite, dans un régime de pouvoirs d'exception écrits, les dispositions fondamentales en matière d'état d'exception sont prévues par le droit et indiquent clairement quels sont les droits qui peuvent être suspendus et quels sont ceux qui ne souffrent d'aucune dérogation et doivent être respectés en toutes circonstances. Ce qui n'est pas le cas dans le cadre des coups d'État où l'on fait face à l'imprévisibilité et à l'arbitraire. De même, très généralement, les mesures exceptionnelles prises par les autorités compétentes dans le cadre de l'état d'exception font l'objet d'un contrôle parlementaire. Or, les auteurs des coups d'état procèdent par la suspension du fonctionnement normal des institutions ; ce qui exclut tout contrôle de l'exercice des pouvoirs exceptionnels. Par ailleurs, contrairement à l'état d'exception normal qui entraine le transfert de certains pouvoirs de police aux autorités militaires, dans le cadre du coup d'État, les autorités civiles sont destituées et remplacées par les militaires. Enfin, les mesures prises dans le cadre de l'état d'exception sont temporaires, c'est-à-dire qu'elles ne sont en vigueur que pendant la durée de la situation exceptionnelle traversée par l'État. Mais, s'agissant des coups d'État, la durée de la transition ou des mesures exceptionnelles instaurées reste tributaire du bon vouloir des putschistes.

Au regard de toutes ces considérations, le coup d'État ne peut, en l'état actuel du droit, être qualifié de mesure exceptionnelle dictée par des circonstances sécuritaires aussi exceptionnelles. Il constitue une pathologie pour la démocratie et l'État de droit.

---

[39] Il est opportun de rappeler que l'exception est une situation différente de la situation normale, une situation qui par conséquent justifie que l'on mette en œuvre des règles différentes des règles habituelles.

[40] Michel TROPER, « L'état d'exception n'a rien d'exceptionnel », in *L'exception dans tous ses états*, S. THEODOROU (dir.), Paris, Éditions Parenthèses, 2007, pp. 163-175.

Conclusion

En tout état de cause, la rhétorique qui consiste à valider et à légitimer les coups d'État militaires sous prétexte de la faillite de l'État et de ses carences à garantir la sécurité nationale est inconstitutionnelle. Mais, l'on peut se demander si le Président de la République a tous les moyens nécessaires, en sa qualité de chef des armées et de garant de la sécurité nationale, pour assumer les responsabilités que lui confère la Constitution. Les nouvelles formes de menaces sécuritaires appellent, semble-t-il, à repenser la redistribution des rôles en matière de sécurité et de défense.

Djibrihina OUEDRAOGO

Maitre de conférences agrégé, Université Thomas Sankara de Ouagadougou (Burkina Faso)

La constitutionnalisation de l'armée dans la construction démocratique en Afrique : entre réalisme et incertitudes

Introduction

> « Il existe dans tous les pays, et surtout dans les grands États modernes, une force qui n'est pas un pouvoir constitutionnel, mais qui en est un terrible par le fait, c'est la force armée »[1].

Ces propos de Benjamin Constant conservent leur pertinence au moment où l'on assiste à une résurgence des coups d'État[2], qui semblaient avoir été estompés[3]. Ces coups d'État reposent la sempiternelle question de la place de l'armée dans le processus de démocratisation des États africains[4]. En effet, ces coups d'États sont le

[1] Benjamin CONSTANT, *Principes de politiques applicables à tous les gouvernements représentatifs et particulièrement à la constitution actuelle de la France*, Paris, Alexis Eymery, Imprimerie de Hocquet, 1815, p. 209 : [https://gallica.bnf.fr/ark:/12148/bpt6k1054556w/] (consulté le 15 aout 2022).

[2] En moins de deux ans, l'Afrique francophone a connu pas moins de quatre (4) coups d'État (Mali août 2020 et juin 2021, Tchad avril 2021, Guinée-Conakry septembre 2020 et Burkina Faso janvier 2022). V. Niagalé Bagayoko, Marc-André Boisver, « Le retour des coups d'État en Afrique », *Esprit*, mai 2022, https://esprit.presse.fr/ actualites/niagale-bagayoko-et-marc-andre-boisvert/le-retour-des-coups-d-etat-en-afrique-44042.

[3] Francois SOUDAN, « Coups d'État en Afrique : la fin d'une époque ? », publie le 17 mai 2016, https://www.jeuneafrique.com/mag/323809/politique/coups-detat-afrique-fin-dune-epoque/

[4] N'dory Claude Vincent N'GBESSO, *Recherche sur la notion de coup d'État en droit public : Le cas de l'Afrique francophone*, Thèse Université de Bordeaux, 2018, 599 p. ; Paterne MAMBO et Henri M. M. NTAH A MATSAH, « L'armée dans les États d'Afrique francophone », in *Mélanges en l'honneur du Professeur Koffi AHADZI-NONOU*, Poitiers, Presses universitaires juridique de Poitiers, avril 2021, pp.681-699 ; Léon SAMPANA, *Le contrôle semi-démocratique des Forces de Défense et de Sécurité en Afrique de l'Ouest: cas du Burkina Faso et du Sénégal*, Université

symptôme même des rapports incestueux que l'armée entretient avec le pouvoir politique en Afrique. Alexis Essono OVONO écrit dans ce sens que :

> « La relation entre la démocratie et l'armée est en définitive une relation problématique »[5].

Pour ainsi dire, dans bon nombre d'États africains encore aujourd'hui, la réalité est établie que l'armée ne semble pas prête à se désintéresser de l'exercice du pouvoir d'État. La remarque avait déjà été faite que :

> « En dépit de l'adhésion aux principes de la démocratie et de l'État de droit dans les années 1990, la vie politique dans les pays d'Afrique subsaharienne francophone reste encore rythmée par une intrusion régulière de l'armée dans le champ politique »[6] !

Il semble même que la question de la place de l'armée, dans la gouvernance publique, ne doit plus constituer un sujet tabou[7]. A cet égard, le réalisme pourrait commander de lui accorder un rôle officiel dans la conduite des affaires publiques pour ne pas dire politiques.

Si elle est paraît intrigante et paradoxale, la question n'est cependant pas nouvelle. Dans ce sens, exposant les défis constitutionnels post-crises, le professeur Fabrice HOURQUEBIE, estimait que :

> « L'altération des constitutions pose d'emblée celle de la capacité des constitutions à contenir et à gérer les crises politiques. C'est en creux aussi la question du statut de l'armée dont on peut se demander comment et pourquoi, en dépit des nombreux mécanismes de

---

de Namur 1 février 2013 ; Severin ANDZOKA ATSIMOU, *L'ingénierie constitutionnelle, solution de sortie de crise en Afrique : les exemples de l'Afrique du Sud, de la République démocratique du Congo, du Burundi et du Congo*, Thèse Université Cheikh Anta Diop de Dakar, 2013, 712 p. Palouki MASSINA, « Le coup d'État, entre déshonneur et bienveillance », *Afrilex*, 2016, pp.1-34. http://afrilex.u-bordeaux.fr/wp-content/ uploads/2021/03/PALOUKY_ Massina_Le_coup_d_Etat.pdf ; Françis WODIE WANGAH, « Régimes militaires et constitutionnalisme en Afrique », *Penant*, n°803, juil-sept 1990, pp.195-204 ; Koffi AHADZI-NONOU, « Essai de réflexion sur les régimes de fait : le cas du Togo », Thèse de doctorat d'État en droit public, Université de Poitiers, 1985.

5 Alexis Essono OVONO, « Armée et démocratie en Afrique, une relation ambivalente à normaliser », *Afrique contemporaine,* 2012/2 (n°242), p.120-121.

6 *Ibidem,* p.120.

7 Voir Dossier : Les tabous du constitutionnalisme en Afrique « francophone », *Afrique contemporaine*, n°242, 2012/2, pp.47-113.

> modération dans la constitution, elle revient avec beaucoup de facilité dans le jeu politique avec le visage du régulateur des crises » [8]?

A la suite de ce constat, le professeur HOURQUEBIE soulignait alors que « *La création d'un statut constitutionnel de l'armée est un défi sur lequel les constituants doivent se pencher* »[9].

Aussi, la résurgence des coups d'État, qu'on a récemment vu au Mali, en Guinée-Conakry et au Burkina Faso, offre l'occasion de reposer la question sur la table en vue d'y mener des réflexions. Si tant il est que :

> « L'armée est toujours présente dans les ruptures constitutionnelle en Afrique »[10], ne conviendrait-il pas de « se demander si à défaut de mettre fin à l'intervention des militaires dans la vie politique, il ne conviendrait pas de reconnaître à l'armée un rôle d'acteur politique ? »[11].

Oser réfléchir du sujet de la constitutionnalisation de l'armée, implique d'abandonner le postulat d'a priori selon lequel « *L'étude des rapports entre la démocratie et l'armée devrait conduire au constat d'un couple voué au divorce* »[12] pour chercher à saisir désormais le phénomène comme un objet propre sinon potentiel du constitutionnalisme dans nombre de pays d'Afrique.

Il convient cependant de se fixer sur la notion de constitutionnalisation. La notion est définie dans le Larousse comme l'« *action conférant valeur constitutionnelle à un texte ou à un principe* ». C'est ainsi qu'il faut entendre Louis FAVOREU qui voit dans la constitutionnalisation « *le processus jurisprudentiel d'accumulation de normes constitutionnelles et de diffusion de ces normes dans un ordre juridique* »[13]. De ce point de vue, la notion de constitutionnalisation se rattache à l'œuvre du juge constitutionnel notamment à l'occasion du

---

[8] Fabrice HOURQUEBIE. « Neo-constitutionnalisme et contenu des constitutions de transition : quelle marge de manœuvre pour les constitutions de transition ? », In *Annuaire international de justice constitutionnelle. Juges constitutionnels et doctrine - Constitutions et transitions*, 30-2014, 2015, p. 589.

[9] *Ibidem.*

[10] *Ibidem.*

[11] Alexis Essono OVONO, « Armée et démocratie en Afrique, une relation ambivalente à normaliser », *Op.cit.*, p.120.

[12] *Ibidem.*

[13] Louis FAVOREU, « La constitutionnalisation du droit », in *L'unité du droit. Mélanges en hommage à Roland DRAGO,* Paris, Economica, 1996, pp.25-42.

contrôle de constitutionnalité. Ceci tient au fait que les décisions rendues par le juge constitutionnel ont une valeur constitutionnelle et les solutions qu'il rend reçoivent par ricochet le rang de norme constitutionnelle. C'est en cela qu'au Burkina Faso, la doctrine s'est empressée de souligner que le Conseil constitutionnel avait procédé à la constitutionnalisation du coup d'État dès lors que dans une décision du 8 février 2022, il a accepté de recevoir la prestation de serment du Lieutenant-colonel DAMIBA comme président du Faso suite à la prise de pouvoir par les armes[14]. L'opération de constitutionnalisation s'entend alors comme une œuvre du juge constitutionnel.

La constitutionnalisation telle qu'elle est entendue ici va au-delà de l'œuvre du juge constitutionnel pour impliquer l'action du constituant qu'il soit originaire ou institué. On pourrait alors parler de constitutionnalisation dès lors que le constituant décide de graver dans le marbre du texte constitutionnel un principe, un organe ou une institution. Cette approche est prise en compte dans le Vocabulaire juridique de Gérard CORNU qui précise que la constitutionnalisation consiste « *à donner à une règle la nature constitutionnelle ou à consacrer une institution par la règle constitutionnelle* »[15].

Il s'agit en quelque sorte de conférer un fondement pour ne pas dire une base constitutionnelle[16]. D'ailleurs, ces dernières années sont marquées par une forte tendance de constitutionnalisation au point où on a souvent évoqué, dans la doctrine, la crainte d'une hypertrophie des Constitutions. C'est dans ce sens d'ailleurs qu'il faut comprendre l'avis de 2017 de la Cour constitutionnelle du Mali sur le projet de révision constitutionnelle proposé puis finalement retiré par le président IBK. La Cour constitutionnelle du Mali indexait certaines dispositions du projet telles celles relatives à la composition et à l'organisation du Conseil supérieur de la magistrature. Pour la Cour constitutionnelle malienne de

---

[14] LeFaso.net, « Burkina : Paul-Henri Damiba, président du Faso, une « catastrophe constitutionnelle », selon Pr Abdoulaye SOMA », publié le jeudi 10 février 2022, https://lefaso.net/spip.php?article111135.

[15] Gérard CORNU, *Vocabulaire juridique*, Paris, PUF, 2008, p.224.

[16] Charles EISENMANN, « La théorie des bases constitutionnelles du droit administratif », *RDP*, 1972, p.1345 ;

VEDEL, « Les bases constitutionnelles du droit administratif », in *Paul Amselek (dir.), La pensée de Charles EISENMANN*, Economica, 1986, p.140 ; Georges VEDEL, « Les bases constitutionnelles du droit administratif », *EDCE*, 1954, p.31.

telles dispositions ne peuvent avoir une place dans la Constitution[17]. C'est dans le même sens du combat contre l'hypertrophie constitutionnelle qu'il faut entendre la décision, non moins critiquable, du Conseil constitutionnel ivoirien. Celui-ci dans une décision de 2017 refusait que la loi organique soit intégrée dans le bloc de constitutionnalité, et donc érigée en norme à valeur constitutionnelle. Il conçoit que cette intégration « *comporterait le risque de rendre incertaines les limites de la loi fondamentale* »[18].

Ces positions jurisprudentielles au Mali et en Côte d'Ivoire ont le mérite de montrer que l'élévation au rang constitutionnel d'un principe ou d'un organe est liée à l'importance fondamentale qui lui est attachée.

La notion d'armée[19] doit être précisée puisque l'opinion publique a tendance à confondre l'ensemble des corps en tenues. L'armée telle qu'elle est généralement mobilisée dans les études de droit constitutionnel et de science politique renvoie davantage aux agents constitués au sein de la force militaire : armée de terre, marine, armée de l'air. C'est ce sens que retient le Vocabulaire juridique qui précise que l'armée est « *l'ensemble des agents encadrés, disciplinés et armés assumant cette fonction et constituant la force militaire à la disposition du Gouvernement* »[20].

La réflexion présente sur la constitutionnalisation de l'armée ne doit pas faire perdre de vue que l'armée n'est pas pour autant méconnue des Constitutions. A cet égard, l'armée bénéficie d'une reconnaissance constitutionnelle. Il s'agit en général d'une reconnaissance indirecte. Cette reconnaissance indirecte apparait dans une disposition quelque peu commune à la plupart des Constitutions, à savoir que « *Le président de la République est le chef suprême des Armées* »[21]. Il eut été intrigant que les Constitutions ne comportassent pas de dispositions sur l'armée dès

---

[17] Cour constitutionnelle du Mali, Avis n°2017-01/CCM/Ref du 06 juin 2017, Recueil Volume 6, p.269.

[18] Conseil constitutionnel de Côte d'Ivoire, DECISION N°CI-2017-308/11-04/CC/SG du 11 avril 2017. Voir notre commentaire, « Quand le Conseil constitutionnel ivoirien consacre le contrôle d'«organité » de la loi ordinaire… », *Revue électronique Afrilex*, février 2019, http://afrilex.u-bordeaux4.fr/quand-le-conseil-constitutionnel.html? var_mode=calcul

[19] Voir *Revue Pouvoirs*, n°38 (L'armée), 1986. https://www.revue-pouvoirs.fr/-38-.html

[20] Gérard CORNU, *Vocabulaire juridique*, Op.cit., p.71.

[21] Art.62 C° Benin, art.52 Burkina Faso, art.68 C° Côte d'Ivoire,

lors que « *la disposition d'une armée fait partie des attributs régaliens du pouvoir* »[22].

Il suit de là que le plus souvent c'est de manière incidente que l'armée est reconnue dans la Constitution en tant qu'elle constitue une force au service du pouvoir exécutif[23]. En tant que composante à la disposition de l'Exécutif, l'armée doit être considérée comme une entité intégrée même si elle reste une organisation disciplinée et organisée[24]. Pourtant, cette caractéristique d'entité organisée laisse apparaitre dans la pratique une organisation à part entière pour ne pas dire entièrement à part. Ce qui explique qu'elle puisse dans certaines circonstances se permettre par un pronunciamiento d'accéder à l'exercice du pouvoir d'État. La chose est fréquente en Afrique où les crises institutionnelles, sociales, politiques et économiques peuvent conduire l'armée à « *prendre ses responsabilités* »[25] pour assumer la direction du pays.

A l'arrière-plan de cette invitation adressée à l'armée de prendre ses responsabilités se trouve l'idée que l'intervention de l'armée dans le jeu politique est une nécessité que le cours des événements peut imposer. Ce qui suggère que dans certaines circonstances l'intervention de l'armée ne doit pas être condamnée. Dans ce sens, certains auteurs amènent à prendre du recul et faire la distinction entre les coups d'État. En effet, ils estiment que tous les coups d'États ne sont pas à rejeter ou à condamner. Pour ainsi dire, il existerait des coups d'État salvateurs ou moralisateurs[26].

---

[22] Michel de VILLIERS, Armel Le DIVELLEC, *Dictionnaire du droit constitutionnel*, Sirey, 8 éd, 2011, p. 41.

[23] Samy COHEN, « Le Président chef des armées », *Pouvoirs*, n°58 (La France en guerre), 1991, pp.33-40.

[24] André THIEBLEMONT, « La tradition dans les armées : le jeu de la contestation et de la conformité », *Pouvoirs* n°38, 1986, pp.99-112.

[25] Simon GONGO, « Coup d'État au Burkina : voici ce que Paul Henri Damiba a dit dans son premier discours », BBC Afrique, Ouagadougou, 28 janvier 2022, https://www.bbc.com/afrique/monde-60162304 .

[26] Laurent BADO (Député), « Vive les coups d'État moralisateurs », publié le 27 novembre 2008, https://lefaso.net/spip.php?article29820. L'auteur défend l'idée que le coup d'État peut se trouver justifier : «La vérité est qu'un coup d'État peut se justifier pleinement, au regard des conditions d'accession au pouvoir d'une part et au regard des modalités de gestion du pouvoir d'autre part». En tous les cas, le débat, nourri, revient souvent en doctrine sur l'existence ou non de coups d'État salvateurs, à savoir de coups d'État venant sanctionner les déviations constitutionnelles et favorisant l'émergence d'un nouvel ordre constitutionnel. V. Palouki MASSINA, « Le coup d'État, entre déshonneur et bienveillance », *Op.cit.*, p.5.

Si l'on prend en compte l'idée qu'il pourrait avoir des coups d'État salvateurs, il convient alors de s'interroger autour de la problématique de savoir si les constitutions ne devraient pas insérer l'armée dans le dispositif institutionnel de distributions des pouvoirs ? Autrement dit, la stabilité de l'ordre constitutionnel n'est-elle pas quelque part liée par la reconnaissance à l'armée d'un certain rôle politique pour ne pas dire un rôle certain dans le fonctionnement de l'État ?

A cet égard, la constitutionnalisation éventuelle d'un rôle politique de l'armée permettrait non seulement de l'admettre définitivement comme un élément capital du droit constitutionnel mais aussi et surtout pourrait contribuer à encadrer son intervention dans le jeu politique.

Toutefois, la sensibilité de la question de la constitutionnalisation du rôle politique de l'armée requiert de la traiter avec beaucoup de délicatesse. En effet, cette constitutionnalisation n'est pas sans poser un certain nombre de difficultés et de risques. Les questions que soulèvent ces difficultés taraudent l'esprit. D'abord, comment constitutionnaliser ? Quel rôle conférer dans le jeu politique? Faut-il constituer un contre-pouvoir ? N'y a-t-il pas un risque de conférer un moyen juridique de prise de pouvoir à l'armée ? Cette dernière question mérite d'être posée dès lors que les derniers coups d'État ont montré des putschistes qui se sont attelés à prêter serment sur la Constitution devant le juge constitutionnel (Assimi GOITA au Mali, Mamadi DOUMBOUYA en Guinée et Paul-Henri DAMIBA au Burkina Faso), comme pour couvrir le coup de force d'habillage juridique monté de toute pièce. Autant de questions qui imposent d'aborder le sujet avec prudence. Pour reprendre les mots d'un auteur, tout ceci « *suppose en matière d'ingénierie constitutionnelle, un effort d'imagination* »[27].

Au regard de ces éléments, il convient d'aborder le sujet en mettant en évidence, dans un premier temps les déterminants de la constitutionnalisation (I) puis dans un second temps les incertitudes d'une éventuelle constitutionnalisation (II).

---

[27] Alexis Essono OVONO, « Armée et démocratie en Afrique, une relation ambivalente à normaliser », *Op.cit.*, p.121.

I. Les déterminants de la constitutionnalisation

Avant d'envisager les modalités de la définition d'un statut constitutionnel (B), il convient de souligner que la nécessité de cette constitutionnalisation se pose à plusieurs titres (A).

A. La nécessité de la constitutionnalisation

La nécessité de la constitutionnalisation se pose dès lors que dans certains pays comme le Burkina Faso, le Niger ou le Mali, le spectre des coups d'État est un risque que court tout gouvernement. C'est dire qu'il y a une réalité qui montre un intéressement permanent de l'armée pour la chose politique alors qu'il existe dans l'opinion publique une image de l'armée en tant qu'organe régulateur de crise institutionnel. Ces différents paramètres doivent être pris au sérieux dans un contexte où l'État-nation se cherche encore !

Dire que l'armée s'intéresse à la chose politique peut relever d'une formule de La Palice. En effet, comme on a pu l'écrire :

> « L'histoire militaire étant intimement liée à l'histoire politique, on pouvait s'attendre à une forte mobilité de l'élite militaire à l'élite politique »[28].

On sait bien dans ce sens que l'État moderne c'est surtout construit sur le terrain de la violence pour ne pas dire de la guerre et que les rois avaient la particularité d'être de grands conquérants. Or, très tôt après les indépendances, les militaires ont rapidement désertés les casernes pour les palais feutrés. Si on conçoit que les coups d'État puissent être justifiés, la plupart du temps, les militaires se sont montrés opportunistes, ce qui atteste du fait qu'en réalité le pouvoir politique était toujours dans leur viseur.

On ne saurait mieux illustrer cet intéressement de l'armée pour la chose politique qu'en mettant en exergue l'histoire politique du Burkina Faso. Rapidement arrivé au pouvoir en 1966, six (6) ans seulement après l'accession du pays à la souveraineté internationale en 1960, après avoir été appelé par le peuple à la suite d'un soulèvement populaire, les militaires ne quitteront plus la scène politique jusqu'à ce jour. Premier fait d'arme, le retour à l'ordre constitutionnel est hypothéqué. En effet,

[28] Mattei DOGAN, « Militaires sans épée dans la politique », *Pouvoirs*, n°38, p.114.

dans la Constitution de la deuxième République, adoptée par referendum en 1970, soit quatre ans après la prise de pouvoir par l'armée, les militaires garantiront leur maintien au pouvoir en s'octroyant une place de choix au sein de l'Exécutif.

L'article 108 de cette Constitution de 1970 dispose ainsi que :

> « Pendant une période de quatre ans, les dispositions suivantes seront appliquées : - les charges et prérogatives du président de la République seront assumées par la personnalité militaire la plus ancienne dans le grade le plus élevé ; - le gouvernement comprendra des personnalités militaires dans la proportion de un tiers (1/3) de ses membres ».

C'est ensuite une ordonnance de 1971 qui précisera les portefeuilles ministériels qui reviennent aux militaires. Ce ne sont pas les moindres. Il ressort de cette ordonnance que l'armée s'était réservé les portefeuilles des finances et de l'économie, de l'intérieur et de la sécurité, de la jeunesse et des sports, de l'agriculture et de l'élevage ainsi que de l'information et du tourisme[29].

C'est dire que l'armée avait une main mise sur l'Exécutif même s'il est vrai que le Premier ministre est une personnalité civile issue de la majorité au Parlement. Les militaires n'ont pas fait dans la dentelle ! L'Église catholique n'avait pas d'ailleurs caché son mécontentement face au projet de Constitution présenté par l'armée et qu'elle avait dénoncé en des termes virulents. Dans une Déclaration commune datée du 8 mars 1970, la Conférence Épiscopale donnait son appréciation du projet de Constitution en ces termes :

> « Considérant que cet avant-projet de Constitution reflète dans son ensemble un abus de pouvoir du gouvernement militaire sur le peuple voltaïque... dénoncent le caractère immoral de ce document. Refusent leur caution à ce projet qu'ils considèrent comme une infraction regrettable à la loi divine. Rejettent l'ensemble du projet... »[30].

Le pouvoir restera ainsi entre les mains des militaires jusqu'à l'avènement de la Transition politique de 2014, consécutif à la démission du président Blaise Compaoré, provoquée par l'insurrection populaire. Ainsi, le coup d'État a longtemps été le mode ordinaire de dévolution du

---

[29] Augustin LOADA, Luc-Marius IBRIGA, *Précis de droit constitutionnel et institutions politiques*, Collection PADEG, Janvier 2007, pp.330-331.

[30] Augustin LOADA, Luc-Marius IBRIGA, *Précis de droit constitutionnel et institutions politiques*, *Op.cit.*, pp.326.

pouvoir au Burkina Faso. Sur cette présence des militaires dans l'arène politique, il convient de souligner que si le président Compaoré a fini par abandonner le treillis militaire au profit du costume du civil, la gestion des affaires publiques a été largement assurée par les militaires. Très symptomatique à cet égard, c'est le fait que la fédération burkinabè de football est restée jusqu'à récemment le bien précieusement gardé de l'armée !

Cette présence énergique des militaires dans la vie publique peut être aussi remarquée dans certains autres pays comme au Tchad, en Guinée, au Mali, au Niger et au Burkina Faso (où article 13 de la loi N°38-2016 dispose que :

> « Les militaires peuvent être nommés aux hautes fonctions de l'État ».). Cette situation est bien résumée par ce constat que « Dans les pays du Tiers Monde, quand des militaires sont associés au pouvoir politique, ils ont inéluctablement tendance à l'accaparer tout entier. Dans ces pays où les préconditions économiques, sociales et culturelles d'un régime démocratique ne sont pas réunies, l'armée, en l'absence de partis, syndicats, associations, médias, constitue la seule force bien organisée »[31].

Cette influence débordante de l'armée dans la marche des affaires publiques est une réalité qui ne saurait être occultée. On peut alors comprendre l'analyse opérée par le Professeur LOADA peu après le putsch du 24 janvier 2022 qui a renversé le président KABORE. Égrenant les causes du putsch, il faisait remarquer que le président Roch Marc Christian KABORE a peut-être été naïf en prenant l'engagement de ne nommer aucun militaire au gouvernement. C'est vrai qu'il se ravisera à l'entame de son second mandat. Mais, c'était déjà un peu trop tard[32].

Cette nécessité de constitutionnaliser l'armée tient aussi de la perception que l'opinion publique se fait d'elle (l'armée). Lorsque désabusée ou désillusionnée par un pouvoir, une bonne partie du peuple voire de la classe politique voit en l'armée l'ultime issue de secours. L'armée est attendue pour délivrer lorsque le pouvoir en place ne rassure

---

[31] Mattei DOGAN, « Militaires sans épée dans la politique », *Op.cit*, p.114.

[32] Voir la vidéo de La leçon inaugurale prononcée par le professeur LOADA au Mini colloque de Ouagadougou organisé sur la situation du Burkina Faso après le coup d'État du 24 janvier 2022 : « : Le Burkina Faso post insurrectionnel : De Charybde en Scylla ? ». https://fb.watch/b1_Df3RDp2/

plus. Cette image de délivrance n'est pas exagérée. On se rappelle qu'en 1999, en Côte d'Ivoire, suite au coup d'État du 24 décembre déposant le président Henri Konan BEDIE, le général Robert GUEÏ a reçu le titre très évocateur de « Père Noel en treillis »[33] ! Ce n'est donc pas anodin lorsque certains coups d'État sont suivis de liesse populaire. Il se dessine dans l'opinion l'image d'une armée censée jouer le rôle de régulateur lorsqu'apparaît un malaise entre les gouvernants et les gouvernés.

C'est vrai que comme on l'a indiqué plus haut, l'appel à l'armée n'est pas forcément une panacée et peut vite virer au pacte avec le diable. Il n'y a qu'à observer l'attitude des militaires une fois au pouvoir dans certains pays comme la Guinée-Conakry. Dès lors, on comprend bien la remarque faite que :

> « Il est arrivé que les peuples applaudissent, sans bien se rendre compte qu'ils signaient là le constat de leur propre impuissance à prendre en main leur destin collectif »[34].

Si donc l'intervention de l'armée dans le jeu politique peut être parfois souhaitée alors que celle-ci peut rapidement devenir encombrante, il y a là de bonnes raisons de penser la constitutionnalisation de son rôle dans le jeu politique.

B. Les modalités de la constitutionnalisation

La constitutionnalisation de l'armée peut s'effectuer suivant diverses modalités en fonction du degré d'implication dans l'exercice du pouvoir politique que l'on voudrait lui conférer. A cet égard, deux tendances au moins peuvent être signalées. D'une part, il est possible de procéder à ce que l'on appellera une constitutionnalisation a minima sinon négative. D'autre part, une constitutionnalisation a maxima ou positive.

La première tendance, c'est-à-dire la constitutionnalisation a minima, s'appuie sur l'idée classique que l'armée doit être éloignée de la sphère

---

[33] Jean-Pierre BAT, « Le « Père Noël en treillis », https://www.liberation. fr/debats/2014/12/29/le-pere-noel-en-treillis-1_1817062/; Anna SYLVESTRE-TREINER, « Côte d'Ivoire : Henri Konan Bédié et le père Noël en treillis »,30 novembre 2021, https://www.jeuneafrique.com/1269835/politique/cote-divoire-henri-konan-bedie-et-le-pere-noel-en-treillis/ ; STEPHEN SMITH, « Robert Gueï, le « père noël en treillis », publié le 21 septembre 2002, https://www.lemonde.fr/archives/article/ 2002/09/21/robert-guei-le-pere-noel-en-treillis_4259421_1819218.html

[34] Francois SOUDAN, ≪ Coups d'Etat en Afrique : la fin d'une époque ? ≫, *Op.cit.*

politique. Ce faisant, la constitutionnalisation doit conduire à inscrire dans la Constitution les limites que ne peuvent franchir les forces armées dans l'exercice de leur fonction régalienne traditionnelle de défense de l'intégrité du territoire. C'est la solution recommandée notamment par les professeurs LOADA et IBRIGA dans leur *Précis de droit constitutionnel burkinabè* lorsqu'ils soulignent que :

> « Les mutineries militaires dans le contexte actuel reposent la question lancinante de la place des militaires dans les institutions démocratiques. Les prérogatives de l'armée doivent être limitées, recentrées autour des missions de défense extérieure. Le droit de contrôle et de supervision du pouvoir civil y compris dans les domaines strictement militaires doit être accepté par les militaires. Et l'armée ne saurait être soustraite aux exigences de transparence, d'imputabilité politique et d'État de droit »[35].

Il s'agit ainsi par la constitutionnalisation de rejeter catégoriquement toute idée d'intervention politique de l'armée et de souligner le caractère « apolitique et républicain » des forces armées[36]. Ainsi, on peut lire dans la Constitution guinéenne (Conakry) du 7 mai 2010, à l'article 141 dans le titre XV consacré aux forces de défense et de sécurité (FDS) :

> « Les forces de défense et de sécurité sont républicaines. Elles sont au service de la Nation. Elles sont apolitiques et soumises à l'autorité civile. Nul ne doit les détourner à ses fins propres ».

La Constitution togolaise du 27 septembre 1992 dispose dans une approche similaire à l'article 147 que :

> « **Les forces armées togolaises sont une armée nationale, républicaine et apolitique**. Elles sont entièrement soumises à l'autorité politique constitutionnelle régulièrement établie ».

Dans une intensité moindre, on peut citer la Constitution de Madagascar promulguée le 11 décembre 2010 dont l'Article 39, alinéa premier dispose que :

---

[35] Augustin LOADA, Luc-Marius IBRIGA, *Précis de droit constitutionnel et institutions politiques*, *Op.cit.*, p.217.

[36] On peut citer aussi la Constitution congolaise (Brazzaville) de 2015 dont l'article 205 : « *La Force publique est apolitique. Elle est soumise aux lois et règlements de la République. Elle est instituée dans l'intérêt général. Nul ne doit l'utiliser à des fins personnelles* ». La force publique est constituée selon l'article 204 « *de la Police nationale, de la Gendarmerie nationale et des Forces Armées Congolaises.* ».

> « L'État garantit la neutralité politique de l'Administration, des Forces Armées, de la Justice, de la Police, de l'Enseignement et de l'Éducation ».

Dans cette tendance de la constitutionnalisation négative du rôle politique de l'armée, on peut ranger les dispositions qui interdisent et/ou incriminent les coups d'État. Il en est ainsi de la Constitution malienne de 1992 dont l'alinéa 3 de l'article 121 dispose que :

> «Tout coup d'État ou putsch est un crime imprescriptible contre le peuple malien ».

Au Togo, l'alinéa 3 de l'article 150 de la Constitution dispose que :

> «Tout renversement du régime constitutionnel est considéré comme un crime imprescriptible contre la nation et sanctionné conformément aux lois de la République ».

L'efficacité de cette constitutionnalisation a minima n'est pas assurée puisqu'elle n'a pas empêchée la survenance de coups d'État. C'est particulièrement le cas au Mali où trois coups d'État ont été enregistrés depuis l'adoption de la Constitution en 1992. Dès lors, le réalisme semble commander une constitutionnalisation a maxima.

La constitutionnalisation a maxima consiste à prendre le parti d'une reconnaissance officielle de l'armée dans le jeu politique. L'option est bien délicate. Il s'agit en effet de définir des modalités d'intervention de l'armée dans l'exercice du pouvoir politique sans créer une hypothèque militaire sur le politique. Quel peut être ce rôle politique de l'armée ?

Si les coups d'États ont pu être qualifié de salvateurs, faut-il alors tendre vers leur constitutionnalisation ainsi que le suggérait le professeur HOURQUEBIE en opérant une distinction entre les coups d'État :

> « Selon leur vocation qui peut-être une confiscation du pouvoir au profit des autorités militaires ou d'une junte, ou la restitution du pouvoir au peuple pour permettre la restauration d'un ordre constitutionnel intérimaire »[37].

La difficulté c'est que l'admission du coup d'État poserait la question d'appréciation de leur validité. Or, cette appréciation ne peut intervenir qu'après coup. Ce qui renverrait alors à l'image du « médecin après la

---

[37] Fabrice HOURQUEBIE. « Neo-constitutionnalisme et contenu des constitutions de transition : quelle marge de manœuvre pour les constitutions de transition ? », *Op.cit.*, p.590.

mort ». Autrement dit, les carottes seraient déjà cuites ! Un parallèle peut être établi avec le droit à l'insurrection populaire. Ce droit avait été notamment reconnu en France avec la Constitution montagnarde du 24 juin 1794[38]. Mais, on sait que ce texte n'a jamais été appliqué et qu'aucune Constitution française n'a ensuite consacré ce droit et devoir à l'insurrection. On peut comprendre que ce droit et devoir à l'insurrection comporte un risque de déstabilisation du pouvoir.

La solution qui se dessine alors pour la constitutionnalisation est celle de la définition de l'armée comme un contrepouvoir[39]. Cela implique, pour reprendre les idées de Montesquieu, que l'armée soit dotée d'une faculté d'empêcher lorsque les pouvoirs politiques tendent à confisquer le pouvoir d'État ou à méconnaître gravement l'exercice des droits et libertés des individus. Ainsi que l'expose le Pr. HOURQUEBIE :

> « La notion de contre-pouvoir ne traduit pas autre chose que les interactions réciproques à l'intérieur d'un système concurrentiel au bénéfice de l'équilibre c'est-à-dire du gouvernement modéré »[40].

A cet effet, il est possible de puiser dans les solutions de droit comparé. Au Brésil, par exemple, la notion de pouvoir modérateur a été mobilisé pour systématiser le rôle politique de l'armée au regard de l'histoire constitutionnelle récente du pays. De fait, de 1920 à 1965, par une série de coups d'État qui a débouché sur la Constitution en vigueur adoptée en 1988, l'armée a su intervenir d'une manière remarquable dans le domaine politique[41]. En effet, de l'avis du politologue américain, Alfred STEPAN :

> « Dans le schéma modérateur des relations civil-militaires qui a existé jusqu'en 1964, l'armée renversait fréquemment l'Exécutif sans, toutefois, prendre effectivement le pouvoir politique… (et) diriger les

---

[38] Article 35 : « *Quand le gouvernement viole les droits du peuple,* ***l'insurrection est, pour le peuple et pour chaque portion du peuple, le plus sacré des droits*** *et le plus indispensable des devoirs* ».

[39] Abdoulaye SOMA, « Le peuple comme contre-pouvoir en Afrique », *RDP*, n°130, 2014/4, pp.1019-1049.

[40] Fabrice HOURQUEBIE, « La Constitution du Bénin et la théorie des contre-pouvoirs », Communication au *Colloque de Cotonou de août 2012 en l'honneur du Pr. GLELE.*

[41] Luiza Sampaio CUNHA, « Les Forces Armées, un « Pouvoir Modérateur » dans un régime démocratique ? La controverse autour de l'interprétation de l'article 142 de la Constitution brésilienne de 1988 », *Jus Politicum*, n°28, 2022, p.272.

changements à l'intérieur du système politique...ils seraient contraints de transférer le pouvoir à un « groupe de civils alternatif »[42].

Depuis l'élection à la présidence de la République de Jair BOLSONARO (ancien militaire), le débat est nourri sur le point de savoir si l'article 142[43] de la Constitution actuelle, adoptée en 1988, ne fait pas de l'armée « un pouvoir modérateur » appelé à arbitrer les conflits entre les pouvoirs politiques de manière ponctuelle (non pour rompre l'ordre constitutionnel) mais pour rétablir la loi et l'ordre[44].

Le pouvoir modérateur tel que développé en droit constitutionnel brésilien aurait été inspiré de la théorie du pouvoir neutre prôné par Benjamin CONSTANT. Il voyait dans le pouvoir neutre un « mécanisme régulateur »[45] pour apporter un équilibre harmonieux entre les trois pouvoirs traditionnellement identifiés[46]. Apparaissant plutôt comme un quatrième pouvoir, la fonction du pouvoir modérateur « *consiste*

---

[42] Alfred STEPAN, *The Military in Politics: Changing patterns in Brazil, New Jersey*, Princeton University Press,

1971, p. 65-66. Cité et traduit par Luiza Sampaio CUNHA, *Op.cit.*, p.273.

[43] « *Les Forces Armées, constituées de la Marine, de l'Armée de Terre et de l'Armée de l'Air sont des institutions nationales permanentes et régulières, organisées sur la base de la hiérarchie et de la discipline, sous l'autorité suprême du Président de la République, et sont destinées à la défense de la Patrie, à la garantie des pouvoirs constitutionnels et, à l'initiative de l'un d'entre eux, de la loi et de l'ordre* ». Article 142 de la Constitution de la République Fédérale du Brésil du 5 octobre 1988.

[44] Luiza Sampaio CUNHA, « Les Forces Armées, un « Pouvoir Modérateur » dans un régime démocratique ? La controverse autour de l'interprétation de l'article 142 de la Constitution brésilienne de 1988 », *Op.cit.*, p.280.

[45] Oscar FERREIRA, « Le pouvoir modérateur dans la constitution brésilienne de 1824 et la charte constitutionnelle portugaise de 1826 : les influences de Benjamin CONSTANT ou de LANJUINAIS ? », *RFDC*, 2012/1, n°89, p.e3. Article disponible en ligne https://www.cairn.info/revue-francaise-de-droit-constitutionnel-2012-1-page-1.htm

[46] Il explique ainsi que : « *Le pouvoir exécutif, le pouvoir législatif, et le pouvoir judiciaire, sont trois ressorts qui doivent coopérer, chacun dans sa partie, au mouvement général : mais quand ces ressorts dérangés se croisent, s'entrechoquent et s'entravent, il faut une force qui les remette à leur place. Cette force ne peut pas être dans l'un des ressorts, car elle lui servirait à détruire les autres. Il faut qu'elle soit en dehors, qu'elle soit neutre, en quelque sorte, pour que son action s'applique nécessairement partout où il est nécessaire qu'elle soit appliquée, et pour qu'elle soit préservatrice, réparatrice, sans être hostile.* », Benjamin CONSTANT, *Principes de politique (version 1815)*, in *Écrits politiques*, éd. M. Gauchet, Paris, Gallimard, 1997, p. 324.

originairement à garantir les droits en résistant à tout abus d'autorité et à toute usurpation du pouvoir constituant »[47].

En Turquie, « *l'armée a un rôle permanent de surveillance, d'inspiration et, en cas de besoin, de contrainte sur le cours de la vie politique* »[48].

Ces exemples montrent à souhait que la thèse de la constitutionnalisation du rôle politique de l'armée n'est pas une idée saugrenue. Loin s'en faut !

Cette constitutionnalisation pourrait passer par la consécration de la possibilité pour l'armée de manifester son opposition à certaines attitudes des pouvoirs publics compromettant durablement le bon fonctionnement de l'État. La Constitution malgache de 2010 semble déjà s'inscrire dans cette logique. L'article 65 de cette Constitution dispose que :

> « Le Premier ministre:... en cas de troubles politiques graves et avant la proclamation de la situation d'exception, peut recourir aux forces de l'ordre pour rétablir la paix sociale après avis des autorités supérieures de la Police, de la Gendarmerie et de l'Armée, du Haut Conseil de la Défense Nationale et du Président de la Haute Cour Constitutionnelle ».

Il est vrai que la nature de l'avis (conforme ou consultatif) n'est pas précisée. Mais, la possibilité de solliciter l'avis des autorités supérieures des différentes composantes des forces de l'ordre en cas de troubles politiques graves leur donne le moyen de contrepouvoir et l'occasion d'intervenir dans le champ politique. Cette disposition de la Constitution malgache rappelle le refus opposé par le Général Robert GUEI (qui était alors chef d'État-major général de l'armée ivoirienne) au président Henri Konan BEDIE de déployer l'armée pour réprimer une manifestation de l'opposition. Ce refus lui vaudra sa place de chef d'État-major avant qu'il ne se mue en putschiste quelques années plus tard (1999).

Il convient toutefois de noter que cette officialisation du rôle politique de l'armée requiert d'en faire une institution au sens constitutionnel du

---

[47] Oscar FERREIRA, « Le pouvoir modérateur dans la constitution brésilienne de 1824 et la charte constitutionnelle portugaise de 1826 : les influences de benjamin constant ou de Lanjuinais ? », Op.cit., p.e5.

[48] Jean-Louis BALANS, « Armée et politique en Turquie ou la démocratie hypothéquée », *Pouvoirs*, N°115, 2005, p.55.

terme[49]. Il s'agit alors de fixer ses fonctions avec les limites subséquentes. Les articles 52 et 53 de l'avant-projet de Constitution pour une Ve République au Burkina Faso pourraient inspirer[50]. Il faut en outre prévoir un dispositif qui permet à l'armée en cas de blocage ou crise institutionnel mettant en péril les droits et libertés constitutionnels ainsi que la continuité de la vie nationale de rappeler les pouvoirs publics à l'ordre. Et en cas de persistance de la situation litigieuse, l'armée pourra saisir la juridiction constitutionnelle qui appréciera l'opportunité de déclarer la vacance de pouvoir avant d'inviter, comme le juge constitutionnel burkinabè l'a fait en 2014[51], les forces vives de la Nation a désigné une personnalité civile consensuelle pour organiser les élections dans le délai de trois mois. C'est dire qu'il faut envisager dans les Constitutions l'hypothèse d'irruption de l'armée sur la scène politique de sorte que cette intrusion ne puisse pas donner un coup d'arrêt à l'ordre constitutionnel établi.

La nécessité qu'il y aurait de constitutionnaliser l'intervention de l'armée dans le domaine politique comporte des incertitudes qu'il convient d'aborder au plus près.

II. Les incertitudes de la constitutionnalisation

Si la constitutionnalisation de l'armée se présente comme une nécessité, il ne faut pas perdre de vue qu'elle présente de grandes incertitudes en raison de la puissance de feu dont celle-ci dispose. Dès lors, les craintes d'une démocratie perturbée (A) doivent être endiguées

---

[49] Pour Alexis ESSONO : « *l'armée doit être considérée comme une entité institutionnelle comme une autre, comme un microcosme social en lien avec la société. C'est-à-dire un système social et idéologique complexe lié par des discours, des pratiques, des sociabilités, et qui prend part, comme d'autres institutions, à la mise en place et à la défense d'un ordre et de solidarités dans le cadre d'un processus de construction du politique* ». Alexis Essono OVONO, *Op.cit.*, p.121.

[50] « 52. *L'Armée nationale est une institution du Faso. Elle est au service de la nation et des institutions du Faso. 53. L'armée nationale est républicaine, apolitique et neutre. En aucun cas, l'armée nationale ne peut être autorisée à utiliser la force militaire contre tout ou partie du peuple non armé...* ».

[51] Conseil constitutionnel, Décision 2014-02/CC/Transition du 16 novembre 2014 portant modalités de désignation du président du Faso de la Transition. V. Seni M. OUEDRAOGO et Djibrihina OUEDRAOGO, « Libres propos sur la transition politique au Burkina Faso : du contexte au texte de la Charte de la transition », *Op.cit.*; Abdoulaye SOMA, « Réflexions sur le changement insurrectionnel au Burkina Faso », *Revue CAMES SJP*, n°1, 2015, pp.1-18.

par une pratique constitutionnelle dynamique qui s'analyse en termes de défis à relever (B).

A. Les craintes à dissiper

L'officialisation du rôle politique de l'armée comporte de nombreuses incertitudes qu'il faut prendre en considération.

D'abord, la première des incertitudes tient à l'unité de l'armée. En effet, si l'armée doit être pensée comme une institution pouvant jouer le rôle de contrepouvoir sur le terrain politique, il faudrait s'assurer de son unité. Or, cette unité n'est pas toujours garantie. La discipline tant clamée au sein de l'armée n'est souvent en réalité qu'un paravent. Plusieurs considérations doivent être prises en compte. Une première considération tient au fait que l'armée n'est pas à l'abri des guerres de leadership qui peuvent donner lieu à plusieurs factions là où il était plutôt souhaité des légions. L'histoire politique du Burkina Faso est riche d'enseignements à cet égard. Si les trois premiers coups d'État (1966, 1977 et 1980) ont été opérés par l'armée tout entière, les coups d'État qui suivront vont être orchestrés par une partie seulement de l'armée[52].

Cette occurrence s'est vérifiée récemment pour le coup d'État du 24 janvier 2022 mené par le Lieutenant-colonel DAMIBA. Tout porte à croire qu'outre le MPSR du Lieutenant-colonel DAMIBA, au moins trois autres factions étaient prêtes à passer, chacune, à l'acte. Déjà le Gouvernement du président KABORE, avant d'être renversé par le MPSR du président DAMIBA, avait réussi à déjouer un coup d'État que préparait le Lieutenant-colonel ZOUGRANNA[53]. Chose étrange, qui a le mérite de confirmer que l'armée présentait plusieurs tendances en son sein, chacune prête a procéder au pronunciamiento, le président DAMIBA n'a toujours pas fait libérer le Lieutenant-colonel

[52] Augustin LOADA, Luc-Marius IBRIGA, *Précis de droit constitutionnel et institutions politiques*, *Op.cit.*, p.339.

[53] Benjamin ROGER et Nadoun COULIBALY, « Burkina Faso : qui est le lieutenant-colonel Zoungrana, l'officier suspecté de préparer un coup d'État ? », publié le 12 janvier 2022, https://www.jeuneafrique.com/1294077/politique/burkina-faso-qui-est-le-lieutenant-colonel-zoungrana-lofficier-suspecte-de-preparer-un-coup-detat/; Nadoun COULIBALY, « Burkina : arrestation d'un officier soupçonné de préparer un coup d'État», publié le 11 janvier 2022, https://www.jeuneafrique.com/1293515/ politique/burkina-arrestation-dun-officier-soupconne-de-preparer-un-coup-detat/.

ZOUGRANA[54]. Il est vrai que le tribunal militaire a mis fin à la procédure qui était engagée contre lui pour tentative de déstabilisation des institutions de l'État. Mais, il a rapidement été inculpé pour des faits susceptibles de recevoir des qualifications de complot, détournement de biens publics, faux et usages de faux, enrichissement illicite et blanchiment de capitaux[55]. Une chose est sûre, c'est que le colonel ZOUGRANA représente jusqu'aujourd'hui un motif de crainte pour le président DAMIBA. Très symptomatique du manque d'unité dans l'armée, c'est que les lieutenants colonels DAMIBA et ZOUGRANA sont issus de l'élite formée au PMK (Prytannée Militaire du Kadiogo)[56]. Tel avait déjà été aussi le cas de leurs illustres devanciers Thomas Sankara et de Blaise COMPAORE. Cette situation a fait dire à des analystes que les écoles spécialisées seraient un creuset de potentiels putschistes.

Cette querelle de leadership est parfois nourrie par le fossé qui apparait souvent entre les soldats de rang et les officiers supérieurs qui n'inspirent plus confiance. Dans certains pays, l'élite qui reçoit des prébendes du pouvoir est souvent déconnecté des réalités et des besoins de la base. A plusieurs reprises, cette crise de confiance entre la base et le sommet de l'armée a donné lieu à des mutineries qui se sont rapidement muées en coup d'État.

Outre cette querelle de leadership, l'unité des armées africaines a été aussi rapidement mise à mal par les chefs d'État, généralement eux-mêmes arrivés au pouvoir par putsch, par la création de gardes prétoriennes. Craignant d'être déposés par coup d'État, ces chefs d'État se rabattent sur ces gardes rapprochées qui sont alors mieux rémunérées, mieux équipées et mieux entrainées que le reste de l'armée, avec un commandement à part. Ce qui a, entre autres, pour inconvénient de provoquer « *inévitablement jalousie, division et frustration au sein de l'armée nationale. Ce choix, qui revient à mettre en opposition des forces*

---

[54] Sié Frédéric KAMBOU, « Des jeunes réclament la libération du lieutenant-colonel ZOUNGRANA et autres », publié le 24/07/2022, https://burkina24.com/2022/07/24 /des-jeunes-reclament-la-liberation-du-lieutenant-colonel-zoungrana-et-autres/

[55] Dossier lieutenant-colonel Emmanuel ZOUNGRANA : Neuf personnes mises en examen, jeudi 12 mai 2022

[56] Lefaso.net, « Jeune Afrique, « Coup d'État au Burkina : qui sont les hommes de confiance du lieutenant-colonel DAMIBA ? », publié le 3 février 2022, https://www.jeuneafrique.com/1306755/politique/coup-detat-au-burkina-qui-sont-les-hommes-de-confiance-du-lieutenant-colonel-damiba/

de régime et des armées nationales au sein d'un même pays, est toujours le plus mauvais»[57]. D'ailleurs, ces gardes ont une lourde orientation ethnique ; l'essentiel de leurs hommes étant sciemment recrutés au sein de l'ethnie, la tribu ou la région d'où provient le chef de l'État. Au Burkina Faso, le fameux RSP (Régiment de Sécurité Présidentielle)[58] était longtemps craint par les autres unités militaires de l'armée avant qu'il ne soit dissout sous la Transition politique de 2014 non sans avoir tenté un coup d'État avorté contre le régime de la Transition. Ce coup d'État, survenu (le 15 septembre 2015) à quelque mois de la fin de la Transition politique, sera d'ailleurs qualifié de coup d'État le plus idiot du monde !

En tout état de cause, le risque de manque d'unité au sein de l'armée peut conduire à des divergences profondes entre militaires sur l'interprétation du rôle politique de l'armée. Ce qui est un potentiel facteur de déstabilisation de l'État.

Une deuxième incertitude tient au risque d'instrumentalisation politique de l'armée ou de l'instrumentalisation du politique par l'armée[59]. Ce schéma est bien classique dans les rapports entre civils et militaires. De ce point de vue, on peut craindre qu'il y ait une interprétation abusive de la possibilité d'intervention récurrente de l'armée dans les champs politiques de manière à ce qu'il reste étroitement au contact de la politique. Ce faisant, on aurait, par la constitutionnalisation, conféré un moyen juridique à l'armée pour hypothéquer le pouvoir d'État. Ce risque n'est pas à minimiser quand on sait que les « putschistes de la nouvelle génération » cherchent à paraître juridiquement corrects. Le parallèle peut, à cet égard, être établi avec le régime de l'état de siège qui est consacré dans la plupart des Constitutions africaines[60]. Ce régime n'est pas encore saisi dans toute sa

---

57 Entretien avec Bruno Clément-Bollée, Arthur Banga, Jean du Bois de GAUDUSSON, « De l'(in)dépendance des forces armées africaines », *Afrique contemporaine*, 2020/1, n°271-272, p.118.

58 Sampala Fatimata BALIMA, *Militaires politiques et construction de l'État : analyse à partir du régiment de sécurité présidentielle au Burkina Faso*, Thèse de doctorat en science politique, Université de Bordeaux, 2017.

59 Léon SAMPANA, « La démilitarisation paradoxale du pouvoir politique au Burkina Faso », in Axel Augé et Amandine GNANGUENON (sous la dir. de), *Les armées africaines et le pouvoir politique au sud du Sahara*, Paris, Les Champs de Mars, 2015, n°28, octobre, pp.34-49.

60 Art 68 de la Constitution béninoise, Art 95 de la Constitution tchadienne, Art 59 de la Constitution burkinabè, Art 49 de la Constitution malienne.

portée dans les États africains. On peut estimer qu'il s'agit d'un mécanisme juridique qui pourrait ramener, à moindre frais, l'armée au pouvoir. L'état de siège est dès lors considéré comme non démocratique. Au surplus, il n'est pas utile dès lors que le régime de l'état d'urgence et celui des pouvoirs de crise du chef de l'État[61] peuvent utilement être mis à profit en cas de péril grave menaçant la continuité de l'État.

Une troisième incertitude tient au fait qu'une armée trop institutionnalisée peut ne plus se mettre à la disposition de l'Exécutif. Pourtant, les militaires doivent rester au service des civils. Cette posture pourrait rapidement déboucher sur un blocage institutionnel.

Enfin, une autre incertitude tient au fait que la constitutionnalisation de l'armée attise la jalousie des autres corps militaires (gendarmes et paramilitaires (policier) qui font également partie de la force publique. Certes, la montée du phénomène terroriste a montré qu'elles étaient autant éprouvées que les militaires ; le terroriste ne faisant pas de distinction entre les différents corps des forces de défense et de sécurité. Mais, cette revendication témoigne d'un malaise, à savoir que ces structures voient dans la constitutionnalisation le mécanisme qui leur permettra de disposer de l'autonomie financière et de décision afin d'être efficaces. Pour cause, elles sont sous équipées et n'ont pas les moyens de s'opposer ni à l'autorité civile ni à l'autorité militaire. Au Burkina Faso, autant l'armée s'est battue pour que le projet de Constitution pour une Ve République la constitutionnalise comme institution, autant elle s'est farouchement opposée à ce que la Police accède à ce statut. Il y a là une tension dans l'air qui n'est pas fait pour rassurer[62].

Il est clair que la constitutionnalisation de l'armée comporte bien d'incertitudes qu'il faut tendre à endiguer.

---

[61] Syméon KARAGIANNIS, « L'article 16 des autres. Pénétration d'une originalité française dans certaines Constitutions étrangères », *RDP*, 2016 n°3, p. 957 ; Aline AKA-LAMARCHE, « De l'exercice des pouvoirs exceptionnels dans la gestion de la crise ivoirienne », *Afrilex*, octobre 2012, https://afrilex.u-bordeaux.fr/de-lexercice-des-pouvoirs-exceptionnels-dans-la-gestion-de-la-crise-ivoirienne/

[62] Lefasonet, « Lutte contre le terrorisme : Le Président du Faso échange avec les unités d'intervention de la police nationale », publié le 21 juillet 2022, https://lefaso.net/spip.php?article114886

B. Les défis à relever

C'est le général de GAULLE qui disait que « *la Constitution, c'est un esprit, des institutions et une pratique* »[63]. Le rappel de ces propos permet de situer sur le fait que la constitutionnalisation d'une possibilité pour l'armée d'intervenir dans le champ politique ne saurait, à elle seule, suffire à stabiliser les institutions. Il faut, pour ainsi dire, un équilibre dans le jeu des rôles par les acteurs. De ce fait, un certain nombre de défis doivent être relevés.

Premièrement, la possibilité d'intervention de l'armée dans le champ politique, si elle doit être admise, ne peut être analysée qu'en termes de fenêtre d'opportunité. Il ne s'agit pas d'offrir un boulevard. Ce qui serait plutôt la consécration d'un « État caserne ». Systématisé par Harrold LASSWELL[64], l'État caserne « *se caractérise ainsi par une soumission de l'ensemble de la vie sociale et économique aux impératifs de la guerre…(ce qui) donne aux « spécialistes de la violence » que sont les militaires une place privilégiée au sein de sociétés* »[65]. Le coup d'État du 24 janvier 2022 au Burkina Faso a d'ailleurs montré les sillons de cet État caserne avec la nomination de nombreux militaires dans les hauts emplois de l'Administration publique. On a ainsi rigolé, dans l'opinion publique, qu'au lieu d'une montée en puissance de l'armée sur le champ de bataille de la lutte contre le terrorisme, on assiste plutôt à une montée en puissance de l'armée dans les administrations.

Deuxièmement, il se pose le défi de l'établissement d'un dispositif constitutionnel efficace de mise en cause de la responsabilité politique des gouvernants. En effet, on peut se demander si derrière la récurrence des coups d'État, il n'y a pas un droit constitutionnel en panne qui demande un remodelage aussi bien dans le texte que dans le contexte. De fait, l'une des causes directes des coups d'État réside, en grande partie, dans l'absence d'un mécanisme efficace de mise en jeu de la responsabilité, surtout politique, des gouvernants. En général, les Constitutions prévoient une irresponsabilité politique du chef de l'État

---

[63] Conference de 1964.

[64] H. LASSWELL, « Sino-Japanese Crisis : the Garrison State versus the Civilian State », *The China Quaterly*,

n°11, automne, pp. 643-49.

[65] Jean JOANA, « Le pouvoir des militaires, entre pluralisme limité et démocratie », www.afsp.msh-paris.fr › txtlinz › joana1, consulté le 29 aout 2022, p.2.

alors que s'agissant du gouvernement cette responsabilité politique demeure théorique devant le Parlement[66].

Les coups d'État récemment enregistrés au Mali et au Burkina Faso trouvent, quelle part, leurs causes dans cette limite des dispositifs constitutionnels. Sinon, comment expliquer, dans le cadre du Burkina Faso, qu'un an seulement après l'avoir réélu, à l'issue d'un scrutin reconnu transparent et inclusif par tous les observateurs tant nationaux qu'internationaux, une bonne partie de l'opinion en soit venue à appeler de leurs vœux au coup d'État du 24 janvier 2022. Certes, le contexte sécuritaire délétère a été avancé par les putschistes. Mais, il ne faut pas perdre de vue que le régime KABORE n'inspirait plus la confiance à une bonne partie de l'opinion publique quant à sa capacité à endiguer la montée du terrorisme. Au Mali, il est vrai que le 18 avril 2019, le Premier ministre malien, Soumeylou Boubèye MAIGA a dû rendre la démission de son Gouvernement devant la menace d'une motion de censure que le Parlement s'apprêtait à voter suite à la tragédie d'Ogossagou (drame qui a vu 160 villageois Peuhls tués par le groupe d'auto-defense Dogons)[67], mais c'est davantage le chef d'État qui n'inspirait plus la confiance. Comme a pu l'écrire le professeur Madior FALL, « *l'exacerbation de la césure entre mandants et mandataires conduit à un nécessaire arbitrage, généralement conduit par l'armée* »[68]. C'est dire que l'existence d'un mécanisme constitutionnel adéquat et efficace pour engager la responsabilité politique du président de la République et, pas seulement de son Gouvernement, aurait permis d'éviter sinon d'éloigner les sillons d'un coup d'État. Il y a en filigrane de cette question celle de l'adéquation

---

[66]Ouro-Gnaou OURO-BODI, « La responsabilité des titulaires du pouvoir politique dans les pays d'Afrique noire francophone », Frédéric Joël AÏVO, « La responsabilité pénale des gouvernants dans les régimes politiques africains d'influence française », *Revue Juridique et Politique*, n° 1, 2010, p.8.

[67] Jeune Afrique avec AFP, « Mali : le Premier ministre Soumeylou Boubèye Maïga jette l'éponge »,

19 avril 2019, https://www.jeuneafrique.com/764914/politique/mali-demission-du-premier-ministre-soumeylou-boubeye-maiga/ ; Aïssatou DIALLO et Baba AHMED, « Mali : les raisons de la démission de Soumeylou Boubèye Maïga », 19 avril 2019, https://www .jeuneafrique.com/765358/politique/mali-les-raisons-de-la-demission-de-soumeylou-boubeye-maiga/; ; FRANCE 24, « Mali : démission du Premier ministre et du gouvernement après le regain de violences », publié le 19/04/2019, https://www.france24. com/fr/20190419-mali-demission-premier-ministre-gouvernement-violences-peuls.

[68] Ismaila Madior FALL, « La construction des régimes politiques en Afrique : insuccès et succès », *Afrilex*, Janvier, 2014, p.14, http://afrilex.u-bordeaux.fr/wp-content/uploads/2021/03/La_construction_des_regimes_politiques.pdf;

du régime politique[69]. Quelque part, le présidentialisme dit négro-africain ne constitue-t-il pas un terreau favorable pour le coup d'État ?[70]

En tout état de cause, il semble donc nécessaire d'aménager la Constitution afin que le système politique respire ! L'instauration d'une procédure de « recall », d'élections de mi-mandat (comme aux USA) pourrait y contribuer.

L'ultime défi reste la révolution de culture constitutionnelle. Il s'agit ici de tenir compte du fait que dans bon nombre de sociétés africaines, l'image du chef est, encore, liée à celle du plus fort d'entre tous! Ce faisant, la crainte du fusil force la légitimation du rôle politique du militaire. Au Burkina Faso, suite aux soulèvements populaires de janvier 1966 et octobre 2014, ce sont les civils qui appellent les militaires au pouvoir. La raison tenant au fait qu'en cas de crise l'armée est plus apte à assurer les rênes du pouvoir parce qu'elle serait la structure la mieux organisée de la société explique-t-elle ce reflexe populaire ? Rien n'est sûr ! La facilité avec laquelle l'armée charrie avec le pouvoir politique s'explique davantage par cette permanence de la conception traditionnelle du pouvoir qui doit revenir au plus fort dans la société. Cette idée est même foncièrement ancrée dans la conscience et l'esprit des hommes en armes dans la plupart de nos États africains, à savoir que la détention du fusil vous fait assurément chef (Naaba en mooré) !

Cette conscience de la puissance des armes explique encore que l'armée n'accepte pas que ses structures fassent l'objet de contrôle. Le secret militaire est souvent avancé pour écarter toute idée de soumission au contrôle mais il ne saurait justifier une gestion opaque de l'armée. Les faits sont têtus et montrent que la gestion militaire est loin d'être aussi orthodoxe comme les apparences peuvent laisser croire[71].

---

[69] Ismaila Madior FALL, « La construction des régimes politiques en Afrique : insuccès et succès », *Op.cit*., pp.8 et s. Babacar GUEYE, « La démocratie en Afrique : succès et résistances », *Revue Pouvoirs*, n°129, 2009/2, pp.5-26 ; Théodore HOLO, « Démocratie revitalisée ou démocratie émasculée ? Les constitutions du renouveau démocratique dans les États de l'espace francophone : régimes juridiques et systèmes politiques », *RBSJA*, n°16, 2006, pp.17-41.

[70] Jean GICQUEL, « Le présidentialisme négro-africain, l'exemple camerounais », in *Mélanges offerts à Georges BURDEAU : Le pouvoir,* Paris, L.G.D.J, 1977, p.702 ; Silvano AROMATARIO, « La dérive des institutions vers un régime présidentiel », *RDP*, n°3, 2007, p.731.

[71] Moussa KAKA, « Niger: un audit révèle des détournements de fonds dans le secteur de la défense », publié le 28/02/2020, https://www.rfi.fr/fr/afrique/20200228-niger-audit-r%C3%A9v%C3%A8le-d%C3%A9tournements-fonds-le-secteur-la-d%C3%A9fense ; Aïssatou DIALLO, « Contrats d'armement surfacturés au Mali : des proches d'IBK dans le viseur de la justice »,

Ces dérives de l'armée, que les militaires conçoivent comme superpuissance, expliquent pourquoi le président SANKARA, qui n'avait pourtant pas l'intention de rendre le pouvoir aux civils, affirmait qu'*« un militaire sans formation politique patriotique est un criminel en puissance »* ! Il faut, par conséquent, parvenir à imprimer un changement de mentalité : cette conscience de détenir le pouvoir d'État parce qu'on a les armes doit être abandonnée.

C'est sur ce point que se situe la différence entre les armées occidentales et africaines. Malgré la puissance des premières, elles sont parvenues à se désintéresser de la gouvernance des affaires publiques. Le paradoxe entre la situation des armées européennes et africaines a été bien élucidée :

> « La question qu'il faut se poser n'est pas tant de savoir pourquoi les militaires réussissent à s'emparer du pouvoir dans les pays en voie de développement, mais plutôt pourquoi ils ne réussissent pas dans les pays hautement développés, là où la force armée est encore plus forte, pourquoi ils n'y ont même pas la tentation, pourquoi dans les sociétés avancées les coups d'État et les putschs échouent presque toujours, pourquoi dans les démocraties compétitives les plus évoluées le pouvoir civil n'éprouve plus aujourd'hui le besoin de se « couvrir », en offrant à un général une place dans le Gouvernement comme à la charnière du siècle en France »[72].

C'est dire que ce qui est en cause, ce qu'il faut changer c'est le degré d'adhésion de l'ensemble des acteurs à la culture démocratique et constitutionnelle.

Conclusion

Si l'objectif du constitutionnalisme est d'encadrer la dévolution et l'exercice du pouvoir d'État, on ne saurait aujourd'hui occulter le fait que l'armée, dans bon nombre de pays africains, constitue une force politique en puissance ! Ce paramètre doit être intégré dans la conception et la conceptualisation du droit constitutionnel dans ces pays.

publié le 2 avril 2020, https://www.jeuneafrique.com/919889/societe/contrats-darmement-surfactures-au-mali-des-proches-dibk-dans-loeil-du-cyclone/

[72] Mattei DOGAN, « Militaires sans épée dans la politique », *Op.cit.*, pp.124-125.

Il semble qu'il y ait une forme de conscience de l'État de droit au sein des forces armées, qui explique les prestations de serment des putschistes dernièrement arrivées au pouvoir. Dès lors pourquoi ne pas saisir l'occasion pour penser et définir, au niveau constitutionnel, un mécanisme permettant de répondre aux velléités de l'armée d'intervenir dans la conduite des affaires publiques. Il s'agit moins de remettre en cause le principe de la séparation entre pouvoir civil et pouvoir militaire[73] que d'ériger des moyens d'interactions.

Du reste, il est primordial que les militaires intègrent ce principe qu'il est nécessaire que la gestion du pouvoir d'État soit l'apanage des civils. C'est ce qu'avait bien compris Bonaparte lorsqu'il avançait que :

> « Ce n'est pas comme général que je gouverne mais parce que la nation croit que j'ai les qualités civiles propres au gouvernement »[74].

Il semble qu'« *Il se perdit quand il reprit l'épée* »[75].

---

[73] Cyrille MONEMBOU, « La séparation des pouvoirs civil et militaire dans le constitutionnalisme africain », in *Mélanges en l'honneur du Professeur Koffi AHADZI-NONOU*, Poitiers, Presses universitaires juridiques de Poitiers, avril 2021, pp.727-742.

[74] *Ibid*, p.124.

[75] *Ibid*, p.124.

Jacques Serge NGUEFACK NKOUEBO

Assistant en droit public, Université de Yaoundé II (Cameroun)

Le constitutionnalisme africain à l'ère des Accords de paix

Introduction

L'accession à l'indépendance, pour de nombreux États d'Afrique noire, marque le début d'un long chemin de croix qui s'est traduit par des crises politiques et conflits armés à répétition dont la persistance a mis et continue de mettre l'existence de ces États en péril et menace la paix et la sécurité dans de nombreuses régions du continent. Aussi, la multiplication des conflits armés internes ou intra étatique en Afrique a contribué à l'avènement d'un nouveau constitutionnalisme africain marqué par la consécration de l'Accord de paix comme instrument privilégié et prioritaire de règlement de ces conflits et de rétablissement des ordres juridiques décimés ou bouleversés par ces derniers.

Selon H. B. Mahfoudh « *Les conflits armés non internationaux constituent aujourd'hui l'une des menaces les plus dramatiques à la sécurité humaine* »[1]. L'Afrique apparait donc comme le laboratoire privilégié de cette nouvelle conflictualité dans un contexte où les États ont précédé les nations ; où les frontières étatiques héritées de la colonisation sont plus le reflet des appétits coloniaux que des réalités politiques, sociales et culturels des peuples qui y vivent ; et où l'émergence de nombreux régimes dictatoriaux au prétexte de la consolidation de l'unité nationale a nourrit le ressentiment de certaines populations et favorisé les « *guerres de libération* » et les « *guerres pour la démocratie* » dont l'objectif principal est de chassés les « dictateurs » au pouvoir. Cette forme de conflictualité qui ravage le continent

[1] Mahfoudh (H. B), « Acteurs non étatiques et conflits armés non internationaux », in *Acteur non étatiques et droit international*, Colloque de Tunis, 2007, p. 215

« *correspond à ces nouvelles formes de conflits qui se caractérisent par leur durée, à la fois étalée et discontinue dans le temps (Angola, Tchad, Corne de l'Afrique), par leur fonctionnement dans l'espace (juxtaposition des zones de confrontation) et par leur gravité (nombre de victimes, de déplacés, etc.), mais qui n'entrainent, par ailleurs pas la mise en cause des équilibres internationaux* »[2]. Ainsi, même si ces conflits ont généralement une portée limité et peuvent être géographiquement circonscrits au sein d'un État, ils ont néanmoins de nombreuses ramifications extérieures, peuvent s'exporter à tout moment dans les États voisins et sont en mesure de déstabiliser des régions entières[3]. Aujourd'hui, le maintien de la paix en Afrique ne consiste plus en la défense du continent contre un ennemi extérieur non africain mais plutôt en la prévention, la gestion et la résolution de crises ayant des origines internes aux États[4].

En effet, les crises politiques que l'on retrouve sur le continent africain sont très souvent le résultat de coup d'État ou de tentatives de coup d'État qui ont mal tournés. En d'autres termes, l'enlisement des conflits armés déclenchés dans le but de chassé certains Chefs d'État africains du pouvoir ont provoqué des crises politiques qui paralysent ou ont paralysé de nombreux États et semé le chaos un peu partout en Afrique. En Côte d'Ivoire, par exemple, la tentative ratée de coup d'État sur le Président Gbagbo en 2002 va déboucher sur une guerre civile et une crise politique qui durera près de 11 ans et dont la conséquence majeure sera la partition du pays. En RDC, la guerre déclenchée en octobre 1996 par L. D. Kabila atteindra son objectif en provoquant le départ du Président Mobutu mais plongera le pays dans un conflit armé sans fin qui connaitra de nombreux rebondissements, comme la seconde guerre de 1998 marquée par le coup d'État du 16 janvier 2001 portant J. Kabila au pouvoir, ou encore les rébellions lancées par le MLC dans le Nord du pays[5] et le RDC-Goma

---

[2] *Ibid*, p. 225.

[3] Gaud (M), « L'Afrique entre décomposition et recomposition », *Questions internationales*, n°5, La documentation française, 2004, p. 8.

[4] Sur la question, v. Gnanguenon (A), « Le rôle des communautés régionales dans la mise en œuvre de l'architecture africaine de paix et de sécurité », *EPS*, octobre 2010, p. 14.

[5] - Apres la première tentative de coup d'Etat contre L.D. Kabila, le MLC dirigé par M. Bemba lance, en octobre 1998, une rébellion dans la province de l'équateur, au Nord-Est avec l'appui de l'Ouganda. Le MLC installe sa capitale à Gbadolite, ville natale de l'ex-dictateur Mobutu. V. Boulada (J-P), *Conflits armés en Afrique : classification, causes, alternatives,* op. cit., p. 16.

dans la partie orientale[6]. En Centrafrique, la chute du Président Bozizé « *s'inscrit ainsi dans le cycle de crises qui se répètent tous les dix ans en Centrafrique* »[7]. Les rapports de l'ICG montrent que depuis la prise du pouvoir d'A. Kolingba par la voie d'un coup d'État en 1981, les Présidents de la RCA sont restés en moyenne dix ans à la tête du pays. D'A. Kolingba à D. Dako, en passant par A-F. Patassé, tous ont été destitués par la voie des armes.[8] Cette situation a transformé la Centrafrique en un pays ingouvernable, où les nombreux efforts de paix n'ont pas permis d'exorciser les démons de la misère et de la guerre. La répétition des crises et conflits armés dans les pays d'Afrique centrale, notamment en Centrafrique, en RDC et au Congo-Brazzaville, a même contraint la CEEAC à cesser ses activités entre 1992 et 1998[9].

Toutefois, la multiplication des crises au sein de nombreux États africains n'a pas eu que des effets négatifs. Elle a permis, à la faveur des processus de paix enclenchés pour résoudre ces crises, de créer et de vulgariser un instrument juridique original dont le statut fait l'objet d'un débat extrêmement clivant au sein de la doctrine : l'Accord de paix[10]. Ce dernier est, dans ses différentes déclinaisons[11], en partie le fruit d'une ingénierie constitutionnelle africaine qui a institué le consensualisme comme voie principale de sortie de crise dans des États dont la fragilité structurelle empêche l'éradication par la force des mouvements insurrectionnels.

---

6 - Le RCD-Goma est également créé en 1998. Il ouvre un front rebelle dans la partie orientale qu'il finit par occuper. *Idem.*

7 - ICG, « République centrafricaine : les urgences de la transition », *Rapport Afrique*, n°203, juin 2013, p. 1.

8 - V. Rapport Afrique n°136 d'ICG, *République centrafricaine : anatomie d'un Etat fantôme*, 13 décembre 2007.

9 - GRIP, « Dynamique des réponses sécuritaires de la CEEAC à la crise centrafricaine », *Note n°6*, 25 mars 2014, p. 6.

10 A propos du débat sur le statut juridique des Accords de paix, v. Roucounas (E), « Peace agreements as instruments for for resolution of intrastate conflicts », *Conflict Resolution : New Approaches and Methods, Peace and conflic issues*, UNESCO Publishing, 2000 ou encore Le Bouthillier (Y) et Bonin (J-F), « Article 3 », in Corten (O) et Klein (dir. Publ.), *The Vienna convention on the law of Treaties. A Commentary*, Oxford, OUP, 2011

11 Il existe une typologie des Accords de paix basées sur la nature des normes qui en sont issues et qui varie en fonction des nécessités contingentes et des objectifs propres à chaque Accords. Ainsi on distingue : les Accords de cessez-le-feu et les Accords de cessation des hostilités, les Accords intérimaires ou préliminaires, les Accords cadre ou Accords globaux de paix et les Accords de mise en œuvre. Sur la question, v. Nguefack Nkouebo (J. S), *Les accords de paix signés en Afrique entre parties à un conflit armé interne sous l'égide d'un sujet de droit international*, Thèse de Doctorat Ph.D, Université de Yaoundé II-Soa, 2018, pp. 196-205.

Si l'Accord de paix désigne en principe tout accord signé dans le but de mettre un terme à un conflit armé qu'il soit interne ou international, il faut relever qu'en Afrique, la pratique et les usages veulent que la locution « Accord de paix » désigne exclusivement les Accords signés dans le cadre de conflits armés ou de crise internes. C'est ainsi que le Professeur Atangana Amougou définit l'Accord de paix comme :

> « Tout accord conclu entre les protagonistes d'une crise politique interne ayant pour but de la résorber, quelle que soit sa dénomination particulière »[12].

Ce type d'Accord intervient généralement à la suite d'un différend entre le pouvoir et l'opposition qui ne trouve pas de solution, ou à la suite d'un conflit armé interne qui paralyse les institutions politiques[13]. Par ailleurs, l'Accord de paix ne se limite pas à mettre un terme à un conflit armé ou à une crise d'ordre interne, il a également pour objectif d'organiser et de conduire la transition politique dans l'État concerné. C'est dans cette optique que le Professeur Mandjem présente l'Accord de paix comme :

> « Un ensemble de dispositions juridiques issues des négociations politiques entre les parties en conflit ayant pour but d'établir un compromis entre elles et de régir la transition »[14].

Autrement dit, l'Accord de paix est censé organiser le passage de l'état de guerre à l'état de paix, c'est-à-dire de faciliter le retour à l'ordre public et à la stabilité qui précédaient le conflit.

Vu sous cet angle, la mission de transition portée par l'Accord de paix affecte la vie constitutionnelle de l'État concerné, et à l'échelle continentale, les principes du constitutionnalisme traditionnel hérités du pouvoir colonial, lequel s'inspire du normativisme kelsenien et s'organise, de manière pyramidale, autour de la constitution qui en constitue le sommet. A ce propos, le Professeur Atangana Amougou note la tentation du recours quasi systématique à des mécanismes politiques

---

[12] Atangana Amougou (J.L), « les Accords de paix dans l'ordre juridique interne des Etats », *RRJ*, Droit prospectif, PUAM, 2008, p. 1425

[13] *Idem.*

[14] Mandjem (Y.P), *Les institutions dans les processus de sortie de conflit : Analyse comparée de la Côte d'Ivoire et de la République démocratique du Congo*, Thèse de Doctorat, Université de Yaoundé II-Soa, Sciences politiques, t. 1, 2009-2010, p. 13.

de sortie de crise « *contrarient souvent les règles constitutionnelles* »[15]. Aussi, il ne fait aucun doute qu'en instaurant une légalité d'exception dans les États africains en crise, l'Accords de paix édulcore les principes kelseniens de primauté et d'inviolabilité de la constitution au profit d'un pragmatisme et d'une flexibilité commandés par l'exigence de règlement pacifique des crises et conflit armés internes qui naissent dans ces États et dont le prolongement menace l'existence même de ces derniers. Ce faisant, l'Accord de paix contribue largement à la construction d'un nouveau constitutionnalisme africain qui, influencé par le processus de pacification de certains États, a intégré un « *constitutionnalisme de crise* » ; et semble désormais avoir pour socle granitique le consensualisme, la démocratie et l'État de droit. C'est cette connexion nouvelle entre l'Accord de paix et le constitutionnalisme africain qui fonde la présente étude. En l'occurrence, **quel est l'apport des Accords de paix dans le constitutionnalisme africain d'aujourd'hui ?**

Une analyse fine de la mise en œuvre des Accords de paix en Afrique permet d'affirmer que la pratique récurrente de ces Accords contribue progressivement à l'émergence d'un corpus cohérent de normes constituant ce qu'on peut aujourd'hui appeler « *le droit de règlement pacifique des conflits armés internes* ». Ce droit n'épargne pas le constitutionnalisme africain dans le sens où il impose un constitutionnalisme de crise dans les États en conflit en modifiant la constitution ou en la remplaçant pour les besoins de la transition. Ce constitutionnalisme de crise, dans un premier temps, provoque le chamboulement de l'ordre juridique interne des États concernés en modifiant, temporairement ou définitivement, la constitution ainsi que ses effets et en affirmant, lorsque la situation l'exige, la supériorité des Accords de paix sur la constitution **(I)** ; et dans un deuxième temps, consacre le consensualisme, l'État de droit et la démocratie tout en favorisant le phénomène asymétrique des constitutions de transition **(II)**.

---

[15] Atangana Amougou (J-L), op. cit., p. 1724.

I. L'Accord de paix ou la redéfinition de l'ordre juridique interne de l'État au profit d'un « constitutionnalisme de crise »

De manière générale, la signature des Accords de paix sonne le glas de l'ordre constitutionnel, lequel s'avère génétiquement mal outillé pour faire face aux situations de crises internes. M. P. Mambo, dans son étude sur les accords politiques dans les États africains constate que « *Les acteurs politiques africains recourent assez fréquemment à des Accords et autres compromis pour sortir des crises nées de leurs désaccords* »[16]. Cette préférence pour les Accords de paix n'est pas seulement du aux effets anarchiques des conflits armés et crises internes, elle est aussi la conséquence des insuffisances et des lacunes ontologiques des constitutions dont « *l'instrumentalisation par le pouvoir exécutif est l'une des causes du malaise des sociétés politiques africaines* »[17]. Ainsi, les crises qui secouent de nombreux États africains reflètent le manque de crédibilité donc souffre l'ordre constitutionnel établi et l'incapacité de ce dernier à disposer de la flexibilité et du pragmatisme nécessaire pour faire face à des crises de grande ampleur. *A contrario*, la signature d'un Accord de paix pose les jalons d'un constitutionnalisme de crise offrant ainsi aux différents protagonistes de la crise un instrument dont la flexibilité et le pragmatisme permet d'obtenir des résultats que le rigorisme constitutionnel rendrait impossible à atteindre.

Le constitutionnalisme de crise instauré par les Accords de paix permet de modifier, temporairement ou définitivement, la constitution ainsi que ses effets **(A),** d'affirmer, lorsque la situation l'exige, la supériorité des Accords de paix sur la constitution **(B)** et même de mettre en place de nouvelles constitutions appelée constitutions de transition **(C)**.

---

[16] Mambo (P), « les rapports entre la constitution et les accords politiques dans les Etats africains : réflexion sur la légalité constitutionnelle en période de crise », *Revue de droit McGill*, 2012, p. 921.

[17] *Idem.*

A. La modification de la constitution et de ses effets par les Accords de paix

Les exigences d'une transition réussie obligent les signataires des Accords de paix, dans certaines circonstances, à modifier l'ordre juridique existant afin de matérialiser les résolutions consensuelles adoptées par leurs soins et contenues dans ces accords. Cette modification peut sous-tendre, le temps de la transition, la suspension temporaire des effets de la constitution (1) et la prescription de révisions constitutionnelles informelles et hétérodoxes (2).

1. La suspension temporaire, expresse ou tacite, des effets de la constitution

Certains Accords de paix bouleversent l'organisation pyramidale des normes en secrétant des règles qui rivalisent avec la constitution ou qui se substituent temporairement à elle. La suprématie de la constitution est donc mise à mal par les Accords de paix dans des circonstances exceptionnelles de conflit armé où l'anarchie prend le pas sur l'État de droit.

En effet, les territoires sur lesquels se déroulent les conflits armés internes sont généralement des zones de non droit où l'ordre constitutionnel a été suspendu par des acteurs qui ont décidé unilatéralement de régler leurs différends en dehors des voies légales. D'ailleurs, ces conflits armés internes se déroulent en violation de toutes les règles constitutionnelles majeures, notamment : le respect de l'État de droit, le respect des institutions étatiques, l'obligation de régler pacifiquement les différends ou encore l'obligation d'accéder au pouvoir et de l'exercer de façon démocratique. Le conflit armé interne correspond alors à un épisode inédit de l'histoire de l'État dans lequel le constitutionnalisme classique ne semble avoir aucune emprise et où seuls les arrangements politiques permettent d'entrevoir une sortie de crise. La période de transition qui s'en suit est un intermède de la vie publique de l'État, encadré par un constitutionnalisme d'exception échafaudé par les parties signataires des Accords de paix.

Les constitutions africaines étant en réalité mal outillées pour faire face aux conflits armés internes, elles sont rapidement mises à l'écart dès les négociations qui précèdent la signature des Accords de paix. Bien que les parties signataires s'engagent régulièrement à respecter la légalité constitutionnelle, il faut dire que ce type d'engagement manque cruellement de conviction, et même de volonté, au regard des nombreuses entorses constitutionnelles qui se dégagent de ces accords. Ce constat à provoquer l'indignation d'un certain nombre d'auteurs adeptes du constitutionnalisme classique qui considèrent que les Accords de paix en Afrique sont une véritable supercherie et un phénomène trompe-l'œil au service de l'idéologie néocoloniale de certaines puissances occidentales. En pratique, les Accords de paix entretiennent des contradictions qui dissonent étonnement avec la volonté affichée des parties de respecter la légalité constitutionnelle. A ce sujet, le Professeur Yao Ndré remarque avec amertume qu'« *en dépit de la condamnation des coups d'État, de l'affirmation de la légalité constitutionnelle, de l'accession et de l'exercice du pouvoir de façon démocratique, l'Accord de Marcoussis fait accéder les rebelles au pouvoir par les armes* »[18]. Si ces propos peuvent sembler excessifs, on ne peut nier le fait que de nombreux Accords de paix priorisent la recherche d'un consensus entre les parties en conflit au détriment du respect des règles constitutionnelles. Ainsi, au Mali, l'Accord de paix de Bamako a maquillé le coup d'État du 22 mars 2012 en une démission du chef de l'État, afin de contenter la junte militaire responsable du coup d'État, et les convaincre d'accepter une transition démocratique[19].

L'idée d'une association entre un gouvernement légal et des insurgés, dans le cadre d'un accord ayant des incidences sur l'organisation et le fonctionnement des institutions étatiques, représente assurément une violation grave de la constitution, voire même une remise en cause de celle-ci. L'intention inavouée des parties aux Accords de paix étant d'écarter les règles constitutionnelles considérées comme trop rigides et intransigeantes, pour favoriser le dialogue politique par le moyen d'un Accord de paix constituant un mécanisme plus souple et plus flexible au service de l'efficacité et du pragmatisme. L'analyse du contenu de certains Accords de paix montre que ces derniers peuvent modifier ou remplacer des règles constitutionnelles dans le but de satisfaire les

---

[18] - Yao Ndré (P), « L'accord de Marcoussis et le règlement de la crise ivoirienne », 02 avril 2003, in www.action.org./article/international, p.3.

[19] - Il est assez surprenant de voir que le texte de cet accord commence par la proclamation de la démission officielle du Président de la République (article 1), quand on sait que celui-ci a été chassé du pouvoir par une insurrection militaire, et qu'il n'a été associé ni à la négociation ni à la signature de cet accord. Si la constitution malienne ainsi que le droit communautaire africain avait été scrupuleusement respectés, ces insurgés seraient devant les tribunaux pour avoir renversé un chef d'Etat démocratiquement élu.

revendications des parties et d'instaurer un climat propice aux négociations.

La mise à l'écart temporaire de la constitution par les Accords de paix est légitimée par « *la contigüité du domaine matériel de ces conventions avec la Constitution, la concurrence de règles sur une même matière et l'incompatibilité des dispositions de ces accords avec celles de la constitution* »[20]. On peut s'apercevoir que les normes issues des Accords de paix transgressent ouvertement les règles constitutionnelles. Le partage équitable du pouvoir et la création des institutions de transition recommandées par ces accords, s'opposent au corpus de la constitution, lequel détermine les institutions étatiques et dans la plupart des cas, soumet l'attribution de tout mandat à l'épreuve des élections. La disparité et la concurrence qui peut exister entre les règles rattachées à ces deux instruments obligent alors les parties au conflit à opérer obligatoirement un choix, et celui-ci est presque toujours en faveur des Accords de paix.

La suspension des effets de la constitution débute avec l'instauration d'une période de transition encadrée par les règles issues des Accords de paix. Ainsi, l'Accord de Kano sur le conflit Tchadien de 1979 met en place un gouvernement de transition et proclame la dissolution de la Présidence, du gouvernement d'union nationale, du comité de défense et de sécurité et du Conseil national d'union. Il y a lieu de penser que la dissolution des institutions prévues par la constitution[21] constitue une suspension des effets de celle-ci au profit d'un ordre juridique d'exception organisé autour de l'Accord de paix.

Une relecture de l'Accord de Pretoria sur le conflit en RDC permet d'observer qu'il suspend les effets de la constitution durant toute la période de transition censée prendre fin avec l'élection du nouveau président. Ce faisant, cet accord définit les principes qui vont gouverner la transition[22] et crée les institutions qui ont la charge de gérer cette

---

[20] - Aivo(F.J), « La crise de normativité de la constitution en Afrique », *Revue du droit public et de la science politique en France et à l'étranger*, n°1, 2012, p. 15.

[21] - Dans le cas d'espèce, il s'agit de la charte fondamentale de la République du Tchad du 30 août 1978.

[22] - L'Accord de Pretoria prévoit que « *les institutions de transition fonctionneront selon les principes de la consensualité, de l'exclusivité et de la non conflictualité* ». Il dispose également que « *la répartition des responsabilités au sein des institutions de la transition et à différents niveaux de l'État se fait sur la base du principe de l'inclusivité et du partage équitable entre les composantes et entités au Dialogue inter congolais selon les critères de compétence, de crédibilité, d'honorabilité et dans un esprit de réconciliation nationale* ». V., Point III de l'Accord de Pretoria sur la RDC du 16 juillet 2002.

transition[23]. En ce qui concerne le conflit ivoirien, le Professeur F.J. Aivo note que l'Accord de Linas-Marcoussis « *suspend certaines dispositions de la constitution et en modifie d'autres* »[24]. En fait, cet accord suspend notamment les effets de l'article 35 de la constitution ivoirienne de 2000 sur les conditions d'éligibilité à la Présidence de la République et propose une version moins rigide et plus satisfaisante pour les insurgés[25].

Comme le démontre l'Accord de Pretoria, la suspension des effets de la constitution par les Accords de paix est temporaire. Cela signifie que celle-ci n'est valable que durant la transition. Passée cette période, la légalité constitutionnelle doit être rétablie. Les Accords de paix sont des arrangements politiques comportant un « *contenu juridique* »[26] destiné à encadrer temporairement une situation de conflit armé qui a sérieusement éprouvé et dépassé l'ordre constitutionnel.

2. La prescription de révisions constitutionnelles informelles et hétérodoxes

La phase de négociation d'un Accord de paix est une étape où les parties rivalisent de revendications politiques, socio-économiques et religieuses, dans le but de déboucher sur un compromis qui serait plus ou moins à leur avantage. Un tel compromis nécessite inévitablement une reforme totale ou partielle de la loi fondamentale, afin d'arrimer celle-ci au *new deal* politique contenu dans l'Accord de paix. Cela peut aller d'une simple révision de la constitution à l'adoption d'une constitution nouvelle. Ce procédé se justifie par le fait que le compromis trouvé par les parties, dans la majorité des cas, bouleverse et modifie fondamentalement les valeurs et les principes qui façonnent le régime politique ainsi que son ordonnancement juridique, de telle sorte qu'il ne peut être mis en œuvre sans une réforme de la loi fondamentale.

Or, nombreux sont les Accords de paix qui, en filigrane, amorcent des révisions constitutionnelles sans respecter ni les règles ni la procédure y afférentes. En effet, la révision constitutionnelle se présente comme une technique juridique permettant de modifier dans son fond ou dans son

---

23 - L'Accord crée un exécutif de transition composé d'un Président et de 04 vices présidents. Il crée également un Parlement de transition dont les postes de sénateur et de député sont équitablement répartis entre les parties. V. les Annexes de l'Accord.

24 - Aivo(F.J), « La crise de normativité de la constitution en Afrique », op. cit, p. 16.

25 - V. le point III de l'Annexe de l'Accord de Marcoussis de 2003.

26 - Mambo (P), op. cit., p. 921.

contenu le texte constitutionnel. Cette révision n'est possible que si le constituant « *laisse une porte ouverte à une éventuelle révision de son œuvre et prévoit, dans le corps même de celle-ci, la manière dont elle pourra être modifiée* »[27]. Pour ce faire, le constituant doit instituer un pouvoir de révision, en imaginant un pouvoir constituant *institué* ou *dérivé* qui succède au pouvoir constituant *originaire* que « *détiennent les fondateurs de l'État* »[28], c'est-à-dire le peuple.

Dans le cadre républicain, le pouvoir constituant *dérivé* est habituellement confié aux organes mis en place par la constitution pour exercer des fonctions permanentes dans la gestion des affaires de l'État. Il peut s'agir par exemple des différentes chambres parlementaires (Senat et Assemblée nationale) dont le pouvoir de réviser, avec quelques variables, est universellement reconnu. Lorsque la constitution est dite rigide[29] – constitution dans laquelle une procédure spéciale est prévue pour l'opération de révision – l'initiative de la révision de la constitution incombe en général au pouvoir constituant dérivé qui soumet le projet ou la proposition de révision, soit à une approbation directe du peuple par voie de referendum, soit à une approbation indirecte par le canal d'une procédure simplifiée au sein du Parlement[30] (majorité qualifiée des députés ou des sénateurs).

Toutefois, les révisions organisées par les Accords de paix ne correspondent pas au schéma traditionnel de révision constitutionnelle qui vient d'être décrit. On assiste, pendant les phases de négociation et d'adoption de ces accords, à une prise en otage du pouvoir constituant par les parties signataires et les institutions internationales au détriment du Parlement. Certains Accords de paix s'imposent dans l'ordonnancement juridique étatique sans initier une procédure de révision classique[31]. Étant entendu que ces accords apparaissent comme les derniers remparts contre le chaos juridique instauré par l'état de guerre, les parties signataires tablent sur la fragilité de la situation

---

27 - Chantebout(B), *Droit constitutionnel et science politique*, 13ème édition, Armand Colin/Masson, Paris, 1996, p. 41.

28 - *Ibid.*, p. 41.

29 - Nous évoquons uniquement les constitutions rigides en considération du fait que les constitutions souples, qui sont celles dont la révision s'opère selon les modalités prévues pour l'adoption des lois ordinaires, sont très rares de nos jours, l'exemple le plus caractéristique restant la Grande-Bretagne.

30 - Aivo(F.J), « La crise de normativité de la constitution en Afrique », op. cit., p. 5.

31 - Atangana Amougou (J-L), op. cit, p. 1739.

politique des États en crise pour proposer ou opérer des révisions de fait ou « *révision informelle* »[32]des constitutions. Elles donnent ainsi l'impression de faire de simples suggestions alors qu'il est évident qu'elles imposent leur volonté à un Parlement impuissant qui dès lors n'a d'autres choix que de s'exécuter.

Dans certains cas, la révision constitutionnelle est directement actée par la loi fondamentale en faisant de l'Accord de paix une de ses composantes. C'est le cas avec l'Accord d'Arusha sur le Rwanda, dans lequel les parties « *acceptent que la constitution du 10 juin 1991 et l'Accord de paix d'Arusha constituent indissolublement la loi fondamentale qui régit le pays durant la période de transition* »[33]. A cette occasion, elle énumère 47 articles de la constitution qui sont remplacés par les dispositions de l'Accords de paix relatives aux mêmes matières[34]. Cette méthode est assez originale, voire inédite, dans la mesure où l'Accord de paix modifie directement la constitution en se greffant à elle, dispensant alors les parties du formalisme presqu'inutile d'une procédure de révision.

Le Professeur F. J. Aivo constate que l'Accord d'Arusha modifie la constitution du 10 juin 1991 dont le domaine matériel est désormais « *élargi à des règles établies en dehors du pouvoir constituant et des modalités appropriées* ». Il remarque aussi que les modifications apportées par l'Accord d'Arusha au domaine de la constitution sont doubles. L'Accord crée sur le plan institutionnel de « *nouvelles institutions transitoires dont un gouvernement à base élargie et détermine leurs compétences* ». Ensuite, il enrichit la constitution de « *nouveaux principes fondamentaux* », tel que l'État de droit, la démocratie et « *surtout le multipartisme* »[35].

Les Accords de paix apparaissent ainsi comme des textes supraconstitutionnels qui, de par leurs « *exigences révisionnistes ou rénovatrices* »[36], sont capables de modifier ou de changer les constitutions en cas de besoin. L'Accord de Linas-Marcoussis en est un exemple édifiant. Le point 3 de cet accord créant un gouvernement de

---

32 - Ackerman (B), *Transformation, Cambridge, Londres, The Belknap, Harvard, University Press, Press*, 1998.

33 - Article 3.

34 - Article 3, alinéa 1

35 - *Idem.*

36 - Mambo (P), op. cit., p. 30.

réconciliation nationale avec à sa tête un Premier ministre doté de l'essentiel du pouvoir exécutif, est une modification implicite manifeste de la constitution ivoirienne qui consacre le chef de l'État comme détenteur exclusif du pouvoir exécutif. La révision constitutionnelle, tout en étant une réalité dans la *praxis* de l'Accord de Linas-Marcoussis, est demeurée un tabou dans le vocabulaire des parties signataires, qui ont certainement craint de susciter la colère des conformistes[37].

Il peut arriver que les parties signataires d'un Accord de paix soumettent expressément l'Application des dispositions de l'Accord à une révision constitutionnelle. C'est ainsi que Le dispositif de l'Accord de Rome de 1992 sur le Mozambique prévoit que l'Assemblée de la République a la responsabilité d'incorporer ledit accord dans le droit Mozambicain. L'article X de l'Accord de Lomé sur la Sierra Leone abonde dans le même sens en énonçant que :

> « Dans le but d'assurer que la constitution de la Sierra Leone traduise les besoins et les aspirations du peuple sierra léonais et qu'aucune disposition constitutionnelle ou juridique ne constitue une entrave à la mise en œuvre du présent accord. Le gouvernement sierra léonais prendra les mesures nécessaires pour créer un comité de révision de la constitution, chargé d'examiner les dispositions de la Constitution actuelle, et lorsqu'il jugera nécessaire, le comité recommandera des révisions et amendements… ».

Au Burundi, la prise en compte des groupes ethniques et des partis politiques minoritaires dans la gestion du pouvoir de l'État, à travers l'Accord de partage du pouvoir d'août 2004[38], n'a été effective que lorsque les dispositions y afférentes ont été incorporées dans la nouvelle constitution de la République du Burundi adoptée le 28 février 2005 par voie référendaire.

Mais, on peut légitimement se demander si une telle révision n'est pas une simple formalité, une mesure cosmétique pour convaincre les sceptiques, à partir du moment où les mesures contenues dans les Accords de paix modifient obligatoirement les constitutions. De toute

---

[37] - Il est assez étonnant de constater que l'Annexe de l'Accord ne parle pas expressément de révision et préfère énoncer que le gouvernement de réconciliation proposera des conditions d'éligibilité telles qu'elles ont été définies par l'Accord. Or, il est évident qu'il ne s'agit point d'une proposition mais d'une révision de l'article 35 de la constitution. Cette forme de langage codé cache un véritable malaise de la part des concepteurs de l'Accord, concernant cette question.

[38] - *Accord de partage de partage de pouvoir au Burundi*, conclu le 6 août 2004 à Pretoria, ratifié le 18 août 2004.

façon, il est avéré que dans un contexte de conflit armé, la procédure classique de révision semble vidé de son sens et est totalement galvaudé par la nécessité d'obéir impérativement à la volonté des parties signataires pour sortir de la crise institutionnelle provoquée par le conflit armé.

En outre, la révision opérée par les Accords de paix est monopolisée par les protagonistes du conflit, les forces politiques et la communauté internationale. Tout ceci au détriment du peuple souverain et du Parlement. Ainsi, la modification de l'article 35 de la constitution ivoirienne de 2000 par l'Accord de Linas-Marcoussis, a été décidée par les différents partis politiques ivoiriens en l'absence du Parlement ivoirien qui est le véritable détenteur du pouvoir de révision. Dans sa thèse sur l'internationalisation des constitutions des États en crise, M. F. Ndjimba démontre que l'Accord d'Arusha du 04 août 1993 entre le gouvernement rwandais et le Front patriotique rwandais (FPR), et les Protocoles sur l'État de droit et sur le partage du pouvoir, modifient l'ordre constitutionnel non seulement en élargissant, sans consultation préalable du peuple, la loi fondamentale audit accord, « *mais aussi et surtout en ôtant la valeur de norme suprême à la constitution au profit de celle-ci* »[39]. D'après lui, « *il y a là assurément une révision constitutionnelle, pour ne pas dire carrément l'exercice d'un nouveau pouvoir constituant par l'élévation de l'Accord au rang constitutionnel* »[40].

A la vérité, il est impossible d'opérer une révision constitutionnelle dans le strict respect de la constitution quand les institutions mises en place par celle-ci n'existent plus ou sont déliquescentes. Une telle révision exige forcément un dépassement des questions formelles et procédurales. Ainsi, les constitutions du fait du conflit armé ou de la crise institutionnelle se trouvent révisées au moyen simplement de l'Accord de paix « *qui à l'occasion transforme ces signataires en pouvoir constituant dérivé, et s'analyse comme une procédure de révision constituante* »[41].

In fine, dans le cadre de la mise en œuvre des Accords de paix, la presque totalité du mécanisme de révision échappe au pouvoir

---

39 - Ndjimba (K.F), *L'internationalisation des constitutions des États en crises*, Thèse de Doctorat en droit public, Université de Nancy 2, 26 décembre 2011, p. 163.

40 - *Idem.*

41 - *Ibid*, p. 162.

constituant tel qu'il est défini dans la majorité des ouvrages classiques de droit constitutionnel. Ce pouvoir constituant n'est presque jamais à l'origine des révisions constitutionnelles enclenchées après la signature des Accord de paix, et son rôle dans la procédure d'adoption des textes constitutionnels révisés est réduit à la portion congrue. Les Parlements qui, d'après leurs fonctions, devraient exercer un véritable droit de regard sur le contenu et le sens des règles contenues dans les Accords de paix soumis à leur approbation, doivent se contenter, souvent contre leur gré, d'être des chambres d'enregistrement aux ordres des parties signataires.

La capacité des signataires des Accords de paix de modifier les constitutions en faisant fi des mécanismes constitutionnelles prévues à cet effet, permet d'affirmer la supériorité des Accords de paix sur les constitutions.

B. L'affirmation de la supériorité de l'Accord de paix sur la constitution

L'hypothèse d'une supériorité des Accords de paix sur les constitutions laisse présager, pendant la transition, d'une possible modification au sommet de la pyramide des normes, avec le déclassement des constitutions au profit des Accords de paix. Aussi invraisemblable que puissent paraitre une telle hypothèse, l'analyse de certains Accords de paix permet d'en faire une réalité qui s'installe progressivement dans l'inconscient des acteurs et observateurs du processus de paix. Dès l'instant où un accord est adopté afin de modifier la constitution en vigueur, il convient de s'interroger, avec le Professeur Atangana Amougou, sur la nature supra constitutionnelle d'un tel accord, entendu « *au sens de quelque chose au-dessus de la norme supposée être suprême ou fondamentale* »[42]. Ce dernier esquisse une tentative de réponse en affirmant que :

> « Le fait que l'Accord de paix oblige à modifier la Constitution comme au Rwanda ou alors s'impose même sans modifier la Constitution comme en Côte d'Ivoire lui donne une autorité supérieure à la constitution mais simplement une autorité matérielle »[43].

[42] - Atangana Amougou (J-L), « Les Accords de paix dans l'ordre juridique interne en Afrique », op. cit, 1742.

[43] - *Ibid*, p. 1739.

L'opinion du Professeur Atangana Amougou est renforcée par quelques auteurs qui soutiennent que les Accords de paix sont des constitutions matérielles dans le sens où ils « *établissent les normes et règles d'institutionnalisation, d'organisation et de fonctionnement du pouvoir et de déclarations des droits de l'homme. Puis ils sélectionnent les formations politiques et les autres acteurs devant gérer la transition* »[44].

Bien que le développement du conventionnalisme à l'origine des Accords de paix soit marginal aux constitutions, il se fait « *soit au détriment, soit en lieu et place du constitutionnalisme* »[45]. Les règles issues des Accords de paix ont vocation à réviser ou à remplacer la constitution. En cela, on peut se risquer à dire que certains Accords de paix sont supérieurs aux constitutions dans le contexte singulier d'une transition post-conflit. Cette supériorité des Accords de paix sur l'ordre constitutionnel précédent est consolidée par le fait que nombre de ces accords, à l'image de l'Accord global de cessez-le-feu au Burundi, exigent que les dispositions constitutionnelles, législatives et réglementaires contraires soient modifiées[46]. Pareil pour l'Accord d'Arusha sur le Rwanda de 1993, dans lequel les parties signataires déclarent qu' « *en cas de conflit entre les autres dispositions et celles de l'Accord de paix, ces dernières prévalent* »[47].

La capacité des Accords de paix à modifier une constitution participe de cette supériorité forgée dans la volonté des parties d'ajuster le texte constitutionnel aux exigences de la paix. C'est dans cette logique que l'Accord de Linas-Marcoussis procède à un ravinement des attributions du Président de la République au profit du Premier ministre. En effet, cet accord modifie en profondeur l'article 41 de la constitution ivoirienne du 1er août 2000, en affranchissant le Premier ministre de la tutelle du chef de l'État et en dépossédant ce dernier d'une grande partie de ses pouvoirs, transférés au gouvernement de réconciliation nationale[48]. Le Professeur Yao Ndré affirme sur ce sujet que le Président de la République

---

44 - Andzoka Atsimou(S), *L'ingénierie constitutionnelle, solution de sortie de crise en Afrique : les exemples de l'Afrique du Sud, de la République démocratique du Congo, du Burundi et du Congo*, Thèse de Doctorat en droit, Université Cheikh Anta Diop de Dakar, 2013, pp. 200-201.

45 - Aivo(F.J), « La crise de normativité de la constitution en Afrique », op. cit., p. 16.

46 - V. l'Accord global de cessez-le-feu entre le gouvernement de transition du Burundi et le mouvement Conseil National pour la défense de la démocratie-forces pour la défense de la démocratie.

47 - Article 3.

48 - Point 3 de l'Accord.

démocratiquement élu a tout simplement été dépouillé de ses prérogatives constitutionnelles, en particulier en ce qui concerne la nomination d'un gouvernement[49]. C'est certainement la raison pour laquelle, le Professeur A. Kpodar affirme, de manière pertinente, que :

> « L'accord de Linas-Marcoussis a vocation à régir le fonctionnement des institutions de la République, du moins jusqu'à l'organisation des élections, ce qui semble reléguer au second rang, la constitution durant cette période »[50].

La recrudescence des Accords de paix correspond à un recul des constitutions et donc du constitutionalisme classique, faisant place à un constitutionnalisme de crise qui sous-tend « *la suprématie des arrangements politiques, qui deviennent le véritable fondement de l'État, remplaçant ainsi la constitution dans le rôle qu'on lui prête traditionnellement* »[51]. J. Kazadi Mpiana remarque également que les arrangements politiques diversement qualifiés, destinés à régler certaines crises dans les États africains, sécrètent un nouvel ordre constitutionnel « *circonstanciel* » qui prévaut sur l'ordre constitutionnel précédent qu'il intègre ou modifie[52]. Le Professeur El Hadj Mbodj présente l'Accord de paix comme la « *norme mère* », elle est, selon lui, la source matérielle et représente « *l'idée de droit* » à la base de tous les changements constitutionnels qui se produisent pendant la transition[53].

Une partie de la doctrine pense que les Accords de paix sont « *à la fois les pré-constitutions et les actes pré-constituant, qui vont constituer « un cahier des charges constitutionnelles » que le futur constituant est tenu de respecter* »[54]. L'expression « *pré-constitution* » est ici empruntée à Nguyen Quoc Dinh qui a qualifié la loi française du 02 novembre 1945 portant sur l'organisation provisoire des pouvoir publics, de pré-constitution[55] parce qu'elle « *réglementait le fonctionnement de l'organe*

---

[49] - Yao Ndré(Y), op. cit., p. 6.

[50] - Kpodar(A), « Politique et ordre juridique : les problèmes constitutionnels posés par l'Accord de Linas-Marcoussis du 23 janvier 2003 », *RRJ*, vol. 2, 2005, p. 2505.

[51] - Mambo (P), op. cit, p. 929.

[52] - Kazadi Mpiana(J), « L'Union Africaine et la gestion des changements anticonstitutionnels de gouvernement », *RQDI*, 2012, p. 114.

[53] - Mbodj(E.H), « La constitution de transition et la résolution des conflits en Afrique. L'exemple de la République démocratique du Congo », *op. cit*, p. 9.

[54]- Hourquebie(F), « La construction de l'avenir : données contextuelles et cahier des charges constitutionnel », cité par Andzoka Atsimou(S), op. cit, p. 199.

[55] - Nguyen Quoc Dinh, « La loi du 02 novembre 1945 », *RDP*, 1946, p. 77.

constituant lui-même »[56]. Les Accords de paix sont considérés par certains comme des pré-constitutions dans la mesure où ils « *consacrent et la constitution de transition détermine en forme juridique, pour ensuite s'imposer au futur constituant* »[57]. La vocation pré-constituante des Accords de paix fait également d'eux des actes supérieurs aux constitutions dans le sens où ils « *sont impératifs et s'imposent aux assemblées constituantes (Afrique du Sud) ou aux commissions d'élaboration constitutionnelle (au Congo, en RDC, et au Burundi). Ils s'inscrivent dans un processus qui aboutit à la création d'un nouvel ordre constitutionnel* »[58].

Mais, quelles sont les fondements de la primauté des Accords de paix sur les constitutions nationales ? Certains auteurs avancent, à juste titre, que c'est « *la thèse de l'internationalisation de leur signature, sous les auspices d'une communauté internationale qui donne en quelque sorte sa caution morale aux textes adoptés par les protagonistes et les différentes parties à la crise ou au conflit* »[59]. La tutelle des NU ou des OI sur les Accords de paix, justifie suffisamment la suprématie ou la primauté des Accords de paix sur les constitutions. Quand on égrène l'arsenal des moyens juridiques et politiques dont dispose la communauté internationale (ONU et organisations régionales) pour imposer les Accords de paix aux États en guerre, il n'est pas surprenant que les parties signataires, et particulièrement le gouvernement légal, s'empressent de reconnaitre ou d'accepter, volontairement ou involontairement, la suprématie de ces accords sur les constitutions.

Ce recul du constitutionnalisme classique orchestré par les Accords de paix est le signe que le texte constitutionnel a un impact négligeable sur la vie politique de l'État en crise ou en guerre. La survie du dispositif juridique de l'État victime du conflit armé dépend des Accords de paix qui deviennent « *la véritable source de l'exercice du pouvoir de l'État* »[60].

L'influence de l'Accord de paix dans la redéfinition de l'ordre juridique de l'État en crise peut aller jusqu'à la mise en place de nouvelles constitutions encore appelées « *constitutions de transition* »

---

56 - *Ibid.*, p. 77.

57 - Andzoka Atsimou(S), op. cit., p. 200.

58 - *Ibid*, p. 192.

59 - Mambo (P), op. cit., p. 932.

60 - Rousseau(D), « Question de Constitution », cité par Mambo(P), op. cit., p. 929.

C. La mise en place de constitutions de transition

Le règlement de la crise congolaise a contribué, d'après le Professeur E. H. Mbodj, au « *renouvellement de la science constitutionnelle en mettant en relief la notion et le rôle de la constitution de transition dans le règlement des crises politiques* »[61]. Ce phénomène des constitutions de transition à totalement transfigurer le constitutionnalisme classique dans ses fondements théoriques, et plus particulièrement normativistes.

Pour autant, les constitutions de transition ne sont pas des inventions récentes. Elles datent de la fin des années 1980 à la faveur de l'aspiration démocratique des sociétés politiques africaines et passe par « *la réappropriation populaire des procédés atypiques d'élaboration de la constitution* »[62]. Cette réappropriation a été facilitée dans certains États par l'organisation de conférences nationales souveraines[63] et dans d'autres, elle a été le fruit d'un pacte issu d'un compromis entre les forces politiques. L'ingénierie constitutionnelle africaine est à la source de cette nouvelle mouvance constitutionnelle qui, dans des pays comme le Benin, le Mali ou encore l'Afrique du Sud, va permettre une sortie de crise réussie grâce aux constitutions de transitions qui en découleront.

De nos jours, le phénomène des constitutions de transition est entretenu et pérennisé par les Accords de paix, avec un accent particulier en RDC où, la stratégique heuristique fut le fil conducteur dans la gestion de la transition par la constitution de transition. En effet, les constitutions de transition sont prescrites, presque à titre d'ordonnance, par certains Accords de paix qui en font un outil prioritaire dans la gestion des périodes souvent tumultueuses de transition post-conflit. Ainsi, le terrain de prédilection des constitutions de transition « *se trouve être les pays qui cherchent à sortir d'une situation d'incertitude institutionnelle résultant d'un arbitraire politique (apartheid en Afrique du Sud) ou d'une situation conflictuelle ayant provoqué des déchirures profondes du*

---

[61] - Mbodj (E. H), op. cit, p. 4. Il faut néanmoins précisé préciser que l'une des premières constitutions issues des Accords de paix en Afrique est la « *Charte fondamentale de la République du Tchad* », laquelle fut prescrite par l'Accord de paix de Khartoum du 17 septembre 1977. Mais, cette charte n'était pas une constitution de transition puisqu'elle avait vocation à régir de manière définitive l'Etat tchadien. V. Kamto(S.J), op. cit., pp. 54-67.

[62] - Andzoka Atsimou(S), op. cit., p. 10.

[63] - Boulanga(F.E), *Les conférences nationales en Afrique noire, Une affaire à suivre*, Paris, Karthala, 2009.

tissu social d'un pays donné »[64]. C'est sans doute la raison pour laquelle le Professeur J. Du Bois de Gaudusson les désigne comme des « *constitutions de l'urgence* »[65].

Si l'on considère de manière générale qu'une constitution est l'expression de la volonté du peuple souverain, alors on peut dire que la constitution de transition ne remplit pas les caractéristiques primaires d'une constitution classique, loin s'en faut. Les constitutions de transitions sont des constitutions « *sans le peuple* »[66] dans le sens où elles sont négociées et signées par des composantes et entités qui n'ont pas été formellement mandatées par le peuple, mais par des forces politiques combattantes et non combattantes. Le Professeur Mbodj fait remarquer dans le cadre du conflit en RDC que le préambule de la constitution de transition commence par « *Nous délégués des composantes et entités au dialogue inter-congolais* », et non par « *Nous les délégués du peuple* »[67].

De toute évidence, ce constat témoigne d'une confiscation effective du pouvoir constituant originaire par les composantes de l'Accord de paix. Cette pratique met en lumière la capture du droit par le politique à travers « *l'usage de compromis politiques conclus à l'aune des intérêts partisans d'acteurs non qualifiés pour édicter une normes constitutionnelle* »[68]. C'est pour cette raison que d'aucuns pensent que les constitutions de transition sont des « *constitutions conditionnés* » car, même si le régime politique de la transition est entièrement construit par ces constitutions, l'Accord de paix demeure la norme mère et « *ce sont ses dispositions qui organisent le régime de la transition* »[69]. A la lecture de l'Accord de Pretoria sur la RDC, on constate que les parties signataires ont pris le soin de préalablement définir les principes et les institutions de la transition, avant de prévoir une constitution de transition qui, naturellement, est censée s'arrimer aux dispositions de l'accord. Les circonstances exceptionnelles de crise et de guerre transforment les composantes des Accords de paix en une « *force dominante* » qui s'érige

---

64 - Mbodj(E.H), op. cit., p. 4.

65 - Du Bois de Gaudusson(J), « Défense et illustration du constitutionnalisme en Afrique après quinze ans de pratique du pouvoir », *Mélanges de Louis Favoreu*, Dalloz, 2007, p. 616.

66 - Termes utilisés par le Professeur Mbodj, op. cit., p. 5.

67 - Mbodj(E.H), op. cit., p. 5.

68 - Aivo(F.J), op. cit., p.14.

69 - *Ibid*, p. 18.

en pouvoir constituant[70]. Il s'agit, de l'avis du Professeur J-L. Atangana Amougou, d'un pouvoir juridique par son objet qui est l'élaboration d'une constitution[71].

La soumission des constitutions de transition aux Accords de paix est poussée à son paroxysme par le point VII de l'Accord de Pretoria sur la RDC, lequel fait de la constitution de transition une partie intégrante de l'Accord global et inclusif. Cependant, on peut se demander si cette précision est nécessaire et s'il pouvait en être autrement. Il semble logique, sur un plan strictement juridique, que le texte prévoyant la création d'un instrument ou mécanisme juridique soit supérieur à ce dernier.

Malgré tout, les constitutions de transition sont temporaires, elles aménagent elle-même les conditions de leur propre extinction. Au Rwanda, l'accord d'Arusha du 04 août 1993 qui constitue, avec la constitution du 10 juin 1991, la loi fondamentale, est censé régir la période de transition[72]. Ce qui signifie que cet accord cesse de produire ses effets à la fin de la transition. La constitution de transition de la RDC du 04 avril 2003 dans son article 205 dispose que « *la Constitution de la transition cesse de produire des effets à l'entrée en vigueur de la Constitution adoptée à l'issue de la transition* ». Aussi, la constitution de la transition « *perd tous ses effets, et avec elle, toutes les institutions qui tiraient leur légitimité d'elle ainsi que les règles du jeu qu'elle avait établies* », dès la promulgation de la constitution du 18 février 2006 marquant l'avènement d'un nouvel ordre démocratique [73]. En effet, cette dernière, en son article 228, annonce sans équivoque : « *Sans préjudice des dispositions de l'article 222, la Constitution de la transition du 04 avril 2003 est abrogée* ».

Les constitutions de transition se retrouvent finalement à l'intersection de deux approches théoriques que tout oppose. La première clame l'illégalité de ces constitutions au regard des principes du constitutionnalisme classique et conclut qu'elles n'ont pas de place dans l'ordonnancement juridique[74]. La deuxième, plus optimiste, voit dans les constitutions de transition un renouvellement de la science

---

70 - Atangana Amougou (J-L), op. cit, p. 1739.

71 - *Idem.*

72 - V. article 3, op. cit.

73 - Mbodj (E.H), op. cit., p. 17.

74 - V. Yao Ndré, op. cit.

constitutionnelle[75]. Celle-ci fonde les constitutions de transition sur l'idée d'un « *pouvoir constituant originaire à caractère exceptionnel* »[76] qui serait opérationnel qu'en période de crise, lorsque les circonstances politiques empêchent l'expression du peuple souverain.

Ce que le Professeur Cartier appelle « *petite Constitution* »[77] est en réalité une passerelle entre le passé et le futur de l'État en crise. La constitution de transition ou constitution intérimaire est ainsi présentée, en Afrique du Sud, comme un « *pont historique entre le passé d'une société profondément divisée, caractérisée par la lutte, le conflit, la souffrance indicible et l'injustice, et un futur fondé sur la reconnaissance des droits de l'homme, de la démocratie et d'une coexistence pacifique…pour tous les sud-africains* »[78].

En plus de mettre en place des constitutions de transition, les Accords de paix promeuvent un constitutionnalisme démocratique de crise.

II. La pratique de l'Accord de paix comme source d'un constitutionnalisme démocratique de crise

Les Accords de paix n'échappent pas au mouvement de démocratisation de la société internationale initiée par les NU depuis plusieurs décennies. Ce mouvement plaide pour la consécration d'un véritable principe de légitimité démocratique longtemps contesté et qui affirme l' « *universalité de l'impératif démocratique* »[79]. Cet impératif démocratique oblige les signataires à faire de certains principes démocratiques le fil conducteur des Accords de paix. Aussi, l'impératif démocratique est à la base des Accords de paix et se manifeste subtilement par l'adoption de la démocratie comme mode standard de gouvernement **(A)**, l'exigence du respect de l'état de droit et de la bonne

---

[75] - Mbodj (E.H), op. cit., p. 18.

[76] - Sindjoun(L), « Le gouvernement de transition : éléments pour la théorie politico-constitutionnelle de l'Etat en crise ou en reconstruction », *Mélanges en l'honneur de Slobodan Milacic*, 2007, p. 995.

[77] - Cartier(E), « Les petites constitutions : contribution à l'analyse du droit constitutionnel transitoire », *RFDC*, n°71, 2007. V. également Zaki(M), « Petite constitutions et droit transitoire en Afrique », *RDP*, n°6-2012.

[78] - V. Constitution intérimaire, Constitution Act 200, 1993, § 251.

[79] - Boutros-Ghali(B), « Le droit international à la recherche de ses valeurs : paix, développement, démocratisation », *RCADI*, 2000, p. 32.

gouvernance **(B)** et le partage du pouvoir comme principe d'organisation et de gestion de la transition **(C)**.

A. L'adoption de la démocratie comme mode standard de gouvernement

Les Accords de paix sont un maillon essentiel de la chaine mise en place par les institutions internationales et régionales pour implémenter leur politique de démocratisation de la société internationale. A ce sujet, Le Professeur P-M. Dupuy note que l'effondrement du bloc socialiste « *a accrédité l'idée, proche de la fiction politique, d'après laquelle tous les États existants à l'exception de quelques-uns d'entre eux adhéraient désormais à une même conception ; celle selon laquelle il n'est de régime politique viable que représentatif et démocratique, appuyé sur l'organisation d'élections libres, le multipartisme et la participation active des citoyens à la gestion des affaires publiques* »[80]. Ce constat est symptomatique de la volonté de la communauté internationale d'imposer le modèle démocratique. Celle-ci considère que l'État démocratique constitue à terme un État facteur de paix durable.

En Afrique, le Professeur M. Kamto relève qu' « *un appareillage juridique relatif aux sanctions contre les changements anticonstitutionnels de gouvernement a été déployé depuis l'OUA jusqu'à l'UA pour consolider les acquis démocratiques dans les États membres* »[81]. C'est ainsi que le principe de l'accession au pouvoir et son exercice de façon démocratique est consigné dans l'Acte constitutif de l'UA[82] et dans la charte africaine de la démocratie, des élections et de la gouvernance, laquelle considère la démocratie comme un préalable[83] et appelle les États africains à « *promouvoir l'adhésion de chaque État partie aux valeurs et principes universels de la démocratie* »[84]. En d'autres termes, le dispositif juridique régional et communautaire impose aux signataires des Accords de paix d'opter pour des régimes

[80] - Dupuy (P-M), *L'unité de l'ordre juridique international, Cours général de droit public*, Martinus Nijhoff Publishers, Boston, 2003, p. 333.

[81] - Kamto(M), *Droit international de la gouvernance,* Paris, Pedone, 2013, p. 91.

[82] - L'article 3. H. demande aux Etats de « *promouvoir les principes et les institutions démocratiques, la participation populaire et la bonne gouvernance* ».

[83] -V. Tchikaya(B), « La charte africaine de la démocratie, des élections et de la gouvernance », *AFDI*, 2008, p. 518.

[84] - Article 2, alinéa premier.

démocratiques et interdit tout changement anticonstitutionnel de gouvernement, au risque d'encourir des sanctions appropriées de la part de l'Union[85]. C'est pourquoi, dans la quasi-totalité des Accords de paix en Afrique, les parties affirment, de manière expresse ou tacite, leur « *attachement au principe de l'accession au pouvoir et de son exercice de façon démocratique* »[86]. Selon le Professeur L-A Sicilianos, la constante condamnation des coups d'État contre des gouvernements démocratiquement élus par les résolutions du Conseil de sécurité, permet de conclure que :

> « La violation du principe de légitimité démocratique par voie de coup d'État constitue un fait internationalement illicite de la plus haute importance pour la communauté internationale, susceptible de déclencher l' « état de chapitre VII » de la Charte »[87].

L'évolution de la pratique internationale montre que l'action des NU en faveur de l'imposition et de l'universalisation des régimes démocratiques renforce l'idée d'un principe de légitimité démocratique qui rivaliserait avec les principes de souveraineté, de non-intervention et de neutralité en droit international. C'est toutefois ce qui ressort de la convention de Vienne de 1993 sur les droits de l'homme qui annonce que :

> « La démocratie, le développement et le respect des droits de l'homme et des libertés fondamentales sont interdépendants et se renforcent mutuellement », elle ajoute ensuite que « la communauté internationale devrait s'employer à renforcer et promouvoir la démocratie, le développement et le respect des droits de l'homme et des libertés fondamentales dans le monde entier »[88].

Autrement dit, la communauté internationale serait investie de la mission de promotion, voire d'imposition, des valeurs démocratiques. C'est du moins ce qu'elle a fait en Haïti et en Sierra Leone, en autorisant,

---

85 - les sanctions prévues à l'article 25 de cette charte vont de la traduction des auteurs de changements anticonstitutionnels devant la juridiction compétente de l'Union, aux sanctions à l'encontre de tout Etat partie qui fomente ou soutien un tel changement de gouvernement.

86 - Dans le Préambule de l'Accord de Lomé sur le Togo de 1999, les participants « *ont exprimé leur attachement aux principes de la démocratie...* ». V. également le point 3 de l'Accord de Linas-Marcoussis op. cit., le point 4 de l'Accord de Pretoria sur la RDC, op. cit., ou encore le Préambule de l'Accord de Ouagadougou sur le Mali, op. cit.

87 - Scicilianos (L-A), *L'ONU et la democratisation de l'Etat - Systemes regionaux et ordre juridique universal*, Paris, Pedone, 2000, p. 206.

88 - V. paragraphe 8.

par le canal du Conseil de sécurité, une action militaire contre les juntes militaires au pouvoir dans ces pays, parce que ces dernières refusaient d'appliquer les Accord de paix, notamment l'Accord de *Governors Island* et l'Accord de Conakry, lesquels prévoyaient le retour au pouvoir de Présidents démocratiquement élus.

Bien que certains auteurs pensent qu'il serait prématuré de conclure à l'existence d'un principe de légitimité démocratique à partir des seuls exemples haïtien[89] et sierra léonais, l'analyse des Accords de paix et le comportement des institutions universelles et régionales, en particulier en Côte d'Ivoire et au Mali, militent en faveur d'un tel principe, même s'il ne s'est pas totalement imposé dans l'ordre juridique international[90]. A ce sujet, Le Professeur M. Kamto rappelle que :

> « La légitimité démocratique s'impose progressivement comme un principe de droit international contemporain. Il n'est pas énoncé comme tel, c'est-à-dire de manière explicite, dans les instruments internationaux. Il en est déduit »[91].

En outre, une lecture minutieuse des Accords de paix permet d'observer que les signataires de ces accords ont progressivement érigé l'organisation d'élections libres et transparentes en option principale dans le processus d'éradication des différends à l'origine des conflits armés internes. L'objectif avoué étant de passer des armes aux urnes dans le dialogue et le respect des institutions. Les élections font donc office ici d'arbitre de la transition et sont chargées « *de départager les acteurs au terme de la sortie de conflit permettant ainsi, la redistribution des trophées politiques à ceux qui seront désormais les représentants de l'État* »[92].

La volonté de privilégier les urnes aux armes dans la résolution pacifique des conflits armés internes, sur le continent africain, remonte aux années 1970, lorsque les parties signataires de l'Accord de Lagos sur le Tchad ont expressément chargé le gouvernement d'union nationale de

---

89 - Corten (O), « La résolution 940 du Conseil de sécurité autorisant une intervention militaire en Haïti : l'émergence d'un principe de légitimité démocratique en droit international ? », *EJIL*, 1995, p. 18.

90 - V. Amedzope Kpedu(Y), *Essai sur le principe démocratique en droit international et sa mise en œuvre dans les Accords d'aide au développement en Afrique*, Thèse de Doctorat de droit public, Université de Lomé, 2007.

91- Kamto(M), *Droit international de la gouvernance,* op. cit., p. 79.

92 - Mandjem (Y.P), op. cit., p. 67.

« *la mise en place d'un gouvernement issu d'élections libres* »[93]. Mais, il faut dire que l'inscription des élections dans le dispositif des Accords de paix s'est accentuée à partir des années 1990, grâce à la vague de démocratisation qui a déferlé sur le continent africain durant cette période. Ainsi, les Accords de Bicesse sur le conflit angolais disposent que :

> « Des élections auront lieu en Angola pour choisir le Président de la République et les membres de l'Assemblée générale. La question de savoir si ces élections se tiendront simultanément ou non sera décidée par voie de consultations entre toutes les forces politiques angolaises »[94].

Pareillement, l'Accord de Rome de 1992 sur le conflit mozambicain prévoit que :

> « Les élections se dérouleront dans l'année qui suivra la date de la signature de l'Accord général de paix. Cette période pourra être prolongée si l'on détermine que certaines circonstances empêchent leur déroulement »[95].

Dans l'Accord de Lomé sur le Togo de 1999, les parties ont décidé de la dissolution de l'Assemblée nationale en mars 2000 et de l'organisation d'élections législatives anticipées. L'Accord de Linas-Marcoussis sur la Côte d'Ivoire dispose que le gouvernement de réconciliation « *préparera les échéances électorales aux fins d'avoir des élections crédibles et transparentes et en fixera les dates* »[96]. L'Accord de Pretoria sur la RDC prévoit également « *l'organisation d'élections libres et transparentes à tous les niveaux, permettant la mise en place d'un régime constitutionnel démocratique* »[97]. L'article 4 de l'Accord de paix de Ouagadougou sur le conflit malien, dispose qu' « *afin de créer les conditions sécuritaires propices, notamment à l'organisation et à la tenue d'une élection présidentielle libre et transparente sur toute l'étendue du territoire national, les parties s'engagent à arrêter définitivement toute forme d'hostilité et à observer un cessez-le-feu* »

---

93 - Point 5. c. de l'Accord de Lagos de 1979, op. cit.

94 - V. le Protocole d'Estoril (point I) joint aux Accords de Bicesse de 1991.

95 - Point 5 du protocole I de l'accord.

96 - Point 3.b. de l'Accord.

97 - V. Point II. 4. De l'Accord, op. cit.

L'usage des élections comme thérapie de crise a été fortement recommandé par la charte africaine de la démocratie, des élections et de la gouvernance, adoptée par les chefs d'États et de gouvernements de l'UA, le 30 janvier 2007, et dans laquelle ces derniers affichent une aversion profonde pour les coups d'État et proclament la primauté des élections[98]. Selon cette Charte, il importe de « *promouvoir la tenue régulière d'élections transparentes, libres et justes afin d'institutionnaliser une autorité et un gouvernement légitime ainsi que les changements démocratiques de gouvernement* »[99].

Cette exigence s'impose donc à tous les États victimes de crises ou de conflits armés internes qui sont membres de l'UA. Ainsi, l'imposition des élections comme outil de prévention ou de résolution des conflits armés internes est désormais soutenue par une convention internationale propre au continent africain. Il n'est donc pas surprenant que l'organisation d'élections occupe une place de choix dans le dispositif des Accords de paix. La légitimé que procure les élections contribue à crédibiliser l'action des élus et à fédérer l'opinion nationale autour de l'action gouvernementale. Elle permet surtout de canaliser les nombreuses diatribes politiques vers le débat républicain et d'éviter une nouvelle escalade vers la violence et l'intolérance.

En plus de solutionner les querelles de *leadership*, les élections sanctionnent la fin de la période de transition et finalisent le processus de régularisation de la vie politique. Dans ce sens, l'Accord de Pretoria sur la RDC dispose dans son point IV que « *l'élection du nouveau président marque la fin de la période de transition* ».

Le processus de démocratisation de l'État en crise par les Accords de paix intègre également l'instauration de l'État de droit et de la bonne gouvernance.

---

[98] - V. Tchikaya(B), « La charte africaine de la démocratie, des élections et de la gouvernance », *AFDI*, 2008, p. 519.

[99] - article 32, alinéa 7.

B. L'instauration de l'État de droit et de la bonne gouvernance

La démocratie promue par les Accords de paix est une dynamique autour de laquelle gravitent obligatoirement les notions d' « État de droit » et de « bonne gouvernance ».

1. L'indispensable État de droit

La notion d'« *État de droit* » est désormais une des caractéristiques principales des régimes démocratiques[100] et est très souvent employée dans les Accords de paix. On peut même affirmer qu'elle est omniprésente dans les principes qui se dégagent de ces accords. Cela s'explique par le fait que l'État de droit est repris par tous les discours de politique internationale prônant l'universalisation des principes démocratiques, et est devenu le principal cheval de bataille des institutions internationales de défense des droits de l'homme et des libertés publiques. Comme le dit le Professeur J-Y. Morin, « *ni les droits et libertés de la personne ni la démocratisation des sociétés ne sont possibles si le pouvoir politique n'est pas soumis à des règles, c'est-à-dire si l'État n'est pas de droit* »[101].

Le Professeur M. Kamto distingue l'État de droit dans l'ordre interne, de l'État de droit dans l'ordre international[102]. Pour ce qui est de l'État de droit dans l'ordre interne, ce dernier relève que la conception originaire de l'État de droit a fait place à une conception contemporaine ou actuelle, « *marquée par un critère qualitatif de la norme juridique à laquelle chacun est tenu de se soumettre* »[103]. La conception originaire de l'État de droit qui est d'origine allemande[104] s'oppose à l'État de police et considère l'État de droit comme un État au sein duquel chaque

---

100 - Giroud(S), « État de droit et confiscation internationale : Quels enjeux pour l'État helvétique », in Giroud(S) et Borghi(A) (Eds), *État de droit et confiscation internationale*, éd. interuniversitaires suisses-Edis, 2010, p. 1.

101 - Morin (J-Y), « L'État de droit : émergence d'un principe du droit international », *RCADI*, t. 254, 1995, p. 447.

102 - Kamto(M), *Droit international de la gouvernance,* op. cit., p. 65.

103 - *Idem.*

104 - Le Professeur M. Kamto note que le concept de l'État de droit a été forgé par la doctrine allemande du XIXe siècle pour « *désigner un type particulier d'État dont la caractéristique est sa soumission à un régime de droit : Rechtsstaat* ». *Idem.*

sujet de droit, y compris l'État lui-même, est soumis au droit[105]. Cette conception formaliste de l'État de droit a révélé ses limites, dans la mesure où elle ouvre la voie à de « *possibles dérives dans une dictature légalement fondée, comme l'ont montré notamment les régimes totalitaires au XXe siècle et diverses dictatures contemporaines* »[106]. Aussi, cette conception formaliste de l'État de droit a été remplacée par une conception contemporaine qui considère que l'État de droit « *renvoie désormais à la démocratie libérale et aux droits de l'homme* »[107].

L'État de droit met donc un accent particulier sur l'encadrement et la protection des droits de l'individu qui se trouve être très vulnérable face à la toute-puissance de la machine étatique et les excès dont elle peut être l'auteur ou le commanditaire. A ce sujet, la CSCE mentionne que :

> « l'État de droit ne signifie pas seulement une légalité formelle assurant régularité et cohérence dans l'instauration et la mise en œuvre de l'ordre démocratique mais bien la justice fondée sur la reconnaissance et la pleine acceptation de la valeur suprême de la personne humaine et garantie par des institutions offrant un cadre pour son expression la plus complète »[108].

Le Professeur J-Y. Morin ajoute que/

> « cette panoplie de techniques juridiques et d'institutions, dont l'objet est de fournir des garanties réelles à l'individu aux prises avec les détenteurs du pouvoir, qu'il soit législatif, exécutif, administratif ou juridictionnel, constitue l'État de droit au sens concret, il en est ainsi, par exemple, de l'accès au juge, de l'habeas corpus, des droits de la défense dans le procès, du contrôle de la légalité des actes administratifs, et de celui de la constitutionnalité des lois »[109].

Le Professeur J-Y. Morin note que l'État de droit « *apparait avant tout, comme un élément constitutif de la conception libérale de l'organisation politique : donnant à voir un pouvoir limité, parce qu'assujetti par des règles, il implique que les gouvernants ne sont pas*

---

105 - *Ibid*, p. 66.

106 - *Idem.*

107 - Chevalier(J), *L'État de droit*, Paris, Montchrestien, 1994, p. 9. V. également Kamto (M), *Droit international de la gouvernance,* op. cit., pp. 66-67.

108 - CSCE, *Document de la réunion de Copenhague de la conférence sur la dimension humaine de la CSCE*, 1990, point 2.

109 - Morin (J-Y), « L'État de droit : émergence d'un principe du droit international », op. cit., p. 34.

au-dessus des lois, mais exercent une fonction encadrée par le droit »[110]. Ce concept s'inscrit dans la volonté de protéger les régimes politiques contre d'éventuels dérives totalitaires, en astreignant les détenteurs du pouvoir à des exigences juridiques et au respect de certaines valeurs consubstantielles à l'existence d'une véritable démocratie.

L'exigence d'un État de droit est ubiquitaire dans les Accords de paix et se caractérise par l'adoption de diverses institutions et techniques juridiques, telles que la séparation des pouvoirs, l'indépendance des juges, le contrôle de constitutionnalité et de la légalité des actes administratifs ou encore la protection des droits de l'homme[111]. L'Accord de paix de Pretoria sur la RDC adhère au principe de la séparation des pouvoirs en disposant que « *les institutions de la transition reposeront sur le principe de la séparation des pouvoirs entre l'Exécutif, le Législatif et le Judiciaire* »[112]. Ce faisant, il insiste sur l'indépendance des juges en précisant que « *les parties réaffirment la nécessité d'avoir un pouvoir judiciaire indépendant* »[113]. Plus loin, l'Accord prévoit la création d'un observatoire des droits de l'homme chargé d'observer et de veiller au respect des droits de l'homme par les autorités au pouvoir[114].

En plus d'être devenu une valeur universelle grâce à son irruption dans le champ philosophique à partir des années 80[115], l'État de droit émerge comme un principe de droit international que les parties aux Accords de paix ne peuvent oblitérer au risque de nager à contre-courant des règles de droit international en la matière. En effet, le Professeur M. Kamto mentionne que la notion d'État de droit est apparue dans la littérature onusienne au début des années 1990, plus précisément en 1993, dans une résolution de la Commission des droits de l'homme intitulée « *renforcement de l'État de droit* »[116]. Il précise que l'État de droit dans l'ordre international « *serait, dans une large mesure l'extension dans cet ordre, de la conception au sens large que l'on en a dans l'ordre interne* ». Les principes onusiens de l'État de droit découlent aussi des normes

---

110 - Chevallier(J), *L'État de droit*, op. cit., 1994, p.151.

111 - Sur les caractéristiques de l'État de droit, v. Salmon(J), *Dictionnaire de droit international public*, Bruxelles, Bruylant, 2001, p. 456.

112- Point III. 4. de l'Accord de Pretoria, op. cit.

113 - Point V. 3. A.

114 - Point V. 4. a.

115 - Chevallier(J), *L'État de droit*, op. cit., pp. 121 - 135.

116 - Il s'agit de la résolution 1993/50 du 9 mars 1993. Sur la question, v. Kamto(M), *Droit international de la gouvernance,* op. cit., p. 69.

conventionnels et de la jurisprudence du Comité des droits de l'homme[117]. Parmi ces principes, le principe de l'indépendance des juges est celui qui s'affirme le plus comme une règle de droit international au-delà du fait qu'il soit consacré par les trois quarts des constitutions[118].

S'il est vrai que la démocratie et l'État de droit sont deux notions inséparables, tout Accord de paix qui adhère aux principes démocratiques se soumet obligatoirement au respect de l'État de droit. Ainsi, l'Accord de Rome sur le Mozambique met en place une transition démocratique basée sur le respect de l'État de droit, notamment en consacrant et en garantissant les différentes libertés : liberté de création des partis politiques, liberté d'association, liberté d'expression, liberté de la presse et l'accès aux médias[119]. Dans le préambule de l'Accord Ouagadougou sur le conflit au Mali, les parties annoncent, préalablement à toute discussion sur le fond, « *leur détermination à édifier un État de droit démocratique et prospère garantissant les droits de tous les citoyens et un développement harmonieux et durable au Mali* »[120]. L'article VI. 1. 1. de l'Accord de cessez-le-feu de Pretoria sur le conflit burundais proclame également la « *formation d'un État de droit basé sur l'unité nationale, la démocratie, le pluralisme et le respect des droits de l'homme* ».

La garantie d'une bonne transition passe non seulement par l'instauration d'un État de droit, mais également par l'assurance d'une

---

[117] - Parmi les principes onusiens de l'État de droit, J-Y. Morin récence : les principes généraux de la justiciabilité des droits et de l'accès à la justice ; le principe général du procès équitable ; le principe général du respect des droits de la défense ; le principe général de la réparation des violations ; le principe fondamental de la prééminence du droit ; l'État d'urgence et suspension de l'État de droit. V. Morin (J-Y), « L'État de droit : émergence d'un principe du droit international », op. cit., pp. 364 – 387.

[118] - *Ibid*, p. 456.

[119] - Ces dispositions des protocoles II et III de l'Accord de Rome s'inspirent des Accords de Bicesse sur l'Angola qui proclament et garantissent les droits et libertés de L'UNITA transformé en parti d'opposition. Parmi les droits et libertés proclamés par les Accords de Bicesse, on peut citer : le droit à la liberté d'expression, le droit de présenter son programme politique, de le publier et d'en débattre librement, le droit de recruter et d'enrôler des membres, le droit de tenir des réunions et d'organiser des manifestations, le droit d'utiliser les moyens d'information publics, le droit à la liberté de mouvement et à la sécurité personnelle de ses membres, le droit de présenter des candidats aux élections, le droit d'avoir un siège et des bureaux où que ce soit en Angola. V. protocole d'Estoril joint à l'accord.

[120] - V. également le préambule de l'Accord de Tripoli de 2006 sur le Tchad dans lequel les parties signataires annoncent leur résolution « *à consolider l'Etat de droit* ».

bonne gouvernance permettant de stabiliser la vie politique et de jeter les bases d'un développement économique et social.

2. La nécessité d'une bonne gouvernance

L'expression « *bonne gouvernance* » peut paraitre ambigüe car elle est souvent définie et analysée de manière diverse et parfois contradictoire. Elle apparait, selon le Professeur M. Kamto, comme une notion « *fourre-tout* »[121], tellement elle touche plusieurs secteurs d'activité. Ce dernier note que « *c'est, sur le plan concret l'ensemble des domaines de l'activité des groupes humains organisés, et, sur le plan scientifique, l'ensemble des domaines de la recherche en sciences sociales qui sont saisis par ce concept qui étend son champ de façon tentaculaire : le domaine juridique n'y échappe guère* »[122]. La complexité de cette notion est perceptible dans les nombreuses tentatives de définition qui essaient d'en délimiter les contours[123].

En Afrique, il n'existe pas à proprement parler une conception particulière de la bonne gouvernance. L'UA n'a ni défini cette notion ni développé une théorie spécifique la concernant. Son approche est, comme le relève le Professeur M. Kamto, une approche « *déclaratoire en ce sens qu'elle proclame son attachement au principe de la bonne gouvernance qu'elle distingue d'ailleurs de l'état de droit, des droits de l'homme et de la culture et principes démocratiques* »[124]. Ainsi, le préambule de l'Acte constitutif de l'UA signé à Lomé, le 11 juillet 2000, dispose que les Chefs d'État et de gouvernements des États membres se déclarent « *résolus à promouvoir et à protéger les droits de l'homme et des peuples, à consolider les institutions et la culture démocratique, à promouvoir la bonne gouvernance et l'État de droit* ».

La question de la gouvernance est reprise et développée par la charte africaine de la démocratie, des élections et de la gouvernance qui bien que définissant insuffisamment la gouvernance[125], dégage les actes

---

121 - Kamto(M), *Droit international de la gouvernance*, op. cit, p. 17.

122 - *Idem.*

123 V. Commission des Communautés européenne, *Gouvernance européenne. Un Livre blanc*, adopté le 25 juillet 2001, COM(2001) 428 final ou encore Kamto(M), *Droit international de la gouvernance*, op. cit, p. 21.

124 - *Idem.*

125 - Selon le Professeur Blaise Tchikaya, la charte « *donne seulement à penser qu'il s'agit des activités de l'autorité élue dans sa considération politique, sans en préciser les organes réels* ».

auxquels cette notion correspond. A la lecture des articles 27 à 47, il s'agit notamment du renforcement des « *capacités des parlements et des partis politiques légalement pour leur permettre d'assumer leurs fonctions principales* » ; de l'entreprise « *des reformes régulières des systèmes juridique et judiciaire* » ; et de l'amélioration de l' « *efficience et l'efficacité de l'administration publique et lutter contre la corruption* ». La charte insiste également sur l'usage du pouvoir du gouvernement en faveur des secteurs clés comme le développement « *des technologies de l'information et de la communication* », la liberté d'expression, la lutte contre « *l'impact des maladies telles que le paludisme, la tuberculose, le VIH/SIDA, la fièvre Ebola et la grippe aviaire* »[126]ainsi que la promotion du genre à travers la prise de « *mesures susceptibles d'encourager la pleine participation des femmes dans le processus électoral et l'équilibre entre homme et femme…* »[127].

Les principes de la bonne gouvernance, tels qu'énoncés par la charte africaine de la démocratie, des élections et de la bonne gouvernance sont largement repris par les Accords de paix[128]. D'autant plus que les conflits armés internes sont souvent provoqués par des populations qui ont le sentiment d'être mal gouvernée ou qui se sentent lésées dans le partage des richesses nationales[129]. La pratique montre que la majorité des conflits armés internes qui sévissent ou qui ont sévis dans des États, tels que l'Angola, le Liberia, la RDC, la Sierra Leone ou le Tchad, sont alimentés par les batailles autour du contrôle des ressources naturelles

---

V., Tchikaya(B), « La charte africaine de démocratie, des élections et de la gouvernance », op. cit., p. 521.

126 - Article 27 de la charte.

127 - Article 18 de la charte.

128 - Dans le préambule de l'Accord de Tripoli sur le conflit tchadien, les parties proclament leur volonté de « *consolider l'État de droit, la bonne gouvernance ayant pour corollaire le progrès social, le plein exercice des libertés fondamentales sur la base de l'égalité des citoyens* »

129 Selon le Professeur Kalele, le conflit à l'Est du Congo « *est une guerre économique, en complicité avec les congolais. Une guerre pour la recherche de l'argent* ». Par ailleurs, En 1994, deux ans avant le début de ce conflit, la Banque mondiale relevait que « *la mauvaise gestion des ressources publiques est au centre des problèmes économiques dont souffrent le Zaïre depuis l'indépendance. Au lieu de servir au développement, l'épargne intérieure et extérieure mobilisée par le secteur public a servi principalement aux dirigeants pour s'assurer le soutien des employés du secteur public ainsi que pour les avantages personnels* ». Sur la question, v. respectivement *Conférence consultative sur les Accords de paix et les minerais de conflit en République Démocratique du Congo*, SARW, Kinshasa, mai 2013, p.17 et Banque Mondiale, *Zaïre. Orientations stratégiques pour la reconstruction économique*, Washington DC, novembre 1994.

(pétrole ou minerais) dont ces pays regorgent[130], et leur gestion désastreuse et opaque par les autorités au pouvoir[131]. Les parties aux Accords de paix dans ces États ont donc tout intérêt à encourager la gestion rationnelle de ces ressources naturelles dans le but de mettre fin aux revendications incessantes des populations.

Certains accords préconisent, comme solution à ces revendications, l'implication des insurgés dans la gestion des ressources et des richesses nationales. L'Accord de Lomé sur la Sierra Leone crée une Commission chargée de la gestion des ressources minières et de la reconstruction, dont la présidence est confiée au leader du RUF, F. Sankoh[132]. L'Accord de Ouagadougou sur le conflit au Niger affirme le désir des parties signataires de donner aux populations la responsabilité de gérer leurs propres affaires par « *une libre administration des collectivités territoriales reposant sur les principes de la décentralisation et de la déconcentration contenus dans la constitution du 26 décembre 1992* »[133]. L'Accord de Tripoli sur le Tchad préconise dans son article 4 « *la participation du Front Uni pour le Changement Démocratique (FUC) à la gestion des Affaires de l'État dans un esprit de concertation et conformément aux dispositions de la constitution* ». La bonne gouvernance passe également par la promotion du développement économique et social. C'est à ce titre que les parties à l'Accord de Ouagadougou sur le conflit malien affichent leur détermination « *à assurer un développement socioéconomique équitable équilibré de toutes les régions du mali dans le respect de la diversité de ses communautés* »[134].

---

[130] - L'insurrection qui a mis la Sierra Leone à feu et à sang pendant plusieurs années a été motivée par la volonté du leader du RUF, F. Sankoh, de prendre le contrôle des mines de diamants de ce pays. V. fr.m.wikipedia.org. De même, le rapport du Secrétaire général des NU affirme que l'un des objectifs majeurs des acteurs du conflit libérien était le contrôle de l'exploitation des diamants, du bois et d'autres matières premières. Ce rapport affirme également que les difficultés auxquelles ne cessaient de se heurter le processus de paix en Angola étaient dues pour beaucoup à l'importance que revêt le contrôle de l'exploitation des gites diamantifères de ce pays. Annan (K), « Les conflits : une réalité à laquelle il faut faire face », *Rapport du Secrétaire général sur l'Afrique*, avril 1998, p. 10.

[131] - Le Rapport de l'ICG démontre que la gestion de la manne pétrolière au Tchad est minée par le clientélisme et une corruption généralisée. V., ICG, « Tchad : un nouveau cadre de résolutions des conflits », *Rapport Afrique*, n°144, septembre 2008, pp. 3 - 6.

[132] - V. article V et article VII de l'accord.

[133] - V. préambule.

[134] - V. préambule.

Le développement à travers les Accords de paix passe également par l'adoption de mesures concrètes permettant de reconstruire le tissu économique déliquescent de l'État en guerre. Dans son titre V réservé au « *développement économique, social et culturel* », l'Accord de paix de Ouagadougou sur le conflit au Niger s'attèle à la réinsertion des personnes déplacées et des éléments démobilisés de l'ORA ; à l'adoption d'une politique d'exploitation et de rentabilisation de l'élevage et de l'agriculture ; et enfin, la mise en place de la redistribution des bénéfices provenant de l'exploitation des mines afin de développer toutes les régions[135].

Comme on peut le constater, la bonne gouvernance exigée par certains Accords de paix est une notion diverse et fluctuante qui implique une bonne gestion politique, économique et administrative de l'État, dans un esprit pacifique, avec en ligne de mire la promotion du développement. Elle implique aussi la consolidation de la démocratie et de l'État de droit ainsi que la réalisation de l'objectif de préservation et de protection des droits de l'homme et des libertés fondamentales[136].

C. La consécration d'un principe de partage du pouvoir

Le principe de partage du pouvoir s'origine dans le consensualisme qui gouverne les Accords, lequel consacre le partage du pouvoir entre les principaux protagonistes du conflit, au moins pendant la période de transition, comme solution principale de sorti de crise. Les négociateurs de ces accords sont ainsi convaincus, à tort ou à raison, que la représentation de toutes les composantes prenant part au conflit, au sein de ces institutions, facilitera leur réconciliation et confortera substantiellement le sentiment d'unité nationale nécessaire au déblocage de la crise et à la reprise de la vie politique et administrative.

De nombreux théoriciens renommés, tels que Arend Lijphart, affirment que le partage du pouvoir est un outil forçant les rivaux au compromis et à la modération, constituant ainsi une option viable pour la gouvernance démocratique dans les sociétés divisées. Ils postulent que les échecs de la démocratie dans les États africains sont dus à l'adoption

---

[135] - V. Article 18 à 22.

[136] - Sur la bonne gouvernance, v. Giuliani(J.D), « La bonne gouvernance », publié le 13/07/2006. Source : http : //www.intitu-gouvernance.org/analyse fiche-analyse-60.html.

du système démocratique majoritaire à la Westminster. La démocratie majoritaire ne serait pas, selon ces derniers, adaptée aux sociétés ethniquement divisées puisque le principe du « *gagnant emporte tout* » permet aux groupes dominants de monopoliser le pouvoir d'État et les ressources, reléguant les minorités aux rôles périphériques[137]. L'argument avancé est que la démocratie n'est possible que lorsque le pouvoir est partagé et non monopolisé, ainsi que délégué et non centralisé[138]. Cette théorie a en toute logique été contestée par un grand nombre d'auteurs qui pensent que le partage du pouvoir va à l'encontre des principes démocratiques, dénonçant une pratique élitiste nuisant au droit des peuples d'élire leurs dirigeants[139].

Toutefois, il faut dire que le principe de partage du pouvoir s'inspire grandement des mécanismes de la « *démocratie consociative* »[140] et du « *consociationalisme* »[141]. Ces mécanismes orientent l'ingénierie constitutionnelle (représentation proportionnelle)[142] dans le dénouement des questions de partage des responsabilités institutionnelles, des clauses de non-conflictualité et de gouvernement d'union nationale (grande coalition)[143] dans la sortie de crise. Selon M. Hanf, il ne fait aucun doute que les mécanismes consociatifs sont employés pour désamorcer les conflits. Les Accords de paix sont influencés par les principes d'inclusion non conflictuels dans la participation et le partage des responsabilités des acteurs, qui émanent du consociationalisme[144].

---

137 - *Rapport sur le CPS*, n°50, septembre 2003, p. 7.

138 - *Idem.*

139 - *Idem.*

140 - V. Lehmbruch(G), "*A non-competitive Pattern of Conflict Management in Liberal Democraties: the case of Switserland, Austria and Lebanon*, in McRae (K.D)(ed.), *Consociational Democracy: Political Acconodation", in Segment Societies, McClelland and Stewart, Toronto*, 1974, pp. 90-97.

141 - Vandeginste(S), « Théorie consociative et partage du pouvoir au Burundi », *L'Afrique des grands Lacs, annuaire*, 2005-2006, Paris, Harmattan, p. 204.

142 - Lijphart(A), « Changement et continuité dans la théorie consociative », *Revue International de Politique Comparée*, Vol. 4, n°3, 1997, pp. 679-685.

143 - *Ibid*, p. 683.

144 - La logique du partage du pouvoir qui voudrait que toutes les parties en conflit soient représentées, renvoie les processus constituants « *de plain-pied dans des mécanismes 'consociatifs' comme une coalition large, une représentation proportionnelle et une division fédérale' de partage du pouvoir, qui est le produit d'une sorte de 'cessez-le-feu civilisé' instauré soit après une guerre sans vainqueur ni vaincu soit, dans les cas moins déplorables d'un régime autoritaire ou racial* ». Sur la question v. Andzoka Atsimou(S), *L'ingénierie constitutionnelle, solution de sortie de crise en Afrique : les exemples de l'Afrique du Sud, de la République*

L'Accord de Kano sur le conflit tchadien de 1979, est l'un des premiers à mettre en évidence la nécessité du partage du pouvoir dans les États ravagés par les conflits armés internes. Les parties à cet accord ont décidé de la formation d'un gouvernement d'union nationale de transition « *composé de toutes les tendances signataires tchadiennes qui auront accepté les dispositions de cet accord* »[145]. Dans l'article 6 de l'Accord de paix de 2008 sur le conflit en Centrafrique, signé le 21 juin 2008, les parties affirment « *le principe de la participation des représentants des mouvements politico-militaires signataires du présent Accord de paix Global à la gestion des affaires de l'État dans un esprit de réconciliation nationale, à l'issue du dialogue politique* ». L'Accord de Juba sur le conflit au Soudan du Sud instaure un mécanisme de partage du pouvoir entre les autorités au pouvoir et la rébellion durant une période transitoire de 30 mois à l'issue de laquelle se tiendront des élections[146]. L'idée étant que la présence concomitante de toutes les parties signataires au sein des institutions étatiques et leurs efforts conjugués permettront d'exorciser efficacement les démons de la guerre et de relancer plus rapidement la machine administrative. Cette pratique repose donc sur le partage du pouvoir entre les parties à l'accord, à travers une répartition équilibrée[147]des postes au sein des institutions politiques et administratives majeures.

Pour ce qui est du partage des postes au sein du pouvoir exécutif, il s'applique, dans un premier temps, « *à la Présidence de la République avec la création de postes de vice-présidents confiés à des autorités issues des composantes armées* »[148]. Cela est illustré par l'Accord de Lomé sur la Sierra Leone qui attribue le poste de Vice-président au leader du RUF, F. Sankoh[149]. *Idem* pour l'Accord de Juba de 2015 sur le Soudan du Sud qui octroie un poste de Premier vice-président au leader de la rébellion, R. Machar, et prévoit que le Président de la République

---

démocratique du Congo, du Burundi et du Congo, Thèse de Doctorat en droit, Université Cheikh Anta Diop de Dakar, 2013, p. 366.

145 - V. le point 5. a. de cet accord, op. cit.

146 - Sur cette question, v. l'accord ou consulter www.jeuneafrique.com, 07 avril 2016.

147 - Cette répartition est généralement soucieuse de l'équilibre des forces en présence et s'appuie sur le degré d'influence de ces dernières dans le conflit qui mine l'Etat. A ce sujet, l'Accord de Linas-Marcoussis précise clairement dans son point 3. d. que « *l'attribution des ministères sera faite de manière équilibrée entre les parties pendant toute la durée du gouvernement* ».

148 - Ehueni Manzan (I), op. cit., p. 186.

149 - Article V. 2.

consulte son Premier vice-président en vue de décisions collégiales. Dans certaines situations, les Accords de paix intègrent aussi d'autres composantes que les belligérants, à l'instar de l'opposition politique, au sein du pouvoir présidentiel. Ce fut le cas en RDC où l'Accord de Pretoria dans son point V prévoit la création de 04 vice-présidences attribuées respectivement au RDC (Commission politique), au MLC (Commission économique et financière), au gouvernement (Commission pour la reconstruction et le développement) et à l'opposition politique (Commission sociale et culturelle).

Le partage des postes au sein de l'exécutif s'applique, dans un deuxième temps, au gouvernement initial qui est l'objet d'un remodelage intégrant tous les signataires de l'Accord. Le chef de ce gouvernement « *est soit le chef de l'État en place qui gère une période de transition devant aboutir à des élections, soit une personnalité de consensus désignée par le président, garante du processus de paix, soit encore le leader du mouvement armé insurgé* »[150]. A ce titre, l'Accord de paix de Linas-Marcoussis dispose en son point 3. c. que « *le gouvernement de réconciliation sera dirigé par un Premier Ministre de consensus qui restera en place jusqu'à la prochaine élection présidentielle à laquelle il ne pourra pas se présenter* ». La répartition des postes ministériels au sein du gouvernement de transition est propre à chaque accord et s'appuie en règle générale sur le critère de « *l'équilibre numérique en tenant compte de la représentativité des parties* »[151] et de la nature des postes, lesquels suscitent de longues et houleuses tractations entre les signataires[152].

Dans sa répartition des postes ministérielles, l'Accord de paix de Lusaka de 1994 entre le gouvernement angolais et l'UNITA accorde 04 Ministères à l'UNITA : le Ministère des mines, le Ministère du commerce, le Ministère de la santé et celui du tourisme[153]. L'Accord de paix de Pretoria sur la RDC attribue 07 postes au Gouvernement, 07 postes au RCD-Goma, 07 postes au MLC, 07 postes à l'opposition, 02 postes à la société civile, 02 postes au RCD-ML, 02 postes au RCD-N et 02 postes aux Mai-Mai. Dans la même logique, l'Accord de Lomé sur la

---

150 - Ehueni Manzan (I), op. cit., p. 186.

151 - *Ibid*, p. 187.

152 - V. Djedjro(M), « Le gouvernement dans la constitution de Côte d'Ivoire », *RID*, n°41, 2010, pp. 168-195.

153 - Annexe 6 de l'accord.

Sierra Leone attribue certains Ministères au mouvement rebelle RUF/SL. Il dispose en son article V alinéa 3:

> « The Government of Sierra Leone shall give ministerial positions to the RUF/SL in a moderately expanded cabinet of 18, bearing in mind that the interests of other political parties and civil society organizations should also be taken into account, as follows: (i) One of the senior cabinet appointments such as finance, foreign affairs and justice; (ii) Three other cabinet positions».

Certains Accords de paix envisagent exceptionnellement le partage des sièges au sein du pouvoir législatif. Lorsqu'il est prévu, ce partage repose également sur le principe de l'équilibre et vise la répartition « *des sièges de l'Assemblée Nationale uniquement si le parlement est monocaméral ou de l'Assemblée Nationale et du Senat en cas de Parlement bicaméral* »[154]. L'Accord de Pretoria procède à un partage des postes au sein de l'Assemblée Nationale et du Sénat. Dans le cadre de l'Assemblée Nationale, le Gouvernement, le RCD, le MLC, l'Opposition politique et les forces vives se voient attribuer 94 députés chacun ; le RDC-ML 15, le RCD-N 05 et les Mai-Mai 10. Au niveau du Senat, le RCD, le MLC, le Gouvernement, l'Opposition et les Forces vives sont bénéficiaires de 22 sénateurs chacun ; le RCD-ML 04, le RCD-N 02 et les Mai-Mai 04.

La valorisation de l'unité nationale comme solution idéale à la normalisation de la vie politique pendant la période post-conflit, participe assurément à la naissance d'un véritable principe de partage du pouvoir qui constitue le fil d'Ariane de toutes les discussions liées au processus de paix. Les autorités étatiques sont obligées, dans la majorité des cas, de céder un fragment plus ou moins important de leur pouvoir pour permettre aux insurgés d'apporter leur pierre à l'édifice de la paix.

---

[154] - Ehueni Manzan(I), op. cit., p.187.

Cette contribution n'a pas fait l'objet de présentation de la part de son auteur, empêché, pour des raisons administratives, de participer aux travaux entrant dans le cadre de ce colloque. Mais l'ANDC a jugé utile de publier ladite contribution.

Ass. jur. Dr. rer. publ. Klaus GRÜTJEN, *est Juriste / Administrateur civil, vit et travaille en Afrique de l'Ouest et centrale depuis plus de 20 ans. Expert en gouvernance, il a avant et pendant cette période notamment enseigné et mené des recherches dans les domaines du droit constitutionnel comparé et des Sciences administratives comparées. En tant que praticien du droit et de l'administration, il a accompagné des processus de décentralisation et déconcentration et appuyé des initiatives visant l'amélioration des relations entre les autorités des États et la société civile ainsi que le renforcement de la cohésion sociale. Dans cette même approche, il s'est engagé pendant les dernières années dans le domaine de la sécurité, en particulier la communication et coopération entre forces de sécurité et société civile.*

Klaus GRÜTJEN

Juriste, Administrateur civil, Expert en gouvernance

Actes fondamentaux et chartes pour les phases de transition étatique : Constitutions sur mesure, « à la carte », et défis pour le droit international public – l'exemple du Burkina Faso -

Introduction

Ayant été empêché de participer personnellement à la 3e édition des Journées de Droit Constitutionnel dédiée cette fois-ci au sujet actuel « Construction de l'État en Afrique : entre démocratie et coups d'État. » pour des raisons indépendantes de ma volonté, je tiens à exprimer ma profonde gratitude à l'Association Nigérienne de Droit Constitutionnel (ANDC), son Président, le Professeur Oumarou NAREY, et le Comité scientifique de l'ANDC de me permettre de fournir ma contribution par écrit.

Deuxième changement de régime extra-constitutionnel en 2022 dans un contexte d'approfondissement de la crise humanitaire – le contexte politique et militaire

Le lieutenant-colonel Paul-Henri Sandaogo Damiba, qui avait pris la direction des affaires de l'État du Burkina Faso lors du coup d'État du 24 janvier 2022 dont il était l'auteur et qui avait été confirmé dans ce rôle par sa nomination comme président de la transition le 02 mars 2022, ne devait même pas pouvoir se maintenir à son poste pendant neuf mois. Aux premières heures du 30 septembre 2022, des troubles ont à nouveau éclaté dans la capitale Ouagadougou au sein d'une partie des forces armées. Comme en fin janvier 2022, ils se sont rapidement propagés et n'ont pas pu être maîtrisés par les dirigeants de l'État et de l'armée. Ils ont finalement abouti à la chute du régime du président de transition Damiba, scellée au plus tard par la démission de ce dernier, annoncée à la télévision le 02 octobre 2022.

Arrivé avec de grandes ambitions, des annonces et des promesses par lesquelles il avait justifié la destitution du président élu Roch Marc Christian Kaboré et qui constituaient en même temps la base principale de sa popularité initiale au sein de la population, Damiba n'a pas réussi, dans le peu de temps dont il disposait, à étayer ses prétentions par des faits convaincants. Au lieu de cela, il avait déjà perdu beaucoup de crédibilité et de popularité au cours des derniers mois avant sa chute en raison de plusieurs mesures impopulaires au sein de son propre peuple. A cela s'ajoutaient d'autres revers considérables des forces armées burkinabè dans la lutte contre le terrorisme et la reconquête des parties du territoire national qu'il avait annoncées comme *de facto* perdues. Il en a résulté la perte en grande partie de la légitimité dont il jouissait au départ, y compris au niveau international, et donc du principal soutien de son pouvoir politique, sur lequel il était le seul à devoir miser, après avoir été incapable d'obtenir réellement la légalité – conférée exclusivement par la Constitution – malgré la durabilité désormais avérée du droit constitutionnel et des organes chargés de le faire respecter. Le dernier élan du mouvement au sein de l'armée qui a finalement conduit à sa chute a été l'attaque perpétrée par des terroristes près de la localité de Gaskindé (province du Soum, région du Sahel), le 26 septembre 2022, contre un convoi escorté par les forces armées pour ravitailler la population de la ville de Djibo, au nord-ouest du pays, encerclée depuis longtemps par des unités terroristes. Onze militaires ont été tués et 28 autres personnes ont été blessées (20 soldats, un Volontaire pour la Défense de la Patrie [VDP] et sept civils) ; 50 autres personnes étaient considérées comme disparues. La zone dans laquelle se trouvait le convoi à ce moment-là est depuis un certain temps en grande partie sous le contrôle des terroristes. Cet incident majeur a aggravé les accusations d'incompétence et d'inaction portées depuis longtemps par une partie des forces armées, qui ont finalement débouché sur le mouvement de protestation des militaires, lequel a finalement forcé le remplacement de Damiba.

Dès le 30 septembre 2022, le nom de celui qui est à l'origine de ce mouvement de protestation et qui est arrivé à prendre le contrôle de l'appareil d'Etat et de sa défense au cours des événements a été connu par le public. Il s'agit du capitaine Ibrahim Traoré, alors âgé de 34 ans. Entré dans l'armée en 2010 et officier (sous-lieutenant) depuis 2012, il a d'abord été affecté au régiment d'artillerie de Kaya, puis promu lieutenant en 2014 et capitaine en 2020. Considéré comme courageux, il a régulièrement participé à des missions de combat sur le front, a pris part à l'« Opération Otapuanu » dans l'est du Burkina Faso pendant sept mois en 2019 et a également servi dans une unité à Markoye, à l'extrême nord du pays (région du Sahel, à quelques kilomètres de la frontière nigérienne). Après la prise de pouvoir par le Mouvement Patriotique pour la Sauvegarde et la Restauration (MPSR), il s'est vu confier la direction du régiment d'artillerie en mars 2022. Ce jeune capitaine expérimenté a réussi à gagner la confiance de la majorité des autres jeunes officiers, à se placer à la tête du MPSR (ressuscité à cet effet) et à contraindre le lieutenant-colonel Damiba à démissionner.

Les événements d'insurrection proprement dits ont commencé aux premières heures du 30 septembre 2022, un jour après que le président de transition Damiba soit rentré à Ouagadougou d'une visite aux troupes touchées par l'attentat de Gaskindé à Djibo. Des combats entre des éléments des forces armées ont eu lieu, notamment au sud de la capitale, où se trouve le palais du Président du Faso, avec des échanges de tirs et des explosions parfois violents et continus. Quelques heures plus tard, les premiers détails sur les causes de ce conflit ont été révélés.

Une unité d'élite de l'armée burkinabè, appelée « les cobras » dont faisait partie le capitaine Ibrahim Traoré, a commencé à exprimer son mécontentement face à la situation des forces armées en encerclant le domicile du président de transition Damiba et en formulant des revendications. Ils ont d'abord dénoncé ce qu'ils considèraient comme une inégalité de traitement avec une autre unité des forces spéciales, détachée par le président pour sécuriser sa position et son propre appareil, laissant ainsi les positions au front aux seuls « cobras ». A cela se seraient ajoutés des facteurs d'ordre matériel, comme des indemnités spéciales d'intervention sur le terrain qui devaient être perçues exclusivement par les unités destinées à protéger le président. Les « cobras » auraient exigé que toutes les unités des forces armées soient déployées de manière égale sur le front et reçoivent également les avantages matériels qui en découlent. Le conflit qui en a résulté n'a pas pu être réglé par la voie de la négociation et s'est rapidement transformé en revendications pour la démission de Damiba, ce qui a donné une nouvelle orientation à ce mouvement de protestation.

Un autre rôle a apparemment été attribué à une autre unité spéciale des forces armées burkinabè, les « Mambas verts », créés en 2021 sous la direction du lieutenant-colonel Emmanuel Zoungrana. Zoungrana est en détention préventive à la prison militaire de Ouagadougou depuis le 10 janvier 2022. Il est accusé d'avoir préparé un putsch contre l'ancien président élu Roch Marc Christian Kaboré. Les « Mambas verts » continuaient de voir en Zoungrana leur leader naturel, et beaucoup estimaient que sa place serait au combat, au front, et non en prison. Même si, selon les informations disponibles à l'époque, cette unité spéciale n'a pas joué de rôle actif dans le mouvement de protestation du 30 septembre 2022, ses membres ont au moins permis d'augmenter le nombre de « mécontents » au sein de l'armée et donc de ceux qui ne s'opposeraient pas, du moins pas à la chute de Damiba et de son régime. En effet, après la prise de pouvoir de Damiba le 24 janvier 2022, plusieurs voix s'étaient levées pour demander la libération de Zoungrana, mais Damiba n'y avait pas réagi, arguant qu'il ne voulait pas entraver le travail de la justice.

Dans cette situation, le président de transition a manifestement commis plusieurs erreurs tactiques dans le domaine crucial de la communication. Comptant uniquement sur la supériorité numérique des forces qui lui étaient encore dévouées à ce moment-là, il a d'abord refusé d'échanger directement avec les insurgés et a misé sur les moyens militaires pour reprendre le contrôle de la situation. Mais le 30 septembre 2022, les unités des « Cobras » avaient déjà occupé plusieurs axes de communication stratégiques ainsi que la station de radio et de télévision nationale, ce qui leur permettait de diffuser des messages aux populations et d'exercer ainsi une influence sur l'opinion publique. C'est ainsi qu'ils ont annoncé dans une émission spéciale de la télévision à 20 heures la destitution de Damiba en tant que président de transition. Damiba n'a cependant pas voulu se rendre. Il a même renoncé à participer aux négociations qui étaient déjà en cours en ce moment-là entre les parties en conflit des forces armées afin d'apaiser la situation. La majeure partie de l'armée et de la gendarmerie le soutenait encore à ce moment-là. Le 1er octobre 2022 encore, l'état-major général des armées publiait un communiqué de presse dans lequel il déplorait « la grave crise politico-militaire au sein de l'armée qui prend le pas sur la crise sécuritaire de la population » et appelait toutes les parties prenantes au calme afin de donner une chance aux négociations en cours pour une sortie pacifique de la crise.

Dans cette situation, le capitaine Traoré a eu recours à un moyen qui devait permettre de trancher dans ce conflit qui avait dégénéré en lutte de pouvoir. Le 1er octobre 2022, il a annoncé sur la radio nationale que Damiba avait pris la fuite et se serait retiré dans le camp militaire de l'armée française à Kamboinsin, situé à environ 30 km au nord de Ouagadougou. « Il [Damiba] est en mesure de planifier une riposte pour semer la zizanie au sein de nos forces de défense et de sécurité. Ceci en raison de notre ferme volonté de nous tourner vers d'autres partenaires pour nous aider dans notre lutte contre le terrorisme », a-t-il expliqué. Il faisait ainsi clairement allusion à la Russie, désormais principal partenaire du gouvernement de transition au Mali voisin, avec lequel le Burkina Faso entretient également une coopération militaire en vertu d'un accord correspondant. Le soir même, le ministère français des Affaires étrangères a démenti toute forme d'implication de la France dans les « événements du Burkina Faso ». Ni le camp militaire français de Kamboinsin ni l'ambassade de France n'auraient jamais reçu Paul-Henri Sandaogo Damiba. Mais ce démenti n'a plus eu d'effet. Suite au message diffusé de Traoré, des manifestants en colère ont tenté d'incendier l'ambassade de France et le lycée français de Ouagadougou, ainsi que le centre culturel français de Bobo-Dioulasso, la deuxième ville du pays. Des slogans anti-français et des drapeaux russes ont dominé l'image des manifestations massives. Les ressortissants français, dont certains vivent au Burkina Faso depuis plusieurs décennies et qui ont contribué au développement du pays et de son économie, craignaient pour leur vie et évitaient de quitter leur domicile. Même si le capitaine Ibrahim Traoré a ensuite appelé la population à renoncer à la violence et au vandalisme, il faut considérer, à y regarder de plus près, qu'il a déclenché ces débordements par ses déclarations antérieures et qu'il en a accepté bon gré mal gré, sinon les conséquences physique et matérielles, du moins les conséquences sous forme d'une désinformation ciblée et l'intégration et le contrôle des forces civiles ainsi visés comme moyen d'atteindre des objectifs militaires tactiques et stratégiques.

Les négociations se sont poursuivies en coulisses. Les négociateurs étaient désormais les principaux chefs religieux et traditionnels du pays, sous la direction du cardinal Philippe Ouédraogo, président du conseil d'administration de la Fédération des associations islamiques du Burkina Faso et d'un représentant du Mogho Naba, l'empereur de l'Empire du peuple mossi (majoritaire au Burkina Faso) à Ouagadougou. Même à ce moment très critique pour lui, Damiba a refusé de participer personnellement aux discussions au siège de l'archevêque à Ouagadougou. Il a insisté pour que ces négociations aient lieu à la base aérienne 511 de l'aéroport international de Ouagadougou où il se trouvait lui-même et n'y a donc participé que par téléphone. Ce soir-là, la décision a finalement été prise en sa défaveur. Les chefs de toutes les forces armées se sont alors rangés du côté des insurgés « pour préserver la paix » et ont assuré le capitaine Ibrahim Traoré de leur soutien.

A l'issue de ces négociations, Damiba ne voyait pas d'autre solution que de « proposer » sa démission de ses fonctions, mais il l'accompagnait de sept exigences, à savoir

1. la poursuite des opérations sur le terrain [dans la lutte contre le terrorisme].
2. une garantie de sécurité et l'assurance de non-poursuite des forces de défense et de sécurité engagées à ses côtés
3. la poursuite du renforcement de la cohésion au sein des forces de défense et de sécurité
4. la poursuite de la réconciliation nationale
5. le respect des engagements pris envers la Communauté économique des États de l'Afrique de l'Ouest (CEDEAO)
6. la poursuite de la réforme de l'État
7. une garantie de sécurité pour lui-même et ses proches, ainsi que pour ses collaborateurs et leurs familles

Les parties en conflit ont finalement réussi à se mettre d'accord sur ces conditions mentionnées dans une déclaration commune des organisations faîtières des communautés traditionnelles et religieuses du 02 octobre 2022. Dans une allocution télévisée, le lieutenant-colonel Damiba a alors annoncé sa démission, ouvrant ainsi la voie à un nouveau départ à court terme du processus de transition qu'il avait lui-même initié en renversant le président Kaboré huit mois plus tôt. Damiba lui-même avait entre-temps quitté Ouagadougou à bord d'un hélicoptère et se trouve désormais à Lomé (Togo).

Pendant ce temps, le capitaine Traoré a pris la direction des affaires de l'État. Pour légitimer son action, il a ressuscité une structure qui avait été dissoute lors de l'entrée en vigueur du nouvel ordre étatique instauré par son prédécesseur, à savoir le Mouvement patriotique pour la préservation et la restauration (MPSR), dont il était désormais (jusqu'à sa nouvelle suppression) le président et au nom duquel il avait pris depuis des arrêtés ayant valeur légale voire réglementaire. Dans ses déclarations et interviews précédentes diffusés peu après sa prise de pouvoir, il a déclaré ne pas vouloir rester longtemps à la tête de l'État et vouloir s'engager pour un retour rapide à l'ordre constitutionnel, si possible avant l'expiration du délai fixé jusqu'en ce moment (juillet 2024). Mais le fait est que, comme son prédécesseur quelques mois auparavant, il avait de nouveau suspendu la Constitution du Burkina Faso ainsi que la Charte de la Transition en vigueur en ce moment, qu'il avait limogé le gouvernement et dissous l'Assemblée Législative de la Transition (ALT) chargée de l'exercice du pouvoir législatif. Une nouveauté dans ce cas était l'interdiction provisoire des activités des partis politiques ainsi que des organisations de la société civile. Ce qui reste et qui pèse sur lui comme sur son prédécesseur, ce sont les attentes des citoyens et citoyennes du pays en ce qui concerne leur sécurité et leurs possibilités d'épanouissement économique et social, et c'est sur ce point qu'il sera jugé, tout comme son prédécesseur.

Les réactions des organisations partenaires régionales et internationales ont été plutôt modérées par rapport aux événements de janvier 2022. Si la Communauté Économique des États de l'Afrique de l'Ouest (CEDEAO) avait encore, dans un communiqué du 30 septembre 2022, fermement condamné ce nouveau coup de force et s'était opposée résolument à toute forme de prise ou de conservation du pouvoir par des moyens non conformes à la Constitution, son président, le président bissau-guinéen Umaro Sissoco Embaló, s'est félicité du fait que les parties en conflit aient accepté un règlement pacifique de leur différend. Il a pris bonne note de la décision de Damiba de renoncer à sa fonction de président de transition « afin d'éviter une confrontation violente et un éventuel bain de sang ». Il a félicité le peuple burkinabè et l'a appelé à régler les différends par le dialogue et non par la violence. Une visite d'une délégation de haut niveau de la CEDEAO annoncée pour le 03 octobre 2022 a cependant été reportée au lendemain en raison de manifestations annoncées à l'avance. Le médiateur désigné par la

CEDEAO pour le Burkina Faso, l'ancien président de la République du Niger, Mahamadou Issoufou, s'est montré par la suite satisfait du contenu de l'entretien avec le capitaine Ibrahim Traoré et optimiste quant à l'aboutissement de la phase de transition. Il a également souligné le « rôle extrêmement positif » joué par les autorités traditionnelles et religieuses du pays dans la recherche d'une solution au conflit.

L'évolution récente de la situation au Burkina Faso permet d'identifier certaines situations et problématiques importantes pour la suite des événements et de tirer différentes conclusions.

D'une part, les événements ont donné un aperçu de l'état récent des forces armées du Burkina Faso. Celles-ci traversaient toujours une crise profonde qui limite considérablement leur capacité opérationnelle et diminue leur force de frappe. Les bases de cette crise ont été posées dès le règne de l'ancien président Blaise Compaoré qui avait dirigé le pays pendant 27 ans et qui a été chassé du pouvoir par l'Insurrection Populaire de fin octobre 2014[1]. Par décret du 21 novembre 1995, Compaoré avait ordonné la création du « Régiment de sécurité présidentielle » (RSP) qui servait à assurer sa sécurité et donc à maintenir son pouvoir. Le RSP dépendait directement du chef de l'état-major spécial du président et était donc une unité avec une structure de commandement séparée des autres forces armées. Ce statut était accompagné d'un traitement préférentiel du RSP en termes d'équipement, de formation et de rémunération, souvent au détriment des autres composantes de l'armée. Le RSP a également été le moteur du coup d'État perpétré le 17 septembre 2015 par le général Gilbert Diendéré qui avait mis sur pied et dirigé cette unité spéciale depuis sa création. Immédiatement après l'échec de ce coup d'État, le Conseil des ministres du 25 septembre 2015 a décrété la dissolution du RSP, et ces dispositions ont été mises en œuvre le 06 octobre 2015. Les membres de cette unité ont alors été intégrés dans les autres composantes des forces armées. Cependant, même après ce changement, les forces armées burkinabè ont continué à souffrir du phénomène de l'existence de structures parallèles sous forme d'unités spéciales et des inégalités de traitement qui en découlent, causes essentielles de jalousie et de manque

---

[1] Cf. pour un aperçu sur ces événements et les perspectives en ce moment Grütjen, Klaus, Burkina Faso auf dem Weg zur V. Republik (Le Burkina Faso sur le chemin vers la Ve République), dans : Verfassung. Garant für Stabilität oder Spielball der Mächtigen ? (La Constitution. Garant de la stabilité ou jouet des puissances ?) – Argumente und Materialien der Entwicklu ngszusammenarbeit (Arguments et documents de la coopération au développement), édition n° 23 (par Dr. Susanne Luther), München (Munich) : Fondation Hanns Seidel, juin 2018, pp. 16-29.

de cohésion, voire de tendances à la division et au conflit ouvert. Il est à craindre que jusqu'à présent, les différentes forces armées et unités spéciales n'aient pas trouvé d'équilibre viable entre elles, et c'est là, l'une des principales raisons du manque de fonctionnalité et des faiblesses opérationnelles sur le terrain. Damiba avait tenté de remédier à cette situation en créant un Commandement des Opérations du Théâtre National (COTN), mais ces efforts et réformes similaires doivent être davantage poursuivis et étendus pour que l'armée burkinabè puisse à l'avenir mieux faire face à ses missions difficiles et complexes. Le dysfonctionnement ne joue en fin de compte qu'en faveur des organisations terroristes et autres organisations criminelles.

D'autre part, les évolutions de fin septembre / début octobre 2022 démontrent clairement les possibilités d'utilisation ciblée voire impitoyable de l'information et de la désinformation comme déclencheurs et instruments de contrôle pour atteindre des objectifs politiques et militaires. Dans cette situation problématique, le capitaine Ibrahim Traoré a prouvé qu'il maîtrise les instruments de la communication stratégique, alors que son adversaire, le lieutenant-colonel Damiba, a pratiquement échoué sur toute la ligne à cet égard.

De manière générale, on constate que depuis sa prise de pouvoir huit mois plus tôt, Damiba avait perdu assez rapidement le contact avec le principal groupe cible de son action, à savoir les citoyens et citoyennes du pays – si tant est qu'il ait jamais réussi à l'atteindre. Comme évoqué plus-haut, au cours des derniers mois précédent sa chute, il a commis plusieurs erreurs capitales qui ont rapidement réduit sa cote de popularité auprès de l'opinion publique burkinabè à un niveau critique. Il s'agit notamment de

- l'augmentation des salaires des membres du gouvernement, décrétée en mai 2022, jugée totalement disproportionnée et critiquée ;
- une attitude jugée inappropriée et de plus en plus autoritaire ;
- la réception de l'ancien président Blaise Compaoré à la Présidence du Faso à Ouagadougou le 08 juillet 2022, placée sous le signe de la réconciliation ; cela a attisé le mécontentement d'une grande partie de la population, d'autant plus que Compaoré venait d'être condamné par contumace et sans appel pour l'assassinat de son prédécesseur Thomas Sankara ;
- la mise en place fin août / début septembre 2022, à la fois lourde et coûteuse, du « Comité d'Orientation et de Suivi de la Transition (COST) », composé de 40 personnalités civiles et militaires, chargé

de superviser et d'accompagner le déroulement de la Transition jusqu'à la tenue des élections prévues en 2024 ;

- le discours jugé insultant et inapproprié du président à la nation à Dori le 04 septembre 2022[2] ;
- et enfin, les échecs successifs des forces armées burkinabè dans la lutte contre les terroristes, dont une « ligne rouge » avait été franchie, selon la perception de la population, avec l'attaque terroriste contre le convoi humanitaire à Gaskindé le 26 septembre 2022, déjà évoquée ci-dessus.

Damiba n'a pas pu inverser les tendances déjà clairement visibles et leurs conséquences possibles en procédant encore le 12 septembre 2022 par décret à un remaniement du gouvernement[3] qui s'est limité à limoger le ministre de la Défense, le général de brigade Aimé Barthélémy Simporé qui n'aurait finalement pas réussi sa mission, et à reprendre lui-même ce portefeuille.

Au cours des derniers jours de son régime, il est apparu clairement que les leaders religieux et traditionnels peuvent jouer un rôle important et déterminant dans la résolution de graves conflits politiques et sociaux et qu'ils peuvent et vont jouer un rôle dans les processus de cohésion sociale et de réconciliation nationale à venir. En témoigne non seulement la déclaration commune des organisations faîtières des communautés traditionnelles et religieuses du 02 octobre 2022, déjà mentionnée, qui a conduit au remplacement de Damiba et a ainsi permis d'éviter un conflit de plus grande ampleur, mais aussi le communiqué n° 14 du MPSR du 03 octobre 2022 dans lequel le capitaine Traoré condamne fermement les appels à des actes de violence et de vandalisme contre les autorités traditionnelles et religieuses, basés sur la désinformation et la manipulation, souligne de manière particulière leur implication dans la résolution du conflit des dernières 72 heures et menace de punir avec toute la rigueur de la loi les actes commis à leur encontre. « Nos autorités coutumières et religieuses constituent le ferment de notre vivre ensemble. Elles méritent notre profond respect », précise le communiqué.

Ces explications n'apportent pas seulement une étincelle d'espoir dans une situation politique et sociale apparemment complexe et

---

[2] Adresse à la Nation du LCL Paul-Henri Sandaogo Damiba, Président du Faso ; Dori, le 04 septembre 2022.

[3] Décret n° 2022-0757/PRES-TRANS du 12 septembre 2022 portant remaniement du Gouvernement ;

inextricable, mais constituent également un point de départ pour des réflexions plus approfondies de nature fondamentale.

La promulgation de l'Acte fondamental du Mouvement Patriotique pour la Préservation et la Restauration (MPSR) au Burkina Faso le 05 octobre 2022 et essai de sa classification en termes juridiques

C'est avec un gentil sourire que le jeune capitaine Kiswendsida Farouk Azaria Sorgho a remercié le présentateur de l'émission spéciale de la radio-télévision burkinabè (RTB) programmée à cet effet le 05 octobre 2022 et a lu au public l'Acte fondamental du Mouvement Patriotique pour la Sauvegarde et la Restauration (MPSR), organe ressuscité dans le cadre des émeutes du 30 septembre 2022 par le capitaine Ibrahim Traoré.

L'adoption et la promulgation d'un tel acte fondamental suivent un schéma de réorganisation de l'État après des changements de régime extra-constitutionnels, de plus en plus répandu ces dernières années : Le groupe ou l'organisation à l'origine du coup d'État se donne un règlement intérieur sous la forme d'un « Acte fondamental » ou d'un texte comparable portant une dénomination similaire, qui contient déjà certaines règles essentielles pour la continuité de l'État et la protection de l'existence en ce qui concerne l'exercice de la souveraineté et du pouvoir de l'État. L'étape suivante est l'élaboration et la mise en vigueur d'une « Charte » ou d'un document au titre similaire, qui a valeur de constitution et qui régit de manière contraignante les droits et libertés fondamentaux ainsi que l'organisation de l'État pour le reste de la période de transition initiée avec le coup d'État. La durée de validité d'une charte de transition prend généralement fin avec l'entrée en vigueur d'une nouvelle constitution. Dans la plupart des cas, l'ancienne constitution, précédemment suspendue, est en même temps remise en vigueur, mais ses dispositions ne s'appliquent que dans la mesure où elles ne contredisent pas le contenu de la charte de transition. Un rapport hiérarchique est donc établi entre la charte de transition et la constitution dans lequel les dispositions de la charte de transition sont considérées comme supérieures à celles de la constitution initiale, en invoquant l'argument de la situation particulière de l'urgence nationale servant d'argument principal pour justifier le changement de régime extra-constitutionnel. La constitution antérieure constitue donc désormais un vaste ensemble de normes subsidiaires auxquelles il est possible de recourir régulièrement pour maintenir l'ordre et le fonctionnement de l'administration de l'État et pour réglementer les relations entre l'État et les citoyens, dans la mesure où il n'est pas porté atteinte à l'exercice du pouvoir d'État au plus haut niveau. Le recours à l'ordre constitutionnel et juridique antérieur est à cet égard « inoffensif », voire utile, pour déterminer les rapports de pouvoir au niveau de la direction.

Serait-il indiqué de regrouper les dispositions transitoires susmentionnées des « actes fondamentaux » ou des « chartes de transition » sous le terme de « droit constitutionnel de transition » et de les considérer comme une catégorie de normes *sui generis* du droit public ? S'y opposerait le fait qu'elles représentent en fait une rupture de système dans la structure normative établie en ce qui concerne leur mode de formation et d'entrée en vigueur ainsi que leur prétention à la validité en tant que réglementations prioritaires par rapport à la constitution. Et d'ailleurs, ce qui renforce cette position, est la prise de position sans équivoque des organisations régionales et internationales face aux actes de prise de pouvoir en dehors des mécanismes constitutionnels.[4] Néanmoins, le simple fait de l'existence et les effets réels d'une telle catégorie plaiderait déjà en faveur de son admission, même si elle est l'incarnation de l'expression de la « force normative du factuel ». Le fait qu'elles existent et qu'elles soient utilisées et appliquées – même si elles sont généralement liées au contexte et limitées dans le temps – les rend incontournables pour des considérations constitutionnelles dans un sens plus large et ouvre ou maintient des voies de négociations.

Contenu de l'Acte fondamental du MPSR du 05 octobre 2022

Le nouvel Acte fondamental du MPSR qui a repris les rênes des affaires de l'État à la suite des événements du 30 septembre 2022 au Burkina Faso, ressemble beaucoup, à plusieurs égards, au document éponyme de l'ancien MPSR du 29 janvier 2022. Le fait que le nouveau texte, avec un total de 13 articles, soit nettement plus court que le document précédent de janvier dernier, qui comportait encore 37 articles,

---

[4] Cf. à titre d'exemple récent la Déclaration d'Accra de l'Union Africaine (UA) du 17 mars 2022 sur les changements inconstitutionnels en Afrique : « Accra Declaration on Unconstitutional Changes of Government in Africa » (8 pages – cf. en particulier p. 3-4).

n'est en fait dû qu'au fait que cette nouvelle version a totalement renoncé à une partie relative aux droits fondamentaux (artt. 1-23 Acte fondamental ancienne version) et à deux autres dispositions relatives à l'État et à la souveraineté (artt. 24 et 25). A cet effet, la Constitution burkinabè appelée « de la Quatrième République » du 02 juin 2022 contient des dispositions suffisamment précises et éprouvées dans la pratique constitutionnelle, qui ont été remises en vigueur conformément à l'article 11 de l'Acte fondamental du MPSR dans sa nouvelle version. L'article 1er, qui introduit le nouvel Acte fondamental, stipule simplement que ce texte constitue le fondement de l'exercice du pouvoir d'État jusqu'à l'adoption d'une charte de transition. Les dispositions restantes de l'Acte fondamental du MPSR (nouvelle version – artt. 2-13) reprennent pratiquement mot pour mot les formulations du document précédent du 29 janvier 2022 (artt. 26-37). Leurs principales dispositions peuvent être résumées comme suit :

- Le MPSR assure la continuité de l'État en attendant la mise en place des organes de la Transition.
- Il assure la continuité et la gestion des affaires de l'État en cas d'indisponibilité du Gouvernement.
- Il est l'organe central de définition et d'orientation de la politique sécuritaire, économique, sociale, de développement et de la restauration de l'intégrité territoriale.
- Le MPSR est composé d'un président, d'un premier vice-président, d'un deuxième vice-président, d'un coordonnateur et de commissions.
- Une ordonnance du Président fixe l'organisation et les modalités de fonctionnement du MPSR.
- Le Président du MPSR assure les fonctions de chef de l'État, Chef suprême des Forces Armées Nationales. Il est garant de l'indépendance de la magistrature. En cas d'empêchement du Président, ses pouvoirs sont exercés par le premier Vice-Président et, le cas échéant, par le deuxième Vice-Président.
- Le président du MPSR est garant de l'indépendance nationale, de l'intégrité du territoire, de la permanence et de la continuité de l'État, du respect des traités et accords internationaux auxquels le Burkina Faso est partie.
- Il fixe les grandes orientations de la politique de l'État, dispose du pouvoir réglementaire et peut légiférer par voie d'ordonnance.
- Il veille au fonctionnement régulier des pouvoirs publics.

- Le Président du MPSR nomme aux emplois de la Haute administration civile et militaire ainsi que dans les sociétés et entreprises à caractère stratégique déterminées par la loi.
- Le président du MPSR accrédite les ambassadeurs et les envoyés extraordinaires auprès des puissances étrangères. Les ambassadeurs et les envoyés extraordinaires étrangers sont accrédités auprès de lui.
- La Justice est indépendante. Les juridictions conservent leurs prérogatives.
- Le président du MPSR négocie et ratifie les traités.
- L'Acte fondamental peut être révisé par le MPSR. Les propositions de révision et la révision doivent être adoptées à la majorité absolue de ses membres.
- Dès la signature de l'Acte fondamental, la suspension de la Constitution du 02 juin 1991 est levée. Celle-ci s'applique à l'exception de ses dispositions contraires au présent Acte fondamental.

L'Acte fondamental signé le 05 octobre 2022 par le capitaine Ibrahim Traoré en sa qualité de président du MPSR est entré en vigueur de manière rétroactive le 30 septembre 2022, conformément à son article 12. Cette disposition a au moins créé la fiction que la validité de la Constitution républicaine du 02 juin 1991 n'aurait jamais été interrompue. Une disposition similaire figurait déjà dans la réglementation précédente, l'acte fondamental du MPSR du 29 janvier 2022 (art. 36, al. 2). Y a-t-il là (à nouveau) une référence, un acte de reconnaissance de la Constitution proprement dite, qui avait d'abord été de facto suspendue ?

Entrée en vigueur d'une nouvelle Charte de la Transition et mise en place des nouvelles autorités chargées de la conduite des affaires de l'État

Moins d'un mois après l'insurrection et les troubles qui ont contraint le lieutenant-colonel Paul-Henri Sandaogo Damiba à renoncer au poste de président de la transition et la prise en main de l'autorité par le capitaine Ibrahim Traoré, le fonctionnement des institutions de l'État était largement rétabli au Burkina Faso.

Trois jours après la promulgation du nouvel Acte Fondamental du MPSR, le Capitaine Ibrahim Traoré a convoqué des Assises Nationales par deux décrets adoptés le 08 octobre 2022[5]. En vertu de ces décrets, près de 300 « délégués des Forces Vives de la Nation » se sont réunis les 14 et 15 octobre 2022 dans la salle de conférence du quartier gouvernemental et résidentiel de la capitale, Ouaga 2000, pour délibérer sur la conduite des affaires de l'État pendant le reste de la période de transition ouverte par le coup d'État du 24 janvier 2022. La mission de ces assises était, selon les organisateurs, de « fixer le cadre d'une nouvelle gouvernance politique, économique et sociale pour la refondation de l'État, la restauration de l'intégrité territoriale du pays, la consolidation de la paix, de la cohésion sociale et de notre vivre-ensemble ». Les principaux résultats de cette conférence ont été la signature d'une nouvelle Charte de la Transition dans la nuit du 14 au 15 octobre 2022 et la confirmation de la désignation du Capitaine Ibrahim Traoré comme nouveau Président de la Transition[6].

Contrairement à la première édition des Assises Nationales du 28 février 2022, des manifestations ont eu lieu cette fois-ci dans les centres des deux plus grandes villes du pays, Ouagadougou et Bobo-Dioulasso, et à Ouaga 2000, ce qui a amené le président de ces Assises, le Colonel-Major Célestin Simporé, à appeler les manifestants au calme et à la retenue. Ces événements prouvent que l'unité nationale prônée par les nouveaux dirigeants et invoquée dans le cadre de la conférence nationale ne peut être présumée sans réserve. Les protestations soulèvent au contraire des questions quant à la légitimité de cette conférence en tant que telle, à commencer par la transparence dans la désignation de ses participants : Comment et sur la base de quels critères ont-ils été désignés, et par qui ? Comment leur représentativité en tant que « représentants des Forces Vives de la Nation » a-t-elle été assurée ? Et ensuite : ces « institutions » des « Forces Vives de la Nation » et de la « Conférence nationale » sont-elles aptes à créer la base d'un vaste consensus social nécessaire au projet proclamé de refondation de la nation et de l'État ? Des questions similaires se posent également en ce

---

[5] Décret n° 2022-001/MPSR/PRES du 08 octobre 2022 portant création du Comité d'organisation des assises nationales ; Décret n° 2022-002/MPSR/PRES du 08 octobre 2022 portant convocation des assises nationales ; la nomination des membres du comité d'organisation a fait l'objet d'un arrêté du secrétaire général du Ministère de l'Administration Territoriale, de la Décentralisation et de la Sécurité (MATDS) du même jour – Arrêté n° 2022-000728/MATDS/SG du 08 octobre 2022 portant nomination des membres du Comité d'organisation des assises nationales.

[6] Acte de confirmation de la désignation du Président de la Transition, signé par Traoré lui-même au nom des « Forces Vives de la Nation » le 14 octobre 2022.

qui concerne la composition de la nouvelle Assemblée Législative de la Transition (ALT) au Burkina Faso.

Une comparaison entre la Charte de la Transition adoptée le 14 octobre 2022 et son texte prédécesseur du 1er mars 2022 révèle quelques différences significatives qui permettent de conclure à un réel changement d'orientation de la transition au Burkina Faso. La formulation de la nouvelle charte de la transition est nettement plus courte. Elle se compose de 27 articles, alors que la charte du 1er mars 2022 en comportait 39. Si l'on regarde de plus près le style linguistique, la nouvelle charte est formulée de manière plutôt sobre et « pragmatique ». Sans perdre en contenu ou en « force d'expression », elle contient moins de références à des valeurs, des exigences, des idéaux et des symboles, mais se limite à des déclarations et des dispositions essentielles sur le fonctionnement et l'interaction des organes de l'État jusqu'au rétablissement de l'ordre constitutionnel. Un exemple de telles dispositions sans contenu réglementaire concret qui ont été supprimées dans la nouvelle version de la Charte de la Transition est la formulation de l'article 7 alinéa 1, 1ère phrase de la Charte du 1er mars 2022 : « Le Président de la Transition incarne et symbolise l'unité nationale ». Cette orientation est encore attestée par la comparaison des dispositions relatives à l'investiture du président de la transition. Si l'ancienne version de la Charte de la Transition (art. 8) stipulait que « Le Président de la Transition est investi lors d'une cérémonie au cours de laquelle il reçoit les attributs de sa fonction », la disposition correspondante dans la nouvelle version de la Charte (art. 6, al. 1) est la suivante : « Le Président de la transition est investi [dans ses fonctions] par le conseil constitutionnel ». Anticipant ces modifications, le préambule précise déjà que les dispositions de la Charte visaient à « doter le Burkina Faso d'organes de transition pour combler le vide institutionnel » (nouvelle formulation par rapport au texte précédent). En conséquence, les passages introductifs relatifs aux valeurs et principes de la Transition (art. 1) ainsi qu'à sa mission (art. 2) sont plus synthétiques et plus « sobres » (voir à titre d'exemple les dispositions relatives à la fonction du Président de la Transition dans les articles 4 et 9 nouvelle version). Le caractère transitoire est également souligné par le fait que la nouvelle version de la Charte évite l'appellation « Président du Faso » pour désigner le chef de l'Etat, son utilisation étant réservée à la Constitution proprement dite (ce qui n'était pas le cas, par exemple, de l'article 18, alinéa 1 de l'ancienne Charte de la Transition).

Parmi les organes de l'État prévus pour la phase de transition, le « Comité d'orientation et de suivi de la Transition » (COST) disparaît sans être remplacé. Ce comité, composé de 40 personnalités civiles et militaires, chargé de superviser et d'accompagner le déroulement de la Transition jusqu'à la tenue des élections prévues en 2024, avait été créé sous le régime précédent. Sa mise en place, qui n'a eu lieu que fin août / début septembre 2022, a été critiquée pour sa lourdeur et son coût et a constitué l'un des principaux points de critique du régime du lieutenant-colonel Damiba.

Du point de vue de la substance réglementaire, la nouvelle charte ressemble toutefois fortement au texte précédent. Les trois organes de l'État pour la phase de transition sont désormais le Président de la Transition (art. 4-6 de la nouvelle Charte de la Transition), le Gouvernement de Transition (art. 7-10) et l'Assemblée Législative de Transition (ALT – art. 11-18). Les nombres des membres du Gouvernement de Transition (25 ministres au maximum) et de l'ALT (71 députés) ont été maintenus, mais la composition de cette dernière institution a été modifiée afin de rééquilibrer les forces politiques, sociales et économiques qui y sont représentées :

- vingt (20) personnalités désignées par le chef de l'État [contre 21 auparavant], dont [nouveauté] une personne déplacée interne et un Burkinabè de l'extérieur ;
- treize (13) personnalités non affiliées à un parti ou mouvement politique désignées par les « forces vives des régions », soit une personne par région [cette disposition n'a pas été modifiée] ;
- douze (12) [8 auparavant] personnalités représentant les partis ou mouvements politiques dont quatre (4) [deux auparavant] pour l'ex-Alliance des Partis Politiques de la Majorité, quatre (4) [deux auparavant] membres de l'ex-Chef de File de l'Opposition Politique, deux (2) de l'ex-Opposition Non Affiliée et deux (2) des autres partis [le nombre de ces deux dernières catégories n'a pas changé] ;
- seize (16) personnalités représentant les Forces de Défense et de Sécurité (FDS) avec une prise en compte de toutes les forces combattantes [nouvel ajout] ; et
- dix (10) personnalités représentant les Organisations de la Société Civile, dont deux (2) du secteur privé, deux (2) du secteur agricole, deux (2) de la jeunesse, deux (2) femmes et deux (2) personnes vivant avec un handicap [précision nouvellement introduite].

Compte tenu de la durée réduite de la phase de transition, la nouvelle Assemblée législative ne tiendra pas de sessions séparées ou interrompues, mais siégera en permanence à partir du jour de son installation (art. 18 de la nouvelle Charte de la Transition).

En dehors de cela, quelques corrections ou précisions mineures ont été apportées à la nouvelle version de la Charte de la Transition. Ainsi, l'article 8 de la nouvelle version stipule non seulement que le Premier ministre est nommé par le président de la transition (alinéa 1), mais que ce dernier met également fin à ses fonctions (alinéa 2), ce qui n'était pas précisé dans la version précédente. Toutefois, la disposition de l'article 15 alinéa 2 de l'ancienne Charte de la Transition, selon laquelle le Premier ministre devait être une personnalité civile, n'a plus été reprise. Les critères de nomination en tant que Premier ministre ou membre du gouvernement ont été complétés par la condition d'être majeur (art. 9 de la nouvelle version) ou, dans le cas de l'Assemblée législative, par l'exigence de la majorité (art. 12 de la nouvelle version) au lieu d'un âge minimum de 21 ans (comme c'était encore le cas selon l'art. 22 de l'ancienne version). La formulation redondante de l'art. 17 ancienne version (énumération de tirets), selon laquelle les députés de cet organe législatif doivent posséder « les aptitudes requises » pour leur fonction, a été supprimée (cf. l'énumération de l'art. 12 nouvelle version). Une autre modification a été apportée aux dispositions relatives aux revenus des députés à l'Assemblée législative : Si l'art. 23 ancien prévoyait qu'ils percevaient des émoluments et allocations dont le montant était fixé par un décret présidentiel (art. 23 ancien), l'art. 13 nouveau pose le principe que cette fonction est gratuite et que les députés ne perçoivent qu'une indemnité de session.

Par contre, les dispositions selon lesquelles le Président de la Transition et le président de l'Assemblée législative ne peuvent plus se présenter comme candidats aux élections présidentielle, législatives et communales après la fin de leurs mandats ont été reprises textuellement (art. 10, al. 2, 26, al. 3, ancienne version = art. 4, al. 4, 16, al. 3, nouvelle version). L'extension de cette règle à la fonction du Premier ministre de la transition (art. 8, al. 4, nouvelle version) est une nouveauté. Toutefois, la nouvelle Charte de transition ne contient plus le principe selon lequel ces dispositions ne peuvent être modifiées (comme c'était encore le cas selon les art. 10, al. 3, et 26, al. 4, ancienne version).

Comme la Charte de transition du 1er mars 2022 (art. 35), la réglementation qui lui a succédé le 14 octobre 2022 contient le principe de la primauté des dispositions de la Charte de transition sur celles de la Constitution du 02 juin 1991 (art. 24 en général, voir aussi les dispositions spéciales des art. 1, 4 al. 1, 8 al. 3, 11 al. 2).

Certaines dispositions clés de la nouvelle charte de la transition démontrent que les nouvelles autorités du Burkina Faso se considèrent être dans la continuité de la transition entamée en janvier 2022. Ainsi, son préambule fait déjà explicitement référence aux « événements du 24 janvier 2022 ». Il est également significatif que le nouveau changement extraconstitutionnel de leadership ne soit pas utilisé comme prétexte pour prolonger la transition, comme cela a été le cas ailleurs : L'article 21 de la nouvelle loi fixe la durée de la transition à 21 mois et inclut donc les neuf mois déjà écoulés dans la période de transition initialement convenue pour 30 mois. Et comme l'art. 38 (ancien), cette charte abroge l'Acte Fondamental du MPSR du 05 octobre 2022 (art. 26 nouveau). Une nuance à noter toutefois est que la nouvelle Charte transitoire ne contient plus la règle selon laquelle l'existence du MPSR prend fin avec la mise en place effective des organes de la transition (comme c'était encore le cas à l'art. 37 ancienne version).

Suite à l'adoption de cette nouvelle Charte de la Transition, un organe constitutionnel que le nouveau régime militaire du capitaine Ibrahim Traoré, comme neuf mois plus tôt son prédécesseur Paul-Henri Sandaogo Damiba, avait la « sagesse » de ne pas dissoudre, à savoir le Conseil constitutionnel du Burkina Faso, a fait son apparition – comme en février 2022. Dans une décision rendue le 19 octobre 2022[7], le Conseil constitutionnel, se fondant sur ce qu'il considérait comme une concordance de contenu entre les communiqués n° 1 et 2 du MPSR du 30 septembre 2022 et la lettre de démission du président de la transition Damiba du 02 octobre 2022, a pris acte de la vacance du poste de président de la transition à compter de cette dernière date. Il a également noté que les Assises nationales, tenues le 14 octobre 2022, ont adopté une nouvelle Charte de la Transition dont l'article 5 stipule que « le Président du Mouvement Patriotique pour la Préservation et la Restauration (MPSR) exerce les fonctions de Président de la Transition, Chef de l'État et Commandant suprême des forces armées nationales » et que l'acte de confirmation de la nomination du Président de la Transition du

[7] Décision n° 2022-025/CC du 19 octobre 2022 sur la vacance de la Présidence de la Transition, la désignation par les Assises nationales, tenues le 14 octobre 2022, du Président de la Transition, Chef de l'Etat, Chef suprême des Forces armées nationales et sur son investiture.

14 octobre 2022 précise que « le Président de la Transition est le Président du Faso ». Il a ajouté qu'il résultait de l'acte du 10 octobre 2022 que les Forces Vives de la Nation avaient, pour leur part, constaté que le président du MPSR, désigné à l'article 5 de la Charte de la Transition, et donc le Président de la Transition du Burkina Faso, était le capitaine Ibrahim Traoré. Enfin, le Conseil constitutionnel a confirmé la compétence qui lui est attribuée par l'article 6 de la Charte de la Transition pour l'investiture du Président de la Transition ainsi désigné dans ses fonctions. Par une décision de la même date[8], le Conseil constitutionnel a fixé la date et l'heure de l'audience solennelle d'investiture du Président au 21 octobre 2022 à 10 heures.

A cette date, Ibrahim Traoré a prêté serment en tant que nouveau président de la transition devant les membres du Conseil constitutionnel et en présence des responsables militaires et paramilitaires, des chefs coutumiers et religieux, des présidents des institutions de l'État (encore en fonction) et de quelques personnalités spécialement invitées par lui – devenant ainsi le plus jeune chef d'État au monde en ce moment, suivi par le président du Chili, Gabriel Boric, alors âgé de 36 ans. Avant de prêter serment, il a été élevé à la dignité de Grand-Croix, la plus haute distinction de l'Ordre national, par le Grand Chancelier des Ordres burkinabè, conformément à la tradition. Le président par intérim du Conseil constitutionnel a rappelé à Traoré les raisons pour lesquelles il avait justifié le coup d'État qu'il avait mené, à savoir la dégradation continue de la situation sécuritaire et l'incapacité des anciens dirigeants à y remédier, et sa promesse corrélative de changer cela : « C'est à vous qu'il appartient à présent à sortir le Burkina Faso des situations à la base de cette instabilité au sommet de l'État depuis une décennie ». Dans son discours de réponse, prononcé sans support écrit, le nouveau président a assuré vouloir s'engager « jusqu'à son dernier souffle » pour atteindre cet objectif.

Le même jour, Traoré a nommé Apollinaire Joachimson Kyélem de Tambèla, avocat proche de l'ancienne opposition, Premier ministre du nouveau gouvernement de transition.[9] Quatre jours plus tard, les autres

---

[8] Ordonnance n° 2022-006/CC du 19 octobre 2022 portant fixation de la date de l'audience solennelle de prestation de serment du Président de la Transition.

[9] Décret n° 2022-0924/PRES-TRANS du 21 octobre 2022 portant nomination du Premier Ministre.

membres du gouvernement ont été nommés[10] et le premier conseil des ministres a été tenu le lendemain.

Outre son ancienne fonction d'avocat, Kyélem de Tambèla, né dans la ville de Koupéla (140 km à l'est de la capitale Ouagadougou), est connu comme chroniqueur médiatique qui ne mâche pas ses mots dans ses analyses et commentaires. Il est également président du Centre de recherches internationales et stratégiques (CRIS). Dès ses études, notamment à la faculté de droit de l'Université de Nice, il a été l'un des fervents défenseurs des idées du président Thomas Sankara, assassiné le 15 octobre 1987, et a fondé avec d'autres étudiants l'un des « Comités de défense de la révolution » (CDR). Il a ensuite consacré plusieurs publications à l'ancien leader de la révolution, dont la plus connue est parue sous le titre « Thomas Sankara et la Révolution au Burkina Faso – Une expérience de développement autocentré ». Avant son retour au Burkina Faso, il était assistant au Trinity College de l'Université de Toronto (Canada) et chercheur à l'Université de Nice.

Le nouveau gouvernement compte 23 membres, dont quatre femmes (contre six dans le gouvernement précédent). Parmi les nouveaux ministres, on compte deux militaires, détenant les portefeuilles-clés de la défense et de l'intérieur (administration territoriale, décentralisation et sécurité), ainsi qu'un commissaire de police (en tant que ministre délégué à l'intérieur chargé de la sécurité) et un membre du corps paramilitaire de l'eau et de l'environnement, le colonel Augustin Kaboré, en tant que ministre de l'environnement, de l'eau et de l'assainissement. Certains ministres de l'ancien gouvernement de transition du Premier ministre Albert Ouédraogo ont été repris. Il s'agit par exemple de la diplomate de carrière expérimentée Olivia Ragnaghnewendé Rouamba, qui conserve sa fonction de ministre des Affaires étrangères, ainsi que du ministre délégué à la Coopération régionale et aux Burkinabè de l'étranger, Karamoko Jean Marie Traoré, rattaché à son département. L'ancien leader syndical Bassolma Bazié, connu autrefois sous le surnom de « Général », dont la nomination près de neuf mois auparavant avait suscité beaucoup d'étonnement, a été confirmé dans ses fonctions de ministre de la Fonction publique, du Travail et de la Protection sociale, désormais même avec le rang de ministre d'État. Les ministres de la

[10] Décret n° 2022-0927/PRES-TRANS/PM du 25 octobre 2022 portant composition du gouvernement ; Décret n° 2022-0928/PRES-TRANS/PM du 25 octobre 2022 portant nomination du secrétaire général du gouvernement et du conseil des ministres.

Santé et de la Transition numérique ont également conservé leurs fonctions. Certains visages connus de la vie politique antérieure ne figurent plus dans la nouvelle équipe, comme l'homme d'État expérimenté Yéro Boly (ancien ministre d'État à la Cohésion sociale et à la Réconciliation nationale), Lionel Bilgo (ministre de l'Éducation nationale, de l'Alphabétisation et de la Promotion des langues nationales), le ministre de la Justice Barthélémy Kéré, l'ancien ministre de l'Administration territoriale, de la Décentralisation et de la Sécurité, le Colonel-major Omer Bationo, et quelques autres. Ce dernier a été remplacé par le colonel Boukary Zoungrana, jusque-là commandant de la « Brigade de veille et de défense patriotique » (BVDP). L'ancien directeur de la Télévision nationale du Burkina (TNB), Jean Emmanuel Ouédraogo, est désormais à la tête du ministère de la Communication, de la Culture, des Arts et du Tourisme. Le ministre de la Défense (avec rang de ministre d'État), le Colonel-major Kassoum Coulibaly, qui dispose d'une longue expérience au niveau des opérations militaires de soutien de la Communauté économique des États de l'Afrique de l'Ouest (CEDEAO), Adjima Thiombiano, président de l'Université Thomas Sankara de Ouagadougou, en tant que ministre de l'Enseignement supérieur, et Aboubacar Nakanabo, qui a obtenu le portefeuille clé de l'Économie et des Finances, sont également nouveaux dans leurs fonctions.

Vu le contexte social actuel, il est étonnant de constater que le portefeuille de la Cohésion sociale et de la Réconciliation nationale, introduit sous le dernier président de la République élu, Roch Marc Christian Kaboré, et repris par le lieutenant-colonel Paul-Henri Sandaogo Damiba, a été supprimé dans le nouveau gouvernement en tant que structure à part entière ou a été nettement rétrogradé. Ce n'est que partiellement que cette thématique déterminante pour la pérennité de la nation burkinabè a été reprise par la création du ministère de la Solidarité, de l'Action humanitaire, de la Réconciliation nationale, du Genre et de la Famille, confié à la direction de Nandy Somé / Diallo.

La nomination des 71 membres de l'Assemblée Législative de Transition (parmi eux 12 femmes) est intervenue le 10 novembre 2022[11].

---

[11] Ministère de l'Administration Territoriale, de la Décentralisation et de la Sécurité / Commission de réception, d'enquête et de délibération, Liste des personnes désignées par les composantes et retenues par la commission pour siéger à l'Assemblée Législative de Transition, signée le 10 novembre 2022.

Entretemps, la situation sécuritaire au Burkina Faso ne s'est pas améliorée d'un iota. Malgré les succès annoncés ces derniers jours dans leur lutte contre le terrorisme, les forces armées burkinabè ont subi plusieurs frappes et revers, parfois lourdes et coûteuses, de la part des terroristes. En outre, plus de 40 % du territoire national échappe toujours au contrôle de l'administration publique. Et le 24 octobre 2022, le secrétaire d'État du ministère des Sports, de la Jeunesse et de l'Emploi, invoquant la situation sociopolitique et sécuritaire du pays, a annoncé l'annulation de la 34e édition du « Tour du Faso », course cycliste de renommée internationale, très suivie et appréciée, une annonce qui a valeur de triste symbole. Tout porte à croire que la profonde crise humanitaire et la situation sécuritaire extrêmement difficile qui ont conduit le Burkina Faso aux limites de son existence étatique, loin d'être résolues par le nouveau changement de leadership intervenu en peu de temps, ne font que se consolider.

Appréciation, conclusions et perspectives

La vague de changements de régime intervenus de manière extra-constitutionnelle que l'on a pu observer entre 2021 et 2022 en Afrique de l'Ouest remet fondamentalement en question l'idée et l'existence de l'État constitutionnel classique dans sa forme actuelle. La « force normative du factuel », véhiculée par les coups d'État, pousse le dispositif du droit constitutionnel moderne aux limites de ses capacités et performance.

Les actes fondamentaux, les chartes de transition et autres dispositions similaires adoptés dans le cadre de changements de régime extra-constitutionnels, auxquels on accorde une valeur constitutionnelle dans ces contextes spécifiques, dégradent ou transforment de facto les constitutions « classiques » antérieures, issues d'un travail scientifique préalable et de procédures consensuelles et inclusives, en une masse modulable de normes juridiques sur les droits fondamentaux et l'organisation de l'État, dont le contenu et la teneur réglementaire sont à chaque fois spécialement définis et donc limités en fonction des circonstances données. Par rapport aux réglementations transitoires considérées désormais comme supérieures selon la « nouvelle hiérarchie des normes », ces constitutions sont réduites à un ensemble de normes subsidiaires auxquelles on peut recourir au choix « à la carte », c'est-à-dire selon les besoins. La subsidiarité ainsi décrétée des constitutions réduit et sape cependant à long terme leur caractère et prérogatives en tant que règles suprêmes et inviolables de l'ordre étatique ou en tant qu'ensemble de règles fondamentales de la vie en société.

Derrière cela se dégage à nouveau un conflit entre deux principes et valeurs qui se complètent et qui ne devraient pas être mis en balance et joués l'un contre l'autre, à savoir la légalité et la légitimité de la forme de l'État. Par rapport à la légalité, dont l'acquisition repose sur le strict respect des règles matérielles et procédurales de recherche du consensus et de représentation, la légitimité a l'avantage apparent de la flexibilité et de la rapidité d'adaptation. Néanmoins, elle subit une pression nettement plus élevée de devoir faire ses preuves endéans de brefs délais ; elle ne bénéficie pas d'une protection juridiquement fondée et de ce fait acquise, mais peut – comme dans le cas de l'ancien président de transition Damiba – se limiter à un simple phénomène temporaire et est alors liée dans sa durée à la pérennité des circonstances ayant servi de base de justification.

En dehors de cela, le principe du consensus qui est à la base de l'ordre constitutionnel atteint les limites de sa résistance dans un environnement de plus en plus marqué par des tensions intra- et intercommunautaires. L'élément unificateur que constituaient jusqu'alors les valeurs et les objectifs communs et partagés est de plus en plus remis en cause. La question se pose donc de plus en plus de savoir dans quelle mesure les structures de l'organisation de l'État ou de la société définies dans la Constitution et les choix de valeurs qui y sont faits (objectifs de l'État ainsi que les droits et libertés fondamentaux) correspondent encore à un consensus national, véritable fondement de l'unité nationale et de l'existence de l'État en soi. Ces structures sont-elles encore adaptées et en mesure de répondre aux besoins et aux dynamiques actuels et aux préoccupations des gens, de les prendre en compte, de les intégrer dans l'action de l'État et, si nécessaire, de les imposer dans l'intérêt du bien commun éventuellement redéfini ? Par quoi et de quelle manière les dispositifs des constitutions nationales doivent-ils éventuellement être modifiés ou complétés afin de soutenir la vie au sein de la communauté étatique ? L'État moderne est-il encore à la hauteur des défis actuels qui lui sont posés, notamment dans un contexte de conflits potentiels croissants, en particulier au niveau des communautés locales, provoqués par la raréfaction des ressources naturelles et les exigences accrues de leur répartition adéquate ?

Les ordres étatiques et sociaux en Afrique de l'Ouest – et pas seulement dans cette région – sont en pleine mutation, en une transition vers une nouvelle ère de l'État (constitutionnel). La tendance à la relativisation du droit constitutionnel qui s'est accentuée au cours des derniers dix ans témoigne une fois de plus de la profonde crise d'identité que traverse depuis longtemps l'État moderne en Afrique de l'Ouest.

Pour surmonter cette crise, des processus participatifs et inclusifs de redéfinition de l'État et des communautés étatiques ont été lancés à grande échelle dans plusieurs États de la région, avec la participation des « Forces Vives de la Nation ». Qu'ils soient appelés « Dialogue national inclusif », « Assises nationales » ou autrement, ces processus visent à redéfinir fondamentalement l'État, en impliquant un éventail aussi large que possible de couches sociales, les « Forces Vives de la Nation », et doivent aboutir à de nouvelles codifications consensuelles de la vie en société. Il s'agit le plus souvent de processus d'échange, de conciliation des intérêts et de concertation sur des valeurs fondamentales et des décisions relatives à l'organisation de l'État, organisés et soutenus au niveau central par les pouvoirs étatiques respectifs – et qui sont, malgré des déclarations contraires, souvent orientés par l'organisateur en ce qui concerne leur contenu, remettant ainsi en question leur caractère participatif et inclusif – en tant que contributions, voire comme condition préalable au « Nation Building » et « State Building ». De tels processus ont lieu ou ont eu lieu au cours dernières années au Mali, au Burkina Faso et au Tchad (exemples cités sans jugement de valeur).

Ces processus de « State Building » ou de « Nation Building » initiés dans cette région entraîneront des changements dans le profil d'exigences vis-à-vis et de prestations de l'État et dans l'exercice de la souveraineté étatique. Dans ce contexte de changement de paradigmes, les mécanismes endogènes de l'organisation sociale seront davantage pris en compte et donc intégrés dans les constitutions. Les prémices de cette démarche existaient déjà auparavant en partie, par exemple sous la forme de certains organes étatiques typiques des sociétés ouest-africaines, axés sur l'équilibre et l'établissement d'un consensus et dont la mise en place n'est pas nécessaire dans les constitutions européennes classiques, comme les commissions électorales nationales et d'autres organes ayant une fonction consultative. Les futures constitutions ne pourront imposer leur prétention à une validité générale que si les personnes vivant sur leur base et chargées de leur mise en œuvre parviennent à la conclusion que l'intérêt d'une vie en communauté selon des règles consensuelles l'emporte sur celui d'une vie marquée par l'affirmation d'intérêts particuliers. Un défi particulier pour ces réformes actuelles et spécifiques au contexte consistera à préserver la capacité de participation des États concernés aux processus d'intégration situés sur le plan interétatique et supranational, même si les organisations régionales comme la CEDEAO, par exemple, sont, elles aussi, de plus en plus critiquées ces dernières années en raison de l'accusation d'influence étrangère.

Il appartient aux scientifiques et aux praticiens du droit constitutionnel et des sciences apparentées ou complémentaires d'apporter leur appui à ces processus constituant l'un des défis majeurs contemporains pour l'Afrique de l'Ouest et les autres pays du continent et de les accompagner de manière engagée, dans l'esprit de l'ouverture, de l'innovation et du progrès. Et aux partenaires étrangers d'admettre, de respecter et de soutenir des approches de solutions endogènes dont le dispositif peut comprendre des particularités et varier ainsi de celui de l'État constitutionnel du « Vieux Monde » de plus en plus remis en cause par les communautés à la base.

Malheureusement, ces réflexions et considérations n'ont aucun impact pour les citoyens et citoyennes du Burkina Faso préoccupés par leurs soucis quotidiens. Pour eux, « rien (d'essentiellement) nouveau en Occident ». Le train continue de rouler. Avec un nouveau conducteur. Et tant le reste du personnel du train, les techniciens et les passagers ainsi que les financiers et investisseurs régionaux et internationaux et la plupart des nombreux spectateurs le long du parcours espèrent qu'il atteindra sa destination après ce nouveau départ et avec les efforts conjugués de toutes les parties prises. Le changement de personnel intervenu au dernier arrêt ne change rien à la situation de départ extrêmement critique et aux défis toujours énormes à relever pour résoudre les problèmes existants.

ACTE 2

Présentation de la synthèse des travaux

Sous la présidence de Monsieur Babacar KANTE, Professeur titulaire de droit public et de science politique, Doyen honoraire de l'UFR de Droit et Science politique de l'Université Gaston Berger de Saint-Louis (Sénégal)

Présentation de la synthèse des travaux par Monsieur Fabrice HOURQUEBIE, Professeur de droit public, Directeur du C.E.R.C.C.L.E, Université de Bordeaux, Secrétaire général de l'Association française de droit constitutionnel (France)

Fabrice HOURQUEBIE

Professeur de droit public – université de Bordeaux, Directeur du CERCCLE (EA 7436), Secrétaire général de l'Association française de droit constitutionnel (AFDC)

Rapport de synthèse des travaux de la 3ème édition des journées scientifiques de droit constitutionnel

Introduction

« Un État qui n'a pas les moyens d'effectuer des changements n'a pas les moyens de se maintenir » (Edmund Burke). Voilà, me semble-t-il, résumée la dialectique de notre colloque.

On s'est interrogés sur la définition du coup d'État. Il s'agirait d'une action des forces contre les pouvoirs publics visant à renverser le régime établi, fondée sur la menace ou l'usage de la force. Les coups d'État ont aussi été qualifiés de situation de fait extra constitutionnelle ; de circonstance exceptionnelle. En toutes hypothèses, il s'agit toujours d'une *« perturbation des processus démocratiques » (Hamadou Abdoulaye).*

Le colloque de Niamey nous invite à balancer, pour ne pas dire naviguer en eaux constitutionnelles troubles, « entre démocratie et coups d'État » : on relève ici de plus en plus de porosité des concepts, là où ceux-ci devraient être clairement distincts. C'est ainsi qu'apparaissent de nouvelles notions paradoxales du droit constitutionnel : des démocratures (démocraties illibérales) ou des coups d'États constitutionnels !

Cette fluidité conceptuelle se double, d'ailleurs ,d'une dualité fonctionnelle des acteurs (supposés) de la démocratie, qui s'avèrent aussi être potentiellement les acteurs voire les auteurs des coups d'État : l'armée (qui est censée protéger, renverse le pouvoir) ; les partis politiques (animateurs de la démocratie mais aussi vecteurs des coups d'État) ; les juges constitutionnels (protecteurs de la légalité constitutionnelle et des droits fondamentaux mais aussi, régulièrement, à l'origine des crises) etc…

Autant de constats qui illustrent l'incomplétude de la construction de l'État.

Il en résulte qu'aux *« cycles constitutionnels » (Babacar Kanté)* (l'enchantement constitutionnel des années 1990), succèdent les cycles anticonstitutionnels (depuis notamment les années 2000), faisant osciller l'État entre impuissance avérée (phase de déconstruction de l'État) ***(I)*** et puissance restaurée (phase de reconstruction de l'État) ***(II).***

I. L'impuissance avérée ou la déconstruction de l'État

A. Moins de démocratie

1. L'inachèvement de l'État

La figure de l'État africain postcolonial reste celle d'un *« État inachevé » (Koffi Ahadzi).*

Certes, l'État administratif africain est tout-puissant au nom des exigences de la construction de l'État et du développement. Même les périodes *« d'instabilité politique ont correspondu à une relative stabilité administrative » (Jean-Paul Markus).* Le pouvoir politique sans administration n'est que virtuel : l'appareil administratif, faible ou fort, a toujours été le socle de la puissance de l'État.

Pour autant, l'État africain se fissure quelque peu ; il se précarise, traduisant une sorte de trompe l'œil, celui de la faible institutionnalisation du pouvoir. Plusieurs raisons sont avancées :

- la fragilisation normative (constitutionnelle) soumise à la frénésie des révisions et aux tendances à peine cachées à la manipulation ;
- le monopartisme ;
- la faiblesse de la fonction distributive : en matière d'impôt – *« inéquité des systèmes fiscaux, inadaptés et décalés de la réalité sociale » (Moussa Zaki)*, faiblesse aussi des ressources corrélées avec la fraude et l'évasion fiscale… ;
- les violations délibérées et récurrentes des lois électorales ;

- la déviance sécuritaire (terrorisme et extrémismes violents) : *« L'État et la constitution sont les victimes collatérales de la crise sécuritaire » (Moustapha Aidara),* faisant glisser l'État d'un État constitutionnel à un État sécuritaire ;
- l'attitude de l'armée (contre la constitution) ;
- l'instrumentalisation ethnique ;
- et, bien sûr, le renversement des régimes autoritaires par les mouvements de rue et les coups d'État ;

« Vendons l'État ! » (Seni Ouedraogo). Car c'est bien cet *«État néopatrimonialisé » (Koffi Ahadzi)* qui génère les déviations de la démocratie.

La construction de l'État a donc oscillé entre vagues de démocratisation (période d'euphorie constitutionnelle) et crises multiformes *(« constititutionnalisme crisogène » (Mustapha Aidara))* : construction, déconstruction et reconstruction. Cette cyclicité est incontestablement un marqueur de la fragilité démocratique.

2. Les défaillances de la démocratie

Après les indépendances des années soixante, c'est le processus de démocratisation des années quatre-vingt-dix qui devait permettre de battre en brèche les fondements des coups d'État.

Car la démocratie postule le dialogue, le renouvellement politique des élites et l'alternances. Les nouvelles constitutions africaines ont ainsi tenté d'emprunter la voie de la démocratie formelle et matérielle ; ce fut là tout l'enjeu de la démocratisation des années quatre-vingt-dix : l'apparition *de « l'État des Lumières » (Koffi Ahadzi)* qui avait permis la consolidation démocratique, cède la place aujourd'hui au *« déficits de gouvernance » (Youssoufou Hamadou Daouda)*, faisant le lit des coups d'État et de la déconsolidation démocratique.

Mais, derrière la façade constitutionnelle, c'est la persistance de l'autoritarisme politique, le fait tribal, ou l'indiscipline partisane avec des partis politiques potentiellement *« facteurs ou vecteurs des coups d'État » (Brou Ahui),* selon qu'ils sont de la majorité ou de l'opposition, ou encore la défaillance de la culture de constitutionalité qui vont entrainer, un peu avant les années deux mille, la reprise des coups d'État. De sorte que l'on assiste aujourd'hui davantage à l'intériorisation de la culture du coup d'État, *« l'habitus » (Mamoudou*

Gazibo), que de la culture de constitutionnalité. *« Constitution sans culture constitutionnelle n'est que ruine du constitutionalisme »* avait pu écrire Jean du Bois de Gaudusson !

Ainsi, dans l'État africain, les préceptes démocratiques ont été au mieux galvaudés, au pire *« laissés au placard » (Oumarou Narey)*, interrogeant dès lors la fongibilité des coups d'État dans la démocratie et traduisant une *« décadence conjoncturelle du constitutionnalisme démocratique » (Christian-Gérard Angué).*

B. Plus de coups d'État

1. Typologie des coups d'État

C'est ici le *« constitutionnalisme terrassé » (Oumarou Narey).*

Tout coup d'État est un changement anti constitutionnel de gouvernement. Mais, au vu de la résurgence et de la récurrence des coups d'État, les faits interrogent la qualification (v. en ce sens la thèse que nous avions dirigée de Vincent NGbesso, *Recherche sur la notion de coup d'État en droit public*, université de Bordeaux, 2018).

Se pose alors la question de l'admissibilité des coups d'État : certains seraient plus acceptables que d'autres, dès lors qu'il s'agirait d'accélérer l'abandon du pouvoir par un chef d'État qui s'y éternise en violation de la constitution et qu'ils seraient soutenus par le peuple ? C'est ici le coup d'État *« coup de pouce à la démocratie » (Koffi Agbeko)* ; c'est aussi l'idée du *« Coup d'État réussi* (sic !)*) » (Seni Ouedraogo)*, c'est-à-dire le *« coup d'État salutaire » (Mamadou Dagra)* ou le *« coup d'État salvateur » (Patrick Abane).*

Ces constats interrogent le coup d'État comme mode admissible, c'est-à-dire légitime, de conquête du pouvoir, (notamment au lendemain des indépendances ?). Le coup d'État serait-il devenu la règle de l'accession au pouvoir ? On peut le croire, quand on voit les applaudissements qui accueillent les prises de pouvoir (c'est un des enjeux de *« la socialisation » Mamoudou Gazibo*). C'est ici la recherche de l'impossible fondement juridique ou habillage juridique du coup d'État, entendu comme une véritable *« transaction collusive » (Apollinaire Foulla)*. Mais *« Que peut faire, en réalité, le droit contre la force ? »* interrogeait *(Patrick Abane*).

Il est ressorti de nombreux paradoxes et oxymores pour qualifier ces coups d'État :

- Coup d'État civil ;
- Coup d'État militaire ;
- Coup d'État démocratique ;
- Coup d'État constitutionnel, renvoyant à l'activisme des Cours, aux manipulations constitutionnelles et à instrumentalisations des révisions ;
- Coup d'État insurrectionnel

Mais peut-il vraiment y avoir une diversité d'acceptions et une classification ?

Parmi la doctrine classique, Raymond Carré de Malberg était déjà farouchement opposé à toute entreprise de théorisation juridique du coup d'État. Dans son ouvrage majeur *« Contribution à la théorie générale de l'État »*, il soutenait *« qu'il n'y a point de place dans la science du droit public pour un chapitre consacré à une théorie juridique des coups d'État ou des révolutions et de leurs effets ».*

Le doyen Louis Favoreu, quant à lui, qualifiait le coup d'État de *« situation de dissolution de l'État comme ordre juridique »* (Droit constitutionnel, 2019, p. 47). Dès lors, en réalité et pour couper court à toute tentative de classification, admettons avec *Jean-Louis Essambo* que *« lorsqu'on donne un coup à l'État, ça ne peut pas être constitutionnel »* !

2. Les traductions normatives

C'est le défi de l'instauration d'une nouvelle légalité que nous qualifierions d'a-constitutionnelle (le nouveau texte constitutionnel, quel que soit son nom, cohabite, domine ou se substitue à la constitution – praeter, contra ou supra constitutionem -). Cette question renvoie à la problématique de la succession des constitutions (et de la pérennisation des institutions), entre un ordre juridique transitoire, provisoire, intérimaire ou intermédiaire et l'ordre juridique définitif. Existerait-il en conséquence une sorte d'ingénierie normative et constitutionnelle du coup d'État ? Un *« droit constitutionnel de transition » (Saidou Tall)* ? Assurément, mais ce droit, si tant est qu'il existe, dépasse les coups d'État. C'est ici plutôt la construction d'un droit constitutionnel des conflits, sorte de droit constitutionnel flexible (Flexible droit, pour reprendre un titre d'ouvrage du doyen Carbonnier) qui s'impose.

Apparaît donc ce que l'on pourrait appeler une normativité « alternative », *« droit du règlement pacifique des conflits » (Jacques Serge Nguefack Nkouebo)* dans vision positive, ou une source de *« bizarreries constitutionnelles » (Gaetan Foumena),* si l'on adopte une vision plus négative. Cette nouvelle se normativité se traduit, d'abord, par l'augmentation progressive (et mécanique car consécutive aux ruptures d'ordre constitutionnel) du nombre de ces constitutions provisoires (intérimaires, petites constitutions, chartes constitutionnelle de transition – RDC, Côte d'Ivoire, Niger, Guinée, Mali et Burkina très récemment-) ; l'élaboration d'accords de paix ; ou encore le recours aux ordonnances (de début, de consolidation ou d'accompagnement vers un régime civil). Elle s'incarne, ensuite, dans un enjeu décisif sur la forme, celui d'*« ancrer ces constitutions provisoires dans une durée prévisible » (André Cabanis)* ; et une attente plus banale sur le fond, celle d'un cahier des charges somme toute classique *« qui ne révèle pas une connaissance très approfondie du droit constitutionnel » (André Cabanis).*

Cette fragilisation de l'État peut cependant être un prisme déformant qui ne doit pas occulter l'autre mouvement de la dialectique étatique, celui de la reconquête de la puissance de l'État.

II. La puissance restaurée ou la reconstruction de l'État

A. La constitution comme rempart

1. Constitutionnaliser

Peut-on trouver dans les constitutions des dispositions pour empêcher les coups d'État ? Si le coup d'État survient, alors la constitution est fragile, conflictogène. Or la fonction d'une constitution n'est pas d'induire la crise mais bien de la prévenir (la fonction pacificatrice des constitutions, bien établie en droit constitutionnel).

Premier objet de constitutionnalisation : l'ethnie.

Les élites dirigeantes, obnubilées par le modèle de l'État-Nation hérité des métropoles coloniales, ont écarté l'idée de bâtir des États qui prennent en compte le caractère multiethnique de leurs sociétés. La problématique de l'ethnocentrisme conduit à se demander si le fait ethnique doit être consacré dans les constitutions, dans la mesure où les ethnies sont au cœur de la vie politique et du fonctionnement des partis ?

Or il y a bien un *« tabou sur l'ethnie en Afrique » (Alioune Fall)*. Le colloque de Lomé sur les Tabous du constitutionalisme en 2012 avait d'ailleurs déjà identifié deux tabous : l'ethnie et l'armée….

Autre objet de constitutionnalisation, donc, l'armée. Il y aurait, dès lors, une *« fonction constitutionnelles de l'armée » (Bernard Owona Omga)*, théoriquement orientée vers la protection de la démocratie. De sorte que la question de l'armée saisie par la constitution, pour paraphraser la belle formule du doyen Favoreu *'la politique saisie par le droit,'* n'est pas une anomalie. Mais faut-il dès lors aller jusqu'à *« constitutionnaliser l'armée comme contre-pouvoir » (Djibril Ouedraogo) ?*

Dès lors, dans la perspective du constitutionnalisme libéral, l'armée pourrait trouver une assise constitutionnelle dans le texte fondamental *(« constitutionnalisation positive ou négative » (Djibril Ouedraogo))*, plutôt sous l'angle de ses missions (fonction de protection) que de son statut stricto sensu. Reste que, comme le relevait *Erroll Toni, « l'expérience montre que l'armée n'est jamais un remède aux maux qu'elle prétend combattre »* interrogeant, en creux, les fonctions de pacification et de déconflictualisation des constitutions.

Troisième objet de constitutionnalisation : le droit fondamental à la sécurité et ses corollaires *(« sécurité nationale, sécurité publique, sécurité des biens et des personnes » (Mazassemo Wella))*. La plupart des constitutions africaines francophones *« consacrent le droit à la sécurité » (Hilaire Akerekoro)*, véritable droit créance de l'État, certainement parce que le droit à la sécurité est une déclinaison du droit fondamental à la sûreté, droit naturel issu de l'Habeas corpus. Mais, au surplus, *« ne faut-il pas repenser le concept de sécurité (Saidou Tall), notamment en lien avec les concepts de responsabilité de protéger ou de sécurité humaine »* ? Parallèlement, ce droit impliquerait aussi de constitutionnaliser le droit de résistance à l'oppression, ou le droit de désobéissance civile…Mais aussi, et surtout, leurs limites !

2. Juridictionnaliser

C'est ici le rôle des juridictions constitutionnelles, particulièrement dans les périodes post coup d'État : *« Continuité ou rupture de la justice constitutionnelle » (Gaetan Foumena) ?*

Même si *« le coup d'État ne sonne pas toujours le glas des juridictions constitutionnelles » (Yakouba Ouedraogo)*, les Cours constitutionnelles voient soit leur existence menacée lors des coups d'État (abrogation ou suspension des constitutions…) ou par les régimes issus des coups d'État ; soit maintenues (quitte à subir une soustraction de leurs compétences avec la nuance, parfois, des « acteurs bienveillants du coup d'État » (sic) comme au Mali en 2021 ou au Burkina en 2022.

En toutes hypothèses, *« Le juge constitutionnel est désarçonné » (Alioune Sall).*

D'où la nécessité de renforcer la protection constitutionnelle des juges constitutionnels. Les juridictions constitutionnelles devraient en effet être maintenues, car leur office est théoriquement un office de protection contre les atteintes aux droits fondamentaux. Le juge constitutionnel refuse ainsi par principe de faire du coup d'État le mode d'accès de droit commun au pouvoir. Même en période de coup d'État ou post coup d'État, le contrôle de constitutionnalité se maintient, rappelant que la règle est la constitutionnalité normale et l'exception la para-constitutionnalité de transition.

B. L'international comme repère

1. Les balises juridiques

Dans un contexte de création de l'UEMOA comme moment déterminant de la construction de l'État en Afrique, les États ont souscrit des engagements internationaux récusant le coup d'État comme mode d'accession au pouvoir, un *« consensus international s'étant dégagé sur la condamnation des coups d'État » (Joel Adeloui).*

Toutes les organisations internationales prohibent ainsi clairement les « changements anti constitutionnels de gouvernement », « les ruptures de l'ordre constitutionnel » etc, quand la plupart des constitutions nationales n'interdisent d'ailleurs pas formellement les coups d'État (Constitution c'est papier a-t-on dit !)…. Sous l'égide des organisations internationales, de nombreux textes contre les coups d'État ont été adoptés : notamment les Déclarations d'Alger (1999), la Déclaration de Lomé, 2000 (UA) (portant une conception large ratione materiae et ratione personae du changement anti constitutionnel de gouvernement : a) un coup d'état militaire contre un gouvernement issu d'élections démocratiques ; b) une intervention de mercenaires pour renverser un gouvernement issu d'élections démocratiques ; c) une intervention de groupes dissidents armés et de mouvements rebelles pour renverser un gouvernement issu d'élections démocratiques ; d) le refus par un gouvernement en place de remettre le pouvoir au parti vainqueur à l'issue d'élections libres, justes et régulières) ; la Déclaration de Malabo (2002° issue du Sommet de l'UA sur les changements anticonstitutionnels de gouvernement ; ou encore la Déclaration de Bamako (2000) adoptée par l'Organisation internationale de la Francophonie (OIF).

Mais face à cette inflation, il est naturel de se demander *« à quoi servent ces textes aujourd'hui» ? (Hamadou Abdoulaye),* tant l'intensification des coups d'État est criante. Il découle normalement de ces dispositifs juridiques un *« régime de sanctions » (Amadou Tankoano)* mais, là encore, des sanctions qui ne sont pas toujours *« réalistes ni efficaces, et qui conduisent parfois à un deux poids deux mesures » (Mamadou Dagra).*

Sur un autre plan, il ne faut pas oublier *« les suites contentieuses internationales des changements anti constitutionnels de gouvernement » (Alioune Sall).* Est ici questionné le rôle du juge international non seulement dans le contrôle des actes issus des périodes de transitions ou de coup d'État mais aussi dans la juste application des conventions internationales prohibant ces changements anti constitutionnels.

2. Les engagements politiques

Les engagements politiques renvoient au *« principe de légitimité démocratique » (Ghislain Bombela Mosua).* L'égalité souveraine des États en droit international implique différentes formes d'engagement international des États. D'abord, sur un plan juridique, un engagement international, à travers les conventions souscrites, à ce que l'élection soit le seul mode de dévolution du pouvoir. Ensuite, sur un plan plus politique, on constate l'attachement des constitutions provisoires post coups d'État à la légalité internationale (point d'ancrage de la légitimité) : dans un moment politique de vide constitutionnel temporaire, la référence à la légalité internationale devient un point d'arrimage attendu et un signal politique de « normalisation » donné à la communauté internationale et destiné à rassurer cette dernière. Enfin, sur un plan financier, l'engagement passe par les promesses faites aux bailleurs de fonds de respecter les exigences internationales (conditionnalité démocratique).

Conclusion

Entre démocratie et changements anti constitutionnels de gouvernement, ce colloque été l'occasion d'interroger à la fois, en amont, les garde fous dans l'État et, en aval, les limites de l'État, questionnant au-delà, non plus seulement le droit constitutionnel mais, plus largement, *« la science du droit constitutionnel, en tant que science des études de la paix, dont l'objet et l'objectif seraient redéfinis » (Babacar Kanté)* (et nous pourrions ajouter redéfinis, notamment, dans une perspective démotique).

Dans ce contexte politique mouvant, le droit va prioritairement à la force ; alors que force devrait être primordialement donnée au droit. Avec cette vigilance particulière que les coups d'État récurrents ne deviennent pas, pour emprunter la formule à François Mitterrand (1964), des « coups d'État permanents ».

Cérémonie de clôture

Mot de remerciements des participants

Monsieur le Président de l'Association Nigérienne de Droit Constitutionnel,

Mesdames et Messieurs les membres des corps constitués et des hautes institutions de la République du Niger, en vos grades, titres, rangs, et qualités vigoureusement respectés,

Mesdames et Messieurs les Professeurs,

Mesdames et Messieurs les membres de l'Association Nigérienne de Droit Constitutionnel,

Mesdames, Messieurs,

C'est une tradition que l'achèvement des journées scientifiques de l'ANDC- ou si l'on veut les rencontres de Niamey comme le propose le Professeur Alioune Badara FALL- soit ponctué par un mot des participants à l'égard de l'Association globalement et de son Président tout particulièrement.

L'honneur m'échoit de prononcer ces mots de remerciements à l'endroit de cette **dynamique société savante** et de son Président, le Professeur Narey.

Je voudrais au nom des illustres invités et de tous les participants à ces journées scientifiques, vous féliciter et vous exprimer nos sincères remerciements et admirations.

Trois raisons peuvent être mobilisées pour exprimer pourquoi vous méritez des remerciements.

D'abord nos remerciements très appuyés pour l'accueil chaleureux comme cette ville historique et accueillante qui est Niamey. Nous avons été aux petits soins depuis notre arrivée en terre nigérienne et pendant toute la durée de ces journées scientifiques. Nous sommes tombés d'ailleurs sous le charme de cette capitale.

Ensuite nos félicitations pour l'organisation très réussie de ces 3èmes journées scientifiques de droit constitutionnel. C'est l'occasion pour nous ici de remercier toute l'équipe de l'ANDC pour la qualité de l'organisation. Nous savons que l'organisation d'une manifestation scientifique comme celle qui nous a réunis est très difficile et exigeante. Mais vous avez réussi à relever une fois encore ce défi logistique, organisationnel, imposé par cette manifestation.

Enfin et surtout nos remerciements pour le choix du thème général retenu pour ces 3èmes journées de droit constitutionnel, qui a porté sur *« **Construction de l'État en Afrique : entre démocratie et coups d'État** »*. La pertinence de ce thème n'est pas à démontrer au regard de l'actualité du phénomène des coups d'État en Afrique. Les coups d'État sont un phénomène ancien, mais ils connaissent une recrudescence au cours des dernières années dans des nombreux pays africains. Cette résurgence des coups d'État interroge la qualité du processus démocratique et la construction de l'État en Afrique. Or, si le phénomène est bien connu, les réflexions scientifiques restent encore insuffisantes.

Ces trois jours de travaux ont permis de nourrir des débats riches et stimulants de haut niveau. La qualité et la diversité des intervenants, qui proviennent d'horizons géographiques divers et de disciplines différentes (juristes, politistes, historiens) ont permis d'avoir de multiples approches, nécessaires pour appréhender un phénomène assez complexe comme celui des coups d'État.

Ces trois jours des travaux ont été ainsi des moments d'échanges intellectuels très enrichissants au cours desquels les approches méthodologiques et les cadres conceptuels ont été discutés, des propositions et pistes de solutions esquissées.

Pour toutes ces raisons, les participants à ces agapes scientifiques voudraient donc vous présenter, cher Professeur NAREY et chers membres de l'ANDC, leurs remerciements pour votre aimable invitation, votre accueil très chaleureux et cette stimulation intellectuelle.

Mesdames et Messieurs ;

Aussi, ce serait un crime de lèse-majesté que de clore cette phase sans dire un mot pour les Maîtres du droit constitutionnel et de la science politique en Afrique et ailleurs qui ont encadré avec sagesse et finesse ces travaux.

Permettez-nous de remercier, notamment les Professeurs **Kanté, Cabanis, Fall, Sall, Tall, Hourquebie, Gazibo, Ouedraogo, Essambo, Markus** et **Aidara** dont la présence continue, remarquée et remarquable aux activités de l'ANDC contribue à rehausser la qualité des réflexions et la notoriété de ces journées scientifiques.

En sachant qu'il n'y a jamais eu trois sans quatre, et tout en vous félicitant encore pour la réussite de ces présentes journées scientifiques, nous nourrissons l'espoir et formulons le vœu que l'initiative se renouvelle, se pérennise par des quatrièmes, des cinquièmes… journées de droit constitutionnel.

Vive la science du droit constitutionnel en Afrique,

Vive l'Association nigérienne de droit constitutionnel qui constitue l'un de ses véritables porte-drapeaux.

Je vous remercie pour votre aimable et patiente attention !

Dr Appolinaire FOULLA DAMNA

Maître-Assistant, Université de Dschang

Allocution du Président de l'ANDC

Monsieur le Recteur de l'Université Abdou Moumouni de Niamey, Président de la présente cérémonie ;

Messiers les membres du Comité scientifique de la troisième édition des journées scientifiques de droit constitutionnel ;

Messieurs les communicants, Enseignants-chercheurs et chercheurs ;

Mesdames et Messieurs les doctorants et étudiants ;

Mesdames et Messieurs les représentants des médias publics et privés ;

Mesdames et Messieurs les participants, chers invités ;

Au terme de cette 3ème édition des journées scientifiques de droit constitutionnel organisée par l'ANDC, sur le thème « ***Construction de l'État en Afrique : entre démocratie et coups d'État*** », permettez-moi, tout d'abord, d'exprimer ma reconnaissance personnelle et celle des membres du bureau de l'Association nigérienne de droit constitutionnel (ANDC) :

Primo, aux partenaires de l'ANDC dont le soutien financier a été déterminant pour la réalisation de ce projet ; à ce titre je mentionnerai le Gouvernement de la République du Niger, la Fondation Hanns Seidel, la Commission électorale nationale indépendante (CENI), l'autorité de régulation des communications électroniques et de la poste (ARCEP), la Caisse nationale de sécurité sociale (CNSS) et la Société nigérienne des produits pétroliers (SONIDEP).

Secundo, je voudrais exprimer ma reconnaissance particulière à l'égard de la Fondation Hanns Seidel, à travers ses représentants régional et national pour la disponibilité et le dévouement en faveur des activités de l'ANDC.

Tertio, mes remerciements vont également aux éminents membres du comité scientifique dont la présence aux côtés de l'ANDC est le gage du sérieux des journées scientifiques de droit constitutionnel de Niamey ; aux communicateurs qui ont bien voulu consacrer leur temps et leur science pour faire animer cette manifestation scientifique ; aux enseignants et chercheurs des universités Abdou Moumouni de Niamey et Djibo Hamani de Tahoua qui ont questionné et animé les différents panels ; et aux étudiants de tous les niveaux des facultés des sciences juridiques de nos deux universités qui, par leur présence et par leur collaboration, ont témoigné de leur appui à l'ANDC et de leur intérêt pour ses activités.

Ensuite, après les interventions de ces trois (3) jours, émanant des référents en droit et en science politique, je ne vous parlerai pas ou peu de construction de l'État, de la démocratie et des coups d'États en Afrique. Que pourrai-je bien dire de plus, ou d'aussi pertinent que ce qui a déjà été dit, mieux que je ne le ferai.

Alors j'y viendrai tout de même tout à l'heure en vous présentant ce que, à titre personnel, j'ai pu retenir de cette troisième édition des journées scientifiques de droit constitutionnel, mais j'aimerais vous parler d'abord de ce que représente ce colloque, pour nous, membres du bureau de l'ANDC, notamment dans notre relation avec le droit constitutionnel et de l'importances que nous accordons aux échanges entre spécialistes et initiés du droit et de la science politique.

En choisissant de réunir une fois encore d'éminents spécialistes en droit constitutionnel, histoire de droit, et de science politique pour échanger sur un sujet d'une brûlante actualité, nous avons opté pour une approche de complémentarité et de synergie entre les différents détenteurs du savoir et de la recherche.

Nous conviendrons tous que la construction de l'État en Afrique reste l'un des chantiers ouverts dans lequel une réflexion approfondie est absolument nécessaire, si nous voulons relever les défis de demain.

Mesdames et Messieurs, chers participants,

Comme vous le savez, l'expansion et la prolifération des coups d'État en Afrique nuisent à l'intégrité de l'État légitime et à la prééminence du droit. Dans ce contexte, la réflexion sur la construction de l'État confronté au phénomène de coups d'État est essentielle entre tous les spécialistes du droit et de la science politique. Il est donc important de continuer à mener des réflexions de ce genre, à travers des colloques et séminaires scientifiques comme cette troisième édition de nos journées scientifiques. En effet, celle-ci a permis aux participants de bénéficier d'une palette de communications riches et variées.

Ainsi, dans ses propos introductifs, le Professeur AHADZI soutient :

> « L'idée de bâtir des États qui prennent en compte le caractère multiethnique » connu des sociétés africaines. Pour lui, « Tout effort de construction étatique doit [...] prendre en compte ce phénomène grâce à l'utilisation d'une ingénierie spécifique fondée sur l'éducation [...] ; la constitutionnalisation des mécanismes inclusifs de gestion démocratique du pouvoir [...] ; [l'] adoption de type d'États composés (fédération, régionalisation) ou véritablement décentralisés visant à faire participer les diverses composantes de la population à la gestion de leurs affaires ; [la] politique d'aménagement équilibré du territoire national en vue de réduire les inégalités régionales qui nourrissent les frustrations et les sentiments séparatistes ».

Il poursuit en disant que :

> « C'est sur ce socle que doit s'édifier l'État de droit fondé sur la soumission de l'État au droit, un droit respectueux des droits des citoyens. » Il conclut que « la construction de l'État passe par le renforcement de sa quadruple capacité régulative (imposition des normes par l'administration (civile, police) et la justice) ; extractive (impôts, taxes, activités économiques génératrices de revenus) ; distributive (sécurité, salubrité, tranquillité, éducation, santé, justice, logement, emploi, infrastructures de communication, transports, loisirs, etc.) ».

Poursuivant la réflexion sur le sujet ainsi introduit, les communicants du premier jour, nous ont tenu en haleine, à travers leurs regards croisés sur l'organe acteur de la rupture de l'ordre constitutionnel, c'est-à-dire l'institution militaire, ainsi que sur les bouleversements normatifs entrainés par le coup d'État.

Les communicants de la deuxième journée ont porté l'attention des participants au colloque sur les réactions internes et externes à la rupture de l'ordre constitutionnel, sans oublier la résistance de l'État face à cette rupture de l'ordre constitutionnel.

De même, les communicants du troisième et dernier jour, se sont penchés sur les explications des coups d'État et les pistes de solution. A la suite des différentes présentations, les participants se sont engagés des discussions riches, débordant souvent le cadre tracé par les organisateurs. Il s'agit là d'une preuve supplémentaire de la vitalité de nos journées scientifiques de Niamey.

Mesdames et Messieurs, chers participants,

Gageons que la haute qualité de ce colloque dont je remercie encore les communicants et les membres du Comité scientifique, que la teneur des propos tenus pendant ces trois (3) journées oh combien riches d'enseignements, que l'intérêt des échanges et des comparaisons mises en évidence, et que les charmes du fleuve Niger abreuvant la Ville de Niamey qui vous a accueillis, vous aient convaincus.

Je terminerai mon allocution, en souhaitant un bon retour à tous les participants dans leurs pays respectifs, tout en réitérant à tous, mes sincères remerciements pour votre participation active à nos échanges durant les trois (3) jours de cette 3ème édition des journées scientifiques de droit constitutionnel de l'ANDC.

Je vous remercie de votre aimable attention.

Oumarou NAREY,
Professeur titulaire de droit public,
Président de l'ANDC

Allocution de clôture de la 3ème édition des Journées scientifiques de Droit constitutionnel prononcée par le représentant du Recteur de l'Université Abdou Moumouni de Niamey

Monsieur le Président de l'Association nigérienne de droit constitutionnel ;

Messiers les membres du Comité scientifique de la troisième édition des journées scientifiques de droit constitutionnel ;

Messieurs les communicants, Enseignants-chercheurs et Chercheurs ;

Mesdames et Messieurs les doctorants et étudiants ;

Mesdames et Messieurs les représentants des médias publics et privés ;

Mesdames et Messieurs les participants, chers invités ;

Les rideaux tombent déjà sur la troisième édition des journées scientifiques de droit constitutionnel de Niamey.

Permettez-moi tout d'abord de remercier l'ANDC qui a bien voulu associer les Universités de Niamey et de Tahoua à cette troisième édition ses journées scientifiques.

Ensuite, j'aimerais remercier le Gouvernement nigérien pour avoir autorisé et soutenu cette importante activité scientifique, la Fondation Hanns Seidel, qui a appuyé financièrement et a mis à la disposition de l'ANDC son représentant national pour aider dans l'organisation technique de vos assises ; aux partenaires techniques et financiers nationaux (CENI, ARCEP, SONIDEP, CNSS) ; aux membres du comité scientifique et communicants, qui ont bien voulu partager leurs expériences, expertise et connaissances avec l'ensemble des participants conviés à ce colloque, et enfin, aux collègues enseignants-chercheurs et étudiants de nos deux Universités qui ont bien voulu appuyer les membres du bureau de l'ANDC dans l'organisation matérielle et la conduite de ces journées scientifiques.

Pendant trois (3) journées nous avons écouté des communications et échangé sur le thème de cette troisième édition des journées scientifiques consacrée à « ***la construction de l'État en Afrique : entre démocratie et coups d'État*** ».

Ce thème devenu actuel par la force des choses a suscité des réflexions profondes et variées qui sont marquées par la perplexité, le désarroi et l'incompréhension des chercheurs et des citoyens qui sont face à la rupture de l'ordre constitutionnel démocratique, dont le coup d'État est la principale forme.

Le phénomène a été analysé à travers la position institutionnelle et les fonctions officielles des armées qui en sont le principal acteur, ainsi que les mutations et les bouleversements qu'il opère du point de vue normatif et des finances publiques.

Certains communicants se sont penchés sur les réactions internes à la rupture de l'ordre constitutionnel notamment à travers la mise à l'épreuve des juridictions constitutionnelles qui, sont parfois, contre toute logique, maintenues, au péril de l'esprit qui a présidé à leur création.

D'autres communicants ont fait état des mécanismes internationaux destinés à parer les coups d'État et à hâter le retour des institutions démocratiques lorsque la rupture de l'ordre constitutionnel survient, mais le bilan de ces divers mécanismes est plutôt décevant.

Il a également été souligné la complexité du phénomène de la rupture de l'ordre constitutionnel parce qu'il arrive souvent à bénéficier d'une certaine légitimation populaire, notamment les occurrences récentes justifiées par l'insécurité crée par le terrorisme.

La question de la sécurité des populations a été perçue comme insuffisamment prise en compte dans les différents ordres constitutionnels, elle doit bénéficier d'une plus grande attention. Il en va de même du juge international en période de crise. En revanche, il a été mis en évidence le rôle prépondérant que peut jouer le droit administratif dans des situations de crise institutionnelle et constitutionnelle.

Dans tous les cas étudiés, il est difficile de proposer des solutions juridiques ou institutionnelles toutes faites, mais l'Afrique est interpellée par cette instabilité constitutionnelle à mener une réflexion approfondie sur le pouvoir dans la cité et son aménagement dans l'intérêt bien compris des citoyens.

Mesdames et Messieurs, chers participants,

En réitérant mes remerciements à tous les participants et la reconnaissance de nos deux Universités à l'ANDC, je vous souhaite un bon retour dans vos familles et déclare close la troisième édition des journées scientifiques de droit constitutionnel de Niamey.

Je vous remercie.

Ali DOUMMA
Professeur titulaire, Secrétaire Général de l'Université Abdou Moumouni de Niamey

Table des matières

Jeudi 27 octobre 2022

ACTE 1

Les réactions à la rupture de l'ordre constitutionnel : réactions internes

ACTE 2

Les réactions à la rupture de l'ordre constitutionnel : réactions internationales (Suite)

ACTE 3

La résistance de l'État de droit face à la rupture de la légalité

Vendredi 28 octobre 2022

ACTE 1

Les explications des coups d'État et les pistes de solution

Klaus GRÜTJEN,

ACTE 2

Présentation de la synthèse des travaux

Fabrice HOURQUEBIE,

Cérémonie de clôture

Structures éditoriales du groupe L'Harmattan

L'Harmattan Italie
Via degli Artisti, 15
10124 Torino
harmattan.italia@gmail.com

L'Harmattan Hongrie
Kossuth l. u. 14-16.
1053 Budapest
harmattan@harmattan.hu

L'Harmattan Sénégal
10 VDN en face Mermoz
BP 45034 Dakar-Fann
senharmattan@gmail.com

L'Harmattan Cameroun
TSINGA/FECAFOOT
BP 11486 Yaoundé
inkoukam@gmail.com

L'Harmattan Burkina Faso
Achille Somé – tengnule@hotmail.fr

L'Harmattan Guinée
Almamya, rue KA 028 OKB Agency
BP 3470 Conakry
harmattanguinee@yahoo.fr

L'Harmattan RDC
185, avenue Nyangwe
Commune de Lingwala – Kinshasa
matangilamusadila@yahoo.fr

L'Harmattan Congo
67, boulevard Denis-Sassou-N'Guesso
BP 2874 Brazzaville
harmattan.congo@yahoo.fr

L'Harmattan Mali
ACI 2000 - Immeuble Mgr Jean Marie Cisse
Bureau 10
BP 145 Bamako-Mali
mali@harmattan.fr

L'Harmattan Togo
Djidjole – Lomé
Maison Amela
face EPP BATOME
ddamela@aol.com

L'Harmattan Côte d'Ivoire
Résidence Karl – Cité des Arts
Abidjan-Cocody
03 BP 1588 Abidjan
espace_harmattan.ci@hotmail.fr

Nos librairies en France

Librairie internationale
16, rue des Écoles
75005 Paris
librairie.internationale@harmattan.fr
01 40 46 79 11
www.librairieharmattan.com

Librairie des savoirs
21, rue des Écoles
75005 Paris
librairie.sh@harmattan.fr
01 46 34 13 71
www.librairieharmattansh.com

Librairie Le Lucernaire
53, rue Notre-Dame-des-Champs
75006 Paris
librairie@lucernaire.fr
01 42 22 67 13

www.ingramcontent.com/pod-product-compliance
Lightning Source LLC
LaVergne TN
LVHW011215061026
849535LV00001BA/37
* 9 7 8 2 1 4 0 4 8 3 2 1 9 *